ÜBER DEN VERFASSER Hartmut Böhme, Prof. Dr. phil., geb. 1944. Studium der Germanistik, Philosophie, Evangelischen Theologie und Pädagogik. Promotion 1973. 1977–93 Professor für Neuere Deutsche Literatur an der Universität Hamburg. 1990–92 Fellow am Wissenschaftszentrum Nordrhein-Westfalen. Seit 1993 Professor für Kulturtheorie und Mentalitätsgeschichte an der Humboldt-Universität zu Berlin. Gastprofessor in New York 1996 und 1998 sowie in Japan 2002. Projektleiter im DFG-Sonderforschungsbereich «Kulturen des Performativen». Betreuer im Graduierten-Kolleg «Codierungen der Gewalt im medialen Wandel» (seit 1999). Dekan von 2000 bis 2002. Ab 2005 Sprecher des DFG-Sonderforschungsbereichs «Transformationen der Antike».

BUCHVERÖFFENTLICHUNGEN u. a.: Anomie und Entfremdung (1974); (mit Gernot Böhme) Das Andere der Vernunft (1983); Natur und Subjekt (1988); Albrecht Dürer. Melencolia I (1989); Kulturgeschichte des Wassers (1989); Hubert Fichte (1992); (mit Gernot Böhme) Feuer, Wasser, Erde Luft. Eine Kulturgeschichte der Elemente (1996); (mit Klaus Scherpe) Literatur und Kulturwissenschaft (1996); (mit Peter Matussek und Lothar Müller) Orientierung Kulturwissenschaft (2000); (mit Thomas Macho u. a.) Tiere. Eine andere Anthropologie (2004); (mit Jürgen Barkhoff und Jeanne Riou) Netzwerke. Eine Kulturtechnik der Moderne (2004); Topographien der Literatur (2005).

Hartmut Böhme

FETISCHISMUS UND KULTUR
EINE ANDERE THEORIE DER MODERNE

rowohlts enzyklopädie
im Rowohlt Taschenbuch Verlag

rowohlts enzyklopädie
Herausgegeben von Burghard König

Originalausgabe
Veröffentlicht im Rowohlt Taschenbuch Verlag,
Reinbek bei Hamburg, April 2006
Copyright © 2006 by Rowohlt Verlag GmbH,
Reinbek bei Hamburg
Umschlaggestaltung any.way, Walter Hellmann
Satz Proforma PostScript QuarkXPress
bei KCS GmbH, Buchholz bei Hamburg
Druck und Bindung Clausen & Bosse, Leck
Printed in Germany
ISBN 13: 978 3 499 55677 7
ISBN 10: 3 499 55677 4

INHALT

AUSBLICK   485

Einleitung

Je sais bien ... mais quand même.
(Octave Mannoni 1964, 1262)

Sollte nicht die Fetischisierung
den Schlüssel abgeben?
(Meyer 1908, 333)

1. Das Hufeisen

«Niels (Bohr, H. B.) schloß das Gespräch ab mit einer jener Geschichten, die er bei solchen Gelegenheiten gern erzählte: ‹In der Nähe unseres Ferienhauses in Tisvilde wohnt ein Mann, der hat über der Eingangstür seines Hauses ein Hufeisen angebracht, das nach einem alten Volksglauben Glück bringen soll. Als ein Bekannter ihn fragte: ‹Aber bist du denn so abergläubisch? Glaubst du wirklich, dass das Hufeisen dir Glück bringt?›, antwortete er: ‹Natürlich nicht; aber man sagt doch, daß es auch dann hilft, wenn man nicht daran glaubt.›» (Heisenberg 1973, 112/13)

Die Anekdote beschließt den Bericht von Werner Heisenberg über «Erste Gespräche über das Verhältnis von Naturwissenschaft und Religion» im Jahre 1927 mit Paul Dirac, Wolfgang Pauli und Niels Bohr. Es ist ein durchaus ironischer Kommentar Bohrs zu dem Gespräch, in dem moderne Wissenschaftler über ihr Verhältnis zu Gott und zum Numinosen diskutieren, entspannt im Anschluss an eine Konferenz in Brüssel, abends im Hotel. Das Hufeisen gehört zur Klasse der Amulette oder Talismane, eine Untergruppe der magischen Dinge, die wir auch Fetische nennen, hier als Glücksbringer am Haus angebracht. Aber dies ist ein schon modernes Missverständnis. Denn Fetische, unter der Schwelle oder über dem Türsturz angebracht, hatten vor allem apotropäische Funktion: Sie dienten der Abwehr von Schadenszauber und gehören somit zur Klasse der Fetische mit Funktionen des Territorialschutzes. Bereits Robert H. Milligan (1912, 219) wies darauf hin, dass der Aberglaube deutscher Bauern an Glück verheißende Hufeisen dem Fetisch-Glauben der westafrikanischen «Neger» gleichkäme.

Doch darauf kommt es hier noch nicht an. Interessanter ist die eigentümlich paradoxe Wende, die der Nachbar von Niels Bohr seiner Antwort gibt. Er glaubt nicht an Fetische; aber Fetische sollen ja Dinge sein, die Wirkkraft ‹von sich aus› haben, objektiv. Unabhängig vom Glauben des Subjekts soll ihnen magische Kraft ‹einwohnen›. Aber das wiederum wird ironisch gesagt, als Ondit, woran man nicht glaubt. Indessen hängt das Hufeisen dennoch da: Man glaubt also doch. Diese seltsamen Spannungen zwischen Nicht-Glauben und Glauben an die Eigenmacht der

Dinge scheint uns für das aufgeklärte Subjekt der Moderne bezeichnend. Trefflich hat Octave Mannoni diese Lage in eine Formel gebracht, die uns noch öfters begegnen wird: «Je sais bien … mais quand même: la croyance» – Ich weiß schon, aber dennoch …: der Glaube/die Glaubhaftigkeit/die Glaubwürdigkeit. Das Hufeisen: Wir wissen schon, aber dennoch … Wir glauben nicht, aber handeln so, als glaubten wir, und glauben dadurch, ohne zu glauben. Seien wir also selbstironisch, unserer selbst nicht ganz gewiss, aber auch nicht ganz geheuer; weder ganz aufgeklärt noch ganz unaufgeklärt. Und was ist, angesichts dieser Konfusion, mit den Dingen? Sie sind da – als was immer: rostiges Eisen, Relikt der Ahnen, Schrott, ‹Leib-Gedinge›, Wohltäter, ausrangiertes Nutzobjekt mit zweiter (symbolischer) Karriere … Es kommt nicht darauf an, was die Dinge ‹von sich aus›, ‹für sich› oder ‹an sich› sind, sondern welche Beziehungen wir zu ihnen einnehmen. Das ist ein guter, uns vertrauter aufgeklärter Standpunkt. Aber sind wir seiner sicher? Kommt es etwa nicht auf die Dinge an? Bilden sie etwa nicht das materiale Format unseres Lebens? Tun sie gar nichts mit uns? Sind wir nicht durch sie bestimmt? Haben sie, wie man heute gern sagt, nicht doch *agency*? Dienen sie nur uns oder nicht auch wir ihnen? Wir sind modern: Und das heißt, dass wir solche Fragen als Zumutungen an unser autonomes Selbstbewusstsein von uns weisen. Doch die Anekdote, die ganz auf der Seite der Moderne steht, zeigt auch, dass es mit dieser Moderne nicht klar und widerspruchsfrei zugeht. Wir sind modern, gewiss doch; aber es stimmt bedenklich, wenn ein französischer Wissenschaftsforscher ein Buch mit dem Titel schreibt: «Wir sind nie modern gewesen». Stimmen womöglich beide Sätze?

In diesem Buch werden wir das vormoderne und moderne Verhältnis zu Dingen untersuchen, insbesondere zu solchen, die nicht ganz geheuer sind, weil sie – womöglich – irgendeine eigentümliche Macht haben, Macht auch über uns, die wir wissen, dass wir die Herren sind und die Dinge die Diener. Wir untersuchen «Objektbeziehungen» – und das heißt im modernen Wissenschaftsverständnis: Wir analysieren die Stellungen und Relationen, die wir zu den Dingen einnehmen; also untersuchen wir uns selbst. Was wir hierbei herausbekommen, ist zugleich das, was man über Dinge sagen kann. Anders als Relate unserer Aktivitäten kognitiver oder praktischer Art können Dinge nicht vorkommen. So glauben wir, aber dennoch … drehen wir in diesem Buch die Verhältnisse ein wenig um. Wir lassen zu, dass Dinge *agency*, schlimmer: Magie und Macht haben könnten. Nahezu alle alten Kulturen, auch die europäischen, waren davon überzeugt. Die Moderne stellt in der Ökonomie der Dinge den welthistorischen einzigen Bruch dar, den es je gab. Die früher irgendwie artikulierten, aufdringlichen, eigenmächtig handelnden, in einem wilden Palaver und undurchschaubaren Durcheinander mit uns befindlichen Dinge: Wir haben sie distanziert, ‹zurückgestellt› dorthin, wohin sie gehören: in die Ketten einer Kausalität, die nichts ‹sagt›, nichts ‹bedeutet›, sondern klipp und klar die kalkulierbare und von uns steuerbare Prozessfolge natürlicher Vorkommnisse darstellt. Das wissen wir. Wir haben damit Ruhe von den Dingen. Haben wir sie? Wir werden in diesem Buch der langen Geschichte nachgehen, in deren Verlauf die europäische Kultur die mächtige Aufdringlichkeit der Dinge losgeworden ist – durch Aufklärung. Doch diese Geschichte wurde konterkariert von einer anderen Geschichte. Sie erzählt von einer wachsenden, verschwiegenen Beunruhigung: Zum Schrecken von uns Aufklärern und Modernen tauchten all die scheußlichen Fratzen und bezaubernden Antlitze der Dinge, die wir ‹draußen› – nämlich bei den Ungebildeten, den Wilden, den Abergläubischen – gelassen hatten, mitten ‹unter uns›, im Herzen Europas wieder auf. – Sie gewannen eine fatale Macht. Das ist Grund genug, über Hufeisen neu nachzudenken und es nicht bei einer witzig-ironischen Anekdote zu belassen.

Diese ist noch in anderer Weise aufschlussreich. Viele meiner Freunde kannten die Geschichte. Jedes Mal lautete sie etwas anders, niemand wusste genau, wo sie herkommt. Aufschlussreich ist, dass in vielen Varianten der Nachbar von Niels Bohr verschwand: Die Geschichte handelte von Bohr selbst! «Irgendein anderer großer Physiker, Wolfgang Pauli oder so, besuchte Bohr einmal in dessen Landhaus und sah, daß er ein Hufeisen über der Tür hängen hatte. ‹Professor!› sagte er, ‹Sie? Ein Hufeisen? Glauben Sie denn daran?› Worauf Bohr antwortete: ‹Natürlich nicht. Aber wissen Sie, Herr Pauli, es soll einem auch helfen, wenn man nicht daran glaubt.›» So erzählt Harry Mulisch die Geschichte. Arnfried Astel hat die lakonischste Fassung hergestellt: «ZUM HUFEISEN über seiner Tür soll Niels Bohr den verwunderten Besuchern gesagt haben, es helfe auch, wenn man nicht daran glaubt.» Öfters verwandelt sich das dänische Ferienhaus des Nachbarn in eine Skihütte, die Niels Bohr gehört. Aus einer Anekdote, die Bohr seinen Physik-Kollegen in Brüssel erzählt und von einem Bekannten und dessen Bekannten handelt, also von Bohr kolportiert wird, wird eine Geschichte *über* Niels Bohr, der als ein Gründungsvater der modernen Physik auch ein Repräsentant der Moderne selbst ist. Diese Wanderungen und Metamorphosen der Geschichte sind für das, wovon sie handeln, höchst eigentümlich: den Fetischismus. Verwickelte Überlieferungen, kursierende Zitate, unklare Herkünfte, Verwechslungen und Missverständnisse, Hörensagen und zerstreute Kolportagen scheinen mit dem Fetischismus verbunden, seit er als Wort und Phänomen in Europa umläuft. Auch die Unklarheit, von wem eigentlich in der Hufeisen-Anekdote die Rede ist und wer sich verwundert, wer möglicherweise ein abergläubischer Fetischist ist, ist eine typische Figur in der fast fünfhundertjährigen Geschichte des Begriffs: Am Ende weiß niemand mehr mit Sicherheit, ob eigentlich ‹die Afrikaner› Fetischisten sind oder nicht vielmehr die Europäer, die sich über die afrikanische Magie erregten; ob nicht die Psychoanalyse, die den Fetischismus auf Begriffe und Ursprünge zu bringen sich abmühte, nicht selbst dem Fetischismus erlegen ist; ob nicht ein so radikaler Fetischismus-Kritiker wie Marx das Phänomen erst erzeugte, das er geißelte. Und so weiter. Vielleicht steht am Ende der langen Geschichte mit dem Fetischismus etwas Ähnliches wie die Pointe mit dem Hufeisen: *Wir glauben nicht an den Fetischismus, aber wir sind fetischistisch.* Wir wissen dies, aber dennoch … können wir davon nicht lassen. Wenn dies der Fall ist, müssen wir einiges an unserem modernen, souveränen, aufgeklärten Selbstbewusstsein ändern. In unser Verhältnis zu den Dingen ist mehr Klarheit zu bringen, und ihnen ist ein viel stärkerer Platz in der psychischen und kulturellen Ökonomie einzuräumen, als wir dies bisher zu tun bereit waren. Die fetischisierten, die magischen Dinge gehören zur modernen Kultur. Sie sind keine anstößige Primitivität, Verdinglichung oder Perversion, die ‹nach außen› verlagert wird: nach Afrika, in den Aberglauben, in die Kindheit, in die Perversionen, in den Konsumismus. Fetischisten sind immer die anderen – so war es immer. Aber so ist es nicht.

2. Der korrupte Fetischismus: eine Erfindung des 19. Jahrhunderts

Fetischismus war, seit er in den europäischen Sprachen Platz griff, der Terminus einer korrupten Objektbeziehung. Vom *Standpunkt säkularisierter Aufklärung* wird mit Fetisch ein Ding bezeichnet, an das Individuen oder Kollektive Bedeutungen und Kräfte knüpfen, die diesem Ding nicht als primäre Eigenschaft (im Locke'schen Sinn) zukommen. Sondern sie werden ihm in einem projektiven Akt beigelegt – und zwar so, dass das Ding für den Fetischisten diese Bedeutungen und Kräfte inkorporiert wie ausstrahlt. Das aber sei Selbsttäuschung. Als ein bedeutendes und kraftgeladenes Objekt wird das Fetisch-Ding für den Fetischisten zu einem Agens, an das dieser fortan durch Verehrungs-, Furcht- oder Wunschmotive gebunden ist. Das Ding erhält damit Wirk- und Bindungsenergien. Diese Obligation durch eine pseudo-objektive Macht verhindert die Einsicht, dass es der Fetischist selbst ist, der den Fetisch und die Beziehung zu ihm kreiert. Das Verhältnis zum Fetisch ist mithin zwanghaft (anankastisch, sagen die Psychologen); es funktioniert und ist doch verblendet; es ist ein bewusst gehandhabter Mechanismus, der in seiner inneren Struktur unbewusst bleibt.

Es ist evident, dass mit dem so verstandenen Fetischismus wesentliche Prinzipien der europäischen Aufklärung und Wissenschaft verletzt werden. Deswegen wird der Fetischismus bei seiner Einführung in die Philosophie bei Charles de Brosses 1760 negativ gesehen (vorher galt er als Götzendienst und Aberglauben). Diese Negativität wird, von wenigen Ausnahmen abgesehen, im 19. Jahrhundert auf breiter Front in den Wissenschaften ausgebaut. Der Fetischismus wird zu einem zunehmend entgrenzten Sammeltitel, unter welchem alles subsumiert wird, was als irrationale, abergläubische oder perverse Objektbeziehung gilt.

Man kann behaupten, dass das 19. Jahrhundert auch das Saeculum der Dinge ist. Dingstatistiken weisen aus, dass gegenüber dem 18. Jahrhundert die Anzahl der verfügbaren Dinge z. B. in einem Haushalt außerordentlich zunimmt. Die Industrialisierung führte zu einer Vermehrung künstlicher Dinge im täglichen Gebrauch und Verbrauch nicht nur bei

Oberschichten. Die entstehenden Kaufhäuser konnten als Kathedralen der Waren bezeichnet werden, weil sie in fast ritueller Inszenierung Hunderttausende von Dingen präsentierten, welche die Kunden in Bann schlugen. Der wachsende Konsum in den Städten führte zu einem enormen Anstieg der Produktion von Artefakten, aber auch von Verschleiß und Vermüllung. Auch die durchschnittlichen Menschen erweiterten ihre Ich-Grenzen auf immer mehr Gegenstands-Sphären. Der forcierte Kapitalismus begünstigte ein Besitzstreben, das nicht selten dazu führte, dass z. B. die bürgerlichen Wohnungen der Gründerzeit mit unfasslich vielen Dingen geradezu überbordet wurden. Niemals zuvor war die dingliche Umwelt vergleichbar dicht, mannigfaltig, verlockend, künstlich, faszinierend. Man sammelte, hantierte, besorgte, begehrte, stellte aus, verbrauchte, benutzte, kaufte und verkaufte, hortete und verschwendete, ordnete und klassifizierte, bewertete und schätzte Dinge in einer alltagsgeschichtlich vorbildlosen Manie und Intensität. Für den Erfahrungsraum der Leit-Schichten in den Städten traten die *natürlichen Dinge*, ihre Sphären und Gegenden ebenso zurück wie die Generationen überspannende Dauer von symbolischen Wertobjekten in traditionaler Gesellschaft. Erst im 19. Jahrhundert entstand, was Jean Baudrillard (1968/1991) hundert Jahre später als «System der Dinge» analysieren konnte. Wenn man so sagen darf: Die Bio-Masse der artifiziellen Dinge nahm exponentiell zu, sodass alle Räume, vom privaten bis zum öffentlichen, immer dichter von Dingen besetzt wurden. Diese Verschiebung nicht nur im numerischen, sondern auch im qualitativen Verhältnis von Menschen zu ihrer dinglichen Umwelt einerseits, von artifiziellen Objekten zu natürlichen Dingen andererseits ist kulturgeschichtlich gar nicht zu überschätzen, jedoch noch kaum untersucht. Am nächsten kommen dem die Studien Walter Benjamins (1927–40/1983), wenn er die Spurenlese der Dinge zu einer Physiognomie der Epoche zu erweitern trachtete.

Wie ist diese hybride Wucherung der Dinge möglich? Man muss erkennen, dass auch die künstlichen Dinge niemals nur *Produkte* von Menschen sind; mit dieser Auffassung sichern wir uns unsere Aktivität. Sondern umgekehrt geht von allen Dingen auch eine formative Kraft aus, welche Anmutungen, Einstellungen, Imaginationen, aber auch Gebrauchs- und Handlungsformen enthält. Kurz gesagt: Dinge tun etwas mit den Menschen (und nicht nur wir mit ihnen). Je dichter das Netz der Dinge ist, das die Menschen umgibt, desto eher stellt sich eine irritierende Erfahrung ein: Man steht im Zentrum eines verzweigten Energiefeldes, das die Subjektform determiniert. Wir kennen dies nicht nur aus der um 1900 überall zu beobachtenden literarischen Bezeugung, dass die Dinge zu einem unheimlichen Eigenleben die Augen aufschlagen, welches die Autonomie des Subjekts untergräbt. Wir kennen es auch aus den nüchternen Analysen zur Ver-Dinglichung des Subjekts bei Marx oder in der «Philosophie des Geldes» von Georg Simmel, einem Buch, das wie Freuds «Traumdeutung» im Jahre 1900 erschien und auf seine Weise ein Resümee des 19. Jahrhunderts darstellt (Simmel 1900/1994, Bd. 6). Reifikation und Alienation, Verdinglichung und Entfremdung des Ich sind die Begriffe, mit denen der Rückstoß des ungeheuren *take-off* der Dinge verrechnet wird. Nicht zufällig ist es der Fetischismus, an welchem diese Effekte bewusst werden.

Meine These ist, dass der Fetischismus eine so staunenswerte Karriere im 19. Jahrhundert durchlief, weil mit ihm auf die geheimnisvollen Kehrseiten der veränderten quantitativen und qualitativen Dynamik der ‹Gesellschaft der Dinge› reagiert wurde. Man muss sich erinnern: Anfänglich war der Fetischismus ein peripherer Term zur Bezeichnung von unverstandenen und, im christlichen Sinn, anstößigen religiösen Praktiken, welche Missionaren, Kaufleuten und Reisenden in zentralafrikanischen Stammesgesellschaften auffielen. Am Ende des 19. Jahrhunderts dagegen ist der Fetischismus nicht nur weltweit ausgedehnt auf alle Formen der «Primitive Culture» (Tylor 1871), sondern er ist ins Zentrum der europäischen Gesellschaften gerückt. Was eine befremdliche Alterität primitiver Kulturen schien, schreckt wie eine Fratze aus allen Segmenten der europäischen Kultur selbst. *Alles* konnte als Fetisch und *alle* als Fetischisten verdächtigt werden, egal ob es sich um religiöse Gläubige, um sexuell Perverse, um Psychopathen, um obsessive Sammler aller Art, um besinnungslose Warenkonsumenten oder um werkbesessene Künstler, um Kinder mit ihren «transitional objects» (Winnicott) oder ihren Besitz wie Tyrannen dirigierende Fabrikherren, um Dandys, Bürgersöhne oder Dienstmädchen handelte. Herauswachsend aus Diskursen der frühen Religionswissenschaft und Ethnologie, wurde der Fetischismus in wenigen Jahrzehnten zu einem Schlüsselbegriff, der die *Phantasmagorien des 19. Jahrhunderts* decodieren sollte. Diese eigentümliche Bottom-up-Karriere eines Konzepts interessiert uns. Wir wollen die Stationen rekonstruieren, durch welche der Fetischismus seinen Status wechselt: von einem Term zur Beschreibung des *Anderen der Anderen* zu einem Phantasma, das das beängstigende *Andere des Eigenen* aufstöbern, erfassen, benennen, einkreisen, klassifizieren, aufklären, analysieren, bewerten und vor allem: wegschaffen soll. Immer weniger geht es um Afrika, Polynesien oder nordamerikanische Indianer; immer mehr geht es um Europa und das moderne Subjekt, über das Jean Paul in «Selina oder über die Unsterblichkeit der Seele» das große Wort spricht: «Wir machen aber von dem Länderreichtum des Ich viel zu kleine oder enge Messungen, wenn wir das ungeheure Reich des Unbewußten, dieses wahre innere Afrika, auslassen.» (1827/1996, 1182)

3. Mit dem Hammer philosophieren?

Als Deutungsmuster der europäischen Gesellschaft ist der Fetischismus eine Erfindung des 19. Jahrhunderts. Als religiöse, ökonomische, konsumistische und sexuelle Verhaltensdeterminante steigt der Fetischismus auf zu einem Modell für sämtliche Entfremdungen moderner Gesellschaft. Im 20. Jahrhundert erfasst er dann weite Teile der Massenkultur und Politik. Im Personenkult der totalitären Gesellschaft, im Starkult der Massenmedien, in den fetischistischen Formen der Mode, der Souvenir-, der Amulett-, der Tätowierungs- und Piercing-Praktiken, in den immer extremeren Fetischisierungsstrategien der Werbung und der Warenästhetik, in den Fetischpraktiken vieler Subkulturen vom Fußball-Fanclub bis zur Internet-Fetisch-Gruppe breitet sich der Fetischismus auf allen Ebenen der modernen Gesellschaft und Alltagskultur aus.

Auch die intellektuelle Kritik wird vom Fetischismus kontaminiert:

Man sieht dies zuerst an Marx. Der Fetischismus, der dem Kapitalismus einwohnt oder ihm nur angehängt wird, prägt sich der Kritik in seltsamen Inversionen auf. Die obskure koloniale Herkunft des Fetischismus-Konzepts implantiert ins Denken eine fatale Bindung ans Objekt, welches doch überschritten werden soll. Die Geste der Kritik bleibt beherrscht durch eine Art religiösen Bann. Nirgends erkennt man dies klarer als an dem anderen Leitdenker des 19. Jahrhunderts: Nietzsche. Gegen die idolatrischen und fetischistischen Praktiken der Gesellschaft will er eine «Götzen-Dämmerung» (1888) gegen die «Herren Begriffs-Götzendiener» (KSA VI, 74) einleiten. Philosophie wird zum Ikonoklasmus, zur «grossen Kriegserklärung» (ebd., 57). Sie vollzieht einen «Sturz der Idole», wie noch 1985 ein Buch über Nietzsche betitelt wird (Rippel 1985). Für Nietzsche gilt, durchaus parallel zu Marx und den Ethnologen und Sexologen des 19. Jahrhunderts: «Es gibt mehr Götzen als Realitäten in der Welt» (ebd., 57), «Zeitgötzen», die vom philosophischen Hammer zerstört werden sollen. Philosophie, Kultur, Wissenschaft der Deutschen kanzelt Nietzsche als «grobes Fetischwesen» ab (ebd., 77). Die Vernunft und das Ich selbst sind Fetische, und sie verfahren fetischistisch: indem auf die Dinge als deren Substanz projiziert wird, was jenen, aber nicht diesen zukommt. Diese kritische Wucht setzt sich bei Marx wie bei Nietzsche, später auch in der Psychoanalyse und der Kulturkritik in eine Bewegung um, welche zur Kreation neuer Idole und Fetische führt. Deren Bannkraft übertrifft im 20. Jahrhundert vielleicht alles, was jemals in Afrika als Verhängnis des Fetischwesens behauptet wurde. Europa wird vom Objekt seiner Kritik überholt. Gerade weil der Fetischismus zu einem der verbreitetsten Konzepte wurde, ist es erforderlich, die semantischen und metaphorischen Wanderungen des Fetischismus zu rekonstruieren, seine versatile, fast proteische Kraft, die an seinem afrikanischen und christlichen Erbe zu haften scheint. Vielleicht versteht man dann besser, warum die modernen Gesellschaften auf die Bindekräfte, welche im Fetisch- und Idolenkult stecken, weder theoretisch noch praktisch verzichten können. Würde man mit einem Schlag alle fetischistischen und idolatrischen Formen in den modernen Gesellschaften abschaffen – wie es Kritiker à la Nietzsche, Marx oder Freud erhofften –, so würde nicht das Reich der Freiheit anbrechen, sondern die Gesellschaften zusammenbrechen.

4. Widersprüche der Moderne

Moderne Gesellschaften verstehen sich als säkulare oder postreligiöse Gesellschaften. Stichworte einer solchen Deutung sind funktionale Ausdifferenzierung, Verfahrensrationalität in Verwaltung und Recht, Demokratisierung der Institutionen, Technisierung und Industrialisierung, Reflexivität und Verwissenschaftlichung.

Damit sind normative Optionen verbunden, nämlich für eine aufgeklärte Gesellschaft, deren historische Kraft durch die genannten Prozesse gestärkt werden soll. Dagegen lautet die hier vertretene These, dass in der Moderne vormoderne Formen und Institutionen der Magie, des Mythos und Kultus, der Religion und der Festlichkeit aufgelöst werden, ohne dass die darin gebundenen Energien und Bedürfnisse zugleich aufgehoben wären – sie werden vielmehr freigesetzt und flottieren durch alle Systemebenen der modernen Gesellschaften.

Die Ausgangsbeobachtung des Buchs ist: Während Modernisierungsprozesse die formale Integration der Gesellschaft zu leisten vermögen, bieten sie keine gehaltvollen Identifikationen, welche die Moderne in attraktiver Evidenz erfahren lassen. Viele Menschen, Gruppen und Subkulturen haben zur Modernisierung ein distanziertes, utilitaristisches Verhältnis, das entsprechend instabil ist. Lebensweltliche Praktiken werden aus kulturellen Traditionen geschöpft, die der Vormoderne entstammen und willkürlich in die Lebensökonomie eingebaut werden, unter modernen Vorzeichen. Dadurch entsteht das oft beobachtete Switchen zwischen heterogenen oder gar unvereinbaren Handlungs- und Orientierungsmustern: funktionale Arbeitseffizienz unter der Woche, kollektive Ekstasen auf Techno-Veranstaltungen am Wochenende; rationale Zukunftssicherung hier und Suche nach Risiko-Thrill dort; ökonomischer Kalkül hier und esoterische Anleihen an fremden Kulturen oder weit zurückliegenden Vergangenheiten dort; Partizipation an demokratischen Prozessen und zugleich quasireligiöses Aufgehen in ‹Gemeinschaftskörpern›. Vernunft macht zu wenig Vergnügen, als dass unsere Vergnügungen nicht unvernünftig wären.

Es handelt sich hierbei weder um individuelle Pathologien noch um subkulturelle Ungleichzeitigkeiten, sondern um multiple Widersprüche auf nahezu allen Ebenen des Sozialprozesses. Der massenmediale Star-Kult zieht ins Parlament, die Gnosis ins Internet ein; der kapitalistische Warentausch als vorerst letzte Organisationsform des Güterverkehrs funktioniert nur durch fabelhafte Anleihen an mythische und fetischistische Survivals der Vorzeit; der Sport arbeitet in Formen magischer Partizipation; Festivals imitieren die vergangene Kraft von Mysterien: Riten, Katharsis, erhabener Schauer; das gesellschaftlich Imaginäre wird etwa im Film von den Monstrositäten aller Zeiten bevölkert; die Medien steigern ihre technische Raffinesse aufs äußerste und mit ihr die inszenierten Archaismen; ‹Gott ist tot› bildet nicht den Übergang zu einer säkularen Gesellschaft, sondern zum Erwachen von Abertausenden neuer Götter; das «Verschwinden der Dinge» im Müll verschwistert sich mit einem Kult des rituellen Aufbewahrens; die Dekonstruktion von *sex and gender* führt zur Kreation sexueller Hybriden. Und so weiter.

Heute, nach den Erfahrungen der Irrationalität, der massenmedialen und politischen Kultpraktiken, des synkretistischen Wucherns des Religiösen und der politischen Idolatrie im 20. Jahrhundert, können wir nicht mehr sicher sein: Setzt sich die Moderne noch in den Kontrapunkten ihrer selbst fort, oder bedienen sich umgekehrt die Kultformen der traditionalen Gesellschaften ebender Moderne zu ihrer um so mächtigeren Durchsetzung – gerade auch nach der so genannten Säkularisierung der Welt? Nichts scheint falscher zu sein als die These von der Entzauberung der Welt. Die Fetisch-, Idol- und Kultformen heute – in Politik, im Sport, im Film, im Konsum, in der Mode etc. – belehren im Gegenteil darüber, dass die Entzauberung im Namen der Rationalität zu einem schwer kontrollierbaren, deswegen umso wirkungsvolleren Schub von Energien der Wiederverzauberung geführt hat. Deswegen scheint die These berechtigt: Demokratie bedarf der Kulte, diese aber bedürfen nicht der Demokratie. Diese Asymmetrie hat bisher noch keine Theorie der Aufklärung toleriert. Um hierfür das Bewusstsein zu schärfen, ist dieses Buch geschrieben worden.

Die Dingbeziehungen in unserer Industriekultur bedürfen wahrlich des verfremdeten Blicks des Ethnologen. Man kann nur erstaunen über eine Kultur, die in historisch beispielloser Weise die Population der Gegenstände vermehrt hat. Was fasziniert uns daran? Warum umgeben wir uns mit Tausenden von Objekten, die unsere Wohnung zu wunderlichen Kabinetten toter Gegenstände machen, im Verhältnis zu denen das Leben in Minderheit gerät? Woher das exzessive Sammeln, diese «unbändige Leidenschaft» (W. Muensterberger)? Warum können wir uns von den einen Dingen nicht trennen, während wir uns anderer umso schneller entledigen – im Müll? Warum brauchen wir mehr, als wir brauchen? Warum macht uns die Objektlosigkeit, die Leere, solche Angst? Horror Vacui? Was begründet unsere Anhänglichkeit an Dinge? Warum umgeben uns unsere Besitztümer wie Festungen? Wieso weckt das kaum veränderte Ding – der Übergang von Golf IV zu Golf V – immer wieder ein frisches Begehren? Warum ängstigen wir uns, wenn uns die Dinge nicht ‹zu Gebote› stehen, wenn sie veralten, entgleiten, zu bloßem Zeug absinken, während ein Gegenstand aus dem 18. Jahrhundert, den wir an ausgewählter Stelle platzieren, uns mit Freude und Stolz erfüllt, ja zu den Sicherungen unseres Selbst gehört? Woher diese Liebe und Lust, diese Verehrung und Bewunderung für Dinge, die zu Fetischen, für Personen, die zu Idolen werden? Woher dieses herablassende Lächeln über die Leidenschaft eines Weinkorkensammlers, während man selbst Briefmarken oder Bücher hortet? Woher die «Trauer der Vollendung» (B. Wyss) angesichts der Schönheit von Objekten, die uns überleben und beschämen? Woher die Lust und der Zwang, mittels all der vestimentären Dinge, die wir am Leib tragen, unser Ich und Geschlecht zu markieren? Woher das Ergreifende all der Bilder, die uns die Nähe zu Verehrungsobjekten suggerieren – von Lady Di bis zum Papst, von David Beckham bis zu Nicole Kidman? Welche Schauer auf dem Nürnberger Parteitagsgelände, vor Stalin'scher Monumentalarchitektur, vor dem Lincoln Memorial in Washington? Welche Erregung fließt aus den neuen Kreationen der Haute Couture, dem roten Ferrari, aus den Fetischen der kostbaren Domina-Studios?

Man kann dies fortsetzen. Und gewinnt den Eindruck: Das geheime Motiv dafür, im Fetischismus nichts Negatives mehr erkennen zu dürfen und den Begriff womöglich gleich selbst verschwinden zu lassen, hängt damit zusammen, dass seine Praxis sich ebenso explosiv vermehrt hat wie die Dinge selbst. Keine Theorie der Moderne könnte falscher sein als die, welche Modernisierung mit linearem Rationalitätszuwachs identifiziert. Der Satz von Bruno Latour «Wir sind nie modern gewesen» kann in diesem Kontext nur heißen, dass die auf Verfahrensrationalität beruhenden Institutionen unserer Gesellschaft nicht über die Bindekräfte verfügen, die Kollektive zusammenhalten und Individuen stabilisieren. In unheimlicher Weise sind wir als Subjekte und ist unsere Kultur auf eine dauernde Verzauberung angewiesen, um sich vor Dissoziation, Anomie und Zugehörigkeitsverlust zu schützen.

Wir vertreten die These, dass es gerade die universell wuchernden fetischistischen Mechanismen sind, die auf unklare, bisher kaum analysierte Weise die modernen Gesellschaften integrieren. Wenn Moderne und Fetischismus aber zusammengehören, dann muss eine Theorie revidiert werden, die den Fetischismus als Perversion, falsches Bewusstsein, Warenverblendung, Primitivität oder Aberglauben, kurz: als Sozialpathologie diagnostiziert. Die Kritik an der Kulturindustrie, die auf universalem Verblendungszusammenhang und Fetischismus beruhe, ist selbst nur noch ein Beschwörungsritual, das gerade das, was sie kritisiert, am Leben hält. Die unübersehbare Lizenz, die der Fetischismus heute in der Popkultur, im Sport, im Film, in der Mode, in der Kunst, der Architektur, im Essverhalten, in der Sammelleidenschaft, aber auch in der Politik oder der Memorialkultur erfahren hat – diese faktisch gewordene Liberalität für etwas, was zu Freuds Zeiten im Unbewussten, in Perversionen, an den schmutzigen Rändern der Kultur oder in ihrem Untergrund situiert wurde, zeigt einen tiefen Wandel der Kultur an. Die Wissenschaften holen diesen Wandel nur nach.

5. Historische Durchführung

Das Buch rekonstruiert von biblischer Zeit bis zur Gegenwart die mentalen und kulturellen Prozesse, durch welche ‹Idolatrie› und ‹Fetischismus› langsam zu zentralen Kategorien der Selbstbeschreibung der europäischen Kulturen wurden. Idolatrie und Fetischismus sollten ursprünglich das ‹abergläubische› und ‹primitive› Verhalten in paganen bzw. außereuropäischen Gesellschaften erfassen. Das, was ‹draußen›, ‹fern›, ‹archaisch› und dabei immer ‹anders› und ‹unaufgeklärt› schien, wird jedoch zunehmend als das unfreiwillig Gegenwärtige, Eigene und Nahe entdeckt: Diese Entdeckungsgeschichte («The Heart of Darkness» im Zentrum der europäischen Kultur) verläuft im Wesentlichen über folgende Stufen: Am Anfang steht die missionarische und ethnographische Reiseliteratur. Sie kreiert durch Transformation des Idolen-Konzepts einen neuen Terminus, eben den Begriff des Fetischs, aber noch nicht des Fetischismus. Das Wort verbreitet sich schnell von Portugal nach Holland, Spanien, England, Frankreich und Deutschland. Die zweite Stufe wird durch die entstehende Religionswissenschaft und Ethnologie (18. und 19. Jahrhundert) gebildet: Fetischismus erscheint hier nicht nur als die Kategorie, um primitive Kulturen zu erfassen; sondern erstmals findet man auch Spuren davon, dass europäische Kulturen selbst fetischistische Praktiken aufweisen. Dieser überraschende Effekt wird in der zweiten Hälfte des 19. Jahrhunderts durch zwei wissenschaftliche Schübe generalisiert: Zum einen demonstriert Marx, inspiriert durch eine intime Kenntnis der Fetisch-Debatte in der Religionswissenschaft, dass ohne den Fetischismus keine politische Ökonomie zu konstruieren ist. Dadurch wird der Fetischismus in eine Makro-Kategorie verwandelt, um gerade das Allermodernste der Gesellschaft, nämlich den Waren-Kapitalismus, zu analysieren. Zum Zweiten rückt mit Alfred Binet und Krafft-Ebing der sexuelle Fetischismus in den Rang einer Modell-Perversion auf. Dies wird von der Psychoanalyse Freuds aufgegriffen: Damit wird der Fetischismus zu einem zentralen Konzept zur Analyse des modernen (d. h. des neurotischen) Subjekts. Voraus geht dem, dass in der Kunst seit langem der Fetischismus als ein ästhetisches Verfahren praktiziert wurde. Kunst ist selbst ein Fetisch, sie operiert in fetischistischen Formen und reflektiert dabei den gesellschaftlichen Fetischismus (Simpson 1982; Apter 1991; Ian 1993; Böhme 1998, 2001, 2003a).

Um 1900 ist damit der Stand erreicht, dass mit der Religionswissenschaft und Ethnologie, mit der Kunst, der politischen Ökonomie und der Soziologie (Auguste Comte) sowie mit der Sexualwissenschaft und Psychoanalyse eine ‹Theorie der Moderne› absehbar wird, die offenbar nur noch auf Grundlage des Fetischismus funktioniert. Die Moderne ist endgültig von ‹Afrika› eingeholt worden. Dies wird an mehreren Modellen der politischen und kulturellen Entwicklung des 20. Jahrhunderts näher ausgeführt: zum einen am Beispiel der politischen Religion, des Personenkults und der architekturalen Idolatrie des Stalinismus; zum anderen an Segmenten der popularen Kultur der Gegenwart (Feminismus, Jugendkultur, Konsum, Mode, *food fetishism* etc.).

Es ist nicht richtig, wenn Jon Stratton (1996, 16, 26–53, 87 u. ö.) meint, dass die Fetischisierung des weiblichen Körpers um 1850 eingesetzt habe, also zur Zeit, in der auch die Warenproduktion in den kapitalistischen Ländern einen enormen Aufschwung zu nehmen begann. Diese Parallele ist zwar verlockend; und sicher ist richtig, dass in Kunst und Literatur zwischen 1850 in den Weiblichkeitsentwürfen ein starker Fetischismus zu beobachten ist. Doch ist die Fetischisierung der Frau in den westlichen Kulturen viel älter und nicht an den Warenfetischismus gebunden. Gerade wenn man, wie Stratton, den kulturellen Fetischismus vom Warenfetischismus begrifflich trennt – und das ist sinnvoll –, tritt nicht nur die systematische, sondern auch die historische Unabhängigkeit des Fetischismus von der Entwicklung der kapitalistischen Warenökonomie zutage. Erst auf der Grundlage ihrer Trennung kann man die Allianzen, die kultureller Fetischismus und Warenprinzip eingehen, untersuchen. Doch selbst heute, in einem historischen Stand beispielloser Durchdringung der Kultur durch den Markt, ist der ubiquitär zirkulierende Fetischismus nicht auf seine ökonomischen Funktionen zu reduzieren. Das hat schon Judith Williamson in ihrer Studie über «Consuming Passions» (1986a) gezeigt. Sie weist immer wieder auf die taktischen und parodistischen Manöver hin, durch welche besonders Frauen ihre konsumistischen Lüste den Diktaten des Warenfetischismus, indem sie ihn bedienen, zugleich entziehen und wodurch sie auch ihrer eigenen Fetischisierung Schnippchen schlagen.

Die Rolle der Frau im Fetischismus sowie der Frauen als Analytikerinnen desselben verdient besondere Beachtung. In der frühen Sexualwissenschaft wie in der Psychoanalyse war man der irrigen Auffassung, dass nur Männer sich fetischistisch verhalten. Zwar hatte Freud 1909 in einer

Nebenbemerkung flugs alle Frauen zu Fetischistinnen, nämlich der Kleidung, erklärt; doch daraus hatte er nichts gemacht. Auch bei ihm und den meisten seiner Nachfolger ist der Fetischismus männlich. Es ist schwer zu entscheiden, ob dies an der eingeschränkten Optik der damaligen Wissenschaftler lag oder ob die Konjunktur weiblichen Fetischismus wirklich erst im 20. Jahrhundert begann. Immerhin haben Wissenschaftlerinnen auch für frühere Epochen Formen weiblichen Fetischismus ausfindig gemacht (so Apter 1991; Garber 1993). In der heutigen Kultur ist jedenfalls eine geschlechtsspezifische Verteilung fetischistischer Praktiken, wenn sie je bestand, nicht mehr festzustellen. Wohl aber unterscheiden sich genderspezifisch die Felder, auf denen sich der Fetischismus tummelt.

Auffällig ist die unendliche Mühe, die es die Theoretikerinnen gekostet hat, sich aus den dogmatischen Vorgaben der Psychoanalyse, insbesondere Lacans, zu befreien. Dies ist nur selten gelungen. Heute aber kann man sagen, dass die Zeit der phallozentrischen Theorie-Spekulationen, die zumeist nicht mehr waren als theoretisch verbrämter Machismo, vorbei ist oder sein sollte. Für die Fetischismus-Theorie hat dies zur Folge, dass der kultur- und psychoanalytische Blick entspannter, liberaler und aufmerksamer werden kann für die ungeheure Vielfalt, in der sich der kulturelle Fetischismus heute zeigt.

Dies gilt auch für die marxistische und kulturkritische Tradition. Hier wurde der Konsumismus nie anders denn als Entfremdung und Verdinglichung begriffen – ganz ähnlich, wie der sexuelle Fetischismus in der psychoanalytischen Tradition nur als Perversion in Betracht kam. Im Grunde bewegte sich der Diskurs über Fetischismus immer in Theorie-Gefängnissen: eingeschlossen in Schubladen entweder der christlichen, marxistischen oder psychoanalytischen Dogmatik. Diese drei Varianten von Rechtgläubigkeit haben den Fetischismus als deviantes Verhalten – als Aberglauben, Verdinglichung oder Perversion – jedoch erst erzeugt. Dieses Buch macht es sich auch zur Aufgabe, diese drei Stränge in ihren verfehlten dogmatischen Linien historisch nachzuvollziehen und das darin jeweils Erkannte von den Arroganzen, Ignoranzen und Missverständnissen zu sondern. Man muss wissenschaftshistorisch arbeiten, wenn es gilt, für die Zukunft ein freies Feld der Kulturanalyse zu gewinnen. Darin ist dieses Buch ganz aufklärerisch, auch wenn es gerade in der Aufklärung eine der Wurzeln der theoretischen Blindheit im Feld des kulturellen Fetischismus ausmacht.

In diesem scheinbaren Widerspruch steckt etwas Symptomatisches: Wenn die marxistische Kritik und die psychoanalytische Theorie kritisiert werden, dann werden sie nicht zugleich verworfen. Das Gegenteil trifft für dieses Buch zu. Es geht bis auf die biblische Idolen-Kritik oder christlich-theologische Deutungen der Idolatrie zurück, nicht um zu zeigen, wie sehr die Diskussion um Idole und Fetische von dieser Tradition mindestens bis ins 20. Jahrhundert beherrscht wurde, sondern weil die jüdische Bibel oder die christlichen Texte Wertvolles erkannt haben, das noch heute für das Verstehen magisch aufgeladener Objekte brauchbar ist. Dies gilt analog auch für die frühe Religionswissenschaft, die Ethnologie, den Marxismus, die Psychoanalyse, die als jüngste in den Fetisch-Diskurs eintrat, nun aber auch schon über hundert Jahre alt ist.

6. STATUS DER THEORIE

Diesem Verfahren des Buchs liegen zweierlei Überlegungen zugrunde: Zum einen sind wir überzeugt, dass die Moderne sich selbst nur auf den Begriff bringen kann, wenn sie die kognitiven Ressourcen auch solcher Epochen nutzt, die als vormodern gelten. Die Moderne ist nämlich eine radikal historische Epoche, will sagen: In ihr laufen mächtige Traditionen weiter, obwohl sie genealogisch nichts mit der Moderne zu tun haben und doch zu ihrer Gegenwart gehören. Die Moderne setzt sich zwar aller Geschichte entgegen (sonst wäre sie nicht modern); doch zugleich verkörpert sie, mehr als andere Epochen, die Gegenwart aller Zeiten (sonst wäre sie nicht). Darum gilt: je mehr historisches Erinnern, desto reicher die Zukunft. Zum anderen haben die klassischen Theoretiker der Moderne (seit der Aufklärung) ein Analyse-Instrumentarium entwickelt, das nur auf das zugeschnitten ist, was an der Moderne modern ist. Darum gibt es nicht einmal eine angemessene Sprache, um mit dem umzugehen, was Magie, Fetischismus, eigenmächtige Dinge, idolatrische Devotion, hemmungsloser Konsum etc. in modernen Gesellschaften wirklich sind – jenseits ihrer theoretischen Verbannung und Pathologisierung, ihrer moralischen oder politischen Verwerfung.

Modern ist, in der Perspektive dieses Buchs, gerade nicht die Entgegensetzung von Vernunft und Fetischismus, sondern eine Vernunft, die das Hufeisen hängen lässt. Modern heißt, mit sich selbst im Widerspruch zu leben, ohne ihn aufheben zu müssen. Moderne Kultur, die diesen Namen verdient, bestünde darin, ebenso Rationalität und Selbstreflexion auszudifferenzieren wie fetischistische Praktiken nicht nur zu dulden, sondern selbst zu entwickeln. Wir brauchen sie nicht nur im Alltagsumgang mit Dingen und für überalltägliches Erleben von Gemeinschaft (gleichsam als ‹Klebstoff› des sozialen Lebens); sondern sie enthalten eine unverzichtbare Ressource an ästhetischer Kreativität und erotischer Lust. Das heißt nicht, dass sich Rationalität und Fetischismus immer ‹vertragen›. Vielmehr könnte die Kultur die ebenso reflexive wie vermittelnde Form sein, die es erlaubt, zwischen beidem zu wechseln, beides zu entwickeln, zwischen beidem zu moderieren und beides auch (sein) zu lassen. Kultur als eine Weise der Beobachtungsbeobachtung ist auch eine Kunst der Situierung: eine Fähigkeit, die verschiedenen, auch widersprüchlichen Momente unserer selbst dorthin zu situieren, wo es diesen und uns selbst bekömmlich ist, sie so einzubetten, dass eine Art Republikanismus der Widersprüche, ein ästhetisches Ensemble des Heterogenen und Unverträglichen und eine ethische Anerkennung des Nicht-Ethischen möglich werden.

Es wird im Folgenden nicht versucht, aus diesen knappen Formeln eine Theorie zu machen, die dann auch noch zu einer Makrotheorie von Fetischismus und Moderne auflaufen würde. Es genügt uns, das Theoretische ins Verfahren des Buchs und in den Umgang mit den Quellen hineinzulegen. Gelegentlich, und das wird der/die Leser/-in bemerken, verdichtet sich die theoretische Anstrengung; in jedem Kapitel mehrfach. Doch war es uns wichtig, das Theoretische aus dem Gang der Untersuchung, aus der Spezifität der Quellen hervorgehen zu lassen. Es war uns nicht darum zu tun, neben oder gar gegen die vielen, gut entwickelten

Theorien der Moderne eine weitere zu setzen. Was hier im Untertitel, etwas vollmundig, in anspruchsvoller Formulierung «Eine andere Theorie der Moderne» heißt, ist eher im Ablauf der Untersuchung aufzufinden: im Umgang mit den Quellen, in den Linienführungen der Kapitel, in der Haltung zu mal höchstrangigen, mal abseitigen Denkern, Wissenschaftlern, Phänomenen oder Praktiken, die aber ihrerseits alle in ihrer Eigensprache auch erhalten und zur Geltung gebracht werden sollen. Weil der Gang der Geschichte oft verschlungen und die Quellen gelegentlich absonderlich oder verstiegen sind, führt dies mitunter zu etwas mühseliger Durcharbeitung fremden Materials, bis sie sich wieder freieren Passagen öffnet. Wenn aber erst einmal die Einsicht dafür besteht, dass der Fetischismus aus keiner Theorie der Moderne und Nach-Moderne länger auszusperren ist, kann man nicht mehr die Gattung der ‹Großen Erzählung› wählen, die vom jüdischen Bilderverbot bis zum Museum reicht und sich von nordamerikanischen Indianerstämmen über zentralafrikanische Minkisi-Kulte bis zu den rituellen Kartographien der Aborigines erstreckt – aber mit uns nichts zu tun hat.

Aus diesen Gründen wurde auch davon abgesehen, eine Auseinandersetzung mit vorliegenden Theorien der Moderne vorzuführen, um die eigene Position davon kritisch abzusetzen. Zum einen handelt es sich bei diesem Buch nicht um eine Sozialtheorie, sondern um eine kultur- und wissenschaftshistorische Studie, die in allen Kapiteln, aus den historischen Linien heraus, jeweils die Ebene gegenwärtiger Kulturanalyse erreicht. Zum anderen stellt die Studie keinen Gegensatz zur Theoriegeschichte seit Kants drei großen Kritiken dar, mit denen die Theorie der Moderne beginnt, um sich über Hegel, Comte, Spencer, Simmel, Max Weber bis zu Jürgen Habermas, Niklas Luhmann, Ulrich Beck oder Anthony Giddens fortzusetzen. Auffällig allerdings ist, dass bei all diesen Theoretikern sich (beinahe) nichts über die Kulturfelder findet, welche hier untersucht werden. Fetischismus, Idolenpraxis, Dingmagie sind geradezu ausgeschlossen. «Eine andere Theorie der Moderne» meint deswegen nicht, dass dieses Buch sich in Konkurrenz zu den genannten Theorien befindet, sondern dass die Moderne von einem ‹anderen› Feld aus in Augenschein genommen wird, das bislang stiefmütterlich behandelt wurde. Es hängt mit der Eigenart dieses Feldes von Fetischismus und Magie zusammen, dass die Beziehungen, die von hier aus zur Moderne bestehen, sich nicht im unmittelbaren Zugriff erschließen, sondern erst in historischer Analyse. Das hat guten Sinn. Zum einen wird deutlich, dass *sub specie* des Fetischismus sich die üblichen Epocheneinteilungen nicht gut bewähren. Der Fetischismus ist viel älter als die Moderne. Er ist nicht nur historischen Epochen, sondern auch politischen Herrschaftssystemen gegenüber ein ziemlich unabhängiger ‹Langläufer›: Er bildet eine *longue durée* der Kulturen und zeigt seine größte Verbreitung und Variabilität gerade in der Epoche, welche ihn überwunden zu haben glaubte: in der Moderne. Zum Thema gemacht wird hier deswegen nicht, welches die spezifischen Ausdifferenzierungsleistungen der Moderne sind, also nicht das, wodurch sie sich von vorangegangenen Epochen unterscheidet (dies ist Gegenstand der genannten großen Theoretiker). Der Fokus liegt vielmehr auf dem, was die Moderne aus vergangenen Epochen übernimmt und in transformierter Form ihrer eigenen Struktur einverleibt. Dadurch wird, so steht zu hoffen, die Selbstreflexivität der Moderne differenzierter und komplexer.

7. FETISCHISMUS, ETHNOLOGIE, KULTURWISSENSCHAFT

Mit der Absicht des Buchs verträgt es sich nicht, das Konzept des Fetischismus, wie es oft vorgeschlagen wurde, entweder abzuschaffen oder einzuschränken und trennschärfer für das zu reservieren, was es seinem vermeintlichen Ursprung nach ist: ein Begriff der Ethnologie. Der Fetischismus ist niemals nur ein ethnologisches Konzept gewesen, ja er ist vielleicht im ethnologischen Feld besonders unbrauchbar. Wir vertreten die Auffassung, dass der Fetischismus eine Vielzahl von Wurzeln aufweist und sich insofern unübersichtlich ausgefächert hat, weil er, wie wir argumentieren werden, ein Terminus der Selbstbeschreibung eher der europäischen Gesellschaften ist als außereuropäischer Kulturen. Dies aber wurde erst in einer langen Geschichte von Umwegen und Anreicherungen bewusst: Dies wollen wir zeigen. Wenn aber dies erst einmal bewusst ist, dann muss das Konzept des Fetischismus auch konsequent ‹europäisiert› werden und auf den Stand der Dinge in unserer Kultur gebracht werden. Das schließt nicht aus, dass der Terminus sich auch zur Beschreibung stammeskultureller magischer Praktiken oder für die Analyse heutiger außereuropäischer Kulturen eignet, die durch eigenartige *cross-cultural*-Brüche zwischen Modernisierung und traditionellen Sozialformen gekennzeichnet sind. Dies hat Michael Taussig (1980) in seiner Untersuchung über südamerikanische Minenarbeiter eindrucksvoll gezeigt, während sein Versuch, das durchaus moderne Phänomen des «state fetishism» auf den Begriff zu bringen, aufgrund eines untauglichen Theorie-Eklektizismus eher gescheitert ist (Taussig 1993). Wir versuchen, am Beispiel des Stalin-Kults diesen Ansatz tragfähig zu machen.

Mit dem Fetischismus steht es ähnlich wie mit dem Totemismus, dem Claude Lévi-Strauss (1962/1965) eine harsche Abrechnung zukommen ließ. Der Totemismus hatte sich in der internationalen Ethnologie (aber auch bis in die Psychoanalyse Freuds hinein) uferlos ausgedehnt und war zu einer Art Theorie-Schibboleth geworden. Lévi-Strauss zog daraus die polemische Konsequenz, nicht darauf zu achten, *was* und *wer* und *mit welchem Recht* durch diesen Begriff beschrieben wird, sondern *diejenigen* zu beobachten, *die diesen Begriff verwenden*: Vielleicht sagt der Totemismus mehr über die Ethnologen aus als über die Kulturen, die von diesen analysiert werden. Lévi-Strauss zieht daraus den Schluss, dass «der Geist der Gelehrten ebenso oder genauer beobachtet werden müßte als der jener Menschen, die der Erforschung unterzogen werden: es hat doch den Anschein, als ob die ersteren unter dem Deckmantel wissenschaftlicher Objektivität unbewußt die letzteren – mag es sich um Geisteskranke oder um sogenannte Primitive handeln – verschiedener zu machen versuchten, als sie sind. Die Hochflut der Hysterie und die des Totemismus fallen zeitlich zusammen und sind im gleichen Zivilisationsmilieu entstanden» (1965, 7). «Der Totemismus ist zunächst das Hinauswerfen von Geisteshaltungen, die unvereinbar sind mit der Forderung einer Diskontinuität zwischen Mensch und Natur, die das christliche Denken für wesentlich hielt.» (ebd., 9) Diese Überlegungen sind ein wichtiger Wink auch für unser Buch, insofern wir nicht die als fetischistisch deklarierten Kulturen behandeln, sondern die Diskurse derjenigen, die diese Deklaration verwenden. Wir glauben, dass der Fetischismus-Diskurs mehr Auskünfte über diejenigen enthält, die ihn verwenden, als über jene, auf die der Diskurs referiert. Darum ist dieses Buch kein Beitrag zur ethnologischen Forschung, sondern zur Wissenschaftsgeschichte und ihren Phantasmen, die einem europäischen Zivilisationsmilieu entspringen.

Unter Bezugnahme auf den amerikanischen Anthropologen Robert H. Lowie (1983–1957) mahnt Lévi-Strauss nachdrücklich, darauf zu achten, «ob man kulturelle Wirklichkeiten vergleicht oder nur die Phantasiegebilde, die aus unserer logischen Klassifikationsweise hervorgegangen sind» (1965, 19). Dies ist weitgehend die methodische Leitlinie dieses Buchs. Denn die Beobachtungen von Lévi-Strauss hinsichtlich des Totemismus treffen auch auf die Geschichte der Fetischismus-Forschung zu.

Daraus leiten manche die Konsequenz ab, das Konzept des Fetischismus überhaupt aus dem Verkehr zu ziehen. Solche Vorschläge tauchen erstmals um 1900 auf. Wir folgen ihnen nicht. Die semantischen Wucherungen und zügellose Unordentlichkeit des Konzepts werden nicht dadurch behoben, dass man es begräbt. Dann käme der Fetisch als Geist wieder. Vielmehr wird die eigentümliche begriffliche Unruhe des Fetischismus positiv gewendet. Es soll gezeigt werden, dass sich in den drei großen Feldern der Kapitel 2 bis 4 (Religion/Ethnologie – Warenfetischismus – Sexualität/Psychoanalyse) auf unterschiedlichen Systemebenen begriffssemantische Kerne ausmachen lassen. Sie werden jeweils auf kulturelle Praxisfelder angewendet und erprobt. Durchaus soll das weite Bedeutungsspektrum und auch ein gewisser Universalitätsanspruch des Konzepts erhalten bleiben; doch zugleich soll demonstriert werden, dass man trotz dieser Weite mit dem Konzept, historisch wie gegenwartsanalytisch, methodisch geordnet arbeiten kann.

Bestimmte traditionelle Abgrenzungen werden dabei aufgehoben. So folgen wir nicht der landläufigen Auffassung, dass Magie der Ausdruck eines primitiven, prä-kausalistischen Weltverhältnisses sei und strikt von der (höher entwickelten) Religion sowie erst recht von der verwissenschaftlichten Welt zu scheiden sei. Magie, wollen wir zeigen, gehört nicht nur zu Hochreligionen wie dem Christentum, sondern auch zur

Moderne und dem aufgeklärten Bewusstsein. Wir denken heute ganz in den Bahnen der Wissenschaft und unterhalten dennoch magische Beziehungen zu Dingen, Personen, symbolischen Leitbildern, ohne deswegen ‹primitiv› zu sein. Wir teilen auch nicht die strikte Unterscheidung zwischen Idolen und Fetischen. Selbstverständlich bestehen zwischen beiden Unterschiede, die wir auch erklären werden. Doch entscheidend ist, dass die Wirkungsmechanismen von Idolen und Fetischen strukturanalog sind, dass beide oft genug Ensembles bilden und beide ermöglicht werden durch ein identisches «magisches Milieu» (Marcel Mauss). Weil dies so ist, werden in dieser Arbeit auch Phänomene der Idolatrie behandelt – von der jüdischen Bibel bis zum Stalin-Kult.

Fetische wie Idole sind immer materiell; doch beide gehen darin nicht auf. Das Besondere an ihnen ist es, dass sie Materie sind, die etwas ‹anderes› eingekörpert hat: Bedeutungen, Symbole, Kräfte, Energien, Macht, Geister, Götter usw. Die dingliche Seite führt zu der Frage, was Dinge überhaupt sind und wieso sie etwas ‹bedeuten› können. Dies ist fast eine Kinderfrage. Oder eine jener Fragen, auf die Augustinus stößt, als er sich fragt, was Zeit ist: Solange wir uns das nicht fragen, wissen wir es; aber wenn wir danach fragen, wissen wir es nicht. Dinge sind uns tief vertraut. Wenn wir wissen wollen, was sie sind, werden sie fremd. Um Fetische und Idole bzw. die Mechanismen zu verstehen, durch die Dinge für uns zu Fetischen oder Idolen werden, müssen wir wissen, was die Dinge sind. Darum steht am Anfang ein Grundlagenkapitel, das sich dieser Frage widmet. Noch immer nicht sind wir das Staunen losgeworden, wie spärlich die Forschungslage hinsichtlich der Dinge ist. Gewiss gibt es Ansätze in der philosophischen Phänomenologie, in der (ethnologischen) Alltagsforschung, es gibt psychologische Ansätze etwa bei Friedrich Heubach über «Das bedingte Leben» (1996) oder in der empirisch gehaltvollen Untersuchung von Tilmann Habermas über «Geliebte Objekte» (1996). Deren Fokus schließlich liegt aber doch ganz auf Seiten des Menschen oder der sozialisierenden Funktion der Dinge. Wir hoffen, dass wir eine Grundlegung zu einer Theorie der Dinge gelegt haben, die weit über die Felder des Fetischismus und der Idolatrie Anwendung finden kann.

8. Ein Buch ist niemals allein

Man schreibt Bücher, aber es gibt immer Verwandte. So steht dieses Buch in besonderem Verhältnis zu der 2003 erschienenen Studie von Karl-Heinz Kohl (2003). Wir wussten schon in den 1990er Jahren voneinander, dass wir an einem ähnlichen Thema arbeiten. Universitäten sind manchmal ein Moloch. Verpflichtungen eines Dekanats und der Aufbau eines Sonderforschungsbereichs haben mich jahrelang behindert, dieses Buch zu beenden, dessen Material aufbereitet und in vielen Aufsätzen in Teilen auch schon erprobt wurde. Manche Partien unserer Bücher kommen sich deswegen nahe, weil besonders hinsichtlich der religiösen Vorgeschichte und der älteren Ethnographie wir an gleichen oder ähnlichen Quellen gearbeitet haben. Insgesamt sind unsere Bücher, zum Glück, in der Fokussierung, im Stil, in der Zielbestimmung und im Verfahren doch gänzlich verschieden. Es ist nicht meine, sondern Sache des Lesers und der Leserin, dieses zu prüfen. Man darf aber wohl sagen, dass durch diese beiden Bücher ein erstaunliches Forschungsdefizit wenn nicht behoben, so doch gemildert wurde: Während in den USA seit über 20 Jahren eine vitale Fetischismus-Forschung in vielen Wissenschaften – von der Soziologie bis zur Ökonomie, von der Kulturanthropologie bis zur Literaturwissenschaft, von der Frauenforschung bis zur Psychoanalyse – besteht, gibt es in Deutschland nichts Vergleichbares. In vieler Hinsicht ist die amerikanische, aber auch die französische Forschung für dieses Buch vorbildlich gewesen. Für Frankreich ist nach der großartigen Aufsatzsammlung von Jean-Bertrand Pontalis (1970/72) und dem Buch von Jean Pouillon (1975) insbesondere die unlängst erschienene Studie von Laurent Fedi (2002) zu nennen, die sich allerdings auf das traditionelle Modell der Theoriegeschichte konzentriert und die kulturanalytische Ebene gar nicht erreicht. Die anspruchsvollste Gesamtdarstellung, die die höchst verschiedenen afrikanischen Fetischpraktiken und Glaubensvorstellungen auf ein theoretisches Modell bringt, das aus empirischer Feldforschung ebenso wie aus der Religionswissenschaft hervorgeht, hat der Ethnologe Albert de Surgy (1995) vorgelegt. Vergleichbares gibt es in Deutschland nicht. Die Arbeit des Italieners Alfonso M. Iacono (1985a/b) ist, ähnlich dem Buch von Fedi, sehr philosophisch ausgerichtet und endet mit einem luziden Marx-Kapitel. Die Ebene der Kulturanalyse der europäischen Gesellschaften, die das Fetischismus-Konzept hervorgebracht haben und auf die es auch besser passt als auf die afrikanischen Kulturen, wird in diesen Arbeiten durchweg nicht erreicht. Auch wissenschaftshistorisch und dingtheoretisch stellen diese Studien keine Parallele zu unserem Buch dar. Diesbezüglich sind die amerikanischen Forschungen einschlägiger. Der vorliegende Band stellt insofern den Versuch dar, für die deutsche Forschungslandschaft einen Stand herzustellen, der dem amerikanischen und französischen zumindest entspricht, hingegen die kulturgeschichtlichen und kulturwissenschaftlichen Anwendungsfelder stärker in den Vordergrund rückt.

9. Dank

An erster Stelle ist, wie immer, Yvonne Kult zu danken, die in nie nachlassendem Engagement und steter Freundlichkeit die Entstehung des Buchs von Beginn an begleitet hat. Danken möchte ich auch den studentischen Hilfskräften Anna Groß, Hanna Engelmeier und Viola van Beek, die unermüdlich Bücher herbeibrachten und Zitate prüften; Fabian Kröger und Kirsten Rischmann ist für das Register zu danken. Yvonne Ehrenspeck hat die vorläufige Endfassung kritisch gelesen und viele Hinweise gegeben. Danken möchte ich auch den Berliner Studierenden des Seminars über die Dinge, die in ihren Referaten viel Kluges geleistet haben; den Zuhörenden der Vorlesung über Fetischismus, deren Aufmerksamkeit Ansporn zur vertieften Darstellung war; sowie den Mitgliedern des Seminars über Fetischismus und Literatur an der New York University. Burghard König vom Rowohlt Verlag danke ich für die Aufnahme des Buchs in die von ihm betreute Reihe und für seine sorgfältige Lektorierung.

1
DAS IST EIN DING. – EINFÜHRUNG IN DIE WELT DER DINGE

Denn die Dinge sind nur die Grenzen des Menschen.
(Friedrich Nietzsche) [1]

1. Der Bartleby-Effekt

Lassen wir uns auf ein Gedankenexperiment ein: Man nehme an, die Dinge könnten den Bartleby-Effekt zeigen. Sie träten in den Ausstand. Man erinnere sich an die zuerst 1853 publizierte Geschichte «Bartleby the Scrivener» von Herman Melville, die in den letzten Jahren eine staunenswerte Renaissance erfahren hat.[2] Ein geringfügiger, bisher stets gefügiger Kopist in einem New Yorker Rechtsanwaltsbüro beginnt nebenbei, dann häufiger und schließlich andauernd auf Aufforderungen, dieses oder jenes zu erledigen, was zu seiner Pflicht gehört, mit unheimlicher, aber stets sanfter Freundlichkeit zu antworten: «I would prefer not to» (Ich möchte lieber nicht). Scheinbar ohne Bedürfnisse, aber in konstanter Verweigerung noch jeder nützlichen Verwendung nistet er sich in die Kanzlei ein, wo er schließlich auch lebt und übernachtet in einer Ecke wie ein abgestelltes Ding, das in seiner unscheinbaren Renitenz gleichwohl zu tiefen Irritationen, ja Verstörungen des selbstgewissen Bewusstseins des Anwalts und seiner Angestellten Anlass gibt. Ein «unheimlicher Gast», mit E. T. A. Hoffmann gesprochen. Irgendwann ins Gefängnis entsorgt, wird er, der schließlich auch jedes Essen von sich weist, eines Tages wie ein überflüssiges Zeug tot aufgefunden. Ein in seiner Unscheinbarkeit tragisches Relikt radikaler Lebensverneinung.

Denken wir also, so könnte es uns mit den Dingen ergehen[3]: they would prefer not to. Die Dinge würden es vorziehen, nicht unseren Anweisungen zu folgen. Sie verharrten in stummer Verweigerung. Wären nur da, lungerten herum, anspruchslos und unansprechbar. Stellen wir uns vor, wir wären nicht die Subjekte, die den Objekten Eigenschaften und Merkmale zuschrieben; wir könnten keine Aussagen über Sachen treffen, Sachverhalte feststellen, womit wir die Dinge ‹stellen› würden. Es wäre eine entstellte Welt. Oder noch schlimmer: Wir würden diese Sätze bilden, aber die Dinge würden es bevorzugen, sich ihnen nicht zu fügen: they would prefer not to. Sie wären nicht mehr ‹zuhanden›, zu keinem Gebrauch fügsam, jeder Verwendung entglitten. Ihre unauffällige Gegebenheit – und als solches, als Gegebenheit, die stillschweigend immer die Gegebenheit für uns einschloss, wurden in der abendländischen Philosophie die Dinge stets verstanden – verwandelte sich in eine renitente Präsenz, die zunehmend unheimlich würde. Ich schriebe auf der Tastatur – aber keine Buchstaben erschienen auf dem Bildschirm. Die Matratze weigerte sich, meinem Gewicht nachzugeben, und läge steinhart da. Das Radio, eingeschaltet, bliebe stumm. Der Staubsauger verabschiedete sich in seine Ecke im Flurschrank. Der Wasserhahn ließe sich nicht mehr drehen. Der Stuhl wollte nicht mehr stehen, sondern sackte bei jeder Belastung zu Boden. Und so weiter.

Es wäre ein Moment einer stillen Revolution, eines «Aufstands der Dinge», wie Erhart Kästner einmal schrieb, eines Aufstands, der in nichts als einem passiven Generalstreik der Dinge bestünde. ‹In nichts als …›: Wir begreifen schnell, dass dies eine Katastrophe unvorstellbaren Ausmaßes wäre. Unser Leben wäre erledigt. Chaos. Unsere anthropologische Sonderstellung wäre dahin. Denn diese schloss stillschweigend immer ein: Wir sind diejenigen, die Sätze so zu bilden verstehen, dass die Dinge getroffen sind und folglich sich fügen.

Man braucht solche Gedankenexperimente, um zu verstehen, dass wir in einer dunklen, unbegriffenen Weise von den Dingen abhängig sind. Unsere prätendierte Souveränität im Reich der Dinge (und Lebewesen) wäre zu Ende. Es ist, als hätten wir die Physik erfunden, um vor solchen stummen Anschlägen auf unser Leben sicher zu sein: Die Dinge sind so, wie sie sind; sie können nicht anders, das ist ihr Gesetz, ja ihr Schicksal insofern, als dieses Gesetz heißt, dass sie sich widerspruchslos von Dingen zu Zeug machen lassen, wie Heidegger sagt. Das meint nichts anderes, als dass wir in größter Selbstverständlichkeit annehmen dürfen, die Dinge seien fügsam, soweit und solange wir die Physik beachten. Den Gesetzen der Natur zu gehorchen ist der Weg, den Dingen zu befehligen. Dies ist das abendländische Prinzip par excellence, spätestens von Francis Bacon ausgesprochen.[4] Es ist aber auch das Prinzip der Technik und, fast noch grundlegender, das Prinzip der Sprache. Zu sprechen heißt, die Dinge als Sachverhalte zu formulieren, sie festzustellen und über sie zu verfügen. So haben wir sie in Regie genommen, sie gehören zu unserem Regime.

Dieses Regime meint: Die Dinge werden von uns zu Gebrauchsdingen gemacht, sie sind ‹da› als nützliche. Das allein berechtigt ihre Existenz.

Sind sie unnütz, so sind sie Abfall (wie schließlich Bartleby). Oder sie sind Dinge der Natur, die ‹für sich› bleiben dürfen, sofern sie uns nicht stören oder zu unserem ästhetischen Gefallen beitragen: Als solche können sie eine Art sekundären Nutzen haben, als Elemente einer Landschaft, als Sammlungsstücke, hübsche Muscheln, seltene Versteinerungen, flüchtige Wolken oder elegante Autos, die Gefallen und Lust wecken. Immer aber gilt: Dinge, ob nun Naturdinge oder Nutzdinge, sind tote Materie, subjektlos, sie agieren nicht, sie gehorchen nur: den physikalischen Gesetzen und uns. Gerade als solche bilden sie den breiten Sockel unserer Existenz. Und das wachsende Königreich unseres Willens. Wachsend deshalb, weil die Population der Dinge stets zunimmt. Die Artefakte haben sich in den vergangenen zwei Jahrhunderten ins Unermessliche vermehrt. Wir brauchen und verbrauchen sie, um leben zu können. Und weil wir sicher sein können, dass die Dinge keine Akteure sind, von denen wir einen Aufstand oder die stumme Verweigerung Bartlebys befürchten müssen, ist die tiefe Abhängigkeit, in die wir unterdessen zu den Dingen geraten sind, nicht in den Horizont unseres Bewusstseins getreten.

Über die Dinge zu sprechen, sie in Aussagen und Sachverhalte zu verwandeln und über sie technisch zu verfügen, schafft jenes Vertrauen, ohne das wir nicht leben könnten. Zwar bezeichnen wir Dinge als Objekte. *Obiectum* ist das Entgegengeworfene. Darin hallt etwas von der stets aktualisierbaren Erfahrung nach, dass die Dinge widerständig sind und der Anstrengung bedürfen, diesen Widerstand zu überwinden: Wir verrichten Arbeit, um die Dinge in Bewegung zu bringen. Das ist uns so selbstverständlich, dass es uns als unsere Natur erscheint: zu arbeiten, um mit und gegen die Dinge Ziele zu verwirklichen. Noch unterhalb dieser Selbstverständlichkeit scheint eine andere verborgen: dass wir überhaupt darauf vertrauen können, dass uns die Dinge nicht wie Bartleby begegnen. Dass sie in ihrem stummen Insichruhen, ihrer dunklen Geschlossenheit nie so weit ‹gehen› würden, sich ‹selbständig› zu machen, ‹eigenwillig› zu werden – und sei's nur in der Form schweigender Renitenz. Doch diese Grundannahme ist keineswegs universal oder ursprünglich. Wir teilen sie weder mit früheren Gesellschaften noch mit gegenwärtigen Kulturen, in denen die Dinge ‹lebendig›, magisch und animiert (geblieben) sind, als hätten sie Lebenssubstanz, aus der heraus sie agieren könnten, womöglich Macht über uns gewinnend.

Es ist, weltgeschichtlich gesehen, eine durchaus späte Errungenschaft, Philosophien und Techniken entwickelt zu haben, die so angelegt sind, dass die Dinge still und stumm ‹da› verharren, wo sie sind oder abgelegt wurden, wartend auf ihr Herausgerufenwerden oder ihre Handhabung, also auf unsere Sprache und unsere Hand. Alle Dinge sind potenziell bezeichenbar; und sie alle sind potenziell ‹zuhanden›, wie Heidegger sagt. Das gilt auch für die fernsten Sterne: Sie mögen unerreichbar fern sein, aber nah genug unserem Erkennen, Messen, Feststellen. Sind sie nicht real, so sind sie doch mental angeeignet. Darin erweist sich der Homo-mensura-Satz des Protagoras: pánton chremáton metron estìn ánthropos, ton mèn ónton ós éstin, ton dè ouk ónton ós ouk estin (Platon: Theaitetos 152a, Diels/Kranz 80 B1: Das Maß aller Dinge ist der Mensch, der seienden, dass/wie sie sind, und der nicht seienden, dass/wie sie nicht sind).

Dies ist ein frühes philosophisches Zeugnis, womit überhaupt autonomes Philosophieren beginnt; es ist zugleich ein sehr spätes Zeugnis, weil es jene durch Hunderttausende von Jahren während kulturelle Geltung durchstreicht oder umkehrt, wonach die Dinge ihre eigene Fügung und ihr eigenes Aktionszentrum darstellen, im Verhältnis zu dem der Mensch ephemer und schwach ist. Die Macht der Dinge, an die wir als Enkel der griechischen Aufklärung und Söhne der frühneuzeitlichen Technik und Wissenschaft nicht mehr glauben können, die Macht der Dinge (und Lebewesen) war die längste Zeit der Geschichte herrschend. Denn die Dinge ‹leben›, auf die ihnen eigentümliche Weise. Kinder, die wie selbstverständlich mit toten Dingen umgehen, als seien sie Mitspieler ihres Agierens, sind eben – Kinder. Sie haben jenen Schnitt noch nicht vollzogen, der die Welt in lebende und tote Objekte einteilt und beide große Klassen uns gegenüberstellt: als Gegenstände unseres Wissens und Operierens. Wer erwachsen werden oder als Angehöriger eines so genannten Naturvolks an der aufgeklärten Welt partizipieren will, hat an sich selbst diesen Schnitt zu vollziehen, der die Dinge unserem Maß anpasst, sie aussagbar und verfügbar macht, von einer autonomen Position aus, die uns als Subjekt zukommt und als solche konstituiert. Dass

Subjekt von *subiectum*, das Unterworfene, herstammt (was in der abfälligen Wendung vom ‹verkommenen Subjekt› noch nachklingt), ist dabei vergessen. Bartleby ist ein *subiectum*, will sagen: ein bloß Willfähriger seines Chefs, der unheimlich dadurch wird, dass er zum Objekt mutiert, das nicht einmal ‹zuhanden›, nicht einmal Gebrauchsding oder Zeug ist.

2. DER «AUFSTAND DER DINGE»

Der Schriftsteller und Direktor der Herzog-August-Bibliothek in Wolfenbüttel, Erhart Kästner (1904–1974), hat in seine «Byzantinischen Aufzeichnungen», wie er sein Buch «Der Aufstand der Dinge» untertitelt, eine Reihe von Reflexionen eingeflochten, die den Dingen gewidmet sind und in ihrem metaphysischen, kulturkritischen Duktus einen seltsam unzeitgemäßen Klang anschlagen. Auf dem Marktplatz von Delos, eingedenk der antiken Sklavenhaltung, notiert Kästner:

«Wird es sich nicht als schrecklicher Irrtum erweisen, wenn man meint, die Dinge, die nunmehr an Stelle der Sklaven versklavt sind, ertrügen den Terror, ohne je eine Rechnung zu stellen? Wenn man meint, das Jahrhundert aus List geflochten, denn Forschung ist Überlistung der Dinge, werde so durchkommen? Wenn man meint, die Überlisteten seien so wehrlos? Keine Gegenwehr zu befürchten? Kein Spartakus? Kein Aufstand der neuen Sklaven? Keinerlei Notwehr? Wenn man die Dinge dieser Welt für so stumpf, für so tot hält? ... Damals Menschen-Verachtung, jetzt Verachtung der Dinge? War es nicht Verachtung, die glauben ließ, es sei nur List und ein bißchen Druck nötig, um zu unterwerfen, stumm und gefügig zu machen? Meint man, das Unternehmen der Welt-Ausrechnung und Welt-Herstellung werde niemals zurückschlagen? ... Ist noch nicht der Gedanke gekommen, in einer Zukunft ... könne ein Sozialismus erwachen, der sich auf die unterdrückten, verstoßenen, ausgespähten und ausgebeuteten Dinge bezieht?» (1973, 157/58)

Kästner denkt «die *Möglichkeit eines General-Streiks der Dinge*», der darin bestehen könnte, dass die Dinge sich abwenden, verschließen, verstummen, sich wegziehen – der Bartleby-Effekt. «Weggezogen» versteht Kästner einerseits wörtlich als «Wegzug der Dinge», andererseits als Übersetzung von ‹abstrakt›: An die Stelle der weggezogenen Dinge rückt das Abstrakte nach. Als Symptom dieses Zugs sieht er Gemälde der *peinture métaphysique* von Giorgio de Chirico (1888–1978) an, deren abgestorbene Atmosphäre ihn an «Bestattungs-Feiern der Dinge» erinnern. «Nicht Gott ist tot», so dementiert Kästner Nietzsches berühmten Aphorismus (Nietzsche KSA III, 480–82)[5], «aber die Dinge; es war ein Nachrichten-Versehen, ein Übermittlungs-Fehler, eine Falschmeldung. Die Dinge sind tot, und wir (das war richtig) wir waren es, die sie erforschten, erwürgten, umbrachten» (1973, 159). Man darf annehmen, dass der gebildete Kästner die Formulierungen kannte, mit denen Francis Bacon das Experiment in missverständliche Nähe zu Inquisition und Folter rückte, und dass ihm Goethes Diktum vertraut war: «Die Natur verstummt auf der Folter».[6] Kästner geht über dieses Verstummen der Dinge hinaus: Ihr Aufstand ist die Antwort auf den Vertragsbruch, den wir ihnen angetan haben sollen, die Reaktion auf den «Herren-Wahn der Neuzeit», womit Kästner vor allem den Rationalismus und die Naturwissenschaften meint (ebd., 161, 163–66). Gegen sie wird, ohnmächtig, eine konservative Kulturkritik aufgeboten, die sich mit dem Gedanken stärkt, dass die Dinge auf ihre Seite treten und einen Aufstand anzetteln könnten – das «Natur-Recht der Dinge» einklagend. «Die Dinge für grenzenlos unterdrückbar, rechtlos, willenlos, fühllos und unbedürftig der Selbst-Bestimmung zu halten, das kann bloß, wer meint, daß sie weder Leben noch Macht hätten. Sie haben sie» (ebd., 160).

Man erkennt, dass Kästner, obwohl er jede «Donquichotterie» meiden möchte, die Dinge sprachlich animiert, ihnen Subjektstatus und damit auch Analogien zu Menschenrechten und Autonomie zuschreibt. Indem er derart die Dinge anthropomorphisiert (und das ist gewiss eine prekäre Grenzüberschreitung), kann er die Mensch-Ding-Beziehung als intersubjektives Sozialverhältnis darstellen und moralisch oder rechtlich bewerten. Die Dinge sind nicht nur die Sklaven der Gesellschaft, sie sind das moderne Proletariat. Man kann den «Aufstand der Dinge» gewiss auch als Versuch lesen, durch den Kästner auf die Kritikbedürftigkeit der modernen Machtergreifung in der Seinssphäre der Dinge aufmerksam machen will. Er nimmt dabei alte literarische Motive auf, etwa das Märchen vom «Lumpengesindel», den «Zauberlehrling» Goethes oder Geschichten, die von der «Tücke des Objekts» handeln, wie etwa E. T. A. Hoffmann, wenn er seinen Protagonisten Anselmus zu Beginn der Erzählung «Der Zaubertopf» ständig in Kollisionen mit den Dingen zeigt.[7] Das Kinderbuch «Die Reise nach Tripiti» von H. U. Steger (1967) erzählt wiederum von lädierten Spielzeugen, die sich zusammentun und auf ihrer Reise immer mehr werden: eine vielfach behinderte Schar von Weggeworfenen und ‹Abgefallenen›, die nicht zu Abfall und Müll werden wollen. In Tripiti (er)finden sie die Utopie einer Dinge-Sozietät, für einen friedlichen Lebensabend der Sachen – unter Ausschluss der Menschen, die ihren Wert und ihre Individualität, die gerade in ihrer Läsion liegt, nicht zu achten vermögen. Hier soll den ‹alten› Dingen jene Würde zurückgegeben werden, die für Kästner allen Dingen zukommt.[8] Ob Aufstand der Sklaven oder Generalstreik des Proletariats, ob Zusammenschluss der Lumpen (wie im «Lumpengesindel» und den «Bremer Stadtmusikanten») oder utopischer Altensitz für die maroden Spielzeug-Pensionäre: Stets nutzen solche Erzählungen das uralte Muster der magischen Ding-Belebung, um in seiner Brechung die Fragwürdigkeit des menschlichen Ding-Umgangs zu spiegeln. Das reicht bis zu Bruno Latours «Das Parlament der Dinge» (1999).

Immerhin: Die Schweizer Verfassung hat wenigstens den Tieren schon den Rang der Würde zugesprochen. Und vom Mittelalter bis weit in die Frühneuzeit waren Tiere selbstverständlich Rechtssubjekte. Man führte förmliche Gerichtsprozesse gegen Tiere und erfand auch die advokatorische Vertretung der Tiere. Doch hatte man dabei die Tiere nicht als Träger von Rechten im Auge, sondern als Delinquenten, welche sich gegen die menschliche Ordnung vergangen hatten. Über die anwaltliche Vertretung der Tiere in ökologischen und juristischen Diskursen wird heute seriös diskutiert (man mag an Erich Kästners «Konferenz der Tiere» von 1947 denken, worin umgekehrt die Tiere stellvertretend für die unfähigen Menschen eine Weltfriedens- und Zukunftskonferenz abhalten). Man kann historisch noch weiter zurückgehen: Im 9. bis 10. Jahrhundert findet man im «Sendschreiben» der Ihwan as-Safa, der Lauteren Brüder, einen Prozess der Tiere gegen die Vertreter der Menschengattung (Ihwan as-Safa 1990, vgl. Dieterici 1861). Diese fiktive Gerichtsszene nennt der Herausgeber Friedrich Dieterici bezeichnenderweise ein «Märchen». Mit schlagenden Argumenten legen die Tiere das Unrecht, die Brutalität, die Herrschsucht, die gesellschaftlichen Missstände, den Egoismus und die fehlende Legitimation des Menschen dar. Seine Despotie über die Tiere führt er zu Unrecht auf ein Schöpfungsprivileg und seine Vernunftfähigkeit zurück. Alle Formen der gewaltsamen Unterwerfung der Tiere werden angesprochen: das Töten zum Zweck der Ernährung, die blutige Jagd, ihre Gefangenschaft, ihr Leiden unter dem Joch der Zwangsarbeit, die Respektlosigkeit vor ihrer lebendigen Empfindsamkeit, die Brutalität der Strafen, die Verwendung ihrer Häute, Hörner und Felle für Kleidung, Schmuck und Gerät, ihre Abrichtung für menschliche Vergnügen etc. So endet die erste Anklagerede: «Vielmehr müssen sie [= die Menschen, H. B.] nun noch den Anspruch stellen, daß dies ihr unumstößliches Recht gegen uns sei, daß sie unsere Herren und wir ihre Diener seien und daß, wer von uns entflohen, ein entlaufener Sklave sei, rebellisch und den Gehorsam verweigernd. Dies alles ohne jeden Rechtsanspruch uns gegenüber, ohne Beweis und ohne Argument – allein durch Gewalt und Unterdrückung.» (Ihwan as-Safa 1990, 10) Gegenüber den Tieren erscheint der Mensch viehischer denn jedes Vieh und die Tiere menschlicher als der Mensch.

Im Verhältnis zu den Tieren spiegelt sich stets auch das Verhältnis zu den Dingen, denn schon im römischen Recht wurde der Sachen-Status der Tiere festgelegt, also jene Bestimmung, gegen welche die Tiere in den Schriften der Lauteren Brüder klagen. Dieser Status, den die Tiere lange mit Kindern und Frauen teilen, hält bis weit ins 20. Jahrhundert an und begründet die Legalität der im jüdisch-christlich-muslimischen Kulturraum geübten utilitaristischen Praxis: Tiere sind Sachen, Dinge unseres Willens, Mittel unserer Zwecke, und wo sie dies nicht sind, gelten sie als böse, feindlich, überflüssig, als Ungeziefer und Bestie.

Was für die Tiere gilt, kann auf die ganze Natur und damit auch auf die scheinbar leblosen Dinge ausgedehnt werden. Gegen diese Auffassung richtet sich um 1490 das *Iudicum Iovis oder Das Gericht der Götter über den Bergbau* von Paulus Niavis. Der Text stellt den ersten formellen Gerichtsprozess über den Menschen dar, der des Mordes an der Natur angeklagt ist. Die personalisierte Erde führt gegen den *homo faber* Anklage vor dem höchsten Gott, Jupiter. Der Mensch ist angeklagt zwar als Montane, doch geht es grundlegender um die Legitimität des Humanprivilegs, die Herrschaft über die Natur und die Missachtung der religiösen Traditionen, welche die Ausbeutung der Erde begrenzten (Niavis 1485/90/1953).[9]

Durchaus also ist im abendländischen Denken Spielraum dafür, den Dingen eine eigene Würde zuzubilligen – was heute unter dem Stichwort des möglichen Verfassungsranges der natürlichen Umwelt verhandelt wird. Nun mag man sagen, dass es hierbei nicht um einzelne Dinge, sondern systemische Zusammenhänge der Natur gehe; doch was sind Dinge? Sind nur einzelne Bäume Dinge oder die Bäume insgesamt, die wichtige Agenten des Klimageschehens sind? Ist das Klima ein Ding? Nein? Die Wolke aber doch? Der Wind indes nicht? Gehört zum Ding Auto oder zum Ding Kohlekraftwerk nicht, dass sie Kohlendioxid ausstoßen wie der Baum Sauerstoff? Sind Dinge nur die kompakt abgegrenzten, in sich ruhenden, nicht-prozesshaften Sachen? Wäre ein ruhendes Auto also ein Ding, nicht aber ein fahrendes, das Energie ‹verbraucht› und mit seinen Abgasen das Klima beeinflusst? Man sieht, wie schnell man auch in modernen Diskursen auf schwierige Grenzen stößt, die von den Lauteren Brüdern oder im Kinderbuch, bei Erhart Kästner oder in Grimms Märchen mit Leichtigkeit überspielt werden. Wir können nicht ohne weiteres Kästner eine essenzialistische Metaphysik vorwerfen, solange unklar ist, was ein Ding ist. Und es könnte auch dann Sinn machen, Dingen quasi-lebendige Züge symbolisch, ökologisch oder rechtlich zuzuschreiben, wenn man sich auf eine Definition einigen würde, die Dinge strikt auf einzelne, stofflich kompakte, wohl abgegrenzte, an raumzeitlichen ‹Stellen› lokalisierte Objekte einschränkt. Dieser ‹Sinn› bestünde darin, zu einem vernünftigeren Niveau in der soziotechnischen Regulation der Mensch-Ding-Beziehung zu gelangen. Wenn wir dies aber zubilligen, sind die kulturellen Zeugnisse und Praktiken, die von einer uns befremdenden Belebtheit der Dinge ausgehen, nicht automatisch irrational. Das gilt dann auch für jenen Mechanismus, durch den Einzelne oder ganze Gesellschaften die Dinge fetischisieren – Dinge der Natur, Artefakte, ‹Lumpengesindel› oder Kunstwerke, Fußballtrikots oder Heiligenbildchen, Geld oder Haarlocken.

3. «DIE SORGE EINES HAUSVATERS»

Freilich hat selbst eine vorsichtige Rehabilitierung der Lebendigkeit der Dinge, von denen wir, um nicht verrückt zu werden, gleichwohl annehmen, dass sie keine Subjekte sind, stets eine Kehrseite. Von dieser war schon bei Kästners «Aufstand der Dinge» etwas zu spüren oder in den Gerichtsverhandlungen gegen den Menschen. Noch weit vor solchen drastischen Aktionen der Dinge erwachsen aus ihrer Animation tiefe Beunruhigungen. Vielleicht kann man sie am verstörendsten formuliert finden in der winzigen Erzählung «Die Sorge eines Hausvaters» (1917) von Franz Kafka.[10] Der Erzähler (es ist der Hausvater) berichtet von einem rätselhaften «Wesen», «das Odradek heißt», dem mal ein männliches, mal ein sächliches Geschlecht zukommt (er/es). Das «Wesen» wird zunächst als Wort eingeführt, doch scheint weder die slawische noch die deutsche Herleitung «einen Sinn» zu machen. Dies hat die Forschung nicht gehindert, vielfältige ‹Sprachwurzeln› Odradeks auszukundschaften. Dies ist, wie bei allen Worten, möglich. Kafka hingegen scheint mit dem ersten, auf den ‹Namen› der Sache zielenden Absatz sagen zu wollen, dass die Worte *keinen* Rückschluss auf «Wesen» und «Sinn» der mit ihnen bezeichneten Sache zulassen. Es folgt eine *descriptio* des Aussehens Odradeks. Sie ist konjunktivisch, einschränkend, vermutend, «Anzeichen» lesend; doch aus dem Aussehen ist nichts zu entnehmen, was das «Wesen» lichten würde, ja nicht einmal die visuellen Befunde selbst sind sicher. Das seltsame kleine «Gebilde», das aus verschiedenen Materialien ‹montiert› (also heterogen, anorganisch) zu sein scheint – wie eine miniaturisierte Assemblage –, lässt sich auch auf der zweiten Ebene, der Versprachlichung visueller Eindrücke, nicht fassen. Erneut ist eine Sinnzuschreibung unmöglich: «das Ganze erscheint zwar sinnlos, aber in seiner Art abgeschlossen».

Als Drittes folgt der Versuch, Odradek in seiner Bewegung zu fassen und ihn über Kommunikation zu erschließen. Nun ist Odradek nicht mehr ‹es›, sondern ‹er›. Doch auch an seinen Bewegungen ist kein Sinn abzulesen: Er lebt – mal sichtbar, mal unsichtbar, hier oder dort – in Zwischenräumen, Transits, auf Dachböden, Treppenhäusern, Gängen, Fluren (bevorzugte Lokalitäten bei Kafka). Dieses ‹Zwischen› – man mag mit Foucault auch von Heterotopie oder mit Marc Augé vom «Nicht-Ort» sprechen – scheint Odradek zu ‹charakterisieren›. Doch ist dieses Wort schon viel. Denn das Zwischen meint gerade, dass Odradek, «außerordentlich beweglich und nicht zu fangen», auch nicht zu ‹charakterisieren› ist; es sei denn in dem Paradox, dass Kafka über dieses Unfassliche eben eine Erzählung schreibt, er also Odradek eine sprachliche ‹Fassung› erteilt, die er immer wieder unterläuft und dementiert. Diese Paradoxie wird schließlich auch an dem Versuch des Hausvaters deutlich, zu Odradek eine kommunikative Beziehung aufzunehmen, indem er ihn anspricht «wie ein Kind». Hier beginnt die Anthropomorphisierung des ‹Dings›: und tatsächlich antwortet es/er, nennt sich «Odradek», gibt seinen Aufenthalt als «Unbestimmter Wohnsitz» an und lacht. Sprechen und Lachen (man denke an Helmuth Plessner 1941/2003) sind genuin anthropologische Bestimmungen. Doch Odradek ist kein Mensch, und auch sein Lachen ist nur, «wie man es ohne Lungen hervorbringen kann» – «wie das Rascheln in gefallenen Blättern». Ist er nur «Holz», «das er zu sein scheint»? Selbst die Stofflichkeit Odradeks ist unsicher. Auf der fünften Ebene reflektiert der Erzähler über die Zeitlichkeit Odradeks und fragt sich, ob er, der sich nicht wie alle Lebewesen an Zielen und Tätigkeiten zu zerreiben scheint, womöglich noch zu Füßen seiner Kindeskinder die Treppe hinunterkollern wird. Dass Odradek den Hausvater «auch noch überleben sollte», ist ihm «eine fast schmerzliche» Vorstellung.[11]

In vielfacher Hinsicht ist an der Geschichte von Odradek die Verwicklung abzulesen, in der man sich zu den Dingen befindet. Weder mittels der Sprache noch der (visuellen) Wahrnehmung, weder durch Kommunikation noch durch Reflexion reicht man an das «Wesen» Odradek heran. Mit den Dingen teilt er das Sächliche, Materielle, das Apersonale (das Es). Doch wird Odradek, wie es mit allen Dingen geschieht, mit denen wir umgehen, auch anthropomorphisiert und erhält personhafte Züge, ohne irgendwie identifiziert werden zu können. Er ist ‹da›, er ist; doch weder was, noch wer er ist, lässt sich ausmachen. Er scheint ein Artefakt, doch weist er keine Züge des Gemachten aus, sodass unklar ist, ob er *physis* oder *techné* ist, *terrigenus* oder *factitius*, organisch oder synthetisch. Er ist, je nach Perspektive, weder das eine noch das andere oder mal das eine, mal das andere. Überhaupt scheint Odradek jeweils das zu sein, als was er wahrgenommen, gedeutet, versprachlicht, angesprochen wird – doch ebendies unterliegt einem fortdauernden Zweifel, einer Dekonstruktion der jeweiligen Konstruktion. Er ist, wie gesagt, ein Zwischen, Weder-noch und Sowohl-als-auch. Züge von Zweckmäßigkeit zeigen sich ebenso wie von Zwecklosigkeit, von Sinn wie von Sinnlosigkeit. Seine Koordination im Raum ist ebenso unmöglich wie die in der Zeit. Das unterscheidet ihn von den Dingen, die eine deutliche Dies-und-Jetztheit aufweisen, eine Raum-Zeit-Stelle, die sie einnehmen. Und doch ist er, wie die Dinge, absolut je-seinig, in gleichsam gelassener Zentriertheit, ein «Ganzes» und «abgeschlossen», so «verfitzt» er wirken mag. Er ist einzeln, singulär, keiner Spezies oder Gattung zuzuordnen (anders als Dinge) – darin einem Kunstwerk ähnlich; und doch ist er unbestimmt bestimmt, allgemein, weil ort- und zeitlos, stumm und sprechend, unendlich auslegbar, beunruhigend, lebendig und tot, inkommensurabel – auch darin einem Kunstwerk ähnlich.

Sein Zwischen-Sein ähnelt einem Phantom, einer Erscheinung, die materialisiert ist, doch aus Stoffen, die heterogen und undeutlich sind, und Formen, die keine Zuordnung erlauben. Seine Selbstbeweglichkeit lässt ihn als lebendig erscheinen, und doch ist er ein totes Ding (auch wir sagen: Das Auto bewegt sich, das Flugzeug fliegt, der Zug fährt; aber ist das so? Oder werden sie bewegt, geflogen, gefahren?). Dass er einen Namen trägt, ähnelt ihn dem Menschen an, dem namentlichen Wesen. Aber wir legen auch Tieren und Dingen Namen bei, ja, wir taufen sie – etwa Schiffe. Diese seltsame Unerreichbarkeit, Unfasslichkeit, Unaussprechlichkeit, so konkret und merkmalsmannigfaltig sie sind, ist immer wieder an den Dingen bemerkt worden. So klar, geschlossen, in sich ruhend sie vor uns liegen mögen, sosehr sind sie, sobald wir ihnen näher rücken wollen, pure Abweisung und Entzug. Je näher wir ihnen rücken, desto ferner ziehen sie sich zurück, so scheint es. Hätten sie ein Geheimnis, so hüteten sie es; ja, sie sind ein Geheimnis, das nichts verbirgt. Das macht ihre Faszination aus. Sie ist der Grund, über uns hinaus nach ihnen zu langen, «Lust, ihn anzusprechen», wie es bei Kafka heißt: ein Begehren nach Aneignung, der sie sich stets wieder entziehen, obwohl wir doch «Hausvater» sind, mächtige Patriarchen. Dieses letzte Zurückgezogensein der Dinge, die gerade darum uns lebendig erscheinen – wie könnte Totes sich unserem Zugriff entziehen? –, ist der Grund, warum schließlich jede Beziehung, die wir zu den Dingen aufbauen, in «Sorge» endet: die Sorge, die wir um uns selbst haben. Die Dinge überleben uns, und sei es als nutzloser Müll, der Odradek auch sein kann. Unnachgiebig, wortlos sind sie ein einziges *memento mori*. Während wir, im Tod, unser Personsein aufgeben müssen, um Dinge zu werden, ziehen sich die Dinge, die wir mit dem Schein des Personhaften beleihen, in ihre Dinghaftigkeit zurück: in ein Universum ohne Tod. Man kann jedes Ding noch so sehr zertrümmern, immer bleiben Dinge übrig (das haben auch die Elementarteilchen-Physiker gelernt). Man kann das Dingliche aus den Dingen nicht austreiben, es ist in jedem Fragment so gegenwärtig wie im vollendeten Kunstwerk. Wir können die Dinge nur vergeistigen. Doch ein ‹Gedankending› ist kein Ding mehr. Auch Odradek ist, zuletzt, gar kein Ding, sondern ein Gebilde aus Sprache, eine Serie von Vorstellungen, Assoziationen, Konjunktiven, Annahmen, Rücknahmen, Einschränkungen – nichts als die Bewegung eines Textes. War Odradek überhaupt ein Ding? Oder nur ein mobiles Geflecht aus arbiträren Zeichen?

Jene Sorge, dass wir sterben und dass die Dinge ihr Dingliches niemals so verlieren wie wir unser Leben, treibt dazu, das Universum der Dinge in Denken zu verwandeln. Dieses Symbolische, das uns die Dinge repräsentieren lässt, ist die Bedingung dafür, dass wir mit den Gegenständen, als gedachten, virtuelle Modellierungen vornehmen können. Diese stellen die Vorentwürfe unseres realen, technischen Eingriffs in die Welt dar: Dies ist ein Stück der Unabhängigkeit, die wir den Dingen gegenüber anstreben – man möchte sagen: seit eh und je. Auf der anderen Seite gibt es, in uns, eine radikale Gegenstrebung zum Geist: Wir wollen selbst Dinge sein. Denn nur, solange wir stofflich sind und mithin irgendwie zum Reiche der Dinge gehören, dürfen wir sagen: Wir leben. Daher der Wunsch nach Auferstehung des Fleisches; die virtuelle Existenz, als Schatten, ist, wie uns die griechischen Hades-Bewohner mitteilen, unendlich traurig.

Auch hier begegnen wir einer Paradoxie. Alle kulturelle Energie wird darangesetzt, die Dinge in Geist zu verwandeln, um ihrer symbolisch und real habhaft zu werden; doch zugleich will der Geist sich materialisieren, um an der Todlosigkeit des Dinglichen teilzuhaben. Denn nicht der Geist ist ewig (als reiner Geist ist er nichts als spurenloses Flattern im All), sondern das Dingliche der Dinge. Vielleicht, dass unsere Sehnsucht, unsere Gier, unser Verlangen nach den Dingen nichts anderes ist als der Versuch, den Tod abzuhalten. Wir sterben, aber in den Dingen leben wir. Dies wird uns als Struktur des Fetischismus wiederbegegnen. Viel mehr, als uns Aufgeklärten recht ist, sind wir gerade in dem Verhältnis zu den Dingen, das so rationalisiert zu sein scheint wie nichts sonst, religiös.

4. «WO EIN DING ANFÄNGT UND WO ES AUFHÖRT»

Schwerlich können wir ertragen, dass jedes Ding Odradek ist. Das hieße, in unendlicher Paradoxie zu leben. Leben wir aber nicht in vertrauter Gemeinschaft mit den Dingen? Können wir uns etwa nicht auf sie verlassen? Bestätigen all die kleinen Störungen, das Kaputtgehen, der Verschleiß, die Tücken des Objekts schließlich nicht die grosso modo konsistente Stabilität der Dinge? Gewiss müssen wir ihre Handhabung lernen, die manchmal schwer genug ist; gewiss besteht die bittere Armut auch aus einem Mangel an Dingen; gewiss gerät der ‹Gang der Dinge› immer wieder ins Stocken; gewiss bricht immer wieder ein Prozess zusammen, reißt eine Handlungskette ab, staut sich der Fluss unserer Operationen an Widerständen, die unversehens aus den Dingen erwachsen. Doch haben wir Vorsorgen getroffen, Reparaturdienste, Handwerke, Techniken, Produktionen, die Störungen und Stockungen beheben, die Verschlissenes ersetzen und die Dinge wieder in Gang setzen. «Wie stehen die Dinge?»[12] Der ‹Stand› der Dinge ist in Ordnung (Störungen inbegriffen). «Wie geht es?» – Gut.

Georg Simmel hat in seiner kleinen Etüde «Der Henkel» von 1905[13] an Gefäßhenkeln exemplarisch gezeigt, wie schwierig die kategoriale und ästhetische Erfassung von Dingen ist, auch wenn sie, wie bei Gefäßen, ‹gemacht› sind und Nutzgegenstände darstellen, die aus einer klaren Gebrauchslogik hervorgehen – anders als Naturgegenstände oder Kunstwerke, die zu «selbstgenusamer Einheit» verschmolzen und für «eine inselhafte Unberührsamkeit» gedacht sind. Hingegen sollen Gebrauchsdinge ‹zur Hand gehen›. Das ist ihr «Wirklichkeitsmoment», welches beim Kunstwerk «völlig indifferent, sozusagen verzehrt ist». Der Henkel ist am Gefäß dasjenige, was auf das Operative, Zur-Hand-Nehmen verweist und zur Praxis gehört – im Gegensatz zur ästhetischen Form des Gegenstandes. Der Henkel ist «vermittelnde Brücke» und «schmiegsame Verbindung» zwischen dem Formgefäß und der handelnden Hand. «Das Prinzip des Henkels: der Vermittler des Kunstwerkes zur Welt hin zu sein, der doch selbst in die Kunstform völlig einbezogen ist – bestätigt sich schließlich daran, daß sein Gegenstück, die Ausgußöffnung oder -ausbiegung des Gefäßes, von eben demselben ressortiert. Mit dem Henkel reicht die Welt an das Gefäß heran, mit dem Ausguß reicht das Gefäß in die Welt hinaus.» So ist der Henkel der «Angriffspunkt einer, dieser Form ganz äußerlichen Teleologie». Diese entspringt dem Hantieren, im Gegensatz zur «Weite der symbolischen Beziehungen», denen das Gefäß sein Design, seine Form, aber auch seinen sozialen Sinn verdankt. Henkel und Ausguss sind die beiden Momente, die das Gefäß zum Vermittlungsraum von Handlungen macht, die den Weg von Flüssigkeiten dirigieren; sie bezeichnen am Objekt seine Funktionalität für zielgerechtes Hantieren. Dagegen gehört die Form einer anderen Ordnung an. Sie situiert das Gefäß als *aistheton*, als wahrnehmbares Ding, dessen Design eine Beziehung zum Gefallen aufweist, zum ‹Formempfinden›, zum Gefühl von Lust oder Unlust (Kant), das gewissermaßen quer zur Funktion steht. Beides gehört ‹zum› Ding, aber doch auch zum Subjekt, das mit ihm umgeht und sich im Verhältnis zu jenem doppelt situiert, ästhetisch wie praktisch, empfindend wie hantierend.

Damit stehen wir erneut vor der Schwierigkeit zu sagen, was das Ding ‹Gefäß› eigentlich ist. Es ist gerade nicht eine für sich geschlossene Entität: Es enthält funktionale Koppelungen mit Operationen (wie Simmel sagt: «Welt» reicht «an Gefäß heran», und das Gefäß reicht «in die Welt hinaus»). Es ist mit uns, wie Bruno Latour sagen würde, zu einem Kollektiv versammelt oder assoziiert. Die angreifende Hand, die hochgehobene Karaffe, der aus der Schnaupe in ein Glas strömende Wein, das von jemand anderem gehaltene Glas, die beiden Menschen am gedeckten Tisch, ihre vielleicht als Rendezvous markierte soziale Situation, in einem von Kerzenlicht erhellten Zimmer, die während des ‹Ausschenkens› getauschten Sätze, der in den Handbewegungen, in der Kleidung, in der Mimik markierte Geselligkeitsstil: All das bildet eine aus Dingen und Menschen, Zeichen und Stoffen, Artikulationen und Stummheiten, Handlungen und Attitüden gebildete, in sich gegliederte Einheit. Innerhalb ihrer bilden die beiden Hände, das Glas, der auslaufende Wein-Strahl, die Karaffe und der Henkel eine «Brücke», einen Übergang, ohne den alles auseinander fiele. Unabhängig von diesem materiellen Ensemble aus Dingen und Leibern (und unabhängig von all dem darin produzierten sozialen Sinn) empfindet der einschenkende Gastgeber, vermittelt über Auge und Hand, dass die dem Auge gefallende, edle Form der Karaffe mit dem harmonisch angefügten Henkel störend, irgendwie klemmend in der Hand liegt; während die Frau das schöne alte Glas vollendet in ihrer Hand hält, das ihr dennoch missfällt, weil sie, dem Form-follows-function-Prinzip anhängend, derlei antike Dinge nicht mag. Und so mischt sich in das wunderbar ineinander greifende Ensemble der Körper und Dinge ein früher Misston, der für das Rendezvous nichts Gutes verheißt.[14] Mit Bruno Latour: Das Kollektiv der Dinge und Menschen, das hier kommuniziert, erfährt, gegen alle Intentionen, eine erste Perplexion.

Roger-Pol Droit hat unlängst, auf den Spuren von Simmel und Francis Ponge[15] (ohne sie zu nennen) wie von Nietzsche und Schopenhauer (die er ohne besonderes Recht nennt) kleine phänomenologische Beobachtungen vorgelegt zu Alltagsgegenständen wie Büroklammer, Heizkessel, Sense, Fotokopierer, Wasserwaage etc. (insgesamt 50 Dinge).[16] Es sind Etüden, die beinahe unausweichlich zu literarischen Miniaturen werden. Über Dinge nicht-literarisch zu schreiben ist fast unmöglich. Den Dingen einen Namen zu geben, «damit er von der unvergleichlichen Existenz der Dinge zeugt» (Droit 2005, 23), das erfordert, sich auf ihre stumme Gegenwart einzulassen und ihrer eingedenk zu werden. Man geht, solche Versuche unternehmend, zumeist verloren. Denn so viele oder wenige, so treffende oder abschweifende Wörter man verwenden mag, niemals ist man der überbordenden Fülle und unerschöpflichen Vielfalt der Dinge gewachsen.[17] Droit nennt sein Buch ein «Experiment», das einem unüberwindlichen Impuls folgt. Doch er weiß, dass er diesen Versuch, anders als eine Erzählung, nie zu Ende bringen kann (er ist darum paradox). «Sich den Dingen zu nähern, das heißt, sich in Richtung des Schweigens zu bewegen, des Außer-Sich-Seins, des Anorganischen, des Nichtmenschlichen. Vielleicht erlebt man dort die Freude, sich zu verlieren.» Doch dies ist zwiespältig, weil der Autor erfährt: «das Spiel könnte gefährlich werden» (ebd., 122). Wie soll man in der «aphasischen Anschauung verharren» *und* über sie reden? (ebd., 23). Sich also den Dingen annähern und doch ein Mensch bleiben? Im Verlauf seines Experiments geschieht dem Autor Unvorhersehbares: Nicht nur bemerkt er, dass von alltäglichen Dingen zu reden heißt, unfreiwillig von sich selbst zu reden, auch wenn man das Autobiographische hasst. Schlimmer ist, dass ihm die Konturen der Dinge entgleiten: Droit weiß nicht mehr, «wo ein Ding anfängt und wo es endet». Ein unheimlicher Umkehreffekt tritt ein, der nicht im Sinne Latours als parlamentarisches Kollektiv des Menschlichen und des Nicht-Menschlichen deutbar ist. Es ist, «als wären Splitter von uns in den Dingen und Bruchstücke der Dinge in uns. … Zwischen Menschen und Dingen gibt es Ansteckungsprozesse und Unklarheiten» (ebd., 115). Droit empfindet sein Unternehmen nicht mehr als ein kontrolliertes Experiment, sondern wie eine Expedition «in ein unbekanntes Land», ins Universum der Dinge, in das zu geraten heißt, selbst ein Ding zu werden, unmenschlich, sprachlos, tot. Zu Beginn wollte der Autor an die «Faltung der Dinge» herankommen, um sie zu ent-falten, um die in ihren Falten gepressten, zerquetschten, unkenntlichen Worte herauszuholen: das Territorium der Sprache zu erweitern und zurückzuerobern dort, wo es von der Aphasie der Dinge verschluckt ist. Nun aber steht Droit, dem die Souveränität im Verfügen und Sprechen über Dinge entglitten ist, am Rande des Selbstverlusts. Wie er einerseits selbst zum Ding (zum «Leichen-Ding») zu werden droht, so verschärft sich andererseits der Eindruck, dass die menschliche Welt und das Universum der Dinge keinerlei Gemeinsamkeit haben. Die dritte Serie von Begegnungen mit Dingen verdichtet diese Bedrohung so sehr, dass der Autor fürchtet, sich umzubringen; als wäre dies die finale Epiphanie der Wahrheit der Dinge: selbst ein Ding werden. «Die Gefahr liegt in dem unmöglichen Traum, in das Schweigen einzudringen, die Materie im Urzustand zu erblicken, die Welt aus der Sicht der Dinge zu erfassen. Dieser Illusion zu verfallen, das heißt, unwiderruflich auf die eigene Vernichtung zuzusteuern» (ebd., 165).

Im Buch Droits ist dies der Umkehrpunkt zu einer vierten Serie von Ding-Annäherungen, die unter dem Titel «Beruhigung» stehen: die Begegnung von Flöte und Körper, aus der Musik entsteht; die Ausstrahlung eines Colliers; die Behütung durch den Regenschirm; die freundliche Leere des Koffers; das Tier-Ding Staubsauger etc. Nun mag diese Beruhigung überzeugen oder nicht: Jeder Versuch, die Dinglichkeit der Dinge in den Raum der Sprache zu translationieren, endet damit, dass der Mensch, in allen seinen Ängsten und Hoffnungen, Zweifeln und Einsichten, sich selbst begegnet. Die Dinge ragen so tief in unsere Existenz, dass sie, in ihrer Fremdheit, das Alphabet des Menschlichen austragen, wie umgekehrt der Mensch sie selbst alphabetisiert. Man kann sie so wenig von sich abhalten wie sich mit ihnen vereinigen. Dies macht vorsichtig gegenüber dem großen Zug aufgeklärter Philosophie, die jede animierende Vermischung mit den Dingen als Fetischismus von sich weist und die Gesamtheit aller Dinge, zu Sachverhalten kondensiert, unter die Synthesis unserer souveränen Urteilsgewalt versammelt. Beides aber bildet die Grundlage der Moderne.

5. Phänomenologie der Dinge

5.1 Edmund Husserl

Die Dinge einfach auszuhalten, sich ihnen zu konfrontieren, sie durch alle Sinne auf uns wirken zu lassen, sie in ihrer primären Anwesenheit zu belassen und sie nicht gleich in Handlungskreise einzubauen oder rasch über sie hinzugehen, kurz: das Verweilen bei den Dingen, das weiter nichts will, als ihrer inne zu werden in einer Form gesteigerter Selbstaufmerksamkeit, ist nicht so leicht. Die Phänomenologie ist im Folgenden das Beispiel, an dem die philosophische Reflexion und Annäherung an die Dinge vorgestellt werden soll. Merleau-Ponty drückt es so aus: «sich einzulassen auf diese Rätselgestalten, auf das Ding und auf die Welt, deren massives Sein und deren massive Wahrheit voller inkompossibler Einzelheiten steckt.» (1986, 19)[18] – Man darf, etwas polemisch, sagen, dass die Philosophie sich niemals besonders um die Dinge gekümmert hat. Für sie war wichtiger zu bestimmen, was Erkenntnis ist und wie sie arbeitet. Und darin kamen die Dinge allenfalls als Erkenntnisobjekte vor, also von vornherein zu unseren Zwecken präformiert. Seit alters überließ man es den Bauern, Handwerkern und Technikern, sich mit der Konkretheit der Dinge abzuplagen; der Philosophie genügte die allgemeine Form von Gegenständen überhaupt. Die genaue sprachliche und visuelle Erfassung der Dinge ist allenfalls ein Terrain der bildenden Kunst und der Literatur gewesen, doch auch dies erst relativ spät, in der Malerei seit Mitte des 15. Jahrhunderts und in der Literatur seit ca. 1800. In der Philosophie ist es erst Edmund Husserl (1859–1938) zu Beginn des 20. Jahrhunderts und nach ihm Martin Heidegger, dass mit der Rehabilitation der Lebenswelt auch indirekt die Dinge in die philosophische Würdigung eintraten.

Husserl geht davon aus, dass wir uns als Ich immer schon in einer Umwelt vorfinden. Diese ist für das präsentische Erleben *vorhanden*. Daraus bilden wir die Wirklichkeit der je gegenwärtigen Welt. Wir vergegenwärtigen indes stets auch das, was nicht unmittelbar präsentisch ist, sondern einen Hof um die erlebten Dinge herum bildet. Die Dinge sind «von einem dunkel bewußten Horizont unbestimmter Wirklichkeit» umlagert, zeitlich wie räumlich. Wir gegenwärtigen nicht bloß eine «Sachenwelt», sondern immer auch eine «Wertewelt, Güterwelt, praktische Welt». Sie bilden meinen jeweiligen Welthorizont, die Lebenswelt. Auf diese beziehen sich die wechselnden Spontaneitäten des Bewusstseins. Der primäre Sinn des cartesischen Cogito besteht zunächst in schlichten Ichakten, in denen ich Welt (oder Ausschnitte aus ihr), Dinge und Dingensembles gegenwärtige. «Immerfort bin ich mir vorfindlich als jemand, der wahrnimmt, vorstellt, denkt, fühlt, begehrt usw.» (Husserl 1992, Bd. 5, 57–59) «Alle Bezweiflung und Verwerfung von Gegebenheiten der natürlichen Welt ändert nichts an der Generalthesis der natürlichen Einstellung» (ebd., 61). Darin besteht die wenn auch eingeschränkte Rehabilitation des naiven Weltbewusstseins. Der philosophische Zweifel ändert nichts an der natürlichen Evidenz des gegenständlich Gegebenen, das ich vorfinde und worin ich mich selbst eingebettet erfahre.

Diese natürliche Einstellung wird in der Phänomenologie nun eingeklammert und ausgeschaltet – das nennt Husserl Epoché. Sie ist eine disziplinierte Zurückhaltung hinsichtlich dessen, was in der natürlichen Einstellung als ‹wirklich› gesetzt wird. Diese Epoché kann parallel laufen mit der «unerschütterten und ev. unerschütterlichen, weil evidenten Überzeugung von der Wahrheit» der begegnenden Welt (ebd., 64). Doch letztere, die ganze natürliche Welt, wie sie für uns da und vorhanden ist als bewusstseinsmäßige Wirklichkeit, also die Generalthesis der natürlichen Welteinstellung, wird in der Epoché «außer Aktion» gesetzt (ebd., 65). Diese Urteilsausschaltung – und das ist wichtig – schließt indes auch die Wissenschaften ein, welche ihrerseits die von ihnen als Tatsachen formulierten Sachverhalte als unumstößliche Wirklichkeit in Geltung gebracht haben. Solcherart erneuert Husserl auf dem Feld einer transzendentalen Bewusstseins-Phänomenologie den radikalen methodischen Zweifel aus Descartes' Meditationen.

In Kraft bleibt allein, was er in der natürlichen Einstellung wie in den Wissenschaften unthematisiert findet, die «Eigenheit» einer «bisher nicht abgegrenzten Seinsregion»: das Bewusstsein selbst und seine Akte, die zum individuellen, menschlichen Subjekt gehören. Es sind die Bewusstseinserlebnisse – der «Erlebnisstrom» (der gerade auch von der Literatur entdeckt wird) –, die es zu erfassen gilt: als prinzipiell nicht von der Epoché betreffbare, unvermittelte Einheiten. In diesem Sinn geht es um reine Bewusstseinsimmanenz (ebd., 67/68). Man ahnt, dass auf diesem Weg über die Dinglichkeit der Dinge nicht viel auszumachen sein wird.[19]

Indes geht Husserl davon aus, dass das Bewusstsein doppelt mit der Welt verflochten ist: Es ist immer jemandes Bewusstsein, und es ist immer ein besonderes Bewusstsein «von dieser Welt». Doch diese Verflechtung steht nicht in Rede, weil die materielle Welt «ein ... aus der Eigenwesenheit der Erlebnisse Ausgeschlossenes» ist. Gegenüber dem reinen Bewusstsein sind die Dinge «das ‹Fremde›, das ‹Anderssein›», mit dem es gleichwohl «ein verbundenes Ganzes», eine Verflechtung bildet. Dies ist insofern entscheidend, weil hiervon das Handelnkönnen in der Welt der kompakten Dinge abhängt. Es ist Husserl klar, dass «die letzte Quelle», aus der diese Verflechtung «ihre Nahrung» schöpft, genau das so genannte natürliche Bewusstsein ist, worin ich «mir gegenüber eine daseiende Dingwelt vorfinde», «mir in dieser Welt einen Leib zuschreibe und nun auch mich selbst in ihr einordnen kann.» Er nennt dies «in einem gewissen guten Sinne» eine «Urerfahrung» (ebd., 80/81). Darum wird sogar konzediert, dass jedes Bewusstsein das «Bewußtsein der leibhaften Selbstgegenwart eines individuellen Objektes», also eines Dings (im Sinne eines logischen Individuums) ist. Damit wird abgewehrt, dass in Wahrnehmungen nur Bilder oder Zeichen von Dingen realisiert werden; vielmehr ist das bewusstseinsfremde Raumding, als wahrgenommenes, immer ein «in seiner Leibhaftigkeit bewußtseinsmäßig Gegebenes» (ebd., 90).

Doch die Pointe der phänomenologischen Reduktion ist es, dieses Leibhaftige (der Dinge) beiseite zu rücken. Das setzt eine Pendelbewegung des europäischen Denkens fort, das entweder endlos fortgeht oder als fruchtlose Sackgasse verlassen werden sollte. Entweder gewinnt das Bewusstsein auf Kosten der Dinge, oder es gewinnen die Dinge auf Kosten des Bewusstseins. Einmal wird das Dingliche der Dinge ausgeschlossen, um eine von allem Materiellen gereinigte Konstitutionstheorie zu ermöglichen, welche die ‹Dinge› aus dem Erkenntnisvermögen des Subjekts konstruiert. Oder es werden unter Ausschaltung alles Subjektiven generalisierte Verfahren zur Feststellung von Tatsachen entwickelt, die als Natur der Dinge ausgegeben werden (daran haben Subjekte nichts zu rütteln). So stehen sich Bewusstsein und Dinge gegenüber wie Geist und Natur, als Entweder-oder. Der frühe Husserl zielt nicht darauf, die «Verflechtung» zwischen den bewusstseinsfremden Dingen und dem Bewusstsein selbst näher zu analysieren.

Das ändert sich erst in der so genannten Krisis-Schrift von 1935. Hier wird das Lebensweltliche – gegenüber den rationalen Wissenschaften wie gegenüber der eigenen früheren transzendentalen Phänomenologie – energischer rehabilitiert. Jetzt gilt es ihm, die Lebenswelt «konkret in ihrer mißachteten Relativität» und die verachtete *doxa* (im Gegensatz zur *episteme, noesis*) zum Fundament zu machen, um gleichsam den heraklitischen Fluss zu fassen (Husserl 1992, Bd. 8, 158/59). Wir erleben die Dinge, obwohl sie (und wir) im Fluss sind, als *dieselben* vor einem weiten Horizont der steten Perspektivänderungen wie der steten Sinnverschiebung und -erweiterung. Aber es sind jeweils dieselben Dinge in ihrer mannigfaltigen Selbigkeit (ebd., 160/61). Das Subjekt, das selbst Bestandteil der Welt ist, die es erlebt, wahrnimmt, perspektiviert, verändert, erkennt, greift in jedem seiner Bewusstseinsakte über die Gegenwart hinaus, in einer Kontinuität von (erinnernden) Retentionen und (vorstellenden) Protentionen. Aber es ist, in diesem Erlebnisstrom, doch dasselbe hier und jetzt. Woran Husserl jetzt interessiert ist, betrifft die Frage eines Korrelations-Apriori zwischen dem heraklitischen Fluss der Dinge und dem Erlebnisstrom des Bewusstseins. Also geht es gerade um das, was er 1913 die «Verflechtung» genannt und zugunsten des reinen Bewusstseins zur Seite gerückt hatte.

Das ist nun, wie wir sehen werden (Kap. 1.6), ein fruchtbarer Ansatz. Husserl betont jetzt die prozessuale Verbundenheit kinästhetischer Selbstbewegungen mit den Bewusstseinsakten, die zu den Dingdarstellungen in stets sich wandelnden Korrelationen stehen. Er unterscheidet das *Wahrnehmungsfeld*, in welchem die Wahrnehmung eines Dings in den Horizont möglicher Wahrnehmungen eingebunden ist, vom *Dingfeld*, worin jedes Ding seinen eigenen Horizont hat. Beides wird realisiert als jeweilige Ausschnitte «‹von› der Welt, vom Universum der Dinge möglicher Wahrnehmungen» (ebd., 165). *Welt* wird verstanden «als der universale, allen Menschen gemeinsame Horizont von wirklich seienden Dingen» (ebd., 167). Wichtig ist hier der Plural: Nicht mehr ist von dem einen Bewusstsein, sondern von den vielen Menschen die Rede. Welt meint die intersubjektive Welt. Darin tauchen Einstimmigkeiten wie Unstimmigkeiten auf, die beide auf der Basis prinzipiell möglicher Teilhabe beruhen, Teilhabe am Wahrnehmungsfeld wie am Dingfeld.

«‹Das› Ding selbst ist eigentlich das, was niemand als wirkliches gesehen hat, da es vielmehr immerfort in Bewegung ist, immerfort, und zwar für jedermann, bewußtseinsmäßig Einheit der offen endlosen Mannigfaltigkeit wechselnder eigener und fremder Erfahrungen und Erfahrungsdinge. Die Mitsubjekte dieser Erfahrung sind dabei selbst für mich und einen jeden ein offener Horizont möglicherweise begegnender und dann im aktuellen Konnex mit mir und miteinander tretender Menschen» (ebd., 167).

Von dieser flüssigen Basis aus entwickelt Husserl nun eine «differenzierende Typik von Korrelationen». Sie macht rekonstruierbar, wie es in einem gegebenen Horizont von Dingen und pluralen Wahrnehmungssubjekten zu relativ stabilen Synthesen von Geltungen kommen kann. Dafür ist entscheidend die *Korrelation, die eine Art fundamentum in re* und ein *fundamentum in societate* zugleich hat. Die Verflechtung im Miteinander-Sein, im Ich-Du und im Wir, und die kinästhetische Verflechtung mit den Dingen bilden eine «Welt», in der für Menschen und Nicht-Menschen gemeinsam ein differenzierter Platz ist. Man kann auch sagen, dass beide Seiten sich halten und dass die Typen dieses Gegenhalts der Subjekte und Dinge wiederum der Gegenstand der einsichtssuchenden Intentionen ist. (Wir untersuchen *einen* Typ dieser wechselseitigen Halterung von Ding und Subjekt, den Fetischismus.) Den Dingen kommt darin erstmals eine wesentliche Rolle zu: «jedes Seiende, das für mich und jedes erdenkliche Subjekt als in Wirklichkeit seiend in Geltung ist, ist damit korrelativ, und in Wesensnotwendigkeit, Index seiner systematischen Mannigfaltigkeiten» (ebd., 169). Husserl löst das solitäre reine Bewusstsein zu einer «vergemeinschafteten Intersubjektivität» auf. Aus ihr ergibt sich «eine vielstufige intentionale Gesamtleistung» (ebd., 170), die niemals Leistung oder Besitz eines einzelnen Individuums ist. Husserl erlöst ferner die Dinge aus ihrer dunklen Klausur ‹jenseits des Bewusstseins›. Erst dadurch werden sie zu einem prinzipiell Fremden und Anderen. Die Dinge wurden nun über indexikalische Spuren in eine Korrelation zur Pluralität der auf sie intentional gerichteten Bewusstseine gesetzt. Diese können sich untereinander über die Perzeptionen verständigen, die aus den Ding-Indizes lesbar werden. Der Innenhorizont der Bewusstseine im Wahrnehmungsfeld und der Außenhorizont der Dinge im Dingfeld treten untereinander und miteinander in verhandelbare Korrelationen. Diese als solche auszumachen und auszusagen, erzeugt allererst ‹Erkenntnis›. Dieser ‹Grund›, die Einlassung der Bewusstseine und der Dinge in eine geteilte Welt, ist zugleich das Fundament der Wissenschaften, jedenfalls solcher, für die die Lebenswelt die letzte Metaebene darstellt.

5.2 Martin Heidegger

In seinem Aufsatz «Der Ursprung des Kunstwerkes» (1935/36/1977) arbeitet Martin Heidegger (1889–1976) die Seinsweise der Dinge nur insoweit aus, als alle Kunstwerke auch Dinge sind (vgl. Porath 2002).[20] Das Kunstwerk ist ins Material hineingearbeitet. Dies ist besonders deutlich an der Skulptur oder in der Baukunst. Insofern kommt es zunächst darauf an, diese dingliche Seite an der Kunst zu verstehen: Was also ist das Dingliche am Ding? Dafür stellt Heidegger – und nur das interessiert uns hier – drei für die Philosophie charakteristische Zugangsweisen zu den Dingen heraus: 1. Dinge als Träger von Merkmalen, 2. Dinge als Einheit von Empfindungsmannigfaltigkeiten und 3. Dinge als geformter Stoff. Im ersten Zugriff ist das Dingliche jener Kern, um den herum sich Eigenschaften versammeln. Dieser Kern entspricht im Griechischen *to hypokeimenon* (das Darunterliegende); die Merkmale/Eigenschaften sind *ta symbebekota*. *Hypokeimenon* wird lateinisch zu *subiectum*, *hypostasis* zu *substantia*, *symbebekos* zu *accidens* (Heidegger 1935/36/1972, 7–8). Die Substanz-Akzidenz-Beziehung entspricht unserem durchschnittlichen Ding-Verständnis: Dinge haben eine Substanz, die Träger von Eigenschaften ist. Dabei werden öfters noch primäre von sekundären Eigenschaften unterschieden. Letztere sind die Akzidenzien, dasjenige, was einem Ding nur zufällig zukommt, wie die Farbe dem Holz, Stein oder Auto. In der Regel werden Eigenschaften einem Ding, dem *hypokeimenon*, als Prädikate beigelegt: als folgten die Dinge der Struktur von sprachlichen Aussagen. Dem misstraut Heidegger, weil darin «jenes Eigenwüchsige und Insichruhende» der Dinge nicht getroffen würde. Geht es ihm doch um das «unverstellte Anwesen» und das «unvermittelte Begegnenlassen der

Dinge» (ebd., 9–10) (was immer das sei). Beim zweiten Zugriff wird das Ding als *aistheton* verstanden, als dasjenige, was wir mit unseren Sinnen wahrnehmen. Dies ist der Versuch, die Dinge in «größtmögliche Unmittelbarkeit» (ebd., 11) zu uns zu bringen. Indes wird dabei das Ding in unsere Sinnesempfindungen aufgelöst, also ganz der Subjektseite zugeschlagen: Das Ding wird nur als «Einheit einer Mannigfaltigkeit des in den Sinnen Gegebenen» (ebd., 10) verstanden. «In beiden Auslegungen», so Heidegger, «verschwindet das Ding» (ebd., 11).

So weit geht Heidegger in der zeitgleichen Vorlesung «Die Frage nach dem Ding» nicht. In Kants Grundsatz «In allen Empfindungen hat das Reale, was ein Gegenstand der Empfindung ist, intensive Größe, d. i. einen Grad.» (KdrV B 207) macht Heidegger einen interessanten Doppelsinn aus. Das Reale bezieht er auf lat. *res*, die Sache oder das Ding zurück, wodurch Empfindung, in der uns Gegenstände gegeben sind, den Doppelstand aufweist: nämlich einerseits *unsere* Empfindung zu sein (ein «Zustand unserer selbst»), zum anderen Empfindung *von etwas*, das real, nämlich dinghaft, ist (was nicht heißt, dass das Reale auch wirklich – objektiv – sei). In der Empfindung wird also die Qualität einer Sache *(res)* wahrgenommen, und zwar ihrem Grade nach (ihrer Intensität nach, so wie das Leuchten als mehr oder weniger intensiv empfunden wird). Dieses Sichzeigen einer Sache in der Empfindung nennt er mit Kant das «Reale in der Erscheinung», das überhaupt gegeben sein muss. Das Reale ist in unserer Empfindung das «Was als solches». Empfindung sei deshalb so vieldeutig, weil sie «eine eigentümliche vermittelnde Zwischenstellung zwischen den Dingen und dem Menschen, zwischen Objekt und Subjekt einnimmt». Später im Text nennt er diese Doppelsinnigkeit auch das «Zwischen» zwischen Mensch und Ding, in dem wir uns bewegen müssten (Heidegger 1962a, bes. 162, 165–66, 188). Das Zwischen ist es, was uns später am Fetisch interessieren wird.

Der dritte Zugriff entspricht der ebenfalls schon antiken Unterscheidung von Form und Stoff (*morphé* und *hyle*). «Das Ständige eines Dings, die Konsistenz, besteht darin, daß ein Stoff mit einer Form zusammensteht. Das Ding ist ein geformter Stoff.» (Heidegger 1935/36/1977, 11) Mit Letzterem scheint man Natur- wie Gebrauchsdinge gleichermaßen erfassen zu können. Die Orientierung am Aussehen lässt den Stoff zur Unterlage der Form werden – was besonders in traditionalen Kunsttheorien gebräuchlich ist. Es gilt aber auch für alles zum Gebrauch Hergestellte. Die für Zwecke dienlichen Dinge nennt Heidegger auch «Zeug für etwas». Hier werde das selbstgenügsame Anwesen, wovon schon Simmel hinsichtlich des Kunstwerks sprach, verfehlt. Die funktional-zweckdienliche Form, die den Dingen ihr Gepräge gibt, sei indes, wie auch die beiden ersten Dingverständnisse, ein «Überfall» auf die Dinge, wie es Heidegger nennt (ebd., 15). Obwohl nun Kunst ebenso ein Erzeugnis ist wie jedes Gebrauchsding, so ist das künstlerische Ding zusätzlich dadurch gekennzeichnet, dass es eine Art Zurückhaltung walten lässt (mit Husserl könnte man es eine Art Epoché nennen). Wenn die Dinge verschlossen, befremdend in ihrem Zunichtsgedrängtsein sind, dann ist die Kunst das Vermögen, solche Erzeugnisse herzustellen, in denen ebendiese Dingstruktur *sein* gelassen wird. Kunst ist die Weise, das Dingliche der Dinge – als unverfügtes Insichruhen – manifest werden zu lassen; das Werk ist die Kunst, «das Seiende sein zu lassen» (statt zu überfallen; ebd., 21).

Der Unterscheidung von Ding, Zeug und Kunstwerk liegen ältere Überlegungen Heideggers zugrunde, die er in «Sein und Zeit» (1927/1963) und in der Vorlesung «Die Frage nach dem Ding» entwickelt hat. In «Sein und Zeit» behandelt er die Dinge im Kapitel «Die Weltlichkeit der Welt» (ebd., § 14–24). Die Dinge sind das innerweltlich Begegnende, mit dem sich überhaupt so etwas wie Welt anmeldet und das Bewusstsein aufgeht. Weltloses Bewusstsein wäre nicht. Im Begegnen der Dinge hebt sich das Bewusstsein von dem ab, was es selbst nicht ist. So erst wird die primäre Differenzierung zwischen dem in der Umwelt begegnenden Seienden und dem Bewusstsein möglich. Dem entspricht ungefähr die Husserl'sche Unterscheidung von Innen- und Außenhorizont, von Wahrnehmungsfeld und Dingfeld. Beide Denker schließen dieser Unterscheidung die Kategorie ‹Welt› an, als den jene beiden Felder umschließenden Horizont überhaupt möglicher Begegnungen. Während Husserl von hier aus den Schritt in Richtung auf eine Phänomenologie der Lebenswelt geht, wird Heidegger an deren Stelle ‹das Sein› setzen. Auf dessen Explikation zielt Heidegger sowohl hinsichtlich des Seienden (= alles innerweltlich Begegnende) als auch des Daseins (= der Mensch). An Husserls Lebenswelt und deren phänomenologische Analyse könnten sich viele, auch empirisch arbeitende Kulturwissenschaften anschließen. Dagegen strebt Heidegger eine Ontologie an, im Verhältnis zu der lebensweltliche Praktiken als uneigentliches, an den Durchschnitt verfallenes Sein erscheinen, worin der Aufruf zum eigentlichen Seinkönnen ungehört verhallt. Kunst hingegen wird bei Heidegger die Stelle einer ausgezeichneten Praxis einnehmen, in der die Dinge – z. B. die von van Gogh gemalten Bauernschuhe – ins Licht ihrer Wahrheit, ihres Seins-Geschicks treten und dadurch für das Dasein (den Menschen) zum Anruf des Seins werden. Kunst stellt den Menschen vor die Entscheidung zum eigentlichen Seinkönnen.

Jenseits dieser ontologischen Emphase liefert Heidegger indes eine Reihe von sinnvollen Bestimmungen des Dinglichen. Dinge, die nicht von Natur aus da sind (so wie Steine, Wolken, Pflanzen ‹natürlich› sind), nennt Heidegger schon in «Sein und Zeit» Zeug (ebd., § 14–18). Zeug ist «etwas, um zu …», ein Mittel zu Zwecken, die von Menschen gesetzt sind. Nun können selbstverständlich auch Naturdinge zu Zwecken dienlich werden, also Zeug sein: Pferde zum Reiten, Pflanzen zum Essen, Flüsse zur Schifffahrt. In diesem Sinn können ganze Ensembles, ja, kann tendenziell die Erde selbst zum Zeug gemacht werden, zum Dienlichen. Dann werden die Dinge nicht in ihrem Sein ‹gelassen›, sondern einem technischen Regime unterstellt (später sagt er: Die Dinge werden ‹gestellt›, insofern Technik ein Gestell ist – vgl. 1962b): Mittel zu Zwecken, die ihnen äußerlich sind.

Nicht weiter behandelt wird die Frage, ob es nicht zum Kreis der natürlichen Dinge, zu denen auch die Lebewesen zählen, regelhaft gehört, dass sie sich gegenseitig zu Mitteln machen, etwa für die Ernährung. In Organismen oder in lebenden Systemen, die aus vielen Entitäten bestehen, ist alles sich gegenseitig Mittel wie Zweck. Das ist der Sinn der Selbstorganisation. Insofern könnte man gegen die Unterscheidung von natürlichen Dingen und Zeug einwenden, dass die Zeug-Struktur (etwas, um zu …) auch in weiten Bereichen der Natur vorkommt, also selbst natürlich ist. Heidegger behandelt diese Frage nicht. Denn es ist ihm darum zu tun, das Zeug als das zu charakterisieren, was im menschlichen Besorgen (Sorge um das eigene Seinkönnen) den Status des Zuhandenen erhält, also ein Moment menschlicher Praxis darstellt.

Darum leitet er das ‹Zeug› auch vom griechischen Ausdruck für Dinge, nämlich *ta pragmata*, ab. Heidegger betont damit, dass die Dinge als Funktionen oder Medien von Handlungen ins Spiel kommen. Der Pflug oder das Zugpferd werden zu ‹Zeug› erst, indem sie einem Kontext von Handlungen einbezogen werden. Zu diesem Kontext gehören auch: der Bauer selbst, technische Fertigkeiten, der Ackerboden, das Wetter, die agrarische Tradition, die Arbeitsteilung von Bauer, Knechten und Tieren, im Hintergrund etwa religiöse Überzeugungen (Feldgötter), die Ökonomie, der Stadt-Land-Gegensatz, technische Experten, die den Pflug verbessern, etc. Wenn dingliches ‹Zeug› bei Heidegger durch ein ‹Verweisen auf …›, durch seine ‹Bewandtnis›, aber auch durch spezifische Räumlichkeiten (wie Nähe, Hinzugehören, Gegend) charakterisiert wird, dann ist damit nicht nur das unmittelbare Verweisen des Pflugs oder Pferds auf den Zweck des Pflügens gemeint, sondern in einem weiten Sinn die Verkettungen von Praktiken, Bewandtnissen, Zwecken, Zielen, Werten, Institutionen und mental-symbolischen Hintergründen. Sie alle ‹verdichten› sich in der materialen, strikten Verkoppelung von Erde, Pferd, Pflug und Bauer. Dieses dingliche Ensemble, ein ‹Kern› bäuerlicher Welt, verkörpert eine komplexe Zeugstruktur, einen systemischen Zweck-Mittel-Verband, der in seinen weiten Verästelungen jeweils lokal verdichtet auftritt.

Heidegger macht darauf aufmerksam, dass im Zeugcharakter immer auch Natur mitentdeckt wird, z. B. die Zugkraft des Pferdes, die Schwere lehmigen Bodens gegenüber leichter Krume usw. Es ist nicht so, dass in einem pragmatischen Zeug-Kontext die Dinge der Natur nur funktional eingesetzt werden. Vielmehr wird die ‹Natur der Dinge› im Maß, wie diese zu Co-Akteuren einer menschlichen Handlung werden, entdeckt und freigelegt. Die ‹Zugkraft› eines Pferdes kommt in der Natur nicht vor: Frei lebende Pferde ziehen nichts. Indem die Pferde aber zum Zeug werden, das dienlich ist, den Pflug zu ziehen, wird diese Potenzialität an der Natur der Pferde herausgestellt. Es gibt auch nicht den natürlichen Unterschied zwischen schwerem Boden und leichter Krume, solange nicht im Medium von Bodenbearbeitung diese Differenz gleichsam ‹aus der Erde herausgearbeitet› wird. In diesem Sinn legt der Zeugcharakter immer auch etwas von der Dinglichkeit der Dinge frei. Oder: In der Differenz von schwerem Boden und leichter Krume ist der Unterschied von Natur und Kultur aufgehoben, weil diese Differenz genau das zwischen beidem Vermittelnde, die Assoziation beider ist. Die Differenz, die der Bauer setzt, ist die Differenz des Bodens selbst.

Auf dem Boden von «Sein und Zeit» und seiner Ding-Zeug-Unterscheidung spielen solche Überlegungen keine Rolle. Sie wären für Kulturwissenschaften, die materiale und symbolische Praktiken und ihre natürlichen Bedingungen erforschen, sicher relevant. Heidegger aber ist an der Grundlegung irgendeiner Wissenschaft völlig uninteressiert. Das zeigt sich auch in der Vorlesung «Die Frage nach dem Ding» von 1935/36. Sie handelt nur im ersten Teil von der Dinglichkeit, wie sie lebensweltlich begegnet (1962a, 1–41), um sich dann der Dingfrage in Kants «Kritik der reinen Vernunft» zuzuwenden.

Heidegger beginnt mit der berühmten Anekdote von der witzigen und hübschen thrakischen Magd. Sie soll den Philosophen Thales, der über der Beobachtung des Himmels unversehens in einen Brunnen gefallen sei, wie folgt kommentiert haben: «... er wolle da mit aller Leidenschaft die Dinge am Himmel zu wissen bekommen, während ihm doch schon das, was ihm vor der Nase und den Füßen liege, verborgen bleibe. Derselbe Spott aber», so fügt Platon an, «passt auf alle diejenigen, die sich mit der Philosophie einlassen.»[21] Dass Philosophen über das Handgreifliche um des Fernliegenden willen hinwegsehen und darüber ins Straucheln geraten können, ist nicht so zu verstehen, dass sie die Dinge des Alltags verachtend übergingen. Sondern sie befragen diese in solcher Weise, dass das scheinbar Hangreifliche ganz und gar befremdlich wird. Man muss über die Dinge strauchteln, um überhaupt nach ihnen fragen zu können. Und die scheinbare «Tücke des Objekts» ist es, die allererst die Dinge in die Perspektive einer näheren Befragung rückt. Dann aber können die ‹Dinge› so fern und fremd zurückblicken wie die Sterne, man ist über sie gestolpert und liegt im Brunnen: Das Straucheln, so komisch es auf die wirken mag, die sich mit Selbstverständlichkeit auf die Dinge verstehen wie die Magd, ist geradezu Bedingung des philosophischen Fragens.

Darum ist Kants Frage nach dem Ding, das als ‹Ding an sich› in den Status eines unlösbaren Geheimnisses und mithin ins Unerkennbare gerückt wird, eben der Stein des Anstoßes, um zu untersuchen, ob denn überhaupt und auf welchem Weg wir etwas erkennen können und was sich einem Erkennen prinzipiell entzieht. Dieser Kant'schen Wende vom Ding weg hin auf das Subjekt und seine Vermögen, die die subjektiven Bedingungen jeglicher Erkenntnis sind, wollen wir hier nicht folgen, obwohl es die angemessene Art des Fragens eines Philosophen ist, der in den Brunnen gefallen ist: Er tut recht, das ‹Ding an sich› erst einmal auf sich beruhen zu lassen, und zunächst danach zu fragen, wer er denn selbst ist, dass er im Brunnen liegt, und wie er sich daraus befreien kann. Die Erkenntnistheorie ist die Leiter aus dem Brunnen.

Heidegger geht nun nicht stracks auf diese erkenntniskritische Frage zu, sondern verharrt zunächst am Handgreiflichen der Dinge, womit er, wenn man will, der thrakischen Magd Tribut zollt. Und darin folgen wir ihm zunächst und werden den Weg über die Erkenntnistheorie nicht gehen, die es gar nicht mehr mit Dingen, sondern mit Erkenntnisgegenständen zu tun hat – also mit den Objekten, die von vornherein in eine Passung zu den subjektiven Erkenntnisformen gebracht sind. Denn wir betreiben keine Philosophie, wenn wir auf die Entzifferung jenes Mensch-Ding-Verhältnisses hinauswollen, die wir Fetischismus nennen. Dieser gehört ganz zur Welt der thrakischen Magd, er ist ein komischer und vertrackter Mechanismus, der in der Tat mit einem Straucheln und mit Anstößigem zu tun hat. Nach dem Fetisch zu fragen, heißt den Verwicklungen nachzugehen, in die man mit den Dingen, die einen betroffen haben und nicht mehr loslassen, geraten kann. Niemals handelt es sich dabei um ‹Erkenntnisobjekte überhaupt› und erst recht nicht um die Subjektformen möglicher Erkenntnis. Fetische sind immer konkrete Dinge; und Menschen, die ihnen verfallen, sind gerade keine Erkenntnissubjekte. Im Brunnen liegt auch nicht ein Philosoph, sondern komplette kulturelle Konfigurationen, zu denen Dinge, Menschen, Institutionen gehören.

Heidegger folgen wir auch darin, dass er die Frage nach dem Ding abkoppelt von dem, was in den positiven Wissenschaften durch Experiment, Beobachtung, Beschreibung als ‹Tatsache› festgestellt ist. Tatsachen sind die schon zu Sachverhalten zugerichteten Dinge, die – im Sinn des Kunstwerk-Aufsatzes – mittels unserer Erkenntnisverfahren «überfallen» sind, alles Beunruhigende verloren haben, unseren Interessen angeähnelt und gewissermaßen stillgestellt sind. Es sind die schon gezähmten, gehorsamen, zivilisierten Objekte an der Kette der Dienlichkeit für uns. Fetische, werden wir sehen, sind so gerade nicht, sondern fast umgekehrt: Sie sind unzivilisiert in dem Sinn, dass wir ihnen gehorchen und an ihre Kette gelegt sind. Nun handelt Heidegger nicht von Fetischen, die er nirgends erwähnt, sondern er fragt danach, was das Handgreifliche der Dinge ausmacht. Das aber interessiert uns, weil Fetische immer je einzelne und konkrete sind.

Hier setzt auch Heidegger an. Ein Ding ist stets einzeln und stets «je dieses und kein anderes» (1962a, 11). Damit erhebt er Einspruch gegen das Leibniz'sche *principium identitatis indiscernibilium*, das Prinzip der Selbigkeit nicht unterscheidbarer Dinge. Danach wären nicht unterscheidbare Dinge identisch. Heidegger dagegen sagt: Jedes Ding, auch als Element einer Serie gleicher Dinge, ist unvertretbar. Auch schlechterdings gleiche Dinge sind je diese. Sie nehmen je eine einzige Stelle in Raum und Zeit ein, sie sind immer ‹dieses da›, im Jetzthier. Das macht ihre Handgreiflichkeit aus, ihre begegnende Vorhandenheit, die einen Grund und Boden für Leben hergibt. Darum kann man mit Wittgenstein auch sagen: «Die Gegenstände bilden die Substanz der Welt. Darum können sie nicht zusammengesetzt sein.» (1918/1976, 2021)

Wenn Heidegger nun darangeht, Dinge als jenen Kern (jene Substanz) zu charakterisieren, die Träger von Eigenschaften ist; und wenn er darin eine Analogie zu prädikativen Aussagen *(s est p)* ausmacht, sodass die Struktur der Dinge und der Bau sprachlicher Sätze eine Parallelbewegung darstellen, dann folgt er in den Vorlesungen von 1935/36 einem bestimmten ontologischen Ding-Verständnis, das er im Kunstwerk-Aufsatz nur als eine von drei in der philosophischen Tradition zur Geltung gebrachten Auslegungen darstellt. Die Entdeckung des Dings und des (Aussage-)Satzes bei den Griechen sind historisch parallele Erscheinungen. Die Grammatik scheint ein Parallelbau zum Bau der Dinge. Auch wenn man dem nicht folgen mag, so ist die Konsequenz zu teilen, die Heidegger daraus zieht: dass nämlich das, als was uns ein Ding gilt, geschichtlich ist. Diese Historizität, der Wandel in den Stellungen zu den Dingen und der entsprechende Wandel dessen, was ein Ding ist, nehmen wir indes nicht zum Anlass, uns durch diesen Wandel zurückzufragen bis zu einem ontologischen Ursprung, der uns das Wesen der Dinge sagen lässt. Vielmehr bleiben wir im Brunnen, in den wir fallen, im «Schacht von Babel», mit Kafka zu reden, in den man gerät, wenn diese Geschichtlichkeit als unhintergehbar angenommen wird. Die Dinge stehen nicht jenseits von Geschichte, und sie bilden auch nicht deren unwandelbaren Boden, auf dem unsere Handlungen zur Ausführung kommen. Sondern die Dinge – und das scheint beinahe trivial – sind durch und durch historisch, sie haben ihre Geschichte, und wir haben unsere Geschichte mit ihnen, nämlich die Geschichte unserer Konzepte und Wahrnehmungen, in denen Dinge sich uns präsentieren, und vor allem die Geschichte, in der wir durch die Dinge geprägt werden. Darum gehen wir in dieser Studie auch nicht den Weg, zu einer spezifischen Form von Dinglichkeit, nämlich dem Fetischismus, eine Theorie zu entwickeln. Sondern wir unternehmen eine Wissenschafts*geschichte* des Fetischismus. In ihr werden die Gänge rekonstruiert, in denen die fetischisierten Dinge selbst ihre Stellung ändern – und gewissermaßen aus Afrika nach Europa wandern, um dort die Weise zu bestimmen, in denen für uns Moderne sich die Dinge präsentieren.

6. Menschen – Dinge – Kollektive

6.1 Bruno Latours Ansatz

In seinem Buch «Die Hoffnung der Pandora» schreibt Bruno Latour (geb. 1947) den Satz: «Die Menschen sind nicht mehr *unter sich*.» (2000, 231)[22] Da hierin der Kern der Provokationen Latours liegt, ist zu fragen, was dieser Satz bedeuten soll. Denn er kommt harmlos daher. Waren die Menschen denn nicht immer schon *nicht* unter sich? Sie lebten in Verbänden mit Pflanzen, Tieren, Geistern, zahllosen Hybriden und Göttern; zusammen mit einer Natur, die nicht als stumm-passives Gegenüber, sondern als lebendiger Akteur erlebt wurde: In Quellen, Flüssen, Meeren, in Wäldern, Wind und Wetter, in Acker, Bergen und Erde artikulierten sich und handelten personhafte oder auch transpersonale Mächte. Ja, selbst in Steinen und Stoffen konnten Kräfte schlummern und sich überraschend artikulieren; zu schweigen davon, dass auch Artefakte – Lanzen, Wagen, Hämmer – auf irgendeine Weise nicht nur Instrumente, sondern selbständige Akteure waren und gelegentlich ganz eigene Wege gingen. Sie waren dann nicht mehr ‹zuhanden›, sondern entsprangen der Hand, wie im Märchen der Käse, der dem gutherzig-naiven Catherlieschen entschlüpft und den Berg hinabläuft, oder der Pfannkuchen (Pannekoken), der aus der Pfanne springt und sein Heil in der Flucht sucht: kantapper kantapper in den Wald hinein.[23] Was soll also an dem Satz Latours aufregend sein?

Latour spricht nicht als Religionsethnologe, der animistische Kulturen, oder als Literaturwissenschaftler, der Märchen untersucht. Er spricht als Soziologe und Wissenschaftsforscher – aus dem Zentrum der wissenschaftlich-technischen Welt. Und hier gewinnt der Satz Spannung. Menschen handeln. Und unsere Handlungstheorien gehen durchweg davon aus, dass Handlung als motivierte und intentionale Aktionen Subjekten zugerechnet werden können, die ihrerseits in intersubjektiven Verflechtungen leben, in deren Kontext sie ihre Motive, Interessen und Rechtfertigungen von Aktionen aushandeln können. Das heißt es, «unter sich» zu bleiben. Handlung ist ein Humanprivileg. Es hat Vergesellschaftung zur Voraussetzung und zur Folge – und zur Gesellschaft gehören nur solche Entitäten, die bewusst, intentional und multioptional handeln können, als Subjekte adressierbar und Personen sind, also Menschen. In Gesellschaft – ‹unter uns› – haben Tiere, Apparate, Dinge, Einrichtungen, weil sie nicht über Personalität verfügen, nichts zu sagen. Gesellschaft ist immer *human society*. Genau das bestreitet Latour. Wir leben längst oder längst wieder in einem *crossover* mit Nicht-Menschlichem, das auf vielfältige Weise in unsere Handlungen eingemischt ist. Auch die toten Dinge sind, wenn schon nicht Akteure, so doch wenigstens Aktanten. Jede unserer Handlungen ist insofern eine komplexe Assoziation oder ein Hybrid aus menschlichen und nicht-menschlichen Entitäten. Historisch zwischen den alten, so genannten ‹vormodernen› Formen der Vergemeinschaftung von Menschen und Dingen und der heutigen und künftigen Assemblage materialer Ensembles und menschlicher Subjekte liegt das Interludium der Moderne. Sie frönte im krassen Selbstmissverständnis einer Humanautonomie, von der in Wahrheit niemals die Rede sein konnte. Darum wiederholt Latour (1994) so oft seine Formel, dass wir nie modern gewesen seien. Was soll das heißen? Und was hat dies mit unseren offenbar unverstandenen Verwicklungen mit den Dingen zu tun? Wir holen ein wenig aus.

Die Moderne ist für Latour jenes phantasmagorische Interludium, das durch die strikte Gegenüberstellung von Natur und Gesellschaft, Objekt und Subjekt, Körperding und Geist charakterisiert war. Die Moderne ist ein Phantasma, weil die genannten Leitdifferenzen zwar das ideologische Selbstverständnis, nicht aber die Praxis der Moderne kennzeichnen. Das wird insbesondere an ihrem Verhältnis zu den Dingen und allgemeiner: zum Nicht-Menschlichen erkennbar, wozu Latour auch die lebenden Entitäten, Artefakte und Geräte, Netzwerke, technischen Infrastrukturen und materialen Institutionen zählt. Die Kulturen, die nach Latour von der Moderne als vormodern und exotisch abqualifiziert wurden, waren durch eine kategoriale wie praktische Vermischung mit nichtmenschlichen Entitäten gekennzeichnet: Ebendas lässt diese Kulturen als unaufgeklärt erscheinen. Die Moderne dagegen setzt eine Ordnung durch, in der alles entweder Subjekt oder Objekt ist, entweder der Natur oder der Gesellschaft, entweder den Dingen oder dem Geist angehört. Diese Scheidung aber erweist sich bei näherer Betrachtung als Selbsttäuschung. Wenn diese Disjunktion aber als ‹aufgeklärt› gelte und die Moderne sich selbst mit Aufklärung identifiziere, dann ist diese Selbstidentifikation illusorisch: Wir glauben, modern zu sein, sind es aber nie gewesen. Ebendas, was die Moderne den vormodernen Kulturen vorwerfe, nämlich die Vermengung der Begriffsantagonismen, trifft auf sie selbst zu. Ja, die gleichsam obszöne Melange von Mensch und Nicht-Mensch sei in der Moderne immer mehr ausgebaut worden. Diese Vermischung ist indes charakteristisch für den Fetischismus. Dadurch wird gerade die Epoche, die sich entschieden als antifetischistisch versteht, zu dem Weltzeitalter, das den Fetischismus am meisten verbreitet habe. Nicht etwa sind nur frühere ‹primitive› Gesellschaften oder heutige residuale Minderheitenkulturen fetischistisch, sondern die Moderne selbst. Wenn die Moderne genau das ist, wovon sie sich radikal zu unterscheiden glaubt, dann ist die Moderne eine Illusion. Dieser Gedanke ist vielleicht wirklich provokativ und soll zunächst am Beispiel Latours geprüft werden; in späteren Kapiteln wird an der Wissenschaftsgeschichte des Fetischismus detailliert gezeigt, dass der modernekritische Gedanke Latours nahezu so alt ist wie die Moderne selbst. Es wird deutlich werden, wie sehr die Moderne, wenn sie den ‹falschen Zauber› vormoderner oder außereuropäischer Kulturen bekämpft, selbst einer Art Selbstverzauberung erliegt, deren sie sich indes bis an die Grenzen ihrer Auflösung bewusst wird. Der Unterschied zu Latour wird darin liegen: Die Einsicht in den Illusionscharakter der Moderne (wir sind nie modern gewesen) liegt nicht jenseits der Moderne – in einer Postmoderne, im Dekonstruktivismus, einer zweiten oder reflexiven Moderne, die der ersten epochal folgen würde; sondern sie gehört strukturell zu ihr. Moderne heißt gerade, dass Selbstverzauberung und ihre Aufklärung so zusammengehören wie Fetischisierung und ihre Kritik.

Der genannte begriffliche Antagonismus, der die Architektur der Moderne bestimmt, ist für Latour also ein Mythos, den Europa, während es sein Modell einer soziotechnischen Gesellschaft global exportiert und anderen Kulturen als unvermeidlich präsentiert, von sich selbst entwickelt hat. Ob das Verhältnis von Natur und Gesellschaft als *Bruch*, als wechselseitige *Loslösung* entweder von der Natur oder von der Gesellschaft, als *Eroberung* der einen durch die andere Seite und vice versa, als *Spiegelung*, wodurch die eine Seite jeweils der anderen Seite ihr eigenes Bild zurückspiegelt, als rivalisierendes *Kräfteverhältnis* zwischen menschlicher Macht und Naturmacht oder als *dialektische Vermittlung* der Gegensätze verstanden wurde[24]: Stets blieb die Verflechtung beider Seiten undenkbar.

Daraus entstand nach Latour das moderne Zweikammer-System von Zuständigkeiten und Kompetenzen, die sich gegenseitig ausschlossen. Die Naturwissenschaften stilisierten ihre Erkenntnis als unhistorische Tatsachen der Natur. Über Tatsachen haben nur sie und auf keinen Fall die Politiker mitzureden. Die Politik wiederum hat es mit der Organisation von geschichtlichen Interessen und Handlungen zu tun, die ihrerseits vollständig abgeschirmt sind von den als geschichtslos gedachten Tatsachen der Natur oder den ‹toten› Artefakten des Technischen. Das Gleiche gilt für Subjekt und Objekt, die ein jeweils ‹falsches› Verhältnis zueinander einnehmen: Entweder wird das Subjekt verdinglicht oder das Objekt subjektiviert. ‹Richtig›, nämlich modern, sei es hingegen, wenn Natur als ein passiver Fundus des Wissens gesetzt würde. In diesem Fundus warten die geschichtslosen Tatsachen auf ihren Auftritt in der Szene objektiver Wissenschaft, auf ihre ‹Entdeckung›, um fortan zum unveränderlichen Ensemble positiven Wissens zu gehören.[25] Die Gravitation wartete auf ihren Einsatz in der Newton'schen Physik, die Bakterien warteten auf ihre Entdeckung durch Pasteur und Koch, die chemischen Elemente, unerkannt oder verkannt immer schon da, warteten auf ihre Taufe in der Nomenklatur Lavoisiers. Genau umgekehrt verhält es sich auf der Subjektseite. Die aufgeklärten Subjekte, ohne jede Referenz auf ihre eigene oder die Natur der Dinge, vergesellschafteten sich auf dem Boden kontingenter Geschichtlichkeit, um Geschichte als Feldzug der fortschreitenden Rationalisierung der Natur und als komplexes Spiel dynamisch sich verwickelnder Interessenskämpfe um soziale Vorteile zu entfalten. Dabei verkennt – so Latour – die Moderne (die in solch einfachen Positionen natürlich nicht aufgeht) völlig das Verhältnis zum Nicht-Menschlichen, das als stumpfes, sprachloses und passives Anderes keine Repräsentation in der Gesellschaft finde. Und sie verkennt ferner die nur als exotisch wahrgenommenen alten Kulturen, die auf einer epistemologisch unhaltbaren Vermischung von Natur und Kultur, von Subjekt und Objekt beruhten, mithin europäisiert werden müssten. Diese Moderne, die wir zu sein glauben, hat es nach Latour nie gegeben.

6.2 Wer handelt?

Wir wollen versuchen, dies an zwei Beispielfeldern verständlich zu machen: dem Alltag, worin wir Handlungen durchweg menschlichen Subjekten zurechnen, und dem wissenschaftlichen Erkennen, worin das Wissen als Freilegung immer schon seiender Tatsachen verstanden wird. Wir folgen zunächst Latours Fall der Fahrbahnschwellen (2000, 226–232), die zur Verlangsamung des Verkehrs verlegt werden. Sie heißen auch «schlafender Gendarm». Hier werden Normen (Fahre nicht schnell! Nimm Rücksicht auf Anwohner!) und Normenkontrolle (Polizei) durch Bodenschwellen ersetzt, die den Verkehr stumm regulieren. Die Fahrer müssen nicht die Norm ‹Rücksicht› internalisiert haben, sie nicht einmal teilen, um angemessen zu handeln. Meistens schonen sie nur ihre Stoßdämpfer durch Langsamfahren, das die unangenehmen Schläge vermeidet, mit denen die Schwellen sich dem Fahrer mitteilen. Wer handelt hier? Latour würde sagen: das ‹Kollektiv› aus Auto, Fahrer, Straßenschwelle. In ihm treten verkehrspolitische Entscheidungen, juristische Normen, technische Konzepte von Ingenieuren und Ausführungen von Bauarbeitern, Baumaterialien, erwartbare Gewohnheiten von Autofahrern (Stoßdämpfer schonen), sensorisch unangenehme, physikalische Reaktionen des Autos in Abhängigkeit von Höhe der Schwelle und Geschwindigkeit zusammen. Durch diese Versammlung wird eine Handlung formiert, die mit ‹Ich verlangsame mein Tempo› falsch beschrieben wäre. Es ist weder ‹mein› Tempo noch ist es ein ‹Ich›, das sich verlangsamt. Vielmehr fügt sich das gesamte Ensemble aus Politik, Normen, technischen Maßnahmen, dinglichen Aggregaten, Geräten und Ich zur Aktion ‹Verlangsamung› zusammen. Fahre überhaupt ‹Ich› Auto? Jeder weiß, dass, je mehr das Ich sich mit Überlegungen, Motiven, Wünschen in den Fahrprozess ‹einschaltet›, ‹es› desto schlechter fährt. Gut fährt, wer automatisiert fährt, will sagen: der das Auto ‹eingeleibt› hat und mit ihm eine menschlich/nicht-menschliche Einheit bildet. Ich fahre Auto, aber das Auto fährt auch: Irgendeine Teilung und irgendeine Fusion findet hier in wechselnden Balancen statt. Nicht nur ‹diese zwei› fahren, sondern es fahren weitere Aktanten mit: die Gegebenheiten der Straße, die Verkehrsschilder, die Gesetze, die Polizei, die Gerichte, die Computersteuerung der Verkehrsflüsse, der Polizeihelikopter über mir, der die Verkehrsleitzentrale informiert, das GPS-System, das mich mit elektronischer Stimme dirigiert, aber auch: meine Stimmungen, die mich gerade aggressiv oder fair eingestellt sein lassen, meine gestörte Aufmerksamkeit, weil ich Ärger hatte auf der Sitzung, von der ich komme, mein Stolz auf das neue schicke Gefährt, das mich stark und elegant fühlen lässt etc. Das Beispiel ließe sich in nahezu endlosem Regress weiter zerlegen, bis man in den Straßenschwellen das Gesamtsystem der Gesellschaft gespiegelt fände.

Wir könnten nun in endlose Feinanalysen eintreten. Sollte man, könnte man überhaupt an den Tausenden von Dingen und Artefakten unserer Umgebung durchspielen (s. o. das Beispiel mit Bauer und Pflug), wie dicht wir mit ihnen verflochten sind? Das führt ins Labyrinth. Wir möchten stattdessen theoretische Linien diskutieren. Latour will nicht sagen: Die Dinge haben Bewusstsein und Intentionen, wenn er sie in den Kreis der Handlungen aufnehmen will; er sagt nicht, sie wären Subjekte mit Sprache. Er destabilisiert nur unser anthropozentrisches Verständnis von Handlung, die wir, weil wir Ich zu uns sagen können, kategorial nur uns zuschlagen. Handlungen sind aber komplexe Assoziationen – eine bei Latour wichtige Kategorie – vieler Faktoren, die er als Aktanten bezeichnet, weil sie in den Ablauf, den wir Handlung nennen, eingewoben sind. Muss man die Dinge aber Aktanten nennen? Genügt es nicht, was leicht zugegeben wird, von Faktoren zu sprechen? Oder, wie Friedrich Heubach (1996), vom «be-dingten Leben»? Also davon, dass Dinge uns auch bedingen, nämlich zu Voraussetzungen und Medien des Handelns werden. «Die Dinge meiner Umgebung sind meine Bedingung.» (Flusser 1993, 9)[26] Müssen die Dinge deswegen gleich Mitspieler, Akteure, Assoziierte des Handelns von Subjekten werden, die mit ihnen Kollektive bilden? Sind das nicht Metaphern?

Von Seiten soziologischer Handlungstheorien wird man so argumentieren. Ihnen liegt aber die vorgängige Entscheidung zugrunde, dass Dinge aus dem Handlungsbegriff ausgeschlossen sein müssen, weil man sonst Gefahr läuft, irrational zu werden. Sicher konnte man in ‹vormodernen› Gesellschaften, die über lange Traditionen einer Signaturenlehre der Dinge verfügten, mit Jakob Böhme davon sprechen, dass alle Dinge einen Mund zur Offenbarung haben[27]: warum also nicht auch Bodenschwellen? Dass aber die Dinge ‹mitsprechen› sollten in menschlicher Rede und ‹mithandeln› in unseren Handlungen: Das eben gilt ja gerade als unaufgeklärt, magisch, mystisch, dingmetaphysisch oder religiös. Von Bodenschwellen als Aktanten zu reden ist unsauberer Diskurs. Doch die Diskurs-Hygiene bringt sich um Einsichten. Um sie geht es. Denn Latour lenkt das Augenmerk auf eine unbemerkte Asymmetrie in unserem Handlungsbegriff.

Es ist nämlich für das Selbstbewusstsein autonomer Subjekte unerträglich, den Dingen den Anteil einer Co-Autorschaft an Handlungen zuzugestehen. Schließlich werden auch nicht Fahrbahnschwellen, Toaströster oder U-Bahn-Waggons zur Verantwortung gezogen, sondern – bei Unfällen – vielleicht deren Konstrukteure. Selbstverständlich. Die in philosophischer, ethischer oder juristischer Perspektive ‹zuletzt› auszumachende Verantwortlichkeit für Handlungen, bei deren Ermittlung die bedingenden Dinge allenfalls als entlastende ‹Umstände› herangezogen werden, wird nicht bezweifelt. Diese Umstände, insoweit sie technische Fehler enthalten, entschulden den Fahrer. Dann aber handelt es sich nicht mehr um eine zurechenbare Handlung, sondern um ein Unglück. Bei diesem kann wiederum geprüft werden, ob nicht doch Handlungssubjekte dafür verantwortlich sind: etwa die Firma, die U-Bahnen baut und eine Fehlkonstruktion abgeliefert hat. Dann wird aus dem unpersönlichen Unfall wieder eine Handlung, die zurechenbar ist. Wenn dies aber nicht zutrifft und dennoch die U-Bahn entgleist ist, wird niemand den Waggon für verantwortlich erklären: Eine unpersönliche Verursachung ist eben keine Handlung.

Daraus ist nun zu entnehmen, dass die Moderne eine Vielzahl von rationalen Verfahren kennt, um ‹Handlungen› von ‹Ereignissen›, ‹Ursachen› oder ‹stummen Bedingungen› zu unterscheiden. Ebendies bestätigt aber Latours Befund, dass Handlungen in der Moderne im strikten Sinn als menschlich und nur menschlich verstanden werden. Handlungen müssen streng subjektiv sein; Dinge sind aus ihr ausgeschlossen. Das Subjekt-Objekt-Schema muss also antagonistisch bleiben. Das würde Latour für Grenzfälle wie das U-Bahn-Unglück auch gar nicht in Abrede stellen. Denn hier geht es um Verfahren zur Feststellung einer *formalen*, nämlich transzendentalen Verantwortlichkeit, die jeder juristischen Zurechnung einer Handlung (strafbar oder nicht) zugrunde liegt. Anders steht es um die überwältigende Masse von Vollzügen, in denen es darauf gar nicht ankommt, sondern auf die komplexen Interferenzen materialer und symbolischer, menschlicher und nicht-menschlicher Anteile beim Zustandekommen von ‹Handlungen›. Hier wimmeln Menschen und Dinge in chaotischen wie geordneten Gemengen. Aber fast nie sind sie säuberlich in Subjekt und Objekt auseinander geraten.

Wie etwa ist zu verstehen, dass der U-Bahn-Führer, der juristisch vollständig entlastet ist, sich gleichwohl belastet fühlt? Er hat einen Schock, er wird vom Dienst freigestellt, der Unfall bleibt seinem Gedächtnis eingebrannt, er fühlt sich, trotz Freispruch, irgendwie schuldig. Es könnte so gewesen sein: Es war ‹seine› U-Bahn, will sagen: Er und die Bahn bildeten eine routinierte Einheit, in der die Maschine, sein Körper und seine Kompetenzen ‹ungetrennt› waren, ‹irgendwie› fusioniert, eine Mensch-Maschine-Kombination. Diese gilt es näher zu verstehen.

Wer ein Gefährt lenkt, ‹ist› auch in den Rädern anwesend. Das Ich steckt auch in den Rädern wie umgekehrt die Räder im Ich. Ist das verrückt? Man kann es leichter am Fahrrad oder Auto nachvollziehen: Man spürt, wie sich der Reifen auf der Fahrbahnfläche ‹verhält›. Das mag das Gehirn registrieren, aber phänomenologisch spürt es das dort, wo Reifen und Fahrbahn aneinander grenzen. Sehe ich einen Baum, sehe ich ihn nicht im Gehirn, sondern ich bin wahrnehmend ‹beim Baum› (wie Merleau-Ponty sehr klar dargestellt hat: 1986, 19ff.)[28]. Wahrnehmung heißt: Zusammenschluss des Wahrnehmenden und des Wahrgenommenen in der Einheit dieses Wahrnehmungsakts hier und jetzt. Dabei kommt es nicht darauf an, Subjekt und Objekt zu trennen (das tun wir ohnehin), sondern phänomenologisch Acht zu geben darauf, dass man sich wahrnehmend ‹da› erlebt, wo das Wahrgenommene ist (während man sich zugleich inne ist, ‹hier› zu sein). Viel stärker noch als bei der Wahrnehmung ist die Ausdehnung des Ich auf seine Objekte, wenn man sich in Handlungsvollzügen bewegt. Der ein leichtes Flattern der Reifen spürende Fahrer ist ganz gegenwärtig in diesem Flattern, an dessen Ort. Das ist der Sinn von ‹Einleibung› in Handlungsvollzügen. Wir sind Ich auch in den Dingen, in und mit denen und durch die wir handeln. Das Ich ist auf die Dinge ausgedehnt. Je fugenloser, desto besser die Handlungsausführung. Wir wissen dies aus dem Geräte-Sport. Der Wettkampfturner wird aufs genaueste mit dem Reck und der elastischen Stange verschmelzen, um optimal zu turnen (aber nur er erhält dafür Bewertungspunkte). Der Speerwerfer muss eins mit dem Speer werden, um einen optimalen Anlauf und den besten Augenblick für das Herausschnellen des Speers zu treffen (nicht: zu erwischen). Und im losgelösten Flug des Geräts ist beides fusioniert, die Physik des Objekts und der Werfer; im Flug ‹liegt› auch der hinausschnellende Mensch, so sehr er am Boden geblieben sein mag. Die Rituale der Konzentration, die man bei Hochleistungssportlern immer wieder beobachten kann, haben ebendiese ‹Versammlung› des Selbst und des Dings zu einer Einheit zum Ziel.[29] Diese Versammlung nennt Latour: Kollektiv.

Wir verstehen nun besser, warum der U-Bahn-Führer bei aller formal-juristischen Entlastung sich weiter belastet fühlt: Er ist und bleibt (noch lange) einbegriffen in das Ding-Mensch-Ensemble, er steckt gewissermaßen in der Maschine und die Maschine in ihm. Wenigstens hat er es so erleben können. Dieses Ungetrennt- und Nicht-Vereintsein ist es, was die ‹Assoziationen› zwischen Menschen und Dingen im durchschnittlichen Alltag charakterisiert. Und darum kommt es nicht auf formale Zurechnungen an (die für Grenzfälle unverzichtbar ist), sondern auf die Phänomenologie der Interferenzen, Gemenge, Verschmelzungen zwischen Menschlichem und Nicht-Menschlichem in Handlungen. Diese sind seltsame Hybriden, die aber nicht wie antike Monster überfallartig in den Alltag einbrechen, sondern genau diesen Alltag ausmachen. Man wird dann duldsamer gegenüber den – trotz aller Aufklärung – steten Anthropomorphismen, die indes nur die Kehrseite der ebenso steten Reifikationen sind. Man kann bei Handlungen von einer zirkulierenden Positionalität von Menschen und Dingen sprechen. Das ist der phänomenologische Hintergrund für das, was Latour das Kollektiv oder die Assoziation von Menschlichem und Nicht-Menschlichem nennt.

Symmetrisch wird diese Beziehung, wenn man nicht nur die Seite beachtet, bei der das Ich im Handlungsvollzug in die Dinge eingelebt ist. Sondern gleichzeitig gibt es so etwas wie eine Artikulation der Dinge, die sich für das Ich merklich und präsent machen und dabei das Handeln mitregulieren. Unmittelbar geschieht das, wenn etwa die Biegung des Glasfiberstabs bei Stabhochsprung derart gespürt wird, dass der Springer das Misslingen antizipiert, den Sprung mitten im Bewegungsablauf abbricht und sich unter der Latte hindurch herunterfallen lässt. Hier wird nichts gesehen oder berechnet, sondern die Stabbiegung stellt sich für die kinästhetische Erfahrung übersetzungslos dar als: «daraus wird nichts». Das Kinästhetische funktioniert als Resonanz der Stabbiegung, diese macht sich im Bewegungsempfinden des Springers präsent. Diese Wechselseitigkeit oder «Verflechtung» (um an Husserl zu erinnern) von

Anthropomorphisierung des Dings und Reifikation des Subjekts ist es gerade, die den Erfolg von Handlungen darstellt.

Bestünde man auf einer Handlungstheorie, die auf der strikten Subjekt-Objekt-Trennung beruht, dann müssten wir den perfekten Stabhochspringer als den schlimmsten ‹Vormodernen› bezeichnen, einen exotischen Fetischisten. Das Urteil fiele noch schlimmer aus, wenn man sähe, welche sonderbaren Beziehungen der Springer zum Gerät aufbaut: Sie kommen der Magie nahe. Im Grunde fragt Latour: Wollen wir den Stabhochspringer aus der Gemeinschaft aufgeklärter Subjekte ausschließen oder nicht besser den Glasfiberstab ins Kollektiv der Handlungen aufnehmen? Da nun die meisten Alltagshandlungen Hybriden aus Menschlichem und Nicht-Menschlichem sind, fällt die Antwort *perplex* aus. Je radikaler wir auf der Trennung von Mensch und Ding bestehen, desto mehr Menschen fielen aus der so genannten politisch mündigen Gesellschaft; je eher wir uns zur Aufnahme der Dinge ins Kollektiv bereit finden, desto weniger Berechtigung hätten wir, Mensch-Ding-Hybriden als Fetischismus zu verwerfen. Stattdessen wüchse die Bereitschaft zu einer liberalen Form, die den Dingen im Menschendiskurs einen eigenen Artikulationsraum konzediert. Die Dinge würden gleichsam politisch. Latour – und dem schließen wir uns an – sieht darin einen Zuwachs an Demokratie. «Die Menschen sind nicht mehr *unter sich*.» Das heißt auch: Odradek ist unter uns, wir haben es nur noch nicht verstanden. Es ist irgendwie unheimlich.

Ein weiterer Grund zur Aufnahme der Dinge, besonders der Artefakte, in die Handlungstheorie ist folgender: Artefakte sind inkorporierte Handlungsschemata.[30] Sie enthalten – vom einfachen Gerät wie einem Hammer bis zum Stahlwerk – Skripte derjenigen Operationen, die ihnen angemessen sind. Wer irgendwie an einem Hammer herumfummelt, handelt nicht; sondern nur derjenige, der entsprechend der «Bewandtnis» (Heidegger) des Hammers sich auf ihn einstellt, wird die Handlung ‹hämmern› bewerkstelligen. Man versteht sich aufs Hämmern. Eine seltsame, aber treffende Formulierung. Es ist bei Geräten nicht so, wie es Heidegger bei Dingen empfiehlt, um ihr Dingliches zu realisieren, sie nämlich «unter Fernhaltung der Vor- und Übergriffe ... auf sich beruhen zu lassen» (Heidegger 1972, 16). Den Hammer auf sich beruhen zu lassen, wäre eher ein Verfehlen; er will ergriffen werden, und zwar angemessen. «Er will», das heißt: Es ist sein Präskript. Es wäre albern, daran im Namen der Autonomie herumzudeuteln: war es doch ein Mensch, der ihn erfunden hat. Wäre es denn besser zu sagen, dass in meinem Hämmern der Steinzeitmensch handelt, der vor einigen Jahrhunderttausenden das Gerät erfunden hat? War es denn einer? Hat die ‹Erfindung› dieses Geräts und seiner Handhabung sich vielleicht erst über Jahrtausende hin ergeben, bis sie als ‹Technik› verstetigt war? Aber gut, wir räumen ein, es sei der Erfinder, der nun in meinem Hämmern handelt: Doch dadurch wird nur die These differenziert, dass Ich-Handlungen aus Versammlungen bestehen. Das Dingliche des Hammers, als «Zeug», wird vergegenwärtigt, indem ich ihn benutze. Indem Hand und Bewegungsablauf sich mit dem Hammer zum Schlag zusammenfügen, wird der Hammer als solcher realisiert (unabhängig vom Zweck des Schlags, der dem Hammer äußerlich ist). Es ist wichtig zu bemerken, dass die Handlung ‹Schlagen› (z. B. mit der Faust oder dem Tennisschläger) nicht dasselbe wie ‹Hammerschlagen› ist. Der Faustschlag kann eine Gerade sein; ein Hammerschlag als Gerade wäre nicht gelungen. Das eigene Agieren muss in *Passung* zur «Bewandtnis» des Hammers stehen: und das heißt, dass im gelungenen Hämmern die Bewandtnis des Dings und die eigene Bewegung passgerecht zueinander kommen, ‹versammelt› oder verschmolzen werden. Darin besteht das Kollektiv.

Ein Stahlwerk enthält dagegen ein ganzes Regime von Skripten, in denen das Kooperieren von Stoffen, Aggregaten und Menschen vorab bestimmt wird. Sie ‹greifen ineinander›. Es wäre sinnlos, von den menschlichen Operationen diejenigen der Stoffe und Aggregate abzuziehen (diese Trennung ist indes für die Errechnung des Arbeitswertes notwendig). Die Handlung ‹in der Fabrik etwas herstellen› hat überhaupt kein menschliches Subjekt, sondern ist durch das Latour'sche Kollektiv gekennzeichnet, das wir ‹Fabrikarbeit› nennen. Fabrikarbeit ist genuin ein menschlich-nichtmenschlicher Hybrid, ohne Monster noch Subjekt zu sein, aber doch Handlung. In marxistischer Perspektive ist die dingliche Seite hier indes so mächtig, dass – wie die Kritik es formuliert – das Subjekt Mensch von seinem Wesen entfremdet, nämlich verdinglicht wird; darum ist für Marx Fabrikarbeit monströs.[31] Handeln hier denn die Dinge für sich wie im Märchen? Und haben sie die Menschen in sich eingeschaltet wie Maschinenteile? Und doch wird Arbeit verrichtet? Also eine spezifisch menschliche Handlung (andere Entitäten arbeiten nicht)? Man gerät hier in Begriffsprobleme, die vielleicht noch abenteuerlicher sind, als mit Latour zu sagen: Eine Fabrik ist ein komplexes Kollektiv aus präskriptiven Steuerungselementen, Energie, Rohstoffen, Instrumenten, Maschinen, Gebäuden, institutionellen und rechtlichen Randbedingungen und Menschen zur geregelten Organisation langer Handlungsketten, die die Produktion von Gütern zum Ziel haben. Man muss nur noch zugestehen, dass alle diese Elemente einen stummen oder manifesten Anspruch auf ‹Vertretung› in der ‹Versammlung› haben, um auch die Latour'sche Folgerung mitzumachen, wonach zur Politik der Fabrik nicht nur das längst ermüdete Zusammenspiel von Arbeitgebern und Gewerkschaften «unter sich», sondern die politische Vertretung der toten, aber arbeitenden Dinge gehört. Dinge sind Delegierte des Kollektivs. Vielleicht könnte das manchen menschlichen Delegierten perplex machen. Perplexion ist bei Latour eine wichtige Tugend.

6.3 Artikulierte Dinge

Wir wollen nun prüfen, ob in jenem Feld, das den Kern der Moderne ausmacht, in den Naturwissenschaften, ähnliche Vertracktheiten bestehen, die uns motivieren, den gewohnten Begriff der Moderne zu revidieren.

Zunächst ist daran zu erinnern, dass die Erkenntnisse der Naturwissenschaften falsch verstanden sind, wenn man sie als die Aufdeckung einer Wirklichkeit an sich oder als Aussagen über ontologisch fixe Entitäten ausgibt. Darin sind sich viele Wissenschaftsforscher mit Konstruktivisten einig. Erkenntnisse sind relativ stabile Folgerungen aus experimentellen Praktiken, komplizierten Apparate-Konfigurationen, abstrahierenden, meist mathematisch modellierten Darstellungsformen oder Repräsentationen, die in gewisser Hinsicht erst hervorbringen, was sie erkennen. In Erkenntnissen wird das, was als Phänomen (als Explicandum) gilt, spezifisch artikuliert. Experimente und Darstellungen (Diagramme, Bilder, Rechnungen, Sammlungen, Texte etc.) sind die Formen, in denen die untersuchten Dinge Zugang zu den Dimensionen erhalten, in welchen sie für Menschen artikulierbar werden. Experimente werden ‹gemacht›, aber in langen Reihen so verändert und eingerichtet, dass die Dinge darin eine Form der öffentlichen Mitteilbarkeit gewinnen. Man kann die apparativen und symbolischen Prozeduren also nach zwei Seiten hin verstehen: Es sind experimentelle Methoden, durch die Menschen Zugänge zu einer fremden, nicht-menschlichen Welt erschließen; doch diese Methoden sind zugleich umgekehrt die Übersetzungen oder Translationen, durch die die fremden Dinge in der menschlichen Welt eine Art von Beredsamkeit oder allgemeiner: ihren Auftritt (performance) finden.

Das klingt im ersten Ansehen befremdlich und setzt sich dem Verdacht einer Anthropomorphisierung der Dinge oder, epistemologisch, eines naiven Erkenntnisrealismus aus. Wenn beides vermieden werden soll, ist die Frage, was es heißen soll: Dinge kommen ‹zur Sprache› oder ‹zur Darstellung›. ‹Kommen› sie wirklich? Sicher ist: Wir wollen etwas von und mit den Dingen; die Dinge wollen nichts mit uns. Diese ontologische Gleichgültigkeit der Dinge den Menschen gegenüber heißt aber nicht, dass sie reaktionslos wären. Sie zeigen eigentümliche Widerständigkeiten, die zu immer neuen Versuchen, Revisionen, Darstellungen zwingen. Experimente sind insofern Veranstaltungen, in denen sich auf kontrollierbare Weise menschliche Interventionen und Interessen mit den stummen Resonanzen der Dinge überkreuzen und zu historischen Gleichgewichten finden: Diese nennen wir Erkenntnisse. Sie sind objektiv, insofern sie mit den Dingen, insoweit sie in unseren Darstellungen übersetzt und artikuliert sind, abgestimmt sind. ‹Abstimmung› heißt hier nicht vorgängige *homologia* oder *adaequatio* zwischen Ding und Erkenntnis, sondern: In langen Prozessen von den ersten Fragen und scheiternden Versuchen bis hin zur finiten Ordnung aus Experiment und Aussage hat sich im zunehmend transparenten Milieu des Labors eine abgestimmte Assoziation aus Phänomenen (Explicandum), Apparaten, Beobachtungen, Notizen, Rechnungen, Diskursen, Forschern ergeben, die insgesamt ebenjenes Kollektiv darstellen, das wir, in schlechter Abkürzung, die Erkenntnis nennen. In ihr, dem Ergebnis, ist der komplexe Prozess seines Zustandekommens zum Verschwinden gebracht. Wissenschaftsforscher interessieren sich indes gerade dafür, für die «Kunst» des Experiments[32] und die «Fabrikation der Erkenntnis»[33].

Wissenschaft als Fabrikation heißt: das Ensemble (also das Zusammenwirken) aus nicht-menschlichen Phänomenen, Instrumenten, Maschinen, Architekturen und menschlichen Aktivitäten, Konzepten, Imaginationen, Disziplinen, Haltungen, Diskursen sowie von Institutionen und Sozietäten zu untersuchen. Sie alle sind Mitbeteiligte der Episteme. Experiment in Analogie zur Kunst heißt, jenes besondere Vermögen der Kunst, das Heidegger an ihr herausgestellt hat, in der Sphäre der Wissenschaften zu entfalten. Kunst ist jenes spezifisch *menschliche* Vermögen, den Dingen (welche es auch seien) zu ihrem Erscheinen zu verhelfen. Sie werden manifest. Hubert Fichte hat im Anschluss an Jean Genet einmal gesagt, sein Ideal der Kunst wäre es, einen Stein so lange zu bearbeiten, dass er ganz Stein ist – «in Wörtern» (Fichte 1988, 15, 20 und 335; vgl. Allerkamp 1991). Das ist ebenso trivial wie abstrakt. Trivial, insofern schon jeder irgendwo aufgelesene Stein ganz Stein ist. Abstrakt, weil hier nicht mehr von einem Stein, sondern einem Werk gesprochen wird, an dem gewissermaßen das Steinerne heraustritt: «in Wörtern». Das ist Heidegger ziemlich nah: Kunst ist bei ihm das Werk, das das Ding Ding sein lässt. Das ist uns zu nahe an einer Ontologie, in der die Kunst das privilegierte Vermögen zuerteilt erhält, das Sein selbst aufleuchten zu lassen. So weit muss man nicht gehen, besonders nicht, wenn es um die Frage des Experiments geht.

Es ist zunächst festzuhalten, dass die Form, in der Dinge in Experimenten zur Darstellung kommen, mit dem Dasein der Dinge zusammenhängen soll. Ohne diesen Anspruch brauchen wir weder Wissenschaft noch Technik zu betreiben. Dieser Anspruch ist nicht leer. Die viele zehntausend Jahre alte Technik und die zweieinhalb Jahrtausende alten Wissenschaften haben das, bei allen Irr- und Umwegen, bewiesen. Wir wollen darauf nicht näher eingehen. Hier soll nur der Gedanke eingeführt werden, Experimente in Analogie zu Kunstwerken zu verstehen (gerade nicht, wie Heidegger es tut, als Gegensätze). Experimente können auch Folter sein; diesem einen Pol steht der andere gegenüber, dass sie auch schön oder erhaben sein können, von derselben komplexen

Komponiertheit heterogener Elemente wie Dantes «Divina Commedia» oder die Gedichte Hölderlins. Experimente sind, im Besten, genau die Form, in der die Phänomene und die Menschen eine Komposition bilden, eine erkenntnisproduzierende Versammlung. Wir wollen diese pathetische Rede auf Prosa herunterstimmen.

Zu erinnern ist an die Frage Bruno Latours, wo die Bakterien vor Pasteur waren oder gar, ob es vor der Bakteriologie überhaupt Bakterien gegeben habe (2000, 175–210). Wenn er dies verneint, erklärt er Bakterien nicht für Konstrukte ohne Wirklichkeit; sie sind aber auch nicht immer schon dasjenige gewesen, als was sie im Konzept der Bakteriologie eine erprobte Fassung erhalten. Im Gegenteil muss das, was als die Objektivität der Bakteriologie gilt, durch Disziplinen und verstetigte Leistungen von Forschergemeinschaften stabil gehalten werden. Nicht dadurch allein werden Erkenntnisse in ihrem Geltungsanspruch stabilisiert, sondern auch, weil die Dinge ‹mitmachen›. Diese sind ebenso wenig eine passive Substanz, ein bloß Darunterliegendes, *hypokeimenon*, das irgendwann als genau ein solches, was es ‹von sich aus› ist, entdeckt wird; umgekehrt ist das Ding (das Phänomen der Erkenntnis) nicht eine bloße Konstruktion, die ihren Referenten allein in der geschlossenen Kammer des Gehirns hat und von dem, was ‹draußen› ist, durch ontologische Abgründe getrennt ist. Wenn dies so wäre, würde keine der Naturwissenschaften und keine Technik funktionieren – und die thrakische Magd hätte gut lachen. Erkenntnisse bewähren sich, und wenn nicht, werden sie so lange verändert, bis sie sich bewähren. Oder sie werden aufgegeben (die Wissenschaftsgeschichte ist eine riesige Landschaft aufgegebener Terrains und Ruinen, die einmal im Glanz der Episteme standen).

In diesem Sinn ist eine Erkenntniskritik erforderlich, die nicht etwa die Objektivität der Wissenschaften zerstört, sondern vielmehr die Verfahren und experimentellen Praktiken herausarbeitet, unter denen etwas allererst objektiv wird. Entsprechend sind genetische Modelle, das hat Peter Janich gezeigt (2001, 70–89), nicht *Modelle von etwas*, wodurch das Explicans in einem Abbildverhältnis zum Explicandum steht, sondern es sind *Modelle für etwas*, also prozedurale, experimentelle Skripte der Konstruktion, Herstellung oder Manipulation von artifiziellen, epistemischen Dingen (Hans-Jörg Rheinberger[34]). Man kann drei Ebenen un-

terscheiden, auf denen kulturelle Faktoren und Artefakte den epistemo-
logischen Prozess der Erkenntnisbildung mitbestimmen: erstens die
Ebene der Denkstile, welche die Leitmetaphern und – im Heidegger'-
schen Sinn (1938/1977) – die Weltbilder darstellen, welche in den Wissenschaften allererst formieren, was für Theorie-Typen und Fragestellungen überhaupt zum Zuge kommen und was als wissenschaftliche
Tatsache gelten kann (mentalistischer Ansatz)[35]. Zweitens prägen die apparativen und dinglichen Prozeduren in den Laboren den Möglichkeits-
raum, in welchem überhaupt Neues und damit Erkenntnis entstehen
kann (experimentalanalytischer Ansatz). Drittens bildet sich Erkenntnis
im Feld der sozialen und kommunikativen Regeln der *scientific communi-
ties*, ihrer Konkurrenzen um ökonomische Alimentierung und gesellschaftliche Anerkennung (sozialkonstruktiver Ansatz).[36] So weit zur ersten Ebene nachfolgender Überlegungen.

Nicht nur Bruno Latour, sondern auch Peter Galison (1989 und 1994)
für die Mikrophysik und Hans-Jörg Rheinberger für die Mikrobiologie
haben gezeigt, in welchem überraschenden Ausmaß die dinglichen Ensembles von Laboren und die in ihnen technisch sedimentierten, operationalen Möglichkeitsfelder – also: die Experimentalsysteme – nicht nur
Fragen, Ziele, Gegenstände und Ergebnisse der Forschung bedingen, sondern auch performative Räume des Unvorhersagbaren, Ungeplanten, ja
Zufälligen und Ludischen eröffnen. Dadurch erst bieten Experimentalsysteme Chancen für die Entstehung epistemischer Dinge und neuer
Erkenntnisse. Durchaus stecken darin epistemologische Parallelen zu
Ansätzen der empirischen Kulturwissenschaft oder der materialen Ethnologie. In der Wissenschaftsforschung wird bereits von einer charakteristischen ‹Kultur› gesprochen, die sich durch technische *patterns* der
Reproduktion – dies wären die Momente, die Forschungsprozesse stabil
halten – und durch *differenzielle Ereignisse* auszeichnet – dies wären die
Momente, in denen unvorhergesehene Ereignisse und in ihrer Folge
neues Wissen erzeugt werden. Damit werden innerhalb der Labore spezifische, auch lokal differenzierte materiale Milieus geschaffen, die eine
eigentümliche Balance von Stabilität und Offenheit halten. Diese dinglichen Milieus – ergänzend zu den mentalistisch-metaphorologischen
Ansätzen, die die naturwissenschaftliche Erkenntnisbildung im Kontext

von Denkstilen entziffern – gründlicher zu erforschen, würde es erlauben, in den technischen Ensembles des *test drive* (Ronell 1995) Formationen einer artifiziellen, materialen Kultur auszumachen.

Vertrauter, wenn auch noch lange nicht in den Naturwissenschaften angekommen, sind die sozialkonstruktivistischen Ansätze (Wissenschaftssoziologie), welche die epistemischen Verfahren und die Objektivität der Erkenntnis in zwei Richtungen analysieren: Zum einen sind wissenschaftliche Prozeduren nicht nur eingebettet, sondern konstituiert von sozialen Mechanismen der *scientific community*. Diese ist keine von Lokalität und Geschichte gereinigte ideale Gemeinschaft idealer Erkenntnissubjekte, sondern ein soziales Subsystem. Als solches ist die Wissenschaft von lokalen wie universalen Regeln der Kommunikation, der Konkurrenz, der Kooperation, der Aushandlung, der Zielsetzung, der *corporate identity*, der charakteristischen Habitus, der symbolischen wie materiellen Macht, ja auch von quasi-tribalen Riten, von Fetischismus, von Obsession und Bedeutungszauber, Rhetoriken und Repräsentationen geprägt. Zum Zweiten sind naturwissenschaftliche Erkenntnisprozesse auch bestimmt und ermöglicht von externen Faktoren der Politik, der Wirtschaft, der Industrie und der Gesellschaft. Dies ist nicht trivial, weil darüber nicht allein die ökonomische Alimentierung, sondern auch die Dynamik und Richtung der naturwissenschaftlichen Entwicklung beeinflusst wird.

Alle drei Ebenen wirken in Experimenten zusammen. Wenn sie gelingen, also Neues erzeugen, sind sie staunenswert genug. Sie terminieren, auf einer höher differenzierten und reflexiven Ebene, in dem, wovon sie ausgingen: dem Staunen. Das hat Lorraine Daston in vielen Studien gezeigt (1998; 2001; 2002). Staunen, Neugierde, Aufmerksamkeit, ausdauerndes Verweilen bei einer Sache, Inständigkeit und Intensität, Achtung und auch Obsession sind ästhetische Empfindungen. In ihrem Feld erzeugen die Wissenschaften ihre empfindliche Objektivität.[37] Diese Formel zeigt an, dass darin das wie immer auch außermenschliche Dasein der Dinge eine Artikulation in den Medien menschlicher Darstellung und Verständigung finden kann. Ja, diese Medien, nämlich alle die zu einem Experiment erforderlichen Prozeduren und Apparate, sind für nichts anderes erfunden als dafür, die Dinge sich artikulieren zu lassen, und zwar so, dass wir sie begreifen. Dinge sprechen nicht, aber sie zeigen sich. Dieses Zeigen ist nicht an den Menschen adressiert. Wir sind nicht gemeint. Diese ursprüngliche Fremdheit zu überbrücken, einen Austausch und Verkehr zwischen Menschen und Dingen zu ermöglichen, ist der Sinn des Experiments. In einem metaphorischen (aber nicht: *bloß* metaphorischen) Sinn darf man deswegen sagen, dass Experimente die Form sind, in der die stummen Dinge zur Sprache kommen.

6.4 Fetisch – Faktum – Faitiche

Die letzten Bücher Latours sind streckenweise geschrieben wie Manifeste. Zu diesem Genre gehören Botschaften und Wiederholungen, die die Botschaften in immer neuen Varianten ausbreiten. Was 1991 in «Nous n'avons jamais été modernes» knapp gesagt war, wird in «Politiques de la nature» (Das Parlament der Dinge) von 1999 zu einem voluminösen Buch. Enthusiastisch wird eine neue Politik gefordert, die weder konservativ noch sozialistisch, weder grün-ökologisch noch syndikalistisch, weder aktionistisch noch institutionalistisch sein will, sondern fundamental. Alle herkömmlichen Politikformen werden zersetzt, insofern sie der falschen Moderne zugehören mit ihren strikten Disjunktionen zwischen Gesellschaft und Natur, zwischen Normen und Tatsachen. In der neuen, der politischen Ökologie sollen «weder die Natur noch die Menschen, sondern gut artikulierte Wesen, Assoziationen von Menschen und nicht-menschlichen Wesen, gut gebildete Propositionen» entscheiden (Latour 2002, 121).[38] Die Rede ist von einem Pluriversum aus allen Entitäten, die zum Sprechen gebracht werden sollen, von einer «experimentellen Metaphysik» und «neuen Gewaltenteilung» zwischen Natur und Kultur (keine Seite ist mehr die Geisel der anderen), von einer Republik der öffentlichen Dinge, vom Ende des Wissenschaftskrieges usw. Latour wird zu einem der Lauteren Brüder, die wir schon kennen gelernt haben. Dem muss man nicht folgen.

Das ändert nichts an Nachweis und Evidenz von Befunden, mit denen Latour im Rahmen seiner *actor network theory* und in wissenschaftshistorischen Analysen gezeigt hat, dass komplexe Netzwerke nur unter Voraussetzung der *agency* nicht-menschlicher Entitäten funktionieren können.[39] Es ist nicht nur möglich, sondern notwendig, die sprachlosen Objekte als Agenturen in soziale Systeme aufzunehmen – ähnlich, wie wir ihnen im vorangegangenen Abschnitt eine Vertretung (die nicht nur symbolisch-mentale Repräsentation meint) im Alltagsbewusstsein eingeräumt haben. Hier liegt in der Tat eine systematische Schwäche von Moderne-Theorien, denen die Dinge toter als tot sind.

Im Kontext unserer Studie über Fetischismus interessiert nun, dass Latour am Ende seines Buchs über die «Hoffnung der Pandora» – auf der Suche nach einer Brücke über die Kluft zwischen Subjekt und Objekt – auf Fetische und Idole zu sprechen kommt. Das ist nur im ersten Ansehen überraschend. Die Subjekt-Objekt-Kluft begründet den Wissenschaftskrieg der Moderne, der jeden in die Entscheidung zwingt, entweder auf die Seite des Subjekts zu treten (dann ist alles Wissen ‹gemacht›, Konstruktivismus) oder auf die Seite des Objekts (dann ist alles von sich aus Tatsache, Realismus); oder auch beiden Seiten zugleich beizutreten. Die Lösung dieses ‹modernen› *double bind* liegt für Latour «an der Bruchstelle selbst» (2000, 328), was heißt: weder der einen noch der anderen Seite beizutreten, sondern den Entscheidungszwang zu suspendieren.

Was bedeutete dieser Entscheidungszwang? Die Modernen stünden «in der langen Genealogie von Ikonenzerstörern und Idolezertrümmerern …, durch die wir erst modern geworden sind» (ebd., 329). Die Moderne ist ein permanenter Bilderkrieg, in der alles, was sich nicht der Rationalität von Tatsachen fügt, als Fetisch denunziert und zerstört werden muss. Tatsachen und Fetische sind komplementär zusammengehörend. Fetische sind solche Dinge, denen von unaufgeklärten Gläubigen Lebendigkeit, Kraft, Tätigkeit zugeschrieben wird, die ‹in Wahrheit› nicht ihnen zukommen, sondern auf sie projiziert würden: durch projektive Identifikation. Fetischismus ist danach ein Glaube, der die Freiheit des Subjekts vernichtet und es zum Sklaven der Dinge macht. Mit Bourdieu (1998, 165) zu sprechen, liegt dem Fetischismus eine *self-deception* und dieser eine *kollektive Verkennung* zugrunde, die das, was in den mentalen Strukturen und Aktivitäten der Subjekte verankert ist, an den Dingen selbst zu erkennen vermeint: als ihre Eigentätigkeit. Diese Struktur muss beendet und folglich müssen Fetische und Idole zertrümmert werden. Die Animiertheit der Dinge vernichtet das Subjekt; die Vernichtung der Fetische lässt die Freiheit des Subjekts strahlend aufgehen. Das Subjekt errichtet seine Handlungspotenz auf dem Boden der zerschlagenen Fetische, die, indem sie tot sind, in die nichts sagenden Dinge rückverwandelt werden, die im Rationalitätsregime des Subjekts zu ‹Tatsachen› werden können.

Das ist die durchschnittliche Haltung, seit die Fetische in den europäischen Diskurs eingetreten sind. Latour gibt dem nun einen besonderen *shift*. Die *self-deception* hat nämlich nicht den Fetisch-Gläubigen erfasst, der sehr wohl weiß, dass Fetische ‹gemacht› sind, sondern Anti-Fetischisten. Der vom Glauben an die Fetische Besessene ist derjenige, der sie in seiner Wut zerstören muss. Erst die Zertrümmerung macht die Idole und Fetische zu jener bedrohlichen Macht, die über magische Kräfte verfügt. In der Wut der Zerstörung verbirgt sich ein Glaube, der denjenigen der ‹Primitiven› weit übertrifft, die mit Fetischen ein kooperatives Kollektiv bilden. Der moderne Antifetischismus täuscht sich darüber, dass die gereinigten Tatsachen, die er anstelle der Fetische setzt, eben die Fetische sind, die er selbst gemacht hat (Latour 2000, 332ff.). Indem der Anti-Fetischist den Fetischisten unterstellt, an die Wirkkraft von Dingen als einem Faktum zu glauben, wo diese doch nur Projektion seien, täuscht er sich über sich selbst, der für natürliche Tatsache hält, was er selbst erst hervorgebracht hat. Einmal wird der Fetisch für eine Tatsache gehalten, einmal wird die Tatsache zum Fetisch. Einmal wird verneint, dass der Fetisch eigentätige Kraft sei, weil er ‹in Wirklichkeit› gemacht wird; einmal wird verneint, dass die Tatsache ein Fetisch ist, weil sie wirklich sei. Man zertrümmert Fetische auf der einen Seite und erzeugt damit auf der anderen Seite Fakten. Diese Gegensätze und paradoxen Vertauschungen zwischen Fakt und Fetisch, die dem modernen Feldzug gegen Fetische und Idole und mithin dem perennierenden Ikonoklasmus zugrunde liegen[40], möchte Latour mit seinem, aus Fakt und Fetisch synthetisierten Kunstwort *Faitiche* (2000, 334–339) nicht etwa dialektisch aufheben, sondern definitiv beenden. Das ist ein attraktives Versprechen.

Fetisch und Faktum gehen auf dieselbe Wurzel zurück: *factitius* – das Gemachte (im Gegensatz zu *terrigenus*, das der Erde Entstammende).[41]

Wir sahen schon, dass dem die griechische Entgegensetzung von *physis* und *techné* entsprach. Beiden also, dem Fetisch wie dem Fakt, eignet Technisches. Und dies will Latour im Begriff *Faitiche* wiedergewinnen: ihr Gemeinsames. Hinsichtlich der wissenschaftlichen Moderne hält Latour fest, dass ihr Antifetischismus verborgen habe, dass unter der Hand die Population der in unsere Handlungen und Diskurse eingemischten dinglichen Hybriden nicht nur ungeheuer vermehrt wurde, sondern an Zahl die Menge der Menschen längst übertrifft. Die Tatsache, dass all diese Hybriden ‹gemacht› sind, mindert in keiner Weise ihre unabhängige Wirksamkeit innerhalb der Menschenwelt. Ja, man begreift Letztere erst, wenn man die Netzwerke der Verteilungen und Verflechtungen zwischen Hybriden und menschlichen Subjekten analysiert. Darin aber liegt eine strukturelle Entsprechung zu den vormodernen fetischistischen Kulturen, die mit Selbstverständlichkeit den Dingen eine Mitsprache in ihren Aushandlungen einräumen. Subkutan findet dies in den Laboren, der Politik, im Alltag der Moderne ebenfalls statt, sogar, wie die *actor-network*-Analyse freilegt, in einer gesteigerten Weise, von der das offiziöse Bewusstsein der Vernunft nichts zu registrieren vermeint. Diese Doppelmatrix von Zertrümmerung vormoderner Kulturen und voraufgeklärten Bewusstseins einerseits, andererseits der gleichzeitigen Kreation ungezählter Netzwerke, in denen nicht-menschliche und menschliche Elemente sich zu Handlungsclustern zusammenschalten, bringt Latour unter die Formel der «schöpferischen Zerstörung» (2000, 343). Die Moderne ist modern nur, insofern die Zerschlagung des Fetischs in eins fällt mit der triumphalen Kreation einer Welt der Fakten; die Zerstörung der Welt des Glaubens eins ist mit der Schaffung eines rationalen Universums; die Zerstörung der heteronom gesetzten Natur gleichkommt mit der Kreation einer autonom gesetzten Gesellschaft. Da diese Doppelmatrix unbegriffen geblieben ist, läuft sie, zu einem falschen Modernismus fetischisiert, auf die Selbstzerstörung der antifetischistischen Moderne hinaus. Der Exorzismus verbreitet erst, was er bekämpft. Die Moderne hat mit dem Hammer philosophiert, jedoch sich selbst getroffen.[42] Die «Wirklichkeit» aber, die Latour betreten will, ist die der *faitiches*. Es ist die «Welt» der diversifizierten Hybriden, der artikulierten Dinge, der konstruierten Objekte, die gerade deswegen wirklich und wirksam sind, die *faitiches* in ihrer Vernetzung, Verflechtung, ihrem Austausch mit der menschlichen Welt, aber auch in ihrer unvorhersehbaren Ereignishaftigkeit und Überraschung. Das Pluriversum als Utopie.

7. Lebenswelt und materielle Kultur

7.1 «Dass die Dinge uns haben und nicht wir die Dinge haben»

Viele Studien zur *material culture*, zum Design, zur Sammlung und Musealisierung, zum Umgang mit technischen Artefakten, zur Alltagskultur und zur Geschichte der Dinge, aber auch zur Materialkunst haben gezeigt, dass die Wissenschaften längst in der Lage sind, die Quasi-Lebendigkeit der Dinge und ihre *agency* zu analysieren. Davon sollen im Fortgang einige Aspekte aufgezeigt werden.

Mihaly Csikszentmihalyi betont unsere anthropozentrische Illusion, die uns gewöhnlich im Glauben wiegt, wir kontrollierten die Dinge und unsere mentalen wie psychischen Prozesse. Hierbei wird übersehen, dass unsere Reproduktion wie unser Denken und Fühlen – angesichts des exponentiellen Wachstums der Artefakte und unserer Angewiesenheit auf natürliche Ressourcen – in steigender Weise vom dinglichen Environment abhängig sind. Csikszentmihalyi spricht von Artefakten als einer neuen Spezies, die sich neben der biologischen Evolution eigenlogisch reproduziere und entfalte. Von einer idealistisch gesetzten Autonomie auszugehen ist eine Selbsttäuschung, der nicht durch das Argument gekontert werden kann, alle Artefakte verdankten ihr Dasein den intentionalen Akten und der schöpferischen Erfindung durch Menschen. Ebendiese Leistungen beruhen ihrerseits auf dem historischen Sockel der Artefakte selbst. Man kann ihre Entfaltung – vom Faustkeil bis zum Föhn und zur Rakete – als eine technische Evolution beschreiben, unter Ausschluss des Menschen. Gewiss: Diese Geschichte schreiben nicht die

Dinge selbst, sondern wir, als Historiker. Entscheidend aber ist, ob wir in dieser Historiographie der Dinge die Wechselwirkung und Wechselabhängigkeit beider Seiten berücksichtigen oder nicht. Da Dinge auf unmittelbare wie vermittelte Weise den Geist *(mind)* ordnen und stabilisieren, gehört die Geschichte der Dinge konstitutiv zu dem, was man in einer idealistischen Kulturgeschichte allzu leichtfertig die Selbsterzeugungsgeschichte des Menschen nennt. Wie wir uns in den Dingen vergegenständlichen, so verkörpern sich die Dinge in uns (Csikszentmihalyi 1993).[43] Die Dinge sind Leibeigene, doch wir sind auch Leibeigene der Dinge.

Man kann, Csikszentmihalyi folgend, davon sprechen, dass der fetischistische Mechanismus, lange bevor er die besondere Form des Warenfetischismus oder der sexuellen Perversion angenommen hat, strukturell in das Mensch-Ding-Verhältnis eingelagert ist. Was am Fetisch seit der Aufklärung so skandalisierend gewirkt hat, dass nämlich ein Ding eine Eigenwirksamkeit auf das Ich-Gefüge haben soll, ist der Normalfall einer Anthropologie der Dinge. Ein von allen Dingen verlassenes Bewusstsein wäre im Kerker seiner Halluzinationen[44] gefangen und brächte heutzutage seinen Inhaber schnell in die Psychiatrie (in alten Gesellschaften könnte es das Glück wollen, aus einem solchen Menschen einen Heiligen zu machen). Wenn man Menschen als eine Spezies versteht, die, wenn nicht von Beginn an, so doch wenigstens in der Kulturgeschichte so etwas wie Selbstbewusstsein und persönliche Identität ausgebildet hat, dann muss man konzedieren, dass diese stets prekär und instabil sind. Es sind in krass unterschätzter Weise die Dinge, die nicht nur hilfreich, sondern notwendig sind, um menschliches Leben, Identität und Selbst zu verdichten und zu verstetigen. Ohne die Dinge außer uns würde unser Selbst zerflattern, es wäre grenzenlos und darum nichtig. Selbst wenn man von einer transzendentalen Einheit des Selbstbewusstseins ausginge, was sollte diese anderes sein als eine Leere, wenn sie sich nicht als vitale und aktive Synthese der Dinge betätigen könnte, die ihr real gegeben sein müssen? Im wörtlichen Sinn unbedingte Freiheit des Geistes wäre nicht nur leer, sie wäre gar nicht (vgl. Heubach 1996, 24–52).

Wenn Dinge «Bedingung, Instrument oder Ziel unseres Handelns»

(Boesch 1983, 15)[45] sind, so sind sie für das Handeln, das wir uns subjektiv zuschreiben, nicht nur zufälliger Stoff, sondern notwendig und konstitutiv. Selbstverständlich bilden wir, wie besonders Jean Piaget gezeigt hat, im Laufe unserer kindlichen Sozialisation generalisierte «Schemata» von Handlungen und Objekten und entwickeln dabei, auch im Kontext des Spracherwerbs, schließlich ein konturiertes «Bild» oder «Schema» des Ich, das wir sind (Piaget 1971, 135–176).[46] Diese sensomotorischen Schemata, einmal erworben, gehen den dann erst intendierbaren Handlungen oder Objekten ‹voraus›, doch nicht im Sinne eines ahistorischen Transzendentalismus (des Kant'schen Schematismus), sondern als erworbene Struktur, die sich ihrerseits unter der Bedingung neuer Erfahrungen oder kultureller Kontexte auch wieder modifizieren kann. In der primären Ausbildung von Ding-, Handlungs- und Objekt-Schemata macht Piaget eine evolutionäre Entwicklung von perzeptiven über sensorisch-motorische zu konkret operationalen bis hin zu formalen Schemata/Konzepten aus, die für erfolgreiches Handeln mit Dingen stets eine verwirklichte «Integrationssequenz» (Boesch) bilden müssen (vgl. Kesselring 1999, 100–149). Doch modifizieren sich diese Schemata in weiteren biographischen und kulturgeschichtlichen Phasen; und sie haben stets zur Voraussetzung, was Gaston Bachelard (1947/48) mit dem treffenden Ausdruck «univers du contre» bezeichnet hat.[47] Schon kleine Kinder erfahren – spielerisch – die materielle Widerständigkeit der Wirklichkeit, mit der sich auseinander zu setzen überhaupt erst die Unterscheidung von Innen und Außen, von Ich und Dingen, aber auch deren relative Ständigkeit und Stetigkeit ausdifferenziert. Handlungskonzepte, die wir später als unsere vorgreifenden Intentionen verstehen, bilden sich erst dadurch, dass im Werfen, Schieben, Stoßen, Greifen, Rütteln, Schlagen, Streicheln etc. sich Objekt-Typen aus dem ‹Brei› des «univers du contre» oder, wie Lorraine Daston sagt, aus der «porridgy oneness» herausschälen. An diesem Herumhantieren im diffusen Gewaber der Dinge, die sich dem spielenden Kind als Unterscheidbarkeiten mitteilen, gehen allererst Handlungstypen als intentionale Konzepte auf und können als solche interiorisiert werden (Piaget 1971, 170–73; Boesch 1983, 25ff.). Die «objektale Eigendynamik» der Dinge, die «adverse Welt» (Boesch) ist geradezu die Bedingung für die Überwindung primärnarzisstischer Selbst-Welt-Verschmelzung und für die Ausdifferenzierung eines praxeologischen Feldes, in dem die Spezifität der Dinge und die Konzepte des Handelns sich miteinander, d. h. zielführend oder scheiternd, verbinden können. Hierbei kommt alles darauf an, eine Art sekundären Narzissmus zu vermeiden, der auf der Ebene der Handlungstheorie heißt, dass das Ich in seinem Anteil am Zustandekommen von Handlungen überschätzt und die gleichsam alliierte Mitwirkung der Dinge unterschlagen wird (subjektivistische Wende, von der auch Piaget und Bachelard nicht frei sind). Darin hallt auf theoretischer Ebene das frühe Triumphgefühl nach, sich als eigenständiges, wirkmächtiges (autonomes) Zentrum von Operationen zu erleben. *Material culture studies* sind dagegen nichts anderes als der Versuch, die Allianz-Relationen zwischen Subjekten und Dingen, ferner die den Dingen, besonders den Artefakten innewohnende Handlungssteuerung, die Angewiesenheit des Ich (auch seiner Wünsche, Phantasien, Intentionen und Konzepte) auf die Dinge und schließlich gar die Verdinglichungen des Subjekts zur Geltung zu bringen und sie in die Geschichte der Verflechtungen der Menschen mit ihren Dingen einzutragen.

Diese vom alltäglichen, kompakten Zusammensein mit den Dingen ausgehende Auffassung der Ethnologen und Volkskundler trifft sich eigentümlich mit der phänomenologischen Konzeption von Merleau-Ponty, wenn er von «einer naiven Vertrautheit mit der Welt» und der «Evidenz der Welt» als der klarsten aller Wahrheiten spricht (1966, 77, 19f.). Dem Selbst, auf das man – transzendentalphilosophisch, cartesianisch – «zurückkommt, muss ein Selbst vorausgehen, das entfremdet oder ek-statisch im Sein lebt» (ebd., 77). Ekstatisch sein, heißt bei und in den Dingen sein. Nicht das Selbst geht den Dingen vor, sondern die Dinge gehen dem Selbst vor und geben das Selbst vor. Das Cogito und seine Akte sind nur die am wenigsten «weit entfernten Fernen» (ebd., 83). Damit wendet sich Merleau-Ponty radikal gegen eine vorgängige Konstruktion des Selbst als *res cogitans*. Im Gegenteil heißt, Zugang zu den Dingen zu gewinnen, zuvörderst, sich selbst als «‹Nichts›, als ‹Leere› entdecken, die zur Fülle der Welt tauglich ist oder dieser vielmehr bedarf, um seine Nichtigkeit zu entdecken.» Wenn man entdecken will, was Dinge sind, muss man sich leer machen von allen Ideen, Bildern, Vorstellungen, Konzepten, die man sich vom Selbst gemacht hat, um eine «vollständige Reinigung meines Begriffs von Subjektivität» vorzunehmen: «das Bewußtsein ist ohne ‹Bewohner›» (ebd., 77). Nicht in einem Selbst finden wir eine Festung, von der aus man sich in die Welt hinauswagt, um diese womöglich in Besitz zu nehmen. Das wäre die falsche Auffassung, wonach das Ding in unendlicher Fremdheit ‹da draußen› sei und ihm umgekehrt unsere Wahrnehmung völlig äußerlich bliebe; wonach das Ding gerade dadurch ein Ding ist, dass es «in der Nacht der Identität und als reines An-sich da» sei (ebd.).

Dem widerspricht aber völlig die präreflexive, d. h. alltägliche und lebensweltliche Evidenz einer Öffnung des Ich für die Dinge und umgekehrt: einer responsiven Öffnung der Dinge, die sich dem Wahrgenommenwerden darbieten. Ein Ding, ein Ob-jekt für uns zu sein, bedeutet, «dass es sich aus eigener Kraft vor uns ausbreitet, gerade weil es in sich selbst versammelt ist» (ebd., 210).[48] «Das Ding, der Kieselstein, die Muschel … verfügen nicht über die Kraft, allem zum Trotz zu existieren, sie sind nur sanfte Kräfte, die ihre Implikationen entfalten, wenn günstige Umstände zusammentreffen.» Dadurch wird das Ding – in all seiner, auch von uns bedrohten Fragilität – zu einem «Eigensitz» und zu einer «Selbstgeruhsamkeit», die wir ihm zugestehen (ebd., 211). Wenn wir aber *uns* als *res cogitans* (reine Innerlichkeit) *ihm* als bloße *rex extensa* (reine Äußerlichkeit) entgegensetzen, fällt das Ding in ein opakes, um seine Kraft beraubtes An-sich zurück wie umgekehrt das Ich in seine inkompossible Leere. So gedacht, sind Subjekt wie Objekt gerade falsch gedacht – und das rechtfertigt alle alltags-ethnologischen Untersuchungen zur *material culture*, welche die ebenso vertraute wie befremdliche Ineinandergeschobenheit von Ich und Ding zu untersuchen anstreben.

Nils-Arvid Bringéus hat in volkskundlicher Perspektive schon 1986 auf einen skandinavischen Ansatz hingewiesen, in dem Dinge als Verhaltensweisen, als Handlung oder wenigstens als materialisierte Übersetzung des Handlungsprozesses aufgefasst werden (Bringéus 1986, 167, und 1983). Dabei geht es nicht nur darum, Dinge als Medien solcher Handlungen zu analysieren, die sich nur durch sie vollziehen lassen, sondern als sedimentierte Vollzüge selbst. Das gilt natürlich besonders für Gebrauchsdinge, aber auch für die so genannte «sozialkommunikative

Sprache der Dinge», bei denen Dinge in Erinnerungsprozessen (Memorialobjekte), in rituellen Handlungen (heilige Objekte, Orden) und Performances (Masken, Kostüme), bei Statusbildung und Distinktionen (Mode, Schmuck), in sozialem Austausch (Gaben, Geschenke) und für Kommunikationsmodi (Handy) konstitutiv werden für die Ich-Bildung im kommunikativen Netz. Hierbei spielen Ich-Erweiterungen, bei denen z. B. die Wohnung, das Auto, die Kleidung, der Schmuck zum expressiven Environment von Personen gehören, eine gewichtige Rolle. Dies kann man indes auch umdrehen: Die Dinge performieren das Ich, das Ich ist ihre Darstellung, sodass das Ich auch *in absentia* durch sie kommuniziert. Die Dinge sind das Futteral des Ich, eine sensible Draperie, aus der ich auch hinausschlüpfen kann, ohne dass dabei das Ich aus den futteralen Dingen verschwände. Man bemerkt dies, wenn man zum ersten Mal eine fremde Wohnung betritt: Das Ich ist da, ohne anwesend zu sein, die Dinge erzählen dem aufmerksamen Besucher von ihrem Besitzer. Sie können dies insofern, als sie nicht nur passive Gefäße für die Aufnahme von Ich-Expressionen sind, sondern auch Speicher und performative Organe ebendieses Ich, das hierin in anderer, metamorphisierter Form und in der spezifischen Morphologie der Dinge selbst präsent ist. Wenn dies nicht so wäre, wäre das Ich präsent nur im nackten Körper-Ich. Doch im Nacktsein ist das Ich am allerwenigsten (es müsste seine Nacktheit performieren, um sie ich-tönig zu machen). Ohne Dinge kein Ich (wir sehen ab von stimmlicher und pathognomischer Expression in Face-to-Face-Situationen). Wenigstens gilt: Das Ich ist verteilt auf ganze Netzwerke sozialkommunikativer Dinglichkeiten und ohne diese kaum fähig zur Teilhabe am öffentlichen Austausch.

So sagt Merleau-Ponty: «Es gilt zu verstehen, daß die Dinge uns haben und nicht wir die Dinge haben. Daß das vergangene Sein niemals aufhört, gewesen zu sein. Das ‹Gedächtnis der Welt›. Daß die Sprache uns hat und nicht wir die Sprache haben. Daß das Sein in uns spricht und nicht wir vom Sein sprechen» (1966, 249). Das ist philosophisch jene Achsendrehung, die in den Kulturwissenschaften die Drehung von einem mentalistischen zu einem materialen Ansatz bedeutet. Dabei kommt es nicht darauf an, einfach die Achse zu drehen, sondern sie als die Form der Wechselwirkung und Verflechtung zu verstehen, die von den beiden *Polen des In-Seins der Dinge und des Außer-Sich-Seins des Ich* ausgeht. Diese Formel kommt der ‹Realität› des Lebens mit den Dingen tatsächlich nahe.

In diesem Sinn sind Dinge auch eigenaktive Antworten auf uns. Dinge sind Korrelate des Leibes. Jede Wahrnehmung ist Kommunikation (ebd., 370). Das meint nicht, dass Dinge in Sinnesqualitäten aufgingen, die wir als Informationen oder Zeichen mental realisieren. Dingwahrnehmungen setzen sich auch nicht nur aus Empfindungen und Erinnerungen zusammen. Die Dinge wären dann «schlechterdings ungreifbar, zerfließend und stets nahe der bloßen Illusion» (ebd., 41). So verstanden, wären Dinge – im Sinne Vilém Flussers – gerade «Undinge» (1993, 80–89), virtuelle Zeichengebilde. Indes erscheinen im Wahrnehmungsfeld die Dinge *als* Dinge. Das ist leicht daran zu bemerken, dass wir die Dinge als ebensolche und nicht etwa die Zwischenräume zwischen ihnen sehen. «Alle zwischen dem Ding und dem inkarnierten Subjekt bestehenden Bindungen» (Merleau-Ponty 1966, 371) also sind philosophisch und kulturwissenschaftlich relevant und dürfen nicht abgeschnitten werden. Dann bestünde die Welt draußen – und innen – aus virtuellen Zeichen mit rätselhafter Referenz. «In Wahrheit aber sind alle Dinge Konkretionen eines Milieus und lebt jede Wahrnehmung eines Dings von der vorgängigen Kommunikation mit einer bestimmten Atmosphäre» (ebd.). Dies könnte man die philosophische Begründung zu einer kulturwissenschaftlichen oder kulturanthropologischen Erforschung materieller Kultur nennen.

7.2 Evolution der Gebrauchsgegenstände?

Eine für diese Forschungsrichtung charakteristische Studie, *The Evolution of Useful Things* (1994), stammt von Henry Petroski (vgl. Panati 2002). Sie ist theoretisch nicht gerade helle, aber in der Fülle der Einzelheiten, in die sie versinkt, wiederum aufschlussreich, aus sehr verschiedenen Gründen. Der eine betrifft die Form dieses Buchs: Kulturgeschichten, die sich nahe an der Mannigfaltigkeit ihrer Gegenstände halten, sind theoretisch schwach, labyrinthisch und zufällig, doch im Einzelnen höchst erhellend. So, wenn Petroski etwa über unauffällige Dinge schreibt wie die Entwicklung der Büroklammer, des Reißverschlusses, der Stecknadel usw., die auf unseren Alltag – in ihrer Summe betrachtet – einen ungeheuren Einfluss haben. Wenn aber, wie Petroski aufgrund der Dingstatistik zeigt, unterdessen die Klassen und Spezies der Gebrauchsgegenstände die Familien und Arten der natürlichen Evolution weit übertreffen (und schon Letztere geht in die Millionen), wie überhaupt die Bio-Masse der Dinge, falls so zu sprechen erlaubt ist, diejenige der natürlichen Objekte weit übersteigt, dann ist ein Buch von mittlerer Dicke von vornherein eine Nussschale auf dem Ozean der Dinge. Man muss nach abstrahierenden Ordnungen suchen. Und hier liegt der zweite aufschlussreiche Mangel des Buchs. Bei Petroski ist, wenn er von der *Evolution* der Gebrauchsgegenstände spricht, der leitende Gesichtspunkt aus der Biologie entnommen. Seit Jahrhunderttausenden entwickeln sich die Dinge. Sie variieren zum einen ihren Typ (so findet Marx zu seinem Erstaunen in England Mitte des 19. Jahrhunderts ungefähr 500 verschiedene Hammer-Sorten).[49] Zum anderen entstehen immer neue Arten von Gebrauchsdingen, die insgesamt wie eine einzige Wunderkammer der menschlichen Erfinderkraft wirken, ein unvorstellbares Museum möglicher Aktivitäten und Vollzüge, die in ihnen geronnen sind. Ist das aber als Evolution zu verstehen? Man könnte die Dinge als ein Archiv menschlicher Praktiken und Kulturen rekonstruieren. Dann ist die steuernde Matrix der Ding-Geschichte gerade nicht durch ‹Evolution›, sondern durch die heterogenen Kulturen des Handelns, der Bedürfnisse und Wünsche und ihrer Geschichte bestimmt, die keinen Fortschritt kennt.

Nun unterstellt Petroski aber den Dingen eine Evolution, in der es ebenso wie in der Evolution der Tiere und Pflanzen Selektionsmechanismen, Fehlversuche und Misserfolge, Untergänge und Sackgassen, Ausdifferenzierungen sowie Pluralisierung und Optimierung gäbe. Zugleich geht Petroski davon aus, dass es eine perfekte Realisierung irgendeines Gebrauchsdings nicht geben könne. Alle Dinge weisen Mängel auf. Sehr viele ‹neue› Dinge sind auch keine Verbesserungen (die Gabel mit höherer Fitness), sondern Variationen, die mehr in der jeweils geltenden Ästhetik und im kulturellen Geschmackskontext begründet sind als in der

Funktion einer Sache. In der Geschichte der Gabel herrscht nicht eine Teleologie der perfekten Gabel. Ist ein halbwegs konstanter funktionaler
Kern entwickelt und wird er, was wichtig ist, historisch stabil gehalten,
dann variieren Gabeln nach kulturellen Standards. Eine Gabel ist mindestens ebenso eine Angelegenheit der Etikette, der sozialen Distinktion
und der Tischsitten als ihrer funktionalen Perfektionierung. Spezielle
Gabeln für Oliven, Austern, Gewürzgurken, Früchte, Schildkröten aus
Dosen, Fisch, Kuchen oder Salat zu ‹erfinden›, differenziert eine sozialdistinktive Esskultur, in der es auf ostentative *performance* der eigenen
Person oder der eigenen Klasse und auf all die mit den «feinen Unterschieden» vermachten Demarkierungen derjenigen ankommt, die zum
vornehmen Stil ‹nicht dazugehören› und folglich ‹draußen bleiben müssen›. Dem Gablig-Sein der Gabel wird dabei evolutionär nichts hinzuge-
wonnen. Die ‹Arten›-Vervielfältigung der Gabel erhöht auch nicht deren
Fitness und rottet auch nicht die frühere ‹primitive› Gabel aus. Viel
wichtiger als ihre Funktion ist an der Austerngabel, dass man sich im
Umgang mit ihr als jemand demonstriert, der sie überhaupt als solche erkennt, sie von einer Beeren-Gabel unterscheidet und mit den ‹richtigen›
Gesten zu bedienen versteht. Wohl bemerkt, eine Mahlzeit wird zur dis-
kreten Prüfung, ob man die *vielen* Gabeln *bedienen* kann; und erst, wenn
man den Eindruck einer selbstverständlichen Leichtigkeit erweckt, als
bediente man *sich der* Gabeln, hat man gezeigt, zum illustren Kreis dieser
Mahlzeit zu gehören. Es wäre angemessen, hier von Gabeln als Fetischen
zu sprechen: Man dient ihnen, sie haben eine rätselhafte Kraft, Positionen zu verteilen, sie erzeugen und stabilisieren eine soziale Ordnung, sie
haben eine performative symbolische Wirksamkeit.

Sowohl hinsichtlich ihrer formalen Gestalt, ihres Materials als auch
ihrer Gebrauchstypen: Von der Bratengabel bis zur Dessertgabel, von der
Mistgabel bis zum Gabelstapler entsteht ein Set von Gabel-Sorten, die in
unterschiedliche Verwendungssituationen eingebettet sind, aber nicht
in einer ‹Naturgeschichte der Dinge›. Was an der Gabel (dem Gabligen
überhaupt) organische Mimesis von Hand- und Fingerfunktionen zu
sein scheint, verschwindet immer mehr in der eigenlogisch kulturellen
Entwicklung, in der gewissermaßen Gabeln neue Gabeln erzeugen, die
sich unabhängig von ihrem organischen Fundament, der Hand, entwi-

ckeln. So hatte sich Ernst Kapp in seiner Philosophie der Technik (1877) einmal die Entwicklung der Gebrauchsdinge gedacht: Alle technischen Dinge folgen der Logik von Körperorganen, denen sie gleichsam erwachsen, um sich außerhalb des Körpers, doch in seiner Matrix, zu spezialisieren, zu verstärken und zu perfektionieren. Geräte und Apparate seien projizierte Organe. Das mag für manche ‹Handwerke› zutreffen. Man kann nun, wie es Leroi-Gourhan tut, die Technikgeschichte insgesamt als Exteriorisierung, als verselbständigte Herausverlagerung von technomorphen, an den Körper gebundenen Operationen und Gesten verstehen. Charakteristisch ist indes, dass der Mensch das Arsenal der Werkzeuge im Verlauf der Evolution «in gewisser Weise ausgeschwitzt» habe (Leroi-Gourhan 1980, 301; vgl. Harris 1994, 29–41). Dabei zerreißt irgendwann das evolutionäre Band zwischen Organen und Werkzeugen, wodurch eine doppelte Befreiung erfolgt: Befreiung der Hand *und* Befreiung der Technik von ihrem biologischen Fundament. Moderne Technik hat jede anthropomorphe Assoziation hinter sich gelassen.[50] Man mag das auch so sehen, dass die Technik und die ganze Population der Geräte und automotorischen Maschinen eine Mutation des Organismus des *homo erectus* sind, der durch Hirn und Hand bereits eine vollständige ‹organische› Technizität, eine technische Gestik, ausgebildet hatte (Leroi-Gourhan 1980, 296–312).[51]

Genauso aber kann man das Gegenteil behaupten: Historisch haben die Menschen ihren Körper und seine Organe nach dem Muster von Instrumenten und Maschinen entziffert und modelliert. Im Medium der Pluralisierung von Geräten differenziert sich kulturgeschichtlich auch die Feinmotorik der Hand; diese aber kann sich historisch auch wieder verlieren, wenn die Masse der gesellschaftlich erforderlichen Operationen nicht ‹von Hand›, sondern von Automaten und Maschinen erledigt wird. Das Geschick und Schicksal der Hand ist eine Variable der kulturellen Differenzierung der Instrumente und nicht umgekehrt. Die Geste der Hand entlässt nicht das technische Ding, sondern dieses präfiguriert und differenziert die Geste. Die ‹Evolution› der Artifizialia folgt also nur begrenzt der Evolution des organischen Körpers. Spätestens seit der Frühneuzeit beobachten wir das Umgekehrte: Pneumatische und hydraulische Maschinen, mechanische Räderwerke, Dampfmaschinen, kybernetische Steuerungen, Computer werden zu Modellen, nach denen organische Vollzüge – Atmen, Blutkreislauf, Bewegungen, sensomotorische Rückkoppelungen, Denken – konzipiert werden. Nicht die Technik folgt länger dem Dispositiv des organischen Leibes, sondern dieser wird, je näher wir der Gegenwart rücken, nach Modellen technischer Artefakte modelliert (vgl. z. B. Berr 1990).[52]

Die Autonomisierung der technischen Struktur ist der Hintergrund für die Annahme, dass der Imperativ, der die Evolution der Dinge steuere, das Prinzip *form follows function* sei. Das ist ein modernistisches Missverständnis aus der Zeit des Überdrusses an der ornamentalen Überladenheit von Dingen und Interieur in der Gründerzeit sowie der nachfolgenden Wende zu Neuer Sachlichkeit, International Style und Funktionalismus, der mit der Moderne gleichgesetzt wurde. Es ist Petroski zuzustimmen, dass bei den exorbitanten Diversifikationen der Objekttypen die Entwicklung nicht davon bestimmt wird, dass die Form der Funktion folgt. Das gilt allenfalls für die ‹Ur-Gabel›, die aus zwei funktionalen und formgebenden Elementen besteht: einem Griff mit einer mindestens zweizinkigen Verlängerung für aufnehmende und aufspießende Operationen. Funktionsanalytisch aber macht Petroski, der in vielen Partien einer Geschichte der Erfinder und Erfindungen folgt, das Prinzip *form follows failure* aus (1994, 35–50). Doch ist dies kein Gegenprinzip zum Funktionalismus, sondern gerade dessen Vehikel. Aus Mängeln und Fehlschlägen wird die Form ermittelt, die erwünschten Funktionen folgt. Das mag für solche Objekte zutreffen, die nur und allein bestimmte *technische* Funktionen erfüllen sollen. So ist z. B. die Geschichte des chirurgischen Bestecks beschreibbar als eine Folge von Verbesserungen, die aus Mängeln vorangegangener Instrumente resultieren. Doch selbst hier zeigt sich dem ästhetischen Blick, dass auch von einer Stilgeschichte der chirurgischen Instrumente zu sprechen ist.[53]

Was soll man über Unterschiede zwischen dem Ford Modell T von 1912 und einem Golf V sagen? Sind all die ‹Verbesserungen› zwischen dem einen und dem anderen Typ so zu rekonstruieren, dass dem Ideal-Modell, was ein Auto überhaupt sein soll, immer näher gerückt wird? Es liegen zwar Millionen von Zwischenschritten, Patenten, Erfindungen, Optimierungen ‹zwischen› ihnen; und doch ist der Golf V nicht mehr ein Auto als der Ford T. Beide weisen die konstitutiven Merkmale, die ein Auto zum Auto machen, gleichermaßen und vollständig auf. Ist der Golf V nur ein *anderes* Auto, aber nicht ein besseres – obwohl doch alles, ja wirklich jedes Bauteil, ‹verbessert› wurde? Es gibt, wie es scheint, keine Fortschrittsgeschichte, die dem Auto immanent wäre. Sondern das, was wir als Fortschritt verbuchen, ist relativ zu den sich verschiebenden Systembedingungen und (kulturellen) Anforderungen, die wir an ein Automobil stellen. Die Fortschrittsgeschichte des Automobils ist selbst ein kulturelles Narrativ, das davon abhängt, bestimmte technische Parameter gegenüber anderen Merkmalen auszuzeichnen. Gegenüber einem Acht-Zylinder-Horch aus den 1930er Jahren aber ist ein Golf V ein Rückschritt dann, wenn es hinsichtlich eines Autos auf Statusgewinn, soziale Distinktion, Luxusgefühl ankommt. Ja, unter dem Aspekt der Exklusivität ist die gesamte Automobilentwicklung ein Rückschritt: Autos werden immer ordinärer, auch wenn sie Ferrari heißen. Denn so exklusiv dieser sein mag, ist er doch ein gemeiner Gefangener des immer totaleren Verkehrssystems, dem er ebenso unterworfen ist wie ein billiger Daihatsu Cuore. In einem noch einmal verschobenen Bezugsgefüge ist der arbeitslose Bastler, der am Sonntag mit einer DS 19 durch die Straßen gleitet, im Besitz eines Exklusivitätstitels, der den Ferrari-Fahrer, der von der Ampel wegspurtet, zu einem peinlich neureichen Narzissten degradiert.[54]

All das hat weder mit *form follows function* noch mit *form follows failure* zu tun, auch nicht mit technischer Fortschrittsgeschichte oder *The Evolution of Useful Things*. Man hat vielmehr bei der Analyse von Objekten materieller Kultur auf die systematische, also unhintergehbare Multifunktionalität und Polysemantik von Dingen zu achten. Das heißt: Es gibt keine Dinge, die nur und allein Gebrauchsdinge wären. Dass ein Objekt zu den Artifizialia gehört, lässt es von allem Anfang an – also seit dem Übergang vom *tool using* zum *tool making* – an einer kulturellen Mehrdimensionalität teilhaben. Es ist eine verkehrte Auffassung, die Funktionalität eines Objekts als ‹Substanz› und alles andere als seinen kulturellen Kontext, als ‹Akzidenz›, zu verstehen – und die Ding-Forschung dann auf Technikgeschichte einerseits und *material culture studies* andererseits zu verteilen. Auch das Design ist kein Epiphänomen der Dinge. In dieser

Trennung der Disziplinen verbirgt sich die klassische Trennung in primäre und sekundäre Eigenschaften der Dinge, die schon Heidegger kritisiert hatte.

8. Ordnung der Dinge

Alle Artifizialia werden auf wenigstens vier Ebenen konstituiert: die Funktion, die Bedeutung, die Schönheit, die Fülle. Da sie stets künstlich konturiert sind, haben sie Ränder, an denen sie entdifferenzieren: im Verbrauch, dem Abfall, der Ruine, dem Chaos. Dies soll im Einzelnen ausgeführt werden. Dabei gehen wir noch nicht auf die Differenzierung von profanen und heiligen Objekten ein (vgl. Kap 3.2 und 3.3), ein Ansatz, den im Wesentlichen Karl-Heinz Kohl (2003) verfolgt.

8.1 Funktion

Gebrauchsgegenstände werden gewöhnlich durch ihre Funktion erklärt, den Zweck, dem sie dienen, die Handlungen, die sie ermöglichen. Diese sind ihnen als *tacit knowledge* eingebaut. Alle Geräte sind sedimentiertes Wissen. Sie sind stumme Antworten auf Intentionen, die sich durch sie verwirklichen lassen. Sie pluralisieren das Set der den Menschen organisch möglichen Operationen. Gerät und Handlungen verhalten sich meist zueinander wie ein Fächer: *ein* Objekt, ein Fächer von Möglichkeiten. Nur bei solchen Objekten, die Bedingung der Möglichkeit von operativen Handlungsketten sind, sprechen wir im engeren Sinn von instrumenteller Funktion. Funktionale Dinge sind Elemente von Arbeitsprozessen.

Viele Artifizialia sind indes keine Gebrauchsgegenstände. Ein Grabstein ist gemacht, aber nicht, um etwas *mit* ihm zu machen. Seine Funktion ist, den Ort eines Toten zu markieren, diesen identifizierbar zu machen, ein Lokal für soziale Handlungen (Trauerriten, Erinnerungsbesuche) einzusäumen. Ähnlich etwa ein Schmuckstück. Darum spreche ich hier nicht von «Funktion», sondern von sozialem Sinn (s. u.), für den der Grabstein einen materialen Halt und ein choreographisches Lokal oder der Schmuck das Zentrum einer Ausstrahlung[55] bildet. Ein gutes Beispiel dafür ist der Schmuck, den man im 19. Jahrhundert besonders für Anlässe des Trauerns und Angedenkens an Verstorbene entwickelte (Pointon 1999, 65–81).

Gebrauchsgegenstände zur Verrichtung von Arbeit können sich auf materiale wie auf symbolische Operationen beziehen. Man arbeitet mit einem Pflug, aber auch mit einem Füllfederhalter. Auch wenn man selbst gar nicht arbeitet, z. B., wenn man Zug fährt, wird die Handlungsintention (Bewegen von A nach B) im Sinne einer Gebrauchslogik erfüllt: Der Zug dient der Fortbewegung strukturanalog einem Auto, Flugzeug oder einer Pferdekutsche. Das Funktionale liegt hier auf anderer Ebene als bei Wanderschuhen, die dienlich sind, um ‹zu Fuß› von A nach B zu kommen. Wanderschuhe, obwohl funktional fürs Wandern, nehmen nicht die Arbeit ab; sie sind keine Siebenmeilenstiefel. Führt der Weg über steile Gebirge, sind Bergschuhe dafür funktional, während leichte Sandalen eventuell zur Umkehr zwingen, aber geeignet sind zum Schlendern auf einer sommerlichen Uferpromenade.

Gebrauchsgegenstände haben also die Funktion, bestimmte Arbeiten allererst zu *ermöglichen,* zu *erleichtern,* zu *effektivieren* oder zu *ersparen.* Schreibgeräte ermöglichen das Schreiben; Bergschuhe erleichtern das Klettern; der Hammer effektiviert den Schlag; der Fahrstuhl erspart die Arbeit des Treppensteigens. Andere Objekte erfüllen ihre Funktion, indem sie die Einpassung von Handlungen in spezifische Umwelten optimieren, wie Regenkleidung oder Schneeschuhe. Wie immer auch die Funktionen differenziert sind – und im Blick auf das historisch exponentielle Wachstum des Feldes möglicher Operationen ist diese Differenzierung nahezu infinit: Stets ist das materiale Objekt eine Funktion von Vollzügen, Operationen, Arbeiten. Zusammengesetzte Gebrauchsgegenstände wie Autos sind intern komplexe Funktionsensembles – also Maschinen –, um eine externe Funktion, etwa Arbeitsersparnis[56], zu erfüllen. Einzelne Schnittstellen-Geräte wie das Cockpit oder die Sitze sind funktional nicht hinsichtlich des Zwecks der arbeitssparenden Fortbewegung, sondern hinsichtlich ergonomisch an den menschlichen Körper angepasster Bedien-Instrumente oder eines ermüdungsfreien Sitzens. Aber auch hier ist die ‹Um-zu-Beziehung›, die instrumentelle Zweck-Mittel-Relation gewahrt und definiert das Ding.

8.2 Bedeutung

Gebrauchsgegenstände weisen indes nicht nur Funktionen auf, sondern ebenso Bedeutungen. Damit ist nicht gemeint, dass viele Geräte Träger oder Medien von Bedeutungen sind wie das Verkehrsschild oder das Telefon. Das erstere codiert in Form von visuellen Zeichen erlaubte und untersagte Handlungen, oder es ist ein Index für physische Gegebenheit (Achtung: Brücke, Bodenwelle, spielende Kinder). Das Telefon ist ein Gerät zur Codierung und Übertragung von akustischen Signalen zum Zweck einer leiblich-räumlich entkoppelten Simultan-Kommunikation. Das ist hier nicht gemeint. ‹Bedeutung› zu haben heißt hier: sozialer Sinn. Der soziale Sinn von Verkehrsschildern ist nicht, was ihr Signal oder Index jeweils ‹anzeigt› (die Information); sondern dass der Staat die Selbstregelungsfähigkeit der Verkehrsteilnehmer als überfordert ansieht und die aktive Teilhabe am System Auto an spezifische Ausbildungsstandards, Prüfungen und Disziplinen bindet. Der soziale Sinn eines Handys ist nicht seine Fähigkeit zur Codierung von menschlichen Stimmen oder von mechanischen Buchstabentasten; sondern er besteht in der Partizipation an einer Jugendszene[57], in der erlebten Befriedigung (oder dem Zwang), jederzeit und überall erreichbar zu sein, in der Berghütte E-Mails zu empfangen oder mit dem Handy am Ohr imponierende choreographische Auftritte hinzulegen etc.[58] Kurzum: Im Prozess der Aushandlung von Status und Prestige spielen Artifizialia eine nicht zu überschätzende Rolle.

Eine unübersehbar große Zahl von Geräten existiert vorrangig nur deshalb, weil sie sozialen Sinn und semantischen Überschuss erzeugen, die für das *self fashioning* von Subjekten substanziell sind. Dies ist oft wichtiger als ihr Gebrauchswert, der zur Nebensache wird. Dinge sind dann Medien der Selbstdarstellung von Personen im öffentlichen und privaten Austausch. Sie haben dann keine oder nur eine beiläufige Funktion für technische Operationen, sondern sie sind performative Objekte zur Ich-Erweiterung, semantische Accessoires jener Bedeutungsaura, die Subjekte vor sich und anderen aufbauen, um sich in den Dingen zu spiegeln und identifizierbar zu machen. Dinge sind deswegen unsere Botschafter (Kallinich/Bretthauer 2003), unsere Mediatoren und *bodyguards*, die uns mit einer Aura, einem Netz, manchmal auch einem Wall von Bedeutsamkeiten umhüllen. Dinge sind mithin erweiternde Gesten des Ich, sie gehören zu seiner physischen Ausstattung, seinem semantischen Haushalt. Wie Attitüden, Stile und Habitus tragen die Semantiken der Dinge zur Erhöhung des kulturellen wie sozialen Kapitals bei. Die Dinge sind Batterien und Stabilisatoren der Geltungskraft von Personen, insofern sie einen Mehrwert desjenigen Sinns ausstrahlen, der von ihren Besitzern in sie investiert ist. Hier ist die soziale Distinktion, in der die Dinge wesentlich zur Bildung von Schichten und Klassen beitragen, wie Pierre Bourdieu in empirischen wie theoretischen Studien gezeigt hat, der tragende Zweck, besser: der Sinn der Objekte (1987a und 1987b, vgl. auch Korff 1991, 42ff.). E. E. Boesch spricht hier von «Konstellation und Konnotation» innerhalb einer kulturellen Topographie, worin die Dinge eine semantische Aufladung mit entsprechender «Poly-Funktionalität und Poly-Valenz» erhalten.[59] Doch ist das zu schwach: Bedeutung wird den Dingen nicht erst sekundär durch Konstellationen und Konnotationen verliehen. Der Witz ist gerade, dass Letztere in den Dingen verkörpert sind, sie also mitkonstituieren. Darin ist die soziale Wirksamkeit von Objekten begründet.

Selbstredend erlangen Dinge Bedeutung auch als Memorialobjekte.[60] «In der Botschaft der Dinge sind stets die Ablagerungen der Gebrauchs- und Gefühlswerte enthalten, mit denen Menschen im Lauf der Geschichte die Dinge überzogen und ausgestattet haben.» (Bausinger 2003, 11; Assmann, A. 1996 und 1999) Hier wird Bedeutung verstanden wie ein Futteral, eine materielle Patina. Was Dinge kulturell sind, wird ihnen übergeworfen wie ein Kleid, das den Dingen allmählich gleichsam anwächst. Dieses Historisch- und Biographisch-Werden der Dinge macht sie zu Archiven des Gedächtnisses, an denen Personen wie Kollektive ihren Halt gewinnen. Daran zeigt sich, dass Dinge nicht jenseits der Geschichte stehende tote Materie sind, sondern Aktanten des Historischen selbst. Ohne dieses Quellen der Dinge, ihre semantischen Metamorphosen und Wachstümer, durch die sie geradezu Hybriden ihrer selbst werden können, wäre der historische Sinn der Menschen verloren, ein flüchtiger Hauch. Dinge sind, wie es in einem Brief Rilkes an Ilse Erdmann vom 20. 3. 1919 heißt, «kleine Batterien der Lebenskraft» – eine Formel, die Christoph Asendorf zum Titel seines schönen Buchs zur Geschichte der Dinge im 19. Jahrhundert macht (1984, 136).

8.3 ÄSTHETIK

Zum Dritten sind alle Gebrauchsdinge (auch Fabriken oder AKWs) Gestalten. Von der Produktions- wie Rezeptionsseite her stehen sie in der Matrix der Schönheit. Intendiert oder nicht, sind sie gestaltete Form und wecken Gefallen oder Missfallen, Faszination oder Abscheu. Sie verbreiten ihre eigene Atmosphäre, die wahrgenommen und erlebt wird. Dies ist unvermeidlich, weil es zur kulturellen Anthropologie gehört, dass alles, was ist, auf der Skala zwischen Lust und Unlust erlebt wird. Dieses Erleben der Dinge ist nicht der unechte Abkömmling hoher Ästhetik, sondern umgekehrt ist diese eine Ausdifferenzierung des in der Tiefe der Vorgeschichte wurzelnden ästhetischen Sinns, der sich schon an sehr alten Werkzeugen zeigt. Die Schönheit (oder Unschönheit) der Gebrauchsdinge ist die Wurzel aller Kunst. Design ist nicht der niedrige Verwandte der Kunst, sondern ihr Ursprung und Grund. Wir unternehmen dazu einen etwas spekulativen Exkurs in die Steinzeit, wo die Verflechtung von Funktion, Bedeutung und Ästhetik schon ablesbar ist. Wir finden hier auch den vorgeschichtlichen Grund des Fetischismus.

Das Ästhetische kann man eine Kulturtechnik nennen, um z. B. durch rhythmische Gliederung[61] von Bewegung oder durch die gestaltete Form von Dingen zeitlich-räumliche Ordnungen ins wogende Chaos zu bringen. Dieses ästhetische Ordnen wurzelt in der biologischen Evolution des Menschen. Archäologische Befunde sowie Studien an rezenten Steinzeitkulturen deuten darauf hin, dass gestaltete Objekte Teile eines audiovisuellen Gesamtvorgangs gewesen sein können, mit denen sich bereits Stammeskulturen über die andrängende Gegenwart des Lebensnotwendigen hinwegsetzten, um ihren Kosmos zu symbolisieren. Paläoanthropologisch ist vorauszusetzen, dass die technische Erschließung der Natur nicht ohne den komplementären Aufbau eines sozialen Gedächtnisses möglich war. Auch dieses ist an die Entwicklung ästhetischer Fertigkeiten gebunden. Dabei geht es um das, was Leroi-Gourhan «physiologische Ästhetik» genannt hat. (1980, 350 u. ö.) Letztere ist eine Urform der Kunst. «Noch die reinste Kunst ist stets in tiefsten Schichten verankert, sie taucht nur mit der Spitze aus jenem Sockel aus Fleisch und Blut hervor, ohne den sie nicht wäre» (ebd., 342).

Die Komplementarität von Technik und Ästhetik der Gebrauchsdinge beruht darauf, dass die operative Entriegelung der Hand verbunden war mit ihrer Befreiung zur performativen Geste (ebd., 296ff.)[62]: Beides sind Langzeitfolgen des aufrechten Gangs und «dessen paläontologischen Konsequenzen für die Entwicklung des Hirnapparates» (ebd., 301). Die Hand, ja der gesamte Körper ist nun freier Mitspieler im Prozess der Bedeutungserzeugung. Körperliche und sprachliche Kommunikation kooperieren im Aufbau eines mythogrammatischen Gedächtnisses und einer Kultur, welche die Ordnung der Natur und der Ethnie sowohl darstellt wie zugleich erzeugt und erhält – in Form von Objekten und Riten. Ein Antrieb von Kultur besteht nämlich darin, dass die menschliche Spezies mehr als jede andere auf Lernprozesse angewiesen ist. Menschliche Kulturen müssen sich Traditionen, d. h. memoriale Engramme und performative Gestaltungen, schaffen, um Wissen, Werte und Orientierungen zu erzeugen und zu erhalten. Die evolutionäre Beschleunigung setzt erst um 40 000 v. Chr. ein, weil hier mit dem Erreichen des zerebralen Niveaus des *Homo sapiens sapiens* zugleich eine Vervielfältigung der Techniken und Geräte einhergeht, die offenbar mit ästhetischen und rituellen Vermögen interagierten. Seither ist die symbolische Praxis in den Funktionskreis der Reproduktion eingebunden. Für ein erfolgreiches Überleben in einer Natur, in die der Mensch *nicht* eingebettet ist – dies macht nach Helmuth Plessner seine Exzentrizität aus –, ist dies grundlegend. Es ist die Natur des Menschen, dass er *in* der Natur nur überleben kann, wenn er eine technisch effektive und symbolisch vermittelte Objektkultur hervorbringt.

Zur Logik des Gesicht-Hand-Feldes gehört es, den sensorischen Raum für gestalthafte Figurationen zu öffnen und damit für performative Leistungen mit Bedeutungsüberschuss. Daraus entsteht die Kunst – Tanz, Gesang, Riten, geformte Objekte. Die Hand wird im Feld der physiologischen Ästhetik führend. Das mag mit Verzierungen von Werkzeugen beginnen. Einen Grabstock mit ornamentalen Kerbungen oder eine Speerspitze mit Gravuren von Enten zu versehen, scheint keine funktionale Optimierung des Werkzeugs zu sein. Doch innerhalb des animistischen Weltbildes verspricht die Anbringung von Ornamenten und Zeichen, die Herstellung von Symmetrien und Proportionen eine Verbesserung auch der Funktion des Geräts. Instrumente sind nicht nur Mittel zur Beherrschung eines Natursegments, sondern sie *figurieren* auch diese Beherrschung. Kunst ist zuerst ein Medium zur Optimierung von Handlungen, die in unseren Augen zweckrational sind. Das Ästhetische ist eine Form der Daseinsbewältigung.

Die Hand also kann nicht nur Grabstöcke und Speere herstellen und einsetzen, sondern auch die Körper von Tänzern bemalen, Schmuck fabrizieren, Zeichnungen an Felswänden, auf Häuten oder im Sand anbringen, Rhythmen klopfen oder trommeln, heilige Objekte – z. B. Totems und Fetische – fertigen, in deren Schutz und Namen man steht, Zelte, Hütten oder Häuser ornamentieren und bemalen oder die Knochenflöte bedienen. Die Hand kann mithin seit der mittleren Steinzeit zwanglos in zwei Matrizes operieren: der technischen Matrix des operativen Handelns und der ästhetischen Matrix der bedeutungsvollen Figuration. Die Trennung in diese zwei Seiten erfolgt kulturgeschichtlich erst spät; Ästhetik und Technik sind auf dem dinglichen Feld integriert. Bereits die Steinwerkzeuge der Levallois-Periode mit ihren raffinierten Abschlägen, Symmetrien und Proportionen, ihren Zentren und Achsen setzen einen Menschen voraus, der im rohen Feuerstein bereits sieht, was er will, und durch lange Erfahrung die Kompetenz erworben hat, um die Idee aus dem Material herauszuarbeiten: Dies ist die Definition des Schönen bei

Hegel (1976, 117). So ist keine Kunst ohne Technik möglich. Aber umgekehrt gilt auch, dass die durch Technik erzeugten Gebrauchsgegenstände immer auch ästhetisch sind.

8.4 FÜLLE

Der Frankfurter Ethnologe Karl-Heinz Kohl erzählt zu Beginn seines jüngsten Buchs (2003), wie er mit seiner Familie 1986 auf der indonesischen Insel Flores mit drei großen Aluminiumkisten und sechs tropenfesten Koffern ankommt. Mit Staunen verfolgen die Dorfbewohner, wie sich die Fremden ihr Haus mit einer Unzahl von Dingen einrichten. Die Dorfbewohner hingegen halten ihre Räume, von einigen Nutzgegenständen abgesehen, frei und horten ihren geringen Besitz in einem Speicher über dem Schlafraum. Nur zu Zeremonialanlässen gelangen die Dinge in die allgemeine Sichtbarkeit. Was die Europäer hinterm Haus in die Abfallgrube werfen, verschwindet umgehend: Für die Dorfbewohner hat es seinen Wert nicht verloren. Der scheinbar sorglose Umgang mit einer Fülle der Dinge ruft in den Dorfbewohnern die alte Überlieferung wach, wonach die Menschen aus dem Westen «ihren Reichtum einem Raub verdankten, der sich vor langer Zeit ereignet hatte. In einem Dorf in der Umgebung hatte ein Mädchen einen Baum gepflanzt, der anstelle von Früchten alle Reichtümer dieser Erde trug. Seefahrer aus dem Westen hatten ihn aus weiter Ferne funkeln sehen, ausgegraben und in ihre Heimat gebracht» (ebd., 7–8).

Die verschwenderische Fülle der Dinge des Ethnologen muss den Inselbewohnern vorgekommen sein wie der demonstrative Reichtum der amerikanischen Oberschicht einst dem Sohn norwegischer Immigranten aus einem ärmlichen Dorf in Wisconsin: «The Theory of the Leisure Class» (1899) von Thorstein Veblen (1981; vgl. Girtler 1989), schnell zum Klassiker der Soziologie geworden, ist hintergründig von einem befremdeten Erstaunen erfüllt, das überall entsteht, wenn die überbordende, ja entfesselte Masse der Dinge in den industrialisierten Gesellschaften vom obliquen Blick des Mangels in Augenschein genommen wird. Veblen erklärte diese unheimliche Vermehrung der Gegenstände, die das Leitmedium der Selbstdarstellung der «feinen Leute» bildeten, aus der inneren Dynamik des Kapitalismus, aus dem «Wettlauf um das Geld» und dem sozialen Neid. Diejenigen, die sich in theatralen Gesten des Konsums ergehen, erscheinen erlöst von der biblischen Schmach der Arbeit. Der luxurierende Müßiggang ist wie eine Taufe, die ins zweite Paradies versetzen soll. Im Bad der Dinge kommen die unersättliche Gier nach fülligem Wohlergehen, die Lust konsumtiver Selbstdarstellung und das unerschöpfliche Nachfließen der Dinge aus dem Perpetuum mobile der Fabriken zusammen. Veblen entgingen nicht die religiösen Motive und tribalen Archaismen dieses gewaltigen, dem ostentativen Prestige dienenden Fests der Dinge. Diese hatten den ephemeren Glanz des Konsums zu erhellen, bevor sie im Müll verschwanden.

Die mythische Geschichte von einem ursprünglichen Raub, die Kohl von seinen Gewährsleuten hört, wird in den Industriegesellschaften des 19. und 20. Jahrhunderts in Form der Marx'schen Theorie erzählt, zu der Veblen einen Kontrapunkt sucht: Der Bauch der *leisure class* nähre sich von der Auspressung der Arbeiter; das Theater der Waren sei nichts als der falsche Schein eines Fetischismus, der den Gebrauchswert der Dinge zur funkelnden Verlockung erhöht. Die Ware, vom Nimbus der Begierden umspielt, ist das goldene Kalb, um das die Gesellschaft anbetend tanzt. Kapitalismus ist Götzendienst. Im Konsum erweisen wir uns alle als Fetischdiener. Das aber sind weder für Veblen noch für Werner Sombart (1913/1983) Kennzeichen, die erst mit dem Kapitalismus entstanden sind, sondern von ihm nur universalisiert werden.

Während Veblen das Prunken und Protzen der kapitalistischen Eliten der ersten US-amerikanischen Industrialisierungswelle vor Augen hatte, vertieft sich Sombart in die Verschwendungsökonomie der europäischen Höfe mit ihrem strikten Arbeitsverbot, der verordneten Muße und dem maßlos gesteigerten Aufwand an Selbstdarstellung. Hier, aber auch in den Städten und bei den frühen bürgerlichen Mogulen des Reichtums, vor allem in der säkularisierten Liebe, die im luxurierenden Mätressenwesen zur ostentativen Fusion von Amoral und Verschwendung führte, sieht er die Wurzeln des Kapitalismus – ganz im Gegensatz zur späteren These Max Webers (1920), der in der protestantischen Ethik und ihren

Zurückhaltungsprinzipien die Ursprünge der Kapitalakkumulation und der rationalen Lebensführung im Geist des Kapitalismus ausmacht. «So zeugt der Luxus», schließt Sombart sein Werk, «der selbst, wie wir sahen, ein legitimes Kind der illegitimen Liebe war, den Kapitalismus.» (1913/ 1983, 194)[63] Die Mätressen, im weitesten Sinn, sind die Leitfiguren des Luxus und Konsums, der zum Modell des Kapitalismus wird. Diese Auffassung trifft sich eigenartig mit Veblen, der an den Frauen auszumachen glaubt, dass sie, als unselbständiges Eigentum des Mannes, für diesen stellvertretend Müßiggang und Konsum auf höchstem Niveau zelebrieren müssen, um zu zeigen, dass sie von der Schmach der Arbeit erlöst seien. Sie sind Bewohnerinnen eines terroristischen Paradieses.

Es soll hier nicht um die Abwägung des historischen Rechts dieser Deutungsgegensätze gehen. Wichtig ist vielmehr, dass das, was in der Kapitalismus-Kritik als Konsumfetischismus angeprangert werden wird, von Veblen und Sombart in jenen luxurierenden Konsumkulturen bereits identifiziert wird, die älteren Herkommens sind. Das interessiert uns hier, weil in Luxus und Verschwendung sich jenes Ding-Verhältnis spiegelt, um das es geht: Es scheint so, dass die Fülle der Dinge und ihre demonstrative Verausgabung auf langwellige Bedürfnisse zurückgehen, die unabhängig vom Wirtschaftssystem sind. Sie hängen damit zusammen, dass Glück und Fülle in eins fallen, während der Mangel an Dingen zu Pein und Verurteilung, Not und Tod führt, mithin die Signatur eines unerlösten, schmachvollen und schändlichen Lebens trägt. Es ist genau umgekehrt wie im Märchen «Hans im Glück»[64], der im völligen Verkennen der Tauschäquivalenz von Stufe zu Stufe ärmer, doch in seiner finalen Entblößung von allem, was einen Besitztitel an Dingen demonstrieren könnte, glücklich ist. Derlei Trost für Arme und ökonomisch Unbedarfte liegt Veblen wie Sombart ebenso fern wie den Gesellschaften, die sie untersuchen.

Denn hier gilt das Prinzip «Nur Verschwendung bringt Prestige» (Veblen 1981, 81). Wer nur das Lebensnotwendige verbraucht, dem kommt keinerlei Verdienst zu. Es ist ein Zeichen des Mangels an Ansehen. Darum bilden Vergeudung und Verschwendung nicht nur die Physiognomie der hohen Schichten, die es sich leisten können. Sondern das historisch Auffallende ist, dass schon in vorkapitalistischen Epochen und dann auch im Kapitalismus selbst die unteren Schichten, arme Bauern, Tagelöhner, Arbeiter, der äußersten Not ihrer Existenz immer wieder rituelle Anlässe abgewinnen, in denen sie demonstrativ und öffentlich konsumieren – weit über ihre Verhältnisse. Vor allem ist der Potlatch eine rituelle Vergeudung, durch welche Eliten im Feld ihrer Herrschaft Obligationen und Sozialbindungen schaffen und erhalten. Darin gehört er zur so genannten ‹primitiven› Ökonomie der Herrschaft. Im Gaben-Wettbewerb werden gewissermaßen die Ränge einer Stammeskultur ermittelt. Dieser Potlatch, nach Marcel Mauss «zu den Bräuchen der ‹edlen› Verschwendung» (1989, Bd. 2, 127) gehörend und das Paradigma des Gabentausches darstellend, ist ein Selbsterweis ersten Ranges; darin schafft man sich einen «guten Namen», mithin geachtete Identität (ebd., 71–73).[65] Sein vorkapitalistischer Ursprung zeigt, dass die Fülle nicht ein Effekt der kapitalistischen Warenwirtschaft, sondern ein uraltes Bedürfnis ist, das noch dort befriedigt wird, wo Mangel herrscht. Vergeudung und Verschwendung, der Potlatch, sind ein grandioses Als-ob: eine Maskerade der Armut, die sich selbst und anderen ein Fest der Fülle schenkt, um in noch tiefere Armut zu versinken, die dadurch aufgefangen ist, dass der Potlatch denjenigen, der empfängt, zur Erwiderung des Empfangenen verpflichtet – will er nicht sein Gesicht verlieren (ebd., 77f.). Für die Wohlhabenden, Adligen, Häuptlinge ist der Potlatch das Feld, auf dem eine Art festlicher «Eigentumskrieg» zum Zweck der Ermittlung von Rängen und Hierarchien ausgetragen wird (ebd., 16–19). In jedem Fall, ob reich oder arm, hat Fülle keinerlei ökonomischen Nutzen: Es ist der soziale, symbolische, festliche und sinnliche Sinn, der in ihr liegt, der Exzess, der sie rechtfertigt. Fülle ist das Gegenteil zum Schatz, der auf Dauer gestellt werden soll, eine «reine Narrheit», wie Marx sagt.[66] Denn Fülle ist dazu da, aus dem Fenster geschmissen zu werden, nein, in ihr zu baden. Das ist der Sinn der Dinge im demonstrativen Konsum: das Baden, Schwelgen, Tummeln in ihnen.[67]

Dies ist etwas anderes als der verstetigte Luxus, der ebenfalls einer Verschwendungsökonomie folgt, doch eine Art kontrollierte Verausgabung darstellt, in der an die Stelle des Festes der Vergeudung die kalkulierte, durch Manieren, Habitus und Geschmack trainierte Expertise der aufwendigen Selbstdarstellung tritt. Luxus ist die Kunst der vermögenden Eliten. Sie gibt einen steten öffentlichen Genuss des in den Dingen konsumierbaren Selbstwerts her. Es geht gerade nicht um das einfache Konsumieren, das in gewisser Hinsicht ebenso geschmacklos und ordinär ist wie die im Potlatch maßstabslose Vergeudung. Die im Luxus konstant auf erlesenem Niveau gehaltene Verschwendung verstetigt einen Konsum zweiter Ordnung: Im Luxus konsumiert man den Wert selbst, der in die preziöse Fülle der Dinge investiert ist und der man selbst ist. Luxus ist eine Art Selbstkonsum, ohne sich zu verzehren, eine Art produktive Selbstzeugung im Verbrauch. Da aber Luxus immer auch Verpflichtung ist, bleibt eine drohende Grenze präsent. Wer über seine Verhältnisse lebt, verzehrt seine Existenz wirklich: Geld und Gut, Prestige und Status – bis zum Absturz, dem Selbstuntergang. Das «Prinzip der demonstrativen Verschwendung» verlangt «einen offensichtlich sinnlosen Aufwand» (Veblen 1981, 134) – für Essen, Feste, Schmuck, Ausstattung, Möbel, Haus, Reisen, Dienstboten, Kleidung etc. Gerade das Sinnlose daran ist der soziale Sinn, der ‹demonstriert›, also ‹vorgezeigt› und ‹bewiesen› wird. Die «symbolische Pantomime» des Luxus und das «Schauspiel ehrenvoller Muße» (ebd., 47) sind – jenseits der Unwürdigkeit produktiver Arbeit mit ihrem sparsamen Funktionalismus – das Ideal eines Lebens, in dem die tiefe Abhängigkeit von den Dingen umgekehrt wird in ihre Verschwendung. Deren Übermaß wird zum Maß unserer Freiheit. Freiheit von den Dingen ist wahre Freiheit, die sich selbst demonstriert, indem die Dinge verausgabt werden. Es ist das Glück, das dann winkt, wenn die Freiheit des Verbrauchs an Gütern niemals an eine Grenze stößt. Das ist Luxus – Beweis *ad oculos omnium*, dass die Dinge sich unserer unbegrenzten Verfügung anbieten, als warteten sie nur auf ihren Verbrauch. Umgekehrt hieße dies, dass wir Leibeigene der Dinge wären. Nur die Fülle ist das Unterpfand unserer Freiheit.

Vielleicht niemals war dies deutlicher als in der Epoche, auf die Sombart und Veblen vorrangig zurückgreifen. Denn diejenigen, welche Fülle und Luxus zu demonstrieren haben, die Frauen, sind Schauspielerinnen und Gefangene der Fülle zugleich. Eingeschlossen in Schnürleiber und prangende Kleider, die jeden Verdacht von Arbeit verbannen (ebd., 136)[68], sind sie lebendige Ausstellungsobjekte in Wohnungen, die von schweren Möbeln, Nippsachen, Bildern, Vorhängen, Tapeten, Vitrinen,

Fauteuils, Dekorationen, wuchernden Stuckaturen übervoll sind. Die Frauen sind so verschachtelt wie die Wohnungen, deren Accessoire sie sind. Orgien der Dinglichkeit. «Das Gründerzeit-Interieur ist großenteils ohne Bezug auf die Funktion der Dinge, ihren Gebrauchswert, der so weit wie möglich kaschiert ist. ... Die Dinge stehen einfach da, wie unberührbare Götzenbilder in einem imaginären Kult der Langeweile. Sie sind unter Überzügen oder in Etuis verpackt, die über ihre vollkommene ökonomische und psychologische Gleich-Gültigkeit ... hinwegtäuschen.» (Asendorf 1984, 95) In dieser unheimlich-heimlichen Pracht verrichten die Frauen die «Dienstleistungen» (Veblen 1981, 137) des demonstrativen Müßiggangs und Konsums, deren Aktrice und Objekt sie zugleich sind. «Je kostspieliger und unproduktiver die Frauen des Haushalts also waren, desto mehr Prestige verschafften sie dem Haushalt oder dessen Führer» (ebd.). Nirgends ist dies klarer zu erkennen als an der weiblichen Mode.

Barbara Vinken hat dies an der vestimentären Prachtentfaltung gezeigt, die im 19. Jahrhundert, außer Offizieren und Dandys, dem Mann, in gleichförmige dunkle Anzüge gewandet, vorenthalten und umso mehr durch die Frau zu präsentieren war. «Strenger als im 19. Jahrhundert hat die Kleidung die Geschlechter nie geteilt» (Vinken 1998, 61). Hier wurde die Mode (der Moderne) erfunden, als Kunst, dem Manne im Medium seines beweglichen Besitzes, des Frauenkörpers, eine Oberfläche seiner Selbstdarstellung zu schaffen. Seither ist, so Vinken, die Mode mit Weiblichkeit synonym. Frauen werden zu modischen Kunstgeschöpfen, reine Performativität ohne Referenz auf das Fleisch (in welchem die Hysterie lauert): Diese Figura der Frau präsentiert die ökonomische Freiheit und Seriosität der Männer. Sie gibt ihm ein schönes Gesicht (d. h., sie ist seine Prosopopeia). Von hier nimmt der Mode-Fetischismus seinen Ausgang. Mode bestätigt, aber durchkreuzt auch die genannte Opposition der Geschlechter. Sie schafft, wie es Vinken nennt, einen Hyperfetischismus bzw. Fetischismus zweiten Grades (ebd., 64).

Der Fetischismus ersten Grades besteht darin, dass die modisch luxurierende, konsumtive Frau, die sich dem Rausch der Dinge hingibt, darin darstellt, was sie zu sein hat: Objekt des Begehrens, das nur begehrt, dieses Objekt (eines anderen) zu sein: der Fetisch. Insofern hat der Fetischismus in der Mode sein angestammtes Reich. Die absolute Künstlichkeit der Mode drückt sich im Fetischismus der Kleider aus, der eine seltsame Verschmelzung des organischen Körpers mit seinen anorganischen Umhüllungen herstellt (ebd., 65–66). Hyperfetischismus ist nun, dass die ideale Frau, die sich bis zur Selbstaufgabe mit den Oberflächen ihrer Kleider identifiziert, ver-kleidet ist, indem sie das ‹Vermögen›, die Potenz ihres Mannes figuriert. «Die in der wirklichen Frau verkörperte ideale Weiblichkeit bedeutet also paradoxerweise ‹Mann›» (ebd., 66). *Ihre* unzweideutige Weiblichkeit sichert *ihm* seine Männlichkeit. Darum ist weibliche Mode dieser Zeit immer eine Art Transvestismus, der sich als solcher in den Kleidern verbirgt.

Veblen sieht in all diesen, den modernen Kapitalismus bestimmenden Merkmalen «archaische Züge der Gegenwart» (Veblen 1981, 159ff., 204ff., 217ff.). Das motiviert ihn, auf ethnologische Forschung und Religionswissenschaft zurückzugreifen. Dieser Spur werden wir später genauer nachgehen. Hier genügt es zu bemerken, dass die Fülle eine den Kulturen eigentümliche Randbedingung des Verhältnisses zu den Dingen zu sein scheint. Ohne sie scheint sich eine Angst auszubreiten, Freiheit, Glück, Vermögen/Potenz und Selbst zu verlieren. Die Fülle der Dinge verschließt das Geheimnis, dass unsere Freiheit eben be-dingt ist. Freiheit soll unbedingt sein. Der transzendentale Erweis dieser Idee durch die Philosophen ist ebenso illusorisch wie das Spektakel des Luxus, der mit der Fülle, die er zelebriert, den praktischen Beweis für die unendliche Ferne antritt, in der die Dinge zu ihm stehen. Die Fetischisierung ist der Mechanismus, bei dem die Dinge die Aufgabe zu übernehmen haben, uns eine Unabhängigkeit zu suggerieren, die wir ihnen gegenüber nicht haben und in gerade dem Augenblick verlieren, in welchem uns die Dinge unsere Freiheit zu geben scheinen.

8.5 Entdifferenzierung

Mit dem letzten Satz haben wir jenen «verteufelt humanen» (Goethe) Gegensatz erreicht, der im Verhältnis zu den Dingen das abgründigste

Problem darstellt: den Gegensatz von Fülle und Leere. Wir stellen diesen letzten Absatz indes unter den weiteren Titel der Entdifferenzierung, aus Gründen, die noch hervortreten werden.

Im Vorangegangenen sind wir stillschweigend davon ausgegangen: Dinge sind ein kompaktes, in sich versammeltes Integral von Merkmalen, das in einem natürlichen oder kulturellen Relationengefüge einen ‹Knoten› darstellt. Immer nehmen Dinge eine Raumstelle, eine Lage ein, auch wenn sie in Bewegung sind. Wo immer auch ein Ding zu einem Zeitpunkt ist, dort kann kein zweites Ding zugleich anwesend sein. In dieser Definition ist die Materialität des Dings basal. Wir redeten nicht vom Gedanken-Ding. Vorstellungen sind keine Dinge, sondern Anschauungsbilder oder Begriffe von ihnen. Wir haben auch metaphorische Verwendungen ausgeschlossen. Von einem heranwachsenden Mädchen als ‹junges Ding› zu sprechen, einen stupenden Sachverhalt ein ‹dolles Ding› zu nennen haben wir ebenso ausgeschlossen wie die Redensart, dass die Dinge nicht gut stehen, jemand ein krummes Ding dreht oder die Dinge laufen lässt etc. Auch das ‹gut Ding, das Weile haben will›, zählen wir nicht zu den Dingen. Wir haben im ersten Angang auch das weitere Verständnis von ‹Objekt› ausgeschlossen, das nicht auf die Bestimmung, materiale Raumerfüllung zu sein, eingeschränkt ist. Das Etwas, das Erkenntnis*objekt* oder *-gegenstand* ist, muss kein Ding in der Welt sein. Die Psychoanalyse redet von *inneren Objekten*. Der *Gegenstand* einer Gerichtsverhandlung, einer Predigt, einer Schulstunde oder eines Vortrags ist jedenfalls heutzutage kein Ding.[69] Kurz, wir haben ein übliches, eingeschränkt materialistisches Verständnis des Wortes ‹Ding› benutzt, allerdings so, dass darin die ebenso übliche Trennung von Subjekt und Objekt möglichst suspendiert wurde. Die Entgrenzungen, die wir jetzt vornehmen, zielen nicht auf metaphorische Erweiterungen, sondern auf jene Ränder, an denen der Status der materialen Dinge irgendwie zerfranst, sich auflöst, fragwürdig oder bedrohlich wird. Diese Ränder sind die Bedingungen des Ding-Seins überhaupt.

Wir sterben, Dinge nicht. ‹Der Tod hat keine Taschen›. Das will sagen: Über die Schwelle des Todes nehmen wir nichts mit.[70] Grabbeigaben in vielen Kulturen zeigen indes, dass diese harte Kluft zu überschreiten versucht wurde. Tote sollen auch als Tote reich an Dingen sein; die den Toten charakterisierenden Dinge garantieren den Fortbestand der Identität des Toten. Das gilt schon für steinzeitliche Gräber und hat seinen absoluten Höhepunkt im ägyptischen Totenkult: In den Dingen triumphiert die Ewigkeit des Gestorbenen. Der christliche Tote nimmt nur mentales Gepäck mit: seine guten und bösen Taten, für die eine Jenseitsökonomie eine Bilanz, als Gericht, herstellt. Für uns heute gilt: Im Tod löst sich die Dingwelt auf, sosehr sie, ohne uns, weiterbestehen mag. Dennoch wird der Tod mit Dingen umstellt, die nur ihm gelten: die ‹letzten Dinge›.[71] Diese sind zuvörderst Handlungen und gerade keine Dinge: die Letzte Ölung, die letzte Beichte, das letzte Gebet, die letzten (testamentarischen) Verfügungen, die Abschiede, die letzten Worte, der letzte Atemzug, Blick und Gedanke. Sterbende wie Angehörige sind getröstet, wenn für all das Raum und Zeit ist, für die liminalen Vollzüge, die eine kulturelle Ordnung des Übergangs von einer Person zum bloßen Ding, die Leiche, darstellen. Der Tod braucht all das nicht. Er tritt ein, wann und wo immer, gleichgültig gegen unser Bedürfnis nach ‹letzten Dingen›.

Doch sind die Dinge durch den Tod betroffen. Zuvörderst jene, die poetisch ‹Habseligkeiten› des Toten heißen, prosaisch: sein Eigentum, *res privata*.[72] Sie bleiben zurück. Ihren ‹Übergang›, wahrlich eine *translatio*, haben wir gesetzlich und durch kulturelle Regeln organisiert, glatt gemacht. Alle Dinge haben, nicht nur aufgrund der Etymologie von ‹Ding›, Rechtsstatus. Er reguliert ihren Verkehr, ihre Wanderungen, ihre Metamorphosen. Aber das wirkt nur oberflächlich. Ist der Mensch, der nun Leichending ist, aus dem Haus, spürt man eine eigenartige Höhlung. Die Dingwelt, eben noch belebt und erfüllt, wirkt evakuiert, entleert. Die Dinge stehen seltsam verlassen da, ‹herrenlos›. Sie werden zu erstarrten, grotesken Gesten. Ein Buch ist ein Buch, eine Pfeife ist eine Pfeife (Foucault 1974a), ein Topf ist ein Topf. Nun sind sie Buch, Pfeife, Topf eines Toten. Was ist das? Die Kathexis[73] klebt irgendwie noch an ihnen.

Dinge werden ‹besetzt›, mit Gefühlen, Wünschen, Gelüsten beladen, im Hantieren und Umgehen werden sie erst ‹zu eigen›, ‹privat›, eben die unsrigen, die uns nicht nur als Besitzer, sondern als Hantierenden, als Sammler und Liebhaber, sorglosen Konsumenten oder Fetischisten, als Menschen von Geschmack oder Asketen ‹wiedergeben›. Sie tragen nicht nur die Spuren unseres Gebrauchs, sondern sie sind unsere Charaktermaske.

Nun ist der Tote aus dem Haus, während die todlosen Dinge, die zur Einheit um den lebenden Menschen herum versammelt waren, abgerissen dastehen. Sie erfordern ihre Translation. So kann es nicht bleiben. Gespenstisch ist, wenn die Räume, die ein Mensch belebt hatte, noch Jahre nach seinem Tod unverändert belassen werden. Es sind Totenstätten, bei denen der Verstorbene in seinen Dingen erhalten werden soll, rituelle Beschwörung einer Präsenz, die die verlassenen Dinge zu figurieren haben. Auch sie sind ‹letzte Dinge›, unheimliche Widergänger und Monumente zugleich. Gewöhnlich aber rieselt die Belebtheit der Dinge nach dem Tod dessen, der sie besessen und besetzt hatte, in unmerklichem Strom heraus. Das Ensemble (lat. *insimul*, ‹zugleich›, ‹in Ähnlichkeit›, das Zusammengestellte) zerfällt oder wird, durch die Erben, verstreut. Das Ensemble der Dinge: Sie waren, so verschieden sie sein mögen, ‹ähnlich› untereinander und ‹ähnlich› mit dem, dem sie zugehörten. Dieses ‹in der Zusammenstellung Ähnlich-Sein› ist es, was die Dinge nun verlieren. Sie, die dem Lebenden ein Obdach seines Ich boten, sind selbst obdachlos.[74] Ihre Wege trennen sich; vieles wandert den Weg, der für die Dinge das ist, was der Tod für Lebewesen ist: in den Müll. Dort verrotten sie oder verbrennen. Andere werden verkauft, verwandeln sich zurück in die Ware, die sie einmal waren, bevor sie ins Ensemble eines Ich eintraten. Sie anonymisieren sich, namenloses Zeug, das nichts als einen ökonomischen Wert hat. Vielleicht; denn das ist die Pforte, durch die sie müssen, um neues Obdach zu finden. Andere werden unter den Erben des Toten verteilt und ‹in Gebrauch› genommen. So wandert das Tafelsilber durch die Generationen, intergenerationelle *res familiaris* – mehr als einer Person angehörig. Andere Dinge behalten den schwachen auratischen Schatten des Toten: Solange ich das Auto aus seinem Besitz fahre, ist es, seltsam genug, das ‹Auto des Vaters›. Prekär ist es mit den Kleidern;

in der Regel will niemand der Nachkommen sie tragen; sie sofort wegzugeben fällt schwer, weil der Tote noch zu sehr in seinen Kleidern steckt. Irgendwo, dies mag der Keller sein, warten sie auf ihre Entauratisierung, bis sie in die Kleidersammlung gegeben werden, auch sie endlich anonyme, tote Wesen, die in Osteuropa oder Afrika ihre Resurrektion erfahren. Ach, die privatesten Dinge: heikle Spuren illegitimer Geheimnisse und wunderbarer Leidenschaften, für den Verstorbenen gehütete Schatzkammern der Erinnerung. Nun liegen sie obszön ausgebreitet vor den Tag-Augen der Erben, die plötzlich den Diskretionsabstand nicht mehr halten können, von dem zu ihrem Besten Verwandtschaftsbeziehungen zehren. Nach kurzer Verstörung wandern diese heilig-schmutzigen Dinge dorthin, wo sie sich mit dem Wertlosesten, dem dreckigen Abfall, vereinigen, um in Flammen aufzugehen. Und schließlich die geheiligten Objekte, die Aufnahme finden im Trauer- und Memorialkult der Nachliebenden. Feine unsichtbare Fäden führen von diesen Dingen hinüber ins Totenreich, und manchmal erlangt der Tote, der nun nicht einmal mehr ein Ding ist, eine winzige Wiedererweckung, als fasse die Hand nicht den Henkel der schönen Teekanne, sondern als berühre sie im Irgendwo zwischen Ding und Tod den Körper selbst des Verstorbenen.

Dies ist die erste Entdifferenzierung, die wir im Verhältnis von Menschen und Dingen festhalten wollen. Sie ist von äußerster kulturgeschichtlicher Relevanz, die hier nur angedeutet wurde.[75] Sie betrifft Grundmomente unseres Dingverhältnisses. Der Tod, der uns auch von den Dingen trennt, zeigt ex negativo, dass wir in ihnen und sie in uns leben. Zu den allerfrühesten Kulturakten, der Totenpflege, gehört auch, dass die dramatische Entdifferenzierung zwischen dem verstorbenen Ich und den Dingen bewältigt, versorgt und womöglich geheilt werden muss. Im Tod wird der Mensch differenzlos zu den Dingen, während die scheinbar toten Dinge ein Stück Leben wahren. Dieser chiastische Positionswechsel wird in Ritualen vollzogen, um dem Toten irgendein Weiterleben und den Dingen neue Plätze zu geben. Die wunderbarste Lösung ist die ägyptische: In Schrift, Bild und in den Dingen selbst, den Grabbeigaben, wird die prangende Lebenswelt des Toten verewigt.[76] In unserer säkularen Gesellschaft sind wir eigentümlich hilflos und heidnisch. Für die ‹Großen Persönlichkeiten› schaffen wir museale Gedenkstätten, die oft Züge eines ägyptischen Totenkults tragen. Die lebensweltlichen Dinge werden zu Fetischen des Gedächtnisses an einen Toten, der nun endgültig zum Idol geworden ist. Der Tote soll ‹lebendig› bleiben, indem die Dinge, mit denen er lebte, in einem Gedächtnisraum ausgestellt werden. Die toten Dinge sind nun Zeugen des Lebens. Doch bleibt dies ebenso prekär wie die kleinen Verewigungspraktiken, die im Privaten mit den Dingen des Toten veranstaltet werden. Denn in einer jenseitslosen Kultur ist niemals die Gleichgültigkeit aufzuheben, die die Dinge mit dem Tod selbst teilen. Die Dinge, in denen und durch die wir leben und die durch uns belebt werden, zeigen im Letzten eine intransigente Abweisung, die in der ontologischen Unmöglichkeit des Sterbens liegt. Das macht sie so unheimlich und fremd: nicht sterben zu können. Doch dadurch sind sie die Signatur des unwiderruflichen Abschieds, den wir der Welt, die eine Welt nur ist durch die Dinge, zu entrichten haben.

8.5.2 Melancholie und Askese

Unter den Lebenden gibt es Zustände, die den Dingverhältnissen im Tode nahe kommen. Es sind die Depression und Melancholie einerseits, die Askese und Meditation andererseits. In der depressiven Welt sind die Dinge eingetaucht in eine Gleichabständigkeit und nebelhafte Konturlosigkeit, ein Spiegel davon, dass jene Gesten, die Dinge und Menschen zu Handlungen zusammenschließen, unmöglich geworden sind. Im Zielverlust, im Niedersinken der Intentionen, im antriebslosen Brüten werden die Dinge selbst matt und sind wie zurückgezogen hinter den Horizont möglicher Handlungen. Das kathektische Band zwischen Ich und Dingen ist zerrissen. Alles ist gleich weit und nah. Der depressive Raum kennt keine Tiefenstaffelung und keine Perspektive (vgl. Tellenbach 1956). So vergrauen die Dinge in einem flachen, konturlosen Nebeneinander, in eigentümlicher Farblosigkeit. Weder Raum noch Dinge sind gestimmt bzw. auf den einen Grauton der Gleichgültigkeit zusammengelaufen. Schwermut liegt nicht allein in der Seele, sondern auf den Dingen. An kein Objekt kann sich das Gemüt halten und orientieren. Die Dinge sind so müde und mürbe wie das Gefühl. Eingeschlossen in die

Schwere des Ich fallen auch die Dinge schwer. Die vormals zuhandene Welt versinkt in ein diffuses Für-sich. Die Dinge verstreuen sich in ein unausdeutbares Vorhanden-Sein.[77] So fremd das Ich sich selbst ist, sind ihm die Dinge fremd.

Der Melancholiker rettet sich aus seiner stummen Schwere und dem stumpfen Brei der Dinge durch eine Metaphysik, die zum Weltzustand erhebt, was *sein* Seelenzustand ist. Er weiß, dass das Leben auf einer Welle des Todes in eine Zukunft strömt, die die «Schädelstätte der Geschichte» (Lukács 1963, 89–90) nur vergrößert. Darum ist die Ruine der eigentliche Ort des Melancholikers.[78] Die Ruine zeigt noch den mächtigsten Bauwillen im Übergang zum endgültigen Verfall. Was einst Ausdruck lebensvoller Energien, Stätte des Handels oder der Liebe, Ort des Gebets oder der Arbeit war, ist jetzt Zeugnis einer Verwandlung, durch die das Schauspiel des Lebens zur Totenklage wird. Noch ist der Bauplan des Hauses, der Stadt zu erkennen, noch stehen Gewölbe, Torbögen, Mauergerippe. Aber schon frisst das Wasser am Stein, krallen sich Pflanzen in die Risse der Mauern, spielt der Wind in den Fensterhöhlen, huschen die unheimlichen Tiere der Nacht durch Räume, die spurenhaft noch das vormalige Leben der Menschen bewahren. Für den Melancholiker ist alles Leben bereits zur Vorzeit geworden. Die Natur holt sich, was der Mensch ihr abgerungen hat, zurück. Die Ruine lässt spüren, dass alle menschlichen Einrichtungen eines lückenlosen Energieaufwands zu ihrer Erhaltung bedürfen. Nichts aber hat Bestand; dies ist das unnachgiebige Wissen des Melancholikers. So mächtig, stolz, siegreich sich die Bauwerke erheben – es gibt eine stärkere Kraft, die des leisen, unmerklichen Niedersinkens. Dies zu wissen, ist sein Stolz. Er hat die Zeit, die saturnisch auch an den Dingen frisst, zu seinem Verbündeten: alle Dinge werden gewesen sein. Dieses Futur II bestimmt seinen Blick, der gnadenlos selbst die todlosen Dinge mortifiziert. Seine grandiose Leistung ist die universale Entdifferenzierung. Die Nichtigkeit, die er überall sieht, macht den Gegensatz von Leben und Tod, von Dingen und Lebewesen, Wert und Wertlosigkeit, Ordnung und Unordnung überflüssig. Seine erhabene Indifferenz wird umgeprägt zur Ontologie der Dinge.

Dagegen sind Meditation und Askese situative oder habituelle Rücknahmen der Kathexis, der energetischen Besetzung von Dingen und

Menschen. Die innere Welt, nach allen Seiten ausufernd und überschießend, wird ausgeräumt. Ziel ist eine versammelte Leere, eine vorstellungslose Vorstellung, die sich friedvoll und kalmierend im Raum des Ich ausbreitet, über die Schwellen tritt und die Welt füllt. In der Regel wird dies heute mit dem Ziel der Verankerung des Ich in sich selbst angestrebt, die eine umso tatkräftigere Zuwendung zur Welt der Dinge erlaubt. Religiös betrachtet handelt es sich indes um Zustände der Übersteigung der Dinge, einer Transzendierung, die die Immanenz bei sich belässt, während das Ich sich aus den materiellen Verflechtungen löst und vergeistigt. Bei der Askese kommen Exerzitien einer Leibbemeisterung hinzu, die den Leib zum gehorsamen Ding des spirituellen Imperativs macht.[79] An den Grenzen der Askese tobt in gleißender Versuchung die bunte Welt der Dinge. Vielleicht ist niemand ein größerer Experte der unendlichen Lüste, die in den Dingen liegen, als der heilige Asket Antonius (vgl. dazu Foucault 1974b). Es herrscht eine heroische Paradoxie: Die Glut und das Gleißen der Dinge wird umso intensiver aufgerufen, desto mehr das davon sich abwendende und reinigende Ich einen erhabenen Triumph kostet, von dem wir, den Dingen verfallen, nichts wissen. Erst die Dinge, die zu einem Orchester der Versuchung werden, sind die Dinge, die der Asket anerkennen kann: Erst ihre Größe lässt die Größe seiner Weltabkehr und seine dinglose Heimat leuchten. Die Entdifferenzierung der Melancholie ist derjenigen der Askese entgegengesetzt: Handelte es sich dort um die Differenzlosigkeit der in ihr Nichts versinkenden Dinge, die das Ich mit sich nehmen, so geht es hier um die Differenzlosigkeit der Dinge in der lodernden Glut der Versuchung, die das Ich in entschlossener Trennung von sich streift.

8.5.3 CHAOS – CHORA – MÜLL

Die dritte Form der Entdifferenzierung liegt nicht auf Seiten des Ich, sondern der Dinge: Es ist das Chaos (am Anfang der Welt) und der Müll (am Ende der Biographie der Dinge). Chaos ist bei Hesiod[80] das Ungetrennte, das Gähnend-Klaffende. Man kann es sich vorstellen als ein Leeres und doch Mächtiges, ein strukturlos wogendes energetisches Kraftfeld, das dem Werden der abgrenzbaren Dinge weit vorausliegt. Aus dem Chaos entsteht die Erde, in dieser, als anderes Chaos, der finstere Tartaros sowie der gliederlösende Eros. Er ist bei Hesiod eine universale Macht, die nahe am Ursprung steht, weil der Kosmos eine Kette von Prokreationen ist. Gaia ist nicht die vor unseren Augen liegende Erde; sondern sie ist die Macht, welche in der Erde sich darstellt. Gaia ist das Unverfügbare und Unvordenkliche der Materie, die noch den Göttern vorausgeht.

Platon entwickelt die Lehre von der Chora, als er im «Timaios» eine «schwierige und dunkle Form» des Werdens einführt, das «Worin» des Entstehenden (vgl. Böhme/Böhme 1996, 100–111). ‹Worin› entsteht etwas?, lautet Platons Frage. Seine Antwort ist: Dies muss eine «Kraft» *(dynamis)* sein, die «allen Werdens bergender Hort sei wie eine Amme» (Timaios 49a). Das, worin alles entsteht und vergeht, ist die «Amme des Werdens», «das Aufnehmende der Mutter» (Timaios 50d). Es ist «ein unsichtbares, gestaltloses, allaufnehmendes Gebilde, das auf eine irgendwie höchst unerklärliche Weise am Denkbaren teilnimmt und äußerst schwierig zu erfassen ist» (Timaios 51a). Die Chora ist ein Nicht-Identisches (nicht ein Element, nicht irgendein Ding) und doch alles Gewordene ermöglichend; etwas, was noch vor den auseinander getretenen Elementen und Dingen, also vor der Welt ist. Diese «Amme des Werdens» fasst Platon ins mythische Bild einer von ungerichteten Kräften durchzogenen, ungleichgewichtigen Erschütterung. Platon sieht sich hier am Rand des Sagbaren: dass vor aller Differenzierung, vor allen Göttern, vor dem Kosmos, vor den Zahlen *da etwas sei* – ein mächtiges, vibrierendes Hin und Her, ein Pulsieren von Kraft, eine objektlose und eigenschaftslose Erschütterung, ohne die nichts wird. Dies ist die begriffslose Matrix, in der das Werden der Dinge beginnt. Sie ist ein Gegenprinzip der Vernunft, die auf der Chora operiert und die Ordnung der Dinge einträgt. Im Dialog «Philebos», der nicht in mythischer Rede von der Amme des Werdens spricht, entwickelt Sokrates aus dem Unbegrenzten und Nicht-Abgrenzbaren die primären Ordnungsfiguren, aus denen die Welt der Dinge Kontur, Grenze und Gestalt gewinnt, also überhaupt hervortreten kann. Diese Figuren sind Kommensurabilität und Konsonanz, zahlhafte Relationen, in denen Gleiches und Entgegengesetztes sich organisieren. Homologien, Proportionen, Zusammenklang *(symphonia)* und Harmonien entstehen, die das kosmische Gefüge wohl unterschiedener und abgestimmter Dinge ordnen: die Welt der Dinge als schöner Klangkörper (Nicklaus 1994).

Chaos und Chora sind das Prä-Symbolische und Differenzlose. Ordnung entsteht durch Disjunktion, Trennung, Differenzierung, sie ist das Unvermischte und Wohl-Abgegrenzte: Damit beginnt die Schöpfung, beginnen die Dinge, aber auch das Symbolische und Sprachliche. Das eine weckt nur Angst, und das andere löst jene tiefe Befriedigung aus, mit der Gott sein *opus disiunctionis* begleitet: «Siehe, es ist sehr gut.» Im biblischen Schöpfungsbericht wird deutlich, dass auch das Werk Gottes aus dem Präsymbolischen, dem Tohuwabohu, anhebt. Schöpfung ist Herausrufen der Dinge aus dem wirren Gemenge, also Eintrag von Trennung und Scheidungen (Disjunktionen). Die geschaffenen Sektoren der Welt erhalten ihre Beglaubigung durch das Wort, und schließlich erhalten die Lebewesen durch Adam ihre Namenstaufe (Gen 1,1–2,4a; 2,19–20). Das Prästrukturelle des Chaos und das Präsymbolische der Sprache entsprechen sich, wie auch das Hervortreten der unterscheidbaren Dinge und das Erscheinen der unterscheidenden Wörter und Namen aufeinander verweisen. Indes bleibt das Chaos als hintergründiges Energiefeld in der Ordnung der Dinge ebenso erhalten wie das ausdruckslose Präsymbolische in der Ordnung der Sprache.

Dem erhabenen philosophischen Denken des Differenzlosen, als liminaler Zone des Unabgrenzbaren im Übergang zu den Dingen, setzen wir in gebührendem Respekt jene andere liminale Zone der Differenzlosigkeit gegenüber: den Übergang der wohl abgegrenzten Dinge in Müll. Wenn die Welt alles ist, was der Fall ist (Wittgenstein), so ist der Lauf der Dinge ihr Abfall. Mit Abfall, Müll, Abwässern, Lumpen, Gerümpel, Schrott haben wir ähnlich kategoriale Probleme wie mit Schlamm, Geröll, Dreck, Scheiße, Schleim, Verfaultem und Verwesendem. Sind dies Dinge? Wittgenstein zählt zur «Welt» nicht die Dinge selbst, sondern «alle Tatsachen» «im logischen Raum». Tatsachen werden als das «Bestehen von Sachverhalten» bestimmt. Für Dinge wiederum gilt, dass sie «der Bestandteil eines Sachverhaltes sein» können. Insofern handelt es sich bei den ‹Objekten› der aufgezählten Reihe zumindest um Sachverhalte (Wittgenstein 1918/1976, 11–12). In Dingen muss zwar angelegt sein, dass sie zu Sachverhalten werden können; doch diese sind Urteile des Menschen, sie entstammen der Kultur, der noetischen Sphäre des Erkennens und Beurteilens. Das hilft uns nur insofern weiter, als ‹Dinge›, die wir Müll nennen, dies nicht von sich aus sind, sondern dadurch, dass wir sie relativ auf mögliche Wertskalen (Gebrauchs- oder Tauschwert, symbolisch-ästhetischer Wert) als wertlos beurteilen und darum dem Abfall oder Müll zurechnen. Doch eine Tetra-Verpackung, deren Inhalt wir getrunken haben, ist jedenfalls noch ein Ding, obwohl es in den Müll wandert. Es hat ausgedient und ist wertlos geworden. Im Blick auf Schlamm, Verfaulendes u. Ä. sind es idiosynkratische Abwehrreaktionen unsererseits, die schwer abgrenzbare, zäh fluide Aggregatzustände von Materie als abstoßend oder ekelhaft erscheinen lassen. Wasser und Luft sind indes auch schwer abgrenzbar, ohne abstoßend zu sein. Ist Luft aber ein Ding? Eher bezeichnen wir sie als Medium. Wir haben ein ziemlich unverwüstliches Ding-Schema verinnerlicht, wonach wir nur solche Materie, die eine konturierte, abgegrenzte und widerständig-kompakte Struktur aufweist, spontan als Ding bezeichnen. Darum zögern wir, einen verfaulten Blumenkohl, dessen phytomorphische Struktur sich auflöst und irgendwie Matsch wird, als Ding zu bezeichnen. Der verfaulte Blumenkohl ist irgendetwas, aber nicht mehr das Ding Blumenkohl. Gleichwohl ist da etwas, sinnlich erfahrbare Materie, wenngleich amorphes Gemenge, ungenießbar, abstoßend, wertlos.

Ontologisch kann sich das Dingliche als solches nie verlieren. Eine zerschlagene Tasse ist keine Tasse mehr, aber doch eine Vielzahl an Dingen: Scherben. In kultureller Matrix können Scherben Glück bringen, oder sie werden aufgekehrt und entsorgt: Müll; für einen frühgeschichtlichen Archäologen sind Scherben historische Zeugnisse, sie werden sorgsam konserviert und wandern womöglich ins Museum. Auch ein verfaulender, von Maden durchwimmelter, matschiger Tierkadaver bezeichnet das tote Tier im Übergang zu einer Vielzahl neuer Dinglichkeiten. Der Metabolismus der Natur sichert im Rahmen des Zweiten Hauptsatzes der Thermodynamik den Fortbestand des Dinglichen an den Dingen, ein – nach humangeschichtlichen Maßstäben – infiniter Prozess, kosmologisch begrenzt durch die Zunahme an Entropie, die die Metamorphosen von Dingen in Dinge absolut begrenzt. Sind aber Schwarze Löcher noch Dinge, weil sie lokalisierbar sind und negative

Masse aufweisen? Das muss uns hier nicht interessieren. Wichtig für den kulturellen Horizont, in dem wir uns bewegen, ist indes, dass Dinge im Zustand materiell fortschreitender Auflösung einen qualitativen Statuswechsel durchlaufen. Wir nennen ihn Entdinglichung oder Entdifferenzierung. Er ist verbunden mit einer Entwertung des kulturellen Status der Dinge. Sie werden aus der kulturellen Matrix ausgesondert und verlassen das Universum der zivilisierten Dinge: Müll.

Müll, auch wenn wir Mülltrennung praktizieren, ist das amorphe Gemenge von entdinglichten Dingen: Materie im Zustand der Ungetrenntheit. Das wurde oben Chaos oder Tohuwabohu (das Wirre und Wüste) genannt. Man erkennt daran, dass die Kultur nicht nur vom Universum der von sich aus seienden Dinge, also von Natur, begrenzt wird, sondern auch vom Müll. Er ist immer Kultur-Müll. Nach Michael Thompson, einer der wenigen, die eine «Theorie des Abfalls» versucht haben, handelt es sich dabei um das Wertlose, Negative und zumeist Unsichtbar-Gemachte der Kultur (Thompson 1981, 13–58). Innerhalb des kulturellen Metabolismus bewegen sich nahezu alle Dinge auf der abschüssigen Bahn des sinkenden Werts: Auf ihr bewegen sie sich in unterschiedlichem Tempo dem Müll entgegen. Dieser ist das Schicksal der Dinge in der Kultur. Natur kennt keinen Müll.

Nur wenige Dingsorten gehören zum Adel der Sachen: Ihr Wert steigt mit dem Alter an (Kunstwerke, Kultgegenstände, Antiquitäten, Fetische). Gelegentlich werden Dinge, die keinen Gebrauchswert mehr haben, mit sekundärem Wert besetzt, z. B. Gebrauchsdinge untergegangener Kulturen, etwa die Alltagsdinge der DDR-Kultur. Das sind solche Dinge, die im weiten Sinn, privat oder öffentlich, musealisiert werden. Sie werden nicht konsumiert, sondern ästhetisch goutiert oder als historische Dokumente geschätzt. Daran ist ablesbar, dass die Kunst insgesamt, aber auch das Museum, das Archiv und die Sammlung, Einrichtungen sind, die sich gegen die Angst vor (Selbst-)Verlust und gegen das Verschwinden der Dinge im Müll stemmen. Eine Kultur des Gedächtnisses heißt, dass Dinge vor dem Abfall/Verfall bewahrt oder ausdrücklich dafür produziert werden, ein Dasein zu erlangen, das der Konsum-Logik der Vermüllung entzogen ist. Jede Form von Kunst und Gedächtnis ist ein Wall gegen das *curriculum rerum*, das unausweichlich im Abfall endet. Musealisierung (wie auch jeder Fetischismus) ist Stillstellung der Zeit und damit der Gegensatz zum stillen Verfall der Dinge. Ausnahmslos folgt die Biographie der Dinge der fallenden Kurve zum Müll. Diese Kurve kann durch Investitionen der Bewahrung abgeflacht oder sogar in Zwischenhochs vorübergehend aufgefangen werden. Dabei ist bemerkenswert, dass das Zu-Müll-Werden nicht notwendig mit instantieller Zerstörung verbunden ist. Viele Dinge werden ‹ausrangiert›, weil sie dysfunktional erscheinen. Sie erfahren damit das, was man den sozialen Tod der Dinge nennen kann. Sie fristen ein vergessenes Dasein in den Tiefen von Schränken, Kellern, Dachböden, Kartons, Schachteln. Werden sie irgendwann, und sei's durch Zufall, wieder zur Hand genommen, so steht ihr Schicksal auf der Kippe. Sie werden neu bewertet: Für den Enkel wird das nutzlose Zeug des Großvaters zur Antiquität; anderes wird als Trödel verhökert, erneut in Gebrauch genommen oder von einem Unternehmen ‹entrümpelt›, das – wie früher der Lumpensammler – aus dem Wegwurf noch einmal das Verwertbare von dem trennt, was den Vernichtungsmaschinen des Mülls zugeführt wird. Von größter Seltenheit ist es, wenn etwas ganz Besonderes gar den Weg in den Himmel der Dinge findet: das Museum (Fehr 1996).[81]

Für eine Gesellschaft wie die unsrige, die aufgrund des Verbrauchs einer ungeheuren Population von Gütern beispiellos viel Müll hervorbringt, wird der Abfall zu einem drängenden Problem der Abgrenzung. Kulturen können nur überleben, wenn sie die Grenzen zum Müll, den sie erzeugen, stabil halten. Eine Eigentümlichkeit des Mülls ist aber, dass er zwar das Draußen der Kultur darstellt, doch die Tücke zeigt, sich in ihr einzunisten oder (wieder) in sie einzuwandern. Darum muss der Müll bewirtschaftet werden. Die großen Entsorgungssysteme entstehen, die heute in jeder Wohnung und jeder Fabrikationsstätte präsent sind, den öffentlichen Raum durchdringen und zum gewichtigen Bestandteil der Ökologie, Ökonomie und Politik geworden sind. Die Ubiquität der Müllbewirtschaftung zeigt die Ubiquität des Mülls an. Darin nistet die moderne Verzweiflung, die früher in den Ruinen der Melancholie hauste. Ein wachsender Anteil sozialer Energie muss investiert werden, um den Müll ‹aus der Welt› zu schaffen. Individuelle Pathologien der Vermüllung (so genanntes Messie-Syndrom) sind ein Indiz dafür, dass der Müll die Kultur, die ihn hervorgebracht hat, überwuchern kann. Menschen, die hiervon betroffen werden, ersticken an ihrem Müll, bis zu dem Grenzfall, dass der Müll sie aus ihrer Wohnung verdrängt: Der Mensch wird zum Obdachlosen, während sein kultureller Raum, die Wohnung, völlig von Müll besetzt und in ein Chaos verwandelt wird. Das sind moderne Tragödien, Nemesis des Mülls, der uns ‹heimsucht›. Hier sind die empfindlichen Abgrenzungssysteme kollabiert, deren Kultur zu ihrer Selbststabilisierung bedarf. Der Müll, der evakuiert werden soll, wird zur Invasion. Er erobert den Raum, dem er entstammt und aus dem er entfernt werden muss, damit kultivierter Raum bleiben kann. Kulturen sind nur als verstetigte Raumordnungen denkbar. Vermüllter Raum ist kein Raum mehr, er ist prästrukturelle und präsymbolische Amorphie, Tod der Kultur.

Katastrophen können Ähnliches zeigen: Überschwemmungen (besonders solche, die mit Taifunen verbunden sind) hinterlassen eine entdifferenzierte Welt: Dinge, die den sozialen Sinn ausmachen, sind durcheinander gewirbelt, zerstört und verschlammt. Gerade Verschlammung ist eine extreme Form der Invasion des amorphen Chaos in den Raum der Ordnung. Ist die Chora das Incipit der Ordnung, so sind Müll, Schlamm, Dreck das Ende des ordinalen Raums – so, wie der Tod der Terminus der Zeit ist. Private Vermüllung oder Großkatastrophen sind die Extreme, an denen der stille, längst ubiquitäre Krieg gegen den Müll deutlich wird. Mythisch gesprochen ist der Müll die Rache der Dinge an der herrischen Form, in der wir sie in Dienst genommen und verbraucht haben. Nüchterner gesprochen zeigt der Müll an:

Die Industriegesellschaften sind von ihrem Abfall eingeholt worden. Das hat zwei Folgen: Man musste neue technische Strategien des Umgangs mit Müll entwickeln; dies setzt ein Reflexivwerden von Bereichen voraus, die bislang ‹gegenstandslos› waren: die Seinsart der Dinge, die verbraucht, ausgeschieden, nutzlos, überholt, gealtert, konsumiert, weggeworfen, liegen gelassen, vergessen sind. (Auch Archive können Orte des Vergessens und darum zu Magazinen des Mülls werden.) Das begründet einen neuen Diskurs, der den technischen Krieg gegen den Abfall begleitet. Mit Mary Douglas haben wir eine Anthropologin, mit Michael Thompson einen Soziologen, mit Susanne Hauser eine Kulturwissenschaftlerin und mit Aleida Assmann eine Literaturwissenschaftlerin, die paradigmatische Versuche vorgelegt haben, dem Müll in der Ordnung der Dinge einen systematischen Platz zuzuweisen.[82] Das ist insofern vergeblich, als Müll die Anti-Struktur überhaupt ist, die Grenze oder das Andere jeder Ordnung. Den genannten Versuchen ist gemeinsam, dass der Abfall gegenüber der symbolischen Ordnung der Kultur, gegenüber der Ordnung der Dinge und gegenüber dem organisierten Gedächtnis eine zentrale, wenn auch leere Position in der Theorie der Kultur behauptet. Wie der Müll eine Invasion der Kultur darstellt, so wird umgekehrt die Grenze der sozialen Ordnung immer tiefer in die Sphäre des Mülls vorgeschoben: Das Ideal ist, dass es gar keinen Müll mehr gibt. Das aber wäre die absurde Utopie, den Müll zu vernichten, in dem man alles musealisiert; ein Albtraum des Archivs. Oder man vernichtet restlos alles, was dysfunktional ist: Das wäre der absolute Gedächtnisverlust. Der Kompromiss liegt zwischen Museum und Verbrennungsanlage: Beides wächst, Museum und Archiv wie Müllkippe und Verbrennungsfabrik. Beider Konjunktur ist ein Effekt des exponentiellen Wachstums des Mülls.

Von Mary Douglas kennen wir die Dichotomie von Reinheit und Unreinheit, Ordnung und Schmutz, die nichts mit dem Sein der Dinge zu tun hat, sondern mit deren Lokalisation, Bewertung und Bedeutung, also mit ihrer Position im symbolischen System einer Kultur. Thompson entwickelt eine Theorie des Mülls aus der Warenanalyse, der Tausch- und Wertökonomie der Gesellschaft. In beiden Positionen werden die Dichotomien von Sichtbarkeit und Unsichtbarkeit, Aufmerksamkeit und Verdrängung, Eingrenzung und Ausgrenzung entwickelt, die den soziosymbolischen Status von Müll erklären. Susanne Hauser untersucht, altindustrielle Gesellschaften vergleichend, die Strategien, mit denen die riesigen, stillgelegten Areale der ersten und zweiten Industrialisierungsphase – ganze Landschaften als Abfall: ‹Industriebrachen› – wieder in den soziokulturellen Kreislauf integriert werden. Aleida Assmann als Spezialistin für kulturelles Gedächtnis behandelt den Zusammenhang von Erinnerung, Speicherung und ‹Daten-Müll› und die nicht zufällig in der Gegenwartskunst zunehmende Tendenz, den Müll in den Prozess der Kreativität zu integrieren, eine Art ästhetisches Recycling (mit deutlichen Zügen zur Fetischisierung des Wertlosen, das seine Wiederauferstehung in der Kunst erfährt).[83]

Walter Benjamin war dem in seinen Überlegungen zum Lumpensammler und zur ästhetischen Schätzung des Kleinen und Unbedeutenden vorausgegangen. Kinder, Sammler und Historiker sind für ihn Beispiele eines produktiven Umgangs mit Abfall, derart, dass uns die heutigen Unternehmungen von Künstlern wie Anknüpfungen an Benjamin vorkommen. So heißt es von *Kindern*:

«Kinder sind nämlich auf besondere Art geneigt, jedwede Arbeitsstätte aufzusuchen, wo sichtbare Betätigung an den Dingen vor sich geht. Unwiderstehlich fühlen sie sich vom Abfall angezogen, der sei es beim Bauen, bei Garten- und Tischlerarbeit, beim Schneidern oder wo sonst immer entsteht. In diesen Abfallprodukten erkennen sie das Gesicht, das die Dingwelt ihnen, ihnen allein zukehrt. Mit diesen bilden sie die Werke von Erwachsenen nicht sowohl nach als sie diese Rest- und Abfallstoffe in eine sprunghafte neue Beziehung zueinander setzen. Kinder bilden sich damit ihre Dingwelt, eine kleine in der großen, selbst» (Benjamin 1974/1980, GS III, 16/17).

So wie Kinder ein kreatives Verhältnis zu dem aufweisen, was für Erwachsene ‹Kinkerlitzchen› sind (wir werden sehen, dass sich dies im Fetischismus-Diskurs wiederfindet), so haben sie auch ein unbefangenes Verhältnis zu idioplastischen Aggregaten, die der kultivierten Welt so viele Abgrenzungsprobleme bereiten: Schlamm, Matsch, Kotiges aller Art. Vom *Historiker*, der nicht den Haupt- und Staatsaktionen des Weltspektakels, sondern den Mikrologien des Lebens auf der Spur ist, gilt, dass er der «‹Lumpensammler der Geschichte›» ist, «der das Abseitige, Ephemere, den Abfall der Idee aufliest, den der ‹schmutzige Hauptstrom des Geistes› (Adorno) an seine Ufer spült»[84]. In der Rezension 1930 zu Siegfried Kracauers «Die Angestellten» stellt Benjamin den Historiker vor als «einen Lumpensammler frühe im Morgengrauen, der mit seinem Stock die Redelumpen und Sprachfetzen aufsticht, um sie murrend und störrisch, ein wenig versoffen, in seinen Karren zu werfen, nicht ohne ab und zu den einen oder anderen dieser ausgeblichenen Kattune ‹Menschtum›, ‹Innerlichkeit›, man könnte hinzufügen: System, Totalität, Vollkommenheit, spöttisch im Morgenwinde flattern zu lassen» (1930/1980, GS III, 225). Und vom *Sammler*, dem «Physiognomiker der Dingwelt»

(Benjamin 1931/1980, GS IV.I, 389), heißt es: «Es ist beim Sammeln das Entscheidende, daß der Gegenstand aus allen ursprünglichen Funktionen gelöst wird um in die denkbar engste Beziehung zu seinesgleichen zu treten. Diese ist der diametrale Gegensatz zum Nutzen und steht unter der merkwürdigen Kategorie der Vollständigkeit. … Und für den wahren Sammler wird in diesem Systeme jedwedes einzelne Ding zu einer Enzyklopädie aller Wissenschaft von dem Zeitalter, der Landschaft, der Industrie, dem Besitzer von dem es herstammt.» Die Dinge und alle physiognomischen Spuren, die als Erinnerungsdaten an ihnen ausgemacht werden können, rücken «für den wahren Sammler» «zu einer ganzen magischen Enzyklopädie, zu einer Weltordnung zusammen, deren Abriß das Schicksal seines Gegenstandes ist.» (Benjamin 1927–40/1983, 271 und 274)[85]

Solche schönen Überlegungen erscheinen angesichts der heutigen Müll-Lawinen wie Romantizismen aus einer Zeit, in der das Chaos noch bezähmbar, die Ordnung der Dinge noch intakt schien, sodass aus den Relikten und Abfällen der dinglichen Welt noch Wissenspraktiken ableitbar waren, die den *displaced objects*, den verworfenen, verunreinigten, verirrten, ausgeschiedenen *Abjekten*[86], einen symbolischen Raum zuweisen konnten. So erhielten die Abfälle, mit all ihren Malen von Läsion und Müdigkeit, einen Platz im Schatzhaus des allegorischen Eingedenkens und Erinnerns, der beinahe dem Stand der Erlösung der Dinge gleichkam: Erlösung von der Nemesis ihrer Vergängnis. Georg Simmel, wahrlich dem Unscheinbaren hold, hatte indes schon 1900 in der «Philosophie des Geldes» eine Inkommensurabilität zwischen der subjektiven Kultur der Individuen und der objektiven Kultur der Sachwelt diagnostiziert. Man erhält jenes Verwachsensein, das noch die Großeltern mit dem überschaubaren Arsenal ihrer Dinge zusammenschloss, aus dem nur ein kleines Rinnsal des Verbrauchs abfloss –, man erhält in der modernen kapitalistischen Welt eine solche Innigkeit des Zusammenlebens von Mensch und Ding nur noch um den Preis einer künstlichen Anstrengung zurück, wie sie sich besonders in der fetischistischen Besetzung der Waren zeigt. Die private und gekünstelte Allianz mit den Dingen hat eine radikale Vergleichgültigung der Gegenstände zur Kehrseite. Diese haben sich zu einer kompakten, undurchdringlichen und zugleich abstrakten Realität verdichtet. Das Ich und die Dinge sind radikal auseinander getreten. Je mächtiger und illusorischer die Dinge in der Regie des Geldes werden, desto mehr befinden sie sich in einer von Subjekten kaum mehr beeinflussbaren Eigenbewegung. Mit dem wachsenden Schillern der Warenmassen erhöht sich zugleich der Ausstoß des Mülls ins Grenzenlose. Die kathektischen Besetzungen, das Begehren und die Leidenschaften, mit denen die Sammler, Künstler, Wissenschaftler, Konsumenten oder Fetischisten einzelne Dinge und Fragmente wie Trophäen aus dem Umwälzungsstrom der Waren herausreißen, erhalten etwas Zufälliges und Klägliches (Simmel 1900/1994, 591ff., 617ff.). Die Kultur der Individuen, so Simmel, bleibt hinter der beschleunigten Entwicklung der kultivierten Dinge zurück. Jene wird zur Funktion von dieser: als Stil, Mode, Lebenstempo, Konsumfetischismus, Sammelwut, Wissenswahn, Werk-Idolatrie. «Was die Kultur der Dinge zu einer so überlegenen Macht gegenüber der der Einzelpersonen werden läßt, ist die Einheit und autonome Geschlossenheit, zu der jene in der Neuzeit aufgewachsen ist. Die Produktion, mit ihrer Technik und ihren Ergebnissen, erscheint wie ein Kosmos mit festen, sozusagen logischen Bestimmtheiten und Entwicklungen, der dem Individuum gegenübersteht, wie das Schicksal es der Unstätheit (sic!) und Unregelmäßigkeit unseres Willens tut» (ebd., 651). Umso sachlicher und unpersönlicher die Dinge, desto persönlicher, aber eben auch zufälliger und fragmentarischer die Individuen. Das erzeugt zum einen das Abstraktwerden der Dinge, zum anderen die Disposition, ihre Gleichgültigkeit durch Fetischisierung zu überwinden, um überhaupt einen dünnen Faden zur Welt jenseits der «objektlosen Innerlichkeit» (Th. Mann) zu knüpfen. Die Individuen drohen zu Schatten der Dinge zu werden. Doch diese Lage hat sich heute dahingehend verschärft, dass die Dinge selbst zu Schatten werden. Das ist die letzte Stufe der Entdifferenzierung.

9. Vom Verschwinden der Dinge

9.1 «Seinesgleichen geschieht»[87]

Die letzte Form der Entdifferenzierung, die das Universum der Dinge begrenzt, ist das Verschwinden. Damit ist nicht die Evakuierung gemeint, die wir unter dem Stichwort Müll schon behandelten. Im Diskurs, der heute dem ‹Ende› von allem und jedem gilt, ist von Müll gerade nie die Rede. Der Ausgangspunkt scheint zu sein, dass der Kapitalismus die Paradoxie enthält, einerseits die Ding-Sorten und Ding-Massen exorbitant zu vermehren und sie andererseits nachhaltig zu entwerten. Dies wird im Kapitel über den Warenfetischismus ausführlich behandelt (Kap. 3.4 bis 3.6). Hier genügt ein Hinweis: Das Ding-Ware-Verhältnis wird davon bestimmt, dass Dinge kaum noch Wertrelationen untereinander, sondern nur vermittelt über die Geldwert-Äquivalenz aufweisen. Der qualitative Wert von Dingen ist ‹gleichgültig›, wenn es auf den Warenwert ankommt, der fünfzig Waschmaschinen identisch mit einem Auto sein lässt. Die dingliche Besonderheit ‹verschwindet› in der ökonomischen Gleichwertigkeit. Dadurch kann alles, auch das Unvergleichliche (ein Pontormo-Gemälde, zwei Einfamilienhäuser, eine Tischlerwerkstatt mit sechs Arbeitsplätzen), miteinander in Beziehung und Austausch treten – aber nur unter Aufgabe ihrer qualitativen Besonderheit: Die Entdifferenzierung ist die Basis der im Medium Geld operierenden Warengesellschaft.

Der zweite Grund der Entdifferenzierung ist merkwürdiger: Immer mehr Dinge werden produziert wie ein Jogging-Schuh. Die Produktionsfirma verkauft weniger diesen als die Marke, die er trägt, das Design, den *life style*, die *self appearence*, die *body fashion*, die kulturellen Zugehörigkeiten, die an der Marke und nicht am Schuh hängen. Es ist für den Halbstundenlauf gleichgültig, ob man auf Nike-, Adidas- oder Reebok-Schuhen trabt. Es sind komplexe ästhetische, sozialdistinktive, kultursemiotische Momente des Ego-Styling, die die Markenaura des Schuhs und seinen Warenwert ausmachen. Mehr als ein Gebrauchsding ist der Schuh dadurch ein kulturelles Artefakt, ein Relais in der Zirkulation symbolischer Werte eher als ein auf meine Laufeigentümlichkeiten hin funktionales Gerät. Das «Laufschuhhafte» verschwindet unter den ästhetisch-semiotischen Assoziationen, die das Design des Schuhs mit gänzlich anderen Daseinsebenen verknüpfen. Im Maß, wie sich die Expertise der Konsumenten von den Dingen auf das Design der Dinge verlagert, wird von einem Verschwinden der Dinge gesprochen – jedenfalls in kultur- und konsumkritischer Perspektive. Wenn wir uns an Heidegger erinnern, liegt dem ein bestimmtes alteuropäisches Ding-Verständnis zugrunde: Dinge weisen Kerne auf, die die (primären und sekundären) Eigenschaften zur Einheit des Dings versammeln. Das nannte Heidegger einen Überfall, der das Dingliche am Ding gerade nicht erscheinen lässt. So ist es mit dem Jogging-Schuh. Es muss einen Kern geben, damit ihm Eigenschaften angeheftet werden können, die seinen Wert ausmachen und ihm doch nicht angehören (sie können auch von einem Baseballtrikot figuriert werden). Der Überfall wäre: Dinge müssen, um solche sein zu können, auf der Bühne der Warenästhetik einen erfolgreichen Part geben – oder sie sind nicht.

Die dritte Dimension eines Verschwindens der Dinge ist durch den Übergang zum digitalen Informationszeitalter bestimmt. In digitalen Prozessen kommen Dinge gar nicht mehr vor, sondern nur noch Zeichen. Nach der Revolution der Dingverhältnisse in der kapitalistischen Warengesellschaft betrifft die digitale Revolution das Schicksal der Dinge vielleicht am nachhaltigsten. Und dies ist der Grund für den wuchernden Diskurs der letzten Jahre über das Verschwinden, das nicht nur die Dinge, sondern den Raum, die Subjekte, den Körper etc. erfasst haben soll.

9.2 Alles verschwindet

Am Anfang stand 1984/85 die Ausstellung «Les Immateriaux» im Centre Georges Pompidou in Paris, vom Philosophen Jean-François Lyotard (1985a und 1985b) konzipiert. Inspiriert vom Postmodernismus, von der digitalen Technologie und den Massenmedien, wirkte die Ausstellung weltweit als Fanal, das das Ende der Epoche der Dinge und Körper einläutete. Das Designzentrum München veranstaltet 1992 eine Tagung unter dem Thema «Das Verschwinden der Dinge» (Langenmaier 1993). Das Museum für Kommunikation Berlin stellt seine Ausstellung 2003 antizyklisch unter den Titel «Botschaft der Dinge» (Kallinich/Bretthauer 2003); ebenso das Fotomuseum Winterthur mit seiner Ausstellung 2004 «Im Rausch der Dinge» (Seelig/Stahel 2004).[88] Auf der Mathildenhöhe/Darmstadt fand 2005 eine Ausstellung «Im Designerpark. Leben in künstlichen Welten» statt – mit einem acht Kilo schweren Katalog, wahrlich ein Ding (Buchholz/Wolbert 2004).[89] 1980 hatte Paul Virilio bereits eine «Esthétique de la disparition» publiziert und 1984 im «L'horizon négatif» seine Prognose der Entdinglichung der materiellen Welt fortgesetzt, um 1993 in «L'art du moteur» umgekehrt die Invasion des menschlichen Körpers durch miniaturisierte Computermaschinen auszumalen (Virilio 1986).[90] Stefan Breuer (1995) stellte der «Gesellschaft des Verschwindens» die Diagnose. Jean Baudrillard wiederholt seit Jahrzehnten in immer neuen Wendungen seine Annahme der «Agonie des Realen»[91], der referenzlos in sich kreisenden digitalen Welt der Simulationen, in der Zutritt zum Sein/Schein nur erhält, was zu einem (elektronisch manipulierbaren) Medienereignis wird; auch der Krieg. Der radikale Konstruktivismus machte Furore mit der totalen Schließung des kognitiven Systems des menschlichen Gehirns: Alles Wirkliche ist nur die Wirklichkeit der Vorstellung, die wir uns gemäß unserer mentalen Ausstattung machen (Schmidt 1992). Der Dekonstruktivismus faszinierte weltweit mit immer raffinierteren Denkfiguren, die die Referenzialität von Aussagen (über Sachverhalte, Kunstwerke, Dinge gar) als *self deception* enthüllte; alles, was nicht die Form infinit wiederholbarer Selbstbezüglichkeit aufwies, war zu kurz gesprungen. Pech für die Dinge, dass sie keinerlei rekurrente Kunststücke ablieferten; sie blieben außen vor. Etwas zu spät erkannte der Avantgarde-Theoretiker Peter Bürger «Das Verschwinden des Subjekts» (1998): In dem früheren Band über «Das Verschwinden des Subjekts» von Hermann Schrödter hatte Hans Michael Baumgarten (1994) schon gefragt: «Welches Subjekt ist verschwunden?» Neil Postman hingegen hatte «Das Verschwinden der Kindheit» durch die kinderfressenden Massenmedien schon 1983 erkannt. Der in Lichtgeschwindigkeit arbeitenden Telekommunikation ließ sich noch mehr Verschwinden abgewinnen: «Das Verschwinden der Ferne» (Decker/Weibel 1990). Und wenn das fernelose Subjekt verschwindet, stellt sich die weitere Frage ein: «Verschwindet der Körper?» (Krämer 2002) Und für die These, dass mit dem Zusammensturz der Twin Towers, an deren Stelle der leere Ground Zero tritt, gleich die «Realität» verschwindet, steht Klaus Theweleit (2002) ein. 2004 macht der Philosoph Garcia Alexander Düttmann aus dem Verschwinden endlich eine Strategie.

Nun hatte Christoph Asendorf (1989) in einer Studie über Kunst, Literatur, Technik und soziokulturelle Entwicklungen schon für die Zeit um 1900 «Das langsame Verschwinden der Materie» angezeigt, was Georg Simmel, wie eben angedeutet, seinerseits exakt im Jahr 1900 für alle Ebenen von Ökonomie, Gesellschaft und Kultur demonstriert hatte. Manfred Matheis (1997) verstand es, das «Verschwinden» noch einmal hundert Jahre vorzuverlegen –: Und warum sollte die Zeit um 1800 nicht tatsächlich die erste europäische Epoche sein, in der wir Referenzlosigkeit, Selbstbezüglichkeit, Simulation, Dekonstruktion, Fragmentarisierung, Ironie, Negation des Realen, Artifizierung des Körpers finden? Wäre da nicht das 17. Jahrhundert, das diese Denkfiguren auch schon zu seinen Charakteristika zählen kann. Aber hatte nicht schon das *memento mori* seit dem Hochmittelalter das Sein der Welt ins Zeichen seines ausstehenden Verschwindens gestellt? Und die Apokalyptik, war sie nicht seit dem ersten nachchristlichen Jahrhundert geradezu eine Strategie zum Erweis der Unwirklichkeit der Realität, die zum Verschwinden gebracht werden *muss*? Und war für Platon die Wirklichkeit der Erscheinungen nicht ein unwirklicher Abglanz, ein Schattenwurf der Ideen gewesen? Und hatte Pindar nicht den Menschen bereits als den Traum eines Schattens bezeichnet?[92] – Das Verschwinden hatte immer schon, zumindest immer wieder Konjunktur. Doch im letzten Drittel des 20. Jahrhunderts scheint die Hegel'sche «Furie des Verschwindens»[93] den Zeitgeist in besonders heftiges Fieber versetzt zu haben. Wenn dem Kopf schwindelt, schwindeln und schwinden auch die Dinge. Es gilt deswegen, näher zu prüfen, was es mit der Rede über das Verschwinden der Dinge auf sich hat.

9.3 Um 1900: Zerlegung und Strom

Natürlich verschwinden die Dinge nicht, aber es verschieben sich ihre kulturellen Koordinaten. In Kunst, Wissenschaft, Kultur, in den Städten und Industrien löst sich – darin kann man Asendorf folgen – das Durative und die massige Kompaktheit der Dinge um 1900 auf. Der Impressionismus zerlegt die Objekte in Wahrnehmungselemente; Futurismus und Kubismus lösen die Dinge in Bewegungsphasen auf oder teilen sie in Formfragmente, die mit anderen rekombiniert, aber nicht zur Einheit werden: eine mobile, dynamische «nervöse Geometrie» (Asendorf 1989, 119). In der Fotografie beginnt mit Eadweard Muybridge und Étienne-Jules Marey die Serienaufnahme, die als Divisionismus bezeichnet werden kann, ein experimentelles Verfahren zur Zerlegung von Bewegungen, das dem arbeitsanalytischen Taylorismus unmittelbar vorausgeht. Der Schall und die Bilder wurden ebenso in kleinste Teile zerlegt wie die Informationen, die Reize oder der elektrische Strom; dadurch wurden jene medialen Techniken möglich, welche die Mobilisierung der Gesellschaft antrieben: (Bild-)Telegraphie, Telefon, Chronofotografie, Lochkartensteuerung (Hollerith-Maschinen), Kinematograph. Entscheidend ist, dass Dinge und Körper nicht mehr in Ruhe, als statische Versammlung kompakter Massen verstanden werden, sondern als Elemente (Massepunkte) in dynamischen Prozessen und Energiefeldern. Der Einstein'schen Äquivalenz von Masse und Energie entsprach die künstlerische wie mediale (fotografische wie kinematographische) Auflösung der Dinge in Bewegungsflüsse. Sie reflektierten aber auch die ungeheure kapitalistische Dynamisierung, die mitreißend, verflüssigend, verwandelnd durchs Arsenal der Dinge und die Verhältnisse der Menschen stürmte. Die Dinge wurden, in jedweder Form, stromlinienförmig (Oppeln 2004).[94] Paradigmatisch wurden die Strömungsphysik und ihre technologischen Anwendungen zu neuartigen Erschließungen von Raum: Aero- und Hydrodynamik entstanden und mit ihnen Flugzeuge, verbesserte Schiffskonstruktionen, U-Boote, experimentelle Ballistik, erste Ideen zur Raketentechnik nach Entdeckung des Rückstoßprinzips, Bewegungstechniken im leeren Raum.[95] Gas, Elektrizität, Wasser, Kanalisation durchaderten die Stadt in einem gewaltigen Netzwerk zur Verflüssigung von Versorgung, Verbrauch und Entsorgung. Das Strömen wurde zum Ideal des Verkehrs. Die Autobahn später wurde als Stromlinie konstruiert. Der Raum war nicht länger der stabile, homogene, absolute Newton'sche Gefäßraum zur Aufnahme der Dinge, sondern das Korrelat von Bewegung. In den physikalischen Labors wurde die Physiologie der Wahrnehmung und der Nervenreize experimentell so präzise zerlegt (Sarasin/Tanner 1998; Sarasin 2002), wie dies auf der anderen Seite die Künstler mit den wahrgenommenen Dingen taten. Ernst Mach (1991) widersprach kategorisch jeder Substanzialität der Dinge und löste diese, wie auch die Subjekte, in mehr oder weniger stabile, locker geknotete Empfindungskomplexe auf.[96] Die berühmte Formel Machs «Das Ich ist unrettbar» (1991, 20) gilt auch für die Körper und Dinge, die als Substanzen zu denken nichts als eine «zweckmäßige Gewohnheit» (ebd., 5) sei. An ihre Stelle tritt der «psychophysische Parallelismus»: ein flüssiges, den Gegensatz von Ich und Ding aufhebendes, funktionales Relationengefüge, das wir an den Stellen, wo es stärkere Verdichtungen zeigt, ‹Ding› oder ‹Ich› zu nennen uns angewöhnt haben. Ein vulgäres metaphysisches Vorurteil. Robert Musil zeigt in seiner Dissertation von 1908 zu Ernst Mach sehr schön, dass die Destruktion des Substanzbegriffs zugleich auch die Kategorien der Kraft, der Kausalität und des Dings aufhebt. «Es gibt in der Natur kein unveränderliches Ding; das Ding ist eine Abstraktion, ein Symbol für einen relativ stabilen Komplex, von dessen dennoch bestehender Veränderlichkeit abstrahiert wird» (1984, 79). Darin liegt eine Verflüssigung der Realität der Dinge, die Musil mit dem heraklitischen «panta rhei» zusammenbringt (ebd., 89).[97]

Nietzsche war solchen Ideen, in denen sich die Moderne reflektierte, bereits vorangegangen. In seiner Kritik der Metaphysik sowohl wie der klassischen Mechanik negierte er nicht nur den Substanzbegriff, der die Ontologie des Dings getragen hatte, sondern ebenso die Kategorie der Kausalität («Kausal-Fiktionen», KSA XIII, 459). Dinge sind Erfindungen, Fiktionen und Projektionen, die eine «Anmenschlichung der Dinge» zur Folge haben.[98] «Unsere ‹Außenwelt› ist ein *Phantasie-Produkt*» (KSA IX, 446). «Die ‹Dingheit› ist erst von uns geschaffen», um in die «formlos-unformulirbare Welt des Sensationen-Chaos» so etwas wie einen festen Halt zu bringen (KSA XII, 396).[99] «Wir haben nur nach dem Vorbilde des

Subjektes die *Dinglichkeit* erfunden und in den Sensationen-Wirrwarr hineininterpretirt.» (KSA XII, 383) Das scheinbar Dauerhafte gehört weder einem Subjekt noch einem Objekt, weder festen Atomen noch dem kantischen Ding an sich an, sondern «es sind Complexe des Geschehens, in Hinsicht auf andere Complexe scheinbar dauerhaft – also z. B. durch eine Verschiedenheit im tempo des Geschehens».[100] Hier ist Nietzsche den flüssigen Empfindungskomplexen Machs und der Ästhetik der temporeichen Städte der Moderne bereits sehr nahe. «Ein Ding», so kommentiert Asendorf, «ist nur in Relationen, als Kombination von Eigenschaften und in Beziehung auf andere Dinge vorhanden: es existiert in und aus seinen Bedingungen, es gibt also nichts ‹Unbedingtes›.» (1989, 48)

Was Nietzsche in seiner Kritik an der Ontologie der Dinge und in Übernahme eines energetischen, nicht mehr mechanistischen Atomismus formulierte (Asendorf 1989, 48ff.), wurde gesellschaftlich real: Wirtschaft wie Kultur verließen die Epoche der Substanz und traten in das neue Weltzeitalter der Funktionen, der mobilen Relationen, der Energien, Kräfte und Netzwerke ein, in denen Dinge wie Körper einem zunehmenden Tempo der Zirkulation, des Austauschs und der Durchdringung unterworfen wurden (Barkhoff et al. 2004). Die Rhythmen der großen Städte, der Industrieanlagen und die Systeme der Logistik und des Verkehrs sind die paradigmatischen Signaturen dieser dynamischen Mobilisierung und Verflüssigung.

9.4 GESCHWINDIGKEIT

Hohe Geschwindigkeit enthält ein Paradox: Wir bringen sie zwar hervor – und doch nimmt sie uns mit. Geschwindigkeit ist eine der Ekstaseformen, bei denen Hingerissenheit und Kalkül, Rausch und Bewusstsein, Selbstvergessenheit und Geistesgegenwart koagieren. Man kann diese Paradoxa geradezu die Formel der Moderne nennen. Sie entgrenzt mit den Subjekten auch die Dinge. Für Virilio ist das Vorbeihuschen der Dinge bei hohem Tempo eine paradigmatische Situation für die, wenigstens optische, Auflösung der Materie in einen dromoskopischen Rausch, in dem die Fenster des Gefährts zum «Bildschirm» werden, auf den die Dinge projiziert werden. Das rasende Fahrzeug wird zum «Projektorprojektil», das die Dinglichkeit der Dinge entdifferenziert (Virilio 1989, 133–40).

Bereits Nietzsche hat die kulturelle Steigerung der Geschwindigkeit beobachtet und auf die ästhetischen Wahrnehmungen hin reflektiert: «Die Sensibilität unsäglich reizbarer (– unter moralistischem Aufputz als die Vermehrung des *Mitleids* –) die Fülle disparater Eindrücke größer als je: – der *Kosmopolitism* der Speisen, der Litteraturen, Zeitungen, Formen, Geschmäcker, selbst Landschaften usw. / das *tempo* dieser Einströmung ein *prestissimo*; die Eindrücke wischen sich aus; man wehrt sich instinktiv, etwas hineinzunehmen, *tief* zu nehmen, etwas zu «verdauen» / – *Schwächung* der Verdauungs-Kraft resultirt daraus. Eine Art *Anpassung* an diese Überhäufung mit Eindrücken tritt ein: der Mensch verlernt zu *agiren*; **er reagirt nur noch** auf Erregungen von außen her. *Er giebt seine Kraft aus* theils in der *Aneignung*, theils in der *Verteidigung*, theils in der *Entgegnung.*» (KSA XII, 464)

Im Futurismus wurde diese Mobilisierung emphatisch begrüßt. Umberto Boccioni gewinnt aus der technischen Beschleunigung Ansätze zu einer neuen Ästhetik: «Es handelt sich also darum, eine Form zu finden, die Ausdruck dieses neuen Absolutum ist; der Geschwindigkeit, die ein wirklich moderner Mensch nicht unberücksichtigt lassen kann. Es handelt sich darum, die Aspekte zu untersuchen, die das Leben in der Geschwindigkeit und in der aus ihr folgenden Simultaneität angenommen hat.» (1914/1966, 209) Dieses neue Absolutum liefert Boccioni das Bild «eines herrlichen Schauspiels: des modernen Lebens; eines neuen Fiebers: der wissenschaftlichen Entdeckung» (ebd., 215). Tommaso Marinetti phantasiert die Fusion der neuronalen Netze mit dem globalen technischen Kommunikationsnetz, wodurch das traditionale Ich ausgelöscht und eine transpersonale «drahtlose Phantasie» installiert würde. Dichtung ist mit dem «Kult des Fortschritts und der Geschwindigkeit» gleichgesetzt und gewinnt fast schon den Status des freien Flottierens im Cyberspace: Der Dichter «wirft … riesige Analogiennetze über die Welt aus. Er gibt damit telegraphisch den aus Analogien bestehenden Grund des Lebens wieder, d. h. mit derselben ökonomischen Schnelligkeit, die der Fernschreiber den Reportern und Kriegsberichterstattern für ihre oberflächlichen Erzählungen auferlegt. Dieses Bedürfnis nach lakonischer Ausdrucksweise entspricht nicht nur den Gesetzen der Geschwindigkeit...» (1912/1966, 174, 170). Um 1900 wurde der technische Impuls als moderne Nervosität inkorporiert; am Ende des Jahrhunderts steht die Exteriorisierung des neuronalen Netzes, als weltumspannendes Nervensystem gedacht. Der Skeptiker Odo Marquard sieht darin eine «tachogene Weltfremdheit» (1986, 76, 82ff.)[101] (gr. tachos = Eile, Schnelligkeit) der Individuen, aber auch der Kultur insgesamt. Er identifiziert, wie Paul Virilio, in der Geschwindigkeit der technischen und medienkulturellen Prozesse die Hauptursache für die eigentümliche Unerreichbarkeit der Dinge.

Auch Medienumbrüche erzeugen Tempo: So zog der Buchdruck mit seinen Flugschriften und «Bildfahrzeugen» (Aby Warburg) eine im Vergleich zur skripturalen Kultur gewaltige Steigerung des Zirkulationstempos von Wissen und Symbolen nach sich (Giesecke 1991). Aufgrund von Schnellpresse und Telegraphensystem im 19. Jahrhundert wurde ein Tempo von Informationsvermittlung erzeugt, das Zeitungen bis zu fünfmal täglich erscheinen ließ. Dabei hatte man die Schwindelanfälle in den Eisenbahnzügen gerade erst hinter sich.[102] Heute sind Telepräsenz und Videographie, wie sie Paul Virilio untersuchte, sind Echtzeit und das Experimentieren mit Nanosekunden im Rechner wie im Teilchenbeschleuniger Effekte von Geschwindigkeiten, die das Maß des Menschenkörpers, aber auch das Maß der trägen Dinge hinter sich gelassen haben. Schnell wie der Wind oder ein Pfeil zu sein oder einen Gedankenblitz zu haben...: Dies waren die Ultima von Tempo in den alten Kulturen, die an der Schwere der Dinge hingen. Die heutigen Tempi aber sind transhuman und müssen im Moment, wo sie ihr anorganisches System verlassen und ins Sinnliche übersetzt werden, heruntergebremst werden, um ins Maß menschlicher Verarbeitungskapazität zu kommen.

Die Verkehrssysteme haben in nur einem Jahrhundert eine enorme Steigerung an Tempo, Mobilität, Verkehr zu Land, Luft und Wasser für Menschen- und Materiemassen erfahren. Nach Virilio ist der Mensch zum Passagier geworden, unstet wie ein Nomade in den ephemeren

Nicht-Orten des Transports (Virilio 1989, 29).[103] Virilio spricht von der Dromokratie, durch die Menschen wie Dinge gewissermaßen zu Projektilen werden, die den Raum durchbohren. Ähnlich steht es mit den Lebenswelten: Man muss nur den Gerätepark vom Microwave bis zur Multimediamaschine einer heutigen Wohnung mit der Familienwelt hundert Jahre zurück vergleichen, um die Veränderungen des Alltagslebens zu ermessen, die sich in einer kurzen Spanne vollzogen haben. Die Dinge haben ungeheuer zugenommen, aber sie sind selbst ephemer geworden, schnelllebig und vergänglich.

9.5 «Überamerikanische Stadt»

Robert Musil hat all diese Ideen bereits durchgespielt. Deutschland 1932: Die Erfahrungen des Amerikanismus und des Fordismus waren gerade verarbeitet; man hatte die neuen Geschwindigkeiten und die Vermassung der Millionenstädte ebenso studiert wie das Industrieproletariat und die frischen Angestelltenschichten; der Funktionalismus hatte in allen Bereichen der Moderne, auch im Design und in der Architektur, seinen Siegeszug angetreten; man hatte an der Metropole Berlin die Wahrnehmungsmodalitäten von Big Cities durchbuchstabiert; man hatte indes auch mit dem Schwarzen Freitag die Konsequenzen globalisierter Wirtschaftsverflechtungen erlitten – in diesem Jahr 1932 also entwickelt Robert Musil in seinem «Mann ohne Eigenschaften» die «soziale Zwangsvorstellung» einer «überamerikanischen Stadt»,

«wo alles mit der Stoppuhr in der Hand eilt oder stillsteht. Luft und Erde bilden einen Ameisenbau, von den Stockwerken der Verkehrsstraßen durchzogen. Luftzüge, Erdzüge, Untererdzüge, Rohrpostmenschensendungen, Kraftwerkketten rasen horizontal, Schnellaufzüge pumpen vertikal Menschenmassen von einer Verkehrsebene in die andre; man springt an den Knotenpunkten von einem Bewegungsapparat in den andern, wird von deren Rhythmus, der zwischen zwei losdonnernden Geschwindigkeiten eine Synkope, eine Pause, eine kleine Kluft von zwanzig Sekunden macht, ohne Überlegung angesaugt und hineingerissen, spricht hastig in den Intervallen dieses allgemeinen Rhythmus mit einander ein paar Worte. Fragen und Antworten klinken ineinander wie Maschinenglieder, jeder Mensch hat nur ganz bestimmte Aufgaben, die

Berufe sind an bestimmten Orten in Gruppen zusammengezogen, man ißt während der Bewegung, die Vergnügungen sind in andern Stadtteilen zusammengezogen, und wieder anderswo stehen die Türme, wo man Frau, Familie, Grammophon und Seele findet. Spannung und Abspannung, Tätigkeit und Liebe werden zeitlich genau getrennt und nach gründlicher Laboratoriumserfahrung ausgewogen. Stößt man bei irgendeiner dieser Tätigkeiten auf Schwierigkeiten, so läßt man die Sache einfach stehen; denn man findet eine andre Sache oder gelegentlich einen besseren Weg, oder ein andrer findet den Weg, den man verfehlt hat; das schadet gar nichts, während durch nichts so viel von der gemeinsamen Kraft verschleudert wird wie durch die Anmaßung, daß man berufen sei, ein bestimmtes persönliches Ziel nicht locker zu lassen. In einem von Kräften durchflossenen Gemeinwesen führt jeder Weg an ein gutes Ziel, wenn man nicht zu lange zaudert und überlegt. Die Ziele sind kurz gesteckt; aber auch das Leben ist kurz, man gewinnt ihm so ein Maximum des Erreichens ab, und mehr braucht der Mensch nicht zu seinem Glück, denn was man erreicht, formt die Seele, während das, was man ohne Erfüllung will, sie nur verbiegt; für das Glück kommt es sehr wenig auf das an, was man will, sondern nur darauf, daß man es erreicht. Außerdem lehrt die Zoologie, daß aus einer Summe von reduzierten Individuen sehr wohl ein geniales Ganzes bestehen kann.» (Musil 1962, 31–32)[104]

Was Musil, in satirischer Überzeichnung, als Quintessenz der Moderne ins Bild bringt, ist die funktional differenzierte Kapitale, wie sie in den 1920er Jahren unter dem Stichwort des Amerikanismus diskutiert wurde, aber die Stadtentwicklung bis in die 1970er Jahre bestimmte. Die Stichworte dieser Entwicklung sind: das enorme Flächenwachstum der Städte, das durch Landflucht, Bevölkerungsanstieg und Deregionalisierung angetrieben wurde; neben der horizontalen auch die vertikale Ausdehnung; die räumliche Trennung von Produktion, Dienstleistung, Vergnügen und Kultur, Leben und Wohnen; Tempo und Geschwindigkeit gegenüber den in den Rhythmen der Natur langsam operierenden Agrarräumen; die Durchorganisation der Städte nach Imperativen des Verkehrs; das Vorherrschen des Maschinenmodells, das auch die menschliche Kommunikation beherrscht – sie wird denselben Takten und Strömungsgesetzen unterworfen wie das Produktionssystem. Das ist das Vordringen des Fordismus mit seinen Prinzipien der Arbeitssegmentierung, der Automatisation und Rationalisierung. Sie bestimmen nicht nur die Produktion und den Kreislauf der Dinge, sondern durchdringen auch alle übrigen Sektoren der Gesellschaft. Die moderne Stadt selbst erscheint bei Musil wie eine gigantische Maschinerie. Zentral sind die Knotenpunkte des Verkehrs, nicht die alten Plätze, Piazzen, Märkte. Die rationale Durchdringung des Stadtkörpers zeigt sich besonders daran, dass dessen Abläufe laborwissenschaftlich modelliert werden. Darin spiegelt sich der Aufmarsch der Organisationswissenschaften, wie sie Musil in den 1920er Jahren beobachten konnte. Deren Effekt ist, dass es keine prinzipiellen Unterschiede mehr gibt von Menschen, Apparaten, Materialien, Dingen, Prozessen, Handlungen, Motiven, Zielen. Das Ganze wird als «von Kräften durchflossenes Gemeinwesen» konzeptualisiert, als Energiesystem, das keinen Unterschied mehr zwischen anorganischer und organischer Materie, zwischen Mensch und Nicht-Mensch macht. Die Individuen verschwinden im Produktionsprozess der Gesellschaft. Merkmale des Privaten werden gleichgeschaltet zu Elementen des allgemeinen Kraftflusses. Die Individualperson ist dysfunktional oder ersetzbar. Leben heißt: Einschaltung in den Energiefluss. Der Sozialkörper wird in lokale Funktionsbereiche gespalten, um funktionale Entmischungen und Kompartimente zu erzielen. Die Stadtphysiognomie wird von dieser topographischen Funktionsdifferenzierung beherrscht, die neben den neuen auch alle alten Unterscheidungen aufnimmt: hier Öffentlichkeit, dort Privatheit, hier Arbeit, dort Freizeit, hier Familie, dort Vergnügen, hier Produktion, dort Reproduktion, hier Fabrik, dort Dienstleistung – mithin das Gegenteil des kulturellen Eigensinns von Regionen und Provinzen, des Eigensinns aber auch der Dinge alter Prägung. Im System ist der Mensch ein «Mann ohne Eigenschaften», d. h. mit allen Eigenschaften, die jeweils in einem Segment von ihm erwartet werden; aber diese ‹Eigenschaften› werden nicht mehr zu einer ‹persönlichen Identität› integriert. Das Gleiche gilt von den Dingen, deren Eigenschaften Funktionen der Zirkulation sind. Die Dominanz von System, Struktur und Funktion, von Dynamik und Energie erklärt auch, warum «Glück» mit dem «Maximum des Erreichens» identifiziert wird. Dieses Maximum ist ein Evolutionsziel des Systems, das nicht an Sinn und Bedeutung, sondern an der Optimierung seiner Reproduktion orientiert ist. Die Musil'sche Pointe, dass die scheinbar stadtferne Zoologie solche ‹kalten› Wahrheiten lehre, wonach aus einer Masse von reduzierten Individuen ein geniales Ganzes entstehen könne, nimmt die Quintessenz der Modernisierung auf: Es ist eine Anspielung auf das systemische Denken Darwins ebenso wie auf die Soziologie der Massen[105], auf den Vorrang des Ganzen vor seinen Teilen sowie den Siegeszug der Systemtechniken. Im Musil'schen Bild der Großstadt werden nicht nur die Individuen, sondern auch die Natur und die Dinge entdifferenziert, um umso stärker angeeignet zu werden für die Steigerung von Kinetik und technischer Manipulation. Die kulturellen Regionalismen, auf denen traditionale und frühmoderne Gesellschaften beruhten, werden in einen homogenisierten Energieraum aufgelöst.

Anstelle des Lokalen und Historischen tritt also die Globalisierung, welche raumübergreifend und geschichtslos durch die Netzwerke der Technik, des Verkehrs, der Telekommunikation und der Wirtschaft gebildet wird. Das historisch Heterogene und kulturell Heterotope wird durch die Flächengefräßigkeit und innere Segregation der Städte zerstört. Die Atomisierung menschlicher Aktivitäten und damit tendenziell die Auflösung des Sozialen, des Geschichtlichen und des Regionalen führt, nach Musil, zur Dominanz des Abstrakten über das Konkrete. Dass Musil von «überamerikanisch» spricht, verweist darauf, dass dieser Stadttyp zwar eine amerikanische Erfindung ist, aber «über» Amerika hinausreicht und zum Modell der modernen Evolution überhaupt, also global geworden ist.

9.6 Digitale Gleichschaltung

Alles, was nach 1970 an urbanistischen Ideen entstand – die postmoderne Stadt, die Re-Ästhetisierung der Städte, die Collage City, die fraktale Stadt, die Karriere des Heterotopen, die Wiederentdeckung des Regionalen und mit ihm des Geschichtlichen, die Aufwertung der Stadtkultur und des Stadtgesellschaftlichen, die Animationen von Quartiers-Identität, die Lesarten der Städte als Texte, die Versuche zu neuen Formen multifunktionaler bzw. multikultureller Durchmischung, die Betonung der Differenz gegenüber der Homogenität, die Stärkung mal der Mitte, mal der Peripherie, wodurch mal die City, mal die Suburbs zum Objekt der architekturalen und urbanistischen Reformulierungen wurden, die Entdeckung der Natur in der Stadt und der Stadtökologie oder entgegengesetzte Anstrengungen, das ‹Land› wieder von der ‹Stadt› abzugrenzen und an die Stelle des Flächenwachstums qualitative Dichte zu setzen –: All diese Reformen arbeiteten sich letztlich an der «überamerikanischen Stadt» ab, man kann auch sagen: an der keynesianischen Stadt. Zwei Drittel des 20. Jahrhunderts galten der Bemühung, Städte ohne Eigenschaften für den Mann ohne Eigenschaften zu kreieren, also der techno-ökonomischen Moderne ein funktionales Ding-Gehäuse zu bauen und sozialtechnisch eine entsprechende Menschenspezies zu erzeugen. Das letzte Drittel des Jahrhunderts hingegen bestand in einer hektischen Pluralisierung der urbanistischen und kulturellen Stile, um dem Funktionalismus wieder zu entkommen.

Das kann nicht gelingen. Es sind zwei Prozesse, welche die materiale Stadt eigenartig porös werden, vielleicht gar sich auflösen lassen. Da ist zum einen der Neue Imperativ, dessen Form die Datenverarbeitung für sämtliche Vorgänge des städtischen Lebens annimmt, sodass, würden wir eine Infokalypse erleben, mit einem Schlag die urbanen Funktionen kollabierten. Und da ist zum anderen der Aufbau des Cyberspace, dessen raumlose Räumlichkeit immer mehr Humanenergie absorbiert, sodass ein wachsender Teil der Zeitressourcen dazu verbraucht wird, sich in einem Universum zu ‹bewegen›, das nicht von dieser (materialen) Welt ist. Immer mehr Zeit verbringen wir telepräsent, nicht aber in den Modi eines Raum-Zeit-Kontinuums, das an das urbane Environment gebunden ist. Beide Prozesse sind charakteristisch für die postmodernen Städte der Ersten Welt.

Der Hinweis auf die Totalität der Vernetzung bereits in der Vergangenheit der Städte zeigt negativ an, dass die urbanen Utopien der Moderne vom Ästhetischen und Phänomenalen ausgegangen sind, also von Künstlern, Architekten und Intellektuellen inauguriert wurden. Das Anästhetische der Kalküle, welche seit langem schon die Netzstrukturen der Städte beherrscht, spielte dagegen kaum eine Rolle. Darin aber liegt die Vorgeschichte für die «Medialisierung der Städte» (Bannwart 1994) sowie der Cyber-Cities, die heute zu entstehen beginnen. Auf dieser Linie liegen auch die neuesten Utopien der Stadt, welche nicht mehr aus dem

Ideenarsenal der Moderne, sofern diese um das Ensemble Stoff verarbeitender Industrien gruppiert sind, sondern dem immateriellen *mind space* der elektronischen Daten gespeist werden. Cyberspace ist die Verabschiedung der Stadtformationen, welche die Moderne gekennzeichnet haben, im Zeichen des Immateriellen, worin die realen Megalopolen als todgeweihtes Babylon erscheinen. In den immateriellen Städten des Datenuniversums sind die Dinge nur noch als digitale Zeichen oder mathematische Formeln präsent.

Es ist heute ein Faktum, dass die Verwaltung der Städte, die Arbeit der Ordnungskräfte, die Verkehrssysteme, die Herstellung von Öffentlichkeit, die Abläufe des Warenumschlags, die Transaktionen der Börsen und die Zirkulationen des Geldes, die Dienstleistungsbetriebe, die Formen der Informationszirkulation, der Wissenserzeugung, aber auch die Formen des Entertainments in Werbung, Film, Musik ebenso wie die Partizipationen der Haushalte und Menschen an Institutionen – also die klassischen Funktionen des städtischen Lebens – abhängig geworden sind von den Steuerungsprogrammen der lokalen und internationalen Digitalnetze.

Immer wurden Städte erobert. Nicht nur von fremden Herrschern und ihren Heeren; gewiss auch von Epidemien (bis heute); sondern auch von der Landbevölkerung, die vor allem im 19. Jahrhundert in sie flüchtete und so ihre hybride Größe erzeugte; von den Eisenbahnen, die die Städte herrisch durchschnitten und ihre Topographie neu regulierten; von den Autos, welche jede andere Population (auch die Menschen) verdrängten und jeden Raum an sich rissen; von den Maschinen, die massiert in die Haushalte einzogen und millionenfach die Lokalitäten der Produktion, Distribution und Konsumtion besetzten; von den Hunderttausende von Kilometern langen Leitungen des Wassers, des Gases, der Elektrizität, der Telefone, der verkabelten Radio- und TV-Geräte, schließlich der vernetzten Computer. Die letzte Eroberung der Städte fand durch die Computer statt. Je besser sie wurden, je leistungsstärker die Speicher, je komplexer die Programme, je organisierter die Datenbanken, je vernetzter das System, desto vollständiger sogen die Rechner alle stadtrelevanten Prozesse in sich hinein, sofern sie zu ‹Daten› zuzurichten waren, und transformierten alle Funktionen und Steuerungsprozesse des administrativen, sozialen, ökonomischen und konsumtiven Lebens der Städte. Man kann atomfreie Städte fordern, aber keine computerfreien. Vom Rechner her gesehen, sind die Städte zu medialen Projektionen, zu materialen Entäußerungen der unsichtbaren Welt der Daten geworden.[106]

In den letzten Jahrzehnten ist eine dritte Welt neben der ersten (der Natur und der Dinge) und der zweiten (der Zivilisation, der Städte) entstanden, wodurch diese zu bloßen Substraten der dritten Seinsschicht, nämlich der digitalen Zeichenprozesse, geworden sind. Schon jetzt wird die architekturale Physiognomie der Städte von diesem Prozess der Verlagerung des Stadt-Geistes in die Rechner verändert. Was als symbolische Augenpunkte der Städte erinnerlich ist – Schlösser, Industriegiganten, Bankenpaläste, Bankentürme, Parlamente, Bibliotheken … –, geht über in das, was der Urbanist Martin Pawley treffend «Stealth-Architektur» genannt hat (1994 und 2003).

In Analogie zum Stealth-Bomber, der für Radar ‹unsichtbar› bleibt, versteht Martin Pawley darunter die zunehmende Anzahl von ‹repräsentativer› Architektur, deren Äußeres mit dem, was in ihr geschieht, in keinerlei Vermittlungszusammenhang steht. Ein prominentes Beispiel dafür ist der Berliner Reichstag, dessen Außenhaut stehen bleibt, um Symbol-Politik zu visualisieren, während er im Inneren das Gebäude einer medientechnisch hochgerüsteten Kommunikationsmaschine ist, die nichts mit der Gründerzeithülle zu tun hat. Ähnlich deutet Pawley auch die Bankentürme, deren dingliche Erhabenheit keinerlei Ausdrucksfunktion mehr gegenüber der Tatsache hat, dass Banken zu Datenbanken und zu Relais im Netz geworden sind. Wie sich das Verhältnis von Architektur und digitaler Zeichenwelt verschoben hat, drückt sich z. B. darin aus, dass die Investitionssumme für die Datenverarbeitung im Neubau des Tokyoer Rathauses genauso hoch ist wie die gesamten Baukosten. Volker Grassmuck spricht auf der Basis solcher Beobachtungen von der «Stadt als Terminal» und vom «Terminal als Stadt». Für die in Stein, Stahl und Glas gefasste Symbolstruktur der Städte hat dies ebenso große Folgen wie für die architekturale Physiognomie einer Universität, wenn z. B. die Columbia University in New York auf einen Bibliotheksneubau verzichtet, um mit dieser Summe eine virtuelle Bibliothek aufzubauen. Solche Beispiele sind Indikatoren dafür, dass die materialen Städte von der ‹dritten› Welt der Datenströme nicht nur durchdrungen, sondern auch in ihrer architekturalen Physiognomie verändert werden – wenn man nicht, wie gegenwärtig vielerorts in Berlin, auf Stealth-Architektur setzt und damit dem neuen Verhältnis von Sein (Daten) und Stein (Stadtkörper) nostalgisch begegnet.

Wir leben in einer heißen, aber bei allem nervösen Überreiz anästhesierten Gesellschaft, die zu den Dingen ein exotisches und zu sich selbst ein selbstbezügliches Verhältnis gebildet hat. Heiße und kalte Kulturen zu unterscheiden, stammt von Claude Lévi-Strauss (1968, 270; vgl. J. Assmann 1996, 28f.). ‹Kalte› Kulturen stellen ihren Erfindungsreichtum, ihre Kraft und ihre Einrichtungen darauf ab, einmal erreichte Verhältnisse zu stabilisieren, Veränderungen, die diese Balance gefährden könnten, zu vermeiden und sich in einem unvordenklichen Ursprung, der zugleich Grenze und Einheit der Gesellschaft darstellt, zu verankern. ‹Heiße› Gesellschaften tun genau das Entgegengesetzte: sie begünstigen das Neue, finden ihre Balance in der ständigen Veränderung, binden sich nicht zurück an imaginäre Ursprünge, sondern voraus an (noch) ungedeckte Entwürfe; sie wollen nicht ein auf Dauer gestelltes Hier und Jetzt, sondern deren ständige Mobilisierung und Überschreitung. Die *longue durée* besteht bei modernen Gesellschaften nicht in der Persistenz stabiler Strukturen. Dauer hat allein die auf Dauer gestellte Umwälzung, Mobilität, Veränderung. Hierin liegt der eigentliche Hintergrund für die Entdifferenzierung der Dinge, die, wie wir argumentieren werden, nur durch Fetischisierung aufgefangen werden kann.

2
FETISCHISMUS
IN RELIGION
UND ETHNOGRAPHIE

Was soll ich machen? Wir alle liebten die
Fetische. ... Es waren magische Objekte. ... Die
Objekte der Neger waren *intercesseurs*, Mittler ...
Überall sah ich Fetische. Ich verstand: auch ich
bin gegen alles.
(Pablo Picasso 1937 zu André Malraux.
In: Philips 1996, 28)

1. Bilderverbot und Idolenkritik

1.1 Biblische Traditionen

In der Apostelgeschichte (19,23–20,1) wird eine erstaunliche Begebenheit erzählt. In den Jahren 52 bis 55 n. Chr. hält sich Paulus meist in Ephesos auf und breitet in dieser Kapitale Kleinasiens das Christentum erfolgreich aus. Berichtet wird Folgendes: Die Silberschmiede und ihre Arbeiter zetteln gegen die Christen einen Aufruhr an, weil sie ihr Devotionaliengeschäft, den Handel mit Nachahmungen des Artemis-Kultbildes, gefährdet sehen. Die Christen behaupten, «die mit Händen gemachten Götter» seien keine Götter. Dadurch würde, so beschweren sich die Silberschmiede, das Ansehen der im ganzen Weltkreis verehrten ephesischen Artemis beschädigt. Die aufgebrachte Menge ruft: «Groß ist die Artemis von Ephesus!» Offenbar findet im Theater eine Massenversammlung statt. Es herrscht ein großes «Durcheinander» und, wie es scheint, eine Art Pogromstimmung. Angeblich wird die Formel «Groß ist die Artemis von Ephesus!» zwei Stunden lang geschrien. Schließlich beruhigt der Stadtschreiber die Menge, indem er noch einmal das entscheidende Merkmal des Kultbilds bekräftigt: «Wer wüsste nicht, dass die Stadt der Epheser die Tempelhüterin der Großen Artemis und ihres vom Himmel gefallenen Bildes ist? Dies ist unbestreitbar.» Dann verweist er, sehr modern, die Zunft der Silberschmiede auf den Rechtsweg: Sie könnten vor Gericht klagen. ‹Rationalität durch Verfahren› (N. Luhmann), so ließe sich sagen, anstelle eines populistischen und unberechenbaren Volksauflaufs. Die Versammlung wird offenbar ohne Gewalt aufgelöst. Paulus verschwindet aus der Stadt, um nach Mazedonien zu reisen.

Der entscheidende religiöse Gegensatz findet sich in den Formulierungen: «die mit Händen gemachten Götter» und «das vom Himmel gefallene Bild» der Artemis. Die Christen vertreten die Auffassung, dass alle Kultbilder bloße ‹Machwerke› sind, und betonen deswegen – in Fortführung der Idolenkritik der jüdischen Bibel – den Produktions- und den Materialitätsaspekt von Götterstatuen. Diese seien gemacht, sie seien materiell – und damit irdisch und vergänglich, also nicht göttlich, und deswegen gebührt ihnen auch keine Verehrung. Umso mehr gelte das für die ‹Reproduktionen› der Silberschmiede. Statuenkult ist Götzendienst, also Idolatrie. Die Anhänger der Artemis betonen dagegen die Sakralität ihres zentralen Kultbilds, indem sie behaupten, dass es gerade nicht ‹gemacht›, sondern vom Himmel gefallen sei. Dafür gab es griechische Spezialausdrücke: *diipetés* (‹vom Himmel gefallene›, von Zeus stammende Bilder; dieses Wort wird in Apg. 19,35 benutzt) oder *acheiropoieton* (‹das nicht von Hand Gemachte›). Genau diese Formel, die die Artemisanhänger für ihr Kultbild reklamieren, um seine Sakralität zu betonen, werden später die Christen in Anspruch nehmen, wenn es darum geht, Ikonen oder gar Statuen von Christus, Maria oder von Heiligen zu rechtfertigen und zu verehren.

Im Untergrund dieses Gegensatzes rumort in Ephesos ein ökonomischer Konflikt: Die Christen sind Geschäftsschädiger. Das ist nicht nur für die Silberschmiede, sondern für ganz Ephesos als Kultzentrum von Bedeutung. Das Artemision ist das größte Finanz- und Bankzentrum Kleinasiens (der Oberpriester ist gleichzeitig Banker), insbesondere für Fluchtkapital, wie denn der Tempel auch ein international genutztes Asylon und eine erstrangige Frauenpilgerstätte ist, weswegen am Artemision auch ein schwunghafter medizinischer Handel blühte. Immerhin hatte niemand anderes als der Finanzier und Feldherr Kroisos (Krösus) um 560 v. Chr. die Stadt Ephesos neu gegründet und das riesige Artemision, das als eines der sieben Weltwunder galt, gestiftet. Dieses war indes im Jahr 356 abgebrannt und wurde danach neu erbaut – so, wie es noch Paulus vor Augen haben konnte. Karl Marx hätte an dieser Szenerie, die Glauben, Fetischkult, Warentausch und Geldkapital verbindet, seine Kritik des Warenfetischismus trefflich entwickeln können.

Doch finden wir auch die Elemente, die für Paulus und seine junge Gemeinde (und später für die Christen, die in Afrika auf den Fetischdienst stoßen) unerträglich waren: Der Kult um eine archaische Mutter- und Fruchtbarkeitsgöttin ist Idolatrie; die in Ephesos praktizierten Stieropfer-Kulte weisen zudem eine Beziehung zu jenem Skandal auf, der im Kontext des jüdischen Bilderverbots prominent wurde: Schlimme Erinnerungen wurden geweckt an die Anbetung des Goldenen Kalbs (Ex 32,1–6). Denn bei diesem so genannten Kalb handelt es sich wohl um eine Verballhornung des göttlichen Stiers, dem nicht nur in Ägypten, sondern im gesamten vorderorientalischen Umfeld der Jahwe-Religion gehuldigt und geopfert wurde.[1] Ausgerechnet in der Zeit, als Moses auf dem heiligen Gottesberg Sinai weilte, um von Gott die Tafeln mit den Zehn Geboten zu erhalten, forderte dessen Bruder Aaron die Frauen Israels auf, ihre goldenen Ohrgehänge zwecks Einschmelzung abzuliefern, um daraus das Kultbild eines Stieres herzustellen. Aaron zeichnete «mit einem Griffel eine Skizze», um danach das Kalb oder den Stier zu gießen. Selbst hier versäumt es die jüdische Bibel nicht, auf den materiellen Produktionsprozess abzuheben, um das Lächerliche und Gottlose des Götzendieners herauszustellen, der von diesem «Metall»-Bild sagt: «Das sind deine Götter, Israel» (Ex 32,4,5,8; Dt 8,7–21).

Man versteht die Wut des Moses, als er mit seinen, von Gott selbst beschriebenen Schrifttafeln zurückkommt und sein Volk Opferrituale um das Kultbild herum aufführen sieht. Er zerschmettert die Tafeln und verbrennt (sic!) das Kultbild, zerstampft es zu Staub – ein wahrer Ikonoklast –, um sodann den Staub, nun selbst magisch-pagan werdend, in Wasser zu verrühren und den Israeliten zu trinken zu geben (Ex 32,20). Das ist die Wut des Fetisch-Kritikers, die bis weit in die europäische Aufklärung nachhallt. Nun, Moses war, mit einer Lichtaura umhüllt, von der Begegnung mit einem abstrakten, sich in Schrift artikulierenden Gott zurückgekehrt. Dessen erstes und zweites Gebot auf der Tafel untersagte jedes Herstellen von Kultbildern anderer Götter und jede Verehrung derselben (Ex 20,2–6, 23, Ex 34,13–4, 17, 23).[2] Und dann dies: sein Volk tanzend um ein ‹Machwerk› aus Metall! Der ‹Bildersturm› des Moses entspricht dem allerdings späteren deuteronomischen Zerstörungsgebot fremdreligiöser Kultwerke.

Gott und Moses müssen eine Kopie der Tafeln anfertigen, damit der auf Bilderlosigkeit gründende Bund mit dem Volk Israel inauguriert werden kann. Danach ruft Moses, genau wie Aaron, sein Volk zur Abgabe aller Wertstoffe auf, um daraus durch «kunstverständige Männer» «allerlei Kunstwerke herzustellen», nämlich das Kultgerät, das für die Verehrung des bildlosen, unaussprechlichen und unsinnlichen Gottes benötigt wird. Seitenlang wird in einer wahren Hymne auf die kostbare Stofflichkeit geschildert, mit welcher Kunstfertigkeit das liturgische Basislager des erscheinungslosen Gottes gefertigt wird (Ex 35,4–40,38). Schon hier, in der jüdischen Bibel, erscheint die tiefe Ambivalenz, die dem bildlosen Monotheismus eingeschrieben ist: Das Anikonische des Gottes selbst kann mit einer enthusiasmierten künstlerischen Bearbeitung der kultisch-liturgischen Peripherien koexistieren. Immer ist darin die Gefahr eingeschrieben, dass die Außenseite der Religion zu ihrem Zentrum wird: Und das ist das Einfallstor des religiösen Fetischismus im Christentum selbst.

Nun ist das Bilderverbot, das essenziell zum Dekalog und zur JHWH-allein-Bewegung gehört, zwar ein Unterscheidungsmerkmal zur religiösen Umwelt des alten Israel, hat sich aber erst über Jahrhunderte hin zu dogmatischer Strenge entwickelt. Die Gehorsamsforderung des Sinai-Gottes schloss das Fremdgötterverbot ein, nicht aber automatisch das Bilderverbot. Am Anfang stand wohl der Zusammenstoß der nomadischen Kulttradition des Volkes Israel, das in Schlachtopfern seinen Gott ehrte, mit den urbanen Kulturen Kanaans, die dem Bilderkult folgten. Hier drückte die Praxis, kein Bildwerk zu verehren, zunächst nichts aus als das konservative Festhalten an der Nomadentradition, markierte also eine kulturelle Differenz, keinen theologischen Gegensatz. Auch in früher Königszeit kann man von einem überwiegend bildlosen Kult ohne Bilderfeindlichkeit sprechen. Im 9. Jahrhundert, so Christoph Dohmen, vollzog sich erst der Übergang von integrierender zur intoleranten Monolatrie, also zum ‹gereinigten› JHWH-Glauben, den – zusammen mit dem Fremdgötterverbot – vielleicht Elia inaugurierte. Im 8. Jahrhundert, bei Hosea, verbindet sich der Exklusivitätsanspruch JHWHs erstmalig mit durchgängiger Bildkritik, die dem Kultbildverbot vorausging. Doch noch die Reform des Hiskia führte zu keiner Bilderfeindlichkeit, die wohl erst in Reaktion auf die Wiederbelebung kanaanäischer synkretistischer Riten unter Manasse entstand und in der deuteronomischen Theologie ihren reflektierten Ausdruck fand: Von dort aus wurde, nicht vor dem 7. Jahrhundert, die Verbindung zwischen Bilderverbot und Dekalog, zwischen Bildlosigkeit des eigenen Kults und dem Gebot zur Zerstörung von Fremdgötter-Bildern gestiftet, die dann in die Redaktion der klassischen Formulierungen von Exodus 20 und 32 einging (Dohmen 1987, 236–277). Die deuteronomische Kritik am Bildkult bestimmt auch die Erzählung über König Salomo, der durch seine zahllosen ausländischen (!) Mätressen dazu verführt wurde, heidnische Gottheiten zu verehren, Kulthöhlen einzurichten und Götzenbilder herzustellen (1. Könige 11,1–13): Damit haben wir ein weiteres wirkungsmächtiges Element, nämlich die Verbindung von sexueller Zügellosigkeit und Fetischismus.[3]

Die fundamentale Bildkritik zusammen mit einer ambivalenten Faszination durch die Macht der Bilder und heiligen Dinge ist dem Christentum also vom Judentum her einwohnend. Die Kanonisierung der jüdischen Bibel schließt auch all die polemischen Passagen ein, die sich wie ein Kommentar des frühen paulinischen Christentums zum Kultbild der Artemis Ephesia und ihren Repliken lesen. Beispielhaft Jeremia 10,1–16:

«Denn die Gebräuche der Völker sind leerer Wahn. Ihre Götzen sind nur Holz, das man im Wald schlägt, ein Werk aus der Hand des Schnitzers, mit dem Messer gefertigt. Er verziert es mit Silber und Gold, mit Nagel und Hammer macht er es fest, so dass es nicht wackelt. Sie sind wie Vogelscheuchen im Gurkenfeld. Sie können nicht reden; man muss sie tragen, weil sie nicht gehen können. … Sie sind gehämmertes Silber aus Tarschisch und Gold aus Ofir, Arbeit des Schnitzers und des Goldschmieds; violetter und roter Purpur ist ihr Gewand, sie sind alle nur das Werk kunstfertiger Männer. … Töricht steht jeder Mensch da, ohne Erkenntnis, beschämt jeder Goldschmied mit seinem Götzenbild; denn seine Bilder sind Trug, kein Atem ist in ihnen.»[4]

Im deuterokanonischen Text Sapientia Salomonis (Kap 13–15), einem späten Text des 1. Jahrhunderts v. Chr., wird geradezu eine theologische Systematik der Idolatrie entwickelt und mit allen rhetorischen Feinheiten die Entwertung der faszinierenden Kulturbilder betrieben. Immer steht dabei die Materialität der Bildwerke *(manufactum)*, aber auch die Fixierung des Betrachters auf die Erscheinungsform und Schönheit der Dinge im Mittelpunkt, denen das Entscheidende fehlen soll: Lebendigkeit. Das Manufakturelle wird als hilflos und heillos verspottet – und mit ihm sein Verehrer: «Leben begehrt er vom Toten.» (Sap. Sal. 13,18). Das genau ist es, was man später den pygmaliontischen Effekt (oder Fetischismus) nennen wird.

Ovid nämlich erzählt (Metamorphosen X, 243–297), eine archaische Kult-Tradition vielleicht absichtsvoll missverstehend, die Geschichte des Frauenverächters Pygmalion, der von seiner Statuette, die er zum Ersatz für reale Frauen gefertigt hat, in erotischen Bann geschlagen wird: Er adoriert sein Bildwerk mit allen Zeichen einer ebenso kultischen wie wahnwitzigen Verführungskunst (eine Parodie der *ars amatoria*). Schließlich bringt er Venus blutige Stieropfer und fleht sie an, seine tote Statue, die er wie eine lebende Frau behandelt, lebendig zu machen. Wahrlich: «Leben begehrt er vom Toten.» Die Göttin erfüllt sein Begehren, und unter seinen glühenden Liebkosungen verlebendigt sich die tote Puppe zu durchpulstem Fleisch und warmer Haut. Es ist der Pygmalion-Mythos, der im europäischen Zusammenhang geradezu zum Modell der Kunst geworden ist, mal als pagane Idolatrie und Fetischismus kritisiert, mal als Inbegriff des höchsten aller Kunstziele gefeiert: Werke zu schaffen, die *lebendig* sind (Mayer/Neumann 1997; Blühm 1988). Es ist genau dieser Vorgang der Lebendigkeit, der auratischen Faszination, der Animationskraft der Kunst, welche für das frühe und mittelalterliche Christentum zu einem substanziellen Problem wurde (Camille 1989) und auch der Episode um die Artemis Ephesia zugrunde liegt. Von hier geht der Pendelschlag von Idolatrie und Ikonoklasmus, von Bilderkult und Bildersturm aus, wie ihn Belting (1990), Bredekamp (1975), Schnitzler (1995), Mondzain (1996) und Beck/Bredekamp (1997) geschildert haben.

Das Artemision wurde – wie auch viele Isis-Tempel – zur Marien-Basilika umgeweiht. Später verbrauchte man die Bausteine des Artemision für den Neubau der Johanneskirche. Derartige Umwidmungen paganer Kulte und ihrer Bilder waren, neben der Lukas-Legende und der Vera-Ikon-Tradition, der dritte Weg, den Bilderkult ins Christentum einzuschleusen. Dem Evangelisten Lukas, der Legende nach Maler, soll Maria Modell gesessen haben: Dies ist die erste Legitimation der christlichen Malerei (Dobschütz 1899; Belting 1990, 70ff., 382ff.). Ins Schweißtuch der Veronika drückte am Leidensweg nach Golgatha Jesus sein Gesicht: der Ursprung der Christus-Ikonen, die sämtlich auf das ‹wahre Bild› zurückgehen, das Veronika mit diesem Selbstabdruck des Christus-Antlitzes empfing (Wolf 2002; Onasch/Schnieper 1995). Hier entspringt die Idee des Bildes, das nicht von Menschenhand gemacht, sondern als Spur und Index von Gott selbst zu verstehen ist: Diese materielle Berührung von Bildobjekt und Trägermedium als Quelle des Bildes ‹überträgt› zugleich die heilige Substanz des Abgebildeten und macht dadurch das Bild selbst heilig und heilend.

Die dritte Tradition geht indes auf die zahlreichen paganen Legenden der Wunderbilder zurück, die von selbst entstanden, aufgefunden oder vom Himmel gefallen sind: Sie hießen *Diipetes*. Dies galt, wie wir sahen, schon für das Kultbild der Artemis Ephesia, das dadurch selbst göttlich war und darum heil- und wunderkräftig.[5] Auch *acheiropoieton* bzw. *non manufactum* ist der Ausdruck schon für solche paganen Bildwerke, die ihre Heiligkeit dem Glauben verdanken, dass sie nicht Menschenwerk, nicht handgefertigtes Kunstwerk, sondern göttlichen Ursprungs sind. In diesen ist das Göttliche nicht bloß abgebildet und bedeutet, sondern real präsent und deswegen wirkkräftig. Götter nahmen in ihren Bildwerken selbst Wohnung – und diese Gegenwart wurde von Kopie zu Kopie übertragen und verbreitete sich so über den Raum. Die konsekrierten Bilder sind gleichsam die Lokale, die Wohnsitze der abstrakt omnipräsenten Gottheiten, also Heiltümer. Bildbesitz steigerte so die Kraft und Macht von Orten und Priestern, die lokale Bildkulte verwalteten. Ganz gewiss steht diese heidnische Tradition, die in die Marienikonik und den gesamten christlichen Bilderkult eingeht, in Spannung zum mosaischen Bilderverbot und zur Bilderfeindschaft des Urchristentums. Beides lebt immer wieder in den Konjunkturen des Bilderstreits auf, der zuweilen ein Bilderkrieg war und bis heute nicht erledigt ist.

1.2 Kirchenväter

Die Zeit der Kirchenväter soll hier nur knapp beleuchtet werden (unter dem Aspekt der Vorgeschichte des Fetischismus vgl. Pietz 1987, 25–35, Kohl 2003, 44ff.).[6] 198/99 n. Chr. schreibt Tertullian (um 150 – um 230) den Traktat «De idolatria» (1912, 137–176). Die gut geschriebene Polemik ist ein Dokument eines fundamentalen Misstrauens, weil nicht etwa nur der explizit idolatrische Dienst verurteilt, sondern dieser allüberall gewittert und verfolgt wird; Götzendienst versteckt sich unter der Maske der gesamten Lebenspraxis. Dadurch legt Tertullian einen radikalen Schnitt zwischen christlicher Lebensführung und profaner Welt.

«Die Grundsünde des Menschengeschlechts, der Inbegriff aller seiner Verschuldungen, der ausschließliche Gegenstand für das Weltgericht ist eigentlich die Idolatrie.» (Tertullian 1912, 138) Mit diesem unüberbietbaren Satz eröffnet Tertullian sein Traktat. Da er die Idolatrie zur allgemeinsten Sünde erklärt und entsprechend umfangslogisch ausdehnen muss, wird die Bildverehrung universalisiert: Sie umfasst alles und ist synonym mit Sünde als Vergehen gegen Gott überhaupt. «So kommt es, daß alles sich in der Idolatrie und die Idolatrie sich in allem wiederfindet.» (ebd., 139) Darin wurzelt die abendländische Karriere der Idolatrie als Todsünde. Sie ist nicht nur Vergehen gegen das 1. Gebot, sondern verbirgt sich in allen Versündigungen: Alles ist Götzendienst, denn in der Sünde gehorchen wir den Dämonen und Idolen. Die Sünde ist das Opfer, das wir den Götzen bringen. Sie ist eine Art Selbstmord.

So polemisiert Tertullian gegen solche, die meinen, Idolatrie läge nur vor, «wenn jemand räuchert, Opfer bringt, einem Totenmahle beiwohnt oder sich zu gewissen religiösen Diensten und Priesterämtern verpflichtet.» Weit gefehlt. Das gesamte Leben, sofern es nur die geringste Konzession an das Pagane und Profane enthält, ist idolatrisch. Besonders streng wendet er sich gegen die «Fabrikation von Götzenbildern». Früher kannte man keine Idole, sondern erst, seit es Bildhauer und Künstler gibt, die sich mit dem Verfertigen von Kultgegenständen beschäftigen. Darum ist der Verfertiger von Idolen der Verbrecher überhaupt (ebd., 140ff.). Von solchen radikalen Positionen aus erhalten der christliche Bilderstreit und die spätere Fetischismus-Kritik ihre Brisanz (Mondzain 1996). Alles in der Welt, so zitiert Tertullian aus den apokryphen Büchern Henochs[7], kann, indem es dargestellt und verehrt wird, zum Idol werden. So polemisiert er gegen Astrologen, Lehrer, Kaufleute, gegen private und öffentliche Feste, gegen Schmuck oder apotropäische Zeichen auf Schwellen und Türen, gegen Abzeichen und Markierungen von weltlichen Würden, gegen Kriegsdienst und Waffenkult, gegen das Schwören vor oder das heilsuchende Anrufen von Idolen und natürlich gegen jede Form von Verehrung heidnischer Gottheiten: das ganze Arsenal von Fetischen und Idolen. «Erinnern wir uns doch daran, daß alle Idolatrie Menschenverehrung ist; denn die Götter sind, was bei den Heiden eine ausgemachte Sache ist, früher Menschen gewesen.» (Tertullian 1912, 160)[8]

Zwei Jahrhunderte später beruft sich Augustinus (354–430) in seiner Kritik an Götzen- und Dingverehrung immerhin noch auf die Autorität eines griechischen Philosophen:

«Sokrates jedoch soll dreister als die übrigen gewesen sein, denn er schwur beim Hund oder Stein oder bei allem, was ihm sonst noch beim Schwören in den Sinn oder vor Augen kam. Er sah nämlich ein, daß alle beliebigen Erzeugnisse der Natur, die ihr Dasein der waltenden Vorsehung Gottes verdanken, viel besser als die Werke menschlicher Künstler und darum auch göttlicher Ehren würdiger sind als die Kultgegenstände in den Tempeln. Er dachte natürlich nicht, daß ein Weiser Steine oder Hunde wirklich verehren sollte, sondern wollte auf diese Art ersichtlich machen, in welchen Aberglauben die Menschen versunken waren. ... Zugleich wollte er diejenigen, die diese sichtbare Welt für die höchste Gottheit hielten, tadelnd darauf hinweisen, daß sich daraus die schimpfliche Folgerung ergeben würde, jeden beliebigen Stein als Teilstück des höchsten Gottes zu ehren.» (Augustin 389–91/1962, 367/6a)

Die rhetorische Struktur des Fetischismus, der als Synekdoché *(pars pro toto)* operiert, wird hier bereits präzise erkannt. Augustin führt Platon-Schüler an, die apologetisch argumentierten, dass in diesen Provokationen des Sokrates keine Ironie, sondern Berührungsscheu und Verehrung des unfassbaren Gottes liege. So lobt auch Augustin im «Gottesstaat» die platonische Reinigung des Gottesglaubens und des Theaters (Augustin 426/1978, Bd. 1, 378f.), weil Platon sich gegen konkretistische Kulte wende: Danach dürfe «die vernünftige Seele nicht göttlich verehren, was seinem natürlichen Range nach unter ihr steht, nicht sich Dinge, als wären's Götter, überordnen, die der wahre Gott ihr untergeordnet hat».

Das ist, als Kritik des Ding- und Götzenkults, auch Fetisch-Kritik *avant la lettre*. In seiner Auseinandersetzung mit Hermes Trismegistos, der mythischen Gründerfigur des Hermetismus, zählt Augustin schon alle Merkmale auf, die mehr als tausend Jahre später gegen den Fetischdienst afrikanischer Völker vorgebracht werden:

«die sicht- und greifbaren Bildnisse seien gleichsam die Leiber der Götter und in ihnen hätten gewisse eingeladene Geister Wohnung genommen, die Schaden anrichten, aber auch manche Wünsche derer, die ihnen göttliche Ehren erweisen und Huldigungen darbringen, erfüllen könnten. Solche unsichtbaren Geister durch allerlei Künste an

sichtbare stoffliche Gegenstände zu binden, so daß die ihnen geweihten und überant-
worteten Bildnisse gleichsam beseelte Körper seien, nennt er Götter machen, und
diese große, wundersame Gabe, Götter zu machen, sei den Menschen verliehen.» (Augustin 426/1978, Bd. 1, 410)

Nicht anders werden die Christen die afrikanischen Fetische als ‹Machwerke› *(factitius)* denunzieren, als eine erfundene Kunst, «Götter zu machen» und diese «in die heiligen Bildnisse und göttlichen Mysterien»
hineinzubannen (ebd., 414). Hermes Trismegistos versteht hingegen
Ägypten im positiven Sinn als ein gotterfülltes Terrain, einen Tempel der
Gottheit, die in ihn herabgestiegen sei; während ebendies von Augustin
als Idolatrie verurteilt wird, so wie im 18. Jahrhundert Charles de Brosses
Ägypten als das klassische Land des Fetischismus bezeichnen wird. Entsprechend heißt es, von Augustin im «Gottesstaat» wörtlich zitiert, im
lateinischen Asclepius:

«Mehr als über alles Erstaunliche hat man sich nun darüber zu wundern, daß der
Mensch göttliche Natur erfinden und sie herstellen konnte. Da nun also unsere Ahnen
… ungläubig waren und sich nicht dem Kult und der göttlichen Religion zuwandten,
erfanden sie die Kunstfertigkeit, Götter herzustellen. Mit dieser nun erfundenen
Kunstfertigkeit verbanden sie das für die Natur der Materie passende (technische) Können und wandten es gleichzeitig an und beschworen, da sie ja Seelen nicht herstellen
konnten, die Seelen der Dämonen oder Engel und brachten sie in die Bilder hinein …,
wodurch die Götterbilder (= Idole, H.B.) die Kraft haben konnten, Gutes und Böses zu
tun. … So ist der Mensch Bildner der Götter.»[9]

Diese Beschreibung kann ohne Reibungsverlust als eine Art Bedienungs-
anleitung zur Herstellung von Fetischen aller Art verstanden werden,
seien es religiöse, alltagspraktische, sexuelle, politische oder warenökonomische. Vielleicht ist es am Fetischismus die erstaunlichste Sache,
dass sowohl sein positives Funktionieren als auch die Kritik an seinem
zerrüttenden Charakter von den Zeiten der jüdischen Bibel über das
Christentum und die Aufklärung bis zum Ende des 20. Jahrhunderts immer wieder nahezu inhaltsidentisch vorgetragen werden. Es ist bemerkenswert, dass der englische Anthropologe Edward B. Tylor dies bereits
unter Verweis auf die angeführten Augustin-Stellen erkannt hatte: Im
christlichen Kampf gegen die Idolatrie sei der moderne Kampf gegen den
Fetischismus bereits vorweggenommen (1873, Bd. 2, 179).

Thomas von Aquin

Der Kirchenlehrer Thomas von Aquin (um 1225–1275), wie immer realistisch hinsichtlich der Menschen, erkennt in der Freude an «darstellender Wiedergabe» (Thomas von Aquin 1985, Bd. 2, 408), der ungebührlichen Verehrung des wahren Gottes, den Ursprung von Götzendienst (Idolatrie) und abergläubischen Gebräuchen. Das Dingliche, Konkrete, das Bild und die sinnliche Erfahrung, in der ein Bedürfnis nach Anschaulichkeit wirkt, lösen indes Unruhe und Anomie aus und zerrütten die Seele (wir würden das heute psychopathologisch ausdrücken). Dieser Hang nach dinglicher Konkretion verlebendigt die materiale Welt und befördert somit den Dämonenglauben. Die Kirche kommt dadurch in eine paradoxe Lage: Religion, so Thomas, erfordert Verehrungsformen *(latria, cultus)*, die in Wiederholungsritualen die Gottesfurcht *(theosebia)* und Frömmigkeit *(eusebia)* fördern und der Erinnerung einprägen sollen; doch die liturgischen Szenen selbst, ihre Gerätschaften, der Schmuck der Kirchen, die Bilder, die kostbaren Gewänder und prächtigen Ausstattungen lassen die Sinne an der dinglichen Seite des Gottesdienstes haften. Gleichwohl wendet sich Thomas gegen radikale Verneiner jedweder äußeren Form der Gottesverbundenheit im Kultus. Dieser werde nicht um des in sich selbst vollkommenen Gottes willen, der keinen Gottesdienst braucht (ein schöner Gedanke!), sondern um unsertwillen durchgeführt, weil wir, als Menschen, das Sinnfällige benötigen. So ist das Leibhafte des Gottesdienstes notwendig, obwohl doch alles auf die innere Verbundenheit mit dem unsichtbaren Gott ankommt (ebd., Bd. 3, 365ff.).

Man ahnt, dass im Kern des Christentums, dem Gottesdienst, Ansätze zu Idolatrie und Fetischismus liegen. Man ahnt auch, dass die katholischen Missionare, als sie in Afrika auf den Fetischdienst stoßen, an diesem genau das identifizieren und ablehnen, was in ihrem eigenen Kult zumindest ambivalent ist, wenn es nicht selbst fetischistische Züge aufweist. Man ahnt ferner, warum es *protestantische* Händler und Reisende sind, die angesichts des afrikanischen Fetischismus sich an ‹katholische› Gebräuche erinnert fühlen. Es scheint im Christentum, in seiner Ambivalenz dem Bilderkult und der Magie (Wundern) gegenüber, angelegt zu sein, dass über Jahrhunderte der Fetischismus ein Kampfbegriff ist, mit dem man am jeweils Anderen dasjenige als abergläubisch, primitiv, pervers, entfremdet herabsetzt, was man an sich selbst verpönt, mühsam zügelt oder verdrängt. Dabei wird die verführerische Mächtigkeit dessen, was man bekämpft, stets vorausgesetzt. Keineswegs schließt Thomas Wunder und Magie, Dämonen und Statuenbelebung prinzipiell aus; es gibt sie. Er will nur, in seiner «Summa contra Gentiles», eine theologische Ordnung in das Durcheinander der Zwischenwesen bringen (2001, Bd. 3/1, Kap. 98–109[10]), die Wunder kategorial ordnen und die guten, nämlich von Gott hervorgebrachten, von den bösen, nämlich den dämonischen Wundern (durch schwarze Magie, *per artem nigromanticam*) trennen sowie Einfluss und Macht der letzteren auf die Phantasie und das Begehren der Menschen brechen (2001, Bd. 3/2, 122/23). Nicht zufällig zitiert Thomas hier aus Augustins «Gottesstaat» jene Stelle über die belebten Götterstatuen, die wiederum ein Zitat des Hermes Trismegistos aus der lateinischen Asclepius-Schrift (s. o.) ist. In dieser Zitaten-Kaskade über die Jahrhunderte hinweg werden die Idolatrie und der Fetischismus, gegen die man das wahre und vernunftgemäße Christentum aufbietet, im selben Akt, der sie vernichten soll, unwillkürlich verlängert. Der Trismegistos-Stelle setzt Thomas die alttestamentliche Idolen-Kritik aus Psalm 135,15/16 zum Kontrapunkt: «Der Heiden Götzen sind Silber und Gold, Werke von Menschenhand. Sie haben einen Mund und können nicht reden: denn in ihrem Mund ist kein Atem.» Doch dieser souveräne Sarkasmus der jüdischen Bibel, die damit, so kann man annehmen, das ägyptische Mundöffnungs-Ritual ironisiert, ist eine ganz andere Haltung als die spitzfindigen theologischen Abgrenzungsbemühungen gegen Statuenkult und Magie seit den Kirchenvätern bis zu Thomas. Kaum nämlich hat Thomas den Psalm gegen Hermes Trismegistos aufgeboten, ergeht er sich kapitellang über magische Techniken mittels Zeichen und Bildern, deren Realität und Wirksamkeit nicht bestritten, sondern nur klassifiziert wird, um sie moralisch als böse und sündig zu verwerfen. Hier liegt eine tiefe Unruhe verborgen, von der Europa in der Fetischismus-Diskussion geradezu heimgesucht wird: Nicht nur in der christlich gerahmten, sondern auch in der aufgeklärten Moderne erweisen die magischen Dingbeziehungen ihre Kraft. Die Moderne wiederholt in ihrer Kritik des Fetischismus nur, was das Christentum vorgemacht hatte: dass diejenigen, die ihn am meisten verfolgen, am tiefsten an ihn glauben.

NIKOLAUS VON KUES

Der Philosoph und Theologe Nikolaus von Kues (1401–1464) beharrt in seiner Schrift «De docta ignorantia» (1440/1979) souverän auf dem Unaussprechlichen des Namens Gottes und verurteilt, wie manche Bilderstürmer vor und nach ihm, jede Form der Verheiligung von Dingen und Bildern als Idolatrie. Dennoch beten die Menschen Gott auch in seinen «Entfaltungen» an, d. h. in den natürlichen Dingen und den Artefakten der Welt. Aus ihnen ‹machen› sie sich konkrete Bilder Gottes und lassen ihn nicht «einfache Einheit als Inbegriff aller Dinge» sein. Im Verhältnis zur reinen Unendlichkeit Gottes stellt die Welt bloße «Ausfaltungen der eingefalteten Fülle des einen unaussprechlichen Namens» dar. Die Heiden «nahmen die Entfaltung nicht als Bild, sondern für die Wahrheit.» «So kam der Götzendienst ins Volk...» Sie «haben Gott in den Geschöpfen angebetet und den Götzendienst noch durch Vernunftgründe gestützt. ... Die Heiden beschworen ihn in Bäumen ... in der Luft, im Wasser oder in Tempeln». «Eine solche Gottesverehrung aber ist Götzendienst, der dem Bilde gibt, was nur der Wahrheit gebührt.» Angemessen ist dagegen, und darin erweist Nikolaus sich als Denker der negativen Theologie, einzig «die Unaussprechlichkeit Gottes». Seine Lehre der Unwissenheit *(docta ignorantia)* erfordert die Paradoxie, Gott «in der Weise des Nichterfassens» zu erfassen (1440/1979, Bd. 1, 105–13). Die negative Theologie ist notwendig, um die positiven Bestimmungen Gottes, zu denen die Menschen immer wieder neigen, durch Negation aufzuheben. Nicht die Verehrung von Bildern, Statuen, Reliquien, von natürlichen Dingen oder Erscheinungen ist geboten, sondern die Geste der Negativität, die Gott gerade als Entzug würdigt; Gott ist nichts Bestimmtes, sondern ein Unendliches, in radikaler Verneinung aller endlichen Formen, in denen wir denken, verstehen und reden können: So ist der wahre Gott eher nichts als etwas. Damit wiederholt Nikolaus die frühe christliche Idolen-Kritik, und zwar auf der Grundlage eines Gottesbegriffs, der radikal bildlos ist, wie ihn Pseudo-Dionysius Areopagita gedacht hatte.

2. Reliquien und Statuen: christliche Bildmagie

2.1 Im Rausch der Reliquien

Doch das Christentum hatte sich von solchen Positionen weit entfernt. So war im Gesamtraum des Christentums von Syrien bis Nordirland eine befremdliche Praxis verbreitet: der Reliquienkult, bei welchem der Leichnam bzw. ein stellvertretender Körperteil im Mittelpunkt steht. Christuskult und Heiligenverehrung standen in unmittelbarer Beziehung. Zumeist handelte es sich darum, dass ein Märtyrer in Nachfolge Christi durch Gewalt zu Tode kam und zum Heiligen erhoben wurde. Seit dem spätantiken Christentum setzte sich durch, dass zum Heiligen und zum Heil nur taugt, wer Blutzeuge ist. Im toten Opferkörper kreierte sich das heilige Wissen.

Die Gräber der Heiligen wurden zu zentralen Kultstätten, wo fromme Liturgien zusammen mit üppigen Festmahlen abgehalten wurden.[11] Man kratzte Partikel von der Grabplatte ab. Man öffnete Gräber und eignete sich Körperteile an. Die Leiche wurde oft zerlegt und über das gesamte Gebiet des Christentums verschickt, sodass überall Batterien der Heilkraft des Märtyrers verteilt waren. Oder Menschen strömten zu den Gräbern, aus näherer und fernster Umgebung: Wegenetze heiliger Wallfahrten entstanden über ganz Europa hin, die erste Kartographie, die nicht militärisch oder ökonomisch, sondern von den Stützpunkten des Heiligen gebildet wurde: Holzstückchen und Nägel vom Kreuz Christi, Zähne, Füße, Haare, Arme, Zehennägel, Schädel, Knochen, Finger, Kleidungsstücke, ja, winzige Fetzchen, Dinge, mit denen der Heilige in Berührung war, selbst Marterwerkzeuge. Sie alle waren Relais im Kraftfeld des Heiligen. Zwischen Spätantike und Mittelalter verwandelte sich Europa Christiana zu einem riesigen Netzwerk von geheiligten Körperfragmenten. Keine Kirche durfte geweiht werden, deren Altar nicht eine Reliquie enthielt. Das hieß: Das liturgische Leben hatte Reliquien zu seinem Zentrum. Nicht nur Altäre, ganze Kirchen wurden um Reliquien herumgebaut.

Zunehmend wurden Reliquien in aufwendige Reliquiare eingehüllt. Sie mussten vor Raub geschützt werden nicht ihrer kostbaren Rahmung wegen, sondern um der eingeschlossenen Heiltümer willen. Hochrangige Theologen reflektierten ein neues Verbrechen: die «andächtige Beraubung», also Grabräuberei, Reliquien-Diebstahl, Leichenschändung. Angesehene Gelehrte brachen Heiligen Zähne aus dem Mund und trugen sie um den Hals als Amulett.[12] Mit Reliquien wurde schwunghafter Handel betrieben (Geary 1986). Gräber wurden geöffnet, Körperteile entwendet, abgeschnitten, abgeschabt, ja abgebissen, berührt und geküsst, beleckt und gestreichelt, wo immer dies möglich war: keine bedeutende Leiche, die nicht völlig vernutzt wurde. Wer heilig lebte und dies wusste, vermachte schon zu Lebzeiten eigene Körperteile an Freunde fern und nah. Heiligen-Gräber wurden so eingerichtet, dass man durch sie hindurchkriechen konnte, um in taktile Nähe wenigstens mit dem Sarkophag zu gelangen, der vom wundertätigen Fluidum des Toten imprägniert war. Überhaupt das Haptische: Nichts war wirkmächtiger als die kontagiöse Influenz, das Überströmen des Heils vom Toten auf den Lebenden im unmittelbaren Kontakt. Welch ein Toten-Eros! Wer immer konnte, verschaffte sich Körperfragmente eines Heiligen und trug sie, wohl verwahrt in einer Schmuckschatulle, am Körper. In die Schlacht führte man Reliquien mit. In die verschlossenen, vor dem Berührungshunger der Gläubigen geschützten Reliquiare wurden nachträglich Fenster eingebaut, um das Totengebein, die Knochenhand, den Kleidungsfetzen, den Fuß des Heiligen wenigstens sehen zu können: das Auge als Substitut des Tastsinns.

Keine Rede davon, dass diese Praktiken bloße Atavismen einer nur halbchristlichen Volksfrömmigkeit sind. Fürsten, Könige, Äbte, Priester, Päpste, Gelehrte, strenge Theologen beteiligten sich an der Jagd nach Fragmenten eines Märtyrers. Kriegs- und Kreuzzüge wurden nicht nur nebenbei zu Raubzügen nach wertvollen Reliquien. Aus der *translatio imperii* wurde eine *translatio reliquorum*. Von Ost-Syrien über Jerusalem und Rom bis Nordirland ein ungeheures Netz von Totenteilen. Skelettteile wurden zu Zentren des christlichen Kults, und sie waren zugleich Medien der Globalisierung des Christentums.

Europa war trunken von Leichenkulten – und von Magie. Und zwar nicht an irgendwelchen Rändern und bei halbheidnischen Ketzern, sondern im Herzen des Christentums. Wo immer ein Leichenstückchen eines Heiligen aufbewahrt wurde, dort war er «realpräsent», er lebte dort in voller Integrität. Das ist weit mehr als die Pars-pro-Toto-Figur oder die Synekdoché, die aus der Rhetorik bekannt war (s. S. 391 ff. dieses Buchs). Denn das Fragment repräsentierte nicht den abwesenden Heiligen, es *bedeutet* ihn nicht, sondern es *ist* der Tote, der voll und ganz, wirklich und wahrhaft hier im Grab oder im Reliquiar wohnt und wirkt. Die frommen Gebräuche dienten der Abzapfung magischer Energie: Sie sollte auf die Lebenden gelenkt werden – und dort nicht etwa frommen Lebenswandel unterstützen, sondern bei weltlichen Problemen helfen: stechende Schmerzen im Unterleib, Herzrasen, Unwetter, Missernte, geschäftliches Unglück, Fehlgeburt, Tod des Viehs, Willkür des Nachbarn, Unfruchtbarkeit – der ganze Fächer der Alltagsmiseren. Das ist Afrika in uns, lange bevor es entdeckt wird. Zuvörderst ist der Heiligenkult eine Wundermedizin auf magisch-fetischistischer Grundlage. Gewiss waren die Heiligen auch dazu da, bei Gott oder Christus fürzusprechen. Denn Gott war viel zu weit fort, zu erhaben, um den täglichen Verkehr über die kleinen Sorgen mit ihm direkt abzuwickeln. So war es heilsökonomisch ratsam, für die Daseinsvorsorge eine Mittlerschicht von Mächten zu installieren, die toten Heiligen, die zudem für die wichtigen Fälle des geistlichen Heils, für die Jenseitsvorsorge, eine Fürbitte-Funktion übernehmen konnten (Jezler 1995).

Keineswegs wurden den heilkräftigen Leichenteilen nur fromme Wünsche anvertraut. Reliquien waren gut auch für Schadenzauber. Reliquien im Kriegseinsatz oder Reliquienamulette verweisen darauf, dass man mit Hilfe der Toten sowohl böse Wirkungen auslösen als auch apotropäisch abwehren konnte. Selbstverständlich waren die Leichenteile im Einsatz bei der Bekämpfung von Dämonen und Monstern aller Art, von Teufeln und Hexen, welche den Menschen nachstellten. Dass den Reliquien ‹virtutes› beigelegt wurden, ist nur der fromme Ausdruck dafür, dass sie magisch und fetischistisch funktionierten – also nicht anders als die Kräfte der Dämonen und der heidnischen Magier. Edward B. Tylor identifiziert deswegen umstandslos Reliquien mit Fetischen (1873, Bd. 3, 150–53) ebenso wie Charles Toubin (1864).

Ferner entwickelte sich hinsichtlich von Reliquien im Mittelalter zunehmend eine Sammlerleidenschaft, die von allen Schichten der Bevölkerung geteilt, doch am exzessivsten von den Eliten betrieben wurde. Museen entstehen nicht erst aus den Kunst- und Wunderkammern, sondern letzteren gehen die Heiltumsschätze und Reliquiensammlungen voraus (Kohl 2003, 46–64). Diese Sammlungen dienten nicht nur dem primären Einsatz an den Fronten des Abwehrzaubers und der Jenseitsvorsorge, sondern bereits der Repräsentation, also der Schaustellung und der performativen Inszenierung. Hier liegen die Ursprünge von Ausstellungsästhetik und der Auratisierung von – real gesehen – Nebensachen und Dingelchen, die durch ihre zeremonielle Exposition zum Mittelpunkt einer Ausstrahlung gemacht wurden. Reliquien-Zeremonien dienten nicht nur der Kraftverteilung, sondern auch der wiederholten Aufladung der Wirkungspotenziale von Heiltümern. Der Mäzen Luthers, Friedrich der Weise, brachte es auf 18970 Stücke seiner Reliquiensammlung, ein gewaltiges Kraftwerk, von dem für Besucher 1 902 202 Jahre Fegefeuererlass abgezweigt wurden. Eine aufschlussreiche Währungseinheit für den Wert von Reliquien. Aby Warburg, als er das Innere mittelalterlicher und frühneuzeitlicher Kirchen, z. B. in SS. Annunziata in Florenz, rekonstruierte, sprach von einem «fetischistischen Wachsbildzauber» (1992, 73), den er nicht ohne Abscheu studierte: Hunderte von wächsernen Ganzkörperplastiken von Lebenden und Toten und Tausende von Pappmaché-Voti füllten die Kirchen und verwandelten die Häuser des Gotteswortes und der frommen Andachtsbilder in heidnische Stätten eines fetischistischen Ahnenkults, der aus Kirchen idolatrische Totenfestungen machte (ebd., 77ff., 89ff.). Warburg erkennt in diesem «heidnischen Bildzauber» eine «Entladungsform für den unausrottbaren religiösen Urtrieb», der sogar noch die im Zeichen der Sophrosyne ästhetisch kontrollierte Porträtkunst kontaminiert. Die Doppelpräsenz von abstraktem Gotteswort und massenhaften Fetischen, diese synkretistische Figur von Religiosität ist es, die bereits die zeitgenössische Obrigkeit dann intervenieren ließ, wenn die wuchernden Fetische die theologische Balance zwischen Wort und Bild zu gefährden begannen.

Von heute her betrachtet erscheint das Europa von der Spätantike bis zur Renaissance unter dem Aspekt der Idolen- und Reliquienpraxis ein fremder Kontinent. Das Christentum breitete einen Totenkult aus, der europaweit zu fetischistischen und idolatrischen Magie-Praktiken führte. Das Heilige ist mitnichten das «Ganz-Andere», wie Rudolf Otto (1917/1947) es fasste, sondern das Medium einer magischen Daseins- und Jenseitsvorsorge, die wie alle Magie rigoros utilitaristisch und manipulativ verfährt, auf zwei Ebenen: zur Schadensabwehr und zur Vorteils- und Glücksgewinnung. Die Welt ist in unvorstellbarer Weise von okkulten Kräften und Mächten durchzogen, ein wogendes Meer, das das Lebensschiffchen fortgesetzt bedroht – wie es schon Tertullian gesehen hatte (1912, 173). Das Leben ist in die Zerbrechlichkeit geordnet, formulierte Paracelsus. Die Heiligen, die Kultbilder und die Reliquien sind dabei gottgefällige Zaubermittel, deren Heilkraft auf der Opferlogik beruht. Sie besagt, dass der gewaltsame Tod der Heiligen dem Bösen, das den Lebenden nachstellt, immer schon zuvorgekommen ist. Die Nach-Lebenden zehren von den Toten. Das macht einerseits die Überlebensschuld aus, andererseits trägt es einen Versicherungspakt, der zwischen Toten und Lebenden geschlossen ist: Letztere stellen sich in den Schutz derer, die sich für sie geopfert haben, um sie im Tausch dafür zu verehren. Die magische Präsenz des Heiligen in noch so kleinen Fragmenten – der fetischistische Zauber – erlaubt die Durchdringung des gesamten irdischen Raums mit Stützpunkten des Heils. Die Zerstückelung bildet mithin die Basis des Heils- und Wiederherstellungsmechanismus – in der christlichen Reliquienpraxis nicht anders als im ägyptischen Mythos von Osiris (Hermann 1956; Otto 1960; Budge 1973). Der Tod des anderen ist die Ermöglichung des eigenen Lebens. Mit dieser fremdartigen und stets verschuldenden Tatsache versucht die Heiligenverehrung umzugehen – ebenso wie später die Medizin, welche die Toten benötigt, um durch sie hindurch ihr Wissen zu erzeugen. Im Unbewussten, heißt es bei Sigmund Freud, hält sich jeder für unsterblich; man sollte dies ergänzen: Das Unbewusste nimmt den Tod des anderen billigend in Kauf, wenn er als Opfer dient; das Ich muss die darin liegende Schuld abzahlen durch endlose Verehrung dessen, der statt unser geopfert wurde.

2.2 BILDERKULT UND EFFIGIES

Die Reliquienpraxis, deren fetischistischer Charakter auf der Hand liegt, ist eng mit der Frage verbunden, wie es überhaupt dazu kommen konnte, dass Skulpturen und Statuen ins Allerheiligste des Altarraumes vordringen konnten (Beck/Bredekamp 1997). Denn sie waren, wie wir sahen, den frühen Christen der Idolatrie verdächtig. Oft genug wurden Christen zu Märtyrern, weil sie die Verehrung der Kaiserbilder verweigerten: Das aus der jüdischen Bibel stammende Verbot der Bildverehrung wurde im Römischen Reich zum politischen Verbrechen an der Majestät des Kaisers. Bis ins 4. Jahrhundert, bis zum Übergang zur Staatsreligion, hielt dieser christliche Abscheu vor Bildern an. In der Ostkirche verehrte man hingegen Bilder und Idole durch Opfer, Gebete, Kerzen, Weihrauch, kniete vor ihnen, küsste, wusch und salbte sie (wie wir es auch aus griechischen und orientalischen Ritualen kennen). Beck und Bredekamp arbeiten nun die enge Verbindung von Reliquie und Skulptur heraus. Die Reliquie war von einem Geheimnis umgeben, sie war unsichtbar. Doch das Schaubedürfnis führte dazu, dass man sie in Schreinen verwahrte, in deren Inneres ein ungewisser Blick führte, sodass das Geheimnishafte gewahrt blieb. Öfters wurde die Reliquie auch im Inneren einer Skulptur untergebracht. «Das Geheimnis von Reliquienschränken durch den Einblick ins Innere, durch das Öffnen der Türen und das Herausheben der Kultobjekte aus dem Dunkel der Schranktiefe, sie in lichter Sichtbarkeit aufzuklären, muß von gewaltiger Wirkung gewesen sein.» (Beck/Bredekamp 1997, 118) Das Reliquiar wie auch die Reliquien-Statuen wurden selbst heilig, sie waren «Semiophoren» (K. Pomian) wie die berühmte Essener Mutter Gottes (um 1000), in deren Kopf, Rücken und Brust kleine Fächer für Reliquien angebracht waren. Genau dies wurde später an afrikanischen Ahnenfetischen beobachtet, die ebenfalls Hohlräume oder kleine Gefäße aufwiesen, in denen wundertätige Substanzen untergebracht wurden.[13] Es gibt mithin eine überraschende *Strukturidentität von afrikanischen Fetischen und reliquiaren Skulpturen.* Das Musée national des Arts d'Afrique et d'Océanie in Paris hat diesen Korrespondenzen 1999/2000 eine eindrucksvolle Ausstellung gewidmet (Le Fur/Martin 1999). Heide Palme (1977) hat in ihrer ethnohistorischen Untersuchung anhand von portugiesischen und spanischen Reise- und Missionsquellen über Fetische und die Einfuhr von christlichen Reliquiaren zwischen 1482 und 1787 frühe Zeugnisse dafür erbracht, dass im Phänomen des Fetischismus sich christlich-koloniale Einflüsse und afrikanische religiöse Gebräuche überschnitten. Kann es sein, dass die afrikanischen Skulpturenfetische, wie sie von Missionaren verdammt wurden, selbst auf christliche Kultbilder zurückgehen? Ist der afrikanische Fetischismus womöglich auch ein Reflex der christlichen Einflüsse aus der frühen Kolonialzeit? Gewiss ist, dass der Reliquien- und Statuenkult ins Zentrum des Heilsschatzes rückte und damit indirekt die Bildkunst nobilitierte. Doch gerade dies führte zu einem christlichen Bilderkult, gegen den dissidente Gemeinschaften wie die Katharer und Waldenser, die Hussiten und Calvinisten oder protestantische Schwärmer heftig Front machten. Doch auch hier trifft zu, was für die gesamte Idolen- und Fetisch-Kritik gilt: «In der Geschichte des Kampfes gegen die Bildanbetung scheinen jedoch gerade die Bilderstürmer die eigentlichen Bildgläubigen gewesen zu sein. Man hat ja die Bilder nicht einfach vernichtet, sondern behandelt, als wären sie reale Menschen oder Heilige.» (Beck/Bredekamp 1997, 123) Bildmagie und Fetischmacht stehen also stets auf beiden Seiten der Front: der Gläubigen wie der Aufgeklärten, der Anhänger wie der Gegner, der Affirmation wie der Kritik. Diese eigentümliche Bilokation des Fetischismus und der Bildgewalt machen beide über die Jahrhunderte hin nahezu immun.

Mit der Ikonenverehrung, dem Bilderkult, dem Aufstieg der Heiligen und ihrer Vertretung in Bildern und Reliquien, mit der obligatorischen Präsenz von Gottes-, Christus- und Marienbildern in den Gotteshäusern entstand eine jahrhundertelange Konjunktur des religiösen Bildes. Die Integration der Bildmacht in das katholische Universum war eine Bedingung der Erfolgsgeschichte der Kirche. Unter dem Dach des theologischen Zentrums, des *deus absconditus*, und trotz der Einflüsse der Negativen Theologie oder ikonoklastischer Bewegungen hat sich die christliche Kirche zu einer gigantischen Bilderfabrik und zu einem *urbs et orbis* umfassenden Medienverbund entwickelt – um nichts weniger eindrücklich als der heutige Medienkatholizismus von Hollywood bis zum Internet. Für die Kirchen- und Kulturgeschichte sind Bildermacht und Bilderkult nicht weniger aufschlussreich als die hochelaborierten Kunstformen der Schrifttheologie.

Man begreift, warum David Freedberg (1989) von «the power of images» schreibt, die Schauer, Angst und Terror wecken, nicht rational-distanzierte, ästhetische Kontemplation. Diese magische Bildmacht wirkte auch im politischen Raum. Denn der christliche Bilderkult beruhte stark auf dem römischen. *Effigies, imago, simulacrum, signum, statua* sind Wörter für Kultbilder, bei denen eine «Identität von Bild und Gottheit» (Daut 1975, 14; vgl. Gladigow 1985/86) vorausgesetzt ist. Der namentliche Gott *ist* sein Bild, hier wie dort, einst und jetzt, also prinzipiell. Die *Imago* ist der Abdruck eines Gottes oder einer Person, so gültig, wie das Siegel oder die abgenommene Maske den Menschen repräsentiert. Im römischen Totenkult von hoch gestellten Personen und Kaisern übernehmen die im *pompa funebris* mitgeführten *effigies* des Toten die Funktion der Götterbilder, nämlich die Präsenz des Dargestellten anzuzeigen. *Imagines* und *effigies* sind keine konventionellen Bildzeichen im modernen Sinn.

So müssen auch die frühneuzeitlichen Königs-*effigies* (Bilder, Bildpuppen des Gestorbenen) idolatrisch gedeutet werden, auch wenn sie einen verfassungsrechtlichen Status haben: Sie markieren die Anwesenheit des Königs, so tot er sein mag, und zwar, weil sie *corpus repraesentatum* sind, also die Gesamtkörperschaft darstellen für die Zeit des Interregnums. Man pflegte und ernährte die aufgeputzten *effigies* so wie den lebenden König; heidnischer kann man nicht sein. Adolf Bastian berichtet 1859 von einer Todeszeremonie im afrikanischen Königreich Kongo: «Während diese Procedur vor sich geht, repräsentiert eine in dem Palaste aufgestellte Figur den Herrscher und wird täglich mit Speise und Trank versehen» (1859, 163–65). Angeblich existiert dieser Brauch seit Jahrhunderten: eine klare Parallele zu den englischen und französischen Begräbnisritualen von Königen.

Bei diesen wird Magie zum verfassungsrechtlichen Tatbestand. Die *effigies* halten den Tod des Königs hin bis zur Inaugurierung des neuen. Sie garantieren die ewige Dauer des Leibes des Königs in Analogie zum Corpus Christi. Die Königs-Effigies sind mithin Abkömmlinge der nahezu universal verbreiteten Auffassung von der Realpräsenz der Bilder (Geiger 1932; Kantorowicz 1957; Giesey 1960; Klier 2004, 23–52). Der Thron ist niemals vakant; der König stirbt niemals, sagte Jean Bodin (1529/30–1596), der Theoretiker der Souveränität. Diese volle Gegenwart des Königs in der Effigies kann die Nähe zur Idolatrie nicht leugnen. Man leitete, um diesem Verdacht zu begegnen, das Effigies-Ritual deswegen vom ersten christlichen Kaiser Konstantin her. Doch geht man nicht fehl, wenn man die Interregnums-Rituale um die Königspuppe als fetischistische Prozeduren deutet (Klier 2004, 33–52, 120–25). Wir finden sie hier an der Spitze des Staates, nicht nur als Bildernahrung für das ungebildete Volk. Effigies-, Gewand-, und Bildzauber sind in den Totenkulten und Inaugurationsritualen gewiss ein strategischer Einsatz von Herrschaft, die in einer liminalen Situation «zwischen den Zeiten», also zwischen Tod und Inthronisation, vor dem Kontinuitätsriss bewahrt werden musste. Dem Volk war diese bis ins Taktile reichende Nähe der heiligen Substanz heilsam: «Le Roi te touche, Dieu te guérit!» Dies war die Zeremonialformel für die Heilungswunder, die im Zusammenschluss von inthronisiertem König und Volk durch Berührung seiner Gewänder eintraten. «Die Heiligkeit», so Richard M. Meyer, «wird als ein Fluidum gedacht, das die Kleider durchdringt und heilkräftig macht.» Und dies genau konstituiert Fetischismus, für den Meyer viele Beispiele aus der europäischen Geschichte bringt (1908, 331/32). Marc Bloch (1983) rekonstruiert daraus die symbolische Geburt der französischen Nation, die, so abstrakt, politisch und verfassungsrechtlich sie sein mag, in der magischen Berührung gegenwärtig wird. Die Nähe zum heidnischen Bildzauber ist bei diesem kulturell höchstrangigen Akt ebenso evident wie zur *effigies*-Praxis in Rom oder zum christlichen Reliquien- oder Ikonenkult (Bloch 1983).

3. Die ethnographische Vorgeschichte des Fetischismus

Gewöhnlich setzt man die portugiesische Kolonialgeschichte Afrikas nicht vor 1470 oder 1480 an (Kohl 2003, 18–29). Davor gibt es das Wort

‹Fetisch› nicht. Wann genau es von wem kreiert wurde, steht bis heute nicht fest. Es entsteht als *pidgin-word fetisso*, das zweifelsfrei hervorging aus der Begegnung zwischen Portugiesen und afrikanischen Stämmen, vorwiegend Guineas und der Goldküste (Pietz 1987, 24ff.). Lange Zeit wird das Wort neben dem *Idol* benutzt (lat. *idolum* = Schattenbild, Gespenst, Götze, Götterstatue). Nur langsam verdrängt der Fetisch das Idolatrie-Konzept aus dem ethnographischen Diskurs. Dem Wort *fetisso* liegt lat. *factitius* zugrunde, ‹das Hergestellte› im Gegensatz zum Natürlichen und Gewachsenen *(terrigenus)*. Diesen Gegensatz hatte Plinius d. Ä. für die Einteilung von Objektklassen seiner «Historia Naturalis» benutzt, in Abwandlung des griechischen Gegensatzes von *physis* und *techné*. Fetische wurden folglich als künstlich hergestellte Dinge verstanden (später bemerkte man, dass auch natürliche Objekte und Lebewesen zu Fetischen erhoben werden können). Im Portugiesischen des 16. Jahrhunderts bilden sich die Wörter *feitiço, feitiçaria, feitiçeiro*, im Spanischen dann *fetiche* oder *fechiceria, fechura* (magische Herstellung), *fechizo* (= magisches Objekt), *fechicero* (= Magier). *Fetish/fétiche/Fetisch* sind Lehnwörter aus dem Portugiesischen, von Autoren außerhalb des portugiesischen Empires, vor allem von Holländern in die nordeuropäischen Sprachen verbreitet. So meint William Pietz (1988), dass der nordeuropäische Gebrauch des Worts auf das in viele Sprachen übersetzte Buch von Willem Bosman (1704/1967; 1708[14]) zurückginge. Willem Bosmans in 21 Briefen geschriebenes Werk erschien 1704 zuerst auf Holländisch, 1705 in Französisch und Englisch, 1708 auf Deutsch, 1752 in Italienisch, teilweise in mehreren Auflagen: Dies allein ist schon ein Indiz der Verbreitung des Buchs dieses hohen, dann aber gefeuerten Angestellten der Holländischen Ost-Indien-Companie. Bosmans «account has long been considered classic and authoritative», schreibt der Herausgeber Wilis im Vorwort (Bosman 1704/1967, XX). Der Erfolg Bosmans ist auch ein Effekt des «Golden Age of the Dutch Republic» (ebd., VIII). Jedenfalls sind Wort und Sache ‹Fetisch› im Europa des 18. Jahrhunderts weitgehend bekannt. Doch zeigte sich schon der holländische Kaufmann Pieter de Marees in seiner Beschreibung der Goldküste über Fetischgebräuche informiert (Marees 1602/1987; Museum für Völkerkunde 1986, 16). Auch der Schweizer Samuel Brun (1613), der Holländer Pieter van den Broeke

(1612), der Engländer Andrew Battell (1613), die Niederländer F. Capelle (1638–41) und Olfert Dapper (1641), neben vielen Italienern, schrieben, zum Teil mehrfach übersetzt, im 17. Jahrhundert über afrikanische Fetisch-Gebräuche (vgl. Palme 1977). Auch der 1633 geborene Hamburger Wilhelm Johann Müller berichtete in seinem 1673 erstveröffentlichten, dem dänischen König Christian V. gewidmeten Buch «Die africanische auf der Guineischen Gold-Cust gelegene Landschafft Fetu» relativ vorurteilsfrei über die Kolonialgeschichte Afrikas und die Fetisch-Praktiken der indigenen Bevölkerung. Müller ging 1662 als Prediger der dänisch-africanischen Compagnie nach Afrika, um dort im dänischen Fort Frederiks Borg zu dienen. Das heißt: Lange vor Willem Bosman bestand auch außerhalb der Iberischen Halbinsel und auch in protestantischen Ländern ein internationales Wissen über Fetische, zumeist eingeordnet in die zeitübliche Genreform der Landesbeschreibung (Land und Natur, Dörfer und Städte, weltliche Stände, Herrschaft und Gerichtsbarkeit, Nahrungsproduktion, Feste, häusliches Wesen, Sitten). Dabei wurden die Fetische meist unter religiösen Praktiken oder dem Titel der Abgötterei behandelt. Offenbar bestand schon früh eine Ahnung davon, dass wenigstens auf sprachlicher Ebene der Fetischismus ein von Europa entlehntes Phänomen ist. Müller berichtet, dass die Afrikaner ihre Sakralobjekte nur in Gesprächen mit Weißen «fitisiken» oder «fetiso» nannten, aber auf Befragung nicht anzugeben wüssten, was denn ein «fetiso» sei. «Woher sie diesen Nahmen entlehnet / weiß man eigentlich nicht» (1676, 44). Dieses Bezeichnungsproblem zieht sich hin bis zu dem Ethnologen A. C. Haddon, der schon 1906 den Terminus Fetischismus religionsanalytisch für unbrauchbar hielt, oder zu Marcel Mauss, der das Wort Fetischismus wegen seiner christlichen und kolonialistischen Belastung auszumustern und durch indigene Ausdrücke zu ersetzen vorschlug (Mauss 1969, 244/45; Pontalis 1972, 197/98; Bonnafé 1972, 234f.; Museum für Völkerkunde 1986, 35/37).

In seiner historischen Einleitung berichtet Wilhelm Johann Müller 1676 von der ersten Entdeckung der Goldküste 1470/71 durch die Portugiesen Joano de Santarém und Pedro de Escobar. Nach der Reformation seien zunehmend auch Engländer, Franzosen und Holländer gekommen, sodass fortan die Länder um den «Golf von Biaffra» heftig umkämpft und wechselnd besetzt worden seien. 1598 begannen holländische Siedlungen. 1612 wurde das Fort Nassau gegründet. Bei den vielen militärischen Auseinandersetzungen im 16. und 17. Jahrhundert ging es neben konfessionellen Konkurrenzen vor allem um die politisch-ökonomische Herrschaft an der Goldküste, besonders um das Monopol im Sklavenhandel, soweit er von der Goldküste aus nach Brasilien organisiert wurde. 1642 erlangten die Holländer das Privileg des Sklavenhandels. Müller schätzte die Zahl der Sklaven, die von der Goldküste nach Brasilien zwangsverschleppt wurden, bereits auf eine Million.

Portugiesische Missionare sahen, ihrem theologischen Sprachgebrauch gemäß, im Fetisch-Gebrauch *idolatrische* – abergläubische, götzendienerische, dämonisch-teuflische – Praktiken und ersetzten die verehrten Komposit-Objekte der Afrikaner des Öfteren mit Hilfe von Gewalt durch christliche Heiligenbilder, Marien- und Christus-Statuen, Devotionalien und geweihte Dinge, besonders auch durch Reliquien. Noch 1859 berichtet Adolf Bastian: «Die katholischen Missionare waren für einige Zeit sehr stolz darauf, diesen Zweig des Fetischdienstes gründlich dadurch ausgerottet zu haben, daß auf ihre Befehle ... hin christliche Symbole an die Stelle der Fetische traten.» (79) Von Beginn an wurde übersehen, dass die christlichen Gebräuche von den Afrikanern genau in dem Sinn verstanden wurden, in welchem die Missionare die heidnischen Sakralgegenstände, Amulette und Privatfetische deuteten: als magische Zaubermittel. Als 1490 Johann da Silva in den Kongo aufbrach, führte er große Mengen liturgischer Sakralgegenstände mit sich (Palme 1977, 15), die in den primitiven Kirchen für die Gottesdienste mit den Getauften in Gebrauch standen. Früh begannen die Portugiesen mit dem Verbrennen afrikanischer Kultobjekte, die als zauberische und dämonische Fetische galten: Sie, die Katholiken, übten den ‹Bildersturm›, den in Europa die protestantischen Schwärmer an den katholischen Kultobjekten und Kultbildern betrieben. Fetischdienst wurde unter Strafe gestellt. Immer wieder forderten die Missionare Nachschub an christlichem Sakralgerät, um damit die mächtigen Fetische der einheimischen Fetischpriester zu bekämpfen. Man erkannte nicht, dass der Fetischismus ein synkretistischer Effekt ist, der erst durch die Implementierung christlicher Idolen- und Reliquienverehrung in die magisch-religiöse Struktur der Stammeskulturen hervorgerufen wurde. Für spätere Jahrhunderte ist sicher belegt, dass die so genannten Spiegel- oder Nagelfetische erst durch europäische Einflüsse entstanden (Palme 1977). Belegt ist auch, dass z. B. Jesus im Sinne eines übergeordneten Clan-Fetischs verehrt, das Kruzifix als Zauberfetisch gebraucht oder etwa Bildnisse des heiligen Antonius – ausgerechnet! – als Fruchtbarkeitsfetische von Afrikanerinnen zwischen den Beinen getragen wurden (Museum für Völkerkunde 1986, 21/18). Selbstverständlich wurden auch profane Objekte, etwa kleine Geschenke der Europäer, dem magischen System der Afrikaner eingemeindet und fanden Verwendung in religiösen, apotropäischen, zauberischen, medizinischen, prognostischen u. a. Praktiken (Museum für Völkerkunde 1986).

Diese eigenartigen Vertauschungen, die am Ursprung des Fetischismus stehen, kann man mit Pietz als *cross cultural encounter* verstehen (1987, 44f.), als Zusammenstoß und eigenartige Vermischung der materiellen Kulturen zweier Kontinente. Es ist indes nicht richtig, wenn Pietz den Fetischismus als ein Konzept ansieht, das aus dem europäischen Rationalismus hervorgeht. Pietz argumentiert, dass in den Augen der Europäer die Afrikaner über keinen Kausalitätsbegriff verfügten und deswegen magische Mächte dort sähen, wo kausale Kräfte wirkten. Während die Europäer, so Pietz, von einer fundamentalen Überpersönlichkeit materialen Geschehens ausgingen, würden die Afrikaner unpersönliche Naturkräfte personifizieren (ebd., 40). In den frühen Zeugnissen gibt es jedoch keine Belege für diesen Gegensatz. Dieser taucht erst in der Religionskritik des 18. Jahrhunderts auf. Abgesehen davon verfügten die europäischen Entrepreneure ihrerseits über keinen modernen Kausalitätsbegriff (den man allenfalls für Reisende der Aufklärungszeit annehmen kann). Dagegen kannten die Theologen seit dem Mittelalter die Kritik an abergläubischer Ursachensetzung, durch die der Herrschaftsraum Gottes mit gegengöttlichen, dämonischen oder magischen Kräften besetzt werde. Genau diese abergläubische Ursachensetzung (und nicht etwa einen Verstoß gegen Kausalität à la Galilei oder Newton) erkannten sowohl die katholischen als auch die protestantischen Europäer im Fetischismus wieder. Da Pietz zwischen dem Idolatrie- und dem Fetischdiskurs einen epochalen und einen konfessionellen Bruch setzt, muss er leugnen, dass das Fetischkonzept aus dem Zusammenprall christlicher und paganer Vorstellungen hervorgeht: Der Fetischbegriff wurde zuerst gebildet, um religiöse Ding-Gebräuche in afrikanischen Stammesgesellschaften zu bezeichnen und abzuurteilen. Dem wird seit dem 18. Jahrhundert – und hier ist Pietz Recht zu geben – von nordeuropäischen Händlern und protestantischen Aufklärern hinzugefügt, dass im Fetischismus sowohl eine naturwissenschaftlich falsche Ursachensetzung (*superstitious misunderstanding of causality*, ebd., 41) als auch ein falscher Wertbegriff herrsche. Es musste die ökonomische Tauschrationalität der Europäer skandalisieren, dass Dinge, die in ihren Augen Kinkerlitzchen (*trinkets and trifles*, ebd., 41) darstellten, extrem hoch bewertet wurden, während andere Dinge von großem Wert den Afrikanern wertlos erschienen und unterwertig getauscht wurden. In der fetischisierenden Wertsetzung von Dingen durch die Afrikaner herrschten Zufall, Phantasie und undurchsichtige Willkür. Wo keine Technik, keine Naturwissenschaft, keine Auffassung der Materie als mechanischer Zusammenhang, kein rationales Tauschprinzip herrschten, da entspringe, als Reflex des rationalen Handelskapitalismus, die Konzeptualisierung Afrikas als Land des irrationalen Fetischismus. Es ist evident, dass all diese Merkmale der Fetischpraxis erst durch aufgeklärte Reisende des 18. Jahrhunderts kreiert wurden; den ‹Ursprung› des Fetischkonzepts stellen sie auf keinen Fall dar.[15] Der Gewährsmann von Pietz, Willem Bosman, spricht den Fetischdienst auch ausdrücklich als Götzendienst an (Boßmann 1708, 179ff.). Es ist deswegen falsch, zwischen Idolen und Fetischen so zu unterscheiden, dass Letztere Werte und Kräfte material *verkörperten*, während Erstere diese nur *bedeuteten*. Weil Idolatrie immer die geglaubte und verehrte Realpräsenz numinoser, personhafter oder transpersonaler Mächte und Kräfte in Gegenständen bezeichnete, kann es keinen Gegensatz zu Fetischen geben. Diese Auffassung vertrat zu Recht der Religionswissenschaftler Richard M. Meyer schon 1908 (325ff.). Nur darum konnten Protestanten, die den afrikanischen Fetischismus vor Augen hatten, diesen mit den katholischen Sakralgeräten, Bildern und Statuen identifizieren. Das Wort *feitiço* verdankt sich zwar einer «location between alien cultures» (Pietz 1987, 39), aber es transformierte dabei den theologischen Idolatriediskurs in den neuen Zusammenhang der Kolonisierung und Missionierung Afrikas.

Entscheidend für das 16. und 17. Jahrhundert war: Was als Fetischismus abqualifiziert wurde, entsprach zwar nicht dem Inhalt, wohl aber der Struktur nach der christlichen Idolenverehrung, der Reliquienpraxis, dem Glauben an wundertätige Statuen, den liturgischen Zeremonien mit geweihtem Gerät u. a. Ahnungslos vollzogen europäische Christen am Fetischgebrauch die Argumente nach, die schon Tertullian, Augustin oder Thomas gegen die heidnische Idolatrie aufgeboten hatten – die aber ebenso gut gegen ihren eigenen christlichen Bilderkult eingewendet werden konnten.[16]

Durch *protestantische* Holländer entsteht allerdings auch ein erster Rückschlag des Fetischismus auf die Europäer selbst: Holländer und später Engländer prägten das polemische Deutungsmuster, wonach die Fetischpraktiken der Afrikaner den Reliquien- und Bildgebräuchen der *Katholiken* entsprächen. Seither lassen Ethnographen selten die Gelegenheit aus, katholische, volksfromme oder bäuerliche Gebräuche des voraufgeklärten Europas mit dem afrikanischen Fetischismus zu vergleichen (Boßmann 1708, 187f.; Meiners 1806/07, Bd. 1, 178–85; Reinhard 1794, 22–34).[17] Spätestens in der ersten Hälfte des 18. Jahrhunderts fusionierten die Berichte der Ethnographen mit dem Aufklärungsdiskurs: Damit ist das Muster geprägt, wonach afrikanische Magie und Zauberei, Fetischdienst und Aberglaube dasselbe seien wie katholische Riten oder die abergläubischen Praktiken der alteuropäischen Volkskultur. Die aus der Religionskritik der Aufklärer bekannte Priestertrug-These wird angewendet auf das Verhältnis von Machtvorteile suchenden Fetisch-Priestern zu ihren in Angst gebannten Fetischgläubigen (Müller 1676, 58f., 70–74; Boßmann 1708, 448ff.; Brosses 1785, 166ff.; Meiners 1806/07, Bd. 1, 507, 513, 515ff.): Die Fetischpriester gründen Geheimbünde mit Geheimsprachen und Arkanpraktiken, sie kennen keine Mühsal und Arbeit, sie maßen sich Privilegien an, sie sind Ausbeuter und Trickbetrüger, sie sind Müßiggänger, die die Gläubigen ausplündern, sie sind Ausbeuter der Ehrfurcht und Politiker von Interessen und Macht. Was Christoph Meiners hier sinngemäß aus Constantine Francis Chassebeuf de Volneys «Voyage en Syrie et en Egypte» von 1787 entnimmt und auf die afrikanischen Fetischpriester überträgt, ist ein klassisches Argument der aufklärerischen Religionskritik, insbesondere am Katholizismus, sowie an der

Geheimbundpraxis von Herrschaftseliten im 18. Jahrhundert. Fetischismus ist ein Zerrspiegel Europas. Er ist Religion in ihrer unaufgeklärtesten, dumpfesten und primitivsten Form, sozusagen afrikanischer Katholizismus und Despotismus in einem. Bosman und Brosses glauben erkannt zu haben, wie Fetischpriester junge Mädchen mit magischen Tricks von ihren Eltern trennen, diese dafür noch zahlen lassen und die Mädchen dann sexuell missbrauchen. Der Fetisch wird zum manipulativen Instrument für Ausbeutung, Sexualität, Profit und Herrschaft (Boßmann 1708, 448ff.; Brosses 1785, 73).

Den Fetischismus aufzuklären heißt nicht, ihn zu verstehen, sondern ihn zu bekämpfen und aufzulösen. Doch übersehen die Aufklärer bis zu Hegel völlig, dass sie damit blind, also unaufgeklärt, einem kolonialen, kulturzerstörenden Impuls folgen: Es kann gar nicht in den Blick kommen, dass der afrikanische Fetischismus ein komplexes System der Ordnungserzeugung, der Handlungssteuerung, der Grenzbewahrung, des Schutzes, der Angstbewältigung, der symbolischen Sinnstiftung und der rituellen Integration von Gemeinschaften wie Individuen darstellt. Diese sozialen Ordnungsfunktionen des Fetischismus hatten voraufklärerische Autoren wie Wilhelm Johann Müller (1676) noch deutlich, wenn auch nicht vorurteilsfrei erkannt. Ebendies sind Mechanismen, auf die keine, auch keine aufgeklärte und moderne Gesellschaft verzichten kann. Die rabiate Fetischkritik enthält einen hochmütigen, selbstverkennenden und kulturhegemonialen Impuls – und diese Züge haften den Fetischismuskonzepten bis heute an.

Die Frage ist, warum im europäischen Fetischkonzept der ersten Jahrhunderte so viel Selbst- und Fremdverkennung wirkte. Dafür gibt es eine Reihe von (religionspsychologischen) Antworten. 1. Die Europäer erkannten nicht, wie sie von den Afrikanern wahrgenommen wurden, nämlich als diejenigen, die im Besitz der überlegenen Fetische waren; 2. sie projizierten die in ihrer eigenen Religion ebenso verbotene wie geübte Idolatrie auf die Schwarzen; 3. im strategischen Interesse polte man die magischen Kulte, die man nicht verstand, auf die eigenen, ‹stärkeren› Kultobjekte um (das erkennt schon Budge 1911/1973, Bd. 2, 196–202); 4. sie beförderten unbewusst damit bei den Afrikanern das, was zwischen ihnen und diesen ähnlich war, um es gleichzeitig als das radikal Unähnliche zu verfolgen; 5. die Einführung des abstrakten monotheistischen Gottes schuf auf der Ebene der täglichen Praxis eine symbolische Leere, die durch die Vermehrung von Fetischen, indigenen wie katholischen oder synkretistischen, ausgefüllt wurde. In Letzterem verbirgt sich eine peinliche Strukturähnlichkeit zum Katholizismus. Viele Reisende berichteten davon, dass die Afrikaner einen höchsten Schöpfergott annähmen, der zu erhaben sei, um sich um die täglichen Sorgen der Menschen zu kümmern (Boßmann 1708, 177; Museum für Völkerkunde 1986, 11). Darum stünden die Sorgen um Krankheit und Gedeihen, um Feindschaft und Gemeinschaft, um Wachstum von Pflanzen und Tieren, um Arbeit und Feier, stünde also die Daseinsvorsorge in Regie der Ahnen und Dämonen, der unpersönlichen Mächte und Kräfte, mit denen im Austausch zu stehen die Aufgabe der Fetische ist. Dies entspricht der enormen Ausdehnung der dinglichen wie spirituellen, aber eben auch magischen und abergläubischen Mittlerschichten im Katholizismus. Insofern ist der Fetischismus von Anfang an eine Form des Synkretismus europäischer und afrikanischer Religionspraktiken (Hirschberg 1971, 1972), eines Synkretismus, den die Europäer umso weniger wahrnehmen konnten, als sie ihn an sich selbst verleugnen mussten.

Aus der Sicht der Europäer wurde Fetischdienst zudem oft mit pejorativen Charakteristiken der Afrikaner überhaupt verbunden: Diese seien unsittlich, kindlich, naiv, lasterhaft, tierisch-sinnlich, grausam, barbarisch, blutgierig, fatalistisch, träge, fanatisch – und diese Merkmale zeigten sich alle auch im Fetischdienst, der zudem in der Hand von betrügerischen Priestercliquen oder Despoten liege. Darin wird die Interpretation des Fetischismus als primitive, verblendete, politisch autoritäre, infantile, perverse Welteinstellung vorweggenommen, wie sie sich noch bei Marx und Freud zeigt. Der Fetischismus wird zur Quintessenz des kolonialistisch beherrschten Afrikas, worin sich dieses vor der weißen Herrenschicht verbarrikadiert hatte. Der Fetischismus ist die dunkle Barriere, welche die Durchdringung Afrikas nach den Prinzipien der Weißen blockierte oder zumindest erschwerte (vgl. Museum für Völkerkunde 1986, 27f.).

4 Die magische Dinglichkeit der Fetische

Fetische sind stets Dinge, die auch figurale Form haben können. Fetische vermitteln immer zwei Elemente: 1. die geistige Potenz, d. i. die Wirkmacht, die (vom Standpunkt der Weißen aus) dynamistisch, magisch, dämonistisch, spirituell, manistisch interpretiert werden kann, 2. das materielle Objekt, in dem die Macht wohnt (Museum für Völkerkunde 1986, 11). Diese Macht kann bestimmten Fetischen ‹von sich aus› innewohnen; zumeist aber ist die Herstellung von Fetischen mit zeremoniellen Konsekrationen verbunden, durch die spezielle Experten die ‹Macht›, die ‹Kraft› oder den ‹Geist› in das Ding einpflanzen, sodass dieses eine magische Wirkkraft erhält (die rituell erneuert werden muss). Dieser Vorgang ist für viele Religionen (und auch für das Christentum, sofern es die konsekrierenden Überführung von profanen in heilige Objekte kennt) bezeugt und stellt deswegen keine spezifisch afrikanische oder gar primitive Schicht des Religiösen dar. Das sichtbare Objekt ist die Hülle, das Gefäß, die Wohnstatt der Macht. Im präzisen Sinn sind im Fetischismus alle Objekte Semiophoren (Pomian 1988, 51–53). Sie sind darin immer auch Geheimnisträger, weil die «innewohnende Kraft» unnennbar bleibt; aber sie kann «durch Gaben oder Opfer aktiviert und manipuliert werden». «Fetische stehen vor allem im Dienste der Gemeinschaft – so wenigstens die großen Fetische», während daneben unabsehbar viele Privatfetische in Gebrauch stehen, die den einzelnen Lebenszyklus sowie das häusliche und arbeitende Leben regulieren. Fetischismus wurde zunächst als ein rein afrikanisches Phänomen angesehen; Afrika war der Kontinent des Fetischismus schlechthin, wie es noch Hegel dekretierte. Seit dem 18. Jahrhundert wurde der Fetischismus indes universalisiert zu einem «weltweiten Phänomen», weil das darin ausgedrückte «dynamistische Weltbild» (Dynamismus), «der sog. Kraftglaube» in weltweiter Streuung beobachtbar ist (Museum für Völkerkunde 1986, 11–14).

So gefasst findet das Wort Fetischismus tatsächlich Referenten in afrikanischen Kulturen. So ist etwa *Nkisi* ein Schlüsselbegriff in zahlreichen Bantusprachen; *Nkisi* umfasst Substanzen wie Objekte, Masken wie Zauberfiguren und beschreibt *ebenso* das Erleiden wie das aktive Manipulieren von Kräften. Nkisi bezeichnet die Wirksamkeit von Objekten, in denen Geister oder Ahnen handeln (MacGaffey 1977). Es gibt private, familienzentrierte und gemeinschaftliche Nkisi. Die Dinge haben oft ihren eigenen Lebenszyklus, sie altern, lassen in ihrer Zauberkraft nach, sie werden in Hütten bewahrt, gepflegt und bewacht. Sie können auch, wenn ihre Wirksamkeit sich nicht mehr erneuern lässt, begraben werden (so kannte man auch im antiken Griechenland die Sitte der Statuenbegräbnisse). Durchweg fungieren die Fetische als *die* Problemlöser des Dorfs (Phillips 1996, 283).

Der Sache nach bezeichnet Fetischismus also die Verbindung von artifiziellen Dingen und dynamischer Kraft. Sie ist ambivalent, schützend wie bedrohend. Was an Fetischen dynamisch wirkt, ist numinos bzw. hängt von der Deutungsperspektive der europäischen Beobachter ab: Es können Ahnen (Manismus), Dämonen oder Geister (Dämonismus), unpersönliche magische Mächte (Magie) oder Kräfte (Dynamismus), eine allgemeine Beseeltheit (Animismus) oder die Wirksamkeit von Verwandtschaftsbeziehungen (Totemismus) sein. All dies sind durchweg keine afrikanischen, sondern europäische Konzepte vor allem des 19. Jahrhunderts (Museum für Völkerkunde 1986, 29–30). Ein Ding ist immer dann zum Fetisch geworden, wenn die Kraft, zu der man sich in Beziehung setzen will, ihre Wohnung in dem Gegenstand nimmt und damit ‹handhabbar› wird. Dann sprechen wir von geist- oder kraftgeladenen Dingen. Fetische sind dabei durchweg Mittel, diese Kräfte gemäß eigenen Wünschen zu dirigieren und zu manipulieren. Fetische sind «dingliche Machtmittel» (Dammann 1978, 18) oder «dingliche Objektivationen heiliger Macht» (Goldammer 1960, 62). Sie dehnen das Handlungsspektrum aus. Sie konzentrieren künstlich abgezweigte Energien aus dem allgemeinen magischen Fluss von Kräften, die dadurch steuerbar und nützlich werden. (Übrigens ist die europäische Technik lange Zeit nichts anderes, nämlich Magie.) Fetische wirken nicht einfach von sich aus. Die Kraft, die sie entfalten sollen, wird ihnen implementiert, und erst dann sind sie, was sie sollen: mächtig und wirksam. «Der Fetisch ist die Aufbewahrungsstätte für die Wunschkraft des Menschen» (Meyer 1908, 335). Sie entfalten sich erst in einem so genannten *«magischen Milieu»*, das vom profanen unterschieden ist und worin sie positioniert werden müssen, um überhaupt wirksam werden zu können. Auf diese notwendige Einbettung insbesondere in komplexe Riten weist schon Mac-Gaffey hin (1977). É. Durkheim (1912/1994) setzt zwischen Magie und Religion einen strikten Gegensatz, was wenig überzeugend ist, weil für viele Kulturen die Magie der Ausdruck ihrer Religion ist und umgekehrt keine Religion vorstellbar ist, die nicht magische Elemente aufweist. Der plastische Charakter von Fetischen setzt eine hoch stehende handwerkliche Kunst voraus, wie sie erst in sesshaften und gut entwickelten Agrarkulturen zu finden ist. Der Fetischismus, der den Europäern zuerst begegnet, ist eng mit afrikanischen Königtümern verbunden (Museum für Völkerkunde 1986, 48–51). Fetische können deswegen sowohl Hierophanien sein, in denen das Heilige erscheint, wie Kratophanien, in denen die Herrschaft sich darstellt. Die Alltagsfetische sind handlich und werden oft am Körper getragen (etwa in der Achselhöhle, am Arm, um den Hals etc.). Der Anwendungsbereich des Fetischismus erstreckt sich mithin auf alle relevanten Dimensionen des Stammeslebens.

Fetische sind fast immer zusammengesetzte Gegenstände. Christoph Meiners nennt sie «Fetisch-Bündel»: Ein «Complexus von Dingen, welche einen zusammengesetzten Fetisch ausmachen, enthält nicht selten Produkte menschlicher Kunst: weswegen man sie als eine Mittelart von natürlichen und künstlichen Fetischen … betrachten kann» (Meiners 1806/07, Bd. 1, 157/58). Wir würden, in der Perspektive moderner Kunst, solche Complex-Fetische heute als Assemblagen bezeichnen. Die in oder an ihnen befindlichen Behältnisse spielen eine ähnliche Rolle wie die Reliquiare: Hörner, Muscheln, Bündel, Verschnürungen, Beutel, Körbchen, Schachteln, Töpfe, umflochtene Ballen, Nussschalen, Tierpanzer, Hufe, Säckchen, Töpfe dienen der Aufbewahrung der magischen Substanzen. Auch die Nagel- und Spiegelfetische beherbergen durchweg Gefäße.

Die eingelagerten Substanzen haben Zauber- und Symbolbedeutungen, die den weißen Ethnographen meistens unbekannt blieben. Die wundertätigen Ingredienzen sind Kombinationspräparate wie die Fetische selbst. Tierische, mineralische und pflanzliche Anteile, Krimskrams, «Dingelchen-was-immer» (wie Adolf Bastian 1894, 5[18] sagt), *trifle and trinket*, wie englische Ethnographen schreiben, worin sich Ignoranz wie Arroganz zugleich ausdrücken. Die Substanzen werden von Experten nach Arkanrezepten durch Mörsern, Stampfen, Zerstoßen, Kochen, Rösten etc. zubereitet. Die Rezepturen dienen der Kraftaufladung. Viele vegetabile und tierische Stoffe werden benutzt: Hörner, Felle, Federn, Häute, Krallen, Blut, innere Organe, Schuppen, Schnäbel, Zähne, Krallen, Schnurrhaare etc. Darin wirkt das *Pars-pro-Toto*-Prinzip (Synekdoché), das geradezu *die* Fundamentalstruktur des Fetischismus darstellt; denn in den Teilen bemächtigt man sich (der Kraft) des Ganzen. Im Blick auf die Verwandtschaft mit dem Reliquienkult ist auffällig, dass auch Körperteile von Menschen benutzt werden. Auch sie substituieren den ganzen Menschen. Oft wird von der Angst der Afrikaner berichtet, dass andere in den Besitz von Haaren, Nägeln, Samen, Ausscheidungen oder Blut kommen und dadurch Macht über sie gewinnen könnten. Organe, Knochen, Geschlechtsteile, Herz oder Blut von mächtigen Toten sind «Reliquien im eigentlichen Sinn» (Museum für Völkerkunde 1986, 80).

Fetischismus und Magie gehören insofern zusammen, als Magie der Versuch ist, die Welt unter Kontrolle zu bringen (Mauss 1902/03/1989, Bd. 1, 43–182); genau dies sollen Fetische leisten. Sie zeigen ferner eine performative Struktur: Sie haben eine eigene *Agency*, kraft deren sie die eingeschlossenen Mächte zur Entfaltung bringen. Sie sind mithin dingliche Agenten von Macht (Museum für Völkerkunde 1986, 35). Darum auch konnten die technischen Geräte der Europäer als Fetische verstanden werden. Sie offenbaren in der Wahrnehmung der Afrikaner, was Fetische per definitionem sind: Kraftwirkungen.

In der Ethnologie und Religionswissenschaft bis weit ins 20. Jahrhundert wird, m. E. unzutreffend, zwischen Magie und Religion unterschieden in der Weise, dass Religion eine Gehorsamsbeziehung darstelle, die Magie hingegen auf die aktive Beeinflussung der Dinge und Verläufe in der Welt ziele (Museum für Völkerkunde 1986, 52). Die Herauskehrung des Manipulativen wird oft benutzt, um den Fetischismus und die Magie zu denunzieren (z. B. als Hexen- und Zauberwesen oder als Priesterbetrug). Doch auch Hochreligionen kennen die aktive Beeinflussung des Schicksals, der Zukunft oder gar des Jenseits. Opferbeziehungen nach dem *Do-ut-des*-Prinzip finden sich sowohl im Fetischismus als auch im Christentum. In Afrika gibt es keine Kultur, die nicht von der Kraftladung der Dinge ausgeht, der Tiere, der Pflanzen, der Menschen, der Teile dieser Wesen, auch der Steine, der Mineralien, der Stoffe. Zwar gibt es keinen Naturbegriff (als abstraktes Rahmenkonzept), doch wird die gesamte Natur in allen ihren Teilen kraftgefüllt vorgestellt (Dynamismus). Auch Amulette und Talismane weisen diese Kraftladung auf, ebenso wie die Idole, Reliquien, Sakramente im Christentum oder die magischen Objekte der heutigen Popularkultur. Alle Dinge haben also eine Macht, die zu beeinflussen das Phänomen des Fetischismus kreiert.

James G. Frazer, darin Tylor (1871/73) folgend, unterscheidet mimetisch-sympathetische Magie von der auf Übertragung beruhenden, kontagiösen Magie, die als Imprägnierung oder Ansteckung wirkt (Museum für Völkerkunde 1986, 56, dagegen Mauss 1969, Bd. 1, 45–47). Die erste Form funktioniert aufgrund von Ähnlichkeitsbeziehungen, die zweite aufgrund des *Pars-pro-Toto*-Prinzips. Beide Formen sind keineswegs nur für archaische Kulturen charakteristisch; im Europa der Renaissance begründen sie geradezu die Wissenschaften, wie Michel Foucault in seinem Buch «Die Ordnung der Dinge» (1974, 46–77) gezeigt hat. Zeitparallel zur Entdeckung des Fetischismus in Afrika herrscht mithin in Europa ein Typ von Episteme, welcher der afrikanischen Magie strukturanalog ist. Auch dies spricht dafür, dass der Fetischismus von Beginn an ein synkretistisches Konzept ist, in welchem sich europäische wie afrikanische Faktoren mischen.

Ähnlich wie man im Europa der Renaissance zwischen schwarzer und weißer Magie unterscheidet, kennen auch die Afrikaner schadens- und heilzauberische, verbotene und erlaubte, geregelte und wuchernde Magie. Die Zerstörung und Verbrennung von Fetischen geht keineswegs nur auf christliche Missionare zurück, sondern ist ein innerafrikanischer Vorgang: Stammeskönige lassen Fetischrazzien durchführen, weil die wild wuchernden Privatfetische die soziale Ordnung zu dissoziieren drohen: ein Fall von afrikanischem Ikonoklasmus. Bei diesen Fetisch-‹Stürmen› sind die Clan-Fetische und die Fetische der politischen Macht ausgenommen. Es geht allein gegen die unkontrollierte Ausbreitung von Fetischen bei den Untertanen (Museum für Völkerkunde 1986, 58ff.). Historisch ist unsicher, ob es diese bilderstürmerischen Züge schon vor dem Auftreten der Weißen gab. Immerhin begann die europäisch-afrikanische Begegnung am Ende des 15. Jahrhunderts mit dem Ikonoklasmus der Weißen an afrikanischem Sakralgerät, das durch christliche Kultobjekte ersetzt wurde. Schon 1517 gibt es Zeugnisse, dass Missionare dringend um die Einfuhr von Kirchenschmuck und Kultobjekte bitten (Palme 1977, 155). Die Christen ersetzten systematisch die Fetische durch christliches Symbolgerät. Das hielt während des 16. und 17. Jahrhunderts an.

Mit großer Verwunderung berichten Reisende immer wieder davon, dass Afrikaner ihre Fetische, wenn sie nicht wunschgemäß funktionierten, mit Wut und Enttäuschung bestraften, sie gar schlugen, verkauften, zerstörten oder verbrannten, was dem Göttinger Professor Meiners ganz unverständlich ist (1806/07, Bd. 1, 179). Gelegentlich wurden offenbar auch Sammlungen verbrauchter und kraftloser Fetische angelegt. Schon Bosman hatte Ähnliches berichtet: Wenn der Fetisch seinen Zweck nicht erfüllt, «so verwirft er ihn als einen undienlichen und untauglichen Gott» (1708, 445). So würden die Afrikaner «nach eigenem Belieben» Götter an und wieder absetzen / indem wir die eigene Erfinder und Meister seyen dessen welchen wir opfern.» (ebd.) Dieser Satz seines Gewährsmanns gefällt dem Protestanten Bosman, und er kommentiert, dass dies auf der ganzen Welt so sei. Die meisten Europäer waren indes gewohnt, dass das Heilige durativ in Statuen und Reliquien präsent bleibt, während sie hier mit einem ebenso utilitaristischen wie transitorischen Gebrauch konfrontiert waren, der das Fetischwesen noch unübersichtlicher machte, als es ihnen ohnehin vorkam. Fetische, so zeigt sich hier, erfüllen genau, was in der Bibel, von Tertullian, Augustin oder Thomas über Idole gesagt worden war: Sie sind Machwerke und zeigen den transitorisch-endlichen Charakter, den alles Materielle trägt.

Schwer erträglich war den Europäern ferner die eigenartige Verbindung aus Zufälligkeit und Heiligkeit bei der Fetischbildung. So lässt Willem Bosman seinen Gewährsmann berichten:

«Sooft jemand unter uns was Wichtiges unternimmt / suchet er also bald einen besonderen Gott zur glücklichen Ausführung seines Vornehmens / und in solchen Gedanken von Hause ausgehend / hält er dasjenige vor seinen Gott was ihm zuerst ins Auge fällt / ein Hund / eine Katze / oder andres Thier / ja selbst auch leblose Dinge / als Steine / Holtz und dergleichen; dem er von Stunden an etwas opffert und darreichet / mit

Versprechen / fals er sein vornehmen glücklich und wohl gelingen liesse / wolle er ihm jederzeit vor seinen Gott auf und annehmen.» (Boßmann 1708, 444/45)

Diese Szene ist aus zwei Gründen interessant: Zum einen zeigt sie, dass Fetische nicht nur Artefakte, sondern auch natürliche Objekte sein können; zum anderen wird der Fetisch durch etwas generiert, was man den ‹bedeutenden Zufall› nennen kann: Die beiläufige Erstbegegnung *(first encounter)* mit einem Ding oder Lebewesen ‹verwandelt› dieses augenblicklich zu einem heiligen Objekt. Diese Art Fetische unterscheiden sich deutlich von den handwerklich hergestellten. Doch die Zufälligkeit ist für die Europäer ein Beleg für die unsinnige Willkür, die im Fetischwesen generell herrschen soll. Man träumt in der Nacht von einem Ding oder stößt am Morgen als Erstes mit dem Fuß an einen Stein – und schon sind es Fetische (Meiners 1806/07, Bd. 1, 174). Charles de Brosses berichtet folgendes Ritual: Ein Neugeborenes legt man in der Nacht nackt auf ein glatt gestrichenes Aschenareal. Am Morgen wird geprüft, welche Tiere im Aschenbezirk Spuren hinterlassen haben. Diese Tiere sind fortan die Schutzfetische des Neugeborenen (Brosses 1785, 31f.). Auch dies dient als ein Beispiel für die Zufälligkeit, welche die Europäer am Fetischismus so provozierte.

Diese Kontraste von Sakralität und Zerstörung, von Heiligkeit und Zufall der Sakralobjekte wiederholt sich in dem Wertskandal, dass immer wieder sinnlose und wertlose Dinge Tabu-Charakter erhielten. Müller (1676, 49/50) beschreibt eine Ansammlung von Stockhaufen. «Bey solchen Hauffen findet man einen anderen großen langen Stock / an welchem allerhand Lumpereyen / Bast von den Bäumen / Hüner-Knochen / Schaaf- und Ziegenköpffe mit Blut gefärbet / Eyerschalen / ja auch alte Windeln hängen.» Dies wird als «grosses Heiligthumb» geachtet. Bei den «Erb- und Hauß-Götz» findet Müller geschmückte Körbe, versehen mit Glocken und Bändern: einen «Fitiso-Korb», in welchem sich «allerhand Lumereyen und nichtige Dinge» finden. Ohne Rücksicht auf das Berührungstabu und gegen den Willen der Schwarzen untersucht Müller solche Körbe und findet wertlose Erdklumpen, getrocknete Baumfrüchte, Bast, Hühnerknochen, rot angestrichene Eierschalen usw. (ebd., 52–53). Willem Bosman beschreibt Fetische als hölzerne Gefäße, die mit Erde, Öl,

Blut, Gebeinen von Tieren und Menschen, Federn und Haaren, «mit allerhand Mist und Koth angefüllet» sind. Bei diesen Gefäßen wird zeremoniell geschworen, wobei vom Schwörenden Teile von Fuß- und Handnägeln sowie Haare geopfert werden (1708, 182/83).

Meiners schreibt von Fetischhäusern, in denen Körbe stehen, «die außer Fetischen-Bildern aus Stein oder gebrannter Erde Köpfe und Schwänze von großen Schlangen, ausgestopfte Eulen, Stücke von Crystall, Backenknochen von großen Fischen, Bouteillen, und Scherben von Glas in sich fassten. … Die Fetischen der meisten Fetischirer bestehen aus hölzernen Gefäßen, die mit Erde, Oehl und Blut, mit den Federn, Haaren und Gebeinen von Menschen und Thieren, ja, mit allerley Mist und Unrath, angefüllt sind.» Es finden sich ferner Tücher, aus Asche oder Kot geformte Pillen, die von Priestern bespuckt und angehaucht werden. «Die künstlichen Fetischen sind nicht weniger mannichfaltig und seltsam, als die natürlichen. Einige sind so phantastisch, daß man eben so wenig begreift, wie man Dinge auf eine solche Art zusammensetzen, als wie man solche Masse von Fetischen … zusammenwerfen konnte.» (Meiners 1806/07, Bd. 1, 158–59) In der Hütte eines Priesters soll sich eine Sammlung von 20000 Fetischen gefunden haben (ebd., 173): ein wahres ‹Museum der unerhörten Dinge›.[19] Ähnlich die chaotische Wirrnis betonend, doch immerhin das Tabu respektierend, schreibt der englische Arzt Thomas Winterbottom 1805: «Bald sind es alte Lappen, die man wie Fahnen am obern Theil einer langen Stange befestigt hat; bald ist es eine kleine Axt, die in dem Stamme eines Baumes steckt, oder der Boden einer Flasche; oder ein alter Topf, der auf einem Pfahl steht. Zuweilen ist das Grigri eine Kanonenkugel oder eine alte zinnerne Schüssel, die auf der Erde liegt. Es sey aber was es wolle, so darf man es dennoch auf keinen Fall anrühren, noch weniger aber wegnehmen, wenn man nicht die Leute in höchstem Grade skandalisieren und gegen sich aufbringen will.» (zit. bei Hirschberg 1972, 398) Diese Belege zeigen, dass sich nicht die ökonomische und naturwissenschaftliche Rationalität der Europäer am Fetischismus reibt, wie Pietz meint (1987, 1988); sondern es sind traditionelle christliche Vorurteile gegen Aberglauben. Hinzu kommt die Empörung über die offensichtlich unfassbare Unordnung von Dingen, die auf die Europäer wie Gerümpel wirkten. Dass die Fülle des «magischen Ballastes» nicht ursprünglich afrikanisch ist, sondern auf die europäischen Einflüsse zurückgehen könnte, wie Hirschberg (ebd., 399) annimmt, wäre den Reisenden und Missionaren unvorstellbar.

Zugleich stieß man immer wieder auf stupende Grenzziehungen wie überraschende Vermischungen in der Topographie der Fetische. Willem Bosman berichtet von einem Schlangenkult im Königreich Fida. Große, ungiftige Schlangen wohnen in Schlangenhäusern, wo ihnen rituell Opfer gebracht werden. Auch dürfen sie sich frei in den Dörfern bewegen und auf keinen Fall verletzt oder getötet werden. Als Engländer in Unkenntnis ihrer Heiligkeit eine Schlange totschlagen, werden sie alle ermordet. Die Handelskontakte zu den Engländern werden wieder aufgenommen, als diese zusichern, nie wieder eine Fetischschlange zu töten. Die Schlangen gelten als friedlich und freundlich. Sie werden rituell eingesetzt, um bei Dürre Regen zu erzeugen (vgl. ganz ähnlich Warburg 1988 über die Hopi-Indianer). Es wird ein Krieg angenommen zwischen Giftschlangen und Fetischschlangen, in den sich die Menschen zugunsten der Fetischschlangen einmischen. Als eine Fetischschlange von einem Schwein zu Tode gebissen und gefressen wird, werden im Königreich Fida alle Schweine getötet (Boßmann 1708, 448–70; ein Kupferstich des berühmten Schweinemassakers ebd., 462; vgl. Brosses 1785, 14–24). Deutlich wird an solchen irritierten Erzählungen, wie schwer es den Europäern fällt, sich in die von unsichtbaren Tabugrenzen durchzogene Topographie des Fetischismus hineinzudenken und die für sie bestehenden Wertskandale zu begreifen. So berichtet der Ethnologe Bastian 1859 von zwei unwillentlichen Verletzungen von unsichtbaren Raumgrenzen, die durch Fetische gesetzt sind (1859, 50–60); doch er lernt nichts daraus: Wenig später versucht er erneut, in die Tabuzone eines Fetischhauses einzudringen, und muss gewaltsam von den Dorfbewohnern daran gehindert werden. Auf dem Rückweg hört man aus der Richtung des Fetischs Gebrüll und «alle Arten unbeschreibbarer Geräusche»: Dies seien, so die Afrikaner, «Zornesausbrüche des Fetisches», der gestört worden sei (ebd., 192/93).

Noch zu Beginn des 20. Jahrhunderts findet man bei Robert Hamill Nassau unverdrossen die alten Vorurteile wiederholt: «Der Fetischverehrer trifft eine klare Unterscheidung zwischen der Ehrfurcht, mit der er einem bestimmten materiellen Objekt begegnet, und der Verehrung, die er dem Geist erweist, solange er darin wohnt. Für diesen Zweck ist nichts zu armselig, zu klein oder zu lächerlich, um als Wohnung für einen Geist geeignet zu erscheinen; wenn aus irgendeinem Grund angenommen werden muß, daß der Geist aus jenem Ding entwichen ist und es definitiv verlassen hat, so wird der Gegenstand nicht mehr länger verehrt und als nutzlos weggeworfen.» (1904, 75f.)[20] Und der Schweizer Ethnologe Rudolf Zeller beschreibt noch 1909 ganz im Stil der Reisenden vergangener Jahrhunderte eine für das Historische Museum in Bern erworbene «Fetisch-Pfanne» aus dem klassischen Land der Fetische, der Goldküste: Sie war «mit den sonderbarsten Sachen» gefüllt: vorgetäuschten Kinderknöchelchen, Haken-Stäbchen, getrockneten Früchten, Schießkolben, eisernen Stäbchen (von einem Sonnenschirm), einem Tabakpfeifenkopf, Halskettenstücken, Reisstrohband, Ringen, Schneckenschalen, Baumwollstreifen, Insektenpuppengehäusen, Steinbeilklingen und Fasergewirr aus Schmutz und Haaren. Ein solches Dinge-Chaos findet denn auch seine wissenschaftliche Abrechnung: «Genährt von dem nur wenig tiefgehenden Causalitätsbedürfnis des Negers, unterstützt durch dessen rege, aber verworrene Phantasie, findet der Zauberpriester für seinen offenbaren Humbug den günstigsten Nährboden.» So hätten «Fetischpriester, welche die religiöse und oft auch die politische Macht in Händen haben», mit «größtem Unsinn» leichtes Spiel (1909, 51–61).

Zusammenfassend ist festzuhalten: Die afrikanischen Fetische provozieren die Autoren der frühen Berichtstexte auf verschiedenen Ebenen:

1. *Religiös* werden Fetische durchweg als Zauberobjekte innerhalb eines abergläubischen und idolatrischen Milieus verstanden, deren Wirksamkeit auf wirren Vorstellungen der Gläubigen über die allgemeine Kraftbeseeltheit der Dinge und Lebewesen oder auf Trickbetrügereien der Fetischpriester beruht. Konfessionsspezifisch entstehen Varianten dadurch, dass Katholiken das Fetischwesen Afrikas ausschließlich als Aberglauben ansehen, während protestantische Autoren zunehmend Parallelen zwischen dem afrikanischen Fetischismus und katholischen Bräuchen (Reliquien- und Bilderkult) sowie alteuropäischem Volksglauben an Magie ziehen.

2. Die Anstößigkeit der angenommenen autonomen Wirkkraft der

Dinge wird noch dadurch gesteigert, dass die für heilig gehaltenen Objekte den *ästhetischen Sinn* der Europäer anwidern: Insbesondere die Komposit-Fetische und die chaotisch erscheinenden Fetischsammlungen zeigen ein scheußliches Maß an Chaos und Unordnung, an sinnloser und grotesker Zusammenstellung, an wüster Materialität und Profanität. Die Europäer vermögen zwischen Müll und Wegwurf sowie integraler Dingordnung keine Unterscheidung mehr zu erkennen; in ihrem Blick verschwimmen die Objektfragmente, auch wenn sie figural zu einem einheitlichen Fetisch montiert erscheinen, zu einem differenzlosen Mischmasch, der ästhetische Abwehrreaktionen auslöst.

3. *Moralisch empörend* werden die Willkür und Zufälligkeit empfunden, durch die Fetische generiert und wieder verworfen werden, ohne dass sich dabei konstante Objektbindungen feststellen lassen. Im Verhältnis zu den Fetischen wiederholt sich in den Augen der Europäer die moralische Inkonsistenz, die sie auch in den Sitten zu beobachten glauben: Despotisch regieren die unsteten Affekte, die zwischen Angst vor feindlichem Zauber und herrischem Dirigismus haltlos hin- und herschwanken. *Werttheoretisch* steht weniger der Skandal, dass die Afrikaner im Fetischwesen jede Form berechenbarer Tauschrationalität vermissen lassen, im Mittelpunkt. Dies haben die Europäer stets zu ihrem Vorteil gewendet: Glitter gegen Gold, Krimskrams gegen Elfenbein. In dieser ökonomischen Asymmetrie drückte sich höchstens die Dummheit der Afrikaner aus. Skandalisiert waren die Europäer vielmehr dadurch, dass ihre eigene Ordnung mit der strikten Differenzierung von heiligen und profanen Dingen, zwischen dem, was unter Tabu steht, und dem, was zirkulieren darf, keinerlei Spiegelung in der afrikanischen Dingkultur fand. Zwischen wertvoll und nicht-wertvoll, zwischen heilig und profan fand eine ständige Umbesetzung und Vertauschung statt, sodass die Topographie der Dinge den Europäern anomisch, entdifferenziert, alogisch und fluid vorkommen musste.

4. *Dingtheoretisch* entstanden für die Europäer in der Begegnung mit dem afrikanischen Universum der Dinge fortgesetzt Orientierungsstörungen und kognitive Dissonanzen. Die Dinge und ihre dunklen, verwickelten Beziehungen stellten ein einziges abenteuerliches, sprunghaftes Überraschungsfeld dar, statt sich den Erwartungen auf enttäuschungs-

feste Berechenbarkeit und konventionalisierte Handlungsskripte zu fügen. Es ließen sich keine operativen Fahrpläne im Umgang mit Dingen ausmachen. Aus dieser Ratlosigkeit entstehen die in allen Texten beobachtbaren Partien, in denen die «Fetisch-Bündel» als wüstes Konglomerat und sinnloses Wirrwarr von Objektmengen geschildert werden, die keinerlei visuelle Ordnung aufwiesen. Daraus resultierte für die damaligen Beobachter der Eindruck von Lächerlichkeit und Groteske (als Abwehrreaktion gegen Sinnverlust). Für den heutigen Leser entsteht eher der Eindruck einer surrealistischen Ästhetik avant la lettre. In gewisser Hinsicht war die als roh und unterkomplex abgestempelte afrikanische Fetischkultur für die Europäer genau das Gegenteil: hyperkomplex.

5. *Psychoanalytisch* könnte man sagen (und man darf dies nur im Vorblick darauf, dass der Fetischismus zu einem ‹Fall› der Psychoanalyse werden wird), dass die Europäer an den fetischgläubigen Afrikanern ein erschreckendes Fehlen an Überich-Steuerung und entsprechend ein unerträgliches Ausmaß an Außenleitung festzustellen meinten; darum wurden sie auch oft als ‹Kinder› angesehen. Fetische sind projizierte Affekte, Triebregungen und Affekte, die gerade, indem sie exteriorisiert und damit verdinglicht werden, jede konsistente Ich-Bildung vermissen lassen. Dies hatte zur Folge, dass der Fetischismus in europäischer Wahrnehmung ein Weltbild kreierte, welches das Realitätsprinzip aushebelt und die Außenwelt zu einem wilden Schauplatz des Es verwandelt, bevölkert mit verdinglichten Triebanteilen, Ängsten und Phantasmen. Fetischismus – und das wird zum Vorurteil auch der Psychoanalyse werden – heißt, in eine dunkle Welt-Höhle herumgeisternder Traumbilder und spukhafter Objektbildungen eingeschlossen zu sein. Weil es darin keine systematische Unterscheidung von Innen und Außen gibt, fehlt es genau an dem, was für die neuzeitliche Entwicklung Europas zentral ist: die Ausbildung verlässlicher und realitätstüchtiger Referenzbeziehungen. Afrika dagegen als das Land der Fetische wird zum Inbegriff einer Welt dunkel in sich kreisender Triebe.

5. Fetischismus-Konzepte der Aufklärung und des frühen 19. Jahrhunderts

5.1 Charles de Brosses: Erfindung am Schreibtisch

Wenn 1796 August von Kotzebue in seinem empfindsamen, doch auch antikolonialistischen Rührstück «Die Negersklaven» Fetischpraktiken vorkommen lässt[21], so kann er voraussetzen, dass der Fetischismus auch im deutschen Publikum kein ‹unbekanntes Wesen› mehr ist. In der Tat. Durch die Abhandlung von Charles de Brosses (1709–1777), über den als Reiseschriftsteller, Historiker, Mitglied der Akademie in Dijon, daselbst Parlamentspräsident, Streitenden mit Voltaire, Beiträger zur «Encyclopédie» vieles zu sagen wäre, ist der Begriff Fetischismus «in die Europäische Büchersprache» eingeführt worden (Kohl 2003, 71–75). So hatte es der Göttinger Christoph Meiners in der «Allgemeinen kritischen Geschichte der Religionen» festgestellt (1806/07, Bd. 1, 142, Anm.). Noch für Edward B. Tylor ist de Brosses der Erste, der aus dem Fetischgebrauch einen ‹Ismus› gemacht habe (1873, Bd. 2, 144). De Brosses' Abhandlung von 1760 wurde 1785 von Christian Brandanus Hermann Pistorius (1763–1823) übersetzt. Dessen Vater, der Theologe Hermann Andreas Pistorius, Schwager des berühmten Berliner Oberkonsistorialrats Johann Joachim Spalding (1714–1804), fügte der Übersetzung seines Sohns eine 150-seitige religionswissenschaftliche Abhandlung an – die erste Schrift in Deutschland über den Fetischismus.

De Brosses hatte, im religionsphilosophischen Interesse, die Abstraktion vom Fetisch zum Fetischismus vorgenommen, um dadurch, neben der «Verehrung der Gestirne», als älteste Religionsform die «Verehrung gewisser irdischer und materieller Gegenstände, die Fetischen bey den Afrikanischen Negern heißen» hervorzuheben. Für Brosses ist der Fetischismus die Basis «einer allgemeinen und in weiter Entfernung über die ganze Erde ausgebreiteten Religion» (Brosses 1785, 4–6). Gegen David Humes «Natural History of Religion» (1757/1909), auf die Brosses durch Denis Diderot aufmerksam wurde, hält Brosses – wie später auch Schelling – an einer Uroffenbarung Gottes fest, welche durch Abgötterei, Fetischismus und Aberglauben in Vergessenheit geraten sei.

Hume dagegen konstruierte die Stufenfolge der Religionen als Höherentwicklung vom Götzendienst bis zum Theismus, eine Linie, die zugleich von Unvernunft zur Vernunft führt. Am Anfang stehen Vielgötterei und Götzendienst als «erste und älteste Religion». Da die Natur von sich aus nicht regelmäßig ist, sondern unruhig und chaotisch, sei der Barbar der fetischistischen Stufe ängstlich gebannt von der wilden, sich stets regenden Natur.[22] Am Anfang stand deswegen gerade nicht die Uroffenbarung des Einen Gottes, sondern alles sei von «Wechsel und Unsicherheit» erfüllt gewesen, von «Widersprüchen» und «stetem Kampf zwischen feindlichen Mächten». Psychologisch gesehen bildeten sich aus Hoffnung und Furcht die ersten Spuren eines Götterglaubens. Die Unbekanntheit von Ursachen führte zu der falschen Annahme von Göttern und geheimnisvollen Mächten als Agenten der Natur. Hier also finden wir die Kritik der frühen Religionsformen als Verstoß gegen Rationalitätsprinzipien, die William Pietz zum Initial des Fetischismuskonzepts erhoben hat (1985/7/8). Der Anthropomorphismus wird von Hume als Urtrieb des Menschen bezeichnet, aus dem heraus Götter gebildet wurden: Der Mensch figuriert die unbekannte Welt im vertrauten Schema seiner selbst. Der Sinn anthropomorpher Götter war es, in einer Welt voller Furcht erregender Unruhe gleichsam Inseln von Ordnung und Übereinstimmung zu bilden. Partikulare Gottheiten aber können für Hume keine systematische Naturordnung erzeugen. So sei jede natürliche und soziale Angelegenheit irgendeinem Sondergott unterstellt worden. Wenn es zur Zeit Hesiods 30000 Gottheiten gegeben haben soll, so führt ein solch konfuser Polytheismus zwangsläufig zu bizarrer Anarchie (Hume 1757/1909, 26–35).

Ist Fetischismus und Polytheismus bei Hume also der rohe Anfang aller Religion, so sind sie für de Brosses die älteste Form bereits des *Abfalls* vom Einen Gott und die weiteste Entfernung von der anfänglichen Vernunftreligion. Fetischismus ist Vergessenheit dieses Ursprungs im Einen.[23] Das ist umgekehrter Evolutionismus: Die Vernunftreligion steht nicht am Ende, sondern am Anfang der Geschichte. Diese durch die Bibel inspirierte Idee war wohl der Anlass, warum Diderot in kritischer Absicht Brosses auf David Hume hinwies; ohne Folgen, wie man sieht. Ganz im Sinn christlicher Orthodoxie hat Brosses den evolutionären und theistischen Ansatz Humes geradezu auf den Kopf gestellt. Die Vorstellung eines Ur-Monotheismus, wie sie Brosses vertritt, findet sich noch im 19. und 20. Jahrhundert, besonders in der mit der Mission verbundenen Ethnologie, so etwa bei G. Wagner (1899, 65–88), der die afrikanischen und außerafrikanischen «Fetischreligionen» als Verwilderungsprodukte einer ursprünglichen Gottesidee ansieht, von der sich im Fetischismus noch Relikte finden lassen (und die überall aufzuspüren Wagner sich anstrengt). Fetischismus versteht Wagner zudem als Geisterglaube: Der Eine Gott ist in viele Geister zersplittert worden, und diese inkorporieren sich in den Fetischen. Noch viel weiter treibt solche krausen Ideen der als Ethnologe und Sprachforscher rührige Missionar P. Wilhelm Schmidt, Gründer der Zeitschrift «Anthropos» (1906–2000), der in seinem zwölfbändigen Werk «Der Ursprung der Gottesidee» (1912–1955) der historisch längst widerlegten Annahme des Ur-Monotheismus ein ebenso gigantisches wie närrisches Monument errichtet.

In der frühen Vergleichenden Religionswissenschaft findet man diesen dogmatischen Universalismus öfters. Er ist ein typischer Effekt von Schreibtischgelehrsamkeit; dafür ist Brosses ein symptomatisches Beispiel. Er schaltet die afrikanischen Fetischgebräuche mit Religionsformen zusammen, die aus Reiseberichten über Süd- und Nordamerika, Grönland, Sibirien, Arabien sowie aus griechischen und römischen Quellen über Ägypten herbeizitiert werden. Der angeblich globale Fetischismus ist der rhetorische Effekt eines Diskurses und keineswegs ein empirisch ermitteltes Ergebnis. Er dient dazu, die Unvernunft auf *einen* Ursprung zurückzuführen: den Abfall vom Ur-Monotheismus. Andererseits jedoch wendet sich Brosses mit seiner Fetischismus-Schrift gegen die Neu-Platoniker in der Dijoner Akademie der Wissenschaften («Schnickschnack der Platoniker», Brosses 1785, 212). So kritisiert er jede allegorische und spiritualisierende Hermeneutik im Feld der Religionswissenschaft in Namen der Buchstäblichkeit der Quellen und der empirischen Ritualforschung; Religionswissenschaft dürfe nicht spekulative Philologie sein (ebd., 200ff.).

Nichts anderes aber betreibt Brosses selbst. Durch die Kompilation von antiken Quellen mit ethnographischen Berichten der Neuzeit (Brosses 1785, 45–135) gewinnt er die Möglichkeit, den Fetischismus über die Stämme Zentralafrikas auf andere Völker, besonders auf Ägypten auszudehnen.[24] Er definiert Fetische wie folgt: «Mit einer göttlichen Kraft begabte Dinge, als Orakel, Angehänge und Talismane oder Verwahrungsmittel». Diese überall vorfindlichen Objekte werden nun flugs zu Elementen einer Religion, die historisch noch in die griechischen und orientalischen Mythologien hineinreichte (ebd., 6). Interessant ist seine noch heute in ethnologischen Studien benutzte Einteilung von Fetischen in Funktionsklassen und ihre Sortierung nach Privatfetischen und Hauptfetischen, die den geheiligten Mittelpunkt des Stammes darstellten. Nach Durchgang seiner Quellen steht für ihn die Vernunftwidrigkeit des Fetischismus fest (ebd., 137). Dessen Universalität geht auf die weltweite Gleichheit aller Barbaren zurück, die sich den Dingen gegenüber so verhielten, wie vierjährige Kinder ihre Puppen behandelten: Sie animierten diese. Das ist die in der Aufklärung so beliebte These von der Kindheit der wilden Völker (und der Reife des Vernunftzeitalters, ebd., 143–44). Wie bei den Kindern führten auch bei den Naturvölkern Angst, Verlangen und sinnliche Bedürfnisse zur Animation von toten Dingen und Kräften: Diese Primitivität erklärt die Ubiquität des Fetischismus (ebd., 153–66), aber auch seine Anfälligkeit für Priestertrug: Die betrügerischen Manipulationen hielten sich so unfassbar lange, weil die Gesellschaften statisch seien und autoritär gesicherte Sitten eine Art Vorurteilsstabilität erzeugten, die den Fetischismus zur *longue durée* der Geschichte gemacht hätten (ebd., 153–70).

5.2 Hermann Andreas Pistorius: protestantische Reaktionen

Mit solchen Wendungen passt Brosses gut ins protestantische Klima seines deutschen Übersetzers. Pistorius folgt in seiner Fetischismus-Abhandlung allerdings Hume, wenn er den Ursprung der Religion «in dem Gefühle der Abhängigkeit von geheimen Kräften in sichtbaren Dingen oder von unsichtbaren menschenähnlichen Wesen» setzt: Dies sind für ihn die beiden Formen des Fetischismus am Anfang der Geschichte (Pistorius in Brosses 1785, 243). Mit der kategorialen Einführung von «Abhängigkeit» als Grundgefühl aller Religion weist Pistorius auf Benjamin Constant (s. S. 312–14 dieses Buchs) und Schleiermacher voraus. Entscheidend ist, dass die neue Vergleichende Religionswissenschaft, welche im 19. Jahrhundert die Brücke zwischen Ethnologie und Religionsforschung baut, darauf zielte, universale und gleichförmige Ursprünge der historischen Mannigfaltigkeit der Religionen auszumachen, um von diesen Wurzeln her ein evolutionäres Modell abrollen zu lassen. Brosses bildet dabei das Relais, welches den breiten Strom heterogenster Reiseberichte so umschaltet, dass weltweit gestreute magische, dynamistische, totemistische, zauberische, animistische Praktiken sämtlich unter den Titel des Fetischismus fallen können: Er ist Urquell aller primitiven und vernunftwidrigen Anfangsstufen des Religiösen.

Pistorius setzt drei Stufen der Religionsentwicklung an. Sie entsprechen eher Hume als Brosses. *Aberglauben* ist ein «Glauben an geheime Kräfte in die Sinne fallender Gegenstände, Handlungen und Worte», die Einfluss auf Wohl und Wehe des Menschen haben. Darum bemüht sich der Mensch, dieser Kräfte Herr zu werden. Diese erste Stufe entspricht dem Fetischismus. Daraus entsteht die *Zauberei.* Sie bedient sich anthropomorpher Formen. Denn die Gläubigen stellten Spekulationen an über Wirkungszusammenhänge zwischen den unsichtbaren Wesen und den sichtbaren Erscheinungsformen, und sie schafften rituelle Formen zur Beeinflussung dieser Wesen (Pistorius in Brosses 1785, 246/47). Zauberei erzeugt in Allianz mit «unsichtbaren menschenähnlichen Wesen» sinnliche Wirkungen in der Welt der Dinge und Menschen. Indem die numinosen Wesen in Objekten verkörpert würden, die dann Fetische seien, werden sie handhabbar. Fetische sind also Instrumente zur egoistischen Manipulation der in sie eingeschlossenen Mächte. Ursachen und Wirkungen werden dabei nie als Elemente der mechanischen Natur, sondern, im Sinne Frazers, magisch verstanden und durch mimetisch-sympathetische Prozeduren manipuliert (ebd., 249). Fetischreligionen basieren für Pistorius noch nicht auf professionellen Priestern; sie sind keine Verehrungsreligionen (es ist falsch, zwischen magischen und Verehrungsreligionen zu unterscheiden, wie dies später auch Frazer tut). Der Deismus ist nun die dritte Stufe, eine *Vernunftreligion*, die den unsichtbar-bildlosen Gott als Schöpfer vernünftiger Natur setzt. Die Vernunft misstraut jedem Sinnenschein, der als Grundlage des wilden Denkens in Fetischismus und Zauberei gilt. Vernunft opponiert indes auch gegen Philosophien der Einbildungskraft, durch die sinnliche Eindrücke und Phantome in gleicher Weise als ‹wirklich› gesetzt werden wie beim Fetischismus. Der Protestant Pistorius erreicht auf dieser letzten Stufe den fast zeremoniefreien Glauben an einen allgemeinen Gott, der das abstrakte Resümee aller Kräfte, Dinge und Wesen ist (ebd., 250–59). In der Geschichte der Fetischismus-Darstellungen ist mit Pistorius zum ersten Mal eine fast lupenreine Aufklärungsposition erreicht, die sich von den pejorativen Denunziationen seiner Vorgänger (und auch von Brosses) wohltuend unterscheidet.

5.3 Philipp Christian Reinhard:
Verkörperung und Darstellbarkeit

Der Kölner, ab 1803 dann Moskauer Professor der Philosophie, Philipp Christian Reinhard (1764–1812) teilt in seinem «Abriß einer Geschichte der Entstehung und Ausbreitung der religiösen Ideen» (1794)[25] diese Prinzipien. Auch er vertritt in der Frage des Ur-Monotheismus nicht Brosses', sondern Humes Position (ebd., § 1–3). Die «Verehrung unsichtbarer Ursachen auffallender Naturwirkungen» (ebd., § 2off.) und ein allgemeinmenschliches Abbildungsbedürfnis (§ 28), nämlich der Anthropomorphismus, formieren den Fetischismus als niedrigste und anfänglichste Religionsstufe (§ 4–13, § 30). Reinhards Erklärung des Fetischismus ist bereits religionspsychologisch und weist auf spätere Konzepte bei Edward B. Tylor, Krafft-Ebing, Binet, Waitz oder Max Müller voraus. Wie also funktioniert bei Reinhard der Fetischismus?

«Vermöge seiner Verstandes-Gesetze denkt er (= der Wilde, H. B.) eine Ursache der Wirkung, die er empfunden hat, bannt sie in einen sichtbaren Gegenstand, und erwartet von demselben fernere ähnliche Wirkungen. Folglich legt er diesem Gegenstande das-jenige bey, was wir nicht anders als mit den Ausdrücken Kraft, Seele, Leben, bezeich-nen können, und auf solche Weise ist dem Wilden ... die ganze Welt beseelt, alles voll Zauberey, und alle Erscheinungen der Körper-Welt nichts als ein Spiel der Zauber-Kräfte.» (Reinhard 1794, 16f.)

Alle Dinge, die bedeutungsrelevant für die Wilden sind, werden zu Ele-menten in einem beseelten Kraftfeld: Das genau ist Fetischismus. Der Fe-tisch ist ein funktionales Element des wilden Bewusstseins. Es macht für Reinhard einen kategorialen Unterschied, ob die Dinge um ihrer selbst willen verehrt werden oder um eines Abwesenden und Toten (wie Reli-quien) willen, wobei eine Art (kontagiöse) Nähebeziehung hergestellt wird. Überall, wo es um dieses Anwesendmachen eines abwesenden We-sens geht, liegt universaler Fetischismus vor; wohingegen die Dinge, die um ihrer selbst willen verehrt werden, den «Zustand äußerster Rohheit» darstellen, am widerwärtigsten in Ägypten und Afrika (ebd., 35f.). Aller-dings räumt er ein, dass selbst Christen «heilige Dorne, Splitter und Nä-gel», also Reliquien, wie Fetische verehren. Man kann «nicht anders als mit einem Gefühle des Schmerzes oder des Unwillens bey seiner (des Fe-tischismus, H. B.) Betrachtung verweilen. Welch eine Unbekanntschaft des Menschen mit seiner Würde und mit seiner Bestimmung» (ebd., 39). Aufklärung tut Not!

Reinhard hat einen Punkt gut getroffen: das Bedürfnis nach Darstell-barkeit des numinos Göttlichen und nach Verkörperung diffuser, aber wirkmächtiger Kräfte. Das wird mit einigem Recht als ein universeller Zug der menschlichen Kultur angesehen. Das Bedürfnis nach Darstell-barkeit führt nicht nur zum Fetischismus, sondern auch zum Anthropo-morphismus. Die Darstellbarkeit, welche die Beziehung des Sichtbaren zum Unsichtbaren reguliert, macht den Fetischismus zwar zu einem pri-mitiven, so doch unvermeidlichen Phänomen früher Kulturen.[26]

5.4 CHRISTOPH MEINERS:
UNORDNUNG UND KLASSIFIKATION

Goethe, der nach 1800 den Terminus Fetisch des Öfteren brieflich benutzte und in seinem Werk außerordentliche Szenen fetischistischer und idolatrischer Praktiken lieferte (Böhme, H. 1998, 1999), lernte diesen Begriff vermutlich durch den ihm persönlich bekannten, wenn auch nicht sonderlich geachteten Historiker und Philosophen Christoph Meiners kennen.[27] Meiners legte 1806/07 innerhalb seiner «Allgemeinen kritischen Geschichte der Religionen» jene Studie zum Fetischismus vor, die wohl auch von Hegel, in jedem Fall von Marx gründlich konsultiert wurde. Auch für Meiners ist der Fetischismus «nicht nur der älteste, sondern auch der allgemeinste Götterdienst» (1806/07, Bd. 1: Geschichte des Fetischismus, 142–290, hier 143). Die Ur-Monotheismus-These wird mit Hume verworfen (ebd., 30–40). Er schlägt eine Erklärung vor, die psychologische, animistische und anthropomorphe Elemente synthetisiert. Ein Mangel an Einsicht in «natürliche Ursachen» (ebd., 16) führt im Verhältnis zur Natur zu *Affekten* wie Staunen, Furcht, Schrecken, Traurigkeit, aus denen heraus die Wilden falsche Ursachensetzungen in *anthropomorpher* Gestalt vornähmen (so argumentiert noch Aby Warburg). Unter Fetischen versteht Meiners in Dingen einwohnende Geister. «Man denkt sich gewöhnlich unter diesen Geistern etwas in den Dingen wohnendes und von den Dingen unzertrennliches, was den Menschen schaden oder nutzen kann» (ebd., 144). Im Sinne Tylors ist dies eine animistische Deutung des Fetischismus *avant la lettre* (1873, Bd. 1, 11–17). Fetischismus «beweist am unwidersprechlichsten, daß der Mangel einer richtigen Kenntniß der Natur die einzige Ursache der Vielgötterey war». Diese Auffassung ist von Hume beeinflusst, dessen enorme Autorität in Deutschland sich auch hier zeigt.

Es ist ein Zeichen von Unbildung und Rohheit, alles und jedes zum Fetisch machen zu können, «bald die rechte, bald die linke Schulter, oder den Kopf eines Thiers, bald eine Zwiebel, oder ein irdenes Gefäß oder Becher», bald die Erde, väterlichen oder mütterlichen Boden, das Meer, Flüsse und Quellen, Berge und Felsen, Steine, Wälder und Bäume, Pfähle und Pflöcke, Klötze und Köpfe, Knochen, Hörner, Häute und Felle,

Zähne, Schalen, Federn, Klauen, Gräten von Tieren, «allerley Lumpen» oder «Bildnisse menschenähnlicher Gottheiten» (ebd., 140–157). Hinzu kommen Pfähle mit geschnitzten Menschengesichtern, kleine tragbare Bilder und Skulpturen, auf Stoff und Papier, Filz und Leder gemalte Götzen, bisexuelle Holzbilder, Sammlungen von Relikten erschlagener Feinde, Fetische als Territorialschutz von Feldern, Hauseingängen, Gemächern, Höfen und Ställen, Metall-Fetische aus Gold, Silber, Messing, in deren Innerem Zauberingredienzien eingeschlossen sind, Waffen von Feinden, Zepter, Degen, Relikte tapferer Helden sowie schließlich auch verschiedenste Dinge von den Weißen, die sie nicht begreifen und somit zu Fetischen machen: Flaggen, Wimpel, Uhren, Marienbildnisse, Magnetnadeln u. a. m. Hier schließt Meiners sich den Reiseberichten an, die immer wieder die Willkür und Zufälligkeit des fetischistischen Objekts beanstandet hatten (ebd., 158–72).

Bei Meiners tritt ein seit Brosses ungelöstes methodisches Problem hervor: *Wenn* man den Fetischismus universalisiert und aus seiner afrikanischen Lokalisierung löst; und *wenn* eine ethnologische Feldforschung, welche fetischistische Praktiken in ihre rituellen Kontexte einbindet, noch fehlt, dann entsteht das Problem, wie man die unterdessen überwältigende Menge weltweit gestreuter fetischistischer Gebräuche wissenschaftlich ordnen kann. Meiners findet dafür eine Lösung, die immer wieder begegnet und später z. B. auch die sexualwissenschaftliche Variante der Fetisch-Forschung bei Krafft-Ebing bestimmt. Meiners nämlich teilt die Fetische nach *Objektklassen* ein. Er wählt ein klassifikatorisches Verfahren, das den Fetischismus nicht historisch oder regional, nicht nach seinen Ritualen oder sozialen Funktionen einteilt, sondern nach Tableaus der verehrten Dinge oder Lebewesen. Dadurch entsteht eine Art *historia naturalis* in der Religionsgeschichte. Dies ist ein Effekt der schon bei Brosses beobachteten Rhetorik eines uferlosen *Vergleichens*, das seine Netze über die ganze Welt wirft. Der aufgeklärte Fetischforscher, der keine ethnologischen Instrumentarien zur Analyse des fetischistischen Skandals hat, bildet mit dem manischen Vergleichen und Klassifizieren selbst eine Art kognitiven Fetisch, um die verwirrende Landkarte der allüberall wuchernden Fetische zu vermessen. Das entbehrt nicht der Komik. Denn über Fetischismus erfährt man gewiss nichts durch das Klassifizieren all der Dinge, die weltweit verehrt werden. Es ist hilflos, hat aber den Vorteil, den Schein einer Ordnung zu erzeugen. Im Grunde konstruiert Meiners ein Kuriositätenkabinett, ein naturgeschichtliches Museum, eine Wunderkammer aus Fetischen, sortiert nach Klassen, wie man es auch in der Mineralogie, Botanik oder Zoologie zu tun pflegte (man denke an Buffon oder Linné). Die Sexualwissenschaft wird dies später mit den Perversionen und den Arten des sexuellen Fetischismus wiederholen. Wenn Meiners einen Fetischpriester erwähnt, der in seiner Zeremonial-Hütte 20 000 Fetische versammelt haben soll (man findet Beispiele von solchen, mit ‹Gerümpel› voll gestopften Fetisch-Hütten sogar noch im 19. Jahrhundert)[28], dann bemerkt er nicht, dass die archivarische Komposition seiner 150-seitigen Fetisch-Studie genau so angelegt ist: als selbst fetischistische Sammlung. Es war Goethe, der diesen Zusammenhang von Sammler-Manie und Fetischismus, dem Meiners in seinem klassifikatorischen Wahn bewusstlos unterlag, zuerst durchschaute (s. S. 357–64 dieses Buchs).

5.5 Resümee der Philosophen

Für die Epoche der Aufklärung ist festzuhalten: Fetischismus gilt als primitiver Kult von dinglichen (Komposit-)Objekten oder natürlichen Lebewesen, die nicht Götter selbst darstellen, wohl aber mit einer numinosen Kraft ausgestattet sind, die apotropäisch oder schadenzauberisch wirkt. Dazu zählen Amulette und Talismane. Auch tabuierte Objekte, die man später Träger eines Mana oder Orenda[29] nennt, häufiger auch Totems werden als Fetische gedeutet. Diesen Begriffen – Fetisch, Amulett, Talisman, Orenda, Mana, Totem, Tabu, Nkisi, Juju, Grigri etc. – ist abzulesen, dass sie aus den verschiedensten europäischen, afrikanischen, indianischen und polynesischen Kulten entstammen, jedoch von europäischen Reisenden sukzessive zu einer einzigen Vorstellungsgruppe versammelt wurden. Diese Tendenz findet sich bereits bei de Brosses und hält bis zu Beginn des 20. Jahrhunderts an. Die Kultformen kolonisierter Völker wurden überall auf der Erde homogenisiert. Im Fetischismus erkennt man das Relikt einer allgemeinen Religion, die auf der ganzen Erde verbreitet war, eine Tiefenschicht der Religion «zu allen Zeiten und an allen Orten» (Brosses). So glaubte man, im Fetischismus der Afrikaner jenen Religionsformen wiederzubegegnen, die zur Kindheit Europas gehörten oder sich bis heute im Christentum als volksfromme Überlieferung gehalten hätten: ein typisches Denkmuster aufklärerischer Geschichtsauffassung.

In der «Real-Encyklopädie» (1820, Bd. 3, 666/67) wird, unter Bezug auf de Brosses, das Wissen der Aufklärung repräsentativ zusammengefasst.[30] Man unterscheidet natürliche und artifizielle Fetische. Die Deutung, dass die Sakralisierung von wertlosen Objekten zu kraftgefüllten Gegenständen auf *Projektionen* zurückzuführen sei, hat bereits Eingang ins Lexikon gefunden: Der «Naturmensch» hätte dasjenige, was an ihm selbst das Lebendige sei, «hinübergetragen» in ein außermenschliches Objekt, das «ihm höher und mächtiger» vorkäme, «als er selbst ist, und im fremden Wesen findet er das Eigene und Menschliche göttlich». Das entspricht der Hume'schen Theorie des Anthropomorphismus. Als edelste Form des Fetischismus sieht die Encyklopädie die griechischen Götterstatuen an. Damit wird, auf dem Höhepunkt des Philhellenismus (!), bereits die europäische Leitkultur in das Fetisch-Konzept einbezogen.

Fetische werden als universales Phänomen gedeutet, bei welchem die Menschen das von ihnen selbst Hervorgebrachte in einer Gestalt des ihnen Äußerlichen und Fremden verehren. Diese Deutung bleibt für Marx und Freud sowie ihre Nachfolger richtungsweisend. Ferner ist der Fetischismus nicht nur eine Erscheinung exotischer Kulturen, sondern ein Moment der europäischen Religionsgeschichte selbst – und zwar nicht ein überwundenes, sondern ein überall dort wieder begegnendes Moment, wo, wie der Protestant Immanuel Kant 1793 am Katholizismus, speziell am Pfaffentum moniert, der Gottesglaube durch den Kult verselbständigter Mittel zu einem «Fetischmachen» verkommen sei (1978, 852/53). Katholischer Bilder- und Reliquienkult werden zunehmend unter dem Titel des Fetischismus verhandelt. Damit beginnt der Rückschlag Afrikas auf Europa. Man kann resümieren, dass die Aufklärung in der Begegnung mit einem unverstandenen Zug fremder Kulturen etwas Archaisches reflektierte, was sie nicht nur als allgemeine Vorgeschichte der zivilisierten Menschheit einzuordnen versuchte, sondern auch als eigene, stets präsente Potenzialität entdeckte – nicht ohne einigen Schauder.

An allen Deutungen fällt die Überschätzung des Fetischismus auf, der weder eine Religionsstufe noch gar eine eigene Religion darstellt. Gerade diese Überschätzung (die selbst ein fetischistischer Mechanismus ist) erlaubte die Aufnahme des Fetischismus in den Diskurs evolutionistischer Religionsgeschichte und der Philosophie, wobei im Blick auf Marx – neben de Brosses und Feuerbach – Hegel und Auguste Comte die wichtigsten Vermittler sind.

Die Philosophie zeigt sich dabei nicht klüger als die reisenden Schriftsteller oder Schreibtisch-Ethnographen des 18. Jahrhunderts. Im Gegenteil. In seiner spekulativen «Philosophie der Offenbarung» (1841/42/1993) erwähnt Schelling den Fetischismus innerhalb der «Epochen des mythologischen Prozesses», als eine Phase, in welcher die uranischen Gottheiten auf das Unorganische herabsteigen und durch es hindurchgehen. Der Fetischismus ist der *tiefste* Punkt dieser Phase: «Übrigens ist aus der Kronoszeit *nur der Fetischismus* übrig geblieben, die stupide Verehrung des Unorganischen. Keineswegs ist er die älteste Religion. Der Fetischismus schreibt sich erst von diesem Moment her.» (ebd., 220; vgl. Schelling 1858/1983, Bd. I, 398/99[31]) Auch Schelling sieht im archaischen Griechenland eine Art Fetischismus wirken, nämlich die «Erinnerung an die lithois archaois», von denen Pausanias berichtet habe: eine den «rohen, unbehauenen Steinen, erwiesene Verehrung», die Schelling, ausgedehnt auf «Vögelkrallen, Federn und ähnliche Gegenstände», im ganzen «übrigen Menschengeschlecht» der Frühzeit herrschend sieht (ebd.).

Im Vergleich zum alten Schelling springt Hegel mit dem afrikanischen Fetischismus rigoroser um (vgl. Kohl 2003, 80–85). Für ihn ist Afrika «das in sich gedrungene Goldland, das Kinderland, das jenseits des Tages der selbstbewussten Geschichte in die schwarze Farbe der Nacht gehüllt ist» (Hegel 1995, Bd. 12, 120). Dies wird vor allem am Fetischismus und der Magie abgelesen. Der Fetischismus der «Neger» steht auf der untersten Stufe der Objektivierung des Geistes. Der «Neger» begreift weder *sich* noch den *Zusammenhang*, den er selbst objektiv hervorbringt. Fetischismus ist die «Willkür», durch welche der Neger «sich allein befehlend gegen die Naturmacht verhält» (ebd., 122). Zugleich aber bringt der Neger diese seine Willkür als das ihm Äußerliche zur Anschauung, nämlich in «Bildern», die eine Macht vorstellen und jeden «ersten besten Gegenstand, … sei es ein Tier, ein Baum, ein Stein, ein Bild von Holz» ergreifen können (ebd., 123; vgl. Hegel, Bd. 16, 294/95; über Zauberei: 278ff.). Mittels dieser Fetische zaubert der Wilde, er versucht also, «Macht über die Natur» (Bd. 16, 279) zu gewinnen und sie zu dirigieren: «Ich ist das Zaubernde; aber *durch das Ding selbst* besiegt es das Ding.» (ebd., 288) Dies ist die erste Form der notwendigen Entzweiung zwischen Natur und Geist, der im Durchgang durch jene zur Herrschaft gelangen soll. Erst in der Entzweiung legt sich «die sinnliche Rinde um die Dinge, die ihn (= den Menschen, H. B.) von ihnen trennt» (ebd., 261). Das ist der Beginn der Trennung von Subjekt und Objekt und damit die Möglichkeit zu Freiheit und Herrschaft. Der Fetisch bildet eine Art ‹Zwischen-Ding›: Weder ganz Subjekt noch ganz Objekt, vermag er doch erste Spuren der Widerständigkeit der objektiven Welt wie auch der operativen Potenz des Subjekts in dieser, in Form der Zauberei, zu legen. Für Hegel ist damit die rudimentäre Gestalt von etwas Festem, vom Menschen Verschiedenen wenigstens erwacht und dem Scheine nach gegeben. Der Fetisch ist der erste Anfang einer Objektivierung. Mit ihr könnte die Dialektik von Subjekt und Objekt anheben, wenn nicht sogleich das darin Objektive, die Naturmacht, negiert und das Subjektive, die Willkür, verkannt würde.

Beides aber wird vom Wilden konfundiert und verharrt somit in einer doppelten Fremdheit, die später auch bei Marx wiederkehrt: Fetischismus als Selbstentfremdung. Im Grunde verlängert Hegel nur die aufklärerischen Vorurteile gegen die «Neger» und ihre fetischistischen Praktiken – und dennoch tut er etwas für den deutschen Idealismus Charakteristisches: Er baut den Fetischismus ein in die dialektische Entfaltung des Geistes, der über Stufen der Objektivierung sich in seiner Wesenheit vermittelt. Der Fetischismus ist damit eingemeindet in die Begrifflichkeit der Geist-Philosophie und kann nunmehr entweder als Anfangsform der Selbstentfaltung (L. Feuerbach) oder als Figur der Selbstentfremdung (K. Marx) gedeutet werden. Der Weg zu einer materialgenauen Soziologie, Ethnologie oder Psychologie des Fetischgebrauchs aber ist versperrt.

5.6 Auguste Comte: ursprüngliche Positivität des Fetischismus

Der Gründungsvater der französischen Soziologie Auguste Comte (1798–1857) stellt innerhalb des 19. Jahrhunderts, das den Fetischismus mit den Mitteln der Wissenschaft radikal diskreditierte, eine Ausnahme dar (vgl. Fedi 2002, 153–187; Kohl 2003, 86–91). In seinem sechsbändigen «Cours de philosophie positive» (1830–42) setzt er den Fetischismus als Positivität. Innerhalb des Dreistadien-Gesetzes (lois des trois états) stellt der «état théologique» vor dem «état metaphysique» und dem «état positif» die erste Phase weltgeschichtlicher Aufwärtsentwicklung dar. Der Fetischismus ist, innerhalb der ersten Stufe, die elementare religiöse wie soziale Form noch vor Polytheismus und Monotheismus.[32] Fetischismus wird damit zum Titel einer Weltepoche und bezeichnet Wesen und Einheit des primären Kulturzustandes der Menschheit (Comte 1933, 167–93). Man spürt in der universalgeschichtlichen Epocheneinteilung die Nachwirkung des 18. Jahrhunderts, aber auch die Opposition zu Hegel.

Comte setzt ein «urtümliches Bedürfnis», «die menschliche Art und Weise auf alles zu übertragen, indem wir alle nur möglichen Phänomene denen angleichen, die wir selbst produzieren und welche uns deshalb auch als erste, infolge der unmittelbaren Intuition, von der sie begleitet sind, ziemlich bekannt erscheinen.» (1956, 7)[33] Dies ist die klare Definition des fetischistischen Projektionsmechanismus im Dienst der Welterklärung, der Vertrautmachung des Unbekannten mittels eines ursprünglichen Anthropomorphismus. Nach Comte leiten die Gefühle, nicht der Intellekt, das Leben. Und weil Gefühle der Motor unserer Existenz sind (1876, Bd. 3, 67), bleiben wir auf allen Stufen unserer persönlichen, aber auch der historischen Entwicklung mit dem Mechanismus vertraut, der den Gefühlen am nächsten steht – und dies ist der Fetischismus. Dieser ist die Geburt jeder Zivilisation. Für die Evolution des Individuums ist er der Ausgangspunkt des gesamten intellektuellen Lebens (ebd., 68). Die wissenschaftliche Vernunft, die das moderne Weltzeitalter prägt, entwickelt sich nämlich nicht aus den vorangegangenen theologischen und metaphysischen Epochen, sondern gegen sie und im Rückgriff auf die primordialen fetischistischen Verhaltensweisen. Diese sind zwar affektiv und präwissenschaftlich, doch sie bieten den Vorteil, die Menschen *in* der Welt zu halten und sie nicht in die Nebelregion der Transzendenz zu verweisen. So fallen wir immer wieder unwillkürlich auf die primäre Logik des Fetischismus zurück, insbesondere in Situationen, in denen wir mit unbekannten Realitäten konfrontiert sind: Es gehört nach Comte zu unserer Ausstattung, dass wir dann, mittels der fiktiven Methode *(fictitious method)* des Fetischismus, uns spontane phantastische Erklärungen bilden. Doch diese sind insofern positiv zu sehen, als sie uns mit den Dingen der internen Welt verknüpfen (ebd., 70/71). Bei der Ursachensuche in die externe Welt auszuweichen, ist schon der Sündenfall des Polytheismus. Er führt vom Pfade fort, sich an den Dingen dieser Welt zu orientieren. Gewiss ist der Fetischist unwissenschaftlich; aber er hält die Menschen in Kontakt mit der unorganischen wie organischen Natur und verbindet sie sympathetisch mit Tieren und Pflanzen. Dagegen haben die späteren Epochen durch radikale Schnitte uns von der Natur und den Lebewesen getrennt. «Thus Fetichism is theoretically superior to Theologism in doctrine as well as in method, even as regards the inorganic world.» (ebd., 74) So ist für Comte unter allen Formen der «fictitious Synthesis» der Fetischismus die beste, weil sie sich im Kreis der materiellen Welt bewegt. Der Fetischismus subordiniert bloße Subjektivität unter das Prius der Materialität; und das ist für Comte richtig so.

Comte dreht damit alle Deutungen des Fetischismus, die wir bisher kennen gelernt haben, geradezu um: Die Merkmale, die bisher dem Fetischismus negativ angelastet wurden, werden nunmehr der Theologie attribuiert. Zu Recht bemerkt er, dass die modernen Denker die positiven Leistungen des Fetischismus nie erkannt hätten. Sie übersahen, dass der ‹kindliche› Zustand dieses Denkens nicht krank oder verrückt sei, sondern normal und am ehesten vereinbar mit dem reifsten Zustand des positivistischen Zeitalters. Gerade an Kindern kann man erkennen, dass der Fetischismus die Ausgangsstufe aller weiteren Entwicklungen sei (ebd., 125). Aufgrund seiner spontanen Schätzung der belebten Welt eignet sich der Fetischismus eher als spätere Formen für eine achtungsvolle Anerkennung der natürlichen Umwelt – besonders im Vergleich zu den gewaltigen destruktiven Energien der zivilisierten Menschheit (ebd.,

85/86). Weil der Fetischismus sich spontan die Dinge assimiliert oder mimetisch auf sie bezogen ist, weist er auch eine direkte Beziehung zur Ästhetik und Kunst auf (ebd., 84, 109–14). Er ist gekennzeichnet durch Vielfältigkeit, Individualität und Unmittelbarkeit: ein erster Ansatz auch zur Vergesellschaftung, noch ohne die verhängnisvollen Interventionen der Priesterkaste.

Der Fetischismus ist ferner eng mit der Agrikultur und sesshaften Lebensformen verbunden. Er kreiert fundamentale Partnerschaften, sympathetische Instinkte und eine Art Allianz-Technik, durch die eine Assoziation mit Tieren und Pflanzen ermöglicht wird (ebd., 87/88). Zwar kann der Fetischismus nur relativ kleine Sozialverbände integrieren, zeigt aber die Fähigkeit zu lokaler Beständigkeit und zeitlicher Stetigkeit. Darum hat er sich bis heute erhalten. Interessant ist, dass Comte zwei grundlegende Raumrichtungen von Kulturen ausmacht: solche, die sich horizontal orientieren wie die fetischistischen Gemeinschaften, und solche, deren Direktion vertikal ist wie die religiösen Systeme mit ausdifferenzierter Transzendenz (ebd., 94/95). In der ‹horizontalen› Haltung zur Welt und im praktisch-technischen, mimetisch-sympathetischen, sozialen und ästhetischen Umgang mit dieser ist der Fetischismus für Comte von fundamentalem Wert.

Auch wenn Comte gegen Ende seiner Darstellung (ebd., 125–32) Grenzen des Fetischismus aufzeigt – z. B. die Verwechslung von materiellen Prozessen und beseeltem Leben, die Unfähigkeit zur größeren *community*-Bildung, die epistemischen, sozialen und politischen Mängel –, so ist doch erkennbar, wie sehr er den Fetischismus idealisiert. Zugleich wird dieser als Element seiner funktionalistischen Typologie sehr abstrakt gefasst. Irgendeine fetischistische Praxis einmal genauer zu beschreiben, hütet er sich geradezu. Comte ist Strukturanalytiker und Weltzeitalter-Philosoph. Dabei kann er dem Fetischismus einen fundamentalen Ort und eine Reihe von sozial günstigen Funktionen zuweisen. Dies ist Comte umso wichtiger, als er die Nachfolgephasen des poly-/monotheistischen Theologismus als Verfehlungen der wünschenswerten Entwicklung in Richtung auf den Positivismus ansieht. Comte ist darin die große Ausnahme im 19. Jahrhundert, und das macht ihn wertvoll. Denn Marx und Freud werden nach ihm den Fetischismus endgültig zu einer Negativität par excellence machen: Davor hütet sich Comte zu Recht, auch wenn sein Plädoyer für den Fetischismus allzu enthusiastisch ausfällt.

Nicht ohne ironischen Seitenhieb auf das Nachbarland meint Comte, dass jeder unvoreingenommene Philosoph den Fetischismus höher schätze als den deutschen Idealismus. Der Unterschied, ja Gegensatz zwischen Hegel und Comte besteht tatsächlich darin, dass Hegel den Fetischismus des afrikanischen Kontinents aus der weltgeschichtlichen Entwicklung radikal ausschließt. Das fetischistische Afrika ist für Hegel, wie zuvor für de Brosses, die absurde Sackgasse des entstellten Geistes: Afrika «ist kein geschichtlicher Weltteil, er hat keine Bewegung und Entwicklung aufzuweisen …» (Hegel XII, 129). Für Comte hingegen stellt der Fetischismus den für die Menschheit positiven Ausgangspunkt aller Entwicklungen dar (vgl. Pouillon 1972, 196). Marx konnte für seine Analyse der Entfremdung auf der Basis des Warenfetischismus von beiden Denkern ein Moment übernehmen: die Entzifferung einer historischen, darum auflösbaren Figur der Entfremdung, die auf projektiver Verkennung beruht; und das Moment der Allgemeinheit, insofern der Warenfetischismus eine normale, notwendige, wenngleich phantasmagorische Erscheinungsform sozialer Beziehungen im Kapitalismus sei. Unendlich entfernt sind wir freilich von einem Verständnis dessen, was Fetischismus für die Afrikaner selbst darstellt – erst in den 70er Jahren des 20. Jahrhunderts gibt es die erste schwarzafrikanische Untersuchung von Fetischkulten aus der Sicht derer, denen mit diesem Term zugleich die Sache entwendet wurde (Buakasa 1973; vgl. Garnier/Fralon 1951; Doutreloux 1967; Swithenbank 1969; Surgy 1994). Mit Marx endgültig wird der Fetischismus zu einem Begriff der weißen Kultur, zu welchem die schwarze Kultur das Geheimnishafte und die Form einer Fremdheit herzugeben hatte, die als Entfremdung nun dem Inneren der kapitalistischen Moderne selbst erwächst. Fortan erfüllt der Fetischismus die weiße Kultur mit einer vibrierenden Unruhe.

6 Unterwegs zur Ethnologie

6.1 Max Müller: Aburteilung des Fetischismus

Der große Religionswissenschaftler Friedrich Max Müller (1823–1900),
Sohn des Dichters Wilhelm Müller, kanzelt in seinen Gifford-Vorlesungen über «Anthropologische Religion» (1891) die Konzepte Comtes als
«bloße Theorie» ab, da mit dem Ur-Fetischismus ein «kleiner und später
Nebenfluss» zum Urquell der Religion gemacht würde (1894, 115/16).[34]
Noch sei nicht erreicht, «dass das Gespenst des Fetischismus gänzlich gebannt sei, aber es spukt jetzt nurmehr in verlassenen Gegenden» (ebd.).
Gnädig deklariert er: «Der Fetischismus braucht jedoch nicht aus der Geschichte des religiösen Denkens gänzlich verbannt zu werden.» Mit Ge-
nugtuung bemerkt Müller, dass auch Herbert Spencer (1873, 243) sich
vom Fetischismus losgesagt habe. Ähnlich verwerfen auch Edward B. Tylor (1871/73) und Émile Durkheim (1912/1994) die These vom Ursprung
der Religionen im Fetischismus und setzen an seine Stelle den Animismus bzw. den Totemismus.[35] Damit allerdings überwinden sie den Evolutionismus des 19. Jahrhunderts so wenig wie Max Müller selbst, der
wiederum beide, den Animismus wie den Totemismus, für theoretische
Fiktionen hält (Müller 1894, 119ff., 180, 408). Interessant ist, dass Müller
die Fetisch-Theoretiker selbst für fetischistisch hält – die erste mir bekannte Spur davon, dass es Theoriefetische geben kann.[36] Müller sagt
nämlich ironisch, der Fetischismus sei «ein ungeheuerlicher Aberglaube
– ich meine nicht den Fetischismus, sondern den Glauben an Fetischismus als die ursprüngliche Religion» (1894, 117). Ähnlich wird später
Marcel Mauss (1989, Bd. 1, 43–182) und heute etwa Jean Baudrillard
(1972, 315–332) gegen den Fetischismus des Fetischbegriffs polemisieren
– als Phantasmen des weißen Denkens, das nichts oder wenig mit der
Wirklichkeit primitiver Kulturen zu tun habe. Müller sieht 1894 in der
ethnologischen Forschung den Fetischismus, aber auch den Totemismus
bereits in einer Weise inflationär gebraucht, dass sie nichts und alles erklären. «‹Totemismus› ist einer jener pseudowissenschaftlichen Kunst-
ausdrücke, welche dem Studium der Mythologie unendlich geschadet

haben. ... Ich habe ebenfalls gegen den nachlässigen Gebrauch des Ausdrucks ‹Fetisch› Einspruch erhoben ...» Müller beklagt, dass «heut zu Tage kaum irgend ein greifbarer Gegenstand der Verehrung dem Namen ‹Fetisch› und kaum irgend eine Religion dem Beinamen ‹Fetischismus› entrinnen kann». Er fordert mehr Begriffsklarheit. Man solle nicht als «selbstverständlich annehmen ..., dass die Religion überall durch die Phasen des Fetischismus, des Totemismus, des Animismus oder irgend eines anderen Ismus hindurchgehen müsse.» (ebd., 408/09) Mit Letzterem polemisiert er auch gegen Edward B. Tylor, dessen Epoche machendes Buch «Primitive Culture» zwei Jahrzehnte zuvor erschienen war.

Es ist wissenschaftsgeschichtlich aufschlussreich, dass es offensichtlich auch internationalen Autoritäten wie Müller nicht gelingt, den Gebrauch von Termini und Konzepten, die in der *scientific community* hohe Verbreitung und Akzeptanz gefunden haben, zu begrenzen, semantisch schärfer und klarer zu bestimmen oder aus dem Verkehr zu ziehen. Das Gegenteil ist der Fall. Längst hatte der Fetischismus sich nicht nur in Religionswissenschaft und Ethnologie, sondern auch in der politischen Ökonomie und in der Sexualwissenschaft verbreitet. Bis heute gibt es kein Halten. Es ist deswegen ganz vergeblich, den Begriff auf spezielle Verhaltensformen afrikanischer Stämme – schon hier war Fetischismus eine Fremdbeobachtung, in die sich projektive Anteile der Beobachter mischten – oder auf andere gesonderte Phänomene, wie den sexuellen Fetischismus, einschränken zu wollen. Es kann nur darum gehen, die nahezu unbeschränkte Karriere des Begriffs selbst zu rekonstruieren und zu fragen, was sie über unsere, die europäische Kultur erzählt.

Max Müller indes glaubte noch, den Fetischismus auf «eine sehr späte Phase des Aberglaubens» (ebd., 119) oder den Totemismus auf das einzuschränken, als was er bei nordamerikanischen Indianern benutzt wird: als Erkennungszeichen von Clanmitgliedern. Alles andere seien unzulässige metaphorische Übertragungen (ebd., 119ff.). Indessen gibt es bei Müller selbst charakteristische Verengungen wie Verallgemeinerungen. So leitet er die meisten religiösen Phänomene aus der Sprache und der Sprachkomparatistik ab. Er neigt dazu, alle Religionen nach Sprachfamilien einzuteilen. Die Sprache ist für Müller das älteste Archiv überhaupt und insofern auch die Quelle aller unserer Kenntnisse alter Religionen (vgl. 1874/1876/1880). Damit vertritt er ein philologisch-komparatistisches Verfahren der Religionswissenschaft, die längst dabei war, sich mit der Ethnologie zu verbinden, um Religionen auch ‹im Feld› als rituelles Verhaltensensemble zu beobachten. Müllers Konzept entspricht dagegen einem in Deutschland favorisierten Typus von Religionswissenschaft, der sich aus der romantischen Mythologie (etwa Creuzers und Schellings, den Müller noch 1845 in Berlin hörte) und der vergleichenden Sprachwissenschaft entwickelt hat (vgl. Hermann Usener 1876; 1912–14). Innerhalb dieses Modells hat Müller Bahnbrechendes insbesondere für die textlich überlieferten ‹Mythologien› des indischen Subkontinents und des Orients geleistet. Fetischismus ist indes ein Phänomen, das sich gerade aus der Beobachtung nicht-schriftlicher Kulturen entwickelt hatte. Die dem Fetischismus durchweg unterstellte Beseeltheit toter Gegenstände – dies nennt Müller die «Agentien-Lehre» (ebd., 59ff.), bei der aus Mangel an Kausalitäts-Begriffen zur Erklärung von Naturphänomenen handelnde Kräfte angenommen würden – ist für Müller eine «Beleidigung des menschlichen Verstandes» (ebd., 71). Dieser «Glaube an Agentien hinter dem großen Phänomen der Natur» (ebd., 131) führt zu einem wirren «Natur-Pantheon», dem es an Abstraktion mangelt, um die Schritte hin zu einer wissenschaftlichen Naturerklärung oder zu einem monotheistischen Gottesbegriff leisten zu können. ‹Einfache› Religionen als Naturreligionen zu verstehen, die Erfüllung von Religiosität an den Monotheismus zu binden und naturwissenschaftliche Kausalität einzufordern: Das nun sind ihrerseits generalisierte Vorurteile. So haben wir bei Müller den typischen Fall eines Kreuzzugs gegen die einen Vorurteile im Namen von anderen. Diese Erscheinung bestimmt nahezu die gesamte Wissenschaftsgeschichte des Fetischismus.

Dem Marburger Philosophieprofessor und Schreibtisch-Ethnologen Theodor Waitz (1821–64) verdanken wir die fünfbändige «Anthropologie der Naturvölker» (1859–70). Anthropologie hat für Waitz einen schweren Stand einerseits zwischen Anatomie und Physiologie, die den Menschen ganz in die Natur stellen, andererseits der Psychologie, die ihn ganz dem Geistigen zuschlägt. Anthropologie definiert ihr Feld dazwischen: Ihr Thema ist die lokale Verteilung der Völker und die Pluralität der kulturellen Verhaltensrepertoires bei vorausgesetzter Einheit der Menschheit; daraus geht das Konzept einer empirischen wie vergleichend-historischen Anthropologie hervor. In der Durchführung bleibt es indes bei dem schon von Kant vertretenen Typ der beschreibenden Anthropologie. Waitz synthetisiert dabei naturhistorische Faktoren, Klima, Nahrung, Vererbung erworbener Eigenschaften (!) mit kulturellen Leistungen, die er linguistisch, historisch und verhaltenstypologisch untersucht (so 1859, 1. Bd., bes. 258ff.). Im 2. Band (1860) untersucht er «Die Negervölker und ihre Verwandten». Er wird eingeteilt wie alle folgenden Bände: Der ethnogeographischen Untersuchung folgt die Beschreibung der materiellen Kultur: Landbau, Nahrung, Kleidung, Wohnung, Handwerke, Handel; das Familienleben; die politische Verfassung und der Rechtszustand; die Religion (darin: Fetischismus); Temperament und Charakter; die intellektuellen Begabungen sowie Angaben über fremdkulturelle Einflüsse. Danach werden die großen ethnischen Einheiten abgehandelt: Hottentotten, Kaffer und Kongo, Molgaschen, Äthioper, Galla, Somali.

Waitz bemisst den Fetischismus, den er – wie Hegel – für die «Religion Afrikas» hält, am orthodox-christlichen Monotheismus. Deswegen hebt er die spirituellen Elemente des Fetisch-Dings heraus. Erst dadurch kann er zwischen zufälligem, materialem Substrat und dem göttlichem Wesen, das ephemer oder durativ im Dinge Wohnung nehme, unterscheiden. Diese Unterscheidung misslinge aber der verwirrten Phantasie der Neger, obwohl doch gerade hierin die auch in Afrika überall zu entdeckende Spur des Einen Höchsten Gottes läge (Waitz 1860, Bd. 2, 167f., 174–77). Waitz zitiert einen Missionar, der resignierend feststellte, «daß sie neben Gott noch tausend und abertausend Fetische haben, das haben sie leider auch noch mit vielen Christen gemein.» (ebd., 173) So sei es ein Irrtum, den Fetischismus für hoch stehend zu halten. Der Fetischismus sei «die Verehrung von Götzenbildern und von allerlei zufällig aufgegriffenem werthlosem Zeug», ein verworrener «Bilderdienst» (ebd., 183). Der «Neger treibt die Beseelung der Natur auf die äußerste Spitze; da aber sein Verstand zu ungebildet ist um die eine allgemeine Beseelung derselben fassen und festhalten zu können, verirrt sich seine Phantasie» in der wüsten Topographie der Fetische (ebd., 174). Fetische sind «eine Art von Göttern» (ebd., 175), aber sie sind zugleich belanglose Dinge. «Sein Fetisch ist ihm ein Gott und zugleich ein bloßer Götze, ein Holzklotz; er ist der Gott selbst und das dem Gott Geweihte oder von ihm Besessene …, ein Baum, ein Thier, ein Topf, ein Opfer, eine Opferstätte, ein inspirierter Priester oder Seher, ein Tempel; er ist der Gott selbst und das von ihm mit Wunderkraft Begabte, ein Heilmittel, ein Amulet, ein Glücks- oder Unglückstag …» (ebd., 175).[37] Dieses verwirrende Zugleich von Zeichen und Dingen, die mal beseelt und wirksam, dann wieder tot und banal sind, stürzt den ‹Neger›, aber noch mehr den Anthropologen, in Verwirrung. Weil Götter und Geister überall Wohnung nehmen können, entstehen undurchsichtige werthierarchische Staffeln der Ding-Verehrung, die für jeden Fetischdiener und jeden Stamm lokal wie zeitlich wechseln. Aufschlussreich ist die Kolportage, nach der ein Afrikaner auf die Vorhaltung, der Geist des Fetischs, dem Nahrungsmittel geopfert wurden, könne doch nichts essen, antwortete: «O der Baum ist nicht Fetisch, der Fetisch ist ein Geist und unsichtbar, aber er hat sich in diesem Baum niedergelassen. Freilich kann er unsere körperlichen Speisen nicht verzehren, aber er genießt das Geistige davon und läßt das Körperliche welches wir sehen zurück.» (ebd., 187)

6.3 EDWARD B. TYLOR:
ANIMISMUS UND FETISCHISMUS

Mit dieser schon in der älteren Ethnographie vertretenen, eher europäischen als afrikanischen Auffassung wird Waitz immerhin zu einer Stütze der animistischen Interpretation des Fetischismus in Edward B. Tylors (1832–1917) «Primitive Culture» (1871/hier 1873, Bd. 2, 174).[38] Tatsächlich vertritt Tylor energisch die Position, dass der Fetischismus als Teil einer «allgemeinen Geisterlehre» zu behandeln sei. Er synthetisiert aus weltweiten Belegen seine Animismus-Theorie, wodurch er sich klar von de Brosses, Comte oder dem Ethnologen Fritz Schultze (1871) abhebt. Tylor entwickelt eine Geister- und Seelenlehre, die er nicht regional oder kulturspezifisch differenziert, sondern aus Befunden der ganzen Welt montiert. Er definiert den Fetischismus als «Lehre von Geistern, die in gewissen materiellen Gegenständen eingekörpert sind, ihnen anhaften oder einen Einfluß durch dieselben ausüben» (1873, Bd. 2, 144). Immer also kommen im Fetisch zwei Elemente zusammen: die geistige Potenz, die *Wirkmacht*, die vom Standpunkt der Weißen aus dynamistisch, dämonistisch, spirituell, manistisch oder eben animistisch gedeutet wird, und das *materielle Trägerobjekt*, in dem die Macht wohnt (vgl. Museum für Völkerkunde 1986, 12f.). Letztere wird durch Zeremonien, Dienste, Opfer, Anrufungen im Sinne der Interessen des Fetisch-Dieners manipuliert.

Die Gegenstände sind nicht von sich aus belebt und werden nicht deswegen verehrt oder gefürchtet; sondern die Bedingung des Fetischismus ist die Einwohnung von *Geistern im Objekt*. Die anthropomorphe Seelenvorstellung einfacher Kulturen wird bei Tylor zur Grundlage eines *universellen Animismus* der Welt. Die schwebenden, schweifenden Geister sind anthropomorph gedacht und verkörpern ihre Personhaftigkeit noch in den menschenfremdesten Dingen: Daraus entsteht der Fetisch, welcher aus Geist und totem Ding «ein Ganzes» bildet.

Daraus leitet Tylor auch eine Besessenheitslehre ab, die für medizinische und exorzistische Praktiken grundlegend ist, da sie sich nicht nur in exotischen Kulturen, sondern auch in der europäischen Volksmedizin und im Christentum finden. Man erkennt, dass Tylor bei seiner Untersuchung ‹primitiver Kulturen› stets auch das alte wie das moderne Europa vor Augen hatte. Auch der christliche Reliquienkult und die gegenwärtige Bauernkultur stellen für ihn Relikte eines archaischen Fetischismus dar. Doch noch aufschlussreicher ist es, wenn Tylor auch auf hochrangige Denker wie Leibniz oder Berkeley hinweist, deren Begriffe von Kraft und deren Vorstellungen von Objektwirksamkeit rationalisierte Reste eines alten Fetischismus darstellten. Ebenso sei die Theorie des elektrischen Fluidums (wie etwa im Mesmerismus) ein Rest des Fetischglaubens. Damit hat Tylor die Wirksamkeit des Fetischismus bis in die Zeit von 1800 und bis in die Spitzen der europäischen Kultur getrieben (ebd., 150–54, 160). Mit der Animismus-These interpretiert Tylor den religiösen Fetischismus zudem in genau demselben Schema, in welchem, etwas früher, Marx den Warenfetischismus gefasst hatte.

Nachfolger von Tylor ist z. B. Nina Rodrigues (1900), die das Animismuskonzept auf fetischistische Riten in Bahia/Brasilien anwendet. In Deutschland findet Tylor einen Schüler in Wilhelm Schneider (1891). Für ihn ist der Fetischismus, den er auf das afrikanische Geisterwesen begrenzt sehen möchte, eine Zauberei auf animistischer Grundlage: «Da nach der Vorstellung des Negers die Geisterwelt derart in die sichtbare Natur hineinragt, daß diese die Behausung jener ist, so kann jeder Gegenstand, selbst das unbedeutendste Ding, Werkzeug, Sitz oder leibhaftige Erscheinung eines Geistes, mit anderen Worten, ein Fetisch werden, dessen Verehrung aber nicht dem Fetischkörper, sondern dem Fetischgeist gilt.» (Schneider 1891, 24) «Der afrikanische Fetischismus ist der spiritistischen Naturauffassung entsprungen.» (ebd., 173) Auch dies ist ein durchaus europäisches Verständnis von Fetischismus. Schneider sieht in den afrikanischen Religionen eine große Angst vor Zaubermächten herrschen und macht allüberall den Versuch aus, wirksame Abwehrmittel gegen feindlichen Zauber zu finden. Die Fetische sind vor allem solche Abwehrmittel. Den Überlebenskampf der Menschen untereinander sieht Schneider im Wettstreit der Heiligtümer und ihrer Zaubermittel gespiegelt. Hier werden die afrikanischen Religionsbräuche durch sozialdarwinistische Auffassungen der Gründerzeit überblendet. Wenn Schneider, zusätzlich von Thomas Hobbes geprägt, schon die Friedenszeiten der Stämme als eine Art Krieg ansieht, wird Afrika vollends zum

Spiegel europäischer Vorstellungen. Man könnte auf dieser Linie weiter-
gehen und den Fetischismus, im Sinne von Viktor Tausks Theorie der Be-
einflussungsapparate (1919, 245–85), gleich sozialpathologisch zu einem schizophren-paranoischen Wahnsystem erklären, wo sich ganze
Kollektive im Bann dunkler Mächte erleben, die sie *a tergo* steuern und
manipulieren und wogegen die eigenen Fetische, im Kampf mit fremden
Geistern, eine Wächter- und Abwehrfunktion übernehmen. Erkennbar
wird, dass sich auch der Animismus eignet, zum Spiegel jedweder der europäischen Ideologien zu werden.

6.4 ADOLF BASTIAN:
KOLONIALISMUS UND SELBSTREFLEXION

Von umfassenden Theorien, wie sie Tylor vorgelegt hatte, ist die Ethnologie in Deutschland weit entfernt. So berichtet der berühmt-berüchtigte
Vielschreiber unter den Ethnologen, Adolf Bastian (1826–1905), mehrfach, zuerst nach einem Besuch im Kongo 1859, zuletzt nach einer For-
schungsreise in Guinea 1884, im Stil ethnographischer Narrativik und
Fallsammlung über das «ausgebildete Fetischsystem» Afrikas (1859, 82).
Bei Bastian ist Ethnologie ein Teil der deutschen Kolonialpolitik, in deren Geleitzug er das erste Mal nach Afrika kommt. Er selbst ist ein obses-
sioneller Sammler materieller Kulturobjekte, man kann auch sagen: ein
skrupelloser Räuber, dessen Trophäen Völkerkundemuseen füllen (Kramer 1995).[39] Immerhin wendet Bastian sich gegen jeden spekulativen
Evolutionismus in Religionsforschung und Ethnologie und plädiert für
eine empirische, vergleichende Völkerpsychologie (ebd., 312–40), wie sie
später Wilhelm Wundt (1832–1920) ausarbeiten wird.[40] Einsichtsvoll
sind auch seine Beobachtungen zum Synkretismus der fetischistischen
Praktiken, wenn er feststellt, dass rituelle und symbolische Elemente der
implementierten christlichen Religion sich mit den Zauberpraktiken im
Kongo vermischt hätten. Auch als Arzt promoviert, möchte Bastian eine
Psychologie «auf dem Boden der Ethnologie» in «genetischer Entwicklung» (1868, XI) und auf nervenphysiologischer Grundlage konstruie-

ren. Dabei verwendet er moderne naturwissenschaftliche Erklärungen, um die verrückten Phänomene und irrationalen Handlungen afrikanischer und anderer Ethnien auf Defizite kognitiver Begriffsbildung, auf psychische Projektionen, dunkle Ideen-Assoziationen oder «instinktmäßige Elementargedanken» zurückzuführen (1860, über Fetische: 11–23; 1894, VI, 50).

Die Religion in Afrika wurzelt im «Leid des Lebens», in «Qual», «Schmerz und Noth», die auf dämonische, zauberische Feinde zurückgingen. Darum besteht nach Bastian ein vitales Interesse an *theoi apotropaioi*; und diese sind die Fetische. Sie dienen der Daseinsbewältigung. Bastian hält den Anthropomorphismus mit Ludwig Feuerbach (und Hume) für die elementare Basis aller Religionen, besonders in der Form der «Personifizierung der Kausalität» (1884, 20). «Das Fetischwesen bezeichnet also in gewisser Hinsicht jede kulturelle Handlung, wodurch man für sich … mit der unsichtbaren Welt ein befriedigendes Abkommen herzustellen versucht…» (ebd., 78). Fetischismus wird als Allianztechnik verstanden, ein Versuch, die überlegenen Mächte der unsichtbaren Welt zu befrieden und nutzbar zu machen. «Der Kult beruht auf einer Vertragsstempelung … zwischen dem Menschen und seinen Göttern»; der Fetisch *ist* dieser Stempel (1894, 13). Aus der Verbindung von lebenspraktischen Bedürfnissen und Fetischdiensten entwickelt Bastian ein ganzes Set von sozialen Funktionen: So werden Fetische eingesetzt bei Lebenszyklus-Ritualen (Geburt, Pubertät, Hochzeit, Tod), als Eigentums- und Territorialschutz, als apotropäische Vorkehrung gegen Wind und Wetter, Unglück und Feindschaft, bei Heilungen und als Eidhelfer, bei vertraglichen und ordnungspolitischen Konflikten (etwa bei der Ermittlung von dubiosen Todesfällen; so auch Schultze 1871, 90ff.), in Orakelprozeduren und Kriegszügen. Darin zeichnet sich, wenn auch über 300 Seiten unsystematisch verstreut, ein ethnologisches Interesse am sozialen Funktionieren des Fetischismus ab, der nicht nur als Skandal des europäischen Ding- und Wertebewusstseins herhalten muss.

Eine geradezu moderne Form kritischer Selbstreflexion der Ethnologie erreicht Bastian dann, wenn er das Übersetzungsproblem zwischen Kulturen wie folgt kommentiert: Die Ethnographen würden allzu oft fetischistischen Sitten ihre eigenen Begriffe «unterschieben»; so «werden

aus ihrem Fonds durchaus eigenthümliche Gedankenassociationen …
gebildet und schon in statu nascendi in der Auffassung des europäischen
Zuhörers nach philosophischen Kategorien zugeschnitten» (1859, 102).
Damit kommt Bastian nahe an die Einsicht, dass der Fetischismus ein Effekt aus europäischen Vorurteilen sei, welche unbegriffenen Beobachtungen von afrikanischen Ritualformen untergeschoben werden. 1884
dann bemerkt Bastian, dass der afrikanische Fetischismus zwar «die roheste Auffassung der Religion» darstelle, «aber roher noch dürfte fast die
europäische Auffassung … erscheinen, besonders wenn im eigenen
Hause gekehrt werden sollte» (1884, 76). Bastian meint nicht nur, dass
der Fetischismus noch immer in Europa und in den Köpfen von Ethnographen wirksam sei, sondern vielleicht sogar hier seinen Ursprung
habe. Nicht zufällig sei das portugiesische Wort *feitiço* in der Zeit der He-
xenverfolgung entstanden, als deren «irreführendes Nebenanhängsel»
(ebd., 79; 1894, 14f.). Die «Verwirrung in den Reiseberichten» ginge aus
einem «Mangel eines klaren Gedankenaustausches zwischen Eingeborenen und Europäern» hervor, sodass bei Ethnographen selbst eine «Verwilderung, oder ihre Verwirrung» entstanden sei (1884, 79–81). Schon
1859 konstatiert er: «Im Ganzen herrscht jetzt im Congo ein apathischer
Indifferentismus gegen jede Art von Religion, wie es immer geschehen
muss, wenn die alten Traditionen erschüttert sind» (1859, 162). Dieser
Satz reflektiert die kolonialen Wellen von Portugiesen und Holländern,
von katholischen und protestantischen Missionaren. Bastian ahnt, dass
dies mit einer Kulturzerstörung verbunden war; doch deren Folgen wirft
er dann wieder den Schwarzen als Indifferenz vor. Man muss Adolf Bastian, der seine oft unverdaulichen Schriften einem ungehemmten Kolonialismus verdankt, bei solchen Passagen zugestehen, dass sogar heutige
Kritiker des Fetischkonzepts wie Wyatt MacGaffey (1977) und William
Pietz (1985/86/88) nicht tiefer in die Selbstbefangenheit der Ethnologen
eindringen, wenn diese an den Sitten fremder Kulturen dasjenige identifizieren und verfolgen, was verpönten Elementen ihrer eigenen Kultur
entspricht.

6.5 Fritz Schultze:
Kinkerlitzchen des wilden Bewusstseins

Einen gänzlich anderen Ansatz vertritt der Dresdner Philosophieprofessor Fritz Schultze, der 1871, zeitgleich zu Tylor, seine Dissertation «Der Fetischismus. Ein Beitrag zur Anthropologie und Religionsgeschichte» vorgelegt hatte. Das Buch wurde 1885 ins Englische übersetzt. Schultzes Ansatz ist aufschlussreich, weil er 1. lange vor Claude Lévi-Strauss (1962/68) eine Theorie des «wilden Denkens» vorlegt, dessen dinglicher Ausdruck der Fetischismus sei; 2. den Fetischismus ableitet aus einem ökonomischen *Cross-cultural*-Effekt, aus dem der ökonomische Wertskandal hervorgeht, durch den noch das Wertloseste den Schein eines Wertes erhält (darin bildet er eine Brücke von Marx bis hin zu W. Pietz). Und 3. zeigt sich bei ihm, wie auch bei einer Reihe von englischen und amerikanischen Afrika-Reisenden wie Mary H. Kingsley (1899/1965), Robert H. Nassau, Alfred Burdon Ellis, Joachim Monteiro, R. E. Dennett, E. J. Glave, W. Holman Bentley, Donald Campbell, G. Cyril Claridge, dass der Fetischismus mit der sexuellen Verwilderung Afrikas verbunden wurde, die das europäische Moralbewusstsein extrem provozierte.

Der Anspruch Schultzes ist maximal. Er hat die Religionsphilosophen (Brosses, Hume, Schelling, Hegel, Christoph Meiners, Benjamin Constant, Feuerbach, Karl Rosenkranz, Waitz, Schopenhauer etc.) ebenso gelesen wie eine Unzahl von Reiseberichten aus Afrika und allen anderen Kontinenten. Daher glaubt er sich für eine definitive Theorie des Fetischismus gerüstet. Den Fetischismus zu verstehen heißt für Schultze, die Bewusstseinsprozesse der Wilden, also das wilde Bewusstsein zu rekonstruieren. Dies steht am Anfang. Denn das Bewusstsein markiert die Grenzen der Welt. Die Verschiedenheiten der Welt sind Funktionen der Verschiedenheiten des Bewusstseins. Die Evolution des Bewusstseins verhält sich proportional zum Differenzierungsgrad der Objekte. Je differenzierter das Bewusstsein, desto klarer die Trennschärfe der Objekte. Darum stehen die Objektbeziehungsformen und die ihnen korrespondierenden Objektwelten am Anfang seiner Untersuchung. Die ganze Welt des Eskimos ist: «Eis und Schnee, Bären und Fische und – Eskimos». Die Welt der Feuerländer: «Vegetationslose Einöden, kahle Felsen, Vögel und Seinesgleichen». Die Gleichförmigkeit der Umwelt entspricht der Primitivität des Bewusstseins. Afrikanische Wilde sind träge Denker; also ist ihre Dingwelt dunkel und verschwommen. Nordamerikanische Jagdindianer sind schon differenzierter. Das Einerlei der Objekte, der Beschäftigungen, die begriffslos-sinnliche Präsenz von Dingen, die einfache Sprache formieren das, was Schultze (1871, 30–42) das wilde Denken oder Tylor *primitive culture* nennt.

Der Fetischismus ist für Schultze eine archaische Objektbeziehungsform. Das wilde Denken mit seinem geringen logischen Umfang, seinem Präsentismus, seiner Einförmigkeit und unentwickelten Objektdifferenzierung erzeugt zwangsläufig eine Überschätzung der augenfälligen Objekte, sei es, dass sie für unverhältnismäßig mächtig, wertvoll, Furcht erregend oder begehrenswert gehalten werden. Hier wird eine alte ethnographische Verkennung in eine philosophische Doktrin gewendet: die Erfahrung der Händler und Reisenden, dass die Afrikaner wertlosen «Krimskrams» hoch schätzten, während sie Dinge, die dem Europäer wertvoll erscheinen, gering achteten. Daraus entstehen der koloniale Bruch in der Ökonomie der Dinge und die Asymmetrie der Tauschstrukturen zwischen Afrika und Europa. Schultze verkennt völlig, dass sein Konzept des wilden Denkens ein Reflex und keine Reflexion kolonialer Ökonomie ist.

Schultze setzt dabei die afrikanische Ökonomie der Dinge mit der Ökonomie der Kindheit gleich (auch dies ist ein hundertjähriges Vorurteil). «Es (= das Kind, H. B.) schätzt nur, was es kennt und hat: Das sind aber all' die kleinen Trifles, die nach Abzug aller irgend wie bedeutenderen Objecte übrig bleiben: die Läppchen und Flickchen, die bunten Papierschnitzel, die Knittel und Stäbe, die Messingknöpfe». So funktioniert der Fetischismus der Wilden und der Kinder nach den Versen, die Schultze von Friedrich Rückert herbeizitiert: «Allerlei Wickelchen, / Allerlei Schleifchen, / Allerlei Zwickelchen, / Allerlei Streifchen.» (Schultze 1871, 59/60[41]) «Geringfügige und unbedeutende» Objekte werden wie vom Kind so auch vom Wilden adoriert. Der Wilde steht auf der «embryonischen Stufe des Kindes» (ebd., 60/61).

Die Krimskrams-Welt des Wilden ist eigentumslos. Ihre Wertform ergibt sich aus der situativen sinnlichen Schätzung, nicht aus dem objektiven Tauschwert, nicht aus dem Markt, nicht aus der Indizierung durch Geld, allenfalls durch Mechanismen primitiven Tausches (dessen Regularien erst von Marcel Mauss erkannt werden, s. S. 289-307 dieses Buchs). Der Wilde nutzt noch das Geringfügigste als Schmuck, schätzt besonders fremdartige Objekte wie Glasperlen, Nägel, Flittergold als wichtigen «Schatz». So entsteht, durch das Sinnenbewusstsein des Wilden bedingt, eine Welt der «Bagatelle» und der «Kleinigkeit» (ebd., 63f.). Dahinter steht unausgesprochen eine merkantile Perspektive, die durch die Konfrontation mit der afrikanischen Werthierarchie verwirrt wird. Nirgends erkennt man so klar wie bei Schultze, dass der Fetischismus einem Hiatus zwischen der europäischen und der afrikanischen Wertökonomie entspringt. Der Wilde erkennt nicht den «wahren Wert» der Dinge. Er hat keinerlei Einsicht in die Arbitrarität und Relativität der eigenen Wertewelt. Wildes Denken heißt, durch nichts erfüllt zu sein als durch das Kommen und Gehen der Launen. Diese überträgt der Wilde auf die Objekte: So wie er *sich* erlebt, erlebt er auch die *Dinge*. Dies nennt Schultze «die anthropopathische Auffassung der Objecte» (ebd., 65–70). «Gerade wie er selbst ist, empfindet und will, als gerade so seiend, empfindend und wollend muss er sich nothwendig die ganze Natur, nicht blos die Thiere, sondern selbst die unbelebten Dinge vorstellen, d. h., er muss die ganze Natur anthropopathisch betrachten» (ebd., 70). «Die ganze Natur ist wie der Mensch» (ebd., 71), individuell, unbestimmt, undifferenziert, fluktuierend, stimmungshaft, bloß akzidentiell. Wie die Kinder sich zu Puppen verhalten, so der Wilde zu den Dingen (ebd., 75): Dieses Deutungsmuster hatte Brosses in die Welt gesetzt.

Schultze verbindet die launenhaften Objektbeziehungen ‹des Afrikaners› mit dessen skandalösem Triebleben. In diesem triumphieren «natürliche Selbstsucht» und die «viehische Virtuosität der Faulheit, Gefräßigkeit und Wollust» (ebd., 47/48). Die Kritik eines Indianerhäuptlings an der Rastlosigkeit und dem Mangel an Gegenwart begreift Schultze nicht. Aus Reiseberichten stückelt er ein *patchwork* ausschweifender Libido zusammen: ein Bild ubiquitärer Perversionen, sexueller Zügellosigkeit, wilder Polygamie, allgemeinen sexuellen Missbrauches, des Fehlens von Familienbanden, des mangelnden Schutzes von Kindheit und Alter, der Bedeutungslosigkeit von Keuschheit, der Promiskuität und Freizügigkeit von Frauen. «Viehische Zügellosigkeit in der Befriedigung aller leiblichen Triebe. So ist der Wilde, so muss er sein; denn Bewusstsein, Welt und Wille sind solidarisch verbunden» (Schultze 1871, 55). Ohne Zweifel artikulieren sich hier die hemmungslosen Sexualprojektionen weißer europäischer Männer, aber nicht die hemmungslosen Praktiken der Afrikaner. Anthony Shelton (1995, 11ff.) hat diese phantasmatische Sexualisierung Afrikas auch an englischen Ethnographen Afrikas zwischen 1880 und 1920 nachgewiesen. Was Shelton für eine Reaktionsbildung der viktorianischen Prüderie hält, gilt analog auch für die Sexualmoral der deutschen Gründerzeit.

Die Beliebigkeit fetischistischer Objektbeziehungen, die einen tauschökonomischen Skandal darstellen, wird von Schultze mit der Wahllosigkeit der sexuellen Partnerwahl und der Verwilderung des Triebs verbunden. Die Zügellosigkeit, die den Afrikanern untergeschoben wird, entspringt indes der Verwilderung des Diskurses von Schultze selbst. Darin spiegelt er die deutsche, aber auch europäische Kolonialpolitik seiner Zeit, der er die ideologischen Waffen der Ausbeutung an die Hand liefert. Er hat allerdings ahnungslos auch jene beiden Linien bereits fusioniert, welche für das 19. Jahrhundert epochal sind: die *Warenanalyse von Marx*, nach welcher der Fetischismus den Dingwert pervertiert, und die *Theorie der Sexualität*, für welche der Fetischismus eine Pervertierung des libidinösen Objekts darstellt. Beides sind gleichsam ‹afrikanische› Muster. Als Typen der Objektbeziehung ergreifen sie den europäischen Menschen in der Warengesellschaft und werden, aus seinem Inneren aufsteigend, zum perversen Bann seiner Sexualität. Europa wird zum Gefangenen eines phantasmatischen Afrikas. Zum anderen wird der Fetischismus zur Quintessenz des kolonialistisch besetzten Afrikas gemacht, in den sich die Afrikaner vor der weißen Herrenschicht verbarrikadiert haben sollen.

So kommt es nicht von ungefähr, dass Schultze gelegentlich seiner Streifzüge ins vormoderne Europa, das er erfüllt sieht von fetischistischen Zauberpraktiken und Aberglauben, von der Angst umgetrieben wird, dass auch das moderne Europa durch den Funken des Fetischismus entflammt werden und die «verderbliche Feuersbrunst von Neuem emporlodern» könnte: «Denn es leben auch heute noch grosse Fetische bei

uns, und ihre Mittel und Wege sind in Europa dieselben wie in Afrika.»
(Schultze 1871, 174) Wir werden sehen, wie Recht er hat.

7 Magie und Moderne

7.1 Marcel Mauss: Theorie der Magie

Wir hatten schon bemerkt, dass Marcel Mauss (1872–1950) in seinen No-
taten zu Wilhelm Wundts «Völkerpsychologie» vorgeschlagen hatte,
den Term des Fetischismus abzuschaffen und durch indigene Ausdrücke
wie Nkisi, Mana u. Ä. zu ersetzen. Mauss hält es für falsch, wie Wundt,
den Fetischismus als primitiven Fond der religiösen Evolution zu universalisieren (1969, Bd. 2, 217). Wir sahen, dass dies nicht nur Wundt,
sondern in unterschiedlicher Auslegung auch Comte oder Fritz Schultze
glaubten. Der europäische Erfolg der Studie von de Brosses (1760) sei für
diese ungeheure Vereinfachung verantwortlich. Mauss sieht in den afrikanischen Stammesgesellschaften einen viel zu heterogenen Umgang
mit magischen Objekten herrschen, um sie durch eine Theorie des Fetischismus erklären zu können. Entgegen der auch von uns öfters bemerkten Annahme der Ethnographen sei der Fetisch niemals ein bloß zufälliges Objekt, sondern stets bestimmt durch einen Code. Es ist der Code der
Magie und des diese rahmenden sozialen Milieus (1969, Bd. 2, 217). Damit indes überbietet Mauss den Universalitätsanspruch der *Fetischismus*-
Theorien durch die Theorie der *Magie*. Seine Kritik an Wundt steht somit
ganz im Zeichen des bereits 1902/03 vorgelegten «Entwurf[s] einer allgemeinen Theorie der Magie» (1902/03/1989, Bd. 1, 43–177). Mauss geht
also keineswegs ins Feld der unterschiedlichsten Fetischgebräuche, sondern er sucht seinerseits eine tragfähige Theorie, welche diese zu erklären vermag. Fetischismus wird zu einem Element der Magie. Aus diesem
Grund wenden wir uns dem Magiekonzept von Mauss zu und setzen es
mit den gleichzeitig, aber unabhängig entstandenen Theoriefragmenten
zur Bildmagie von Aby Warburg in Beziehung.

Mauss wendet sich 1. gegen Frazer, der die Magie im Sinne des Evolutionismus zur «ersten Stufe der geistigen Evolution» (1989, Bd. 1, 47) gemacht habe, und 2. gegen Tylor, für den der Animismus ein Überbleibsel *(survival)* untergegangener Kulturen ist. Er argumentiert, dass die Magie in den verschiedenen Kulturen «im ganzen gesehen überall identisch» (ebd., 48) sei. Sie reicht tief auch in die europäische Kultur hinein. Die Frage ist, wie eine derartige Resistenz gegen historische Veränderungen, falls sie besteht, zu erklären ist. Dazu muss ein wenig ausgeholt werden.

Bereits beim Klassiker der Urgeschichtsforschung Lewis Henry Morgan (Ancient Society, 1877) wird deutlich, dass Sexualität und Verwandtschaftssysteme zu den frühesten kulturellen Regulationen von Gesellschaft und Natur gehören. Aus Analysen von tribalen Klassifikationssystemen, Festriten und sozialen Regeln schien ablesbar, dass sich in globaler Streuung analoge Strukturen von sexuellen Beziehungen und verwandtschaftlicher Gliederung finden – ein Ansatz, der von Claude Lévi-Strauss fortgeführt wurde (1949), auch wenn er den bereits um 1900 kritisierten Evolutionismus Morgans nicht teilt. Die Sexualität wird mit kulturellen Klassifikationen verbunden, und darüber werden Sozialordnungen codiert.

Nun hat schon Morgan gesehen, dass tribale Systeme nicht die einzigen Formen der Kulturation darstellen. Er unterscheidet zwei Typen der sozialen Organisation. Mit *Societas* werden Kulturen bezeichnet, die zentral um Personenbeziehungen aufgebaut sind und ein aus Phratrien, Stämmen und Bünden gebildetes Verwandtschaftsgeflecht zur Basis haben. Mit *Civitas* wird ein Kulturtyp charakterisiert, der auf der Basis von Eigentumsregeln ein System territorialer Grenz- und Ortsbeziehungen entwickelt. Zwischen beiden Typen gibt es Übergangsformen, aber auch einen qualitativen Sprung: nämlich von der Wildbeuter- und Sammlerkultur zu sesshaften Hirten-, Garten- und Ackerkulturen. Auf dieser Basis gliedert Morgan die gesamte Weltgeschichte. Die mit *Societas* bezeichnete Vergesellschaftungsform haben andere Forscher wie James G. Frazer, Robertson Smith, Baldwin Spencer, F. J. Gillen, Carl Strehlow oder Émile Durkheim mit dem Titel Totemismus belegt. Sie wurde im Wesentlichen aus indianischen und australischen Kulturen abgeleitet. Das Totem ist ein Zeichen oder Wappen, besonders oft Tiere, in Bezug auf die nicht nur die materielle Kultur in heilige und profane Dinge eingeteilt wird, sondern die Mitglieder eines Clans ihre Position definiert vorfinden. Das Totem ist selbst heilig, ein Tabu. Es ist das Zentrum nicht nur der gemeinschaftsbildenden Riten, sondern der Ort, von dem aus die Klassifikation der zum Clan gehörigen Menschen und Lebewesen reguliert wird. Für Durkheim ist Totemismus eine Elementarreligion und die früheste Form einer konsistenten Vergesellschaftung und eines Regimes der materiellen Kultur (1912/1994, 128–326; Beth 1927, 311ff.). Magische und fetischistische Rituale finden im Totemismus ihre symbolische Ordnung und soziale Funktion.

Wie Verwandtschaft das System des Stammes bildet, so wird in den Riten, oft durch szenische Wiederholung der Ursprungshandlung des Kulturstifters, eine umfassende Elementarverwandtschaft zu den Ahnen ebenso wie zu Tieren, Pflanzen, Steinen hergestellt. Die Riten werden dabei begleitet von Mythen und magischen Handlungen. Ernst Cassirer hat dabei Naturmythen von Kulturmythen unterschieden. Geht es in ersteren darum, die Herkunft, das Vorhandensein und das Wirken natürlicher Erscheinungen zu vermitteln, indem man sie in Bilder bzw. Narrationen von Ursprung und Genesis fasst, so versuchen Kulturmythen «die Herkunft der menschlichen Kulturgüter» (1923–29, II, 244) durch die Einführung so genannter Tätigkeitsgötter bzw. Kulturbringer zu erklären. Durchaus geht es auch in den Kulturmythen um Einwirkungen auf Natur, wobei diese Mythen das Naturverhältnis «durch das Medium des eigenen Tuns» (ebd., 240) ausdrücken: Wenn z. B. im Reifen des Korns das Wirken einer Göttin verehrt wird, so wird darin eine heilige «Handlung» begangen, bei der die agrikulturelle Tätigkeit in eine göttliche Sphäre transfiguriert wird.

Eine solche symbolische Struktur ist ein Element des magisch-animistischen Weltbildes, dessen Spuren bis heute erhalten sind. Frühe Kulturen weisen durchweg ein magisch-animistisches Verhältnis zur Natur auf. Dies ist die über Tylor hinausentwickelte Grundüberzeugung von Marcel Mauss, die auch von Durkheim (1912/1994, 76–127) geteilt wurde. Animismus meint, dass alle Dinge und Lebewesen wie die Welt als Ganzes von unsichtbaren Kräften erfüllt sind. Diese Krafterfülltheit hat nichts mit physikalischer Kausalität zu tun und kann ihr deswegen auch nicht widersprechen (dies war der durchgängige Irrtum der Ethnographen seit der Aufklärung). Die Welt ist durchzogen von Kraftströmen, durch die alles wird, was es ist, und alles anders wird, als es ist. Teils formieren die Magier die Dinge, teils haben die Dinge selbst innere Kräfte, wodurch sie sich behaupten und in die Welt wirken; teils partizipieren sie an übergeordneten Kraftströmen, die durch sie hindurchgehen. Im umfassenden Sinn macht der magische Dynamismus das Lebendige der Welt aus. Animistische Kulturen artikulieren in Riten, Gebräuchen und mythischen Narrationen ein Wissen vom Dynamismus lebendiger Natur.

Alles lebt und zeigt sich, vitalisierend oder zerstörerisch. Dies macht den sakralen Charakter der Dinge und Lebewesen sowie des Kosmos aus. Die Kräfte sind da, verborgen oder manifest, sie erfüllen die Dinge und Körper. Wenn alles beseelt ist, ist alles Leben, so tot es scheinen mag. Alles bordet von Leben über, aus allem emaniert Leben und erfüllt den Raum. Die Kräfte können unpersönlich und namenlos sein, reine Emanationen von Dynamis in jedweden sozialen oder natürlichen Erscheinungen. Die Kräfte erfüllen das Land, die Winde, das Wasser, die Steine und Pflanzen, die Tiere und den Wald, das Feuer, die Dinge und Menschen. Doch ebenso gut können die Kräfte gestalthaft sein, also zoomorph, phylomorph oder hylomorph, konzentriert in die Gestalt von Tieren, Pflanzen oder Stoffen. Diese können Heil- oder Schadensfunktion gewinnen für denjenigen, der damit umzugehen weiß: den Magier. Magie ist insofern die operative Seite des Animismus.

Im Gegensatz zu religiösen Riten, die nach Mauss öffentlich, lokalisiert, regelmäßig, obligatorisch und bestimmt sind, sind die magischen Riten geheim(-nisvoll), isoliert, irregulär, anormal, exklusiv und fremd (1989, Bd. 1, 56–57). Bei magischen Operationen kommt es auf den Ort, die mobilisierten Instrumente und Stoffe, die Vorkehrungen und rituellen Abläufe an, um die erstrebte Wirksamkeit zu erlangen. Die Dinge (Fetische), die zum Einsatz kommen, sind nicht von sich aus magisch. Erst im Kontext des rituellen Settings, in einem aufbereiteten sozialen Milieu von geteilten Vorstellungen, sympathetischen Beziehungen und symbolischen Vorzeichnungen entfalten sie Wirksamkeit. Entscheidend ist für Mauss nicht die dem Ding oder der Handlung von sich aus einwohnende

Kraft, sondern der magische Code, durch den Dinge und Handlungen allererst als magisch konstituiert werden.

Nach übereinstimmender Überzeugung von Mauss, Cassirer und Beth ist es für die magisch-animistische Welt charakteristisch, dass die unbestimmte Mannigfaltigkeit der Dinge und Lebewesen eingefügt ist in eine integrale Ordnung. Die magische Welt ist nicht chaotisch, wie die Ethnographen über Jahrhunderte annahmen, sondern sie ist gefügt. Das durchgängige Analogieprinzip sorgt dafür, dass die Dinge sie selbst sind und zugleich das Ganze darstellen; so herrscht eine ontologische Teil-Ganzes-Beziehung, welche alles Einzelne zum *Pars-pro-Toto* macht. In Spuren, Relikten, Teilen, in einzelnen Dingen oder Lebewesen kann man durch magische Praktiken Anschluss finden ans Ganze und es für eigene Zwecke benutzen. Gerade die Pars-pro-Toto-Beziehung erweitert den Handlungsspielraum des Menschen, der dadurch wiederum aus Teilen das Ganze kreiert *(totum ex parte)*. Magie ist eine prototechnische Form der Manipulation der Dinge, in unmittelbarem Kontakt mit ihnen oder sogar über die Ferne hin. Letzteres auch deswegen, weil die Dinge niemals isoliert sind, sondern in Geflechten und Benachbarungen stehen oder, wie Cassirer sagt, in Verhältnissen der Kontiguität und der Konkreszenz, des gegliederten Zusammengewachsenseins (1923–29, II, 50–77, 209–237), in Verhältnissen der Nachbarschaft, der Ähnlichkeit und des Kontrastes, wie Mauss sagt (1969, Bd. 1, 97ff.). Dies sind die wesentlichen Figurationen des magischen Prinzips des Sympathetischen. In der magischen Handlung werden die Ritualteilnehmer und die Dinge zu «sympathetischen Genossen» (ebd., 99), zusammengeschlossen zu magischen Ketten oder Bändern, die durch Kontagiosität oder raumüberspringende Übertragungen und Ansteckungen geflochten werden und eigensinnige Mensch-Ding-Kollektive bilden. Über dieser Schicht einer Morphologie der Kräfte, welche in Totemismus, Fetischismus, Idolbildung und ersten Vergöttlichungen artikuliert sowie in Verwandtschaftsstrukturen und gemeinsamen Symbolordnungen ausdifferenziert sind, erhebt sich, religionsgeschichtlich später, die Schicht der anthropomorphen und individualisierten Gottheiten.

Magie ist für Mauss die früheste Technikform überhaupt, durch die in Natur wie Kultur zielorientiert und wirkungsvoll gehandelt und damit

Macht akkumuliert wird. Macht ist die Fähigkeit, etwas oder jemanden auch gegen seinen eigenen Willen zu bewegen, wie Max Weber sagt: Dies ist die Urform der Magie. Insofern sind die Grundlagen der Macht bis heute magisch, besonders bei charismatischer oder zeremonieller Machtentfaltung. Das Anwendungsfeld der Magie ist grenzenlos: Menschen, Tiere, Dinge, Sterne, Wetter, Götter, Krankheiten, Wachstum, Ernte, Geburt. Und sie nimmt vielfältigste Formen an: Beschwörung, Zauber, Sprachformel, Gebet, rituelle Verrichtung, mimetische Choreographie, Gesang, dingliches Hantieren, Opfer. Hierzu gehört die gesamte Ausstattung der magischen Szenerie, das Instrumentarium und die magischen Dinge (die Fetische, die Ingredienzen, die Kleidung und Masken etc.). Doch trotz der Unbegrenztheit der Anwendungsfelder und der Vielheit der Formen ist der magische Code selbst begrenzt. Seine Symbolismen sind nicht zahlreich, und die Handlungstypen sind auf ein Set ritueller Präskripte beschränkt (Mauss 1989, Bd. 1, 84ff.).

Die Magie ist der Gebrauch der Kräfte, welche die Welt erfüllen zu Zwecken des Menschen, bis hin zur Übertragung von Gefühlen und Gedanken. Magie ist nicht wirksam durch ein semiotisches Verweisen szenischer Elemente auf dahinter stehende (transzendente) Kräfte. Magisches Handeln heißt, dass im Vollzug magischer Praktiken die überalltäglichen Kräfte erzeugt werden, deren man sich bedient; dass die Kräfte vergegenwärtigt werden, so absent (Götter, Geister) oder uralt (Ahnen) sie sein mögen; dass eine Identifikation mit dem magischen Vollzug geschieht, so fremd und vielleicht Furcht erregend dasjenige sein mag, was vollzogen wird. Magie ist darin stets auch eine Verwandlung sowohl der Teilnehmer am magischen Ritual wie auch der in die Handlung integrierten Dinge.

Magische Kraft ist also das, was sich in Dingen, Lebewesen oder rituellen Handlungen ‹ausdrückt› oder ‹verkörpert› und von Experten zu geheimen oder gemeinschaftlichen Zwecken gelenkt und genutzt wird. Diese Kraft ist zugleich Substanz und Wirkung. Um 1900 waren die Ethnologen überall auf der Welt auf die Spuren dieser Kraft-Substanz sakraler Natur gestoßen. Nicht nur Mauss nahm an, dass hinter ihren verschiedenen Bezeichnungen (Mana, Orenda, Wakanda, ngi lingili, limyensu etc.) eine transkulturelle Universalie steht. Das entsprechende Wort in der Bantu-Sprache lautet nach Beth (1927, 210; vgl. Greschat 1980) *bu-fungu*. Es bezeichnet die Fetischkraft als die Gesamtheit der magischen Kräfte, die der Mensch aus den Teilen der Natur, in denen sie aufgespeichert ist, extrahieren und nach eigenen Handlungszielen manipulieren kann (Suhrbier 1998). Im magisch-animistischen Weltbild der Stammeskulturen, das im Fetischismus eine seiner Spielformen hat, liegt zugleich die so genannte Mana-Tabu-Formel, die die Minimum-Definition von Religion darstellt. Der Fetischismus kann auf dieser Grundlage als die prototechnische, dingliche Seite des magischen Weltzustandes gedeutet werden.

Ziel aller magischen und fetischistischen Handlungen sowie der umlaufenden Mythen sei es, *mana* für sich zu gewinnen oder das *mana* zu dirigieren (Mauss 1989, Bd. 1, 140–54; Beth 1927, 212/13). Das *mana* kann sich den Dingen mitteilen; dann kann man sagen, ein Stein hat *mana*. *Mana* ist zwar an nichts gebunden, teilt sich jedoch immer durch Inkorporationen mit, die wiederum Staunen und Furcht als grundreligiöse Akte auslösen. *Orenda* ist das Wort der Irokesen und Huronen und bezeichnet die einem Wesen eigentümliche Lebensfunktion, so J. N. D. Hewitt, der das *Orenda* 1902 zuerst erforschte. Das *Orenda* ist die Staunen erregende Wirkung von Mensch, Tier, Naturgewalt. Im Sturm ist das *Orenda* das Wütende, im scheuen Vogel das Scheue, in der Wahrsage das Zukünftige etc. Man sieht, dass das *Orenda* das Charakteristikum im Wesen der Dinge bezeichnet, das jedoch immer gesehen wird in Relation zum menschlichen Erleben. Das *Orenda* lässt die Eigenarten der Dinge sowohl materiell wie immateriell, sowohl allgemein wie eigentümlich hervortreten. Darin ähnelt es dem einwohnenden *Mana*. Die Wendung «das Orenda aus sich heraussetzen» heißt, es zur Wirksamkeit bringen. Dies ist die Formstruktur der Magie.

Die Gesetze der Magie sind für Mauss am Ende doch nur leere und hohle Formeln des nicht verstandenen Gesetzes der Kausalität, «Rudimente von wissenschaftlichen Gesetzen» (1989, Bd. 1, 110). Gleichwohl bildet die Magie «die Einheit des ganzen magischen Systems», sie ist «ein reales Ganzes» (ebd., 120), wenn auch keine theoretische Einheit, weil die Magie zu unbestimmt, vielgestaltig, widersprüchlich ist. Die Elemente der Magie sind immer kollektiv. Sie ist sozial, eine Funktion der

Gemeinschaftsbildung, innerhalb deren sie vollzogen wird und die sie gleichzeitig hervorbringt. Ohne das soziale Milieu könnte die sympathetische Kraft der Magie nicht wirksam werden. Beide, die soziale Verwandtschaftsstruktur des Clans mit seinen kollektiven Vorstellungen und die ebenso dirigierte wie dirigierende Kraft der Dinge, bilden auch den grundlegenden Code des Fetischismus. Nie wieder wird im 20. Jahrhundert von Ethnologen der Fetischismus als Elementarform der Religion oder als erste Stufe der Menschheitsentwicklung auf dem Weg zum Monotheismus verstanden. Magie, Animismus und Totemismus hatten dem Fetischismus den Rang abgelaufen. Platz fand er nur noch innerhalb dieser neuen Paradigmen oder im Rahmen von Studien zur materiellen Kultur, wo die Fetische neben anderen Objektklassen einen Typ in der Klasse der magischen und sakralen Objekte einnahmen. Natürlich wurden im 20. Jahrhundert gleichwohl Dutzende von Abhandlungen zum Fetischismus in Stammeskulturen geschrieben; natürlich wurden von den Völkerkundemuseen weiterhin fleißig Fetische aller Art gesammelt. Sie kommen aber über Feldstudien nicht hinaus und vermögen es nicht, dem Fetischismus zu eigener theoretischer Geltung zu verhelfen. Diesem eigentümlichen Verblassen der theoretischen Attraktivität des Fetischismus in Ethnologie und Religionswissenschaft steht die Karriere des Begriffs in anderen Wissenschaften gegenüber: in der Ökonomie und in der Psychoanalyse. Dies aber liegt daran, dass hier endgültig bewusst wurde, was den Ethnographen des 19. Jahrhunderts zunehmend dämmerte: dass der Fetischismus vor allem ein europäisches Phänomen ist.

7.2 Aby Warburg: eine Theorie der Moderne im Gedenken ihres Zusammenbruchs

An Aby Warburg (1866–1929) soll abschließend gezeigt werden, wie ein Kulturwissenschaftler und Kunsthistoriker, ausgehend von der großen Kunst Europas, auf den Spuren der Bildmagie sich historisch in die Tiefenzeit der archaischen Kulturen versenkte und biographisch bis zu den Hopi-Indianern in New Mexico reiste, um zu verstehen, was es heißt, in der Moderne Europas und zugleich in magischen Schichten zu leben. Seine Amerikareise 1895/96 blieb zunächst ohne sichtbare Folgen, doch langfristig wurde sie einschneidend: Das Studium indianischer Kulturen an der Smithsonian Institution sowie deren Feldforschung bei indianischen Stämmen in New Mexico erweiterten den Horizont des jungen Kunsthistorikers noch einmal um kulturanthropologische, ethnologische und religionswissenschaftliche Dimensionen.

Die ethnographischen Erfahrungen der Amerika-Reise lösten in Warburg ein Beben aus, das bis zum Ersten Weltkrieg unterschwellig blieb und dann aufbrach. Was hier in einer persönlichen Krise geschah, war nichts weniger als eine dramatische Verschiebung und Neuordnung der intellektuellen Tektonik der Moderne. Weder die historisch mühsam erwirtschaftete Rationalität noch die optimistischen Fortschrittsideologien des 19. Jahrhunderts, die den Abstand zum Archaischen und Barbarischen immer größer werdend erscheinen ließen; weder die europäische Aufklärung und die durch sie vorgezeichnete liberale Zivilgesellschaft noch die atemberaubenden Fortschritte von Wissenschaften und Technik; weder die weltläufige Urbanität der Metropolen noch die ungeheure Produktivität der neuen Industrien hatten verhindert, nein im Gegenteil: Sie hatten dazu beigetragen, wenn nicht verursacht, dass das moderne Europa in einem technisierten Krieg versank, der barbarischer als alle vorherigen war und eigentümlich archaische, massensuggestive Erlebnisdispositionen hervorbrachte, die den modernen Menschen nicht epochenweit, sondern schrittnah in seinen «wilden Ursprüngen» (Walter Burkert) erscheinen ließen. Im persönlichen Viereck Warburgs – die europäische Spitzenkunst; die Hopi-Indianer; der Weltkrieg; der psychophysische Kollaps mit langjährigem Klinikaufenthalt – kollidierten auf ebenso private wie symptomatische Weise die gewaltigen Widersprüche und entluden sich die Spannungen einer Moderne, die sich während des langen 19. Jahrhunderts ins verharmloste Selbstbild fortschreitender Humanität und Vernunft gehüllt hatte. Diese Moderne brach nun zusammen – kollektiv im Wahnsinn des Kriegs, privat im persönlichen Wahnsinn Warburgs.

Warburg hatte von früh an alle Brüche und Gefährdungen jüdischer Existenz in Deutschland und Europa aufmerksam verfolgt. Ebenso wenig wie seine Feldstudien bei den Hopi wurde in seinen Publikationen sichtbar, dass er sich jüdischer Belange im Kaiserreich diskret und engagiert immer angenommen hatte. Die hier verborgenen Spannungen wurden im Verlauf des Kriegs immer größer, bis Warburg von paranoischen Angstschüben überflutet wurde, die besonders auch die Phantasie pogromhafter Vernichtung seiner selbst und seiner Familie als Juden zum Inhalt hatten. Das intrapersonale Bündnis aus «Blut, Herz und Seele», in dem Judentum, hanseatisches Bürgertum und florentinische Kultur eine Allianz eingehen sollten, bildete ein nur fragiles Ich-Konstrukt, das unter dem Druck innerer Ängste und dem Barbarismus des Kriegs zerbrach. Zunächst in Hamburg, dann in Jena in geschlossenen Abteilungen, therapeutisch erfolglos, untergebracht, gelang es erst Ludwig Binswanger, in dessen Kreuzlinger Klinik Warburg seit 1921 lebte, die Persönlichkeit Warburgs langsam zu reintegrieren.

1923 hielt Warburg in der Klinik, als Probe seiner Kräfte, den Vortrag über das Schlangenritual der Hopi: eines der großen ethnographischen Dokumente des 20. Jahrhunderts (1923/1988). Der Rückgang auf seine New-Mexico-Reise 1895/96, die zu einer luziden ethnographischen wie religionswissenschaftlichen Studie verarbeitet wird, ist zugleich eine Textreise zurück auf den Grund von Kultur überhaupt. Deren aus Angst und Gewalt gebildete Seite war im Weltkrieg freigelegt worden. Kulturen, wie Warburg sie sieht, schaffen in symbolischen und rituellen Prozessen einen Raum für die Distanzierung von einer universalen Urangst. Durch die Distanzierung erwachsen allererst die Chancen für die sublimierenden Transformationen zu einer immer fragilen Sophrosyne. Diese Konstruktion liegt seiner Analyse des Schlangenrituals zugrunde, die jedoch zugleich die Erzählung seiner eigenen Geschichte ist: In Kreuzlingen hat Warburg jene dunkle Zone der Angst und des Todes durchschritten, die ihm in New Mexico schon vor Augen getreten war. Von dort aus musste Schritt für Schritt die Kultivierung des Ich, bei der zugleich die Idee der Moderne auf dem Spiel stand, neu errungen werden. Warburg selbst empfand sich nicht als gesundet, sondern als «von Binswanger zur Normalität beurlaubt»; ein moderner Bürger, der niemals mehr seine Wurzeln im Tiefengrund magisch-fetischistischer Bannung vergessen kann. Seinen Vortrag hat er nicht publiziert; er wollte ihn nicht als «‹Ergebnisse› eines vermeintlich überlegenen Wissens …, sondern als verzweifelte Bekenntnisse eines Erlösungssuchers» (Gombrich 1981, 304) aufgefasst sehen, als «gräuliche Zuckung eines enthaupteten Frosches» (Warburg 1923/1988, 60). Er bezeichnete sich als «Revenant», unterschrieb gelegentlich Briefe als «Warburg redux» (1992, 344). Er wusste, wie knapp die ihm bleibende Zeit sein würde [«fünf Minuten vor sieben (Schluß)»]. Leben auf Abruf. Die Moderne findet hier ihren Nenner.

In der «Kreuzlinger Passion» (M. Diers) bildete sich eine überpersönliche, politisch vorweisende Signatur ab: Das «Inferno» (Warburg), das er erlebt hatte, enthielt nicht nur die Bilder schrecklichster Gewalt gegen Juden, sondern auch des Zusammensturzes kultureller und politischer Ordnung im Krieg, der Zerstörung humaner Gesittung, der Dissoziation der Familie, des Untergangs der Vernunft – losgerissene Splitter kollektiver Destruktivitäten, die aus dem Inneren eines Kranken auftauchten und doch zum entstellten Antlitz des Jahrhunderts gehören. Und darum steht Amerika mit seinem Doppelantlitz als Land archaischer Kulturen und technischer Modernität auf dem Plan.

In späten Notizen (1927; Gombrich 1981, 344–47) spiegelte sich Warburg in Jacob Burckhardt (den er seit seiner Dissertation immer wieder zitiert) *und* Friedrich Nietzsche (dessen Einfluss versteckter ist). Ein Historiker der langwelligen psychischen Energien zu sein, welche in Mythos und Ritual, in Religion, Kunst, Ethos und Wissenschaft «aufgenommen», verarbeitet und kulturellen Gestalten zugeführt werden, um ein immer gefährdetes Überleben zu sichern: Das heißt für Warburg, ein «empfindlicher Seismograph», ein «Auffänger der mnemischen Wellen» zu sein, heißt, den «Erschütterungen» aus der «Region der Vergangenheit» zu unterliegen, ja, gerade als Wissenschaftler in einem «Mitschwingungszwang» zu leben. In diesem Sinn bezeichnet Warburg Burckhardt wie Nietzsche als Pathetiker des Wissens, «Erleider ihres Berufs». Er spricht dabei von sich selbst und seinem Forschungsprogramm. Ist Burckhardt die Stärkung der Fundamente durch seismographische Erinnerung und durch die Balance von Identifikation und Distanz gelungen, so stellt für Warburg Nietzsche einen Wissenstyp dar, der dem Pathos der Erinnerung unterliegt und in jene Nacht versinkt, die Warburg selbst in der Psychiatrie zu durchleiden hatte. Vielleicht mehr als durch sein Werk ist Warburg eine Jahrhundertgestalt dadurch, dass er die beiden Extreme des 19. Jahrhunderts, Nietzsche und Burckhardt, in sich aufnahm und in einer Hellsicht für psychische Phänomene reflektierte, die er wiederum mit Freud teilte: Aus dieser Konstellation entwickelte Warburg einen neuen Wissenschaftstyp. In seiner durchgehaltenen Zerrissenheit ist er weit moderner als die platonisierende Ikonologie der berühmteren seiner Nachfolger.

Mit «historischer Psychologie des menschlichen Ausdrucks» umschreibt Warburg sein Forschungsparadigma. Hinter seinen Studien zeichnet sich eine allgemeine Kulturtheorie ab, deren Fundament von dem Prinzip geprägt ist, daß jedes kulturelle Faktum ‹im Letzten› eine psychische und zugleich verleiblichte Kompromissfigur auf der Polaritätsskala zwischen magischem Bann und rationaler Beherrschung der Affekte darstellt.

Bildwerke – dazu zählen Fetische und Idole ebenso wie Gemälde und Fotos – werden skaliert zwischen magischem Bann einerseits, d. h. ihrer unmittelbar überwältigenden (noch bilderlosen) Einverleibung, und theoretisch-abstraktem (wieder bilderlosem) Kalkül andererseits, der keinerlei somatische Referenz mehr aufweist. ‹Bild› meint in einem weiten Sinn nicht nur Zeugnisse der Bildkünste, sondern auch körperliche Bewegungsfiguren, soziale Rituale und Habitus, codierte Gestalten der Bemeisterung von Affekten etc. Das bringt die Kunstwissenschaftler in die Nähe zur Ethnologie.

Warburg denkt von einem überhistorischen Polarismus aus: Zwischen ekstatischen Affektfluten der Angst, des überwältigenden Glücks, der Besessenheit einerseits, affektneutralisierter Abstraktion einer apathischen Vernunft andererseits gibt es einen Mittelraum, der die Schwingungsbreite einer Kultur, einer Epoche, einer Person angibt. In diesem Mittelraum zwischen Magie und Mathematik, zwischen Fetisch und abstraktem Zeichen öffnet sich der «Denkraum der Besonnenheit» (1992, 267): der Raum des Symbolischen.

Die auch in der Moderne anhaltende Macht von Magie und Mythos zwingt dazu, «Kultur» als Interferenzprozess gegensätzlicher Dynamiken zu verstehen und darin die Figuren einer sowohl pathischen wie distanzierenden Sophrosyne zu sichern. Darum ist Warburg zuletzt ein Tragiker der Geschichte. In diesem Sinn ist er mehr Nietzsche und Walter Benjamin verwandt als Ernst Cassirer oder Erwin Panofsky: Sophrosyne heißt, in den unvermeidlichen Niederlagen eine Haltung, einen Stil, eine Distanz (= ein Symbol) zu finden.

Sein Lehrer Hermann Usener hatte den Sinn von Mythen aus der etymologischen Spur der Namen zu rekonstruieren versucht; Warburg geht den dazu komplementären Weg: Es sind nicht Namen, sondern Bilder und in diesen die visuelle Rhetorik von körperlichen Ausdrücken und Dynamiken – die «Pathosformeln» –, welche über die sinnhaften und affektenergetischen Verteilungen der Kulturen und Religionen erzählen. An die Stelle etymologischer Ketten der Sprache treten bei Warburg die kulturgeographischen Wanderwege von Bildern und Symbolen. Dabei stehen die Hopi New Mexicos dem modernen Europa nicht ferner als die Griechen – oder als die Fetischdiener des Kongo. Warburg setzte zum ersten Mal die visuelle Kultur als wesentliches Feld in der Religionsforschung ein. Beide, Usener wie Warburg, treten das Erbe Eduard Meyers an, nämlich die Religionsforschung von der Theologie zu emanzipieren. Doch es ist Warburg, der bei seinen Studien zu religiösen Phänomenen das jüdische wie christliche Wortprimat komplementiert durch die darunter gelagerten, tiefer reichenden Schichten von Bildpraxis, Kultformen und Lebensstilen. So kommt er den synkretistischen Durchdringungen religiöser Formen und lebensprägender Rituale genauer auf die Spur. Warburg hat damit von sich aus und ohne Beeinflussung durch englische (Cambridge School, J. A. Harrison, J. G. Frazer, W. R. Smith) und französische Vorbilder (D. D. Fustel de Coulanges, É. Durkheim, M. Mauss) oder aufgeschlossene deutsche Ethnologen und Religionsforscher (wie etwa Heymann Steinthal und Moritz Lazarus) an der anthropologischen Wende der Religionswissenschaft partizipiert und dabei besonders den Zusammenhang von Bildkultur, Magie und Religion vorangetrieben.

Es ist die Pointe Warburgs, die Macht und Eigenlogik der Bildwerke herauszustellen. Das sensibilisiert ihn für Kult, Ritual, Fetischismus und Magie. Gewiss steht Warburg in der jüdischen Tradition, wonach der Geist darstellungslos sei und allenfalls aus größter Ferne angedeutet werden kann; dies hängt mit dem Bilderverbot zusammen. Gerade dieser Hintergrund ließ Warburg empfindlich werden für die Magie der Bilder. Diese wird bei ihm weder als Idolatrie (Judentum, Christentum) noch als uneigentlicher Modus des Geistes (Platonismus) denunziert.

Die überragende Rolle der Angst in der (philosophischen) Anthropologie und Kulturtheorie zwischen Kierkegaard, Nietzsche, Tito Vignoli, Freud bis zu Heidegger ist bekannt. Die Angst ist die Moll-Tonlage zu den optimistischen Fortschrittsideen und zum Evolutionismus des 19. Jahrhunderts. Warburg hatte hier nichts zu lernen. Angst ist ein Elementarreflex und für Warburg jene kulturanthropologische Urtatsache, auf welche sich zuletzt alle kulturellen Leistungen beziehen. Kultur und Religion sind Angstverarbeitung (hier hat er eine Gegenposition zu Durkheim, der eher «Gefühle freundlicher Zuversicht» für die Quelle von Religionen hält; 1912/1994, 307). Für Warburg findet sich der Mensch ursprünglich in einer chaotischen Welt vor, in der alles sich unabhängig Bewegende reaktive Angst auslöst: Dies nennt Warburg den «phobischen Reflex» (Gombrich 1981, 298). Als er 1886 durch Usener auf Tito Vignolis «Mito e Scienza» (1879) aufmerksam wurde, war die Lektüre nur eine Bestätigung der lebenslangen Überzeugung Warburgs, dass das Phobische die Elementartatsache des Menschen sei. Onto- und phylogenetisch leitet sie sich aus der «Kindschaft» ab, der «unbegreiflichen Katastrophe der Loslösung des einen Geschöpfes vom anderen. Der abstrakte Denkraum zwischen Subjekt und Objekt gründet sich auf dem Erlebnis der durchschnittenen Nabelschnur.» (Gombrich 1981, 298; vgl. S. 458ff. dieses Buchs) Dieses elementare Getrenntsein macht jedes Nicht-Ich zum Fremden, und dieses löst Angst aus (Gombrich 1981, 104).

Die Reaktionstypen auf diese Situation sind Verkörperung, Gestaltung und Abstraktion. Ihnen entsprechen semiotische Typen: *Fetisch/Totem – Bild/Symbol – Zeichen/Zahl.* Der *Fetisch* ist die im phobischen Reflex entspringende Vergegenständlichung der Erregung (projektive Identifikation) bzw. die unmittelbare Verleiblichung der Affekte (inverse Verkörperung). Dem entspricht eine distanzlose Reifikation des Ich und eine absolute «Entifikation» (Vignoli) des Objekts, d. h. dessen magische Animation. Das abstrakte *Zeichen* (Wortzeichen, Ziffer etc.) konstituiert dagegen idealtypisch die Sphäre distanzierter Reflexivität, der selbstbezüglichen Zeichenprozesse ohne notwendige Verknüpfung mit Referenten sowie die abstrakte Welt der Mathematik. Zwischen diesen Polen dehnt sich die Schwingungsskala des *Bildes* und des *Symbols*. Bilder und Symbole sind beides zugleich: performative Akte des Ich, in denen es seiner Erregung Ausdruck *und* dem erregenden Objekt Gestalt gibt. Sie sind distanzschaffende Form und ausdruckverleihende Gebärde, denkermöglichend ohne Abstraktion, reflexiv ohne reflexhaften Bann, mimetisch ohne mimikryhaften Mitvollzug, signifikativ ohne Kontaktverlust zum Bezeichneten. Fetische und Totems dagegen, wie jedes magische Ding, bannen das Subjekt und vernichten damit Distanz, die Reaktionen auf sie sind reflexhaft, mimetisch, mimikryhaft und führen zur Verschmelzung von Ich und Ding. Die Darstellungsfunktion von Bildern/Symbolen ist psychologisch gesehen eine Kompromiss- und Abwehrfigur: «Durch das ersetzende Bild wird der eindrückende Reiz objektiviert und als Objekt der Abwehr geschaffen.» (Gombrich 1981, 297) So spricht Warburg von Bilderwerken auch als «Energiekonserven»: Sie sind Container und Transformatoren gewaltiger Affektschübe, deren Formgeber und Abstandhalter; dadurch sind sie auch Speicher und Batterien von Lebenskraft, gleichsam ‹Still-Leben›, die in der Kunst erwachend die Augen aufschlagen, ohne zu verletzen: «Du lebst und tust mir nichts.» (ebd., 98) Dies ist die Formel des geheimnisvollen Lebens der Bilder, das in bloßer Unmittelbarkeit das Ich überwältigen würde.

»Indem wir die Dinge entfernen, den Raum produzieren, denken wir – ich! Indem wir zusammen sind, aufgesogen sind, sind wir Materie – nichts.» (Warburg 1892, zit. bei Kany 1987, 147) Der erste Satz beschreibt den Prozess der distanzierenden Bildschöpfung des angsterregenden Objekts, wodurch das Ich und sein Denkraum (Sophrosyne) geschaffen werden; der zweite Satz fasst umgekehrt das mit den Dingen identifikatorisch verschmolzene Ich, das dadurch reifiziert und aufgelöst wird. Symbole und Bildwerke, speziell die Künste, sind das Sicherheit spendende Medium, das «alles Lebende», das «als feindlich sich fortbewegend und verfolgend angenommen wird» (Gombrich 1981, 104), in «Freude über das ungefährlich Bewegte» (ebd., 108) verwandelt. Diese Leistungen des distanzierenden Symbols und der Verbildlichung hat Warburg im «Schlangenritual» genauestens studiert.

Der Fetisch und das Totem dagegen bezeichnen anfängliche Kultur-objekte auf der Grenze zwischen vernichtender Präsenz des Objekts und «phobischem Reflex». Sie entsprechen weitgehend den «Augenblicks-göttern» Useners: «Wenn die augenblickliche empfindung dem dinge vor uns, das uns die unmittelbare nähe einer gottheit zu bewusstsein bringt, dem zustand in dem wir uns befinden, der kraftwirkung die uns überrascht, den werth und das vermögen einer gottheit zumisst, dann ist der *augenblicksgott* empfunden und geschaffen.» (Usener 1876, 280) Die Bildung von Augenblicksgöttern und Fetischen hatte auch Meyer betont und mit der Vorstellung verbunden, dass die «toten Dinge» «überall Le-ben haben» und der Kult materieller Objekte «über die ganze Welt ver-breitet» sei (1908, 322, 329, 333). Entsprechend entstehen Fetische und Totems durch magische Identifikation. Darin wird eine «Umfangsbe-stimmung» (Gombrich 1981, 105, 297) und primäre «Ursachensetzung» des Objekts (ebd., 94–98, 296/97; vgl. Warburg 1923/1988, 54) geleistet; und dies ist der Wurzelgrund aller kulturellen Codes. Jedoch ist dabei alle lebendige Kraft auf die Seite der magischen Dinge gezogen, ohne dass der Mensch in ihnen die Spuren seiner eigenen Tätigkeit wahrneh-men könnte. Deswegen sind Fetische und Totems Kultobjekte. Sie sind, gegenüber dem Angstobjekt, eine umrissgebende Lokalisierung von Kraft im diffus überwältigenden Reizfeld – Objekte «primitiver Kultur» also –, doch um den Preis der Ich-Losigkeit. Fetisch und Totem stehen nach Warburg am Anfang der rituellen Fernhaltung und Vergegenständ-lichung des Erregungsobjekts im (künstlerischen) Bild. Doch Bilder wer-den immer die Spur des Fetischismus oder Totemismus behalten. Bilder sind kultische und später kulturelle Signifikanten.

Es handelt sich bei dieser Bildtheorie um einen Versuch, auf einer äs-thetisch-symbolischen Achse jene Verarbeitungsmuster zu verorten, welche für Warburg die Religionen typisieren. Dem phobischen Reflex entspricht mit Totem und Fetisch die Bildform, welche für *magisch-ani-mistische Kulte* charakteristisch ist. Die breite Skala des Bildes zwischen Symbol und Kunst umfasst das Spektrum zwischen *polytheistisch-mythi-schen Religionen* und dem *bilderkultischen Monotheismus.* Dem folgt im Übergang zum rationalen-abstrakten Zeichengebrauch die säkulare Kunst, welche der mythischen Identifikation den Denkraum abgewinnt und den Umriss der *Humanität* «entschält». Der namen- und *bilderlose Gott* jüdischer Prägung steht ebenso wie der Begriff und das *mathematische Zeichen* jenseits des Bildes, aber auch jenseits der Gefühle und Körper, jenseits von Raum und Zeit und damit, obwohl Produkte der Kultur, jenseits derselben.

Der späte Warburg sieht in der wissenschaftlichen Abstraktion und der technischen Industrialisierung einen tragischen Zug: Jene Kräfte, die den Menschen aus seiner unmittelbaren Verwicklung in materielle Dynamiken befreiten, schlagen auf höherer Ebene in einen erneuten Ich-Verlust um. Ähnlich hatte auch Georg Simmel die «Tragödie der Kultur» gedacht (1911/1996, Bd. 14, 385–417). Kulturpessimistisch sieht Warburg in der zweiten Natur der technischen Gesellschaft den Bildraum und Leibraum untergehen. Das Ich verliert sich ans Technisch-Anorganische, und der Andachts- und Denkraum, den das bildschaffende Vermögen in Jahrtausenden geschaffen hat, wird in den telekommunikativen Medien des «Maschinenzeitalters» zerstört: Dies ist die Tragik der Moderne (Gombrich 1981, 297–301; Warburg 1923/1988, 58/59, 10). Sie entkommt dem archaischen magischen Bann, indem sie durch den berückenden Zauber ihrer technischen Objekte einen neuen Bann, eine neue Magie, einen neuen Fetischismus erzeugt. So wiederholt und transformiert die Moderne die Urgeschichte; die Magie bleibt, wie bei Mauss, dieselbe. «Aber immer», so sagt ganz ähnlich Benjamin, «zitiert gerade die Moderne die Urgeschichte. Hier geschieht das durch die Zweideutigkeit, die den gesellschaftlichen Verhältnissen und Erzeugnissen dieser Epoche eignet. Zweideutigkeit ist die bildliche Erscheinung der Dialektik, das Gesetz der Dialektik im Stillstand. Dieser Stillstand ist Utopie und das dialektische Bild also Traumbild. Ein solches Bild stellt die Ware schlechthin: als Fetisch.» (1927–40/1983, 55) Die technisch-industrielle Moderne schafft in ihrer Objektwelt eine Phantasmagorie, welche die Züge nicht nur des Traums, sondern auch des Fetischismus annimmt. Damit wäre jene Schwingungsbreite zwischen magischem Fetisch und abstraktem Zeichen, die für Warburg die Bedingung des Denkraums ist, stillgestellt. Die technomediale Moderne erzeugt Bilder nur noch als Fetische: Sie verlängern den Bann, dem zu entkommen die Moderne angetreten war. Wir werden später sehen, dass eine solche kulturkritische Interpretation sich für die gegenwärtige Fetisch-Kultur nicht mehr halten lässt (s. S. 330-52 dieses Buchs).

Vor dem skizzierten Hintergrund sind Warburgs historische Untersuchungen zur Bildkultur immer auch religionshistorische Fallbeispiele und kulturkritische Stellungnahmen. Man versteht nun besser, warum Warburg zu einem kartographischen Verfahren *(cultural mapping)* neigt, die Dimension historischer Zeit vernachlässigend: Er denkt Kultur als ein Kraftfeld psychoenergetischer Vektoren, die innerhalb überhistorischer Frequenzbreiten hin und her schwingen und vorübergehende Knoten aus kulturellen Elementen unterschiedlichster Provenienz bilden. Der Fetischismus ist eines dieser Geflechte; er liegt nicht ein für alle Mal hinter uns, sondern ebenso vor uns. Er ist kein Schicksal, aber auch nicht auflösbar. Die kulturgeographischen Zeichnungen, die Warburg immer wieder anlegt, erzeugen das suggestive Bild dynamischer kultureller Kraftfelder in einem Nebeneinander und einer räumlichen Verlaufsrichtung. Was Warburg damit klar machen möchte, ist «das Problem des Austausches der Kulturen» (in Galitz u. a. 1995, 187). Er zeigt, dass ein Palast in einer christlichen Residenz Wandmalereien aufweist, die späthellenistische, römische, indische, babylonische, ägyptische, persische, arabische, spanische, jüdische kulturelle Elemente aufnimmt: Ein visuell einheitlich wirkendes (christliches) Bildzeugnis zerfällt in ein *patchwork* von (heidnischen) Kulturen.

«Die europäische Kultur als Auseinandersetzungszeugnis» ist für Warburg darum eine synkretistische Kultur, «ein Prozeß, bei dem wir ... weder nach Freund noch Feind zu suchen haben, sondern vielmehr nach Symptomen einer zwischen weitgespannten Gegenpolen pendelnden, aber in sich einheitlichen Seelenschwingung: von kultischer Praktik zur mathematischen Kontemplation – und zurück» (1932, 565). Es geht um die «Psychologie des inneren Zusammenhangs der Kulturbewegungen» (ebd., 564), die nicht mehr dem Vektor des Evolutionismus folgt, sondern die möglichen Kombinationen zwischen Magie und Mathematik historisch entschlüsselt.

Europa ist eine Figur von kulturellen Austausch-, Wanderungs- und Interferenzprozessen. Europa hat keinen ‹Ursprung›, der Einheit und Homogenität noch in der Differenz garantiert. Gerade an den von Warburg bevorzugt beforschten Schwellenzeiten (er nennt sie auch: «kritische Übergangsepoche»; 1932, 179) gibt sich Europa – mit Claude Lévi-Strauss zu sprechen, der heiße und kalte Gesellschaften unterscheidet – als eine ‹heiße›, dynamische, synkretistische Kultur zu erkennen. Dies heißt aber nicht, dass Warburg die Modernisierung unterboten hätte. Sondern es sind die anthropologischen Grundüberzeugungen («ewiges Indianertum», «Unzerstörbarkeit des primitiven Menschen») und die Einsicht in den Synkretismus eines sich als ‹ursprungshaft geschlossen› missverstehenden Europas, welche die Texte Warburgs *sich mimetisch zu dem von ihm entworfenen Gegenstand verhalten* lässt. Das topologisch-strukturale Verfahren ist der Struktur des ‹fatalen Objekts› seiner Forschung geschuldet.

Gegenüber dem historisch resistenten Synkretismus mit seinen immer (wieder) fatalen Faszinationen durch Magie, Dämonie, Mythologik gibt es keine lineare Entwicklung fortschreitender Emanzipation, sondern nur *ethische Haltungen, transitorische Modell-Lösungen* oder selbst wieder *mythische Erzählungen.* Die *Haltung* ist die der Sophrosyne, welche weder historisch noch persönlich entwicklungslogisch garantiert ist, sondern «immer wieder» der paganen Faszination abgerungen werden muss. Die *transitorischen Lösungen* sind die in der Geschichte vorfindlichen Symbolstrukturen, die eine Balance zwischen ausschwingenden pathetischen Energien und reflexiver Distanz aufweisen, wie sie Warburg an Knotenpunkten wie Athen oder der Renaissance aufweist. Und *mythische Erzählungen* sind solche wie am Ende des «Schlangenrituals», wo Warburg angesichts eines Fotos von modern gekleideten Indianerkindern vor dem Dunkel einer Felshöhle die Urphantasie der «Höhlenausgänge» (H. Blumenberg) erzählt: ‹Geschichte› und ‹Kultur› sind der Weg ‹aus dem Dunkel ans Licht›, «Entwicklung von triebhaft-magischer Annäherung zur vergeistigten Distanzierung» (1923/1988, 57). Dieses mythische Traumbild ist so wenig aufzugeben, wie Magie und Fetischismus zu überwinden sind. – Dafür wird im Folgenden ein Beispiel gegeben, das aus jener Zeit stammt, in der Warburg kollabierte, dem Ersten Weltkrieg. Es zeigt, dass der Wahnkrankheit Warburgs ein gleichsam entgegengesetzter Wahn auf kollektiver Ebene entsprach. Hier beginnt die Fetischisierung der Politik.

8. Wallfahrt zu Nagelfetischen: Magie und Politik

In den ethnographischen Zeugnissen finden des Öfteren so genannte Nagelfetische Erwähnung, die auf die weißen Beobachter besonderen Eindruck gemacht haben. Auch heute spielen sie in der bildenden Kunst, transformiert, verfremdet, ironisiert, noch immer eine Rolle (der Kameruner Künstler Pascale Marthine Tayou, der Japaner Mutsuo Hirano; die Deutschen Günther Uecker und Daniel Klawitter). Wie bei den Spiegelfetischen liegt auch hier der Fall eindeutig: Die über und über mit Nägeln oder Hackklingen beschlagenen, meist menschen-, gelegentlich auch tiergestaltigen Fetischfiguren von beträchtlicher Größe (bis über einen Meter) kann es schon deswegen nicht vor den Europäern gegeben haben, weil die Afrikaner nicht über Eisennägel, so wenig wie über Spiegel, verfügten. Die Nagelfetische stellen insofern einen klaren Fall von kultureller Interferenz dar, als Objekte aus der europäischen Ding-Kultur ins magische oder animistische System des afrikanischen Fetischbrauchs übernommen und darin mit magischen Bedeutungen belegt wurden. Die Nagelfetische kamen hauptsächlich im Kongo-Gebiet vor und wurden meist *Nkisi* (pl. *Minkisi*) genannt. Sie gehören zum umfangreichen Zubehör von Zauberritualen. Über sie vermittelt sich der Verkehr zwischen Sichtbarem und Unsichtbarem, Anwesendem und Abwesendem. Sie sind indes nicht einfach Medien des Verkehrs, sondern ‹wirksame Symbole›, selbständig handelnde Agenten, die mit Gewalt und Fernwirkung ausgestattet sind. Nicht umsonst tragen sie öfters Eigennamen. Sie drohen nicht nur Strafen, Vergeltungen, Rache, Verletzung oder Tötung an, sie üben sie aus. Selbst wenn sie in einem durchaus sozialintegrativen Sinn die Funktion der Normenüberwachung einnehmen, so ist ihre gewaltsame Ausstrahlung vor allem Furcht erregend und bedrohlich. Sie haben exekutive Aufgaben innerhalb des Stammes (Eidbruch, Diebstahl, Vertragsverletzung) und nach außen hin vor allem die Funktion der Aggression.

Der deutsche Ethnologe R. Visser (1906/07, 52–63) beschreibt die rituelle Herstellung eines Nagelfetischs: Zunächst wird aus einem frisch geschlagenen Baum der neue N'Kissi (so nennt er Nkisi) geschnitzt. Bei der rituellen Initiation des N'kissi ist eine Leiche nötig, die immer wieder mit roter Farbe eingerieben wird; Stofffahnen werden um die Genitalien gewickelt. Die Farbe wird später auf den Körper des N'kissi übertragen, der Stoff um dessen Schamteile geschlungen. Im Bauch des N'kissi findet sich zumeist ein Kasten mit Spiegel- oder Glasteilen, aber auch mit Giften und medizinischen Substanzen. Rituell werden nun in den Körper des N'kissi Nägel und Eisenstäbe eingeschlagen. Da der N'kissi Gefühl hat, empfindet er großen Schmerz, wodurch sein Rachegefühl an Übeltätern geweckt wird: Nägel einschlagen bedeutet, eine Schadensmacht über den Feind zu erlangen. Will jemand, dem in dieser Weise ein Schaden angezaubert werden soll, den Nagel aus dem Köper des Fetischs entfernen, so muss er sehr viel bezahlen, während das Nägeleinschlagen sehr billig ist. Wer nicht zahlt, stirbt. Ständig muss man auf der Hut sein, um Schaden abzuwenden, das heißt, man muss für das Herausnehmen der Nägel bezahlen, die gegen die eigene Person eingeschlagen worden sind. Das Nägeleinschlagen heißt Tschikomeande.

Visser schildert eine Nagelzeremonie auf dem Dorfplatz. Durch Tanz, Trommeln und Schnaps versetzt sich der Priester in eine rituelle Ekstase, bis er schließlich beim Nägeleinschlagen, also beim Schmerzzufügen, das Unglück gegen den Übeltäter beschwört. Oft wird dabei der Fetisch stellvertretend für den unbekannten Übeltäter auch beleidigt und angespuckt. Geht es um das Ritual des Herausziehens der Nägel, so beträgt der Preis dafür einen Ziegenbock. Der Ziegenbock wird getötet, das aus der Kehle fließende Blut auf den N'kissi gestrichen. Der Bock wird rituell von der Dorfgemeinschaft verzehrt. Der Nagelfetisch wird in Decken gewickelt, und am nächsten Morgen ist der schadenszauberische Nagel von selbst herausgefallen.

Die N'kissi sind nach Visser eher Objekte der Furcht als der Verehrung und werden als Einsatz im Spiel der Macht benutzt. Interessant, wir kommen darauf zurück, ist die Verbindung von Schadenszauber und Ökonomie. Schneider (1891, 180) berichtet davon, dass das zeremonielle Nägeleinschlagen angewendet wird, wenn Diebe gesucht, Treue bei Handelsabkommen gesichert, Eide verstärkt oder Zukunft orakelt werden soll. Josef F. Thiel betont ebenfalls die Funktion der Nagelfetische bei Rachezügen und bei der Bestrafung von Delinquenten, die die Sozialordnung gefährdeten, aber auch zur Abwehr von Hexen. Als selbständige Agentien arbeiten die Nagelfetische wie automatische Waffen, als Form zerstörerischer Magie. Das Einschlagen der Nägel forciert den magischen Antrieb, der die aggressiven Energien auf den Feind lenkt. Benagelung ist magisch identisch mit der Vernichtung des Gegners. Durch Analogiezauber bricht am Körper des Feindes an jener Stelle das Unheil ein, an welcher der Nagel am Körper des Fetischs eingeschlagen wurde (Museum für Völkerkunde 1986, 144–48).

Nina Slawski (1980, 10) vermutet, dass die Nagelfetische durch das Christentum angeregt worden seien; zum einen durch die Kruzifixe (Kreuzesnägel, die wertvolle Reliquien waren), zum anderen durch den Brauch, jemanden stellvertretend an *effigies* zu verletzen oder gar zu töten *(peircing portraits)*. Die Vermutung, dass afrikanische *Piercing*-Gebräuche (Narbenornamente) auf missverstandene christliche Vorbilder zurückgehen, trifft sicher nicht zu. Als Vorbilder für die Nagelfetische werden vor allem christliche Märtyrerbilder angenommen, insbesondere Bilder des am ganzen Körper von Pfeilen durchbohrten heiligen Sebastian, aber auch andere gemarterte Heilige, die von Schwertern durchbohrten Marien, der an Händen und Füßen genagelte Heiland. Derartige Bilder, Votivtafeln und Kleinskulpturen waren bei katholischen Missionaren in Zentralafrika seit Jahrhunderten beliebt (Shelton 1995, 20f.). Bassani (1977) hält die christlichen Effigies ebenfalls für Vorbilder der afrikanischen Nagelfetische.

Anthony Shelton dokumentiert nun in seinem Buch eine Doppelabbildung aus «The illustrated London News» vom 25. 12. 1915: Gegenübergestellt ist eine Abbildung eines kongolesischen Nagelfetischs und das Foto einer zwölf Meter hohen Hindenburg-Skulptur, die mit Millionen von Nägeln beschlagen ist. Die Bildüberschrift lautete: «German Counterpart of Westafrican Nail-Driving Fetish-Warship: Hindenburg-Berlin». Gewiss ist dies Kriegspropaganda: Die Kultur der Dichter und Denker – in Wahrheit steht sie auf dem Niveau der ‹Kongoneger›, *Germany – a Civilisation of Negroid Africa* (Shelton 1995, 24/25). Was war geschehen?

Der Kunsthistoriker Michael Diers (1993, 113–37) hat die von Wien ausgehende, in kurzer Zeit das Deutsche Reich 1914/15 überrollende Welle der so genannten Nagelmänner beschrieben: eine «Statuomanie», die den Zweck hatte, den Wehrwillen des Volkes zu beleben und dies durch Opferbereitschaft zu dokumentieren. So sollten die Staatsbürger gegen Geld (zum Zweck der Kriegsfinanzierung) in die überall in größeren Städten auf Rathaus- und Marktplätzen aufgestellten Holzfiguren große Nägel einschlagen. Die martialischen Skulpturen mit ihren Millionen Einschlägen, zu Nagelharnischen verdichtet, wurden Kultobjekte, zu denen man wallfahrtete und, begleitet von rituellen Treue-Eiden, ein Geldopfer für den Krieg erbrachte, um seinen Nagel in die Masse der anderen einzuschlagen. Ein mythisches Kollektiv. Der in England fotodokumentierte Nagel-Hindenburg stand vor dem Reichstag, wog 26 Tonnen und war auf eine weitere Nagelrüstung von 30 Tonnen berechnet (ebd., 126). Das Motivrepertoire war überwiegend deutschvölkischer Folklore entnommen: Neben zeitgenössischen Heroen wie Bismarck, Tirpitz und Hindenburg figurierten Roland, Siegfried, der heilige Georg, Heinrich der Löwe etc. als Vorbilder der «Nagelstandbildwelle». Diers spricht von «Nagelkult» und «Nagelopfer» und berichtet, dass die nach dem Weltkrieg abgeebbte Welle der Nagelmänner versuchsweise im Nationalsozialismus und in der DDR wiederbelebt wurde. Für unseren Kontext einschlägig ist ein von Diers entdeckter, mit «Fetischdienst» betitelter Artikel im «Kladderadatsch», der wiederum einen Artikel aus Rom kolportiert: Darin werden die Nagelstandbilder als «Beweis deutscher Barbarei» dargestellt; Deutschland stehe auf der Stufe der «Kongoneger», «die mit kindischer Glaubensfreudigkeit ihrem Fetischbilde die Nägel aus den Schuhen verspeister Missionare» einschlügen. Die Deutschen als «verehrungswütige Götzendiener» würden dabei nur «die krasse Angst und die Verzweiflung» angesichts drohender Kriegsniederlagen verbergen.

Nun hält Diers die Parallele zu den afrikanischen Nagelfetischen zwar für ein Missverständnis. Aber wenn es überhaupt eines ist, so ist es erhellend. Die Tatsache, dass Nagelbäume zu den deutschen Rechtsaltertümern zählen, widerlegt nicht die Parallele zum Fetischismus, sondern belegt sie: Der mythische Weltennagel, der rechtssymbolische «Stock im Eisen», der Nagel als Zunftzeichen sind ja ihrerseits, im europäischen

Kontext, magische Symbol-Dinge – wie afrikanische Fetische auch. Doch mehr als dies stellt die aggressive, auf Rache und Vernichtung des Gegners zielende Funktion der Nagelfetische wie auch ihre Rolle in Opfer- und Treuerituralen eine klare Parallele dar zu den deutschen Nagelstandbildern. Auffällig ist auch, dass die Nagelung im Kongo wie in Deutschland mit Zahlungsopfern verbunden war. Derart monströse Idole wie der Nagel-Hindenburg erfüllen im Wortsinn, was hinsichtlich Afrikas als ‹große› oder ‹Gemeinschaftsfetische› bezeichnet wurde. Genau wie die großen Fetische dienten auch die deutschen Nagelmänner, eingebaut in Rituale des Opfers, der apotropäischen Angstvertreibung und der symbolischen Rache; sie stärkten die Bindekraft des Volks im Krieg, den deutschen Wehrwillen. Es kommt nicht darauf an, ob die deutsche Kriegspropaganda bewusst an afrikanische Nagelfetische anschloss; das tat sie sicher nicht. Entscheidend ist die strukturelle Analogie. Was von den weißen Ethnologen in Afrika als magischer Aberglaube bezeichnet wurde, war in Deutschland, inmitten des ersten modernen technischen Krieges, zum Element einer Kriegsideologie geworden, wie sie mythischer und magischer nicht sein konnte. Mythisch waren die Elemente, die der Folklore der heroischen Figuren entnommen und zu Kultbildern skulpturiert waren; magisch aber war das Ritual des Nagelns. Hier ‹schlugen› sich die Bürger, in einem Akt «magischen Gemeinschaftshandelns» (Mauss 1969, Bd. 1, 164), in den symbolischen Kollektivleib des Volks ‹ein›. Die Individuen ‹opferten› sich (symbolisch im entrichteten Geld und dinglich im ‹Verschwinden› des Einzelnagels im Nagelharnisch), um aus den ‹Teilen› ein kollektives Ganzes hervorgehen zu lassen: Dies ist der von Mauss so genannte magische Mechanismus *totum ex parte* (ebd., 97). Im Millionenheer der Nägel verschmilzt das Volk zum Millionenheer des Kriegs. Kollektive Zustände der Erregung, der Angst, der Erwartung im Krieg bilden das soziale Milieu, das die rituell-magische Handlung der Errichtung nationaler Idole und das selbstopfernde Einschlagen der Nägel überhaupt ermöglicht. Dies ist eine soziale Synthesis auf magisch-fetischistischer Grundlage. Die Nagelmänner sind Götzenbilder einer magischen Massensuggestion, die sich, einmal initiiert, wie im Selbstlauf so automatisch fortsetzte, wie ‹automatisch› der Einsatz für den Krieg sein sollte.

Die englische und italienische Gegenpropaganda hatte gut spotten über den afrikanischen Fetischdienst der Deutschen. Diese hatten Jean Pauls «Selina» nicht gelesen, wo es heißt: dieses «ungeheure Reich des Unbewußten, dieses wahre, innere Afrika».[42] Die englischen Kriegsgegner hätten ihrerseits auf Francis Bacon und sein «Novum Organum» verweisen können und behaupten, dass die Deutschen allen vier Formen der falschen Idole auf einmal verfallen wären: Sie wären den Idolen des Stammes (Idola tribus) erlegen, indem sie, des Verstandes vergessend, sich gleichgeschaltet hätten in den Maßen ihrer mythischen Bilder; sie wären von den Idolen der Höhle (Idola specus) gefangen, insofern sie sich eingeschlossen hätten in die Enklave ihrer Ideologien und Traditionen; sie wären den Idolen des Markts (Idola fori) gefolgt, weil sie den kommunikativen Verzerrungen der Propaganda blindlings vertraut hätten; sie hätten die Idole des Theaters (Idola theatri) verehrt, indem sie sich der Rhetorik, den Dogmen, falschen Lehren und Schulen überantwortet hätten (Bacon 1620/1962, 46–73).

Die Nagelfetische, die ohnehin ein europäisch-afrikanisches Hybrid darstellen, waren in gewisser Hinsicht nach Europa zurückgekehrt. Der Fetischismus, der in Afrika eine sozialintegrative und damit (ordnungs-) politische Funktion einnahm – und dies besonders bei den Nagelfetischen –, hatte die politische Bühne Europas betreten. Zwar sind die deutschen Nagelmänner – verglichen mit der Realität des Kriegs – ein scheinbar nebengeordneter Schauplatz. Dennoch zeigen sie an, dass der Fetischismus – nach seinem Rückschlag auf die Ökonomie (Marx), auf die Psychoanalyse (Freud) und das Christentum – nunmehr auch als politisch-symbolischer Mechanismus zur geübten Praxis wurde.

9. Politische Idolatrie

9.1 Fetische, Idole, Macht

Zwischen Politik, Kulten und Fetischismus gibt es wenigstens einen Minimalzusammenhang: Politik kann nicht ohne Kulte funktionieren, Kulte nicht ohne Idole und Fetische. Idole in Politik, Kult und Massenkultur sind überalltägliche, herausragende, transzendente oder wenigstens transzendierende Objekte, die im Personenschema figuriert werden. Fetische sind Dinge mit *agency*, die ebenfalls hochrangige Bedeutungsträger sind, verehrt und verteidigt werden und nicht anthropomorph sein müssen. Idole und Fetische können zusammen politische Ensembles szenischer oder statuarischer Art bilden, die meist Bestandteile von Ritualen sind. Wir sahen, dass römische Kaiserbildnisse als politische Idole funktionierten. Wenn in der späteren Kaiserikonik etwa Schwert und Reichsapfel dazutreten, dann haben diese eine fetischistische Funktion. Es wäre zu wenig, Schwert und Reichsapfel als allegorische Attribute zu bezeichnen. Sie sind als Dinge zugleich magische Objekte, welche der Person, die über sie verfügt, Energie spenden und Bedeutung verleihen. Sie sind ferner ‹Gemeinschaftsfetische›, insofern sie die *communitas*, die Reichseinheit und die auf Gerechtigkeit beruhende Wehrhaftigkeit des komplexen politischen Reichs konzentrieren. Sie sind Objekte von höchster Energie und zugleich höchster Bedeutung: Ebendas macht ihren Fetischcharakter aus. Funktional ist an Apfel und Schwert fast nichts. Doch in der Konstellation mit Kaiserornat, Kaiserkrone (und dem Karfunkel auf der Stirnseite), eingelassen in das «magische Milieu» von Zeremonien, welche die Gemeinschaft des Reiches symbolisch wie real versammeln, erschaffen diese Dinge die Aura des Herrschers. Sie kreieren nicht die reale, materielle Macht, die sich auf Militär und institutionalisierte Abhängigkeitsnetze gründet, sondern die *Darstellung* der Macht. Darstellung ist nicht nur Re-Präsentation. Sie verweist nicht nur auf vorgängige Bedeutungen, sondern erzeugt diese immer auch. Die Darstellung von Macht ist ein wichtiger Generator ihrer selbst und ihrer Verstetigung.

Es ist mithin wichtig, zwischen bloß angezeigter oder symbolisierter Macht und Darstellung der Macht zu unterscheiden. Macht darzustellen heißt, sie *in actu* zu vollziehen, sie prozesshaft zu entfalten und sinnlich wie mental evident zu machen. Damit Apfel und Schwert etwas darstellen können, müssen sie zwar etwas ‹bedeuten› – ‹gerechte Weltherrschaft›; doch diese Bedeutung ist keine hinreichende Bedingung von Darstellung. Hinreichend ist: Die Bedeutung muss szenisch werden; sie wird zu einem Element in einem Ritual. Es handelt sich also um ‹agierende Signifikanten›, um szenische Symbole, die in Erscheinung bringen, was sie bedeuten: Sie sind *in actu* verwirklichte Bedeutungen. Das ist gemeint, wenn wir von Fetischen oder Idolen als Objekten mit *agency* sprechen.

Diese ‹Bedeutungen› müssen kulturell codiert und mit einem hohen Allgemeinheits-, Verbindlichkeits- und Wiedererkennungswert ausgestattet sein. Selbstverständlich kann ein Sexualfetischist *private* Rituale mit einem Fetisch von höchstem Bedeutungswert aufführen. Im politischen Fetischismus müssen indes die obigen Bedingungen eingelöst sein; denn es geht um den *öffentlichen* Vollzug von *Macht*, die, indem sie sich in Idolen und Fetischen darstellt, ihre Adressaten ‹ergreift›, ‹mitnimmt› und zu einer Gemeinschaft ‹zusammenfügt›. Hierfür ist erforderlich, was wir mit Marcel Mauss das «magische Milieu» genannt haben. Dann erst ist die Voraussetzung gegeben, dass ein Ding, eine Statue oder ein Mensch zum Fetisch oder zum Idol werden kann ‹vor den Augen› eines Publikums, des Hofstaats, der Masse, des Parteitags. Idol oder Fetisch zu werden heißt, eine Verwandlung zu durchlaufen. Der zum ‹Führer› mutierte Mensch ist Idol nicht als Privatmann, nicht einmal als Funktionsträger, sondern als Medium einer transpersonalen Ausstrahlung. Mit hoher energetischer Evidenz verschmilzt das Idol mit der Menge der Teilnehmer eines rituellen Vollzugs – so herausragend und unberührbar das Idol sein mag.

Alle Fetische und Idole brauchen also ein magisches Milieu, szenische Einbettung und situative Präsenz. Dann werden sie zu einem Ereignis, das Adressaten erfasst, aus ihrer Alltäglichkeit herausreißt und dadurch in gewisser Hinsicht ek-statisch macht. Im partizipatorischen Erleben des Fetischs oder Idols ‹ragt› man über die Grenzen seiner privaten, ständischen, funktionalen oder beruflichen Existenz ‹heraus› in die hier und jetzt sich ausbreitende Sphäre eines übergreifenden, höheren, mächtigen oder heiligen Seins. Es handelt sich nicht darum, dass man einem solchen Geschehen ‹aus freien Stücken› zustimmt oder sich ihm entzieht. Die Wirksamkeit von Fetischen und Idolen heißt ja gerade, dass sie sich mit energetischer Wucht und ergreifender Verpflichtung noch gegen Widerstände durchsetzt und alles in eine Art Welle fügt. ‹Szenische Symbole› werden nicht aus der Distanz wahrgenommen, entziffert, interpretiert und erkannt. Sie schlagen in Bann, sie imponieren, sie faszinieren, sie ziehen an, ja saugen ein, sie überfluten und bezaubern. Wenn man überwältigt, überflutet, in Bann geschlagen ist, dann hat man ‹verstanden›. Das ‹Verstehen› von szenischen Symbolen, wie Fetische und Idole es sind, vollzieht sich nicht in kognitiven Akten der Decodierung, sondern im Mitvollzug. Der Vollzug *ist* die Bedeutungsrealisierung. Das macht Fetische und Idole für politische Macht so interessant. In diesem partizipatorischen Erleben einer fetischistisch-idolatrischen Situation geht gerade das unter, worauf die Moderne seit der Aufklärung setzt: nämlich die Fähigkeit zu Selbstdistanz und Selbstreflexion. Zumeist wird dies aber nicht als Verlust erlebt, sondern als Fülle. Statt der blassen Reflexivität erlebt man eine Flut von Affekten: Verehrung, Begeisterung, Stärkung, Hochachtung, Erhabenheit, lustvolle Selbstpreisgabe, aber auch Angst, Schauder, Erschütterung – verbunden mit somatischen Reaktionen, die als vitalisierend und erregend erlebt werden.

Die hermeneutisch-ikonologische Entzifferung einer wundertätigen Marienskulptur oder eines Inthronisationsrituals erzeugt zwar wissenschaftliche Aufsätze, verfehlt aber die Wirkkraft, um derentwillen ‹Bedeutungen› eben nicht nur semiotisch codiert, sondern szenisch entfaltet werden. Man muss Gläubiger eines Marienkults oder identifizierter Untertan einer Krönungszeremonie sein, um am eigenen Leib mitzuvollziehen, um was es hier geht: um die Immersion, um das Eintauchen in eine Szene, bei der man zum Element einer Gemeinde, einer Menge, eines strukturierten Gemeinschaftskörpers wird. Selbstverständlich heißt Wissenschaft, eine Beobachtungsdistanz zu wahren. Doch es ist ein Unterschied ums Ganze, zu beobachten und zu interpretieren oder mitzuvollziehen und zu erleben. Fetische und Idole sind solche signifikatorischen Aggregate, die auf Teilnehmer- und nicht auf Beobachterperspektive hin angelegt sind. Das enthält methodische Probleme für die Wissenschaft, die indes dadurch gelöst werden können, dass der Beobachtungsfokus nicht auf den ‹semiotischen Text›, sondern die ‹szenische Performativität›, nicht auf die ‹dahinter stehende› Bedeutung, sondern die Emergenz des Geschehens gerichtet wird (Fischer-Lichte 2004).

Politische Kulte sind nun – in Königsherrschaften, Diktaturen oder Demokratien – dafür eingerichtet, Gemeinschaftskörper szenisch zu entwickeln, homogene Massen zu bilden und auf eine symbolische Mitte (Idol) hin zu zentrieren, die entkonventionalisiert, also fraglos, überragend, singulär, überindividuell, machtvoll und oft erlösend erlebt wird, in sinnlicher Evidenz und unwiderstehlicher Kraft. Die Beziehung zum Idol ist immer asymmetrisch: Bei ihm liegt die aktive Macht, die *agency*, während der Teilnehmer pathisch ist, ein mediales Element, durch das die Energien hindurchgehen und wodurch es mit allen anderen ‹eins› oder, negativ ausgedrückt, verkettet wird.

Von Fetischen, Idolen, Ritualen her betrachtet, ändert sich also das Konzept der Repräsentation. Was meinen wir jetzt, wenn der Kaiser die ‹gerechte Weltherrschaft› oder der Palast der Sowjets den ‹Sieg und die Errungenschaften des Kommunismus› repräsentiert? Das Rückbezügliche an Repräsentation verweist auf eine vorgängige Programmatik, die hier jedoch jeder Diskussion entzogen und deshalb dogmatisch ist. Die szenische Repräsentation von (politischen oder religiösen) Idolen ist nicht das strikte Gegenteil argumentierender Geltungsprüfung, sondern das vergegenwärtigende Geltendmachen fragloser Bedeutungsprogramme. ‹Vergegenwärtigung› übersetzt den zweiten Wortteil in Re-Präsentation. Gegenwärtig wird, was immer schon feststeht: die fraglose Autorität, die Heiligkeit, die Macht, der Führer. In der politischen Idolatrie, die man durchaus eine fatale, aber durch alle Epochen hindurchgehende Form der Repräsentation nennen kann, geht es um den dynamischen Aspekt von Herrschaft, die eben nicht ‹bedeutet›, sondern *in actu*, als überwältigende Macht, erlebt wird.

Wenn es im Folgenden um den Stalin-Kult geht, so ist dies nur ein besonders deutlicher Fall von politischen Kulten oder politischer Idolatrie überhaupt. Wir könnten auch über Hitler, Speer und die NS-Architektur handeln. Die Strukturen von Politkulten sind recht ähnlich. Sie differenzieren sich zwar nach den kulturellen Kontexten, der Staatsform, der historischen Epoche und den jeweils dominierenden theatralen Stilen. Die Strukturen aber sind deswegen relativ stabil, weil die säkularen Staatsformen durchweg die Elemente aus der religiösen Idolatrie und dem Fetischismus, aber auch aus Techniken der Herrschaftsrepräsentation in sakralkulturellen Staatsformen übernommen haben – etwa aus dem ägyptischen Pharaonenritual oder dem römischen Kaiserkult, der für die cäsaristischen Attitüden Napoleons, Mussolinis oder Hitlers vorbildlich wurde. Es gibt langläufige Wanderungsbewegungen nicht nur von Symbolen und Pathosformeln, wie sie Aby Warburg untersucht hat, sondern auch von Affektsteuerungen im Dienst von Herrschaftsstabilisierung oder von politischer Dogmatisierung. Die relative Beliebigkeit des Beispiels ist, auch wenn darin methodische Fallen stecken, auch deswegen erlaubt, weil es hier nicht auf die historische Erforschung eines bestimmten politischen Kulttypus ankommt, sondern auf das strukturelle Feld, in dem Idole, Fetische und entsprechende Ausstattungen (Architekturen etc.) eine performative Rolle in der Herrschaftssicherung übernehmen. Es soll das Augenmerk deswegen auf historisch relativ konstanten Mustern liegen, die hinsichtlich ‹totalitärer› Repräsentation sogar zwischen traditionell religiösen Systemen und modernen Staatsdiktaturen flottieren können.

Die Stalin-Ära bietet sich an, weil sie eine geschlossene historische Epoche ist. Sie weist eine charakteristische Mischung aus technisch-industrieller Moderne, säkularer Politik und mythisch-religiösen Kulten auf, die für die Verkultung von Staaten im 20. Jahrhundert stilbildend und typisch ist. Wir schauen dabei auf bekannte Phänomene, um an ihnen zu zeigen, dass die idolatrischen Formen vormoderner Kulturen inmitten der Moderne, wenn auch in einem Staat mit charakteristischen Friktionen zwischen industrieller Modernisierung und rückständiger

Agrarkultur, bestimmend werden können. Walter Benjamin sprach von der Ästhetisierung der Politik und der Politisierung der Ästhetik im 20. Jahrhundert. Beides spielte nicht nur in der Sowjetunion, sondern auch in Deutschland, in Frankreich, Italien oder Spanien eine bedeutende Rolle. Die Künstler traten aus ihrer kulturellen Enklave heraus (oder sie wurden auch herauskommandiert), in die sie während des zaristischen Russlands gesperrt waren. Die sowjetische Avantgarde – der russische Futurismus, der Kubismus, der Suprematismus, aber auch der Film und die Architektur – wollte nicht nur Ausdruck, sondern auch Gestaltung des revolutionären Prozesses sein. Das teilte sie mit vielen künstlerischen Bewegungen Europas, etwa in Deutschland, Frankreich, Spanien oder Italien. Aus diesem Ziel der Politisierung der künstlerischen Inhalte und Formen entwickelte sich der weitere Anspruch, mit Hilfe der Künste die gesellschaftliche Wirklichkeit selbst zu modellieren. Dies war ein riskantes Spiel, bei welchem die Künste nach Etablierung der Stalin'schen Diktatur ihre Eigenständigkeit weitgehend verloren. Im Fortgang geht es nur um das Beispiel der sowjetischen Architektur und die in Stein umgesetzte Repräsentation des Stalin'schen Staates.

Auch in der Architektur wurde in den 1930er Jahren das Konzept des sozialistischen Realismus verbindlich, der einen «sehr spezifischen, einheitlichen künstlerischen Stil» prägte, «der alle Aspekte des sozialen Lebens gestaltet und tief geprägt hat, so daß die Stalinzeit einen eigenen ästhetischen Ausdruck entwickelte.» (Noever 1994, 16; Groys 1988) Diese Einheitlichkeit enthält jedoch eine Fülle von Abgrenzungen und inneren Widersprüchen. Der führende Architekt Karo Alabjan (1897–1959), Erbauer des Theaters der Roten Armee und Vorsitzender des Architektenverbandes, publiziert 1936 einen Aufsatz «Gegen Formalismus, Schematismus und Eklektizismus», der die unter Stalin vollzogene Wendung gegen die Avantgarde mitvollzieht. Das schloss die Front gegen den funktionalistischen Konstruktivismus ein. Zugleich aber fordert Alabjan eine intensivere Auseinandersetzung mit der modernen Technik, weil «unsere ganze Kultur … sich auf eine hochentwickelte Technik» stützt (1936 in Noever 1994, 22), d. h. gerade auf jenen Sektor, der im Funktionalismus und Konstruktivismus seinen adäquaten Ausdruck gefunden hatte. Ebenso polemisiert Alabjan gegen den Eklektizismus, doch zugleich hebt er die Vorbilder klassischer Kunst und des kulturellen Erbes heraus und fordert die «Synthese der Künste»: Wie sollte dabei Eklektizismus vermieden werden? Der Formalismus wiederum mit seiner Verpflichtung auf ständige ästhetische Innovation wird als bourgeois und antisozialistisch verworfen; zugleich aber sollten die Architekturbüros zu «kreativen Laboratorien» (ebd., 24) mit hoher Originalität, Planungsrationalität und günstigen Kostenkalküls werden – ohne dem Konstruktivismus zu huldigen. Es werden alle als progressiv geltenden Baustile der Geschichte verordnet, aber zugleich muss der Schematismus, «die blinde Nachahmung der Klassik», vermieden werden; man darf sich «nicht an den klassischen Kanon halten», und es darf keinen Stilmischmasch geben (ebd., 23), der doch allenthalben festzustellen ist. Es geht gegen das «Fassadentum» (Groys 1988, 17), gegen Ornamentik und «Supermonumentalität» – doch die Funktionsbauten Le Corbusiers werden hart kritisiert, und das Neue Moskau soll sich gerade nicht an der funktionalen Moderne orientieren, sondern eine repräsentative Expression des siegreichen Sozialismus darstellen. Man will dem Bauen ein menschliches Maß zugrunde legen, aber die projektierten Bauten sind gigantomanisch. Man will eine U-Bahn – eines der ersten Großziele in der Baupolitik der 1930er Jahre –, doch der Metrobau soll «das Gefühl beseitigen, dass man sich unter der Erde befindet» (Alabjan 1936 in Noever 1994, 23f.). In gleicher Weise wird die Natur «als unabdingbarer Teil des architektonischen Ensembles» (ebd., 22) betrachtet; ja, Naturgemäßheit ist im Gegensatz zur Naturfeindschaft der kapitalistischen Bauweise ein regulatives Prinzip; doch zugleich ist Naturbeherrschung und technische Suprematie das Ziel der sozialistischen Entwicklung. Die Bauweise soll «nationale Formen» verwenden – also nicht dem International Style der Moderne folgen; und doch werden traditionalistische Rückbezüge auf die russische Architektur der Zarenzeit ebenso verworfen wie das Neue Moskau nicht nur Hauptstadt Russlands, sondern der sozialistischen Internationale werden soll, also eine moderne Metropole.

In dieser Weise bewegen sich alle Architekten der 1930er Jahre auf einem heiklen Feld von Paradoxien, einem verminten Gelände von politischen und ästhetischen Doktrinen, auf dem es extrem riskant ist, überhaupt zu bauen, weil Verstöße gegen bestimmte Formprinzipien unvermeidlich sind: Immer weist der jeweils realisierte Baukörper das Fehlen anderer gültiger Prinzipien auf. Boris Groys hat dargestellt, dass diese Widersprüche «die Grundfigur und das ganze innere Geheimnis des stalinistischen Totalitarismus» darstellen (1988, 18). Es gelten immer A und Non-A zugleich, weil ihre Gleichzeitigkeit als dynamischer Widerspruch, als Antrieb im «Gesetz der Einheit und des Kampfes der Gegensätze» (ebd.) gilt. Diese Denkfigur des dialektischen Materialismus erhält in den 1930er Jahren durch Stalin eine gefährliche Wende, insofern die Partei und vor allem Stalin selbst es sind, die alle denkbaren Gegensätze in sich enthalten und aufgehoben haben. Die Widerspruchsstruktur wird zur Falle, zum *double bind*. Das Festhalten an der Einheit eines Stils – entweder Konstruktivismus oder Klassik oder Technizismus oder Monumentalität etc. – ist jetzt eine Form individualistischer Einseitigkeit, ein Beharren auf Spezifität, das leicht die Stellung oder gar den Kopf kosten kann. Das einzelne Bau- oder Kunstwerk sollte ein Maximum an Widersprüchlichkeit enthalten – gerade dadurch erwies es sich als lebendig, geschichtlich kraftvoll, repräsentativ. «Das perfekte Gebäude», schreibt Noever (1994, 19), «sollte absolut, total, allumfassend sein. Es sollte alle Gegensätze in sich vereinen. Es sollte höchst individuell aussehen und nichts außer Acht lassen, was je in der Architekturgeschichte entstanden war. Es sollte völlig modern, d. h. von seiner Zeit, sein, aber zugleich eine Kontinuität mit der Klassik bewahren. Es sollte den alltäglichen Bedürfnissen der Menschen dienen und gleichzeitig das Gefühl des Festes und des Außergewöhnlichen in ihnen hervorrufen.» Ein Architekt musste, sozusagen wie Stalin selbst, das «Totale, Absolute, Ununterscheidbare und Unbeschreibbare» bauen können (ebd., 29). Das ist ein Projekt des Unmöglichen und deswegen auch der äußersten Gefahr. «Jedes Haus sollte funktional, aber nicht funktionalistisch, von der Klassik inspiriert, aber nicht klassizistisch, höchst individuell, aber nicht individualistisch, monumental, aber nach dem menschlichen Maß, dekorativ, aber schlicht, unter Verwendung von allem Wertvollen, was in der menschlichen Geschichte entstanden ist, aber nicht eklektisch gebaut werden» (ebd., 20). Das ist die Phantasie eines unmöglichen, gerade darum verbindlichen, alle und alles verbindenden, unerreichbaren wie nie zu verwirklichenden Bauwerks, das in einer strukturellen Homologie zu Stalin selbst steht. Die stalinistische Architektur hat Stalin zu bauen, sie ist sein Monument. Das nennt Groys «Gesamtkunstwerk Stalin». Architektur wird zum steinernen Idol des großen Vaters.

Damit haben wir die Sphäre einer profanen Baupraxis verlassen und, mitten in dieser, eine religiöse Sphäre erreicht. Die absolute Totalität, welche die Architektur ins Werk zu setzen hatte, ist eine Figur des Göttlichen. Nur das Göttliche vermag die geschichtlich unaufhebbaren Widersprüche zu einer lebendigen Einheit zu synthetisieren. Dies leistet die Figur Stalins selbst, der als charismatischer Führer eine Person in der geschichtlichen Realität wie zugleich eine Figuration ist, die bereits jenseits der Geschichte steht und alle Geschichte, also alle Widersprüche, in sich resümiert. Damit beginnt nicht nur die Verkultung Stalins als göttlicher Führer und Heilsfigur, sondern die Idolisierung einer Architektur, die der steinerne Ausdruck der totalitaristischen Dialektik zu sein hat. Dieser Prozess beginnt 1929 mit der Verabschiedung des 1. Fünfjahresplans; mit der ersten Verkultung Stalins anlässlich des 50. Geburtstags am 21. 12. 1929; mit der Verbannung 1928 und der Ausweisung 1929 von Leo Trotzkij; mit der Resolution des ZK vom Mai 1930 zur «Umgestaltung der Lebensweise» (mit dem Ziel der totalen Durchdringung von Gesellschaft und Leben); mit dem Bau des Lenin-Mausoleums 1930 am Roten Platz, womit der Totenkult initiiert wurde (Tumarkin 1983) – ein entscheidendes Element aller Erlösungsreligionen und Staatskulte. Dieser Übergang von der sozialistischen Revolution zur idolatrischen Diktatur setzte sich fort mit den Planungen für einen «Palast der Sowjets» 1931, der das architekturale Zentralheiligtum der Sowjetunion werden sollte, die gigantische Überbietung aller öffentlichen Großbauten. Zeitgleich begann die Liquidierung von Oppositionellen und die innerparteiliche Reinigung – ein mythisch-kathartischer Vorgang, der keinerlei herrschaftsrationale Begründung hatte, sondern der Herstellung eines ‹reinen› Gemeinschaftskörpers mit einem gottähnlichen Führer an der Spitze diente. Mit der totalen Lenkung der Kultur durch den Staat (ab 1934) und der Resolution über den «endgültigen und unwiderruflichen Sieg des Sozialismus in der UdSSR und die allseitige Festigung der Diktatur des Proletariats» auf dem 7. Kongress der Komintern am 20. 8. 1935 war ein vorläufiger Endpunkt dieser Entwicklung erreicht.

Hiermit wurde praktisch die Geschichte für beendet erklärt. Man befindet sich hier und heute bereits im Posthistoire. Insofern sind die Jahre nach 1929 mit ihrer Wendung in die totale Diktatur zugleich eine verdeckte religiöse Wende: Das Weltgericht hatte begonnen, die ewige Zukunft lag vor aller Augen. Dies sollte die Architektur ausdrücken: Im Zeichen des siegreichen Kommunismus und des Führeridols ist die Gegenwart aller Zeiten erreicht – das Eschaton; und *darum* musste die stalinistische Architektur das schlechthin Paradoxe, das Totale und das Absolute *darstellen*. Genau in diesem Augenblick, 1935, wird der «Generalplan zur Rekonstruktion Moskaus» (unter Mitwirkung Stalins) beschlossen – ein Prospekt für eine Stadt der bereits erreichten Zukunft (sie wird ihr Gegenstück in der Hitler-Speer'schen Bauphantasie der neuen Reichshauptstadt Germania, die an die Stelle Berlins treten sollte, finden). In diesem Sinn präsentiert sich die Sowjetunion in der Pavillonarchitektur der Weltausstellung 1937 in Paris – vis-à-vis dem Pavillon Hitler-Deutschlands: Mit Boris Iofan (1891–1976) und Albert Speer stehen sich hier auf der Weltausstellung die beiden Giganten der totalitären Bauästhetik gegenüber. Um 1935 ist der Punkt erreicht, wo die Architekturentwürfe mit der kommunistischen Eschatologie koinzidieren. Sie enthalten darum jene idolatrischen und kultischen Züge, welche die unverwechselbare Physiognomie der stalinistischen Epoche darstellen.

9.3 IDOL STALIN

Jeder Kult braucht ein Zentrum. Dieses ist Stalin, die reifizierte Macht selbst. Er hat die Machtfülle, unfehlbare Entscheidungen über Architekturpläne oder Wirtschaftsprozesse, über Industrieansiedlungen oder Völkermorde, also über alle und alles zu fällen und als Richter über Leben und Tod, Himmel und Hölle unwiderruflich zu verfügen. Als Symptome dieser Verkultung Stalins zu einem göttlichen Idol sollen einige – natürlich offiziöse – Erinnerungszeugnisse von hochrangigen Architekten folgen, bevor wir zur Stalin-Architektur selbst übergehen. So schreibt Viktor Vesnin 1934: «Stalin gebraucht keine überflüssigen Worte, keine

Klischees, keine gekünstelten Ausdrücke, aber jeder Ausdruck von ihm, jeder Satz, prägt sich einem wie eine Formel ein, wie ein Aufruf zu einem bestimmten Verhalten, zu einer konkreten Tat.» (Vesnin bei Noever 1994, 26) – Stalin «entschied mit der ihm eigenen Einfachheit und genialen Weitsicht alle … Fragen»; er zeigt eine «verblüffende Gedankentiefe»: «Jede Bemerkung des Führers und jede Frage von ihm traf den Kern der Sache und wies den Weg …» (Gel'frejch bei Noever 1994, 25). «In lebendigen, geschliffenen und durch ihre Tiefe und Schlichtheit beeindruckenden Worten gab uns Iosif Vissarionovic nicht nur Anweisungen, wie die Hauptstadt zu erneuern sei, sondern auch, wie wir überhaupt planen, entwerfen und bauen sollten.» (Vesnin bei Noever 1994, 25) – «In seiner Rede gab uns Iosif Vissarionovic Richtlinien …, alle mit größter Einfachheit und überzeugenden Klarheit.» (Cernysev bei Noever 1994, 26) «Genosse Stalins schlichte, klare und öfters von einem Scherz begleitete Rede wurde für uns zum Programm …» (Baburov bei Noever 1994, 27). Sein «Vortrag (war) … mit der Klarheit und Einfachheit aufgebaut, die seiner Ausdrucksweise generell eigen ist.» (Scusev bei Noever 1994, 27) Stalins Gottmenschentum zeigt sich gerade daran, dass seine Rede antirhetorisch ist; eben dadurch ist er der größte Rhetoriker. Der Architekt Vesnin war im Ausland und schreibt: Alle Redner dort «spielen und blenden … mit ihrer großsprecherischen Redekunst. Nichts dergleichen bei Stalin. Er spricht einfache Worte, aber jedes Wort sitzt. Es geht zu Herzen, prägt sich wie ein leuchtendes Bild ein und bleibt ein unauslöschlicher Eindruck seiner Weisheit, Klarheit und Prägnanz.» (Vesnin bei Noever 1994, 26) So wird die Rede und Erscheinung Stalins zu einer lebendigen Erscheinung von «Wahrhaftigkeit», die eine zentrale Vokabel des Diskurses um 1935 ist, während das politische System längst in Lüge und Mord umgeschlagen ist. Eben weil die Rede Stalins die Wahrheit selbst ist, entbehrt seine Rede jeden rhetorischen Scheins (des dekadenten Westens); sie ist ohne Sophistik, ohne Kunst und darin die höchste Kunst, reiner Ausdruck seines erhabenen Wesens.

Dieses Wesen wird für die Architekten zur Epiphanie der Gegensätze, worin Nähe und Ferne, Oben und Unten verschmelzen. Die Erinnerungen sind von hymnischen Apostrophen erfüllt: «Ungewöhnliche Kompliziertheit und erstaunliche Einfachheit … Echte Größe und außerordentliche Bescheidenheit … Heldenhafte Tapferkeit und staunenswerte Humanität und Herzlichkeit … So erscheint Stalin jedem, der das Glück hatte, ihm wenigstens einmal im Leben zu begegnen.» (Vesnin bei Noever 1994, 26) Diese Attribute von großer Volksnähe und überlegener Erhabenheit sind stereotype Formeln aus dem Genre des Herrscherlobs. Sie spiegeln die «Einheit der Gegensätze», also die Totalität, die Stalin als Führerfigur in sich trägt. Indem er so zu jedem A immer auch Non-A *ist*, gibt es nichts außerhalb seiner; darum kann es auch keine Gegner geben. Und wo es sie gibt, zeigen oder vertreten sie etwas, was Stalin sowieso schon ist oder vertritt – aber auch dessen Gegenteil, sodass daran sich die halsstarrige Einseitigkeit der Abweichler zu erkennen gibt, die darum ausgemerzt werden müssen.

Die rhetorische Erzeugung der Totalität des Führers ist nämlich mörderisch. Wenn im Führer die *coincidentia oppositorum* zur Wesensform wird, kann es eine Opposition zu ihm nicht mehr geben. Damit wird auf Erden eine göttliche Struktur etabliert – und auf Erden hat dies notwendig den Mord zur Folge. Je lebendiger der Gottmensch ist, der alle Eigenschaften wahrhaftig und wesenhaft in sich trägt, desto toter ist alles außer ihm. Ähnlich wie die Teufel im Verhältnis zu Gott verkennt die Opposition, dass sie immer schon ein Teil Stalins ist und mit ihm zusammenfällt: Sie spricht sich darum selbst das Urteil. Entweder ist man Teil Stalins, oder man ist nicht. So ist Stalin ein überalltäglicher Alltagsmensch, der diametrale Gegensätze in sich vereint und göttliche Züge zeigt, die sich besonders auch in seiner unrhetorischen, charismatischen Rede ausdrücken. Doch es treten weitere Merkmale hinzu, die ihn als Kultfigur kennzeichnen:

Dies ist vor allem die auratische Strahlung. Der Auftritt Stalins ist ein Ereignis, worin der Einzelne verlischt und zum Element eines Kollektivkörpers wird. «Da ergriff Genosse Stalin das Wort, und sofort herrschte absolute Stille. Erregt und bemüht, ja kein Wort des großen Lehrers zu verpassen, hörten die Sitzungsteilnehmer der Rede von Genosse Stalin zu.» (Vesnin bei Noever 1994, 25) «Seine kritischen Bemerkungen oder Anweisungen … inspirierten uns und wiesen uns die Richtung für eine ganze Etappe der weiteren Arbeit.» (Gel'frejch bei Noever 1994, 25) Sergej Cernysev, Chefarchitekt von Moskau 1934 bis 1941, mit Lev Radnev

Architekt der Moskauer Universität, schreibt: «Man spürte sofort die konzentrierte, ernsthafte Atmosphäre.» «Das Wort ergriff Genosse Stalin. Er sprach leise. Die Sitzungsteilnehmer standen auf und scharten sich eng um Iosif Vissarionovic, hörten ihm mit gespannter Aufmerksamkeit zu und ließen sich keines seiner Worte entgehen.» (Cernysev bei Noever 1994, 26) «Genosse Stalins ... Rede wurde für uns zum Programm, nach dem wir um die sozialistische Erneuerung der Städte kämpfen wollten, zum Programm unserer ganzen weiteren Arbeit beim Planen und Bauen.» (Baburov bei Noever 1994, 27)

Eine professionelle Sitzung von Bauexperten; Diskussionen; Stalin formuliert einen Beitrag – und schon ist man in einer anderen Welt. Es geht nicht mehr um Argumente und Inhalte – kein Wort davon –, sondern der Sprechakt als solcher wird bedeutsam. Das Sprechen ist Handeln, das weiteres Handeln formiert und modelliert. Das Sprechen Stalins bildet unmittelbar eine zweipolige Struktur: autoritative Unfehlbarkeit hier – gemeindeförmige Gefolgschaft dort. Für die Gemeinde weist die Rede Richtung, und sie ist Programm. Es scheint, als wüssten die Architekten ohne Stalin gar nicht, was Bauen ist. Indem Stalin durch seinen Auftritt aus der heterogenen Menge der Architekten einen homogenen Kollektivkörper schmilzt – das ist die Wirkung des Idols –, gibt er zugleich jedem Einzelnen und dem Kollektiv Ziel und Orientierung vor, er konstituiert nicht nur einen homogenen, sondern einen strukturierten und gerichteten Kollektivkörper.

Interessant ist ein Detail auf einer Sitzung, bei der über den «Palast der Sowjets» diskutiert wird. Man weiß, dass Stalin damit nicht nur das «größte Bauwerk unserer Epoche» (Gel'frejch bei Noever 1994, 25) anstrebte, sondern auch das höchste Bauwerk der Welt, um das Empire State Building zu übertreffen. Verlangt wurde, dass eine 75 Meter hohe Leninstatue die Spitze des gigantischen Gebäudes bilden sollte. Bei einer Sitzung nun bog Stalin den siegreich in den Himmel gestreckten Arm Lenins (am Plastilin-Modell) um 90 Grad herunter, um aus der vertikalen Triumphgeste eine horizontale Weisungsgeste zu machen: *So* sollte es sein (ebd.). Dies ist eine instinktsichere Korrektur, die der idolatrischen Herrschaftsdynamik der Stalin-Ära entspricht. Zwar ist der alle Geschichte beendende, unumstößliche Sieg des Sozialismus erklärt worden

– senkrechte Geste; aber ebendiese Geste würde eine Stillstellung bewirken, die das ebenso gültige Gegenteil lähmen würde: nämlich die totale Mobilisierung aller Kräfte zur Realisierung des sozialistischen Lebens. Auch hier gilt A und Non-A, Sein und Werden zugleich. Der Sozialismus hat gesiegt und ist von jetzt an immer und ewig; und der Sozialismus ist ein Werden, er bedarf der Richtungsweisung und Konzentration auf einen Führer.

Offenbar wurde von den Architekten das Auftreten Stalins in dieser Doppelmatrix erfahren. Er ist einerseits das magische Zentrum, auf das hin alles ausgerichtet, ja gebannt ist. Stalin ist die mythisch-heroische Mitte und der Strahlpunkt aller Kräfte, die sich dicht um ihn scharen, um seiner Nähe teilhaftig zu werden. Das ist das Ereignis reiner Präsenz des Idols. Und zum anderen ist Stalin jener mobilisierende Wegweiser, der die Gefolgschaft aus ihrer anomischen und trägen Beharrung herausreißt in eine von ihm geöffnete Zukunft, auf die ausgerichtet zu werden den trägen Körper der Massen mobilisiert und energetisch auflädt. Dies ist bei Hitler oder Mussolini nicht anders.

Für denjenigen, der von der Größe des Idols ergriffen wird, stellt der Führer Stalin eine prägende Epiphanie dar, die zu einem biographischen Einschnitt, mindestens zu einer unauslöschlichen Erinnerung wird. «Diese Begegnung mit dem Führer hat mich zutiefst bewegt, bereichert und mit Begeisterung für die weitere Arbeit erfüllt.» (Gel'frejch bei Noever 1994, 25) «… und jede Begegnung mit dem Führer hat sich mir tief ins Gedächtnis eingeprägt», so schreibt Viktor Vesnin unter dem Motto «Daran denkt man sein ganzes Leben» (ebd., 25). «Unter dem unauslöschlichen Eindruck dieser historischen Zusammenkunft verließen wir den Kreml», schreibt Sergej Cernysev (ebd., 26). – «Dieser Tag brennt hell in meiner Erinnerung, da ich … den großen Stalin aus solcher Nähe gesehen und gehört habe.» (Baburov, ebd., 27)

Dies sind Formeln eines religiösen Erweckungserlebnisses im Bann eines charismatischen Idols. Kollektivkörper und fetischisiertes Bewusstsein wird stets in allen drei Zeitformen modelliert: Im Erleben des Kultereignisses, das dem Teilnehmer eine festliche und überalltägliche «mystische Partizipation» (Lévy-Bruhl) erlaubt, ist die *Gegenwart* leitend. Hier wird der Mechanismus der projektiven Identifikation und narzisstischen Verschmelzung eingerastet. Es sind Erfahrungen inspirierender Ekstasis aus einer Position der Ich-Schwäche heraus, der Kleinheit und der Angst, die im identifikatorischen Jubel und der Erfülltheit durch den Führer abgestreift werden. Man erlebt und erhält ‹Gnaden› (charisma) – durchaus vor dem Hintergrundswissen, durch dieselbe Person, mit deren Größe man jubilatorisch verschmilzt, potenziell vernichtet zu werden. Die Vernichtung ist stets die unausdrückliche Kehrseite der begeisterten Identifikation.

Mit der wegweisenden Ausrichtung der kollektiven Energien, ihrer Programmierung und Bündelung hin auf ein ‹Noch-nicht› greift der Idolenkult in die *Zukunft* voraus. Die Zukunft verliert damit ihr Dunkel und ihre Ungewissheit. Die Identifikation mit oder Partizipation an dem Idol wird umgeschmolzen zu einer hochgesättigten Motivation, die in gewisser Hinsicht die Befehl-Gehorsamsstaffel ersetzen kann. Die magische Motivation führt zu einer programmierten Automatik von Handlungsabläufen.

In der unauslöschlichen Prägung der Erinnerung gewinnt das Idol die mythische Dimension des *Vergangenen*, so historisch kurz die Führerschaft sein mag. Die idolatrische Bezauberung der Erinnerung erfüllt das Ich mit dem «Immer-schon» einer unergründlichen Zeitentiefe, welche die historische Zeit weit übertrifft. Das erinnerte Ereignis mag von gestern sein – dennoch versenkt es das Idol in eine unvordenkliche Tiefe. Sie ersetzt die säkulare Geschichte. Insofern enthält der kultische Auftritt des Führeridols immer einen Angriff auf alle anderen Zeiten. Zukunft, Vergangenheit und Gegenwart werden in eins verschmolzen, die Zeitmodi fallen zusammen. Es ist die Epiphanie der ewigen Gegenwart des Führers. Dies ist bei Stalin nicht anders als bei Hitler oder den Despoten der Vergangenheit. Die entmodalisierte Zeit ist aber die Zeit der Heiligkeit, die nicht mehr von Gott oder einem unbestimmt Numinosen, sondern von gottmenschlichen politischen Führern besetzt wird.

9.4 Charismatische Herrschaft

Wir können die hier geübte quasi-religiöse Herrschaftsform mit Max Weber genauer fassen. Er bestimmt Herrschaft allgemein als «Chance, Gehorsam für einen bestimmten Befehl zu finden» (Weber 1922/1968, 151; vgl. 1922/1964, 157–201, hier 157). Wo diese Chance politisch stabilisiert wird, entsteht eine Art Dauerlegitimität des Befehls. Weber unterscheidet nun drei Herrschaftsformen: die traditionale, die legale oder bürokratische und die charismatische. *Legale (oder rationale) Herrschaft* reproduziert sich über rechtsetzende Kompetenzen, durch institutionalisierte Verwaltungsapparate, die sachlich und regelhaft Herrschaft ausüben. Bürokratie ist die «technisch reinste Form von legaler Herrschaft» (1922/1968, 153; 1922/1964, 160ff.). Auch in modernen Diktaturen gibt es sie. Aber sie ist hier eher ein erforderlicher Hintergrund der Machtausübung, nicht deren vitales Zentrum. Mit der Bürokratie konnte man mit derselben Präzision und Verlässlichkeit Waffenfabriken, Reichsschrifttums-Kammern, Zwangskollektivierung der Landwirtschaft, Verkehrssysteme, Konzentrationslager oder Gulags organisieren, nicht aber die unfassliche Loyalitätsevidenz, die gerade für die Hitler-Stalin-Ära charakteristisch ist. Hier ging es um Loyalität, nicht um Legitimität. Bürokratische Herrschaft kennt keinen Zentralkult und keine Idolatrie und ist für Diktaturen darum ein Mittel, aber kein Ziel.

Traditionale Herrschaft wird ausgeübt «kraft Glaubens an die Heiligkeit der von jeher vorhandenen Ordnungen und Herrengewalten» (Weber 1922/1968, 154; 1922/1964, 167ff.). Man gehorcht aus habitueller Devotion; die Herren verfügen über uralte Traditionen; das Verhältnis zu den Untertanen ist patriarchal und verzweigt sich über persönliche Abhängigkeiten. Es geht nicht um Funktionalität, Sachlichkeit und Kompetenz, sondern um Treue und Anhänglichkeit, Privilegien und Überlieferungen. Solcher Mechanismen haben sich auch die Hitler- und Stalin-Diktaturen bedient. Doch weil sie historisch vergangenheitslose Regimes darstellten, konnten sie sich solcher Kontinuität stiftenden Mechanismen nie sicher sein. Zudem richteten sie sich polemisch gerade gegen Formen der traditionalen Herrschaft, die aus Zarismus und Wilhelminismus noch anhalten mochten.

Charismatische Herrschaft läuft über die affektive Hingabe an die Person des Herren «von magischen Fähigkeiten, Offenbarungen oder Heldentum, Macht des Geistes und der Rede» (Weber 1922/1968, 159; 1922/1964, 179ff.). Das «Neue, Außerwerktägliche, Niedagewesene und die emotionale Hingenommenheit» (ebd.) sind die Quellen der charismatischen Herrschaft. Der charismatische Verband kennt keine überlieferte Bürokratie, besteht nicht aus Untertanen mit verbrieften Privilegien von alters her. Sondern er ist eine «Gemeinde oder Gefolgschaft», zentriert um einen «Führer». Die Gefolgschaft des inneren Kreises um den Führer wird nach Hingabe und Treue ausgewählt, nicht nach Fachqualifikation, Kompetenz oder Stand. Charismatische Herrschaft ist relativ instabil. Darum muss das Charisma sich immer erneuern und bewähren. Es hängt völlig vom Glauben der Gefolgschaft ab. Sie beruht weitgehend auf irrationalen, imaginären und magischen Mechanismen und ist deswegen schwer zu kalkulieren.[43] Das Informelle und Instabile erfordert Mechanismen der Verstetigung, z. B. die permanente Revolution: Das Außergewöhnliche muss ständig erneuert, das Alte überboten werden, weil sonst ein eigentümliches Verschleißen und Altern des Charismas eintritt. Darum sind Kulte vonnöten: Sie re-kreieren immer wieder den Ursprung der ‹Bewegung›, das Initial der Revolution, den Tod anfänglicher Helden, um in diesen szenischen Medien den jetzigen Führer als extraordinäre, magische Instanz zu konfirmieren und die Gefolgschaft immer wieder zu verschwören. Die Veralltäglichung des Charismas wäre eine große Gefahr. Deswegen bedarf es festlicher Begängnisse, erhebender Rituale, einer Klimax von symbolischen Ereignissen. Ferner muss für den ‹Transport› des Charismas gesorgt werden, räumlich wie zeitlich. Kulte und Riten dienen der Zeitgliederung und der universal im Raum der Herrschaft verteilten ‹Botschaften›, ‹Missionen›, ‹Stellvertreter›; dabei geht es um die magische Translation des im Führer resümierten Charismas im Raum und durch die Zeit. Ein besonderes Problem ist die Weitergabe des Charismas auf nachgeordnete ‹Größen› oder, was noch heikler ist, auf Nachfolger, weil es ein Erbcharisma nicht gibt. Die Stalin-Diktatur behalf sich mit der Einrichtung eines Totenkults um Lenin. Der Nationalsozialismus schuf mit der jährlichen Begehung des Totenrituals um die Opfer des 9. Novembers in München eine Sakralisierung der NS-Bewegung, wobei hier das zentrale christliche Dogma, die Wiederauferstehung, zum Vorbild wurde, mit dem entscheidenden Unterschied, dass damit aus einer Erlösungsreligion eine Gehorsamsreligion wurde, die der vollständigen Unterwerfung des Einzelnen unter den hypostasierten Führerwillen diente (Ueberhorst 1989; Behrenbeck 1996; Ley/Schoeps 1997; Bärsch 1998). Das NS-Regime war nicht etwa eine Bastardisierung des Christentums, sondern es wollte dessen welthistorische Ablösung und Überwindung sein. Das politische Ziel war dabei, massenwirksame Bindekräfte zu installieren, die die deutsche Volksgemeinschaft als religiös integriertes Nachfolge- und Gehorsamskollektiv zusammenschweißen sollten.

Die Sowjetunion etablierte auf der Basis einer gestürzten traditionalen Herrschaft und ohne moderne Bürokratie eine charismatische Herrschaft, die kaum auf fachkompetente Eliten und fast gar nicht auf stabile Strukturen traditionaler Gefolgschaft zurückgreifen konnte. In solchen Situationen ist eine massive Verstärkung zweier sich gegenseitig stützender Elemente geboten: Terror und Charisma. Darin ähneln sich die Diktaturen von Stalin und Hitler stark (vgl. Lepsius 1993, 95–118; Breuer 1994, 84–109, 144–75; Soboth 2000; Herbst 2000; Petersen 2000). Warum können sich Terror und Charisma ergänzen? Die durch den charismatischen Führer formierte Gefolgschaft ist zwar antiautoritär gegenüber der umgestürzten traditionellen Herrschaft (Zarismus) oder der bürokratischen Herrschaft (Weimarer Republik). Jedoch ist das Führer-Gefolgschaftsverhältnis autoritär, indessen traditionslos und instabil, deswegen stützungsbedürftig und folglich geradezu obsessionell angetrieben von dem Willen, inklusive Gemeinschaftskörper zu bilden, alles in sich aufzunehmen und zu homogenisieren bzw. Volksfeinde, Fremdrassige, Oppositionelle zu exkludieren und zu vernichten. Charismatische Gemeinschaften kennen nämlich kein Außen – außer Feinden. Daher ihre Aggressivität. Der Terror ist – wie das Charisma selbst – eine Form der sozialen Synthesis des Sozialkörpers. Das Problem der modernen Diktaturen ist es, dass sie nicht geistige Gefolgschaften oder religiöse Gemeinschaften *innerhalb* von bestehenden Staaten bilden, sondern dass dem siegreichen Charismatiker ein Staat in die Hand fällt. Damit muss das Charisma notwendig die Extension der gesamten Gesellschaft annehmen. Eine solche Inklusion aber totalisiert das Charisma und zwingt dazu, den Staat und die Gesellschaft vollständig zu durchdringen – und das ist Terror.

Nun ist Charisma nicht von sich aus totalitär. Es wird dies aber unausweichlich dann, wenn es mit dem Staat fusioniert: Dann genau entstehen Figuren wie Stalin, Hitler, Mao, welche in sich selbst das Charisma und den Staat zugleich darstellen. Dies ist immer eine politische Katastrophe. Im Grunde ist eine solche totalisierende Synthesis unmöglich. Es gehört ja zum Charisma, dass es Gemeinschaften integriert vor dem Hintergrund all derer, die nicht Partizipierende des Charismas sind. Wenn nun Extension des Staates und Extension des Charismas zusammenfallen, entwickelt das staatsförmige Charisma zwangsläufig Züge des Terrors. So war es konsequent, dass der Stalin'sche Terror mit der Etablierung seiner selbst als politisches Idol zeitlich zusammenfiel.

Man versteht jetzt besser, warum ab 1929 Kult- und Idolformen durchgesetzt wurden. Im Kult hat man das Instrumentarium, das Charisma immer neu zu erzeugen, das die Gesellschaft ‹verklebt› und synthetisiert. Das Charisma wurde künstlich produziert als die andere Seite des Zusammenhalts durch Terror. Der Terror erzeugt Angst, das Charisma erzeugt Verehrung. Beide Affekte hängen in der Psychologie der Herrschaft eng zusammen: Aus der Angst, ein Opfer des Terrors werden zu können, flieht man in die Verehrung, um ein partizipierender Teil der zerstörerischen Macht zu sein, die die Maske des politischen Idols trägt. *Das Charisma ist die Maskerade des Terrors, wie der Terror eine Stütze des Charismas ist.* Das uralte Zusammenspiel von Angst und Verehrung ist als psychologisches Bindemittel auch für die modernen Diktaturen grundlegend.

Etwas Weiteres kommt hinzu. Charismatische Gefolgschaften sind eschatologische Gemeinschaften, deren Eschaton im zentralen Idol konzentriert ist. Im Idol ist das Eschaton, das noch aussteht, immer schon präsent. Das Eschaton der Sowjetunion bestand darin, dass die Idee des Sozialismus zur Wirklichkeit der proletarischen Volksmassen werden sollte, die mit der Gesamtgesellschaft identisch geworden waren: also die Klassenlosigkeit. Durch den Totenkult im Lenin-Mausoleum hatte Stalin das heilige Ritual geschaffen, durch welches das Charisma Lenins auf ihn übergehen konnte, indem der Tod des alten Führers zugleich mit der Unsterblichkeit seiner Idee, deren Träger nun Stalin war, zelebriert wurde. Denn der Lenin-Kult war nur die Maskerade des Stalin-Kults. Doch stand Stalin vor der herrschaftstechnisch komplexen Aufgabe, völlig heterogene soziale Kräfte und symbolische Traditionen zu vereinigen. Der zeitgleich mit dem Totenkult Lenins inaugurierte Personenkult sollte zu dem magischen Medium werden, alle Widersprüche zur Einheit der klassenlosen Gesellschaft zu synthetisieren. Die Idolisierung seiner Person verkörperte sowohl die schon erreichte sozialistische Utopie als auch ihr noch bevorstehendes Kommen, das er herbeiführen würde.

Auch hier zeigte sich die Paradoxie des Stalin'schen Personenkults: Er musste als Person ebenso eine Errungenschaft repräsentieren, wie er zugleich etwas Transzendierendes, Futurisches, Utopisches darzustellen hatte. Nichts wäre falscher, den sozialistischen Realismus, als die Kunstdoktrin der Stalin-Zeit, mit Abbildrealismus gleichzusetzen: Zur Darstellung sollte nicht die Wirklichkeit kommen, sondern es sollte der schon erreichte Sozialismus im Kampf mit den historischen Widerständen gezeigt werden – und zugleich die ‹Tendenz›, die kommende Totalität, deren Unterpfand im eschatologischen Führer-Idol schon ‹mitten unter uns› gegenwärtig ist. Die Zeitform Stalins und seiner Architekturen ist ein Perfektum (Wir haben geschaffen) und ein Futurum (Wir werden schaffen). Die Gegenwart des göttlichen Demiurgen Stalin, der Weltnabel und Weltenschöpfer in eins ist, garantiert die utopische Zukunft, die unwiderstehlich zur herrlichen Gegenwart werden wird. Dann gibt es keine Feinde mehr (außer im Tod oder in der Hölle, den Gulags). Die Weltgeschichte, um ein Wort Schillers zu variieren, wird sich als Weltgericht herausgestellt haben.[44] Dieses Gericht hat schon jetzt im strengen und unwiderruflichen Urteil des Genossen Stalins begonnen, ebenso wie er uns alle zum Baustein eines neuen Äons gemacht hat: Dort herrscht ein friedliches Gemeinschaftsleben in Wohlstand und Glück, ohne innere und äußere Gefährdungen und Feinde, ohne die bitteren Opfer der Gegenwart, ohne die drückende Last des Lebens, ohne Tod, denn der Sozialismus lebt ewig. Stalins berühmte Formel «Es lebt sich leichter, Genossen. Das Leben ist heiterer» bezeichnet genau diesen Anbruch der neuen Zeit inmitten der alten. So sollte auch die Architektur vor allem Freude ausdrücken, Festlichkeit, Zukunftsschwung (Noever

1994, 42). Es geht Stalin um eine Umpolung innerhalb der psychischen Ökonomie: Aus der Schwermut der drückenden russischen Geschichte in die heitere Zukunft der sozialistischen Gesellschaft, die mit ihm bereits begonnen hat.

9.5 «Palast der Sowjets»

Den wahrhaft idolatrischen Ausdruck sollte diese Auffassung im «Palast der Sowjets» erhalten (Noever 1994, 151–69). In den 1930er Jahren wurden in Moskau, Leningrad und anderen Großstädten gewaltige urbanistische Veränderungen sichtbar, die den neuen Äon baulich umsetzen sollten: Magistralen, großartige Plätze, majestätische Gebäude für die Regierung und Administration, die Rote Armee, für Theater und Kultur (Gestwa 2002). Einerseits wurden dabei architekturale Stilelemente der jeweiligen Region übernommen (die Vielheit der Sowjetunion ausdrückend), andererseits herrschte eine durchgehende neoklassizistische Stilisierung (die die Einheit symbolisierte). In Letzterer sollte die Stalin-Ära in derselben außerzeitlichen Immunität zum Ausdruck kommen, wie der Klassik selbst überhistorische Geltung zugeschrieben wurde. Peter Noever (1994, 119) spricht von einer «Fetischisierung öffentlicher Gebäude». Dies meint, dass die Gebäude selbst magische Objekte des sowjetischen Staates und des Volks sein sollten, Talismane und Amulette am Volkskörper. Wie Fetische sind die gewaltigen Gebäude Unterpfande der Sicherheit und der Zukunftsgewissheit (Fetische sollen immer auch die Zeit manipulieren). Sie repräsentieren die Unbesiegbarkeit des Staates und sichern dadurch vor Angst, die sie zugleich durch ihre gewaltigen, niederschlagenden Dimensionen erwecken: Sie funktionieren apotropäisch und angsterregend zugleich. Wie Fetische sollen sie ferner Stärke und Kraft darstellen und vermitteln. Die Paläste der Sowjetunion sind riesige Energieverstärker und Dynamos des Kollektivkörpers. Fetische festigen die Integrität der Gemeinschaft, des Körpers bzw. des Subjekts. So auch sichern die Paläste in architekturalen Beschwörungsgesten die durchaus fragile Integrität der sowjetischen Gesellschaft. Fetische sind ferner dingliche Machtmittel bzw. Medien der Beherrschung: Durch die Fetischisierung der öffentlichen Gebäude wurde mittels einer steinernen Rhetorik die absolute Unwiderstehlichkeit der Stalin'schen Herrschaft dargestellt.

Man muss bei diesen Fetischen der Stärke immer ihr Gegenteil mitdenken: die Zerstückelung und Desintegration, die Angst und den Tod, die Ohnmacht und die Schwäche, die Desorientierung und die Trägheit. Diese Zustände sind der ‹innere Feind›, den es zu besiegen gilt. In der Tat geht es um diese Gegensätze noch in den großartigen Gedenkanlagen und Memorialritualen, die 1963/67 – man möchte sagen: in bester stalinistischer Manier – in Stalingrad von einem dreißigköpfigen Bildhauerteam unter Leitung von Evgenij Viktorovic Vucetic aufgeführt wurden (Arnold 1998, 95–107). Auf einem Gelände mit Großskulpturen und Gedenkstätten wird eine Mythisierung des Gedächtnisses betrieben, unterstützt durch Aufmärsche, Fackelstafetten, Reden, Massenchoreographien. Zentral auf dem wolgaseitigen Abhang des Mamaj-Hügels ist eine 85 Meter hohe Statue errichtet: «Mutter Heimat», mit erhobenem Schwert nach vorn in den Raum dringend, die Haare und das Gewand im Wind flatternd: ein einziger skulpturaler Aufruf zur Schlacht. Im Gelände vor der Monumentalstatue ragt aus ungefügtem Felsgrund, der in ein Wasserbecken eingelassen ist, wie ein Erdgeborener aus der Kadmos-Sage ein nackter, muskulöser Krieger mit einer Kalaschnikow im Arm, bis zur Hüfte noch im Felsen steckend: der sowjetische Heros, Sohn der Heimat. Dies ist eine charakteristische symbolische Fusion: Hier die martialische Ur-Mutter, die für den männlich-phallischen Sohnes-Heros den Antrieb und den Schutz bietet, den wiederum er ihr angedeihen lassen soll. Das entspricht Kriegsplakaten von 1941: Die Mutter Heimat, als Mütterchen Russland und als Bauersfrau, figuriert den Aufruf an die Soldaten, die heimatliche Erde und die Frauen zu verteidigen. Nun, 1963/67, nach siegreicher Schlacht, wird dieser Aufruf verwandelt zu einem aggressiv-martialischen Triumph, indem Mutter und Sohn ihre Verschmelzung begehen. Der Übervater Stalin und die geplante Kolossalstatue Lenins von 75 Meter Größe als krönender Abschluss des «Palastes der Sowjets» 400 Meter über der Erde scheinen abwesend. Dies aber scheint nur so. Neben der Mutter Russland, die von der Westgrenze bis zum Beringmeer das Erdreich und den mythischen Körper der Mutter symbolisierte, war Stalin der Übervater des Volks. Mütterchen Russland und Väterchen Stalin bildeten das fürsorglich-elterliche Paar, zu dem das Volk in verehrend-liebender, dankbarer Nähe-Beziehung stand, nicht ohne Furcht und Zittern: Denn in ihrer monumentalen Inszenierung trugen sie zugleich Züge bedrohlicher Martialität, von entrückter Ferne und einer schaudernden Erhabenheit, die das Heroische und Göttliche an ihnen auslöste. Beide zusammen sind die symbolische Konfiguration eines archaischen Elternpaars, die vom Volk endlose Opfer fordern dürfen und müssen, weil nur dadurch die Zerstückelung des göttlichen Erdmutterkörpers verhindert und das Leben der Kinder, die diesem Erdleib entstammen, auf alle Zeiten gesichert werden kann. Diese dichte, monumentalisierte Symbolsprache mit ‹sozialistischem Realismus› zu bezeichnen, ist ein Missgriff; denn gerade das Reale wird hier ausgeblendet. Die geschlossene Welt tiefenhermeneutischer Symbolfiguren operiert vielmehr auf einer phantasmatischen, aber auch traumatischen Ebene: Die Idole bebildern das kollektive Unbewusste, die Schrecken einer Herrschaft und eines Kriegs, die zum Furchtbarsten gehören, was ein Volk erleiden musste.

Dieser Vorgriff auf die 1960er Jahre ist insofern erlaubt, als die Wettbewerbe und Planungen zum «Palast der Sowjets» sich über drei Jahrzehnte bis in die Nachkriegszeit hinzogen. Dieser Palast sollte die symbolische Mitte der sozialistischen Welt werden. Er wurde nie gebaut – und blieb insofern ein reines Zeugnis der Phantasien der Stalinzeit: Und darin ist der Palast umso aufschlussreicher. Der erste Allunions-Wettbewerb fand 1931 statt. 1932/33 folgten weitere geschlossene Wettbewerbe. 1934 wurde die Bauvision von Boris Iofan vom ZK autorisiert, nachdem zuvor die krönende Lenin-Kolossalstatue beschlossen worden war. Die Gesamthöhe war auf 415 Meter geplant. 1937 wurde mit ersten Bauarbeiten begonnen, 1939 die Fundamente auf dem Gelände der ehemaligen Erlöserkirche gelegt: ein sakraler Ort, denn diese Kirche war dem Gedenken an den Sieg über Napoleon geweiht (Noever 1994, 32). 1941 wurde der Baubetrieb kriegsbedingt unterbrochen. 1956 gab es einen neuen Wettbewerb. Ende der 1960er Jahre, also zur Zeit der Errichtung des Stalingrad-Memorials, wurden alle Planungen eingestellt.

Stalin trat mit seiner Forcierung gigantomanischer Herrschaftsarchitektur, für die der Palast der Sowjets das Paradigma liefern sollte, die Nachfolge aller Despoten und absoluten Herrscher an, die immer schon wussten, dass unbedingte Machtansprüche in die Anschauungssprache gebauten Raums übersetzt werden mussten. Dies war bei Hitler und Speer nicht anders. Daher erklären sich auch die zitathaften Anleihen an vergangene Herrschaftsbauten, besonders Roms, der Renaissance und des Klassizismus. Die gesamte sowjetische Architektur geriet in den Bann des Machtwillens Stalins, der sich in steinerne Idolen zu verewigen anschickte.

Ein Beispiel für die architekturale Umsetzung eines sowjetischen Fetischs ist das von Karo Alabjan und Vasilij Simbircev 1934 bis 1940 errichtete «Zentrale Theater der Roten Armee». Seine reichlich unpraktische Grundform war nämlich der fünfzackige Rote Stern, der an jeder Uniform, auf jedem Spiegel oder Achselstück, jeder Uniformmütze prangte, auf keiner Armeefahne, an keiner Kaserne, an keinem Panzer, Schiff oder Flugzeug fehlte. Der Rote Stern ist das fetischistische Emblem überhaupt für die kämpferische Stärke der Revolution und der Sowjetunion (wie das Hakenkreuz bei den Nazis). Man trug es am Leib, wie die Afrikaner im 17. Jahrhundert ihre Fetische am Körper trugen oder Bürger der Moderne ihr Amulett (Knuf/Knuf 1984). Indes war der Rote Stern ein Körperschaftsfetisch der Armee im Zeichen ihrer Siege. Dies ist durchaus nicht sowjet-spezifisch, weil das Militär seit jeher einem besonderen Abzeichenfetischismus huldigte. Der Rote Stern wurde nun als gigantische Großform in den Baukörper des Theaters gegossen, das seinerseits Tausende von Rotarmisten in sich aufnehmen konnte. Man trat gewissermaßen in den Körper des Fetischs ein, den man ohnehin am Körper trug. Das ist eine durchaus geniale Idee, die vortrefflich mit dem mythischen Körper der Armee – dem Corps – spielte, einem Kollektivkörper, dessen Teil jeder Armist war. Der Stern formierte und uniformierte den soldatischen Körper und fügte ihn schließlich in den Makrokörper des sternförmigen Theaters ein, das wiederum nur die Figur des Gesamtkörpers der Armee war. In diesem Sinn ist das Theater eines der wenigen realisierten Beispiele, wie die mythische Körperschaft der Sowjetunion architektonisch erzeugt, konfirmiert, verewigt und geheiligt werden sollte. Es ist ein gewaltiges Monument der idolatrischen Architektur der Stalin-Ära auf dem Platz der Kommune, ein Corpus Mysticum inmitten der atheistischen Metropole Moskau. Das Theater ist ein Fetisch des militärischen Totalitarismus, in den die Revolution umgeschlagen war.

Auf den Entwürfen zum Palast der Sowjets sieht man auf den gewaltigen Vorplätzen unendliche Volksmassen zu ameisenhaften Marschkolonnen formiert: Unter der Triumph- bzw. Weisungsgeste des kolossalen Lenins in unerreichbarer Höhe, dem der Palast als Postament dient, wird das Volk zu einer Maschine umgebaut. Zum Palast gehört der Aufmarschplatz hinzu: Er dient der Fabrikation der geometrisierten Massen notwendig dazu. Die Masse macht ihre Idole, die Idole machen die Masse. In der Tat geht es beim «Palast der Sowjets» stets um zwei Körper: den Marschkörper der Massen, endlos in die flache Horizontale ausgedehnt, im stundenlangen Defilee den Augen Stalins und den toten Augen Lenins dargeboten; und der Körper der Macht, vertikal in den Himmel gerichtet. Die steinerne Monumentalität des Palasts lässt ins Unbewegliche und Statuarische erstarren, was, in Entsprechung dazu, das Vorbeifließen der Massen darzustellen hat: die Allüberlegenheit, das Allesdurchdringende, das alle Grenzen Übersteigende, das jede Dimension Sprengende, die Allmacht der Gewalt, welche die Gewalt eines Volks sein soll, das sich im Vorbeimarsch völlig zu nichts macht, um das Opfer eines Idols zu werden. Der zu Marschblöcken formierte Volkskörper ist nämlich ‹leer›, ein bloßes Gefäß, das den triumphalen Willen des Führers aufnimmt und choreographiert. Das Volk hat im Vorbeimarsch sein Nichts darzustellen, das zum Alles wird, insofern es als formierte Masse den Allwillen des Herrschers empfängt und zu geregeltem Fließen bringt. Der Sinn von Palast und Aufmarschplatz besteht in nichts anderem, als dass das Volk sich völlig einem Willen unterstellt und sich zu opfern bereit wird für den Bestand des Ewigkeitsanspruchs der zu Stein gewordenen Herrschaft. Ein Einzelner ist nichts vor diesem Gebirge von Palast, doch auch alle zusammen sind nichts. Jeder wird zum Ausdruck dieser vergötzten Gestalt grenzenloser Gewalt.

Man stelle versuchsweise sich selbst vor — versetzt auf eine riesige Freifläche, im Anblick dieses Kolosses der Macht, vor riesigen Freitreppen, die hochzusteigen die eigene Winzigkeit vermittelt; die endlosen

Säulengänge, welche schon an der Basis verdeutlichen, dass wir hier einen erhabenen Tempel, eine sakralisierte Kultstätte profaner Gewalten betreten, welche die ältesten Phantasmen und Bauformen der Herrschaft aufnimmt und überbietet; die zahllosen ringförmigen Staffelungen in die Höhe und Tiefe des Gebäudes, das langsam sich zu einem gewaltigen Turm verschlankt (wer denkt nicht an Babel?). In schwindelnder Höhe, fast nicht mehr sichtbar, im Zeigefinger Lenins, dem größten Herrscherbild aller Zeiten, endet und endet nicht dieser Turm, der die Grenze zur Transzendenz schon zu durchstoßen scheint. Und darunter, im Inneren, nach dem Durchwandern kolossaler Vorhallen vorbei an Säulenreihen, an den Ikonen sowjetischer Helden, an gewaltigen Ornamenten, Friesen, allegorischen Figurengruppen, ein einziges Schwelgen in Marmor, öffnet sich plötzlich wie im Pantheon ein Himmelsfenster, das den Blick unbegrenzt nach oben aufsteigen und das Naturlicht in die Halle fallen lässt. Endlich steht man im Herzen des Gebäudes: dem Saal des Sowjets für 21 000 Menschen, über die sich eine gewaltige Kuppel wölbt, bedeckt mit den heroischen Szenen des sozialistischen Siegs; und dann aus großer Weite, nein, von allen Seiten die gewaltigen Worte des Genossen Stalin, die den Kuppelsaal mächtig erfüllen: Werden wir mehr sein als ein Element, eingefügt in den Baukörper, den Volkskörper, die Stimme des Führers? Man fühlt sich zergehen im erhabenen Schauer vor einer Größe, die nichts lässt als Selbstunterwerfung und Identifikation mit ihrem Idol – oder den Tod. Gewaltige Symphonien der Angst und Ausgesetztheit durchbeben den winzigen Körper des Ich. Dessen Zittern ist nur zu entkommen durch den Umschlag der Angst in rückhaltlose Verehrung dieses übermenschlichen Giganten: Eingefügt in die Masse der unzählbar vielen anderen, die einen Gemeinschaftskörper bilden, durchbebt von gewaltigen Wellen einer archaischen Devotion und kollektiven Paranoia. Würde man hier inmitten dieser Unterwerfungsmaschine noch ein aufgeklärter, distanzwahrender, autonomer und reflektierter Bürger sein?

Auf den vielen Entwurfszeichnungen zum «Palast der Sowjets» wird meistens ein tief gelagerter Blickpunkt gewählt, um wenigstens etwas von der «Überwältigungsästhetik» dieses Gebäudes spürbar zu machen. Man erkennt, wieder Abstand nehmend und nicht mehr empathisch in den Palast ‹eintauchend›, dass hier Herrschaftswille und Architektur-phantasien sich gegenseitig stützten. In den 1930er Jahren wurde der gesamte künstlerische Sektor der Architektur in den Dienst der Selbst-vergottung Stalins gestellt, paradigmatisch, denn den anderen Sektoren, besonders dem Film, ging es nicht anders. Die Idolatrie der Architektur und die Verkultung des Herrschers gehören zur politischen Theologie des 20. Jahrhunderts. Archaische Strategien der magischen Verzaube-rung treten in den Dienst profaner Herrschaft, die sich eine grandiose, er-habene und, bautechnisch gesehen, höchst moderne Schauseite gibt. In ihrer gewaltsamen Maßlosigkeit maskiert sie nicht, sondern gibt den mörderischen Hintergrund des Systems zu spüren. Der Palast der Sowjets und die Gulags gehören so zusammen wie das Nürnberger Reichspartei-tagsgelände und Auschwitz.

Es geht nicht, wie im Christentum – und das ist, trotz Bilder- und Reli-quienkult, ein Unterschied ums Ganze –, um die Vermenschlichung Got-tes, sondern die Vergöttlichung eines Menschen, nicht um die Humani-sierung von Lebensbedingungen, sondern um die Herstellung eines my-thischen, doch mit modernen Techniken gesteuerten Gemeinschaftskör-pers; nicht um Immanenz, sondern die Pseudo-Transzendenz eines Idols; nicht um politische Partizipation (immerhin die Idee der Räte), sondern um kultische Devotion und automatisierten Gehorsam. Die Religion ist tot – es lebe die Idolatrie. Diese zur Staatsform erhoben, ist eine Strategie totaler Herrschaft. Für das Individuum ist die Position der Winzigkeit vorgesehen, an deren Grenze die Auslöschung steht. Etwas anderes als sub-iectum (Unterworfenes) und nicht etwa Subjekt zu sein, ist im Ange-sicht idolisierter Macht nicht möglich. In den öffentlichen Ritualen der Verschmelzung der Massen mit dem Führeridol fällt, auf unbewusster Ebene, die Verehrung des Führers mit der Zustimmung zum eigenen Tod zusammen. Erst recht wird hierbei die Einwilligung in den Tod all derer aufgeführt, die sich dieser Devotion entziehen, also ‹draußen› sind: seien es Feinde, Kritiker, Abweichler, Andersrassische, Andersdenkende, An-dersgläubige. Die Herrschaftsarchitektur ist das Alphabet, mit dem als Erstes Gebot ins visuelle Gedächtnis geschrieben wird: Ich bin dein Herr, du sollst keine Herren haben neben mir. Weil dies in den Buchstaben steinerner Repräsentation geschrieben ist, ist es mitten im 20. Jahrhundert – ob in Moskau oder in Berlin – eine Idolatrie, die alles übertrifft, was seit der jüdischen Bibel mit diesem Begriff beschrieben wurde. Immer sind idolatrische Herrschaftsbauten auf unsichtbare Weise Opferstätten, auf denen das Blut der ‹Anderen› fließt. Die Verschmelzung mit dem Führer ist ein Mechanismus, um den Tod von sich selbst auf die Anderen als Opfer umzulenken.

Die Fetischisierung des Bewusstseins und die Idolatrie der Herrschaftsbauten machen genau diese Form der Selbstrettung zur politischen Strategie. Die Verkultung von Herrschaft ist eo ipso mörderisch. Sie ruft unausweichlich nach dem Blut der Opfer. Es besteht eine ebenso geheime wie unmissverständliche Proportion zwischen der strahlenden Erhabenheit der Repräsentationsbauten und dem Mörderischen der in ihnen verkulteten Idole. Der Fetischismus, weit entfernt, noch ein Muster von Aberglauben oder Perversion zu sein, hat hier die Aufgabe übernommen, in der Bezauberung durch die Choreographien der Macht unser Mitwissen um das Mörderische zum Schweigen zu bringen. *Wir wissen, aber dennoch…* wir machen mit, und wenn nicht dies, so schweigen wir doch. Dies und nicht etwa der Terrorismus oder die Globalisierung ist eine wirkliche Gefahr für die Demokratie. In ihrem Namen und im Namen der niemals beendeten Aufklärung gibt es darum eine Grenze, an der die allenthalben beobachtbare und auch in diesem Buch vertretene Liberalität im Umgang mit Fetischismus mit sich selbst in Widerspruch gerät: dann nämlich, wenn er zum Element von Herrschaftspraktiken wird.

3
DER WARENFETISCHISMUS

Das ist sie, die Mythologie des Kapitals.
(Maurice Godelier 1999, 102)

1. Einleitung

In diesem Kapitel geht es um Dinge, insofern sie Gaben oder Waren sind. Im Zentrum wird die Entdeckung des Warenfetischismus stehen. Gaben oder Waren müssen nicht Dinge sein; es sind auch Kompetenzen oder Dienste, Tiere oder Menschen, Ideen oder Sprechhandlungen, Feste, Zeremonien, spirituelles Heil u. a. m., die verschenkt oder veräußert werden können. Was immer auch zur Gabe oder Ware wird, ist stets auch etwas anderes als diese. Zur Gabe oder Ware zu werden, fügt Dingen, Leistungen oder Lebewesen nichts an konstitutiven Eigenschaften hinzu. Gabe und Waren sind vielmehr die sozialen und/oder ökonomischen Mechanismen, durch die Objekte mobilisiert, ‹in Verkehr gebracht› werden. Die Verkehrsform ist der Tausch bzw. die Zirkulation. Der Tausch – Gaben- wie Warentausch – ist, soweit wir zurücksehen, die früheste oder wenigstens eine der frühesten Vertragsformen in und zwischen kulturellen Gemeinschaften. Dabei müssen Religion, Recht, Kunst und Ökonomie noch nicht, wie in modernen Gesellschaften, funktional ausdifferenziert sein. Sie sind in den Gesellschaften der so genannten primitiven Ökonomie – wir nennen sie besser Protoökonomie – vielmehr untrennbar ineinander verflochten. In der Moderne dagegen scheint es, als operiere das ökonomische System – unabhängig von Religion, Recht, Sitte, Affekten – nach einem Set von eigenen Regeln. Nichtökonomische Regularien oder Konventionen werden dabei allenfalls als Randbedingungen angesehen oder als Faktoren, die ihrerseits als Einflussgrößen ökonomisch kalkuliert werden; umgekehrt sind ökonomische Prozesse mächtige Bestimmungsfaktoren auch für Sitten, Weltbilder, Politik. Gleichwohl stellen diese dem autonom gedachten System der Ökonomie gegenüber ‹Umwelten› dar, die nach grundlegend anderen Codes funktionieren. Zwischen Ökonomie und ihren Umwelten gibt es mithin Beziehungen, Einflüsse, Wechselwirkungen, Netzwerke von Verkehr und Austausch, aber auch Transfers und Diffundierungen von Elementen oder ganzen Sektionen. Besonders eng sind diese z. B. zwischen dem System Ökonomie und dem System Politik. Darum geht es in diesem Kapitel nicht. Es geht auch nicht um das, was Niklas Luhmann Interpenetrationen zwischen Systemen nennt: So interpenetrieren Bewusstsein und Kommunikation, insofern das eine nicht ohne das andere existieren kann. Auch davon ist beim Warenfetischismus nicht die Rede. Von Luhmann her gesehen handelt es sich beim Warenfetischismus insofern am ehesten um den Mechanismus des Reentry. Im System Wissenschaft, das durch den Code wahr/unwahr charakterisiert wird, kann diese Leitdifferenz selbst thematisiert (Rekurrenz), z. B. als Erkenntnistheorie in den Wissenschaftsbetrieb eingeführt werden und dort im Sinne einer Rückkoppelungsschleife operieren.

Es liegt nahe zu meinen, dass es so ähnlich mit dem Fetischismus bestellt sein könnte. Wie das? Der Fetischismus ist ein religiöser Mechanismus, der in die Ökonomie translationiert wird, doch innerhalb der Ökonomie nur in dessen eigener Logik operiert. Als religiöses Ding prozessiert der Fetisch im Code ‹Immanenz/Transzendenz›. Er reguliert also das Verhalten der Gläubigen, die in dieser Welt leben, derart, dass dabei ein Verkehr mit dem Transzendenten (Geistern, transpersonalen Mächten, Göttern etc.) verstetigt und ins Heilsame gelenkt wird. Wird nun, wie Marx es tut, ein solcher Begriff in die Warenanalyse implementiert (wobei unterstellt wird, dass damit ein ökonomischer Sachverhalt getroffen wird), so hat dies nach Luhmann zur Folge, dass der Fetisch im Code ‹zahlen/nicht-zahlen› operiert: Er wird zu einem Mechanismus zur Steigerung des Warenwerts, wodurch zum Vorteil des Warenanbieters das Verhältnis von ‹Erwerbswunsch› und ‹Zahlen-Können› verschoben wird. So müsste man mit Luhmann argumentieren. Die Frage ist, ob sich damit die «theologischen Mucken», die Marx bei der Warenanalyse so viele Mühen bereiteten, beseitigt sind. Das ist nicht so.

Die These ist vielmehr, dass – bei der Translation des religiösen Fetischismus in die Ökonomie – eine Übersetzung des Codes ‹Immanenz/Transzendenz› in den Code ‹Haben/Nicht-Haben› sowohl stattfindet wie nicht stattfindet. Das Religiöse wird nicht vollständig in die ökonomische Logik übersetzt, schärfer: Es kann und soll auch nicht übersetzt werden. Damit hätten wir einen Fall von Durchdringung zweier Systeme, und die Schwierigkeit der «theologischen Mucken» bestünde zu Recht. Das hat Folgen: Man kann bestimmte ökonomische Phänomene, wie den Warenfetischismus, im Code der Wirtschaft (zahlen/nicht-zahlen) nicht vollständig analysieren. Die weiter reichende Folge ist: Man kann den Prozess der Moderne nicht nur, wie Luhmann, als Prozess funktionaler Ausdifferenzierung charakterisieren, weil Elemente und Strukturen älterer Ökonomien und anderer Systeme (z. B. Religion) den Code der Ökonomie über- bzw. unterlagern. Die These geht noch weiter: Dies ist nicht ein Zustand ‹unreiner› Moderne, die Relikte beiläufig *noch* mitschleppt, funktionale Differenzierungen noch *nicht vollständig* durchgeführt hat oder schlicht *Ungleichzeitigkeiten* aufweist. Vielmehr wollen wir zeigen, dass die Moderne, gerade damit sie effektiv prozessieren kann, notwendig von Widersprüchen gekennzeichnet ist: Die Ökonomie operiert deshalb so erfolgreich, weil sie nicht nur nach Zahlen/Nicht-Zahlen, sondern auch nach Immanenz/Transzendenz funktioniert. Der Warenfetischismus wird sich als Antriebskraft erweisen, bei der die Bereitschaft zu zahlen nicht von der Rationalität begrenzt wird, *nicht zahlen zu können*, sondern vom Wunsch und Begehren, mit der Versprechenssemantik der Ware zu verschmelzen – und dafür *zahlen zu wollen*. Während der Erwerbsakt einer Sache vom Code Zahlen/Nicht-Zahlen reguliert ist, wird die Dynamik des Erwerbs von der Aura der Ware angetrieben, die in den Differenzen Lust/Unlust, Partizipation/Nicht-Partizipation, Glück/Nicht-Glück, Schönheit/Nicht-Schönheit, Sinn/Nicht-Sinn, man möchte fast sagen: Sein/Nicht-Sein prozessiert. Diese Differenzen entstammen sämtlich nicht dem ökonomischen System. Lust, Glück, Partizipation, Schön, Sinn, Sein: Dies sind indes jene Qualitäten, welche die Ware, insofern sie Fetisch ist, als Suggestionen inkorporiert, obwohl sie das Jenseits der Ware sind. Dies macht den seltsamen Doppelstatus der Ware als Fetisch aus, Ding und Symbol, Immanenz und Transzendenz *uno loco* zu vereinen. Im Fortgang werden wir, über diese Paradoxie hinausgehend, argumentieren, dass der Fetischismus für das ökonomische System, wie wir sagen werden, eine transzendental-ökonomische Bestimmung darstellt.

Von Luhmann her kann es dies nicht geben, jedenfalls nicht im Verhältnis von Religion und Ökonomie. Religion ist immer eine Umwelt der Ökonomie; Elemente der Ersteren können in Letzterer nur als ‹Irritation› oder ‹Störung› erscheinen und werden vollständig im Code der Wirtschaft abgearbeitet. Genau das trifft nicht zu. Denn der Fetischismus ist nicht Umwelt, sondern Inland der Ökonomie. Man darf nämlich, und das hat Marx erkannt, bei der Analyse der Warenökonomie nicht von einem Stand vollständiger funktionaler Ausdifferenzierung ausgehen. Man unterschlägt dabei die Geschichte und mit ihr das Phänomen, auf das hier alles ankommt: Bei Phänomenen, die so uralt sind wie der Gaben- und Warentausch, können historische Strukturen auch dann robust bleiben, wenn sie scheinbar geschichtlich erledigt oder, im Prozess der Ausdifferenzierung, subsystematisch segmentarisiert werden. Das will sagen: Wir müssen bei der Analyse der Moderne viel stärker mit unreinen Mischungszuständen, widersprüchlichen Verkoppelungen, schwer durchschaubaren Synkretismen rechnen. Hinsichtlich des Fetischismus werden wir sehen, dass dabei nicht nur religiöse, sondern auch kathektisch-affektive, sexuelle und wahrnehmungsästhetische Elemente hinzukommen, ferner solche, die nach dem Code *bewusst/unbewusst* operieren, und schließlich solche, die die Differenz *menschlich/nichtmenschlich* (dinglich) entdifferenzieren. Gewiss spielen diese Differenzen bei Luhmann gar keine Rolle, weil sie nichts zur Systemtheorie beitragen; aber es gibt sie, und sie konstituieren Phänomene, in diesem Fall ökonomische. Mit Luhmann argumentiert, könnte man indes sagen, dass es zu den Leistungen sozialer Systeme gehört, über ihre Umwelten zu kommunizieren und dabei die System-/Umweltdifferenz in das System wiedereinzuführen. Das sind Leistungen der Selbstreferenz und Selbstbeobachtung. Hierbei handelt es sich um ein Reentry: Selbstreflexivität ist erst da gegeben, wo die System-/Umweltdifferenz selbstreferenziell in den Prozess der internen Kommunikation des Systems eingeführt wird (Luhmann 1987, 640). Dies wollen wir im Fortgang versuchen, allerdings, aus besagten Gründen, nicht in den Begriffen der Systemtheorie. Wir wollen die Selbstreflexivität nicht durch Ausdifferenzierungen, sondern im Gegenteil durch die Analyse unvermeidlicher Entdifferenzierungen steigern.

2. Gabentausch und heilige Dinge (Marcel Mauss, Maurice Godelier)

In seiner berühmten Studie «Die Gabe» (1989, Bd. 2, 9–144) von 1925 untersucht Mauss an Beispielen indianischer und polynesischer Stammeskulturen, aber auch an altrömischen, indischen und germanischen Quellen das Funktionieren von Gabentausch. Dabei bezieht er sich besonders auch auf Bronislaw Malinowski, der jüngst, 1922, seine Untersuchungen über den Kula, ein komplexes, weite Räume umspannendes Zirkulationssystem von Gaben und Waren der Kulturen auf den Trobriand-Inseln im Pazifik vorgelegt hatte (Malinowski 1979). Mauss interessiert sich insbesondere für die Entstehung von Rechten und Pflichten aus dem Geist von Gabe und Gegengabe. Die Ordnung des Gabentauschs, dessen Paradigma der Potlatch ist, bezeichnet er als «System der totalen Leistung» (1989, Bd. 2, 16, 18, 20ff., 69f.), weil sie die Gesamtheit der Mitglieder, Familien und Clans archaischer Gesellschaften umfasst, religiöse, ökonomische, soziale und vertragliche Dimensionen integriert und damit die wesentliche kollektive Bindekraft der untersuchten Kulturen darstellt. Im Gabentausch, besonders im Gabenwettstreit der Eliten, werden soziale Identitäten, Ränge und Hierarchien und damit das Machtgefüge, aber auch die symbolische Ordnung von Kulturen erzeugt. Darum wäre es nach Mauss völlig verfehlt, von einer ‹natürlichen Wirtschaft› zu sprechen. Auch die Protoökonomie, die noch keine Ausdifferenzierung von Händlern, Märkten und Geld[1] kennt, ist eine komplexe kulturelle Einrichtung. Die verstetigte Zirkulation, der ewige Strom von Dingen, wie sie im wechselseitigen Verpflichtungsgefüge des Gabentauschs organisiert wird, ist genau die Form, in der archaische Kulturen sich als solche konstituieren.

Mauss unterscheidet drei Formen von Verpflichtungen: Wer sich einen ‹Namen› machen oder ihn erhalten und damit sein Ansehen und seine Position wahren oder stärken will, ist zu Gaben verpflichtet. Gegebene Gaben anzunehmen ist wiederum die Pflicht des Empfängers – bei Strafe des Gesichtsverlusts (Mauss 1989, Bd. 2, 78). Die dritte Pflicht, die Mauss am meisten fasziniert, ist der Zwang, Gaben zu erwidern. Erst diese dritte Pflicht, und darauf kommt alles an, macht aus der unilinearen Richtung der Gabe ein System der endlosen Zirkulation. Mauss' Grundfrage ist: Woher kommt die Obligation der Gegengabe? Was ist die performative Kraft in den Gesten der Gabe, sodass sie erwidert werden müssen?

Bevor wir uns dieser Frage näher zuwenden, ist neben diesen drei horizontal, nämlich intersubjektiv, wirksamen Obligationen eine vierte zu nennen, die zu den drei übrigen vertikal steht: Es ist die Verpflichtung, Geschenke an die Götter, Geister und Toten zu adressieren (ebd., 30–38). Da diese von allem Anfang an die wahren Besitzer der Welt sind, stammen alle Werte von ihnen. Indem man sie mit Gaben (die wir auch Opfer nennen dürfen) bedenkt, gelingen zwei Maßnahmen auf einen Streich: Zum einen ist die Gabe eine *Rückgabe* der Dinge an diejenigen, zu denen sie ihrem Ursprung nach gehören, also eine Entschuldung. Man gibt den Göttern, weil man in ihrer Schuld steht. Zum anderen aber verpflichtet die Gabe, entsprechend der Reziprozität der Obligationen, die Götter oder Ahnen dazu, von ihrem Reichtum mitzuteilen. Den Göttern zu geben, was der Götter ist, perpetuiert den Verschuldungs-/Entschuldungskreislauf ebenso, wie er den Reichtum an Gütern, die ‹eigentlich› ihnen gehören, sicherzustellen und zu vergrößern hilft. Es ist eine paradoxe Balance, sie bildet das Imaginäre der Kultur. Die Geschenke an die Götter affirmieren die unüberbrückbare, auf Verschuldung beruhende Hierarchie zwischen diesen und den Menschen; zugleich sichern sie den Menschen die Teilhabe an jenem Ursprung, der den Göttern und toten Ahnen gehört und der die Quelle allen Reichtums ist. Diese Parade der Geschenke ähnelt durchaus der List, durch die Prometheus die Opferteilung so einrichtete, dass die minderwertigen Teile der Opfertiere als Brandopfer den Göttern zugeführt werden, die hochwertigen indes für das Mahl der Menschen reserviert bleiben (vgl. dazu Böhme, H. 2002). Man gibt nicht nur, um zu bekommen *(do ut des)*, sondern auch, um zu behalten, was einem ‹ursprünglich› nicht gehört oder zukommt. Diese ‹Vorteilsmitnahme› in der Gabe oder im Opfer hat freilich die Schuld/Schuldnerschaft zum Preis.

Dieser vertikale Kreislauf der Dinge wird von Mauss als symbolischer, mythischer und imaginärer Ausdruck des horizontalen Kreislaufs der

Gaben verstanden. «In Wirklichkeit bringt dieses Symbol des sozialen Lebens – der permanente Einfluß der ausgetauschten Dinge – nichts anderes zum Ausdruck als die Art und Weise, wie die Untergruppen segmentärer Gesellschaften archaischen Typs ständig ineinandergreifen und fühlen, *daß sie einander alles schulden.*» (Mauss 1989, Bd. 2, 59; kursiv, H. B.) Im Geben – und das scheint uns heute ein seltsam riskanter, ja zerstörerischer Akt – «gibt man *sich* selbst, indem man gibt, und wenn man *sich* gibt, dann darum, weil man *sich* selbst – sich und seine Besitztümer – den anderen ‹schuldet›» (ebd., 93). Doch eben dadurch wahrt man sein Gesicht und gewinnt seinen Namen, zwingt die anderen in eine Schuld, die Macht über sie verleiht. Wie soll man das verstehen?

Die drei Verpflichtungstypen sichern die wechselseitige, sowohl intersubjektive als auch interkollektive, Verflechtung. Sie begründet scheinbar eine Art Reziprozität. Dem widerspricht indes, schon bei Mauss, dass der Gabentausch, insbesondere in der Form des Potlatchs unter Bedingungen der Rivalität, des Wettstreits und des Kampfs stattfindet (Polanyi 1979, 317–45). Die Symmetrie der Verpflichtungen wird durch die Asymmetrie des Potlatchs durchbrochen. Denn dieser zielt darauf, einen überwältigenden Zwang auf die Empfangenden auszuüben und sich dadurch Machtpositionen zu sichern. Das Ideal, so Godelier in Anlehnung an eine Nebenbemerkung von Mauss, wäre es, so zu geben, dass nicht mehr erwidert werden kann; dann wäre die Herrschaft, die sich im Potlatch selbst produziert, total, die Zirkulation durchbrochen.[2] Wer nur empfangen kann, dem kann befohlen werden. Er bleibt in der Schuld, die ihn durch die Gabe getroffen hat, hängen, wird gesichts- und namenlos, wird zum Ding, das passiv in den Tauschverkehr eingespeist werden kann.

Das Haben, das Geben, das Empfangen, die gesamte Zirkulation der Dinge und Güter, sind also vom Agon beherrscht. Im Gabenwettstreit verschuldet der Gebende permanent den Beschenkten. Daraus entsteht der soziale Zusammenhang, auf einem latenten Grund von Schuld. Mauss konstatiert dabei ein von ihm selbst kaum beachtetes Phänomen, das man mit J. A. Schumpeter «kreative Zerstörung» nennen kann. Schumpeter hatte damit den paradoxen, den Wirtschaftsprozess regulierenden Zusammenhang gemeint, nach dem die Zerstörung mit der

Schaffung von (neuen) Strukturen in eins fällt, wie umgekehrt jede Wertschöpfung Zerstörung impliziert (1950, 134–143, 213–230). Dies scheint eine grundlegende Paradoxie, die weit über die Ökonomie hinausgehend soziale, gouvernementale, politische und künstlerische Prozesse beherrscht (Bredekamp 2000). Sie strukturiert bereits die ostentativen Akte der Zerstörung von Reichtum und kostbaren Gütern im Potlatch (Mauss 1989, Bd. 2, 17, 18, 20, 22, 65–70, 77ff.): Zerstörung ist das Medium der Produktion der sozialen Ordnung, der Hierarchien, der Macht, aber auch der symbolischen Ordnung. Zerstört aber wird nicht fremder Reichtum, sondern eigener: ihn im Gaben-Potlatch zu vergeuden, zu entäußern, zu zerstören, bis hin zu «wahren Verwüstungen» (ebd., 68). Seinen Reichtum kann der Gebende «nur dadurch beweisen, dass er ihn ausgibt, verteilt und damit die anderen demütigt, sie ‹in den Schatten seines Namens› stellt» (Godelier 1999, 84). Verausgabung und Zerstörung sind die machtvollen Gesten, durch welche die alle und alles in die Zirkulation ziehende Ordnung der Gesellschaften archaischer Ökonomie konstituiert wird.

Man kann sofort erkennen, dass eine Kultur, die nur so operieren würde, sehr rasch kollabieren würde. Ihre Basis, die Zirkulation, die alle zur Einheit ihres Stammes oder Clans verbindet, wäre dahin, würde das Moment der zerstörenden Verausgabung nicht aufgefangen und zu einem stabilisierenden Mechanismus verwandelt. Dies geschieht tatsächlich. Die von Mauss (und Malinowski oder Godelier) untersuchten Kulturen erweisen sich als recht robust, insofern sie in die wertzerstörenden Prozesse gewissermaßen eine Anti-Entropie eingebaut haben. Dies ist zum einen die dritte Verpflichtungsform der Gegengabe; zum anderen glaubt Mauss noch eine Art magischen Verstärker entdeckt zu haben, der mit seiner wenig zuvor entwickelten Theorie der Magie zusammenhängt. Die Dinge nämlich, die verausgabt werden, sind eigenaktive Agenten, die von sich aus die Zirkulation lebendig halten; die Dinge nehmen am Vertrag aktiv teil (Mauss 1989, Bd. 2, 47; wir erinnern an Bruno Latour). Damit haben sie Fetischcharakter. Was die Empfänger zwingt, Gaben zu erwidern, ist nicht nur die Obligation der Gabe, sondern die den Dingen einwohnende magische Substanz, die die Dinge (die ‹unterwegs›, wie der Zinseszins, weitere Werte hecken) zurück auf die Bahn zum ursprünglichen Geber lenkt. Die empfangene Sache ist nicht leblos, sondern sie ‹will› zurück. Die magische Kraft ist *hau, mana* oder *orenda*. Magie bestimmt Mauss als «Begriff einer reinen Wirksamkeit, die gleichwohl eine materielle und lokalisierbare, zugleich aber spirituelle Substanz ist, die auf Distanz und dennoch durch direkte Verbindung, wenn nicht durch Berührung wirkt, beweglich und bewegend, ohne sich zu bewegen, unpersönlich und in persönliche Formen gekleidet, teilbar und kontinuierlich.» (1989, Bd. 1, 150)

Diese durch unvereinbare, paradoxe Eigenschaften charakterisierte Ding-Kraft (die, wie wir sehen werden, auch auf Fetische zutrifft) – ihre Eigenaktivität – garantiert, dass der Kreis geschlossen (die Gaben kommen gleichsam reich beladen zurück) und damit auch wieder neu eröffnet werden kann: Die Zirkulation wird verstetigt. Was Mauss hier Magie nennt, kann auch als ‹das wirksam Imaginäre› angesprochen werden. Godelier kommentiert: «In den Gesellschaften, die von der Verpflichtung zum Geben beherrscht werden …, sind es die Sachen, die am Ende den Platz der Personen einzunehmen scheinen, die Objekte, die sich wie Subjekte verhalten» (1999, 102). Sachen und Personen vertauschen ihren Platz, sodass imaginäre Kräfte sich an die Stelle wirklicher setzen. Daraus erwächst, wenn man will, ein wahnhaftes Wesen, eine das Reale beherrschende Schicht der Imagination. Im zirkulierenden Ding agiert etwas Unfassbares, und das ist das, was man den ‹Geist› des Entzogenen, des Stillgestellten, die Quelle von Reichtum und Fülle nennen kann, die sakralen Dinge, die gerade nicht zirkulieren. Die kostbaren Dinge, die im Tausch in Bewegung gesetzt werden, substituieren die Dinge, die nicht zirkulieren, weil sie unmittelbar zu den Göttern, Toten und Geistern gehören und also heilig sind.

Damit haben wir die letzte und entscheidende Ebene erreicht, die für die Verewigung der Tausch-Zirkulation über alle Verausgabung und Zerstörung hinaus sorgt. Godelier bemerkt, dass Mauss seine eigene Entdeckung nicht eigentlich ausgewertet und theoretisch verfolgt habe. Es ist die – auch für den Warenfetischismus wichtige – Beobachtung, dass es in den Gabengesellschaften im Verhältnis zu allen Objekten, die zirkulieren, exklusive Objekte geben muss, die beharren. Sie sind vom Austausch ausgeschlossen, die entzogene Mitte, auf die hin alles relationiert ist: das

Unveräußerliche, das das Heilige ist. Mauss nennt sie «sacra», die mit dem Geber, dem Geist des Clans, dem Gründungsheros, dem Ursprung identisch sind, deswegen zurückgehalten und gehütet werden, einen Namen, eine eigene Persönlichkeit, Zeugungskraft und Macht haben, etwa die Macht einer Anziehung, die den kostbaren vergeudeten Dingen eine Drift zurück zum Geber verleiht und so seinen Reichtum mehrt (1989, Bd. 2, 80–84). Diese magischen Dinge (die wir getrost Fetische nennen dürfen) sind eine ‹totale soziale Tatsache› – so wie der Gabentausch eine totale Leistung darstellt. Die Sacra sind der Bezugspunkt aller sozialen Austauschprozesse und Wertschöpfungen. Um sie kreisen die Mythen der Traumzeit.

«Das Objekt bleibt unbeweglich in den Händen des Clans und fixiert diesen an seinen Platz, gebunden an die Sonne und an seine Vorfahren; was sich von ihm *löst*, was veräußerlich, ‹gebbar›, ja austauschbar ist, das sind nicht seine Kräfte, die an ihm haftenbleiben, sondern die Wirkungen dieser Kräfte, die sich aufteilen und mitteilen, sich austauschen, sich anderen hinzufügen lassen und sie vervollständigen (oder andere angreifen, sich ihnen entgegenstellen) können. ... Wo sind also die heiligen Objekte angesiedelt? Sie stehen *zwischen zwei Gaben*, ohne aber selbst Gegenstand von Gaben sein zu können.» (Godelier 1999, 171/72)[3] Die heiligen Dinge (Fetische) sind also nicht nur Macht, Wirksamkeit, Attraktionspunkt aller Bewegungen, sondern auch deren Ermöglichung und Vermittlung. Sie konzentrieren die gesamte Ökonomie des Gabentausches, halten sie zusammen (symbolisch wie materiell im Sinne eines Horts; Mauss 1989, Bd. 2, 83) und in Bewegung, ohne an dieser teilzunehmen. Darin stellen sie das Geheimnis eines Clans dar: «Letztlich muß das Heilige immer geheim, unentzifferbar bleiben, sich jenseits des Sagbaren und des Vorstellbaren erahnen lassen.» (Godelier 1999, 173) Von ihnen geht alle Legitimität aus, die ebenso imaginär wie handgreiflich, ebenso manifest wie unbewusst, ebenso symbolisch wie real ist. «Die imaginäre Vergangenheit der Ursprünge ist immer da, weil sie zur Grundlage der kosmischen und sozialen Ordnung geworden ist, eine unsichtbare, aber in der Gegenwart immer begleitend anwesende Realität. ... Indem man für das Soziale einen übernatürlichen Ursprung imaginiert, wird es heilig, und die Gesellschaft, so wie sie ist, wird legitimiert» (ebd., 174/75).

In diesem Sinn ist das Imaginäre die Bedingung der Möglichkeit für die Konstruktion der sozialen Wirklichkeit und der Protoökonomie des Stammes. Letztere stellt die immanente Sphäre des objektvermittelten Austauschs dar, durch die alle miteinander kommunizieren; doch möglich und dauerhaft, in verlässliche, nämlich vertragliche Form gefasst werden kann dies nur unter der Voraussetzung der transzendenten Sphäre, deren Verkörperung jene Dinge sind, die niemals in die Zirkulation eintreten dürfen. Dieses Verhältnis ist es, das Marx beim Warenfetischismus so viel theologisches Kopfzerbrechen bereitet hat – und das zugleich seine wesentliche Einsicht in die Moderne darstellt. «All diese Realien, die der Gabe und dem Austausch grundsätzlich entzogen sind, stellen die ideelle und ideologische Grundlage der Machtbeziehungen, der politisch-religiösen Beziehungen dar, die zwischen den Geschlechtern einerseits und den Clans andererseits herrschen und bei denen es sich um Herrschaftsbeziehungen handelt» (ebd., 204/05).

In dem man derart eine Balance zwischen zerstörerischer Verausgabung tauschbarer Güter und Zurückhaltung der heiligen Dinge wahrt, erwirbt man sich ‹Namen› und ‹Position› im Kontext der Ahnen und der Ursprünge der Gesellschaft. Die fetischartigen Sacra sind dabei immer Substitute für Personen, und zugleich ermöglichen sie die Reproduktion der sozialen Beziehungen. Im Spannungsverhältnis von Gabentausch und Reservierung des Nicht-Tauschbaren produziert der Clan Selbstbezüglichkeit, Kontinuität und Zirkulation, Verankerung in den Ursprüngen und Mobilisierung aller Dinge und Lebewesen einer Kultur (ebd., 240). Wenn Dinge derart zugleich Projektionsfläche und Inkorporierung der sozialen, religiösen und ökonomischen Beziehungen darstellen, nennt man dies klassischerweise Fetischismus. Godelier geht hier nicht direkt darauf ein (vgl. aber Godelier 1972 und 1973), wohl aber der Struktur nach, wenn er sagt, dass die geheiligten Dinge durch diesen ebenso projektiven wie verdinglichenden Prozess als «die imaginären Kerne und die Symbole der wirklichen Beziehungen» der Clan-Mitglieder zu bezeichnen sind (Godelier 1999, 241). Die durch Kräfte begabten und verselbständigten Dinge stellen sich den Clanmitgliedern dar als undurchdringliche Macht (mit eigener *agency*), fremd und vertraut zugleich. Es sind Doppelgänger der Ahnen und Götter, aber zugleich die phantastischen, unbegriffenen und darum unbewussten Doppelgänger der Stammesmitglieder, die ihre eigenen Energien in die Gaben und Heiltümer investierten. Obwohl Godelier konstatiert, dass die Gesellschaft sich durch diese imaginativen Prozesse selbst hervorbringt und zugleich selbstbezüglich wird, kann er hier seine marxistische Herkunft nicht verleugnen, wenn er kritisch kommentieren zu müssen glaubt: Hier spiele sich etwas ab, «das die wirklichen Menschen nicht mehr als Akteure und als teilweise Urheber ihrer selbst erscheinen läßt, sondern als Objekte von Handeln. Die Verdopplung der Menschen wird von einer Verfälschung, einer *Verfinsterung* des Wirklichen und einer Umkehrung der Beziehungen zwischen Ursachen und Wirkungen begleitet» (ebd., 242). Das ist das Muster aufklärerischer Religionskritik und marxistischer Ideologiekritik, wie es uns auch gegenüber dem Fetischismus begegnen wird.

Hiernach legitimieren Mythen und heilige Dinge die Gesellschaft, wie sie ist. Am Ursprung der Gesellschaft erscheint der Mensch nie als aktiver, sondern stets als ohnmächtiges Objekt, das geschaffen, empfangen und verschuldet wird. Hier liegt für Godelier die Wurzel des kollektiv Unbewussten. Dieses ist gekennzeichnet durch das Verschwinden der realen Menschen und deren Ersetzung durch imaginäre Wesen, Götter, Dinge, numinose Mächte, Fetische. Das erklärt auch, warum – in marxistischer wie psychoanalytischer Perspektive – an Fetischen immer ihre Genesis verdrängt bleiben muss: Obwohl immanent, stellt sie sich dar als das numinose Herkommen einer übermaßstäblichen Wesenheit. Es ist, als bedürfe die Gesellschaft (und das Individuum) *«der Undurchsichtigkeit»*, um sich «zu produzieren und zu reproduzieren» (ebd., 243/44). Es ist die dunkle Traumzeit, in welche die Genesis der Fetische fällt; doch sie zahlt mit dem Falschgeld des Traums, wie Mauss sagt (1989, Bd. 1, 158).

Die retrograde Verheiligung von Ursprüngen, die sich nicht mehr als menschliche erkennen lassen, affirmiert, so Godelier, immer auch die Gesetze, die Ordnungen, die Macht, die Herrschaft, die Kasten und Klassen. Durch diesen robusten, kritischen Zugriff kann Godelier die Protoökonomie der Stammeskultur mit der entwickelten Warenökonomie des Kapitalismus kurzschließen: «Doch die zwei Welten, die der Gaben und die der Waren, sind wirklich vergleichbar. Dem Fetischismus der Objekte der Gaben entspricht der Fetischismus der Waren, und dem Fetischismus der heiligen Objekte entspricht der des Geldes, das als Kapital fungiert, als Wert, der mit der Macht begabt ist, aus sich selbst Wert hervorzubringen, als Geld, das fähig ist, Geld hervorzubringen. Das ist sie, die Mythologie des Kapitals.» (1999, 102) Dieser Auffassung werden wir uns nicht anschließen. Godelier findet nicht verfinsterte Kulturen vor, sondern er verdunkelt seine eigenen Einsichten – im Zeichen der Aufklärung. So verhält es sich auch mit seinem Kapitel über das Schuld-/Verschuldungsverhängnis, das er über den Menschen walten sieht – als falsches religiöses Erbe. Die filigrane Interpretation des *Mythos vom alten Afek* auf Neu-Guinea resümiert er mit einer geradezu klassischen Universalisierung: «Die Menschheit steht also von Anfang an in der Schuld von Mächten, die sie geformt und ihr die Welt, in der sie lebt, als Erbe hinterlassen haben, und diese Schuld läßt sich nicht tilgen» (ebd., 260; vgl. Godelier 1990, 166). Niemals kann man zurückgeben, was man empfangen hat; die Gabe der Welt und der Ordnung der Dinge ist so erhaben, dass sie unerwiderbar ist: Das ist jenes Ideal der Gabe, auf die keine Antwort möglich ist; sie macht deswegen untertan. Sie ist den Empfangenen derart überlegen, dass sie eine unübersteigbare Mauer an Macht darstellt. Die Religionen der Welt liefern dafür die Modelle. Im Opfer und der Devotion der heiligen Dinge stimmt man freiwillig der Macht zu, der gegenüber doch niemals die Schuld abgegolten werden kann (das wirkt noch bis zu den politischen Ritualen in den Diktaturen des 20. Jahrhunderts). Opfer beruhen darum letztlich nicht auf einem symmetrischen Vertrag, sondern auf der hoffnungslosen Verschuldung und Unterlegenheit derjenigen, die Opfer erbringen. Thomas von Aquin hat es, nach Godelier, auf den Punkt gebracht: «Der Mensch kann Gott nur zurückgeben, was er ihm schuldet. Doch er kann seine Schuld nie ausgleichen.»[4] Diese Gleichsetzung von Religion und Schuld muss kritisch aufgelöst werden. Darum ist Godelier auch gegen Opfer, Gabentausch und Fetischismus und stützt seine aufklärerischen Hoffnungen auf die Daten 1945 und 1989: Akten der Befreiung – jenseits falscher Verzauberungen (Godelier 1999, 281–95).

3. DIE UNVERÄUSSERLICHEN DINGE

Wenn nach Godelier es für alle Gesellschaften zutrifft, dass die Zirkulation von Gaben und Waren nur auf einem Stock von unveräußerlichen Dingen laufen kann, so entsteht die Frage: Welches sind die Dinge, die in unserer Gesellschaft nicht ausgetauscht werden? Es sind die wertlosen (Müll, Abfall); sie sind jedoch keine Eingangsbedingung der Zirkulation, sondern deren Grenzwert. Aus dem Verkehr gezogen sind ferner die intimen Dinge, die für eine Person unveräußerlich sind, lieb gewonnener Schmuck, Erinnerungsobjekte, symbolisch hochrangige Erbstücke, Talismane, Reisetrophäen u. Ä. Fetische und Sammlungsobjekte, öffentliche wie private, sind im Augenblick, wo sie Teil einer Sammlung oder Objekt einer Obsession werden, der Waren- wie Gabenzirkulation entzogen. Sie werden eifersüchtig behütet und bewacht. Werke des Museums, wertvolle Archivbestände und heilige Objekte sind ebenfalls unveräußerlich.

Natürlich gibt es stets Ausnahmen. Sammlungen oder Teile aus ihnen können – etwa in Notlagen – verkauft werden. Archivbestände geraten nach politischen Umbrüchen in den Handel (man denke an 1989, als z. B. große Teile der Archivbestände der DDR-Kulturpolitik auf dem Markt erschienen). Das historische Verblassen einer Religion setzt viele ehemals heilige Kultobjekte ‹frei›, die neu codiert werden – als Kunstwerke, Monumente, Müll, Rohstoff –, wodurch sie vorübergehend oder dauerhaft in die Zirkulation zurückgeführt oder musealisiert werden.[5] Viele privatheilige Gegenstände verlieren ihren Tabu-Charakter durch den Tod des Besitzers. Für die These Godeliers kommt es nicht darauf an, dass es *immer dieselbe* Gegenstandsgruppe ist, die ‹für immer› unveräußerlich ist, sondern darauf, dass es *überhaupt* Gegenstände geben muss, die der Zirkulation entzogen sind. Dem steht – ebenso prinzipiell – gegenüber, dass potenziell jedes Objekt zur Gabe oder zur Ware werden kann. Wenn allerdings unveräußerliche Dinge mit Fetischcharakter in die Tauschzirkulation reintegriert werden, so niemals durch normalisierte Markt- oder Gabenmechanismen, sondern durch Raubzüge, Kriege, Katastrophen, Kriminalität oder, wie angedeutet, durch umfassende Revolutionen kultureller Weltbilder und Werthierarchien. Sie sind ‹Ereignisse›, in denen die geltende symbolische Ordnung außer Kraft gesetzt oder punktuell negiert wird, sodass Gegenstände aus den ‹geheiligten Beständen› einer Kultur oder Person wieder Tauschwertcharakter gewinnen können. Die These besagt also, dass zwei entgegengesetzte Universalismen *gleichzeitig* bestehen müssen, sie also *komplementär* sind: Es gehört ebenso zur Kultur, dass alles und jedes (sogar Menschen, z. B. im Frauentausch, Sklavenhandel[6]) zu Objekten der Warenzirkulation oder zu Gaben werden kann, wie umgekehrt: Es kann alles zur Ware oder Gabe werden nur deshalb, weil einiges nicht verkauft oder verschenkt werden kann oder darf. Besteht zwischen diesen beiden antagonistischen Prinzipien ein Zusammenhang? Welcher ist er? Warum ist er so geheimnisvoll? Wie ist er mit dem Fetischismus verbunden? Wir nähern uns möglichen Antworten auf dem Umweg über die Frage: Was ist den unveräußerlichen Dingen gemeinsam?

Sie waren immer schon oder wurden irgendwann *(in illo tempore)* aus dem Kreislauf der Waren entfernt. Sie sind dann stillgestellt, der Zeit und ihrem tragischen Fließen widerstehend. Sie verdichten und konservieren die Zeit. Schon dadurch sind sie heilsam. Als Dinge nehmen sie immer einen Ort ein, doch wird dieser durch ihre Anwesenheit verwandelt: Wo sie sind, ist ein Hort, ein Heiligtum, ein Schatzort, ein Versteck, ein Secretum, eine häusliche Enklave. So bilden sie Konstanz, räumlich wie zeitlich, und verkörpern Wert. Dieser Wert ist für die jeweilige Kultur oder Person gerade nicht relativ zu anderen Werten bestimmt, er ist nicht verrechenbar, sondern unvergleichlich und mithin absolut. Derart relationslose Werte funktionieren nicht ökonomisch, sondern symbolisch. Symbolisch zu sein und zu wirken heißt, dysfunktional (die Dinge haben keinen zweckrationalen Gebrauchswert) und nicht-ökonomisch zu sein (sie haben keinen Tauschwert). Unverkäufliche Gemälde, Heiltümer oder Memorialobjekte gehören zur ‹Substanz› einer Stadt, eines Besitzers, einer Kultur; sie bilden deren dinglich-symbolische Identitätskerne. Man bemerke aber, dass sie nicht nur Symbole sind; es wäre verkehrt, sakrale oder museale Objekte nur als semiotische Ensembles mit hohem Anerkennungswert zu verstehen. Sie sind dies auch; aber für sie ist entscheidend, dass sie 1. dinglich, 2. in besondere Lokale (Museen, Kirchen,

Privatsammlungen etc.) eingebettet sind, die ihnen einen zeremoniellen Ausstellungswert verleihen, wodurch sie 3. zum Mittelpunkt einer auratischen Strahlkraft werden, die sie 4. zu Objekten einer überalltäglichen Hochschätzung, Verehrung oder Devotion machen. Dass dies in sakralkulturellen Kulturen so sein mag, wird leichter zugestanden als die Tatsache, dass es in kapitalistischen Gesellschaften nicht anders ist. Denn diese sind, ihrem Selbstverständnis nach, gerade dadurch gekennzeichnet, dass ‹Substanz› durch ‹Funktion›, das Heilige durch das Profane, das auratische Unikat durch das serielle Produkt abgelöst ist. Dagegen behaupten wir, dass auch im Kapitalismus Sphären der Substanz, des Heiligen, der Aura gebildet werden müssen, auf dass das Warenprinzip und damit die Entsubstanzialisierung, die Profanierung, die Entauratisierung jene Zügellosigkeit erhalten, wie sie für die Moderne kennzeichnend ist. *Im kapitalistischen Warenverkehr hat nichts mehr ‹Substanz›, weil einiges nichts als Substanz ist.* Das könnte man die paradoxe Bedingung der kapitalistischen Ökonomie nennen, die sie mit der Tausch- und Gabenökonomie so genannter Stammeskulturen und vormoderner Wirtschaften gemeinsam hat.

Es gibt, so die These, einen ‹tiefen› Zusammenhang zwischen der Zunahme an Konsum, der Beschleunigung des Verschleißes, dem Anstieg an Müll, also zwischen der rapide wachsenden Zirkulationsgeschwindigkeit der Dinge einerseits, dem Exterritorialisieren, Konservieren und Verheiligen der Dinge andererseits. Warum aber ist das so? Weckt die Rasanz, mit der alles zur Ware wird, zirkuliert und verschlissen ist, womöglich: Angst? Oder ist es umgekehrt: Erst das Festhalten und Stillstellen ausgesuchter Dinge in einer Zone des Unveräußerlichen ermöglicht die hemmungslose Zirkulation? Müssen die geheiligten Objekte, diese stillen Brüter der Bedeutsamkeit, uns vor irgendeiner schmerzlichen Enttäuschung bewahren? Befriedigen sie uneingestandene Sehnsüchte nach Verewigung? Sind sie ein apotropäischer Zauber gegen Verletzungen, die uns in den rasenden Umschlägen der Warenzirkulation widerfahren? Sind sie Beruhigungsmittel einer Wut, einer Verzweiflung, einer Depression, die heimlich auch die erfüllt, die auf den Wellen der Konjunktur reiten?

In der Komplementarität von Zirkulation und Unveräußerlichkeit liegt eines der Rätsel nicht nur der modernen Ökonomie. Dieses Rätsel hängt mit dem Fetischismus zusammen, indessen einem anderen Typ als dem Geheimnis des Warenfetischismus, wie ihn Marx untersucht. Wir haben nämlich zu unterscheiden zwischen einem Fetischismus, der als Antreiber der Warenzirkulation wirkt, indem er den Waren-Dingen den Glanz eines Mehrwerts verleiht, der den Konsum beflügelt und mit Lüsten versieht. Das werden wir später genauer darstellen (s. S. 330–52 dieses Buchs). Der andere Typ des Fetischismus, um den es hier geht, liegt der Warenzirkulation indes voraus. Er ist derjenige Mechanismus, der die Dinge aus der Zirkulation abstrahiert oder ihren Eintritt in diese unterbindet. Er schafft insofern ein ‹Draußen› gegenüber dem ‹Drinnen› der Zirkulation. Es ist ein Fetischismus, der bestimmte Dinge zu inkompossiblen Unikaten macht, die zurückgehalten werden müssen, damit ‹wir› überhaupt eine Persona auf der Bühne des Warenverkehrs darstellen können. Der Fetischismus, der dieses ‹Draußen› kreiert, verhält sich zur Warenzirkulation und damit auch zum Warenfetischismus transzendental. Er ist die Bedingung von deren Möglichkeit.

Das ‹Draußen› ist dabei nicht als ökonomische Reserve zu verstehen, auch wenn in älteren Ökonomien z. B. das Verhältnis des reservierten Goldschatzes zum umlaufenden Geld ähnlich aussieht wie das Verhältnis, das wir als das Draußen und Drinnen der Zirkulation bezeichnen (Godelier 1999, 45f.). Wo keine Sicherheitsreserven bestehen, ist die Zirkulation nicht robust. Dies ist aber ein innerökonomischer Mechanismus. Er dient der Kontrolle, Regulation und Verstetigung des Stroms der Tauschakte. Diese Art ‹Reserve› kann jederzeit verflüssigt werden. Das ‹Draußen› hingegen, das durch die Fetischisierung von bestimmten Dingen kreiert wird, darf ‹um keinen Preis› verflüssigt werden, weil dann die Zirkulation als solche kollabierte. Auch das kann geschehen, etwa bei Kriegen oder Katastrophen, die Menschen oder Kollektive vollständig entblößen, sodass sie nicht nur der unveräußerlichen Dinge, sondern damit auch ihrer Identität und Handlungsfähigkeit verlustig gehen. In einer solchen Situation kollabiert die Einbettung in Raum und Zeit, in der Kette der Ahnen und in der Tiefe der Geschichte, verschwindet schließlich auch der Erwartungshorizont von Zukunft. Wo es kein ‹Anderes› der Zirkulation mehr gibt, kollabiert diese selbst.

Den Fetischismus, um den es hier geht, könnte man den transzendental-ökonomischen Fetischismus nennen. Er sorgt dafür, dass es Zonen, Sphären, Lokale, ‹Lagerungen› gibt, in denen Dinge eine Unverlierbarkeit inkorporieren, die es erlaubt, dass wir uns selbst und unsere übrigen Werte ‹aufs Spiel› setzen können. Die Fetische erster Ordnung figurieren den hilfreichen Anderen. Sie sind die guten Objekte, in deren Hut wir uns stellen. Dennoch ist klar, dass keine noch so grandiose Kunstsammlung, kein Kronschatz, keine Reliquiensammlung, kein noch so heiliges Kultgerät, keine noch so wunderbare oder verrückte Sammlung, kein Talisman, kein noch so gehütetes Erinnerungsstück, sosehr sie das ‹Draußen› darstellen, vor dem Absturz in die Namenlosigkeit, dem Untergang und (sozialen) Tod schützen kann. Und doch ist es so, dass es ohne sie, die durch Riten aller Art einen von allen anderen Dingen unterschiedenen, nahezu überwirklichen ontologischen Status zugewiesen erhalten – dass es ohne sie die Möglichkeit der Gabe und des Tauschs und damit der Zirkulation der Dinge nicht geben könnte. Dieses ‹Draußen› des Tauschs, der die Dinge erst in jene Mobilität zu versetzen erlaubt, die wir zur sozialen und ökonomischen Entwicklung unbedingt benötigen, enthält andere «theologische Mucken» als diejenigen, die Marx unter dem Titel des Warenfetischismus untersucht. Wenn es keine theologischen Mucken sein sollen, so sind es wenigstens, wie wir bei Freud und seinen Nachfolgern sehen werden, metapsychologische.

Sicher ist: Die stillgestellten, unveräußerlichen Dinge können nicht enttäuschen. Sie sind. Sie bleiben. Sie zeigen sich. Sie zeigen uns – die wir sie direkt (als Besitzer) oder indirekt (z. B. als Museums- oder Tempelbesucher) zu unserem ‹Bestand› zählen – unsere Zugehörigkeit zum Sein. Wir sind nicht aus uns selbst. Vielleicht ist dies die tiefste anthropologische Beschämung, dass wir unseres Seins nur sicher werden können im Medium der Dinge. Doch diese prekäre Zugehörigkeit zum Sein wird uns umso unsicherer, als wir selbst in den Warenverkehr eingeschlossen sind. Wir sind dann keine Unikate, sondern Serien. Sie aber, die stillgestellten Dinge, sind da, sie sind schön, sie sind ergreifend, sie haben einen unsagbaren, unschätzbaren Wert. Sie haben ein Geheimnis, das in nichts anderem besteht als der Resistenz, mit der sie sich der Zirkulation entziehen. Diese ‹Kraft› macht sie besonders, singulär. Sie verankern uns in der

Tiefe der Zeit. Besonders die historischen Sammlungen haben die mythische Funktion, ein Kollektiv in der Zeit zu verankern, einer Zeit, die kommt und geht, aber selbst keinen eigenen Bestand kennt. Einer Zeit, die uns selbst mitnimmt, altern lässt, tötet. Dinge, die wir kaufen, werden sofort verbraucht. Wenn sie wertvoll sind, wie ein Auto, erleben wir regelhaft, wie unsere Freude, Begeisterung, Erwartung, unser Stolz mit dem vergehenden Glanz der Ware verblassen und der Wert dahinschmilzt. In dem Augenblick, in dem wir die frischen Dinge in unseren Kreis aufnehmen und sie uns einverleiben, oder umgekehrt: wir uns in ihnen inkorporieren, beginnen sie zu altern und wertlos zu werden. Da wir in ihnen stecken, erinnern sie in ihrem steten Verblassen an unseren eigenen Tod. Dass wir den Biedermeiersessel der Großmutter, den sie selbst von ihrer Großmutter übernommen hat, bei uns haben, verkettet uns mit der Genealogie unseres Herkommens, obwohl wir den Stuhl nur haben, weil die Großmutter gestorben ist. Solche Dinge tragen etwas über die Zeit und über den Tod hinaus. Da der Tote – in unserer Kultur – seine Güter nicht mitnehmen kann, bekommt sein «magisches Leibgedinge» (Mauss 1989, Bd. 2, 83) die Chance, uns zu erreichen und die Spur der Toten weiterzutragen – und damit unser Leben an die Kette der Ahnen *in illo tempore* anzuschließen. Wir gehören dazu. Es muss nicht der Sessel sein; ebenso gut sind die Briefmarkensammlung, das Trikot des Fußballhelden, das er ins Publikum warf und ich das auffing, die getrockneten Blüten des Straußes eines Geliebten, der längst tot ist, der Ring am Finger, den ich niemals hergeben werde, ein zerbrochener Metallkamm aus der Erde von Auschwitz, die Locke des einjährigen Kindes, das nun in der Ferne studiert, eine Devotionalie aus Santiago de Compostela, eine Muschel aus Tahiti.

Es sind dies nicht «in sich selber sinnleere», flottierende Signifikanten, die «deswegen geeignet (sind), jeden beliebigen Sinn anzunehmen mit der einzigen Funktion, eine Kluft zwischen Signifikant und Signifikat zu schließen», wie Lévi-Strauss (1989, 35) kritisch zu Mauss anmerkt. Sondern es sind, wie Godelier zurechtrückt, «volle Symbole», die «*sichtbare Synthese* alles dessen …, was eine Gesellschaft von sich selbst vorzeigen *und* verhüllen will» (1999, 246). Rhetorisch gesehen sind es ‹Real-Symbole›, psychologisch gesehen: Ich-Dinge oder, nach dem treffenden

Ausdruck von Godelier: «Personen-Dinge» (ebd., 241). Solche Dinge, zu denen strukturell gehört, dass sie nicht hergegeben, getauscht oder veräußert werden können, ohne dass dabei das Ich oder ein Kollektiv selbst verloren zu gehen droht, nennen wir Fetische erster Ordnung. Sie liegen dem Warenfetischismus historisch wie systematisch zugrunde.

Wir brauchen sie, weil wir nicht mehr wie die Mitglieder jener Stammeskulturen, die Marcel Mauss untersuchte, daran glauben können, dass die uns heiligen Dinge über eine eigene Lebendigkeit verfügen, die in ihnen auch dann noch wirkt, wenn sie weggegeben werden: Als trügen sie in sich eine Art natürlichen Willen (das *mana* oder *hau*), dorthin zurückzukehren, woher sie kommen: zu uns.[7] Wenn dies so wäre – Lévi-Strauss meint, Mauss habe sich hinsichtlich des magischen *mana* von den indigenen Gewährsleuten narren lassen (1989, 31)[8] –, dann könnten wir alles, was wir haben, rückhaltlos veräußern, ohne uns zu verlieren. Hier aber liegt ein Widerspruch bei Mauss selbst. Denn wofür muss es die unveräußerlichen Dinge geben, kämen sie mit magischer Sicherheit zurück? Wenn aber Dinge auf geheimnisvolle Weise wie Fetische gehütet und gehortet werden, dann belegt dies, dass es für die Rückkehr der zirkulierenden Dinge gerade keine ‹natürliche› Garantie gibt. Man bedarf deswegen der intimen Dinge, die niemals in den Kreislauf treten, um sein Selbst zu wahren. Alle Dinge, die diese Funktion erfüllen, sind Fetische erster Ordnung.

Dass diese Dinge da sind, unausdrücklich, zwischenzeitlich vergessen, in der Nähe verwahrt, ohne eigens beachtet werden zu müssen: Das sind primäre Bindungen an die diesseitige Welt und das Jenseits der Vergangenheit (die Ursprünge, das Herkommen). Wie Menschen kaum denkbar sind, die nicht derlei ausgezeichnete, exterritorialisierte Dinge, und seien es noch so unbedeutende, ihr Eigen nennen, so wenig ist eine Kultur denkbar, die nicht Orte erfindet, an denen sie die kollektiv bindenden Dinge versammelt, seien dies Tempel oder Kirchen, Museen oder Archive. Diese Orte sind das Jenseits des Tauschs, der Reproduktion durch Arbeit, des materiellen Metabolismus.

Nur darum, weil es diese Orte und diese stillen Dinge gibt, kann ich es wagen, ein Auto zu kaufen oder Geschenke zu machen. Doch als BMW-Fahrer gehöre ich nur zur Klasse der BMW-Fahrer (was für den Analytiker sozialer Distinktionen à la Pierre Bourdieu aufschlussreich genug ist). Das mag befriedigen, solange das Auto neu ist und man es sich leisten kann, viel Geld mit ihm zu verlieren, Tag für Tag. So funktioniert der Fetischismus zweiter Ordnung, der den Gesetzen des Wertzerfalls unterworfen ist. Selbstverständlich ist der herrliche Neuwagen eine Ich-Prothese und gelegentlich gar ein Ich-Substitut. Der Mangel dieser Fetische aber ist ihre Instabilität. Ihr narzisstischer Wert verschleißt, und das Ich, das sich erhalten will, muss sich aus dem alternden Ding wieder zurückziehen, um nicht selbst zu veralten wie ein Ding. Ist das Auto gealtert, gibt es keinerlei Statusgewinn und Identitätshalt mehr her. Ein neues muss her; so erhält sich die Warenzirkulation. Die fetischisierten Waren müssen einen Abglanz des Fetischismus erster Ordnung enthalten, weil nur so die Waren das Versprechen zu erfüllen vermögen, «Personen-Dinge» zu sein. Letztere sind die *figurae* der Waren. Der Wertzerfall des Dinges als Ware aber erodiert auch ihren Fetischwert. Er verliert seine Wirkung; die narzisstische Parade zerfällt. Darum muss es Fetische erster Ordnung geben.

Wie der Biedermeiersessel, der nichts kostete, weil er geerbt wurde, oder wenig kostete, weil man ihn vor 30 Jahren auf dem Trödel ergattert hat und er seither ein ‹treuer Begleiter› ist. Er ist ich-nah, ein intimes Ding geworden. Es verkörpert das Ich, so wie umgekehrt das Ich sich in ihm verdinglicht hat. Wenn der BMW dreißig Jahre alt wäre, also im Sinne von Thompson eigentlich Abfall, aber durch mancherlei Investition erhalten und nunmehr eine Rarität, dann könnte der Wagen eine neue Wertkarriere beginnen, ökonomisch wie kathektisch. Auch er würde dann zum Fetisch erster Ordnung. Ein hochgehaltenes, gepflegtes Ding, dem Verehrung und Liebe gilt, von dem irgendwie der Bestand eines Ich abhängt, ein Ding, das Opfer verlangt (der Hingabe, der Wartung, der Investition), in einem eigenen Haus unter Hüllen geschützt, und nur gelegentlich ausgefahren: ein Ritual mehr als eine prosaische Ausfahrt, ein Fest des Ich.

Fetische wie die Haarlocke oder das Fußballertrikot, musealisierte Kunstwerke und Reliquien des Gedächtnisses, der Oldie-BMW und der Biedermeiersessel sind sehr ähnlich. Da sie dem Warentausch und der funktionalen Gebrauchslogik nicht unterstellt sind, können sie als Resonanzkörper unserer Erwartungen und Wünsche funktionieren, sie können zur Ausstattung eines Ich werden, sie können die Zeit konservieren und Garantien gegen den Verfall darstellen: durch ihre Authentizität, ihre Originalität, ihre Einzigartigkeit. Sie sind Unikate in einer Welt der Serien und Kopien. Für sie gilt nicht mehr der quantifizierende Kalkül der Warenäquivalenz, durch den noch das Verschiedenste gegeneinander aufrechenbar ist. Das Unikat ist unvergleichlich, inkommensurabel, relationslos. Es ist zu einem symbolischen Ding geworden – jenseits des Tauschs, der Gabe, der Ware. Zwar kann alles zur Ware werden, und alles kann Ware gewesen sein; doch in dem Moment, wo ein Ding mit dem Status des Unveräußerlichen belegt wird – in einer Sammlung, im Museum, in der Kirche, im Privatbesitz –, transsubstantiiert sich seine ontologische Struktur. Es ist keine Ware, kein Gebrauchsding mehr, es ist, jenseits der Religion, sakral geworden. Der Besitzer mag an keinen Gott glauben, aber er glaubt an sein unvergleichliches Objekt, den Hausgott. Die Fetische und unveräußerlichen Dinge sind die Penaten der Moderne; gleichgültig, wo sie aufgestellt sind – in der Vitrine einer Wohnung oder den Hallen eines Museums.

In diesem Sinn sind die zurückgehaltenen Dinge hochgradig individualisiert. Sie zeigen die Züge, um die wir selbst Sorge tragen: Sind *wir* überhaupt Individuen, unvergleichliche, wertvolle, geschätzte Subjekte? Die dem Warenverkehr entzogenen Dinge führen auf, woran in Bezug auf uns selbst wir berechtigte Zweifel hegen: Fraglos und selbstverständlich strahlen sie die Aura des Kostbaren und Unteilbaren aus. Sind womöglich diese Dinge individueller als wir selbst? Jedenfalls sind sie kontraphobische Reaktionen auf die Erfahrung, dass die Menschen nicht nur zu Konsumenten, sondern selbst zu Waren geworden sind, zu Funktionsteilchen von Organisationen und Systemen, über die sie nicht verfügen, gesichtslose Wesen in einer wesenlosen Gesellschaft, die ihre Waren so umschlägt wie die Menschen, aus denen sie besteht. Insofern sind die ausgezeichneten, mit Energien und Strahlung geladenen Dinge ein notwendiger und *darum* unveräußerlicher Halt der eigenen Individualität. Individuum (ein Unteilbarer) ist nur, wer so fraglos identisch wäre, wie die *unveräußerlichen* Dinge es uns sind. Denn gerade die Moderne hat gelehrt, dass wir als Individuen uns ohne Unterlass *veräußern*, verdinglichen, in Anspruch genommen sehen, verschlissen fühlen. Von Schiller über Hegel und Marx bis zu Lukács, Heidegger und Adorno ist das Denken mit den Figuren der Entäußerung und Verdinglichung sowie der Rückholung in eine Authentizität oder Eigentlichkeit beschäftigt. Unterhalb dieser Bewegungen des Geistes durch die Gestalten seiner Entfremdung hindurch aber läuft eine andere Linie: Ihr Ziel ist nicht, sich aus den Verdinglichungen zurückzurufen, sondern gerade solche Verdinglichungen zu suchen, in denen die Dinge, in die wir entäußert sind, uns unser Selbst gestärkt, stabil, glänzend zurückgeben. Wird auf der einen Linie der Geist fetischisiert, so auf der anderen die Dinge des ‹Draußen›. Beides gehört zum Imaginären der Moderne. Die Dinge, die wir heilig halten, sollen uns davor schützen, selbst zu Dingen zweiter Ordnung zu werden, deren Schicksal nichts als ihre Brauchbarkeit und Äußerlichkeit ist, während die heiligen Dinge jene wesentliche Struktur und unteilbare Würde zeigen, nach der wir uns sehnen. Nichts anderes soll, auf der Gegenseite, der Geist geben.

4. DIE ENTDECKUNG DES WAREN-FETISCHISMUS BEI KARL MARX

4.1 MYSTIFIKATIONEN DER KRITIK?

Zu Anfang des Films «Metropolis» (1925/26) von Fritz Lang (1890–1976) erblickt der Protagonist in den unterirdischen Industrieanlagen eine gigantische Apparatur, an welcher, treu nach Marx, die Arbeiter «als Anhängsel der Maschine» in einem mörderischen Zeittakt schuften. Dieses beobachtend verwandelt sich für den Protagonisten das technische Aggregat zu einer Vision, bei welcher aus der metallischen Form, zunehmend beängstigend, die Fratze eines übermenschlichen Dämons heraustritt, der die Arbeiter verschlingt.[9] Dieser negativen Seite des Kapitalismus, der als technisch-medialer Bann sich die Masse der Arbeitenden als seine Elemente einverleibt und zerstört, als lebendiges Futter für die Erzeugung des unvorstellbaren Luxus der oberweltlichen *leisure-class* – dieser Negativität entspricht die Ikone eines grausamen, archaischen Götzen, die Projektion der Angst, der Knechtung und des Leidens der Menschen. Diesem Götzen korrespondiert die Androide Maria. Sie ist die täuschende Duplikation der menschlichen Protagonistin, eines Engels des Mitleids mit den geknechteten Massen. Ihr Double, die Androide, wird zum fetischisierten Kultobjekt der Faszination und Verehrung der Arbeiter, wodurch deren Hoffnung auf Befreiung umso sicherer getäuscht und auf den Bestand des Produktions- und Sozialsystems gebannt werden soll. Das Doppelbild eines verhüllten bösen Dämons und eines sichtbaren, Glück verheißenden Idols wiederholt die Doppelstruktur von Tremendum und Faszinosum, die wenig zuvor (1917) Rudolf Otto (1947) als ambivalentes Muster ursprünglicher religiöser Erfahrung, besonders des Heiligen, behauptet hat. Fritz Lang unterlegt mithin seine filmische Dystopie des modernen Kapitalismus mit Mustern archaischer Religionsformen: so, als wiederhole sich in der kapitalistischen Gesellschaft der magische Bann der Urgeschichte. Dämonie und Fetischismus, Idolatrie und Götzendienst, archaische Angst und willenlose Preisgabe an höhere Mächte, Verkultung und rituelle Opferung bilden im Film die Tiefenstruktur des Klassenantagonismus und der kapitalistischen Produktion. Die moderne Gesellschaft ist eine von elementaren religiösen Energien angetriebene Maschinerie.

Für die Gegenseite der Produktion, die Konsumtion, hat Émile Zola schon 1883 in seinem Roman «Au Bonheur des Dames» die vibrierende Faszination des Warenhauses beschrieben, das sich in der Wahrnehmung der Konsumentinnen in eine lebendige Maschine verwandelt:

«Da hatte Denise das Gefühl, eine mit Hochdruck arbeitende Maschine vor sich zu sehen, deren Schwung sich noch den Auslagen mitteilte. ... Zahllose Leute betrachteten sie, Frauen blieben stehen und drängten sich vor den Scheiben, eine vor Begehrlichkeit rücksichtslose Menge. Und durch diese Begeisterung auf dem Bürgersteig wurden die Stoffe lebendig: ein Beben durchlief die Spitzen, auf eine verwirrende, geheimnisvolle Art hingen sie herab und verbargen die Tiefen des Ladens; sogar die dicken, massigen Tuchballen atmeten, sandten einen verführerischen Hauch aus, indes sich die Paletots stärker auf den Schaufensterpuppen wölbten, die gleichsam beseelt wurden, und sich der großartige Samtmantel aufblähte, schmiegsam und warm, als läge er über Schultern aus Fleisch, einem wogenden Busen und erschauernden Hüften. Doch daß das Haus von einer Hitze wie ein Hüttenwerk flammte, kam vor allem vom Verkauf, von dem Gedränge an den Ladentischen, das man durch die Mauern hindurch spürte. Da war das ununterbrochene Schnauben der in Gang befindlichen Maschine, ein Verheizen der Kunden, die sich vor den Abteilungen stauten, angesichts der Waren jegliche Besonnenheit verloren und dann der Kasse zum Fraß vorgeworfen wurden. Und das alles mit mechanischer Genauigkeit geregelt und organisiert, wodurch ein ganzes Heer von Frauen der Kraft und Folgerichtigkeit des Räderwerks verfiel.» (Zola 1883/1983, 15)

Die Stichworte für eine solche metaphorische, ebenso religiöse, mythologische wie maschinale Bildsprache hat Karl Marx geliefert, der – ausgehend von einer durch Feuerbach inspirierten Religionskritik – im Durchgang durch die rationalen Formen der modernen Gesellschaft auf deren verborgenem Grund den Fetisch entdeckt. Die Kritik der politischen Ökonomie wird von dieser Geste der Entlarvung eines religiösen Banns beherrscht bleiben: Noch im «Kapital» (entstanden ab 1850, publiziert 1867–1962) geht es um das Herunterreißen der Maske, in deren Schutz der Dämon des Kapitals agiert, um die Entzauberung der Fetische, um die Enthüllung der Idole, die Offenlegung des Aberglaubens, die Enttarnung totemistischer Kulte, die nicht in grauer Vorzeit von wilden Kulturen aufgeführt werden, sondern den gegenwärtigen, modernen Kapitalismus kennzeichnen sollen. Das Wahrheitspathos Marxens bleibt das Pathos des entlarvenden Religionskritikers. Dass der Fetischismus nicht mehr eine rohe Religionsform Afrikas ist, sondern im Innersten der europäischen Moderne Platz greift, zwingt die Kapitalanalyse dazu, nicht einfach positive Wissenschaft im Sinne Auguste Comtes zu sein. Durch den Warenfetischismus sieht sich Marx vor der «necessity of constructing reality against appearences»: «There is a rapture in capitalism between the way things *appear* and their *real* or *actual meanings*.» (Jhally 1987, 28 u. 26) Dieser Bruch zwischen ‹Wesen› und ‹Erscheinung› erzwingt die Geste der Enthüllung als wesentliche Form der Analyse, die deswegen mit Kritik konvergiert. Sie bestimmt Marx noch so weit, dass sich diesem die Gesellschaft im Kern als fetischistisch darstellt. Könnte es aber sein, dass der Fetischcharakter erst durch jene Geste *erzeugt* wird, die ihn in eins damit *enttarnt*? Verstärken sich das Pathos der Kritik *und* die Magie des Kritisierten womöglich gegenseitig in einem rituellen Kreislauf? Trägt das emanzipierte Bewusstsein etwa Züge eben des Fetischismus, den es entlarvt? Herrscht mithin eine *fatale* Bindung an das Objekt, welches in der Analyse doch aufgehoben und überschritten werden soll? Die fetischistische Energie, die dem kritisierten Kapitalismus einwohnt oder ihm auch nur angehängt wird, prägt sich, so die These, der Kritik langfristig mit der Folge auf, dass gerade auf Seiten der kommunistischen Gegenmacht sich der Fetischismus, die Idolatrie, die Verkultung des Scheins umso ungebremster fortsetzen, nachdem sie zuvor in die Gegenseite, den Kapitalismus, hineingehext wurden. Um diese vertrackte Anziehungskraft des Fetischkonzepts gerade für diejenigen, die guten Grund haben, ihn zu fürchten, soll es im Folgenden gehen.

Ziel ist dabei nicht eine weitere Exegese des Warenfetischismus im Kampf um irgendeine Orthodoxie (vgl. Iacono 1985, 183–235; Fedi 2002, 281–96; Kohl 2003, 91–98). Es geht auch nicht um Widerlegung des Fetischkonzepts von Marx – wie sollte man Metaphern widerlegen? Die Absicht ist vielmehr, den Kern dessen herauszuarbeiten, was es zu einem «glücklichen Augenblick» der *intellectual history* machte, als Marx dieses vibrierende, ebenso theatrale wie kreative Konzept des Fetischismus in die Kapitalanalyse einbrachte. Ein glücklicher Augenblick –: Damit ist gemeint, dass sich darin etwas ereignete, was durchaus vorbereitet, dennoch aber verblüffend und unerwartet geschah; dass ferner damit eine Art Wendung der Zeit in ein Vorher und Nachher eintrat. Diese Wendung kann dadurch bezeichnet werden, dass man *nach* dieser Fusion von Kapitalanalyse und Fetischmetaphorik vermutlich niemals mehr über den Prozess der Modernisierung und der Rationalisierung ohne Rücksicht auf die darin miterzeugten Formen der Irrationalität sprechen kann. Dieser Punkt ist es, der die Passagen über Warenfetischismus hinsichtlich der Gesellschaftsanalyse parallel setzt einem anderen Gründungsvater der Moderne, Sigmund Freud nämlich und seiner Entdeckung der Tiefenstrukturen des Subjekts. Beide Vorgänge weisen Bezüge zur Ethnologie insofern auf, als man das Marx'sche Fetischkonzept und die Freud'sche Psychoanalyse auch als Stufen der Entdeckung des Fremden der eigenen Kultur begreifen kann. So wird hervortreten, dass die

Überschneidung von Kapitaltheorie, Psychoanalyse und Ethnologie nicht zufällig an einem ursprünglich religiösen Konzept, eben dem Fetischismus, zuerst entwickelt wurde. Es interessiert also nicht, gegen Marx Recht zu haben oder umgekehrt ihn zu retten, sondern es geht um die Fruchtbarkeit jenes «glücklichen Augenblicks», welcher wie ein Gedankenblitz mehrere systematisch getrennte Ebenen fusionierte, vielleicht zu einem besseren Verständnis der Wirklichkeit, in der wir leben. Dieser Blitz, der im berühmten Kapitel I/4 des 1. Bandes des «Kapitals» textliche Gestalt fand, hat jedoch eine lange Vorgeschichte, die zunächst dargestellt werden soll.[10]

4.2 Die langsame Entdeckung des Fetischismus bei Marx

Wir hatten gesehen, dass der Begriff des Fetischismus schon lange vor Marx in ethnographischen Berichten, in der Philosophie und in der Literatur Eingang in die europäischen Sprachen gefunden hatte. Bei Marx finden sich die ersten Spuren davon 1842. In seiner Bonner Zeit beschäftigte sich Marx, im Zusammenhang eines gemeinsam mit Bruno Bauer schon 1841 geplanten Publikationsprojekts über die Hegel'sche Religionsphilosophie, das er dann fallen ließ, auch ausführlich mit christlicher Kunst und religionswissenschaftlichen Studien. Daraus wiederum gingen zwei andere, ebenfalls liegen gelassene und nicht überlieferte Vorhaben hervor: «Über christliche Kunst» und «Über Religion und Kunst mit besonderer Beziehung auf christliche Kunst» (MEGA I, Bd. I/2, 825ff.). Hierfür legte er ein mit «Bonn 1842» betiteltes ausführliches Exzerpt-Heft an (MEGA IV, Bd. I/1, 289–376), worin sich die Genesis des Fetischismuskonzepts ablesen lässt. Es war eine konzentrierte Rezeptionsphase zwischen April bis Juni 1842, in der Marx eine Reihe kunsthistorischer und religionsgeschichtlicher Abhandlungen las. Hier lernte er den Fetischismus kennen, fand aber auch Gelegenheit, den Zusammenhang zwischen Fetischismus und christlicher Reliquienkunst wahrzunehmen. Vermutlich las Marx zuerst die «Ideen zur Kunst-Mythologie» des Oberinspektors der Dresdner Altertumsmuseen, Karl August Böttiger (Leipzig 1826). Bei Böttiger konnte er den Hinweis auf Charles de Brosses' Werk «Ueber den Dienst der Fetischgötter oder Vergleichung der alten Religion Egyptens mit der heutigen Religion Nigritens» (frz. 1760, dt. 1785) finden. Doch Böttiger bezieht sich auch auf die «Allgemeine kritische Geschichte der Religionen» des Göttinger Professors Christoph Meiners (Hannover 1806/07) und auf das populäre Buch «De la religion, considérée dans sa source, ses formes et ses développements» (Paris 1826–1831) des Schriftstellers Benjamin Constant (1767–1830). Meiners wie Constant benutzen ausführlich das Werk von de Brosses. Und beide werden, neben de Brosses, ebenfalls von Marx exzerpiert. Dabei lässt Marx in seinen Exzerpten von Meiners genau die Teile über Fetischismus aus, welche mehr oder weniger Übernahmen aus de Brosses darstellen (MEGA IV, Bd. I/2, 828). In den Exzerpten zu de Brosses wiederum strich er eben jene Passage an, in der von der Meinung der indigenen Kubaner berichtet wird, diese hätten das Gold, auf das die Spanier so wild waren, für deren Fetisch gehalten.

»Die *Wilden von Cuba hielten* das *Gold* für den Fetisch der Spanier, sie feierten ihm ein Fest, tanzten und sangen um ihn und warfen es dann ins Meer, um es zu entfernen.»[11] So gedachten sie, zusammen mit dem Gold sich gleich auch der Spanier zu entledigen. Diesen köstlichen Fund schaltet Marx sogleich in seinen Aufsatz über die «Debatten über das Holzdiebstahlsgesetz» ein (Rheinische Zeitung vom 3. 11. 1842).[12] Schon bei diesem ersten Kontakt mit dem Fetischkonzept sind es bei Marx die Europäer, die die eigentlichen Fetischisten sind. Diese ‹Europäisierung› des Fetischismus ist die erste Spur, dass dieser für Marx nicht als ein fremdkulturelles Phänomen interessant, sondern zum polemischen Mittel wird, um gegenwärtige kapitalistische Gesellschaften zu treffen.

Bereits zuvor, am 10. 5. 1842 ebenfalls in der «Rheinischen Zeitung», hatte Marx in einem polemischen Artikel gegen Angriffe auf die Pressefreiheit zum ersten Mal öffentlich vom Fetischismus geschrieben.[13] Wenig später ruft Karl Heinrich Hermes (Marx nimmt sogleich dessen Nachnamen aufs Korn) in der rechtskatholischen «Kölnischen Zeitung» im Namen der christlichen Religion, die die «Grundlage des Staates» zu bilden habe, indirekt zur Zensur der Linkshegelianer auf. Marx nimmt den

Handschuh sofort (am 10. 7. 1842) in der «Rheinischen Zeitung» auf. Hermes hatte, um die zivilisierenden Wirkungen der Religion zu bekräftigen, ausgeführt, dass schon deren «roheste Form», der Fetischismus, «den Menschen doch einigermaßen über die sinnlichen Begierden» erhebe. Marx kontert: «Und nun gar der ‹Fetischismus›! ... Der Fetischismus ist so weit entfernt, den Menschen über die Begierde zu erheben, dass er vielmehr ‹die *Religion der sinnlichen Begierde*› ist. Die Phantasie der Begierde gaukelt dem Fetischdiener vor, dass ein ‹lebloses Ding› seinen natürlichen Charakter aufgeben werde, um das Jawort seiner Gelüste zu sein. Die rohe Begierde des Fetischdieners *zerschlägt* daher den Fetisch, wenn er aufhört, ihr unterthänigster Diener zu sein.» (MEGA I, Bd. I/1, 176/77) Auch hier bezieht sich Marx indirekt auf de Brosses. Im Blick auf den Warenfetischismus ist indes interessant, dass Marx den Fetisch als Response von Begierden auffasst und den Fetischismus insgesamt als rohe, archaische Form diskreditiert, mit der religiös wie praktisch die Menschen sich die Dinge dienstbar machen. Diese pejorative Auffassung wird das Konzept des Warenfetischismus lange bestimmen.

Bei Benjamin Constant konnte Marx eine Fundierung der religiösen Objektbeziehung im Gefühl finden. Das wurde für die kathektische Besetzung von Dingen und Waren wichtig. Fetischismus ist für Constant «der Gottesdienst im wilden Zustande», «das religiöse Gefühl in seiner ersten Gestalt», das an Götzen und Fetischen seinen Halt findet (Constant 1824, 302 u. 304). In der Bindung an diese bilden sich erste Vertragsformen, Verpflichtungen (Schwur, Gastfreundschaft), «Tabus» und somit «eine Art Gemeinschaft» (ebd., 310–316). Dies sind erste Wirkungen des allgemeinen, im Gefühl verankerten Sittengesetzes (das bei Constant ein Prinzip der historischen Steuerung der Religionen von ihren wilden zu ihren höchsten Formen darstellt). «Der Fetisch des Wilden erscheint uns als ein unförmliches und lächerliches Hirngespinst, und doch ist es ein Glück für den Wilden, für seine sittliche Verbesserung, für seine künftige Ausbildung, daß er einen Fetisch hat» (ebd., 318). Im Gefühl wurzelt alle Religion (ebd., 5ff.), die ihre früheste Objektivation im Fetisch findet. Deswegen verehren die Wilden Gegenstände, die für sie eigenaktiv und belebt sind, rätselhaft und unbekannt. «Für den Wilden ist alles unbekannt. Sein religiöses Gefühl wendet sich also an alles, was er antrifft.» (ebd., 253f.) «Auf solche Weise von mächtigen und thätigen Gegenständen umgeben, die einen beständigen Einfluß auf sein Schicksal haben, bringt er unter diesen Gegenständen demjenigen seine Verehrung dar, der auf seine Einbildungskraft am stärksten wirkt. Der Zufall entscheidet darüber» (ebd., 255).[14] Diese von Constant oft betonte Zufälligkeit der Objektbindung – immer wieder auch von Ethnographen missbilligt, weil man damit unter den Bann willkürlicher Dinge gerate – ist für den Warenfetischismus zentral: Da es dabei nicht um die Beziehung zu Dingen, sondern zu ihrem Schein als auftretende Waren geht, bedarf es einer flottierenden Faszination durch beliebige, irgendwie zustoßende und in Bann schlagende Objekte. So ist der Fetisch, bei Constant wie bei Marx, das Medium von Bedürfniserfüllung und Manipulation der Menschen, insofern der Gegenstand «so handelt, wie er selbst handeln würde» (ebd., 280 u. 278). «Der Fetisch ist ein selbstsüchtiges und gieriges Geschöpf, mit einem schwächeren, und, gleich ihm, selbstsüchtigen Geschöpfe, verbunden. … Es ist eine Zahlung, die der Fetisch für den bewilligten Schutz verlangt» (ebd., 292). Auch hier sehen wir Wunschprojektionen, religiöses Heil und Ökonomie (Zahlung) verbunden (wie bei Marx oder Mauss). «Fetischdienst» ist Vorteilssuche und Wunschbefriedigung in eins, sodass man gar nicht genug Fetische sein Eigen nennen kann, und seien es «mehrere tausend» (ebd., 297 u. 299).

Daraus zieht Marx für die Analyse der Ökonomie zunächst auf der Ebene der Schatzbildung Konsequenzen: «Die Natur produziert kein Geld, so wenig wie Bankiers oder einen Wechselkurs. Da die bürgerliche Produktion aber den Reichtum als Fetisch in der Form eines einzelnen Dings kristallisieren muß, sind Gold und Silber seine entsprechende Inkarnation. Gold und Silber sind von Natur nicht Geld, aber Geld ist von Natur Gold und Silber.» (MEW 13, 130/31)

Im «Kapital» deutet Marx das Verhältnis der weißen Kultur zum Gold genau so, wie die «Wilden von Cuba» die spanische Sucht nach Gold verstehen, nämlich als Fetischismus: «Die moderne Gesellschaft, die schon in ihren Kinderjahren den Plutus an den Haaren aus den Eingeweiden der Erde herauszieht, begrüßt im Goldgral die glänzende Inkarnation ihres eigensten Lebensprinzips.» (MEW 23, 146/47) Fetischdienst am Golde ist die historisch frühe Form der Schatzbildung: «Der Schatzbildner opfert daher dem Goldfetisch seine Fleischeslust» (ebd.). Heute heißt es: «The almighty dollar, the object of universal adoration.» (Paul Samuelson)

Damit lässt sich zusammenfassen: Marx' wichtigster Kronzeuge für das religionsgeschichtliche Phänomen des Fetischismus ist sicherlich de Brosses. Offensichtlich spielt Willem Bosmans Buch über Guinea (1704), das, wie William Pietz (1988) zeigte, für die aufklärerische Afrika-Konzeption paradigmatisch wurde, für Marx wie überhaupt für das 19. Jahrhundert keine Rolle mehr. De Brosses ist der Kronzeuge aller Darstellungen des Fetischismus bis etwa 1850. Ferner: Marx hat sich mit dem Fetischismus im Zusammenhang mit Studien zur christlichen und antiken Kunst (K. A. Böttiger, F. K. v. Rumohr, J. J. Grund) vertraut gemacht, weshalb Bezüge zwischen Fetischismus und christlichem Bilderkult, insbesondere aber zum Reliquienkult, wie auch zu Idolen aller Art, innerhalb des Marx'schen Denkens herzustellen erlaubt ist. Schon 1842 hat Marx den Fetischismus politisch metaphorisiert: In der Bonner Zeit liegen also die Wurzeln für die spätere Übertragung des Fetischismus in die Sphäre der politischen Ökonomie. Von Benjamin Constant scheint Marx übernommen zu haben, dass die Fetische unmittelbar den Bedürfnissen entspringen, ihrer Erfüllung dienen und deshalb affektive Energien der Fetischgläubigen an sich binden (MEGA IV, I/1, 342–67) – ein Gedanke, der auch noch im «Kapital» zum Tragen kommt. Auch hier ist der Fetischismus eine – entfremdete – Form der emotionalen Bindung an ein Objekt des Begehrens. Diese Bindung des Begehrens von Individuen oder Kollektiven an einen Fetisch ist eine Entdeckung des 19. Jahrhunderts (vorher war von dergleichem keine Rede): Nicht zufällig ist der nächste Schritt, dass Alfred Binet 1887 den «sexuellen Fetischismus» kreiert, womit, über Freud vermittelt, die dritte Karriere des Konzepts beginnt – nach der religionswissenschaftlich-ethnologischen und marxistisch-soziologischen.

«Die Religion», sagt Marx 1844 in der «Kritik der Hegelschen Rechtsphilosophie», ist «das Selbstbewusstsein und das Selbstgefühl des Menschen, der sich selbst entweder noch nicht erworben oder schon wieder verloren hat. … Sie ist die *phantastische Verwirklichung* des menschlichen Wesens, weil das *menschliche Wesen* keine wahre Wirklichkeit besitzt.» (MEW 1, 378) Religion ist die symbolische Form der praktischen Vermögen der Menschen und *des* Vermögens, ihres Reichtums nämlich. Die Religion ist eine *phantastische* Figur, weil sie die «Wesenskräfte» des Menschen als nicht-menschliche, sondern göttliche, als fremde und nicht als eigene, mithin nicht nur als äußerliche, sondern superiore darstellt. Für den linkshegelianischen Emanzipationsphilosophen kommt es darauf an, die phantasmagorischen Projektionen menschlicher Kräfte und Beziehungen zu entschlüsseln und aus dem Himmel der Symbole auf die Erde sozialer Interaktion zu ziehen: wodurch sie aus Figuren der Selbstentfremdung zu solchen der Selbstverwirklichung würden.

Interessant an diesem Ansatz des jungen Marx ist, dass er das Religiöse nicht nur als eine symbolische Form bezeichnet, die *noch* herrscht und zur Entzauberung ansteht, sondern die auch *wieder* den dominanten Ausdruck der Moderne bilden kann. Das Religiöse ist darum nicht nur eine weltgeschichtlich vergangene symbolische Form, sondern eine anhaltende Potenzialität des Bewusstseins. So kann Marx in der «Heiligen Familie» Ludwig Feuerbach zwar den «Enthüller» des «wirklichen Geheimnisses» der Religion nennen, mit welchem die Kritik der religiösen Entfremdung endgültig wird (vgl. dazu Reichelt 1984). Zugleich aber gilt, dass die *vergangene* religiöse Form der Selbstentfremdung der *modernen* ökonomischen Entfremdung ihre verhexende Kraft vererbt. So erscheinen in einer profanen, funktional ausdifferenzierten Arbeitsgesellschaft *wieder* Figuren der religiösen Mystifikation, zwar nicht mehr im Himmel der Symbole, sondern, was die Sache kompliziert, in der Tiefenstruktur der Produktion und des Warentauschs selbst.

Man darf sagen, dass *Marx die aufgeklärt-moderne Gesellschaft als eine versteckt religiöse Gesellschaft ansieht, ja, zu einer solchen macht.* Das ist das Tor, durch welches das Fetischkonzept Einzug in die Sozialanalyse nehmen kann. Zugleich findet damit ein Doppelsprung in einen anderen Diskurstyp statt: nämlich von der religiösen Fetisch*exegese* über die ökonomisch-soziologische *Analyse* zur symbolischen *Interpretation* der Gesellschaft. Auch das Fetischkonzept selbst wechselt dabei seinen Status: von einem *deskriptiven Term*, der offenbare Ritualformen so genannter einfacher Gesellschaften erfasst (so bei Comte), zu einer *Metapher*, welche die versteckte Tiefenstruktur des modernen Kapitalismus polemisch entlarvt. Die religiöse Denkfigur wird von Marx also zum Zweck der Gesellschaftskritik profaniert und zugleich generalisiert. Dadurch aber wird die moderne Gesellschaft zu einer religiösen Monstrosität: Der Kapitalismus verkehrt das, worin sich der Mensch entäußert und verwirklicht, die Arbeit, ins Gegenteil, sodass die vom Menschen selbst hervorgebrachte Gegenständlichkeit nicht als seine Verwirklichung erscheint, sondern sich verselbständigt als Macht gegen ihn, die ihn beherrscht, anstatt dass er sie beherrscht. Das sind die wesentlichen Einsichten der «Philosophisch-Ökonomischen Manuskripte» von 1844.

Von diesem Punkt nimmt die moderne Kulturkritik an der Entfremdung und der Abstraktion der Lebensverhältnisse ihren Ausgang, die «Tragödie der Kultur» (Simmel 1911/1996). Die beängstigende Seite dieser Verselbständigung des Objekts gegen das Subjekt formuliert Simmel 1907 noch aus der Sicht der frühen Gaben- und Warentauschkulturen: «Es ist tatsächlich, als ob das erste Bewußtwerden des Objektes als solchen ein Angstgefühl mit sich brächte, als ob man damit ein Stück des Ich als von ihm losgerissen empfände. Daher sogleich die mythologische und fetischistische Deutung, die das Objekt erfährt – eine Deutung, die einerseits dieses Angstgefühl hypostasiert, ihm die einzige für den Primitivmenschen mögliche Begreiflichkeit gibt, andrerseits aber es doch mildert und, indem es das Objekt vermenschlicht, es der Versöhnung mit der Subjektivität wieder näherbringt.» (1900/1994, 85). Aus dieser beängstigenden Seite des primären Warentauschs, bei dem das Objekt seine eigenen Wege geht, entstehen nach Simmel «die sakralen Formen» als eine Art transzendente «Übersubjektivität», als «ein Friedensvertrag». In diesem magischen Kontext muss das sachliche Verhältnis der Dinge im Warentausch eingebettet werden, damit es nicht nur als bedrohliches erscheint (ebd., 87 u. 89). Marx generalisiert diesen Sachverhalt zur Theorie der Entfremdung, Lukács zur Theorie der Verdinglichung (1923/1968).[15]

Diese Struktur also wird von Marx mit dem Term Fetischismus belegt. Erst dadurch erhält die ‹Entfremdung› ihre *energetische* Sättigung, ihre soziale Bindekraft, ihr Faszinosum. Es ist bekannt, dass die Ursache hierfür von Marx in den Produktionsverhältnissen, in der Arbeitsteilung, im Privateigentum, im Warentausch und in der «sichtbaren Gottheit» (MEW Eb, 565)[16] des Geldes ansetzt, das alle Beziehungen beherrscht und seiner abstrakten Logik unterwirft. Die Konsequenz daraus hatte schon der junge Marx als die vier Formen der Entfremdung dargestellt (Deutsche Ideologie 1845/46): die Entfremdung von der Arbeit, die Entfremdung vom Produkt der Arbeit, die Entfremdung von den Mitproduzenten, die Selbstentfremdung. Dies muss nicht mehr ausgeführt werden.[17] Läge diese Entfremdung jedoch zutage und würde sie als solche auch erlebt und erfahren, gäbe es keinen Grund, diese Entfremdung wie ein Joch nicht abzuwerfen und eine freie Gesellschaft zu realisieren. Niemand verharrt freiwillig in bewusst gewordener Entfremdung. Es ist der *Fetisch*, welcher der Entfremdung erst ihr Tremendum und Faszinosum leiht, ihre zugleich beängstigende wie anziehende Macht, ihre Sättigung mit sozialbindender Energie. Und darum muss die ‹Kritik der politischen Ökonomie›, die ein wissenschaftliches Programm darstellt, sich verbinden mit Religionskritik, müssen Analyse und Rhetorik verschmelzen, und muss sich der Diskurs mit polemischer Energie aufladen, muss schließlich zu der «Waffe der Kritik» die «Kritik der Waffen» treten: zur Sprengkraft des Arguments die Sprengkraft der revolutionären Gewalt, welche die Bannkraft des Fetischismus zerreißt. Zu Recht hat Karl Korsch darum das Fetisch-Kapitel als «den Kern der Marxschen Kritik der Politischen Ökonomie» bezeichnet (1971, 101). Die zusammenfassende Formel dafür lautet:

«Das Geheimnisvolle der Warenform besteht also einfach darin, dass sie den Menschen die gesellschaftlichen Charaktere ihrer eigenen Arbeit als gegenständliche Charaktere der Arbeitsprodukte selbst, als gesellschaftliche Natureigenschaften dieser Dinge zurückspiegelt, daher auch das gesellschaftliche Verhältnis der Produzenten zur Gesamtarbeit als ein außer ihnen existierendes gesellschaftliches Verhältnis von Gegenständen.» (MEW 23, 86)

Dieser Satz steht bereits im berühmten Abschnitt «Der Fetischcharakter der Ware und sein Geheimnis» im 1. Band des «Kapitals» (1867).

4.4 DER FETISCHCHARAKTER DER WARE UND SEIN GEHEIMNIS

Marx macht sich in seiner Verwendung des Fetischbegriffs das semantische Schwanken zunutze, welches in seiner Herkunft aus dem port. *feitiço* und dem lat. *factitius*, im Doppelsinn also von ‹zauberisch› und ‹künstlich hergestellt› bereits angelegt ist. Die gesellschaftlich erzeugten Produkte – *factitii* – werden zu ‹Fetischen› dadurch, dass das an ihnen Artifizielle und mithin Profane getilgt ist. Sie zeigen den Schein der Selbständigkeit, etwas Naturhaftes und Außermenschliches, worin weder der Einzelne noch die Gesellschaft sich wiederzuerkennen vermag. *Die in die Dinge investierte Macht scheint als die Macht der Dinge zurück.* Die Dinge erhalten die Physiognomie eines Fetischs, indem sie durch die kapitalistische Produktionsweise und den Warentausch von Produkten zu Waren transformiert werden und ihr Gebrauchswert im Tauschwert verschwindet. Sie werden von den Menschen losgerissen und gewinnen eine eigene Bewegungsform, die sich als undurchdringliche Schicht zwischen das Subjekt und seine Lebensmittel schiebt.[18] «Die vermittelnde Bewegung verschwindet in ihrem eigenen Resultat und läßt keine Spur zurück.» (MEW 23, 107)[19] Die Ware wird damit, wie es Georg Simmel für den Schmuck ausführt (1908/1992, 414–21), zum Zentrum einer Ausstrahlung, in deren Bann das Subjekt gerät, sodass es in der Ware nicht mehr die Signatur seiner eigenen Tätigkeit erkennt. Der Fetisch leiht dem Produkt die Maske einer Fremdartigkeit, die seinen Zauber und seine Aura als Ware ausmacht (Stallybrass 1998).

Damit nimmt Marx am afrikanischen Fetischgebrauch aufschlussreiche Änderungen vor. In den von de Brosses beschriebenen Kulten ist es, wie Marx wusste, ja gerade so, dass die profanen Dinge zu Fetischen erst durch rituelle Handlungen wurden, das heißt, die göttliche Energie wurde ihnen implantiert. Und im Fall ihrer Unwirksamkeit wurden die

Fetische zerstört oder ausrangiert, worüber Reisende aus den katholischen Ländern, die von der zeitenthobenen Einwohnung des Göttlichen in den Reliquien ausgingen, sich immer wieder wunderten, ja, empörten. Oder es war möglich, den Fetischen die göttliche Energie rituell auch wieder zu entziehen. Fetische sind immer transitorisch, ortsgebunden und abhängig von der Manipulation des ‹Fetischdieners› – erst dadurch erhalten sie ihre Wirksamkeit. Marx hingegen erhebt den Fetisch zu einem systemischen Mechanismus. Er universalisiert seine Macht, indem er sie restlos vom Fetischisten ablöst – der doch durch den Fetisch seine Macht gerade magisch erweiterte und keineswegs, wie bei Marx, entzogen bekam.

Gewiss kennt Marx auch solchen Fetischdienst: Er stellt ihn am Geld dar, das bei ihm ein universeller Fetisch ist. Geld ist das allgemeine Medium des gesellschaftlichen Verkehrs und des Tauschs (gleichsam ein Meta-Fetisch, der Dinge in Waren und Waren in Fetische *verwandelt*). Für den Geldbesitzer, so heißt es schon in den «Ökonomisch-Philosophischen Manuskripten» von 1844, wird das Geld zur «sichtbaren Gottheit», zur «göttlichen Kraft», deren Reichweite den Umfang des Ich bestimmt, eine zauberische Multiplikation der Endlichkeit des Subjekts, das ebendeswegen das Geld wie einen Fetisch, ein Idol verehrt.[20] Damit übernimmt Marx eine von ihm zitierte, magische Auffassung von Kolumbus, die der Ideologie des ‹Goldrausches› des frühen Kolonialismus entspricht: «Gold ist ein wunderbares Ding! Wer dasselbe besitzt, ist Herr von allem, was er wünscht. Durch Gold kann man sogar Seelen ins Paradies gelangen lassen.» (MEW 23, 145) Im «Kapital» heißt es: «So groß die Kraft des Geldes, so groß meine Kraft.» (MEW Eb, 564) Marx bringt zustimmend auch Belege aus Sophokles’ «Antigone» und Shakespeares «Timon von Athen». Letzteren hatte er auch schon 1844 (MEW Eb, 563f.) zitiert und um eine Passage aus Goethes Faust I (Verse 1820–27) erweitert.[21] Durch das Geld, so resümiert er, findet eine «allgemeine Verwechslung und Verkehrung der Dinge» und «aller menschlichen und natürlichen Qualitäten» statt, wodurch es das «entäußerte Vermögen der Menschheit» darstellt. Durch seine universale Vermittlungs- und Verwandlungsfähigkeit ist das Geld «die wahrhaft schöpferische Kraft» (MEW Eb, 565). Sie macht das Imaginäre und Virtuelle wirklich und das

Wirkliche zur Fiktion der Wünsche. Diese «verkehrende Macht» des Geldes ist der wesentliche Mechanismus des Warenfetischismus.

Das entspricht der in vielen Kulturen beobachtbaren Herkunft des Geldes aus dem Heiligen, aus Opfer- und Totenkulten (z. B. Geza Roheim, Karl Polanyi[22]). Gegenüber dem «rastlosen Umlauf des Geldes oder seiner Funktion als Perpetuum mobile der Zirkulation» (MEW 23, 144) gewinnt dagegen das Gold aufgrund seiner «Naturalform» als Edelmetall zwei besondere Funktionen: Es ist monetäres Maß und Reserve des Ware-Geld-Umlaufs; und es ist in der Schatzbildung «Selbstzweck», reiner Fetisch des Gehorteten, wodurch das flottierende Geld «versteinert», nämlich «immobilisiert» und mithin die «Metamorphosenreihe» der Waren unterbrochen wird (ebd.). Diese Form des Gold-Fetischismus ist nach Marx charakteristisch für ältere Ökonomien, bei denen das Gold, das aus der Zirkulation abgezogen wird, die Funktion hat, der Rastlosigkeit der Zirkulationssphäre gegenüber ein Reservat, ein naturales Gegengewicht zu bilden: Die «metallne Naturalform» des Goldes ist dadurch Fetisch und Götze wie zugleich auch «die allgemeine Äquivalentform aller Waren» und «die unmittelbar gesellschaftliche Inkarnation aller menschlichen Arbeit» (ebd., 147). Im Fetisch-Kapitel des «Kapitals» zeigt der Fetisch nun tatsächlich nicht nur die zirkulierend-transitorische, polymorphe und polytheistische Form seiner afrikanischen Herkunft, sondern er erhält zusätzlich die Zeitenthobenheit der Reliquie, die abstrakte und homogene, gewissermaßen monotheistische und katholische, sprich: allgemeine Form eines Systems.

Darum auch tut Marx die Deutung des Warenäquivalents von Geld und Gold durch eine *semiotische* Theorie als «beliebte Aufklärungsmanier des 18. Jahrhunderts»[23] ab: Durch sie werde das Geld zum «bloßen Zeichen» und entsprechend die Warenform zu einem «willkürlichen Reflexionsprodukt», «um den rätselhaften Gestalten menschlicher Verhältnisse … wenigstens vorläufig den Schein der Fremdheit abzustreifen.» (MEW 23, 106) Eine nur semiotische Theorie der Waren und des Geldes lässt die «Magie des Geldes» (ebd., 107) unerklärt. Allerdings führt Marx die Geldtheorie schon sehr nah an moderne Semiotiken heran, insbesondere an Figuren der Selbstreferenz, der Normierung und der Autopoiesis.

Bloßes Zeichen ist für Marx nicht das Gold, sondern erst das Geld, besonders das Papiergeld: «Das Papiergeld ist Goldzeichen oder Geldzeichen» (ebd., 142). «Die Ware, welche als Wertmaß und daher auch, leiblich oder durch Stellvertreter, als Zirkulationsmittel funktioniert, ist Geld» (ebd., 143). Diese Ablösung der Naturalform durch die Semiose des Geldzeichens begründet Marx mit ihrer höheren Fungibilität in der W – G – W- bzw. der G – W – G-Zirkulation.[24] Für sie genügt «die bloß symbolische Existenz des Geldes»: «Sein funktionelles Dasein absorbiert sozusagen sein materielles. Verschwindend objektivierter Reflex der Warenpreise, funktioniert es nur noch als Zeichen seiner selbst und kann daher auch durch Zeichen ersetzt werden» (ebd., 143).

Diese semiotische Abstraktion vom Gold, dessen Fetischcharakter noch leichter wahrzunehmen ist, zum Papiergeld macht den Fetischismus in der entwickelten Geldgesellschaft erst zum «Geheimnis». Geld ist für Marx allgemeines Medium der Zirkulation und «Erscheinungsform des Warenwertes» (MEW 23, 104), wodurch alles mit allem kommuniziert, d. h. relationiert, bemessen und dementsprechend ausgetauscht werden kann. Die Funktion des Geldes ist also, «die Warenwerte als gleichnamige Größen, qualitativ gleiche und quantitativ vergleichbare, darzustellen» (ebd., 109). Der Warenwert abstrahiert radikal von der naturalen Materialität des Werts und der Dinge – und das macht seine Undurchsichtigkeit aus. Denn was hier ‹dargestellt› und in der Darstellung zugleich zum Verschwinden gebracht wird, sind nicht nur die materialen Qualitäten der Dinge (ihr Naturalwert, ihr Gebrauchswert), die investierte Arbeitszeit in der Herstellung der Artefakte (Arbeitswert), sondern auch die Verhältnisse der Menschen, die sie in der Produktion und im Tausch zueinander einnehmen (Gesellschaft). Dinge wie Menschen (Produktivkräfte) zirkulieren im Geldmedium nur als Warenwerte, die von jenem ihre Wertmarke, den Preis, angeheftet erhalten.

Das Geldzeichen ist also das Zeichen, das einen Wert darstellt und zugleich die an der Wertgenesis beteiligten Vorgänge unsichtbar macht; es stellt dar und verhüllt in einem. Es bildet eine eigene Welt der Zirkulation (die Verkehrsform der Waren), die von der materiellen Welt der Menschen und Dinge weitgehend entkoppelt ist, vielmehr diese nur noch als abstrakte Warenwerte gegeneinander vermisst und austauscht. Diese zunehmend abstrakteren Transformationen belegt Marx durchweg mit dem Ausdruck «Metamorphose» (MEW 23, 118ff.), einem mythischen Ausdruck, der die ‹wunderbare› Verwandlung der Menschen und Dinge zu Waren, der Waren in andere Waren, der Waren in Geld, des Geldes in bloße Wert-Zeichen-Operationen anzeigen soll. «Die Allgemeinheit des Geldes ist dynamisch, nämlich insofern es den Grad seiner eigenen Abstraktion ständig steigert, alle Dinglichkeit hinter sich lässt und in die reine Form der bloßen Notiz überzugehen ständig auf dem Sprung ist.» (Blumenberg 2001, 177)

Ein Hammer, eine Hose, ein Brot können naturaliter nur von Hand zu Hand gehen. Doch ebendies geschieht nicht. Denn jedes Ding oder Produkt kann nur in Bewegung gesetzt werden, indem es sich verwandelt in etwas, was es von sich aus nicht ist. Als so Verwandeltes, als Warenwert, muss es eine gleichsam spukhafte Reise durch eine andere Welt absolvieren, um die physische Bewegung von Hand zu Hand, von Ort zu Ort vollziehen zu können. Diese raumlose Reise durch Verwandlungen und mediale Vermittlungen hindurch ist der Prozess, aus dem der Fetischismus hervorgeht. Er bezeichnet den absoluten Formwechsel einer Sache. Im Warenwert einer Sache objektiviert sich diese nicht als sie selbst, sondern nur, indem sie als Sache verschwindet und im Medium des Geldes absorbiert und in Verkehr gesetzt wird.[25] Dadurch verwandelt sich «ein ordinäres sinnliches Ding … in ein sinnlich übersinnliches Ding», und die daraus hervorgehende Ware ist «voll metaphysischer Spitzfindigkeiten und theologischer Mucken» (MEW 23, 85).

Dies war noch anders in Ökonomien, die ihre allgemeine Referenz im Gold und Silber hatten, so «wie sie aus den Eingeweiden der Erde herauskommen», sind sie «zugleich unmittelbare Inkarnation aller menschlichen Arbeit» (MEW 23, 105–07). Diese ‹Unmittelbarkeit›, mit der in der archaischen Wirtschaft Edelmetalle die Arbeit verkörpern, entspricht der von Brosses und Comte beobachteten Unmittelbarkeit, in welcher jedwedes Ding im Fetischismus die magischen Kräfte vergegenwärtigen kann. Im Kapitalismus hingegen sieht man dem der «Warenwelt anklebenden Fetischismus» (ebd., 97) nicht an, dass er in verkehrter Form die tätigen Interaktionen von Menschen darstellt. Die in Waren verwandelten Dinge sprechen nicht (ebd.), sondern sie sind im Äquivalenzmaßstab, im Code des Geldes artikuliert. «Das Rätsel des Geldfetischs ist daher nur das sichtbar gewordne, die Augen blendende Rätsel des Warenfetischs» (ebd., 108). Der Rock ist nicht das konkrete Produkt der Arbeit eines namentlichen Schneiders, sondern er agiert als ein spukhafter, aber quantitativ präziser Wert auf dem Markt. Der Warenfetischismus ist der Mechanismus, der diese Verwandlung mit dem Schein der Notwendigkeit versieht, die Ware in die Aura einer Selbsttätigkeit versetzt und bei ihrer Performance auf dem Markt den Glanz von Wunscherfüllung erzeugt.

Im Gegensatz zur hohen Arbitrarität, die im afrikanischen Fetischismus besteht, verstärkt Marx, wo er kann, diese Bannkraft des Warenfetischs – auch dadurch, dass er für die Ware-Geld-Ware-Zirkulation christologische und eucharistische Metaphern wie «Inkarnation» und «Transsubstantiation» (MEW 23, 107, 117/18, 122, 147), mythische Formeln wie die «Metamorphose» oder die «Hieroglyphe» (ebd., 118ff., 88), abergläubische Formeln wie «Zauber und Spuk» einsetzt (ebd., 90) oder qualitative Sprünge wie das «Überspringen des Warenwertes aus dem Warenleib in den Goldleib» (ebd., 120[26]) vollzieht. Darum zeigt die Geldform nicht in der Weise konventioneller Semiosen bloß den Warenwert an, sondern sie ist der an den Produkten «festhaftende Reflex» (ebd., 105) des Warentauschs. Dies eben macht ihren «falschen Schein» aus, der den Waren wie eine «gesellschaftliche Natureigenschaft» (ebd., 107) anhängt.

4.5 DIE FETISCHISIERUNG DES FETISCHISMUS BEI MARX

Neben dem Geld-/Gold-Fetischismus und dem der Warenzirkulation (W – G – W-; G – W – G-) entwickelt Marx im dritten Band des «Kapitals» eine weitere Form des Fetischismus, die des «Geld heckenden Geldes» oder des «zinstragenden Kapitals». Es ist die «äußerlichste und fetischartigste Form» des Kapitalverhältnisses (= G – G-, MEW 25, 404f.). Tatsächlich mobilisiert Marx hier seine ganze Rhetorik, um das Kapital zu einer lebendigen, sich selbst reproduzierenden und vermehrenden Macht zu stilisieren: Es ist eine mystisch-mythische Animation. Er verfährt so, um auf diese Weise radikaler das Numinose als bloßen Schein zu entlarven. «Das Kapital erscheint als mysteriöse und selbstschöpferische Quelle des Zinses, seiner eigenen Vermehrung.» In der reinen Form des «zinstragenden Kapitals», die nicht einmal eine Verdinglichung, sondern eine pygmalionhafte Animation eines toten Aggregats zu lebendiger, selbstreproduktiver, organischer Substanz darstellt, sieht Marx einen «automatischen Fetisch», der so natürlich Zins abwirft, wie der Birnbaum Birnen trägt oder das Wachsen den Bäumen eigentümlich ist (ebd., 405/06). Um diesen seltsamen Superlativ des Fetischismus zu pointieren, zieht Marx alle rhetorischen Register.

Diese «Fetischgestalt des Kapitals», seine «reine Fetischform», «die Vorstellung vom Kapitalfetisch» zeigt völlig unvereinbare Bestimmungen, die im Folgenden aufgelistet werden. So ist der Fetisch reine Form und «ursprüngliche und reine Formel» – mithin etwas Ideales wie die platonische Idee. Er ist aber doch ein «Ding», also anorganische Materie. Er ist ein Etwas, das «keine Narben seiner Entstehung» mehr trägt, also keine Spur des Organischen aufweist. Er ist ein Automat, eine Maschine, und zwar ein wunderbares *perpetuum mobile*, eine sich selbst treibende, produktive Maschine ohne Energieverlust – was Marx wenige Seiten später mit dem Hinweis auf das Gesetz der fallenden Profitrate wieder dementiert (MEW 25, 411). Dann wiederum ist der Fetisch ein Analogon des Organismus, zumindest der Pflanzen: reproduktiv, teleologisch, wachsend, also ein autopoietischer Regelprozess. Er ist dem Begehren und dem Eros analog: «Das Geld hat jetzt Lieb' im Leibe», zitiert Marx aus Goethes «Faust»[27], Geld ist *als* Geld ein «Geldzeugen» und realisiert damit den «Wunsch des Schatzbildners». «Das Produkt vergangener Arbeit» ist im Zinsprozess sogar «an und für sich geschwängert» mit «zukünftiger lebendiger Mehrarbeit» und stellt mithin eine sexuelle Vereinigung zwischen Lebendigem und Totem dar. Das Geld heckende Geld agiert also im Schema eines *élan vital* und ist dennoch etwas Totes; dies macht seine wiedergängerische, zombiehafte Natur aus. Es ist ein Zwitter zwischen *factitius* – «reiner Automat» (ebd., 412) – und *secretum natu-*

rae generativae: «durch eine eingeborene (sic!) geheime Qualität» «erzeugt» es Mehrwert.[28] Es ist ein «Moloch» – eine dämonische Maschinerie wie bei Fritz Lang.

Ohne Zweifel erzeugt Marx mit solchen zwischen Lebendigem und Totem zwittrig schwankenden Metaphern erst die «Vorstellung» und den «Schein» des Kapitalverhältnisses. Er exemplifiziert dieses Verfahren an Ausführungen von Luther, Richard Price, Adam Müller u. a. über den Zinseszins, sodass es die anderen sind und nicht er selbst ist, der die Verhältnisse begrifflich verzaubert (ebd., 407–11). Und ebendiesen Prozess der Verkehrung und Umkehrung der Verhältnisse belegt er mit dem Terminus «Fetischcharakter». ‹Fetisch› ist bei Marx *die Metapher der Metaphoriken des Kapitals*, seine Zeichenform schlechthin. Im Sinne von Hans Blumenberg (1960) kann man den ‹Fetisch› bei Marx eine absolute Metapher nennen: unausweichlich, nicht ins Begriffliche überführbar, für mindestens eine Kultur universell, selbstreferenziell und auf nichts verweisend als auf sich selbst. ‹Fetisch› ist die metaphorische Formel für den faszinierenden und geheimnisvollen, undurchdringlichen wie verschlingenden, zwischen Naturhaftigkeit und Maschinerie, Göttlichkeit und Materie schwankenden Schein des Kapitalismus. Man kann auch sagen: ‹Fetisch› ist die Formel für die Gesamtheit aller semiotischen Prozesse, in denen sich der Kapitalprozess artikuliert und darstellt. Der Fetischismus wirkt wie des Kaisers neue Kleider: Er bildet das Gewand aus Zeichen, das der Kapitalprozess, um real zu funktionieren und in den Köpfen plausibel zu werden, um die nackte Materialität des ausbeuterischen Arbeitsprozesses schlägt. Der ‹Fetisch› ist die Formel des «Quidproquo» (MEW 23, 86); er entspricht damit der rhetorischen Figur der Synekdoché, wodurch eins für das andere genommen, in es verwandelt oder durch es substituiert werden kann. Fetischismus ist der Mechanismus einer Verwandlung von allem in etwas, was dieses alles nicht ist und doch zugleich ist. Der ‹Fetisch› wird damit zur Formel einer universalen Metamorphose, wodurch «die verzauberte, verkehrte und auf den Kopf gestellte Welt» entsteht, in der «Monsieur le Capital und Madame la Terre als soziale Charaktere und zugleich unmittelbar als bloße Dinge ihren Spuk treiben» (MEW 25, 835, 838). So heißt es ganz am Ende des «Kapitals», wo Marx den Fetischismus in die Metaphorik der mittelalterlichen verkehrten Welt, des Karnevals, der Metaphysik des Welttheaters und der Spukgeschichte fasst.[29]

All diese rhetorischen Formeln zeigen, dass die politische Ökonomie auf der Ebene des Waren-/Geld-Fetischismus in eine semiologische Theorie des Gesamtprozesses der kapitalistischen Gesellschaft mündet, wie William Pietz (1993) zu Recht bemerkt hat. Man kann auch sagen: Es gilt, das «Kapital» neu von seiner rhetorischen Seite her zu lesen, wie Thomas Keenan es vorgeschlagen hat, auch wenn er daran scheitert, obwohl ihm Jean Baudrillard auf diesem Weg vorausgegangen war (Keenan 1993).[30] Gewiss kann man auch die theatrale und performative Seite des Kapitalprozesses betonen. Dennoch ist der Fetischismus (und erst recht nicht das Kapital) kein bloß rhetorisches Konzept, und er ist auch nicht ohne weiteres in eine semiologische Theorie übersetzbar, wie es im Dekonstruktivismus versucht wurde (Derrida 1995). Versteht man den Fetischismus als absolute Metapher, welche den Rahmen dafür abgibt, dass im modernen Kapitalismus die Gesamtheit aller Prozesse ‹umgeschrieben› wird, sodass sie ‹verkehrt› erscheinen – wie der Büchner'sche Lenz «auf dem Kopf» gehen möchte oder wie in der Karnevalisierung aller Dinge diese immer als Antipoden ihrer selbst erscheinen –, dann darf man behaupten: Die Zeichen, sofern sie fetischisierend sind, verwandeln die Wirklichkeit des Kapitalismus – das «Geheimnis der Warenform». Die Zeichen sind nicht nur der verhüllende Schein des Wesens, das zur Wahrheit käme, indem man den Schein zerstört. Sondern die Zeichen haben das Wesen okkupiert, der Fetisch hält die Wirklichkeit besetzt. Die Verhältnisse auf die Füße stellen, wie es Marx anstrebt, kann nun nicht heißen, die im Fetischismus wirksame Verkehrung wieder umzukehren – im Akt der doppelten Negation, wie sie von der linkshegelianischen Kritik gern verwendet wird. Es wäre nur eine Fetischisierung der eigenen kritischen Theorie, nähme man an, man könnte den fetischistischen Prozess unterlaufen, hintergehen, entlarven, enthüllen – und hätte die ‹Wirklichkeit› damit gewonnen. Doch gerade in diesem Sinn hat Marx sich zum Exorzisten und Antipriester gemacht – und er erweist sich damit im Sinne Pouillons als ein Fetischkritiker, «der in gewissem Sinn vielleicht am meisten an Fetische glaubt» (1972, 201).

Durch die Fetischisierung erst werden die Waren zu einem «sehr vertrackten» Ding «voll metaphysischer Spitzfindigkeiten und theologischer Mucken»; ihr Charakter ist «rätselhaft», «mystisch» und «geheimnisvoll» (MEW 23, 85). Die Rede ist vom «Mystizismus der Warenwelt», von «Zauber und Spuk» (ebd., 90). Es ist Marx selbst, der, um eine Analogie für die Warenzirkulation zu finden, «in die Nebelregion der religiösen Welt» flüchtet (ebd., 86). Die Frage ist, warum er dies tut.

Zwei Antworten bieten sich an: Zum einen fällt auf, dass Marx im Fetisch-Kapitel der Warentauschanalyse eine ökonomische Robinsonade folgen lässt, die in einer Utopie eines «Vereins freier Menschen» (ebd., 92f.) gipfelt. Warum dies? Das archaisierende Idyll von freier Produktion, Naturaltausch und kooperativen, friedlichen Beziehungen dient als Folie, vor der die moderne Warengesellschaft erst das Ansehen eines dunklen magischen Banns gewinnt.[31] Der *positiv* hypostasierte Archaismus eines *Urkommunismus* auf extrem komplexitätsreduziertem Niveau bildet den Hintergrund für den *negativ* hypostasierten Archaismus des *Kapitalismus* mit seiner extremen Komplexitätssteigerung, die den vertrackten fetischistischen Schein erzeugt. Die «industrielle Pathologie» (ebd., 384/85), wie Marx sich ausdrückt, besteht mithin im Umschlag der Moderne in eine bösartige und entfremdete Archaik, während eine utopische Archaik das Gesundbild einer befreiten Gesellschaft liefert. Das ist kulturkritisch-romantisches und – nicht zu übersehen – apokalyptisches Erbe. Wie bei aller Kulturkritik soll auch hier das Negative, Kranke, Unwahre durch die Konfrontation mit dem Gegenbild des Positiven, Gesunden und der Wahrheit vernichtet werden. Übersehen wird dabei stets, dass diese dualistische Kritikform die kritisierte Seite erst hervorbringt *und* erhalten muss, weil sie sonst ihren Gegenstand verliert. Dies verhält sich ganz ähnlich wie jene «halbierte Aufklärung» (Habermas), die an das Objekt gefesselt bleibt, das sie aufzuklären unternimmt.

Zum Zweiten bedeutet der fetischistische Bann, in dem der Kapitalismus steht, dass keine Reform, sondern nur eine Revolution die Verzauberung der Gesellschaft brechen kann. Darum muss die Kapitalanalyse zu einem Enthüllungsdiskurs werden – in der einen Hand das wissenschaftliche Instrumentarium der politischen Ökonomie, in der anderen das archaische Bild frei vergesellschafteter Menschen. Magisch-fetischistische Verhältnisse sind nicht reformierbar, sondern nur mit einem Schlag abzustreifen. Es gibt nur den Sprung aus dem Kapitalismus heraus. Die verhexte Gesellschaft braucht das Autodafé, der Fetischismus der Verhältnisse erfordert die Revolution. Die «zweite Natur», die die Menschen kraft ihres produktiven Vermögens gebildet haben, erhält durch den Fetischismus einen fatalistischen Schein, der nicht nur theoretisch entziffert, sondern praktisch zerschlagen werden muss.

Mit diesem Konzept ist Marx wirkungsmächtig geworden. In seinem rationalen Kern reicht seine Wirkungsgeschichte über die grandiose Studie «Geschichte und Klassenbewußtsein» von Georg Lukács[32] bis zu soziologischen Analysen der ubiquitären Warenästhetik und der Formen von Sozialpathologie heute.[33] Undenkbar ohne die Marx'sche Warenanalyse sind die Studien der ökonomischen und sozialen Rationalisierung durch Max Weber (Weber 1922) oder die Darstellungen der «objektiven Kultur» in der «Soziologie» (1908/1992) Georg Simmels und in seiner «Philosophie des Geldes» (1900/1994). Die kommunistischen Staaten erlagen demgegenüber umso eher dem Fetischismus und der Idolatrie und wiesen darum so fatale Analogien zu den faschistischen Staaten in Westeuropa auf, weil sie mit der Revolution im Rücken jene Katharsis vollzogen zu haben vermeinten, die ein für alle Mal gegen allen Fetischismus, alle Verkultung, alle Verhexung des Bewusstseins immun machen würde. Fetischismus wie jede andere Form von Irrationalität ist jedoch nicht abzuwerfen wie ein Joch oder schlagartig aufzulösen wie eine Verblendung. Gerade weil Marx Recht damit hat, dass die moderne Gesellschaft strukturell im Bann archaischer Formen steht, gilt die Einsicht, dass die Auflösung des Banns umso weniger gelingen kann, als man ihn gewaltsam exorziert. Man löst den Fetischismus nicht auf, sondern unterliegt ihm umso eher, als man ihn beim Anderen und nicht im Selbst identifiziert, in der anderen Kultur, der anderen Gesellschaft, der anderen Schicht, der anderen Gruppe. Das Vertrackte des Fetischismus, das Marx zum Unglück seiner Nachfolger nicht verstanden hatte, besteht nämlich darin, dass man ihn bei sich selbst umso eher verstärkt, als man ihn beim Anderen kritisch verfolgt. Der Fetischismus der Anderen ist zumeist der projizierte eigene. Der Umgang mit kolonisierten Völkern, mit ethnischen Minderheiten, mit kulturell Fremden, mit sexuellen Außenseitern hat dies blutig bewiesen.

5. Verdinglichung und Kulturindustrie

Ein Jahrhundert hat der Marxismus nicht eigentlich begriffen, was Marx ihm mit dem Warenfetischismus hinterlassen hatte. Längst lag in der Nachfolge von Binet und Freud zudem ein Konzept des sexuellen Fetischismus vor und damit auch die Möglichkeit, den Warenfetischismus mit dem Begehren, dem Unbewussten und Imaginären von Gesellschaft und Individuum in Verbindung zu bringen. Durchaus bestand die Möglichkeit, die von der Ökonomie ausgehenden Analysen von Marx mit den psychologischen Seiten des Konsums zu fusionieren. Zwar gab es in der Sexpol-Bewegung (s. S. 418) schon seit den 20er Jahren des 20. Jahrhunderts Verbindungen zwischen Marxismus und Psychoanalyse, doch blieben dabei die fetischistischen Beziehungen, die Konsumenten an Waren binden, völlig aus dem Blick. Dafür gibt es Gründe.

Die marxistische Theorie orientierte sich an der Arbeiterbewegung und damit am Widerspruch zwischen Produktionsverhältnissen und Produktivkräften. Generell stand damit die Produktion von Gütern, nicht deren Konsumtion im Vordergrund. Man war einerseits interessiert daran, die Ausbeutung, die mit der kapitalistischen Organisation der Produktion verbunden war, herauszustellen, wie andererseits daran, eine politische Revolution der Produktion im Interesse der Arbeitenden voranzutreiben. Fetischismus gehörte hauptsächlich zur Phraseologie, mit der man den Klassenfeind, die Bourgeoisie, geißelte; man selbst hatte damit nichts zu tun. Zudem blieben die Frühschriften von Marx (z. B. die «Ökonomisch-Philosophischen Manuskripte»), in denen er seine Theorie der Entfremdung entwickelt hatte und innerhalb deren der Warenfetischismus ein Segment darstellt, lange Jahrzehnte unpubliziert; sie wurden, weil heterodox, nicht rezipiert oder nur schematisch auf die Entfremdung des Produzenten vom Produkt, vom Mitproduzenten und von den Produktionsmitteln angewendet. Der Konsum indes war ein blinder Fleck des marxistischen Denkens. Das hing sicher auch damit zusammen, dass im 19. Jahrhundert für die proletarischen Massen nicht der Konsum unerschöpflicher Warenfluten auf der Tagesordnung stand, sondern der bloße Lebensunterhalt unter Knappheitsbedingungen. Dies gilt auch für die kommunistischen Länder, die sich seit der russischen Revolution bis 1989 bildeten. Sie waren und blieben Gesellschaften, die mit dem Mangel und der Armut kämpften, sodass Theorien wie die von Veblen über den *conspicuous consumption* der *leisure class* wie bürgerlicher Hohn in den Ohren klingen mussten. Die Revolution der Ware, wie sie sich seit den großen Weltausstellungen und seit den Gründungen der «Kathedralen der Ware», den gigantischen Warenhäusern, in den Metropolen Europas und der USA seit dem letzten Drittel des 19. Jahrhunderts abzeichnete, wurde zu keinem Thema der marxistischen Theorie. Konsumfetischismus war unbekannt. Im Grunde stellte das Kapitel «Kulturindustrie» in der «Dialektik der Aufklärung» (1944) von Horkheimer und Adorno – nicht zufällig in den USA entstanden – den ersten Versuch dar, den kulturellen Fetischismus in einer fortgeschrittenen Massengesellschaft kritisch darzustellen – allerdings unter weitgehendem Verzicht auf das Fetischkonzept. Was den Ansatz Horkheimer/Adorno mit den Fetischismustheorien dennoch verbindet, ist indes die aufklärerische Geste, mit der Konsumismus und Kulturindustrie als universaler Verblendungszusammenhang denunziert werden. Das ist umso erstaunlicher, als Horkheimer/Adorno gerade die Aufklärung – als einen von der Antike bis heute anhaltenden Prozess der Rationalisierung – zur Ursache jener Verblendung erklärten, die umso mächtiger das Bewusstsein der Massen vernebelte, als sie im Zeichen einer unwiderstehlichen Rationalität voranschritt. Doch selbst das marxistisch inspirierte Kulturindustrie-Kapitel blieb bis zur Studentenbewegung der späten 1960er Jahre innerhalb des Marxismus ohne Widerhall.

Ähnliches war auch dem 1923 erstveröffentlichten Buch «Geschichte und Klassenbewußtsein» von Georg Lukács beschieden, das in der stalinistischen Ära weitgehend unterdrückt und von Lukács selbst während seiner orthodoxen Jahrzehnte wenn nicht verleugnet, so doch als überwunden dargestellt wurde. Hier, vor allem im Kapitel «Die Verdinglichung und das Bewußtsein des Proletariats» (1968, 170–355), konnte man eine vom jungen Marx inspirierte allgemeine Theorie der Verdinglichung finden. Sie nahm allerdings den Warenfetischismus nur zum Ausgang, um dann Formen der Verdinglichung im Recht, in den Wissenschaften, in der Kunst, der Philosophie und vor allem in der Geschichte auszumachen. Dies kann hier beiseite bleiben. Für Lukács ist der «Warenfetischismus ein *spezifisches* Problem unserer Epoche, des *modernen* Kapitalismus», das das «ganze äußere wie innere Leben der Gesellschaft zu beeinflussen fähig» ist (ebd., 171). Dass alles und alle zu Waren werden *müssen*, um an der gesellschaftlichen Zirkulation teilzuhaben – ob in Form von Arbeit, Handel, Verkehr, Kommunikation, Konsum –, ist der zum Prinzip erhobenen Warenform geschuldet, die «zur konstitutiven Form einer Gesellschaft» und zur «universellen Form der Gestaltung von Gesellschaft» geworden ist: «Denn nur als Universalkategorie des gesamten gesellschaftlichen Seins ist die Ware in ihrer unverfälschten Wesensart begreifbar» (ebd., 172–74). Wir holen diese maximalen Verallgemeinerungen ein wenig herunter.

Im entwickelten kapitalistischen Industrie-System nehmen qualitative Entfernungen und Trennungen zu: 1. Das Produkt ist ‹entfernt› vom Produzenten (der nur noch winzige Arbeitsschritte zu erledigen hat). 2. Der Arbeitsprozess ‹entfernt› sich vom Produzenten (der keinerlei Übersicht über den Gesamtvorgang der Produktion haben kann). 3. Der Co-Produzent ist ‹entfernt› vom Produzenten (sie sind räumlich getrennt, weil auf den ‹Apparat› verteilt und durch ihre Funktionen strukturell differenziert). 4. Das ‹Arbeits-Ich› schließlich ist getrennt vom ‹Privat-Ich› (Konsument). Letzteres hängt an zwei Gründen: Fast alles, was ich hier und jetzt brauche, produziere ich gerade nicht (sondern andere anderswo). Da ich nichts von dem herstelle, was ich brauche, verstehe ich von den als Waren angebotenen Produkten wenig oder nichts. Die vier Entfremdungen und die beiden Gründe kreieren undurchsichtige Abhängigkeiten, die nach Marx wie Lukács notwendig entstehen müssen, wenn die Einsicht in die Genesis (Produktion) der Dinge wie in ihre Verwandlung in Waren auf dem Markt blockiert ist. Die Folgen sind: Wer etwas braucht, muss als Privatperson auf den Markt gehen und es als Ware kaufen. Das kreiert ihn als Kunden. Beziehungen zu Dingen können aufgenommen werden nur durch ihre Vermittlung als Waren. Desgleichen müssen alle Dinge (Produkte), die als Tauschwerte realisiert werden sollen, ‹zum Markt gehen› und dort ‹auftreten›. Das kreiert die *Performanz oder Theatralität der Waren*. Waren müssen ‹ausgestellt› werden. Die Entfremdungen in der Produktion und die Mechanismen des Warentauschs erzeugen zusammen den *Warenfetischismus*.

Dieser besteht in mehrfachen ‹Verkennungen› bzw. ‹Entstellungen›: 1. Als Konsument muss ich mich zwangsläufig an der Performanz der Ware orientieren (während ich den Gebrauchswert des als Ware auftretenden Dings nur entstellt wahrnehmen kann); 2. Ein Verhältnis zu dem ‹Ding› gewinne ich nur, wenn ich es als Ware mir aneigne (sofern ich Geld habe) und dabei verkenne, dass ich in diesem Warenverhältnis ‹eigentlich› ein Verhältnis zu ‹anderen Menschen› eingehe (zu den Produzenten). Ich kaufe Nike-Schuhe und verkenne, dass ich damit ein indirektes Verhältnis zu Arbeitern/innen in den Philippinen eingehe. 3. Ich weiß das irgendwie, aber dennoch … kaufe ich. Je sais bien, mais quand-même (Mannoni 1964; s. S. 409ff. des Buchs). Für Marx ist dieses «Aber dennoch» ein *Zwang*, der von der Warentauschgesellschaft *strukturell* ausgeübt wird, sodass das «Ich weiß wohl …» zumeist verdrängt wird. 4. Der Warenfetisch ist das als Ware verkleidete Ding. Der Fetisch ist der Schein eines *Gebrauchswert-Versprechens*, welches durch seine theatrale Form inszeniert wird. Dieser Schein macht die Faszinationsmacht der Ware aus. Weil er fasziniert und verlockt, ist der Schein so schwer zu durchbrechen. (Man müsste aus dem System des Warentauschs aussteigen – aber wie?) 5. Da der Fetisch immer eine *Substitution* oder *Vertretung* ist, die gleichzeitig etwas *verleugnet*, ist die Frage: Was vertritt der Warenfetisch? Was verleugnet er? Er *vertritt* (zumeist) das Bild einer Welt, die unsere Bedürfnisse erfüllt, einer Welt, die immer ‹voll›, ‹reich›, ‹großartig› und ‹schön› ist (und wir sind ein Teil von ihr). Das macht die *Aura* des Warenfetischs aus: Der Warenfetisch winkt mit der Partizipation am Schlaraffenland (in allen Varianten). Die Ware ist also der Code einer Utopie. Das ist ihre systematisch erzeugte *Illusion*. *Verleugnet* wird die Fragmentierung, die vielfachen Teilungen, Trennungen, Verluste, Anstrengungen, Demütigungen, Schmerzen, Lasten, Enttäuschungen, die man in der kapitalistischen Warentauschgesellschaft erlebt (die desillusionierte Welt). Die Ware verleugnet die Nicht-Utopie, die Prosa der Wirklichkeit. Der aufgeklärte Kunde heute steht auf beiden Seiten: Er ist desillusioniert und illusioniert zugleich von den Waren, er hat die Illusion schon enthüllt, und dennoch verleugnet er die Desillusion: Das ist die typische *Kompromiss*-Struktur des Warenfetischs.

Nach Auffassung des reformmarxistischen Philosophen Karel Kosik, anknüpfend an den jungen Lukács, wird dadurch die Welt der «Pseudokonkretheit» konstituiert: «Der Komplex von Erscheinungen, die die alltägliche Umgebung und die geläufige Atmosphäre des menschlichen Lebens ausfüllen und durch ihre Regelmäßigkeit, Unmittelbarkeit und Selbstverständlichkeit, mit der sie in das Bewußtsein der handelnden Individuen treten, den Schein der Selbständigkeit und Natürlichkeit erlangen, ist die Welt der *Pseudokonkretheit*.» (Kosik 1967, 9) Sie ist ins «Dämmerlicht von Wahrheit und Täuschung» getaucht. «In der Welt der Pseudokonkretheit wird die Erscheinungsform der Sache, in der sich die Sache offenbart und verbirgt, für das Wesen selbst gehalten, und der Unterschied zwischen Erscheinung und Wesen *verschwindet*» (ebd., 10). Die «Destruktion der Pseudokonkretheit, d. h. der fetischistischen und trügerischen Gegenständlichkeit der Erscheinung», wird zur Aufgabe der dialektischen Methode (ebd., 17ff., hier 56). Sie analysiert, was Marx «diese Religion des Alltagslebens» nannte (MEW 25, 838).

Dieses Konzept führt auf die Darstellung des Warenfetischismus in der Verdinglichungstheorie von Lukács zurück (vgl. Fedi 2002, 33–39). Der Fetischismus erscheint hier als «menschfremde Eigengesetzlichkeit» der Bewegung von Waren. Ihr Zusammenhang stellt sich *«objektiv»* als eine «Welt von fertigen Dingen und Dingbeziehungen» dar, die den Menschen gegenüberstehen «als unbezwingbare, sich von selbst auswirkende Mächte». *«Subjektiv»* wirkt sich der Fetischismus dadurch aus, dass «die Tätigkeit des Menschen sich ihm selbst gegenüber objektiviert, zur Ware wird», die er anbieten und verkaufen muss. Dadurch aber wird sein subjektives Vermögen, seine Arbeitskraft, zu einer Ware, die derselben «menschenfremden Objektivität» (Lukács 1968, 175) unterworfen ist wie jedes zur Ware gewordene Ding, das auf seinem Weg durch das

Netzwerk der Tauschakte eine «gespenstige Gegenständlichkeit» (ebd., 171) annehmen muss, um sich überhaupt bewegen zu können. Man erkennt, wie sehr Lukács, auf den Spuren von Marx, mit Fetischismus genau jenen scheinhaften Zwang bezeichnet, der bereits dem afrikanischen Fetischismus als seine manipulative Macht nachgesagt wurde. ‹Frei› ist der Arbeiter nur darin, dass er seine Freiheit freiwillig abtritt an ein System, das seine Individualität mit derjenigen anderer Menschen formal gleich behandelt – genauso wie die heterogenen Dinge auf dem Markt gegeneinander homogen und dadurch kalkulierbar gemacht werden (ebd., 176/77). Produktion und Produkt verschwinden spurlos in der Ware, deren kalkulatorische Einheit abgekoppelt ist von der materialen Einheit des Dings bzw. der existenziellen Einheit des Menschen. Diese Entkoppelung setzt wiederum die Ware ‹frei›, um ihre eigene Performance auf dem Markt zu gewinnen: Gestaltet durch Designer, Werber, Produktmanager, gewinnt sie, was heute umstandslos, aber zu Recht «Produkt- oder Markenpersönlichkeit»[34] genannt wird. Dieses Konzept geht auf den Vater der deutschen Marketingwissenschaft Hans Domizlaff zurück, der 1939 (!) schrieb: «Man kann auch von dem Gesicht eines Markenartikels sprechen. Ändert man an dem Gesicht auch nur das geringste, dann setzt sofort das Gefühl der Fremdheit ein, die Kritik wird wachgerufen. … Eine Marke hat ein Gesicht wie ein Mensch.» (91/92)[35] Diese Anthropomorphisierung, die sich auch in seinem Konzept der Marke als «Ideenorganismus» findet, dient dazu, quasipersonale Beziehungen zur Ware aufzubauen wie Vertrauen, Glaubwürdigkeit, Sicherheit, heute aber auch: Identifikation, affektiv-erotische Bindungen, Optimismus etc. Das genau aber erfüllt die Bestimmungsmerkmale von Fetischisierung. In diesem Sinn ist ein Gutteil des Marketings mit nichts anderem beschäftigt, Waren zu Fetischen zu machen und sie als solche agieren zu lassen.

Diese Verwandlung der Ware zu einer Persönlichkeit mit eigener *agency*, die ihr indes künstlich implementiert wird, wird im marxistischen Begriff des Warenfetischismus gerade als Verdinglichung verstanden. Je effektvoller die Ware zur Quasi-Person mystifiziert wird, desto mehr verwandelt sich umgekehrt die Person zum Ding. Nach Lukács führt das dazu, dass sich dadurch nicht nur der Produktcharakter der

Ware auflöst, sondern der Mensch seinen «Tätigkeitscharakter verliert und zu einer kontemplativen Haltung» gezwungen wird (1968, 179). Es gibt zur Warenwelt keinen anderen Bezug, als zu kaufen oder zu verkaufen oder beides sein zu lassen; doch es gibt keinen tätigen Eingriff ins System der Waren selbst (sowenig wie ins System der Produktion). Die einzige Aktivität ist das Konsumentenverhalten. Statistisch gesehen ist es gewiss eines unter vielen Regulativen des Markts, ohne sich jedoch als subjektives Bewusstsein von Handlungsmacht niederzuschlagen. Die Macht des Konsumenten ist eine Macht, die er selbst nicht empfindet. ‹Kontemplativ› heißt deswegen, sich in einer Position vorzufinden, in der man von Waren affiziert, angesprochen oder fasziniert wird, also in einer Lage ist, in der das Pathische überwiegt und die Aktivität sich auf Auswahl und Kaufentscheidung beschränkt. Dadurch wird der Konsument wie der Arbeiter, der seine Arbeitskraft verkauft, zu einem «Zuschauer» seiner selbst in einem Prozess, dem er sich isoliert gegenüberfindet und den er als unbeeinflussbaren Mechanismus erlebt (ebd., 180f.). Lukács interpretiert dies als den «‹notwendigen Schein›, der über der Produktion liegt» (ebd., 182/83); er ist indes auch der Schein, unter welchem die Ware auftritt. Lukács resümiert in typisch umständlicher Diktion: «Gerade weil in ihnen die in der unmittelbaren Warenbeziehung verborgenen Beziehungen der Menschen zueinander und zu den wirklichen Objekten ihrer realen Bedürfnisbefriedigung zur vollen Unwahrnehmbarkeit und Unkenntlichkeit verblassen, müssen sie für das verdinglichte Bewußtsein zu den wahren Repräsentanten seines gesellschaftlichen Lebens werden» (ebd., 184f.).

Dieses verdinglichte Bewusstsein ist das fetischisierte Bewusstsein. Es bedeutet zweierlei: Zu den ‹Warenpersönlichkeiten› steht man in scheinbarer Unmittelbarkeit (obwohl es tote Dinge sind); und die im Warentausch verdeckten Beziehungen zu Menschen erlebt man überhaupt nicht, so, als seien sie tot (obwohl es lebendige Menschen sind). Diese Verkehrung, durch die Dinge wie lebendige Kräfte und Menschen wie bloße Gegenstände erlebt werden, wurde stets am afrikanischen Fetischismus als Form primitiven Animismus kritisiert. Auch Lukács geht es darum, dass die verhexende Kraft des Warenfetischismus, der das Bewusstsein verdinglicht und die Dinge animiert, zerschlagen wird; im

Proletariat soll der Fetischismus zu einem politischen Klassenbewusstsein umschlagen. Dieses wird in der revolutionären Tat praktisch (Lukács 1968, 288–91). Indem das Bewusstsein des Arbeiters «*das Selbstbewußtsein der Ware*» ist, vollzieht sich in ihm die «Selbstenthüllung der ... kapitalistischen Gesellschaft» (ebd., 295). So hofft Lukács. Damit setzt er die aufklärerische Enthüllungsmetaphorik von Marx fort, wobei das Herunterreißen der Waren-Maske erneut dem revolutionären Proletariat zugeschrieben wird. Indem der Arbeiter sich selbst als Ware bewusst wird, ist er unmittelbar praktisch für sich und zugleich universell revolutionär: Es kann «der auf die Arbeitskraft als Ware fundierte Fetischcharakter *einer jeden Ware* enthüllt werden» (ebd., 196f.). Die Revolution zerschlägt den Fetischismus. Das ist ihre Pointe. Historisch aber trat das Gegenteil ein: Man zerschlug nicht, sondern unterdrückte den Warenfetischismus (und damit die Konsumlust der Menschen); und man betrieb nicht den Sturz, sondern die Verkultung der (politischen) Idole. Es gibt kein stärkeres Lehrstück über den Fetischismus als dieses: Indem man ihn revolutionär zu zerschlagen glaubt, verdrängt man ihn ins kollektive Unbewusste und erzeugt furchtbarere Götter als die, die man vertrieben zu haben glaubte. Das ist eine bittere Stunde der Moderne.

Davon sind Horkheimer und Adorno im Kulturindustrie-Kapitel sicherlich frei. Mitten im Krieg (1942–44), unter dem Eindruck der amerikanischen Unterhaltungsindustrie, die jede kulturelle Geste in stereotype Serienprodukte verwandelt und die deutschen Emigranten wie ein Kulturschock trifft, einerseits, der perfekten NS-Propaganda andererseits, die das Bewusstsein der Massen rückstandslos durchdringt, entwickeln die kritischen Theoretiker ihr Bild von Bewusstseinsindustrie. Sie bemächtigt sich lückenlos aller Lebensregungen und verwandelt diese in den Gleichklang der Monopole oder in den Gleichschritt der Herrschaft. Der Satz «Kultur heute schlägt alles mit Ähnlichkeit» wird zur Doktrin des kritischen Denkens (Horkheimer/Adorno 1981, 108). Das Blendwerk des Warenfetischismus zieht nicht nur die Produkte, sondern die Menschen selbst vollständig in Bann. Wurden bei Marx die Arbeiter zu Anhängseln der Maschinen, so werden in der Kulturindustrie die Konsumenten zu willfährigen Anhängseln der Unterhaltungsmedien und des Amüsierbetriebs. Die Konsumenten sind die Lotophagen[36] der Moderne, die in der rauschhaften Betäubung des Konsums eine erinnerungslose Auflösung ihrer selbst sowohl genießen wie erleiden.

Allgemeines und Besonderes fallen in falscher Identität zusammen. «Nur dadurch, dass die Individuen gar keine sind, sondern bloße Verkehrsknotenpunkte der Tendenzen des Allgemeinen, ist es möglich, sie bruchlos in die Allgemeinheit zurückzunehmen.» (ebd., 139) Die Widersprüche, die der Linkshegelianer Marx zwischen Allgemeinem und Besonderem offen gehalten hatte, um die Aussicht auf revolutionäre Befreiung nicht zu verdunkeln, werden von Horkheimer und Adorno zusammengestrichen auf das universelle Modell einer «ökonomischen Riesenmaschinerie» (ebd., 114). Jede gesellschaftliche Entwicklung ist gleichgesetzt mit der Zunahme und Verbesserung von Täuschungstechniken, die das Besondere und Individuelle auslöschen (Adorno nennt es das Nicht-Identische im Gegensatz zur schlechten Identität, in die Menschen und Dinge durch Aufklärung und Warenprinzip gepresst werden). Die Manipulation, die dem Fetischismus seit je eignen soll, hat sich nach der Produktionssphäre nun auch der Politik und der Kultur, und damit des Geistes, bemächtigt. Die Gesellschaft wird in einen undurchdringlichen Monolithen des Massenbetrugs verwandelt, der an den Menschen doppelt vorgenommen wird: Als Arbeitende werden sie um ihre Erträge geprellt wie als Konsumenten um ihre Lüste betrogen. Fetischismus bewirkt, dass nicht etwa der Widerstand gegen die kulturindustrielle Beherrschung wächst, sondern die Freiwilligkeit, mit der man sich jener überlässt. Identifiziert ist man mit dem Erfolg, um den man betrogen wird (ebd., 120). «Jeder muß zeigen, daß er sich ohne Rest mit der Macht identifiziert, von der er geschlagen wird» (ebd., 138). Im versierten, bis zur Reflexhaftigkeit trainierten Gebrauch der Kulturfetische ist man zugleich von der Last der Individuation befreit (ebd., 114/140). Das allgegenwärtige, entfesselte Amüsement und die repetitive Zerstreuung, zum kategorischen Imperativ geworden, sind die Fetische einer Kultur, die «den Menschen als Gattungswesen hämisch verwirklicht» (ebd., 131). Er verkommt zum fungiblen Exemplar eines Allgemeinen, das sich in den standardisierten Produkten über alles Individuelle und Nicht-Identische hinweg durchsetzt. Heute nennt man das «normalisierende Optimierung» (Bublitz 2005, 59ff.). Im total fetischisierten Bewusstsein der Massen triumphiert «die Totalität der Kulturindustrie» (Horkheimer/Adorno 1981, 122). Die Gewalt der Apparate fällt mit dem Bedürfnis der Menschen in eins. Darunter liegt unerkannt und unbewusst die Angst vor Ausschließung. Die Barbarei des kulturindustriellen Fetischismus bedroht jeden, der sich von ihm nicht bezaubern lässt, damit, ihn als Fremdling auszugrenzen,[37] also zum *barbaros* zu machen. Wirkliche Kunst wird zum radikalen Außen der Gesellschaft, zur Negation ihrer Negation. Dadurch sucht sie sich ihrer Fetischisierung in der totalen Verwertungslogik des Kapitals zu entziehen. Denn selbst die widerständige Kunst droht in den Kreis des Konsums gezogen zu werden: «Der Gebrauchswert der Kunst, ihr Sein, gilt ihnen (= den Konsumenten, H. B.) als Fetisch, und der Fetisch, ihre gesellschaftliche Schätzung, die sie als Rang der Kunstwerke verkennen, wird zu ihrem einzigen Gebrauchswert, der einzigen Qualität, die sie genießen. So zerfällt der Warencharakter der Kunst, indem er sich vollends realisiert.» (ebd., 142) Dadurch fällt die moderne Produktionsrationalität, die sich der Kultur bemächtigt hat, ins Archaische zurück: die «Vergötzung des Daseienden und der Macht», die bei den Fetisch-Kritikern immer schon dessen Unwesen ausmachte. In der Universalisierung des Fetischismus, die Horkheimer und Adorno erst herstellen, ist der Betrug, der ihn ausmacht, zur Weltordnung geworden.

Eine solche Totalisierung der kulturindustriellen Manipulationsmacht ist gnadenlos. In doppeltem Sinn: gnadenlos gegen die Menschen; freiwillig unterwerfen sie sich einer Macht, die in ihrer konsumistischen Lust umso rückhaltloser sich durchsetzt. Auf der Ebene des Konsums reproduzieren die Autoren dieselben fatalen Mythologien der Macht, wie wir sie bereits an Fritz Langs Film «Metropolis» für die Ebene der Produktion und der politischen Lenkung beobachtet hatten. Im fetischisierten Bewusstsein der Massen wird die Verblendung universal, mittels deren sich die Unterhaltungsmaschinerie noch in die innersten Falten der Wünsche, der Imaginationen, der Gefühle und des Unbewussten einnistet, um diese gleichzuschalten. Der Stumpfsinn, den Horkheimer und Adorno den seriellen Produkten der Kulturindustrie attestiert, wird zum Stumpfsinn der Massen verlängert, die in ihrem Amüsement bewusstlos ihre eigene Unterwerfung feiern. Gnadenlos ist indes auch die Askese, die der authentischen Kunst und ihren Adepten (und heißen sie Adorno) auferlegt wird: ‹Authentisch› ist sie nur im Maß, wie sie sich jeder Verwertung entzieht, jeder Verführung verweigert, jeder kommunikativen Anschließbarkeit trotzt und im Triumph ihrer eigenen Selbstvereisung rührungslos der Apokalypse der industrialisierten Lüste und ihrer Fetische zusieht. Empathie mit den wie immer auch manipulierten Lüsten und Leiden der Menge gilt solcher Weltsicht schon als theoretischer Sündenfall. Das Kapitel «Kulturindustrie» liest sich wie eine gleichmäßig rhythmisierte Litanei, die an jedem Phänomen – Jazz, Radio, Film, Werbung, Lebensstil, Alltagskonsum – immer dasselbe entdeckt: die Verhunzung von wirklicher Kultur im Monopolkapitalismus, der als «zivilgesellschaftlicher Totalitarismus» (Joachim Hirsch) das demokratisch getarnte Pendant zu den furchtbaren Diktaturen des 20. Jahrhunderts darstellt. Der Text entfacht einen Bildersturm, eine einzige ikonoklastische Attacke gegen Idolatrie und Fetischismus, die das Startum und die Massenmedien, die Werbesprache, die Mode oder die populäre Musik gleichermaßen beherrschen.

Wenn derart jegliche Differenz ausgelöscht wird, wiederholt sich an der Theorie selbst, wogegen sie kämpft. Der Fetischismus ergreift seine Kritiker. Nicht etwa dadurch, dass sich die Autoren zu einer irgendwie lustvollen Faszination etwa durch einen Hollywood-Film hinreißen ließen, sondern durch die Theoriesprache selbst, die wie ein apotropäischer Zauber gegen solche Verführung schützt. Wer derart seine Sprache als Bollwerk gegen die ubiquitären Fetische einsetzt, erliegt diesen auf vertrackte Weise selbst. Das beginnt damit, dass der fetischistische Bann, der von den Kulturindustrie-Monopolen ausgehen soll, überhaupt erst durch die Sprache hervorgebracht wird, die ihn analysiert; und das endet damit, dass die Theorie und die authentische Kunst in dem Maß, wie sie auf Figuren der Negation festgelegt sind, zum Fetisch des Anti-Fetischismus werden.

6. Konsumkultur und Fetischismus

Gewiss bezweifelt niemand ernsthaft, dass in den modernen Konsumgesellschaften die brisante Dynamik einer Lustökonomie arbeitet, die sich des Fetischismus als Bindekraft des Subjekts an die Waren bedient. Darin ist W. F. Haug noch immer zuzustimmen (1971). Doch haben sich besonders in den Forschungen zur Popular- und zur Jugendkultur die Stimmen gemehrt, die das monolithische Konzept der Kulturindustrie in der Lesart Horkheimers und Adornos zu differenzieren suchten. Das begann mit den empirischen Studien des Birmingham Centre for Contemporary Cultural Studies (CCCS).[38] Sie untersuchten an jugendlichen Subkulturen die Stile und Attitüden, die sich mit Selbstverständlichkeit auch fetischistischer Mittel bedienten, doch diese subversiv, in einer Art ikonischer und symbolischer Scharade, gegen die Mehrheitskultur wendeten. Schon 1979 zeigte Dick Hebdige[39], dass die These von der omnipotenten Hegemonialität der Kulturindustrie aus der Sicht von Subkulturen wie dem Punk, der als eine Art Krieg der Zeichen gegen die Mehrheitskultur gedeutet wird, differenziert werden muss. Dabei war schon Hebdige (1988, 17–41) klar, dass Subkulturen wie der Punk trotz ihrer antibürgerlichen und antikapitalistischen Aggression nur für historische Momente einen Kontrapunkt zur Kulturindustrie darstellen – bevor der Punk von der Haute Couture bis zur Musikindustrie entdeckt, vereinnahmt und vermarktet wurde. Die Fetische, die der Punk benutzte, veränderten selbstverständlich ihre semantische Position, als sie in einer Bottom-up-Karriere plötzlich als Fetische in der *punk collection* von Vivien Westwood 1976/77 auftauchten oder als Punk-Groups wie exotische *tribes* zu Schaustücken einer voyeuristischen *curiosity* wurden und damit zur urbanistischen Attraktivität von Metropolen beitrugen – von Administration und Polizei, deren wütende Gegner die Punks einst waren, geduldet. Irgendwann waren die Auseinandersetzungen mit Polizei und Obrigkeit beinahe schon augenzwinkernde *performances*, die einem Publikum, das selbst schon in punkigem Outfit mit fetischistischen Accessoires sich auf Vernissagen präsentierte, geboten wurden.

In diesem Sinn wurden und werden immer wieder Subkulturen,

gegenkulturelle Stile von Minoritäten oder subversive Expressionen der in die Metropolen eingesickerten Ethnien vom hegemonialen Diskurs, aber besonders von der kulturellen Praxis der Mehrheit angeeignet. Das könnte die Kulturindustriethese bestätigen[40], wenn man sich punktuell auf jeweils nur ein subkulturelles Phänomen beschränkt (New-Orleans-Jazz *oder* Rock'n' Roll *oder* Punk *oder* Rap). Es stimmt indes nicht, wenn man den historischen Bogen weiter spannt, weil dann sichtbar wird, dass der wie immer auch partikulare Widerspruch von Subkultur und Hegemonialkultur unabschließbar geworden und durch eine schier unerschöpfliche Beweglichkeit gekennzeichnet ist. Doch selbst dies könnte von Anhängern der Manipulationsthese so kommentiert werden, dass die heutige Kulturindustrie Widersprüche nicht mehr einzuebnen versucht, sondern sie vielmehr als den Kraftstoff ihrer beschleunigten Zirkulation verwertet. Es ist ganz richtig, wenn Tom Holert und Mark Terkessidis (1996) in ihrem Mitte der 1990er Jahre publizierten Buch vom «Mainstream der Minderheiten» sprechen. Nichts macht so deutlich wie die Jugend- und Ethnokulturen, dass sie im Niemandsland einer heterotopen Zone erfunden, von Scouts entdeckt, von Designern und Musikproduzenten adaptiert und der Mainstreamkultur als gehypte Attitüden mit kurzen Halbwertzeiten des Verfalls eingeimpft werden. Stets bedient man sich der fetischistischen und idolatrischen Erfindungen, die in minoritären Milieus als Stile widerständigen Selbstausdrucks und subversiver Gruppenidentität entwickelt werden. Das Schicksal der Gegenkultur scheint es, zum frischen Energieschub des Mainstreams zu werden. Selbstverständlich kommen dabei die Kulturindustrie und ihre ökonomischen Verwertungsimperative ins Spiel. Und natürlich sind darin manipulative Strategien der Sozialkontrolle des Unbotmäßigen und Widerständigen zu erkennen. Die Kulturindustrie ist seit den Zeiten Horkheimers und Adornos ja nicht kleiner, sondern größer, nicht plumper, sondern raffinierter, nicht schwächer, sondern mächtiger geworden. Aber es ist auch unübersehbar, dass dadurch *in the long run* die monolithische Geschlossenheit der westlichen Kultur sich vollständig geändert hat. Kultur ist zersetzt worden, sie hat sich beispiellos pluralisiert, sie ist ein einziges «Patchwork der Minderheiten» (Deleuze) geworden. Ihre Randbedingungen sind selbstverständlich von der Ökonomie gesetzt

(Kultur ist, was kaufbar sein muss); ihre lokalen und globalen Verteilungen, Zirkulationen und Hybriditäten, ihre ständig wechselnden Ein- und Ausschlüsse, Milieus und Habitus entwickeln sich indes eigenlogisch, nicht-linear, unberechenbar, chaotisch – so wenig beherrschbar wie das Internet.

Seit sich der Fetischismus aus dem Halbdunkel sexueller Perversionen befreit hat und sich zu einem allgemeinen Kreativitätsmuster kultureller Produktion mauserte, ist er einer der zentralen Mechanismen kultureller Synthesis. Er ist das Manöver, durch das ein Objekt des Begehrens nicht mehr wie früher in den Sperrbezirk privater Sammlungen oder Clubs eingeschlossen wird, sondern genau umgekehrt: Er ist eine Parade der Sichtbarmachung geworden, der Erzeugung von kollektiven Anschlüssen und Kommunikationen, der weithin gestreuten Verteilungen erregender Energien. Diese vernetzen sich über Stars, Stile, Accessoires, Dinge, Gesten. In ihnen verkörpert sich das gesellschaftliche Unbewusste und Imaginäre. Sie sind die Relais, die Knoten, über die sich der symbolische Austausch von Kulturen verzweigt und verflüssigt. Fetische sind (wieder) transitorisch geworden, polymorph und dynamisch, nicht mehr die Fesselung *eines* Begehrenstyps an *ein* Objekt, sondern im Gegenteil die kreative Entfesselung aller möglichen kathektischen Besetzungen und affektiven Erregungen, die in den Fetischen verdichtete und symbolische Formen gewinnen. Dass alles, was kulturell wahrnehmbar werden will, sich fetischistische Gestalt geben muss, ist vielleicht ein fataler Imperativ – vom Standpunkt der Sparsamkeit, Dauerhaftigkeit, Bedürfnisaufschiebung, also von der Aufklärung aus; aber es liegt darin unterdessen auch das kreative Zentrum der Kultur, die schon lange nicht mehr homogen, erhaben und rein ist, sondern ein ‹Land der tausend Fetische›. Afrika in uns.

Indessen sind im kulturellen Fetischismus des Konsums auch andere ‹klassische› Merkmale enthalten: Der Fetisch verdunkelt und verleugnet seine Herkunft; er täuscht darüber, wen er vertritt; er macht undurchsichtig, was an ihm fesselnd ist; er virtualisiert die Einbildungskraft; er ist prinzipiell ohne Moral; er ist kreativ, aber nicht reflexiv. In diesem Sinn kann man die Fusion von Kultur und Fetischismus als ein Symptom einer Gesellschaft lesen, die sich des Fetischismus zur Illusionierung des

Massenbewusstseins bedient, gleichgültig, ob man dieses als Ausdruck einer «Gesellschaft des Spektakels» (Guy Debord 1967) oder einer anti-aufklärerischen Kontrollgesellschaft Foucault'scher Prägung liest. Für diese Annahme sprechen viele Indizien (die wiederum die Kulturindus-triethese stützen). Doch sind auch viele Gegenindizien erkennbar: Die Zerstreuung der Fetische und Idole generiert ihre Entzauberung; ihr Transitorisches mindert das Zwanghafte und verstärkt den Spielcharak-ter der Kultur; die Integration in die kapitalistische Ökonomie entwertet ihre Sakralität; ihre Performativität stimuliert ihren nicht-konformen Gebrauch; ihre Zirkulation macht sie öffentlich kommunizierbar; ihre manifeste Sichtbarkeit öffnet sie der Reflexion. Der Fetischismus ist wählbar geworden, multioptional, karnevalesk, insofern aber auch de-mokratisch. So steigern die Fetische einerseits das gesellschaftliche Un-bewusste, wie sie dieses zugleich veröffentlichen und prinzipiell reflek-tierbar machen. Das Verhältnis von Unbewusstem und Bewusstsein ist in einer Kultur massenhafter Zirkulation von Fetischen entspannter und ludischer, als es dies jemals zu Zeiten einer zwischen Aufklärung und Re-pression neurotisch verspannten Gesellschaft war.

Wollte man heute den Fetischismus bekämpfen, um ihn zu beseiti-gen, müsste man die Kultur, in der und von der man lebt, gleich mit li-quidieren. Man muss heute zwischen *Warenfetischismus* und *kulturellem Fetischismus* unterscheiden und theoretisch wie methodisch sicherstel-len, dass man letzteren nicht auf ersteren reduziert.[41] Es geht unter den heutigen Bedingungen des Kapitalismus nicht um die Beseitigung des Fetischismus, sondern um ein anderes Verhältnis zu ihm, das vielleicht in einer reflektierten Spielkultur angezeigt ist (Adamowsky 2000). War-um ist das so? Im Schatten von Marx wurde Fetischismus einseitig der kapitalistischen Ökonomie zugeschlagen, sodass er sich als Faktor der Mehrwertproduktion und der Entfremdung sowohl von Produzenten wie Konsumenten erschöpfte. Kultur wurde der Ökonomie entgegenge-setzt, der Fetischismus von Ökonomie okkupiert, sodass authentische kulturelle Produkte alles sein durften, nur nicht fetischistisch und ver-wertbar: Sie mussten die unerreichbare Transzendenz der Ökonomie sein. Dies aber ist eine unfruchtbare Entgegensetzung. Konsum, auch in der gegeißelten Form des Konsumismus, geht niemals in den ökonomischen Daten des Warentauschs auf, sondern ist immer selbst schon Kultur. In der Ware zirkulieren nicht nur Geldwerte, sondern immer auch Bedeutungen, Symbole, Attitüden, Identifikationsmuster und vor allem Lüste, Gefühle und Phantasien. Sie müssen zwar gekauft werden, was allein schon das Entsetzen von Kulturkritikern auslöst: Gefühle, Phantasien, Identitäten kaufen! Aber in ihrer Aneignung öffnet sich ein weiter Fächer des Gebrauchs, der vom Konsumenten spezifisch realisiert und aktiv, ja kreativ genutzt wird. Fetische, Idole und Ikonen des Konsums sind zwar kulturindustrielle Produkte, die der kapitalistischen Verwertung unterliegen; zugleich aber sind sie symbolische Schaltstellen von kulturellen Praktiken, Bedeutungen, Imaginationen, die nicht ökonomisch verrechenbar sind, sondern kulturanalytisch ermittelt und interpretiert werden müssen (Fiske 2000, 17ff.).[42]

John Fiske spricht deswegen zu Recht von «popularer Produktivität», die nicht strategisch planbar ist und umgekehrt die Ökonomie zwingt, ihre Produkte ununterbrochen zu testen, zu modifizieren, neu zu erfinden, zu pluralisieren, mobil zu halten, um ‹auf der Höhe› der flottierenden Lüste zu bleiben, die im Konsum sich realisieren sollen. Keineswegs werden Bedürfnisse und Phantasien nur durch den Horizont der Waren, an die jene sich knüpfen, einseitig determiniert – dann gäbe es nicht die ständigen Flops neuer Produkte, deren Rate bei 80 Prozent liegt. Sondern auch umgekehrt wächst der Horizont der Waren mit dem Horizont der sich differenzierenden und pluralisierenden Kultur der Lüste mit. Dafür war das Pop-Idol Madonna in den 1980er und 1990er Jahren das viel untersuchte Paradigma eines neuen Typs von Kulturforschung.[43] Ann Brooks (1997) etwa zeigte an Madonna, dass gerade Fetischismus- und Idolenforschung heute eine Kombination *aus mass media-* und *popular culture studies* sein muss. Einerseits konnte Madonna als unselbständiges Produkt von Kulturindustrie, Imageproduzenten und Musikpromotion dargestellt werden, durch deren Idolisierung hindurch auf die ihrerseits unselbständigen jugendlichen Fans manipulativ zugegriffen wurde. Das konnte die Horkheimer/Adorno-These stützen: ökonomische Ausbeutung und Ideologisierung (die Frau als Lustobjekt von patriarchalem Sex). Andererseits wurde Madonna mit all ihren Clips, Auftritten, Fotos, Plakaten, Medienberichten, Fanzines, Filmen, Labels, den eigenwilligen

Outfits und Looks, mit Schmuck und Schminke, die zu Travestien ihrer selbst wurden, mit ihren körpersprachlichen Choreographien und, ja, auch mit ihrer Musik für Millionen junger weiblicher Fans dazu genutzt, um sich aus den konventionellen Patterns patriarchaler Sexualität wenn nicht zu befreien, so doch wenigstens mit Gegenbildern zu dieser lustvoll zu identifizieren. Das Madonna-Geschäft und die Madonna-Kultur verhielten sich sowohl komplementär als auch antagonistisch, was durch die parodistischen Selbstinszenierungen, den aggressiven weiblichen Narzissmus, die Bricolage-Form ihrer Clips, die selbstreferenziellen Inszenierungen ihres Images als Imaging, die abrupten Kontraste zwischen Unterwürfigkeit und Rebellion, Hure und Heiliger (Madonna) noch unterstützt wurde. Was ein Idol der Moderne ist, wie ein durch und durch fetischisiertes Setting funktioniert, konnte man kaum eindrucksvoller als an Madonna studieren.

Besonders krass war z. B. der Clip «Express yourself», in dem Madonna die Tanzweise und das Selbstbefummeln des androgyn wirkenden Michael Jackson imitiert: Sie packt, männlich wie weiblich gestylt, sich dorthin, wo nichts ist oder doch etwas – dies ist ein «selbstbewusster Transvestismus», der mit den sexuellen Fetischen der patriarchalen Kultur parodistisch spielt, für Marjorie Garber (1994, 182–84) gar eine ironische Inszenierung der Lacan'schen Triade von Sein, Haben und Scheinen des Phallus, die nicht zufällig einen Skandal auslöste. Auch im Videoclip «Material Girl», einem raffinierten Remake des Songs «Diamonds Are a Girl's Best Friends» von Marilyn Monroe (im Film *Gentlemen Prefer Blonds*), zeigt Madonna eine Performance, die die stereotypen Muster männlicher und weiblicher, sexistischer und fetischistischer Sexualität, von Geld und Macht in ein blitzschnelles Spiel von Vertauschungen und Umbesetzungen, Subversionen und Parodien verwandelt, das durchaus auch die ökonomischen Bedingungen, unter denen sie selbst arbeitet, trickreich verdreht und aushebelt – wenigstens für RezipientInnen lesbar macht (Fiske 2000, 135–48; Williamson 1986b, 46–47). Hier auf der Kulturindustrie-These zu beharren wäre lächerlich. Im Gegenteil zeigt sich ein reflektiertes Spiel mit Fetischen der symbolischen Ordnung von *gender, sex and culture*. Dieses Spiel enthält einen semantischen Überschuss und darin ein stimulierendes Erlebens- wie Reflexionsangebot an

ZuschauerInnen – jenseits jeder ökonomischen Reduzierbarkeit und doch innerhalb einer durch und durch massenmedial strategisierten Branche des Kapitals. Man kann daraus für den demonstrativen Konsumfetischismus den allgemeinen Schluss ziehen: «Die Produktionsbedingungen jedes kulturellen Systems sind nicht identisch mit und nicht determinierend für die Bedingungen seines Gebrauchs und seiner Konsumation.» (Fiske 2000, 37)

Auch Lorraine Gamman und Merja Makinen (1994) vertreten mit guten Gründen die These, dass sich seit den 1970er Jahren der kulturelle Fetischismus aus der sexuellen bzw. ökonomischen Enklave zunehmend gelöst habe und zum Mainstream der populären Kultur geworden sei (in globaler Streuung: Man muss nur auf die Jugendkultur Japans oder Koreas sehen). In Konsum und Werbung, Musik und Mode, Film und Starkult ist der Fetischismus besonders für Gender-Fragen interessant geworden, zumal der neue, ebenso leichtlebige wie exzessive Konsumismus insbesondere an jung erwachsene Frauen und die Jugend adressiert war – als Kontrapunkt zum disziplinierten Aufschub der Befriedigung im Dienst von Karriere. Die bei Adoleszenten und Jungerwachsenen noch instabile, teils widerständige, teils experimentelle Positionierung in der Geschlechterordnung bietet einen besonderen Anknüpfungspunkt für fetischistische Travestien und performative Identifikationsspiele. Der Fetischismus zog dabei insbesondere über die Erotisierung von Mode, Schminke und Schmuck, von Popkult und Musik, Werbung und Film, Design und *self-fashioning* in die Kultur ein – stets im Rahmen des Warenfetischismus. Über Bottom-up-Prozesse durchliefen fetischistische Expressionen und Verhaltensstile von Subkulturen (SM, Fetischszene, Transvestismus, Lesben, *queer and drag scene, female crossdressers, Vogueing*) eine ungeahnte Karriere bis in die internationale Haute Couture und nach Hollywood, um dann durch *trickle-down* sich in die Massenkultur und ihre Ikonen zu verbreiten. Entscheidend ist der kulturelle Wandel des Fetischismus von einer Perversion zu einer nahezu universell verbreiteten und öffentlichen Praxis mit Leitfunktion (vgl. S. 466–83 des Buchs).

Was sich hier, aber auch in Boutiquen, Shopping-Malls, beim Autokauf oder in Musik-Clubs abspielt, ist nicht mehr in der Marx'schen Entgegensetzung von Gebrauchswert und Tauschwert, aus welcher der Warenfetischismus seine Sprengkraft bezog, zu fassen. Konsumtion ist nicht mehr das manipulierte Anhängsel der Ware, durch welche die elementaren Bedürfnisse der Menschen, die auf Nahrung, Kleidung und Einrichtung angewiesen sind, ausgebeutet werden. Das funktioniert zwar weiterhin, aber die Waren heute, wenn wir sie als Fetische ansprechen, sind nicht bloße Verschleierungen der wahren Produktionsverhältnisse, sondern «metaphor in fact» (Gamman/Makinen 1994, 33). ‹Dingliche Metaphern› oder, wie wir sagten, Real-Symbole zu sein heißt dabei mehr, als den Tauschwert zu verhüllen und den Gebrauchswert zu verklären, also zu täuschen. Unter Bedingungen der Konsumgesellschaft bezeichnet der Fetischcharakter die Ware vielmehr als ein *Ding, das zugleich* ein multiples Gewebe aus visuellen, aber auch auditiven, taktilen, olfaktorischen, geschmacklichen wie semantischen *Repräsentationen* darstellt.

Natürlich werden nicht immer alle sensorischen Dimensionen aktualisiert; so spielen im *food fetishism* (ebd., 145ff.) andere Sinne eine Rolle als im Kleidungsfetischismus (Steele 1996). Diese Repräsentationen gehören essenziell dem Warending an, als seine sinnlichen Anmutungsqualitäten, seine atmosphärischen Ausstrahlungen, seine anhaftenden Bedeutungen. Sie sind indes keine Determinationen, sondern Erlebnis- und Bedeutungsschemata, die vom Konsumenten eigenwillig modifiziert werden können – so wie Texte formale und semantische Angebotsschemata sind, die den Lesern unterschiedliche Weisen der Lektüre einräumen. Was Lektüre im Verhältnis zum Text, ist die Performativität der Kauflust im Verhältnis zur Ware. Man kann auch sagen: Der *speach act*, der aus dem grammatisch-semantischen Universum möglicher Sätze und einer singulären Sprechintention heraus einen sinnvollen Satz generiert, entspricht dem *consuming act*, der das Universum der Waren, das zugleich das Archiv aller möglichen Handlungen einer Kultur codiert, mit der jeweiligen Aneignungsintention verkoppelt zu einer singulären Kaufhandlung. Diese beginnt lange, bevor das Geld klingelt und die Ware seinen Besitzer wechselt: Gelüste erwachen oder werden angeregt, Schlendern in der Mall, narzisstisches Wogen in der appellierenden Flut der lockenden Dinge, visuell-taktiles Prüfen der Angebote, begleitende

Phantasien ihres Gebrauchs. Und die Kauflust endet auch nicht mit dem Einordnen der Ware in die private Dingwelt und den wie auch immer freien oder konventionellen Verwendungskulturen des Konsumenten. Émile Zola hat dies schon 1883 im ersten Kaufhausroman der Weltliteratur «Au Bonheur des Dames» meisterhaft geschildert, dabei besonders die manipulativen Züge des neuen Warenfetischismus betonend (vgl. Vinken 1995, 247–67). Dieser gesamte Prozess ist als das Theater, die Aufführungspraxis der Ware zu bezeichnen, als ihre Performativität, die ein ästhetisches ‹Zwischen› darstellt zwischen Warenökonomie und Konsumkultur. Im Kauf werden differenzierte sinnliche wie Bedeutungen generierende Erfahrungen gemacht, deren Qualität von den Wertrelevanzen, der sinnlichen Kultur, den Codes des Begehrens und der Imagination der Konsumenten ebenso abhängen wie von den inszenatorischen Qualitäten der Warentempel oder der Waren selbst. Was in diesem vom Geld (zahlen/nicht-zahlen) bedingten, in sich selbst aber Zeichen und Bedeutungen, Affekte, Lüste und Phantasien aktualisierenden Zwischenreich geschieht, ist ein offener Prozess, den manche als Kriegsschauplatz zwischen Warenindustrie und Konsumenten, andere als den semiotischen Austragungsort zwischen organisierten Kaufstimuli und eigenwilligen Konsumtaktiken verstehen, als «jene Arena …, wo um Kultur gekämpft und diese in eine Form gebracht wird.» (Douglas/Isherwood bei Fiske 2000, 43)

Eine der wichtigsten Formen ist dabei der Fetischismus, der aufgrund seines mobilen erotischen Appeals, der nahezu alle Waren mit Begehrlichkeiten auflädt und zu magischen Attraktoren verwandelt, ein zentraler Integrationsmechanismus in einer Gesellschaft ist, deren politische und soziale Institutionen nicht mehr hinlängliche Überzeugungskraft aufweisen, um Massenloyalität und Affektbindungen stabil zu halten. Strategien der Ökonomie und Taktiken des Konsums, die Unerschöpflichkeit der Waren und die Unersättlichkeit des Begehrens stehen in fortdauernder Spannung, deren Ausdruck die Warenfetische sind, bei denen stets umstritten bleibt, ob es sich um effektive Manipulationstechniken des Kapitals oder um flottierende Projektionen eines in den Launen seiner Lüste treibenden Publikums handelt – oder um beides zugleich. In das Waren-Setting gehören auch all die Sondertypen, die hier ihre Triumphe feiern und Niederlagen einstecken ~~müssen~~: so die Jugendgangs, die in den Malls, ohne zu kaufen, herumhängen; die Armen, die sich hier aufwärmen; die Ladendiebe, von denen pro Jahr nahezu eine Dreiviertelmillion erwischt werden (bei einer Dunkelziffer zwischen geschätzten 70 bis 95 Prozent); die Frauen, die sich in den videoüberwachten Arealen hier weder wie zu Hause eingekästelt noch auf der Straße gefährdet fühlen müssen; die distinguierten Kunden nach dem Motto «Es gibt sie noch, die guten Dinge»; die versierten Schnäppchenjäger, die ihre Waren wie Trophäen nach Hause entführen; die Shopping-Junkies, die sich tägliche Dosen an Kaufglück injizieren; die Konsum-Bulimiker, die in oraler Einverlebungsgier ihre Wohnungen mit Massen überflüssiger Dinge angefüllt haben; die Konsumasketen, die in stolzem Bewusstsein ihrer Unverführbarkeit nur ganz wenig, aber dafür das ausgewählt Gute kaufen (natürlich finden sie eine Sondersparte vor); die Querulanten, die sich stets übervorteilt sehen und in empört-leidender Lust verhandeln, feilschen, reklamieren, umtauschen; die Professionellen, die im Vorbeifliegen, fast ohne Bodenberührung, das Erforderliche entschlossen erstehen; die Zauderer, die nach endlosem Probieren einen plötzlichen Höhepunkt genießen oder einen enttäuschenden Interruptus hinlegen; usw. usw.[44] Eine ausdifferenzierte Konsumententypologie würde das vollständige Bild unserer Gesellschaft ergeben. Und für jeden Typ stellt sich ein entsprechender Typ von Fetischen ein, die diejenigen Objektklassen umfassen, welche den jeweils höchsten narzisstischen und triebökonomischen Befriedigungswert aufweisen. Andreas Knapp hat schon 1996 (193–206) eine Art Typologie der nicht-funktionalen Beweggründe für den Erwerb von Waren aufgestellt und greift dazu nicht zufällig auf Theoretiker der Zeit um 1900 wie Thorstein Veblen oder Georg Simmel zurück. So wäre eine Konsumententypologie um das Arsenal der Konsum-Motive zu ergänzen, wodurch man einer Typik von *consuming acts* näher kommen würde.

Sicher ist, dass die fetischistische Konsumkultur zugleich die tragende Säule der Wirtschaft wie das zentrale Expressionsfeld der affektiven Energien der Gesellschaft darstellt. Darum ist sie längst zur wichtigsten Bindekraft moderner Industriegesellschaften geworden. Dies als Konformismus abzutun, befriedigt allenfalls das kulturkritische Bewusstsein, trägt aber nicht weit. Alle Schichten sind involviert, schon deshalb, weil es nicht möglich ist, nicht zu konsumieren. Es kann also nur darum gehen, Konsumstile auszudifferenzieren. Weil dies so ist, generiert der Konsum die Kultur und ist die dabei entstehende «Massenkultur zu einer Dimension sozialer Ordnung» geworden, die weniger auf Legitimität, Gerechtigkeit, demokratischer Partizipation und Argumentationsrationalität, sondern auf Attraktivität beruht (Schrage 2003, 66). Fetischistischer Konsum wird dadurch zu einer Vergesellschaftungsform, welche für Individuen nicht nur ein entscheidender Sozialisationsfaktor ist, sondern die Ebene, auf der entschieden wird, ob sie sich in Gesellschaft affektiv und praktisch eingebunden oder ausgeschlossen empfinden. Das Problem für derart organisierte Gesellschaften ist, dass die Kluft zwischen ständig wachsendem, aber auch teurem Warenangebot und ebenso ständig überschießenden Erwartungen, Wünschen und Phantasien, die finanziell ungedeckt sind, nicht zu groß wird, denn das führt entweder zum Verlust von Massenbindung oder zu Konsumkrisen und damit zu Konjunktureinbrüchen. Fetischistische Mechanismen sind genau dafür gut, das Aufspringen solcher Klüfte zu vermeiden, weil durch sie sowohl das Niveau der Warenzirkulation als auch das Niveau der einbindenden Attraktion hochgehalten werden. Fetische zügeln in gewisser Hinsicht die nicht zu befriedigende Unersättlichkeit, die Pleonexie (Schrage 2003, 70) des Konsums, weil Fetische, die ‹zu Eigen› gemacht und einverleibt werden, einen hohen Sättigungsgrad aufweisen, Befriedigung relativ stabil halten, ein Stück weit autonom machen, ja, für das Ich stützende und schützende Funktionen übernehmen, die das narzisstische Selbstwertgefühl balancieren. Damit wird eine zu dramatische Rhythmik zwischen Befriedigung und Enttäuschung vermieden. Zu den Eigenarten des kulturellen Fetischismus gehört es andererseits, dass Konsumfetische transitorisch, mobil, launisch sind, sich auch verbrauchen und durch neue ausgetauscht werden, damit die von frühen Psychoanalytikern beklagte ‹perverse› Autarkie des Fetischisten vermeiden und folglich dem Interesse an ständiger Ausweitung der Warenzirkulation nicht entgegenstehen, sondern sie sogar anheizen. So vermittelt der Fetischismus ‹zauberhaft› zwischen dem Erwartungshorizont des Markts und dem Erwartungshorizont eines erlebnishungrigen

Massenpublikums. Er schafft das Tableau, auf dem bewusste wie unbewusste Identifikationssehnsüchte und Marktinteressen sich gewissermaßen die Hand reichen.

7. DIE UNVERÄUSSERLICHEN DINGE: SAMMLUNGEN, MUSEEN, ERINNERUNG

Im Winter 2004/05 präsentierte The Metropolitan Museum of Art in New York, das über ein eigenes *Costume Institute* verfügt, die Ausstellung «WILD: Fashion Untamed». Es ging um die Vermischungen von Tier und Mensch in der Mode, vorwiegend der Zeit nach 1945, aber auch des 19. und frühen 20. Jahrhunderts. Gezeigt wurden durchweg Modelle der Haute Couture: Dior, Saint Laurent, Westwood, Galliano, Gaultier, Yamamoto, Thierry Mugler, Versace, Rei Kawakubo usw., zumeist Frauenroben, Mäntel, Hüte, kaum Anzüge und Accessoires für Männer. Dargeboten wurde die Ausstellung in unterirdischen, schwarzen Räumen, in denen wandhohe Vitrinen installiert waren für die eleganten Puppen in ihren animalen Gewändern, hinter Glas, spotbeleuchtet, erhöht, sodass man zu ihnen aufsehen musste. Das allein ist schon eine Disposition der Fetischisierung. Leise klang Bebop-Jazz. Viele Besucher sind da, man sieht sich kaum, flüsternde Stimmen, voyeuristische Stille. Man ist in einer Art platonischen Höhle der Metamorphose des weiblichen Körpers.

In den altarartigen Schauvitrinen sind die Arrangements der Kleider, von schönen Puppen getragen, nach Tieren geordnet: Schlangen, Vögel, Raubkatzen, Spinnen, material oder motivlich verwendet; edle Pelze aller Art, Lederhäute und Federn. Man ist hinuntergestiegen in den dunklen Raum von Phantasien, die die Grenzen zwischen Tieren und Frauen aufheben und eigenwillige Hybridwesen hervorbringen. Selten sah man die Fetischisierung der Frau als animalische Natur deutlicher als hier. Es sind Metamorphosen des Körpers, der zum Tier wird, oder umgekehrt: das Tier, das aus der Frau spricht, ihr Wesen enthüllend in der Hülle ihres

Kleids. Die Mode verschmilzt beide, und das kreiert den Fetisch, lockendes Dunkel, geheimnisvolle Animalität, archaische Gesten gepaart mit exklusivem Glamour und elegantem Design, das mit den Schaudern und Lockungen der Tiernatur spielt: *fashion untamed*. Es stört nicht, dass es Puppen sind. Der Kunstkörper als Träger animalisierender Signifikanten: Das gilt auch für den lebendigen Körper einer Frau, die diese Kleider wirklich trägt. Die Oberflächen, die Roben und Gewänder, sind Medium einer fetischistischen Epiphanie. Frauenkörper (oder Autos) als Fetische des *branding*. Ein Fest der Augen. Eine depersonalisierende, erotisch flirrende Trunkenheit füllt die numinosen Räume, in denen sich die überwiegend weiblichen Besucher kaum erkennen können. Vieles entstammt der sexuellen Subkultur: Fetisch-Szene, Domina-Studios, Varietés, Clubs. Man erinnert sich an Vamps und *femmes fatales*, die oft mit Tieren und wilder Natur assoziiert waren, aus Romanen und Gemälden des 19. Jahrhunderts. Tatsächlich finden sich an den Vitrinensockeln Reproduktionen aus der Kunstgeschichte, als habe die Kunst die Animalisierung des Frauenkörpers erfunden. Haute Couture erscheint als Fortführung der Kunstgeschichte und der Subkultur zugleich. Öfters auch Hinweise auf Filmstars, die diese Kleider trugen. Betäubt steigt man die Treppen wieder nach oben und befindet sich mitten in der ägyptischen Abteilung eines der bedeutendsten Museen der Welt.

Die Welt der Waren, der Mode zumal funktioniert fetischistisch. Wir aber sind im Museum, das diesen Fetischismus noch einmal transformiert und ausstellt. Es handelt sich indes nicht um eine Wiederholung; die Phantasmagorien der Mode sind unberührbar geworden, hinter Glas strahlend beleuchtete tote Körper und tote Gewänder, deren *Noli me tangere* genauso streng gilt wie für das goldene Widder-Amulett aus der 25. Dynastie um 700 v. Chr. oder Paolo Veroneses Gemälde «Mars und Venus» von 1570 in den Stockwerken darüber. Die New Yorker Börse, von wo aus die wichtigsten Finanzströme des globalen Markts gelenkt werden, selbst neoklassizistisch als Tempel gestaltet, so wie umgekehrt in der Antike die Tempel oft Banken waren (etwa der Tempel der Artemis Ephesia), ist nur ein paar Meilen entfernt. Hier konzentriert sich der «scape of flows», wie ihn Manuel Castells für die globale Zirkulation von Informationen, Waren, Gütern und Finanzen analysiert hat; und dort die stillen Räume der unberührbaren, verewigten Dinge aus allen Kulturen der Welt und allen Zeiten der Geschichte. Zwei Orte, die komplementär zueinander stehen – strukturell so, wie wir dies an den unveräußerlichen Objekten im Verhältnis zu den im Gabentausch zirkulierenden Dingen, Gütern und Diensten der Protoökonomie beobachtet hatten (vgl. S. 289 des Buchs). Zum Schluss dieses Kapitels wollen wir uns noch einmal mit diesem Gegensatz beschäftigen.

«Modern secular societies are not without their own special tribal idols and their own brands of fetishism» (Masters 1982, 107), heißt es schon 1982 in einem Sammelband über Fetischismus in der Massenkultur, worin der Versuch unternommen wurde, den Fetischismus aus seiner psychopathologischen und sexuellen wie auch aus seiner religiös-ethnologischen Randstellung herauszuholen und zu einem kulturell wie sozialpsychologisch unvermeidlichen Phänomen der modernen kapitalistischen Kultur auf allen ihren Ebenen zu erklären. Fetischismus war bis dahin keine öffentliche, sondern eine illegitime und opake Praxis, die das Licht des Tages scheute, während er heute endemisch verbreitet sei und «the life blood of society» enthalte (Browne 1982, 2f.). Das Metropolitan Museum inszenierte das illegitime Dunkel der Herkunft des Fetischismus noch einmal, um ihn zugleich im Licht der Öffentlichkeit zu präsentieren – und ästhetisch zu distanzieren. Die animale Fetischisierung des Frauenkörpers gehört zu den sinistren Nachtseiten der Gender-Ordnung, und sie ist zugleich das hochartifizielle Muster, in dem die Haute Couture operiert – und damit die Stars und Idole der Kultur. Gamman und Makinen führen aus: Fetischismus ist «a highly creative compromise which, through its doing-and-undoing oscillation, enables the subject to cope with unconscious menace, while still allowing the gratification of pleasure on the plane of the real (not denied or repressed as in sublimation or hysteria)» (1994, 111). Dies trifft auch auf die Metropolitan-Ausstellung zu. Die Animalisierung des Frauenkörpers enthält genau diese Oszillation, in der eine unbewusste Bedrohung (durch phantasierte weibliche Sexualität) und die ausgestellte Lust des Spiels mit dieser Bedrohung auf demselben Schauplatz auftreten und einen Kompromiss eingehen, der der Fetisch *ist*. Die Topographien der psychischen Energien werden ineinander geblendet: In der *unterirdischen*, dunklen

Ausstellungshöhle ist man im *Inneren* der unbewussten Phantasmen und zugleich im *Äußeren* einer öffentlichen, eleganten Transvestie/Travestie (Vinken 1998), in der die Ambivalenz zwischen unbewusstem Begehren und unbewusster Bedrohung eine spielerische Darstellung und Bewältigung erfährt. Der Fetischismus der Kleider besteht in nichts anderem, als diese Ambivalenz im Unentscheidbaren zu arretieren; wir müssen weder der Lockung noch der Angst vor der animalischen Übermacht der weiblichen Sexualität ganz folgen, sondern können es bei der visuellen Lust innerhalb eines schützenden kulturellen Kontextes (Mode, Museum) belassen.

Entscheidend ist dabei die Musealisierung. Was in der Gesellschaft als Begehren und Angst zirkuliert, ist stillgestellt und exterritorialisiert: Der Fetischismus funktioniert hier ästhetisch und nicht, wie ‹draußen›, ökonomisch, religiös, sexuell, konsumistisch. Wir erinnern uns an die wesentliche Bestimmung des Schönen in der «Kritik der Urteilskraft» (§ 1–5) von Immanuel Kant, wo eine Bedingung der Wahrnehmung und Reflexion des Schönen die Abstandnahme von jedem Gebrauch des sinnfälligen Gegenstandes ist. Kein praktisches und kein Erkenntnisinteresse soll sich in die ästhetische Erfahrung mischen, damit das Subjekt, in Gegenwart des angesehenen Dings, sich seiner eigenen Wahrnehmung allein in der Matrix von Lust und Unlust (und nicht von geboten/verboten, wahr/falsch) innewird und «sich selbst fühlt» (Kant: KdU B4). Der ästhetische Gegenstand ist strukturell vom «Noli me tangere» geschützt, um nichts als das Korrelat von Wahrnehmungsakten zu sein. In dieser Entrückung aus jeder Handgreiflichkeit und aus jeder gesellschaftlichen Zirkulation, im ‹Einschluss› des ästhetischen Objekts wird dieses unausweichlich zum Fetisch: (1) Objekt einer Devotion, die seiner überalltäglichen, herausgehobenen Attraktion gilt, (2) Objekt einer Ambivalenz, die zwischen dem sistierten Begehren nach Aneignung und der Angst vor seiner überlegenen, ergreifenden, faszinierenden Qualität oszilliert, (3) Objekt einer Lust, die durch das Vitrinenglas vor dem Objekt, wie umgekehrt das Objekt vor uns geschützt ist.

Dieses Glas, das uns vom Objekt trennt und in Museen auch vorhanden ist, wo es nicht vorhanden ist, macht den entscheidenden Unterschied aus. Die Dinge hinter Glas werden nur angeschaut; sie bieten dadurch die Möglichkeit, ganz bei uns zu bleiben: bei der Selbstempfindung angesichts des von uns getrennten Dings. Bei Kant ist das Glas noch ganz mentalistisch gefasst: als interesseloses Gefallen oder, hinsichtlich des Objekts, als Zwecklosigkeit ohne Zweck. Das will sagen: Wir sehen im ästhetischen Blick ganz ab von der Verwendungstauglichkeit des Dings (wofür ist es gut?) wie auch von seiner Erkennbarkeit (seiner Platzierung in der begrifflichen Ordnung des Verstandes). Wir lassen nur die Empfindungen zwischen Lust und Unlust spielen und können diese allenfalls mitteilen und mit anderen kommunizieren. Das Museum ist der klassische Ort dieses Blicks, und es ist nicht zufällig, dass in der Zeit, als Kant seine Ästhetik entwickelte, der Siegeszug der modernen Museen begann (Kohl 2003, 225–60; Hauser 2001, 87–99). Sie lösten sich aus der höfischen oder kirchlichen Ordnung heraus und wurden zu Einrichtungen, in denen die moderne Gesellschaft die ihr wertvollen Sammlungsobjekte einerseits unverfügbar wie andererseits dem ästhetischen Blick und der öffentlichen Kommunikation frei zugänglich macht. Dafür wurden die Objekte fetischisiert, d. h. hier: für die Warenzirkulation gerade gesperrt, der praktischen Verwertung entzogen und auf den kulturellen Leitsinn der Distanz, das ästhetische Auge, hin präsentiert (bei gleichzeitiger Ausschaltung anderer Sinne, besonders der Nahsinne). Diese Operationen verwandeln jedwede Dinge unweigerlich in Fetische des Blicks.

Wir bemerken den Unterschied zu den zuvor besprochenen Fetischformen des Konsums. Hier konnte der Fetischbegriff wie ein Schibboleth auf nahezu alle Phänomene des Gebrauchs bezogen werden, die irgendwie ritualistisch sind (Performance der Ware) und mit Verehrung, Begehren und Phantasien von Dingen oder Personen bzw. deren vestimentärer oder dinglicher Ausstattung zu tun haben. Die Ausstellung «WILD: Fashion Untamed» dagegen ist darum interessant, weil hier die Fetische und Idole des Konsums durch ihre Translationierung ins Museum ihren ontologischen Status wechseln. Sie werden aus der flüchtigen Zirkulation von Waren, Glamour und *conspicuous consumption* versetzt in die Sphäre des Unberührbaren und Unveräußerlichen, den in modernen Gesellschaften traditionell die Kunstwerke und in protoökonomischen Kulturen die «unveräußerlichen und heiligen Dinge» innehaben. Der fetischistische Mechanismus wird gleichsam verdoppelt, doch nicht in dem Sinn, dass dadurch Superfetische des Konsums entstehen, sondern die Dinge entrückt werden in das, was wir «Fetischismus erster Ordnung» nannten. Die Behauptung ist, dass Museen (auch die Museen des Alltags, der Arbeit, der Technik, des Brauchtums) und Sammlungen (auch die privaten) diese Funktion haben. Museen sind jene Orte, in denen die moderne Gesellschaft den automatisch operierenden Universalfetischismus der Waren sistieren, indem sie ihn durch Verdopplung manifest, ästhetisch erfahrbar und psychisch wie kognitiv reflektierbar machen. Museen machen und pointieren die Fetische, von denen wir uns, außerhalb der Museen, dirigieren lassen, ohne realisieren zu können und zu dürfen, dass immer wir selbst es sind, die die Fetische machen, welche uns dirigieren. Diesen vertrackten Zusammenhang inszenieren die Museen so, dass der fetischistische Mechanismus unterbrochen, ‹hinter Glas› präsentiert und dadurch als solcher zu ‹besichtigen› ist; er funktioniert nicht ökonomisch, sondern ästhetisch, ohne in einen anderen Verkehr zu treten als den der Zeichen und der Kommunikation. Die unbedingte Distanz bei gleichzeitig aufrechterhaltener Performanz des Fetischs verwandelt diesen in ein unverfügbares Element einer Erfahrung, die der Betrachter nur mit sich selbst machen kann. Insofern museale Dinge Fetische erster Ordnung sind, ist das Metropolitan Museum tatsächlich der Gegenort zur Wall Street Bourse.

Um den strukturellen Gegensatz der Räume des Unveräußerlichen und der Räume der Zirkulation auch für die Moderne zu beleuchten, gehen wir noch einmal auf die Zeit um 1800 zurück. Goethe soll uns das Beispiel bieten, um am Phänomen der Sammlung besser zu verstehen, was die Funktion der Räume des Unveräußerlichen ist: Es wird sich zeigen, dass dies die *Erinnerung* ist als Voraussetzung für *Reflexivität*. Dabei spielt der «Fetischismus erster Ordnung» eine wesentliche Rolle. Im Anschluss daran werden wir dieses Phänomen noch einmal kulturhistorisch ausweiten.

Um eine Darstellung von ‹Goethe als Sammler› geht es hier natürlich nicht.[45] Thema ist allein der Zusammenhang von Sammlung und Fetischismus, die beide eine charakteristische Stellung zur Erinnerungskultur einnehmen. In der Schrift «Der Sammler und die Seinigen» (1799) führt Goethe eine Reihe von Sammlern ein, die durchweg fetischistischen Mechanismen unterliegen. So fertigt man veristische Gemälde an, um eine zeitlose Präsenz von Personen oder Dingen zu beschwören; doch werden diese Gemälde allzu oft zu Dokumenten der Vergänglichkeit des Lebens und des Verschwindens der Dinge. Kapriziert sich der eine Sammler auf kleinformatige Wiedergaben von Familie und Freunden, so der andere auf «lebensgroße Bilder», die Personen wie «im Spiegel» zeigen (Goethe 1997, 20)[46]. Alle Mitglieder der Familie werden in «unglaublicher Genauigkeit» gemalt, als ginge es darum, von jeder Person eine *vera icon* («ein natürliches und wahres Bild», ebd., 22) ins Reich der Unvergänglichkeit zu retten. Selbst der dingliche Hausstand wird im Gemälde festgehalten, keine Person ohne die sie charakterisierenden Dingattribute gemalt. Von Gipsabdrücken lebender Personen werden wiederum Wachsplastiken abgeformt und mit Perücke und Schlafrock ausgestattet, sodass man sich einem «Phantom» gegenübersieht (ebd., 28/29). Andere sammeln Porträtmedaillons, die wie apotropäische Fetische am Körper getragen werden (Asman 1997, 6–16). Über den Sammlern liegt eine versteckte *Panik* vor dem *Verfall der Zeit*, die alles frisst. Die Sammlungen sind *Festungen* gegen Konflikte in der Familie, Verträge zwischen den Generationen, Palliative gegen die Vergängnis, magische Substitute des Abwesenden und Fetische gegen den Tod, Präparate gegen eine Angst, die heimlich zu wuchern scheint. Diese bedrohliche Kehrseite von Objektbeziehungen, so die These, liegt auch dem modernen Konsumismus zugrunde.

Ein markanter Fall soll vorgestellt werden. Eine Frau stirbt; ihr Mann malt sie im Sarg liegend. Danach fertigt er Bilder von ihren Hinterlassenschaften. «Oft stellte er die kleinen Geräthschaften, die ihr angehört hatten und die er sorgfältig bewahrte, in Stillleben zusammen, vollendete die Bilder mit der größten Genauigkeit und verehrte sie den liebsten Freunden» (Goethe 1997, 29). An die Stelle der Trauerarbeit[47] tritt die Rettung der Verstorbenen und aller Dinge, die sie mit Händen berührt hat, ins *fetischistische Bild*. Wie in vielen afrikanischen Fetischpraktiken hat hier der Bild-Fetisch die Funktion, den Verkehr mit den Toten aufrechtzuerhalten. Fetische sind auch Todesbewältiger. Schon zu Lebzeiten von Ehefrau und Tochter hatte der Maler diese zweimal jährlich porträtiert; schon dies eine Art *Totenkult* von Lebenden. Jetzt werden die Gemälde vollends totenkultisch. Sie sind in Stillleben verwandelte Memoria, Erinnerung als *nature morte*, und sollen in ihrer stummen Präsenz den Schmerz der Trennung vertreiben. Der Maler versammelt auf den Bildern die Dinge seiner Frau wie Reliquien. Er entzieht damit die Dinge dem täglichen Gebrauch; damit treten sie aus dem Stand des Profanen hinüber in den des Sakralen und Magischen. Der Maler lebt weiter und bleibt doch mit der Toten verbunden, in zwei Formen der Zeit: profan und historisch die eine, stillstehend und ritualisiert die andere. Diese Angst vor Trennung und Tod zu bewältigen *(coping)* ist eine wesentliche, quasireligiöse Funktion des Fetischismus: «The fetish itself – a photograph, a lock of hair, or whatever is chosen – becomes invested with presence, and so symbolically ‹stands in› for absence or loss in the same way that the religious totem, for many people, represents a material presence of god.» (Gamman/Makinen 1994, 27)

Auch bei Goethe stehen die Gemälde-Fetische des Malers in einer untergründigen Beziehung zum Tod. «… und das letzte Stillleben das er mahlte, bestand aus Geräthschaften die ihm angehörten und die, sonderbar gewählt und zusammengestellt, auf Vergänglichkeit und Trennung, auf Dauer und Vereinigung deuteten.» (Goethe 1997, 30) Dies scheint ein Vanitas-Stillleben alter Prägung, doch zeigt es das paradoxe Unterfangen, dass der Maler, der ganz auf die Gegenwart der Dinge konzentriert war, diese nur noch in ihrem Verlust malen kann: um gerade so, ihre Vergängnis fixierend, sie vor dieser zu retten. Dazu muss jedes Ding in einen Fetisch verwandelt werden.

Das zweite Beispiel für Sammelleidenschaft und Fetischismus ist den «Wanderjahren» entnommen. Auf seinen Wanderungen passiert Wilhelm einen namenlosen Sammler, der nicht auf der Suche nach Kunstwerken, Antiken oder Gemälden ist, sondern nach Alltagsgegenständen, deren Auratisierung er betreibt:

«Sie sehen hier, wie lange etwas dauern kann, und man muß doch auch dergleichen sehen, zum Gegengewicht dessen, was in der Welt so schnell wechselt und sich verändert. Dieser Teekessel diente schon meinen Eltern und war Zeuge unserer abendlichen Familienversammlungen; dieser kupferne Kaminschirm schützt mich noch immer vor dem Feuer, das diese alte mächtige Zange anschürt; und so geht es durch alles durch. … Eine liebevolle Aufmerksamkeit auf das, was der Mensch besitzt, macht ihn reich, indem er sich einen Schatz der Erinnerung an gleichgültigen Dingen dadurch anhäuft. Ich habe einen jungen Mann gekannt, der eine Stecknadel dem geliebten Mädchen, Abschied nehmend, entwendete, den Busenstreif täglich damit zusteckte und diesen gehegten und gepflegten Schatz von einer großen, mehrjährigen Fahrt wieder zurückbrachte.» (Goethe: HA VIII, 145)

Für das Verständnis von ~~primordialen Fetischen~~ ist festzuhalten: 1. Zu Recht betont der Sammler die Gleichgültigkeit von Dingen, die fetischisiert werden. Der *Fetischwert* ist unabhängig vom Gebrauchs- oder Tauschwert einer Sache. 2. Erst eine magische *Bedeutungszuweisung* macht Dinge wertvoll, hier einmal für das Traditionsbewusstsein des Sammlers, zum anderen für das erotische Begehren des Liebhabers. 3. Im Winnicott'schen Sinn[48] sind Fetische *Übergangsobjekte*, um Trennungen zu bewältigen, einmal, um den ‹Übergang› zwischen den Generationen zu bewirken, der durch den Tod der Alten notwendig wird; zum anderen, um die Trennung von der Geliebten zu ‹überbrücken›. 4. In beiden Fällen funktionieren die Fetische als Halt gegen das Verfallen in der Zeit: Fetischisierte Dinge bilden einen «Schatz der Erinnerung», der nicht im Besitz dieser Dinge besteht, sondern «an» diesen Dingen ‹angehäuft› wird. Dieses Anhäufen «an» den Dingen erzeugt ein *symbolisches Kapital,* das wie ein Hof um die Dinge herum präsent ist: Dies ist ihre ‹Bedeutsamkeit› für den Sammler, wodurch er «reich» wird, ohne ein Reicher zu sein. 5. Sammler wie Liebhaber sehen beide, dass «Erinnerung» umso lebhafter ist, je stärker sie sich mit Dingen und kleinen *Alltagsritualen* verbindet – so das tägliche Feststecken des «Busenstreifs» mit der Nadel der Freundin. Das Gespinst der Erinnerung ist filigran, empfindlich, ephemer, weil die Zeit, als Vergessen, ständig gegen das Erinnern arbeitet. So sind die Dinge, die von *anderen* stammen, die besten Hilfsmittel, dieser *anderen* zu gedenken: Das macht ihre Fetischfunktion aus.

Der Sammler wohnt in einem Haus voller *Memorialzeichen,* einer Insel nicht nur in der Feuersbrunst, welche die Stadt verwüstete, sondern auch im Strom der Zeit. Es handelt sich um die frühe Form eines Museums des Alltags. Dem ‹Werden und Vergehen› widersetzt sich der Sammler mit aller Kraft. Wilhelm wendet ein: «Mit allem dem … werden Sie mir gestehen, daß der Mensch der Veränderung nicht widersteht, welche die

Zeit hervorbringt.» (Goethe: HA VIII, 145) Feuersbrunst, Erdbeben, Vergänglichkeit – dies alles, so der Sammler, gibt es als Geschehen der Natur. Doch er ist eine Art *Kulturbringer*, indem er einen lebenslangen Kampf gegen die Vergängnis und für die Verstetigung des Bestands führt: «‹Freilich›, sagte der Alte, ‹aber doch der am längsten sich erhält, hat auch etwas geleistet» (ebd.). Sammlung und Fetischismus sind stets konservativ; sie funktionieren als Kuratoren der Zeit.

Dennoch garantieren Sammlungen so wenig wie Fetische, wofür sie kämpfen: Ewigkeit. Doch gibt es durch sie hindurch eine Art ‹Generationenvertrag›, der über die Grenzen des eigenen Todes hinaus Bestände des Selbst sichert gegen ihren Ruin: «Ja sogar über unser Dasein hinaus sind wir fähig, zu erhalten und zu sichern» (Goethe: HA VIII, 146). Das Haus des Sammlers ist ein Bollwerk gegen den Tod. Durch sorgfältige *Magazinierung* der Dinge sichert er das Kontinuum der Zeit, das der Tod, wie jeder Verlust, gewaltsam zerreißt.[49] Eine Sammlung zieht das ihr Fehlende und zu ihr Gehörige magisch an. Die Sammlung ist nicht nur Erinnerungsmagazin, sondern auch Magnetfeld, das die flottierenden Dinge und Zeichen einfängt und stillstellt, ordnet und sinnfällig präsentiert. Deswegen «mehrt» sich jede Sammlung «auf wunderbare Weise» (ebd., 146).[50] Wiewohl jeder Sammlung immer etwas fehlt, sodass sie Stückwerk bleibt, «wie es die Dinge für die Allegorie von vornherein sind», lässt der Sammler im «Kampf gegen die Zerstreuung» niemals nach; denn er ist «ganz ursprünglich von der Verworrenheit, von der Zerstreutheit angerührt, in dem [sic!] die Dinge sich in der Welt vorfinden.» (Benjamin 1927–40/1983, 279) Das macht das Große und zugleich Vergebliche, die Trauer und die Passion jeder Sammlung aus.

Das dritte Beispiel verdeutlicht diesen Zusammenhang von Sammlung und Zeit. Es entstammt «Dichtung und Wahrheit»:

«Diesem zu begegnen, gewöhnte ich mich zuvörderst, bei allem, was ich besitze, mich gern zu erinnern, wie ich dazu gelangt, von wem ich es erhalten, es sei durch Geschenk, Tausch oder Kauf, oder auf irgend eine andre Art. Ich habe mich gewöhnt, beim Vorzeigen meiner Sammlungen der Personen zu gedenken, durch deren Vermittelung ich das einzelne erhielt, ja der Gelegenheit, dem Zufall, der entferntesten Veranlassung und Mitwirkung, wodurch mir Dinge geworden, die mir lieb und wert sind, Gerechtigkeit widerfahren zu lassen. Das, was uns umgibt, erhält dadurch ein Leben, wir sehen es in geistiger, liebevoller, genetischer Verknüpfung, und durch das Vergegenwärtigen vergangener Zustände wird das augenblickliche Dasein erhöht und bereichert, die Urheber der Gaben steigen wiederholt vor der Einbildungskraft hervor, man verknüpft mit ihrem Bilde eine angenehme Erinnerung, macht sich den Undank unmöglich und ein gelegentliches Erwidern leicht und wünschenswert. Zugleich wird man auf die Betrachtung desjenigen geführt, was nicht sinnlicher Besitz ist, und man rekapituliert gar gern, woher sich unsere höheren Güter schreiben und datieren.» (Goethe: HA IX, 412)

Thema ist der unauffällige Alltag der Erinnerung, wo es nicht um große Ereignisse, aber auch nicht um zufällige Assoziationen geht. Vielmehr berichtet Goethe von einer *Erinnerungskultur,* von rituellen Praktiken, durch welche er dasjenige, was zu vergehen droht, in ein geregeltes Gedenken überführt. Dabei spielen Sammlungen eine wesentliche Rolle. Denn Sammlungen sind Arsenale des Gedächtnisses. Die Dinge, welche der Sammler um sich häuft und ordnet, sind «lieb und wert». Diese ‹Besetzung› der Dinge ist es, die den Sammler für den teilnahmslosen Blick von außen oft skurril, zuweilen lächerlich macht. Die *Auratisierung* und *memoriale Imprägnierung der Dinge* verwandeln diese von toten Objekten zu lebendigen Trägern der Erinnerung. Die Umgebung, die den Sammler umhüllt wie ein Kleid, «erhält dadurch ein Leben». Diese *Animation* wird durch eingeübte Rituale erzielt. Der Sammler knüpft an die Dinge unsichtbare Spuren ihrer Herkunft, die auf die Menschen und Umstände verweisen, durch welche er in den Besitz der Stücke gelangt ist. Das erzeugt den ‹Mehrwert› der Memoria. Das Zusammenspiel von Dingen und Memoria entwickelt die an den Dingen haftende *Geschichtlichkeit* ihrer selbst, aber auch des sozialen Geflechts, in welchem sie standen.

Wie unbedeutend Dinge sein mögen – als Teile der Sammlung sind sie mehr, als sie sind. Sie ‹gewinnen› einen Platz in den Reihen und Ketten, Figuren und Verwandtschaften, Konstellationen und Verknüpfungen, in denen sie stehen, wodurch sie nicht länger einzelne Dinge, sondern ‹Sammlungsstücke› sind. Bereits dies ist ein Mehrwert, der den Dingen zuströmt, indem sie zu platzierten Elementen eines Ensembles werden. Immer wenn der Sammler seine Stücke ‹vorzeigt›, wird ihm dies zur «Gelegenheit», sich der Herkunft der Dinge zu erinnern. Nicht nur ist für den Sammler «sein Objekt sondern auch dessen ganze Vergangenheit» von Belang (Benjamin 1927–40/1983, 274). In die bedachtsame Szene des ‹Vorzeigens›, des Redens, Beschauens, Betastens, Hin- und Herwendens, Austauschens, Erzählens: Unter dieser *exoterischen* Schicht, die von den Umgangsformen gastfreundlicher Sammlerkultur gebildet wurde, lagert eine *esoterische* Schicht des Memorierens. Die Objekte sind nicht nur Sammlungsstücke, sondern sie werden zu *Medien*: Sie sind die materialen ‹Vermittler› der Erinnerung. Die «Urheber der Gaben steigen wiederholt vor der Einbildungskraft hervor», heißt es. Es sind also Medien des Vergegenwärtigens. So gewinnen die Dinge, welche tot zu sein scheinen, «ein Leben», wodurch der Augenblick «erhöht und bereichert» wird. Dies ist exakt die Funktion von Museen.

Die Verflechtung von Herkunft und Andenken gleichsam auf dem Rücken der Dinge ist in der Formulierung notiert: «*Gerechtigkeit widerfahren zu lassen*». Sie drückt aus, dass die Gerechtigkeit im Erinnern weder ein Aktivum noch ein Passivum, sondern beides zugleich, ein Medium ist – im aktionsmodalen Sinn der griechischen Sprache; im Sinn der Balance von Herkunft und Andenken, von ‹Herstellen› und ‹Lassen›, von Performanz und Ereignis; und im Sinn der vergegenwärtigenden Verflechtung von Vergangenheit und Augenblick. Medien sind definiert durch den Effekt, durch den das Eingebildete wie von außen, «vor der Einbildungskraft», auftritt. Medien erzeugen *objektive Phantasie.* In diesem Sinn ist alles Erinnern, das kein bloßes Memorieren von Daten ist, ein mediales Ereignis. Dies sind hier die Dinge des Sammlers. Darum gilt: Sammlungen und Museen sind Erinnerungsmedien.

Nur wenn die Dinge eine doppelte Metamorphose erfahren – vom Ding im Gebrauchskontext zum Sammlungsstück und vom Sammlungsstück zum Erinnerungsmedium –, erfährt der Sammler seine *Rechtfertigung*. Die Dinge werden aus dem Stand des «sinnlichen Besitzes» erlöst und zu Zeichen und Medien des (imaginären) Austauschs zwischen Sammler und Geber, wer immer auch ‹gegeben› hat, der Zufall, die Gelegenheit oder eine Person. Sammlungen werden erst ‹gerecht›, wenn an ihnen mit ausgestellt wird, dass sie niemals nur Erwerb, sondern immer auch Gabe sind. Sammlungen sind zugleich «Geschenk, Tausch oder Kauf».

Geschildert ist hier ein *Ideal*, wie die Beziehungen zu den Dingen bestimmt sein sollten: Wir stellen eine Art *Würde* der Dinge her, indem wir sie nicht in Besitz, sondern in *Obhut* nehmen. Wir bieten ihnen eine Szene ihres Auftretens, in welcher sie das Vergangene uns zu vermitteln fähig werden; so, wie sie uns wieder verlassen werden, um anderswo und für andere dieses Netz des Erinnerns weiterzuspinnen. Wir belehnen sie mit einer Aura, die sie uns schenken. Diesen ‹Tausch› nennt Goethe Gerechtigkeit.

Man erkennt hieran den Unterschied zum Fetischismus zweiter Ordnung, wie er im Konsum herrscht. Auch dieser ist ein Medium, eine Batterie von «Leben», von Kräften, von Unsichtbarem und Vergangenem. Doch das fetischisierte Ding ist nicht das in Obhut genommene, sondern herrisch besetzte und besessene Ding. Es zaubert auch «vor der Einbildungskraft», doch so, dass sich dabei Wunschbilder nur narzisstisch spiegeln. Dann sammelt der Sammler nur sich, die Dinge sind seine Versammlung, sein Harem und Thesaurus (Baudrillard 1991, 110ff.). Der Fetischismus des Konsums spricht nur, indem er das Vergangene zum Verstummen bringt. Dieses muss schweigen, damit er funktioniert. Der Fetischist *darf* sich nicht an das erinnern, was als Spur der Herkunft am Fetisch hängt und ihn als solchen erst konstituiert. Der Fetisch «rekapituliert» ein Vergessenes – das ursprüngliche Objekt des Begehrens; doch *muss* dieses dem Fetischisten opak bleiben. Wer sich dessen wirklich erinnert, was der Warenfetisch nur verborgen darstellt, zerstört diesen. Ihm liegt eine Angst zugrunde, die verdrängt werden muss.

Der Fetischismus des Alltags und Konsums fixiert das Begehren auf eine endlose Kette von Augenblicken, auf die Trophäen der Dinge. Man jagt den Dingen nach, um sie den unersättlichen Wünschen einzuverleiben, während man einer Unruhe preisgegeben bleibt, welche vom schwarzen Loch des Vergessens ausgeht. Die Barriere, die beim Fetischisten vor dem Erinnern liegt, verschließt die Vergangenheit und treibt den Fetischisten in den Dschungel all der Dinge, welche er noch nicht hat, doch haben muss. Dadurch aber werden alle Dinge gleich. Der fetischistische Konsument verliert jede Distinktion (darum ist er, für die Herren des Warenregimes, ‹geschmacklos›). Ihm gerinnen die Dinge zur Masse des schon Einverleibten, zur Armee der Trophäen, die er im Zeichen seiner triumphalen Passion antreten lässt.

Der Sammler und das Museum hingegen individualisieren und physiognomisieren die Dinge. Diese sollen, indem sie unter Tabu gestellt werden, zu Pforten des Erinnerns einer Vergangenheit werden, welche in die ausgestellten Dinge einzutreten wünscht. Gegenüber der Modernität des Ding-Konsums scheint dies eine archaische Geste zu sein. Sammeln, so Benjamin, heißt, die «Dinge ... in unserm Raum empfangen. Nicht wir versetzen uns in sie, sie treten in unser Leben.» (1927–40/1983, 273) Sammlungsdinge gehorchen dann nicht länger dem «Fetischcharakter der Ware», sondern sie werden zu «Allegorien», zu Teilen einer «magischen Enzyklopädie» (ebd., 274). Dieses ‹Eintreten› der Dinge und die dabei sich entfaltende, stumme Beredsamkeit ist dem konsumistischen wie sexuellen Fetischisten verschlossen. Sie brächte seine Leidenschaft zum Erliegen. Er bedarf des Vorwärtsbrausens zu immer neuen Eroberungen, an denen er das zwanghaft Wiederholende nicht bemerkt. Schmetterlinge, Steine, Strumpfbänder, Haarlocken, Porträts, Gemälde, Lederlingerie, Gemmen, hochhackige Schuhe, Scherenschnitte, Federn, Schrumpfköpfe, Inkunabeln, alte Bücher, Postkarten, Büstenhalter – es ist gleichgültig: Der Fetischist versammelt endlose Varianten seiner Leidenschaft, die ihm, je exzessiver er die Dinge aneignet, umso unnachgiebiger jenes repräsentative Ganze versperrt, auf das Sammler wie Museen ihr Bemühen richten. Sammlungen und Museen wollen Medien des «Lebens» sein, der Animation des Vergangenen und Toten, welcher die Gegenwart eingedenk sein muss, um von ihnen nicht überwältigt zu werden. Die Trophäen des Fetischisten hingegen werden zu «traurigen Tropen», zu schnell verdorbenen Zeichen einer niemals begriffenen Leidenschaft. Deswegen haftet am konsumistischen Fetischismus nicht nur etwas Trauriges, sondern auch Ruheloses, das jede Reflexion auf seine Herkunft verstellt. Die Sammlung und das Museum verschaffen hingegen dem Fetischismus einen öffentlichen Raum der Entfaltung. Dadurch vermögen sie die mediale und magische Kraft, die dem Fetisch innewohnt, für eine Kultur reflektierter Seh-Erfahrung und des Erinnerns zu nutzen. Der konsumistische wie der sexuelle Fetisch hingegen ist ein Zirkel, der den ihm verfallenen Fetischisten isoliert und in soziale Einsamkeit umso mehr einschließt, als er sich begierig in den endlosen Strom der Zirkulation wirft. Sammlungen und Museen hingegen bieten eine Form, welche der stummen Erscheinung der Dinge eine Szene leiht, sodass durch sie die Erinnerung physiognomisch wird und zur Sprache zu kommen vermag. An ihre Form des Zeigens schließt sich, der Möglichkeit nach, eine Kultur des Erzählens, Austauschens und Berichtens, der Betrachtung und Rekapitulation an. Sie sind Bild- und Denkräume. Die unveräußerlichen Dinge unterbrechen die *Zirkulation des Warentauschs*, um der *Zirkulation der Kommunikation* und der Reflexion Raum zu geben. Darum werden sie für eine Moderne, die wie keine Epoche zuvor die Warenzirkulation unter dem Gesetz kapitalistischer Verwertung angefacht hat, zu notwendigen Kontrapunkten einer *Reflexivität*, die nicht weniger unhintergehbar ist als die Warenzirkulation selbst.

Es geht hier nicht um eine Geschichte von Sammlungen und Museen (vgl. dazu Grote 1994; Pomian 1994; Korff & Roth 1990; Fliedl 1997). Wohl aber ist mit Krzysztof Pomian (1988) daran zu erinnern, dass sakrale Sammlungen seit jeher, gegenüber der Sphäre des Profanen, eine überalltägliche Welt kreieren, «aus der alle Nützlichkeit auf immer verbannt zu sein scheint» (ebd., 14). In Sammlungen herrscht eine «souveräne Verachtung» der Nützlichkeit (ebd., 28). Das rückt die Sammlungsobjekte in die Nähe von heiligen Dingen und Kunstwerken. Die Sammlung – gleichgültig welchen Typs: die Kriegsbeute, die Reliquiensammlung, die Kirchen- und Fürstenschätze, die Wunderkammer, das Museum – ist ein Kultort par excellence. Die Frage ist, welche generelle soziale Funktion sie dabei erfüllt.

Die älteste Form von Sammlungen macht Pomian (1998) in den Grabbeigaben aus. Sie sind dem Gebrauch im Diesseits auf ewig entzogen. Darum wird ein Geheimnis um die Gräber gemacht, um sie vor Raub und Schändung zu schützen. Grabbeigaben sind Geschenke für die Toten, für die umgekehrt ihr Schutz eingetauscht wird. Die Gaben sollen von den Toten als ihr Eigentum betrachtet werden. «Da sie für immer geweiht waren, durften sie auf keinen Fall wieder in Umlauf gebracht werden» (ebd., 24). Stattdessen reguliert die Sammlung die Beziehung und den Verkehr zwischen Lebenden und Toten, Diesseits und Jenseits, Sichtbarem und Unsichtbarem. Dabei werden virtuelle Betrachter der Ding-Gaben vorausgesetzt, eine Art Publikum. Das verwandelt Grabbeigaben und Opfergaben zu Schausammlungen. Für Pomian zeugen «das Zusammentragen und vor allem die Herstellung von Gegenständen, die das Unsichtbare darstellen, vom Auftauchen der Kultur im eigentlichen Sinne dieses Begriffs» (ebd., 49). Das ist kulturtheoretisch insofern interessant, als seit der Jungsteinzeit das Unsichtbare durch eine Gruppe besonderer Gegenstände repräsentiert wird. Sie sind einerseits materiell gegenwärtig, andererseits durch unsichtbare Kräfte, jenseitige Wesen und Mächte, aufgeladen, also magisch. Dadurch spaltet sich die Welt der sichtbaren Dinge auf: in Nutzgegenstände (die zum Arbeiten oder zum Konsum bestimmt sind), in so genannte «Semiophoren, Gegenstände ohne Nützlichkeit» (ebd., 49–51) und schließlich in die Klasse der signifikanten Gegenstände, die von sich aus Wert zugemessen erhalten wie Edelmetalle, Muscheln, Federn etc.; zu ihnen gehören auch eigens hergestellte Artefakte mit Aura wie Schmuck oder später Kunstwerke. Was in keine dieser drei Klassen fällt, ist Abfall (aus dem, durch rituelle Prozeduren, wieder Semiophora generiert werden können, z. B. Reliquien, Raritäten[51] oder Müll-Kunst; vgl. Fehr 1996). Uns interessieren besonders die Dinge, die Pomian mit dem glücklichen Ausdruck «Semiophoren» belegt: ‹die Dinge, die Gefäße von Bedeutungen sind›. Semiophoren (die wir auch Fetische oder Idole nennen dürfen) sind solche kulturell ausgezeichneten Objekte, die dadurch, dass sie dem Tausch, dem Handel, der Arbeit, dem Konsum und generell der Zeit entzogen sind, die «Kommunikation zwischen zwei Welten», eine Art Sphärenverkehr ermöglichen, sicherstellen und schützen (vgl. Benjamin 1927–40/1983, 271).

Diese Klassifikation der Dinge und die symbolische Funktion der Semiophoren scheint eine nahezu kulturinvariante und überhistorische Struktur zu sein. Sie gilt auch für kapitalistische Gesellschaften, die darum Museen zu «Kultstätten der Neuzeit» (Kohl 2003, 225ff.) gebildet haben. Auf der anderen Seite steht der globale «scape of flows», der seine filmische Mythologie bereits in Langs Film «Metropolis» und seinen frühen urbanen Ausdruck im Warenhaus, dem «Paradies der Damen» (É. Zola) gefunden hat.[52] Die moderne Gesellschaft ist die Maschinerie einer immer schneller und verschlingender arbeitenden Zirkulation. Diese Gefräßigkeit, die Zola für Frankreich und für Deutschland Robert Saudek in seinem Roman «Dämon Berlin» (ca. 1910) schon sehr früh geschildert haben, enthält eine ebenso schöpferische wie zerstörerische Dynamik.

Wir sahen, dass Schumpeter sie als «kreative Zerstörung», Benjamin sie als «schöpferische Unordnung» (1927–40/1983, 280) gefasst hatten. Darin rumort indes eine untergründige Angst vor Abstieg und Verlust, Trennung und Untergang, wenn es nicht gelingt, valide und mobil zu bleiben und auf den Wellen der Zirkulation zu reiten, womöglich in der narzisstischen Grandiosität der Futuristen. In Museen und (privaten) Sammlungen wird der Angst vor dem Absturz wie dem destruktiven Pathos ein Gegenpart gesetzt. Personen, Gruppen, Städte und Staaten schaffen sich Räume einer symbolischen Selbstversicherung, für die das «Leib-Gedinge» (Mauss), die «Personen-Dinge» (Godelier), die öffentlichen Gruppenfetische und die Heiligtümer von Städten und Staaten einen Identitätshalt darstellen (sollen). Sosehr die Sammlungsobjekte dabei in die Sichtbarkeit gerückt werden, dienen sie doch dem Verkehr mit dem Unsichtbaren, mit den personalen und kollektiven symbolischen Ordnungen, dem kulturellen Gedächtnis, dem unbegriffenen Herkommen aus dem wachsenden Reich der Toten und des Vergangenen; sie dienen der Bewältigung der heimlichen und unheimlichen Phantasien und Albträume, der Vergewisserung der schwer fassbaren Werte und Ziele, ja, dem Glauben einer Kultur, den diese auch dann benötigt, wenn die Götter tot sind. Die Sammlungen sind das Äußerliche des Innerlichen einer Kultur. Dennoch liegt über den Sammlungen und Museen, die ihrerseits längst zu Maschinen des Kulturkonsums geworden sind, eine unaufdringliche, nicht zu vertreibende Trauer, die aus der Spannung zwischen den verewigten Dingen, die wir sehen und kontemplieren können, und dem rigorosen Verbrauch von Waren, Menschen und Ressourcen erwächst. Der Fetischismus und die Kultform der Sammlung, die die gesammelten Dinge mit Aura und Bedeutung umkleiden, sind der Versuch, Dauerhaftigkeit angesichts einer Zeit, die vergeht, und reflektierende Konzentration angesichts eines Raums, der zerfällt, künstlich und rituell herzustellen. Die Sammlung sucht «die Befreiung der Dinge von der Fron, nützlich zu sein» (Benjamin 1927–40/1983, 277); das ist ihre Utopie und Vergeblichkeit zugleich. «Es ist die tiefste Bezauberung des Sammlers, das Einzelne in einen Bannkreis einzuschließen, indem es, während ein letzter Schauer (der Schauer des Erworbenwerdens) darüber hinläuft, erstarrt. Alles Erinnerte, Gedachte, Bewußte wird Sockel, Rahmen, Postament, Verschluß seines Besitztums» (ebd., 271). Mit dem letzten Satz hat Benjamin den Übergang vom Sammeln zur Sammlung und zum Museum erfasst. Indem die Sammlung die Spuren der «Fron» der Dinge löscht, exponiert sie an ihnen die unsichtbaren Spuren der Erinnerung und Reflexion, die an ihnen (auf-)gelesen werden können.

Wir kennen seit der Moderne die Angriffe aufs Museum und auf die fetischisierende Verehrung des Alten, den futuristischen Ruf nach der Bombardierung Venedigs («Der Krieg ist schön», Marinetti), die Verachtung der Nike von Samothrake angesichts eines Rennwagens (Marinetti 1966, 26). Wir hören von der «rücksichtslosen Vernichtung der Aura» (Benjamin 1936/1980, Bd. I, 502) in den modernen, auf Serialität und Reproduzierbarkeit beruhenden Industriegesellschaften, die das «kultische Fundament» (ebd., 486) aufgelöst hätten. Wir kennen auch die wiederholten Attacken gegen die Macht der Museen oder auch die Behauptung von Boris Groys (1994, 1977), dass Sammlungen die Künste allererst generieren, die sie sammeln, und nicht umgekehrt: dass neue Kunstwerke Sammlungen mühsam erobern müssen. Beklagt wird die Macht des Kunstmarkts, der auch die Museen, Galerien und Sammler harten ökonomischen Bedingungen unterworfen hat. Doch entscheidend bleibt, dass selbst noch Kunstwerke, die als Ware um den Erdball zirkulieren, dies zwar auch tun, um Profite zu erzeugen, vor allem aber, um aus diesem Verkehr entfernt zu werden – um irgendwo zu einer Ruhe zu kommen, die sie uns geben sollen. Denn selbst die Verstörungen, Irritationen und Dissonanzen, die sie darstellen, entfalten sich als solche nur, wenn sie einen Raum der Ruhe haben, in dem nichts geschieht, außer dass diese Verstörungen, Irritationen, Dissonanzen sich zeigen und erfahrbar werden. Allen Angriffen zum Trotz haben sich die Museen in den letzten Jahrzehnten weltweit ungeheuer verbreitet, und die bedeutenden Neubauten unter ihnen stellen die Juwelen der zeitgenössischen Architektur dar (Newhouse 1998). Wofür das alles?

Man kann das nur vermuten. Wir glauben, dass die Gesellschaften, je mehr sie ins Zeichen neoliberaler Globalisierung und der digitalen Immaterialität treten, desto stärker jener zeitstillen Zonen bedürfen, in denen die Dinge – vom Butterfass alteuropäischer Agrarwirtschaft bis zum Pollock-Gemälde, vom altsteinzeitlichen Schädelfragment bis zum Formel-1-Rennwagen, vom Jugendstilgeschirr bis zum ägyptischen Grab-schatz – eine Sphäre der Zeitlosigkeit erhalten, die der Tauschsphäre ent-gegengesetzt ist, umzirkelt vom *Noli me tangere* der musealen Ordnung. Die gesammelten Dinge stellen die Transzendenz der Moderne dar, die annahm, Transzendenz entbehren zu können. Heidegger schrieb in sei-nem Aufsatz «Das Ding» (1954/1994, 163–86), dass wir in einer Epoche lebten, in der durch die raum- und zeitverkürzenden Verkehrs- und Me-dientechniken sowohl die Nähe als auch die Ferne vernichtet würde, weil alles zu einer Gleichabständigkeit «zusammengeschwemmt» sei. Die unserem Zugriff entzogenen Dinge der Sammlungen hingegen wer-den in eine Ferne gerückt, so nah sie sein mag: Das macht nach Walter Benjamin die Aura aus (1936/1980, Bd. I, 479). Die Moderne im Zeichen technischer Reproduzierbarkeit hat die Erfahrung der Aura keineswegs verloren. Sie hat durch die Strategie des Sammelns und der Museen die Aura vielmehr ungeheuer verstärkt – nicht weniger gläubig als die reli-giöse Gesellschaft des Mittelalters. Dinge zu fetischisieren, indem sie Sammlungen einverleibt werden, ist der inständige Versuch, die Aura, deren religiöses Fundament verloren ist, künstlich wieder ‹herzustel-len›. Die Aura ist selbst ein Artefakt, aber darum nicht etwa nicht aura-tisch. Daran erkennen wir rückwirkend, dass auch in der Vormoderne das Heilige und Auratische stets ‹gemacht› war *(factitius)* durch Weihun-gen, Riten, Kraftladungen, symbolische Operationen. Die Aura musste ‹erhalten› und ‹erneuert› werden, um nicht an Wirksamkeit und Bedeu-tung zu verlieren oder vergessen zu werden. Diese Merkmale treffen ebenso für den traditionellen Fetisch- und Idolendienst zu. Auch die ‹Transzendenz› sakralkultureller Gesellschaften musste durch Experten immer wieder erzeugt und konfirmiert werden. Das Transzendente ist nie das, was von sich aus immer schon transzendent *ist*, sondern es muss der *Glaube* erzeugt werden, *dass* es so ist. Museen und Sammlungen der Moderne sind nun Einrichtungen der Transzendenz-Versicherung. Sie haben, wie Religionen, sehr einfache, aber grundlegende und schwierig einzulösende Funktionen zu erfüllen: Sie sollen sicherstellen, dass es überalltägliche, unvergängliche und verehrungswürdige Werte gibt; dass die Angst vor Trennung, Untergang und Tod in den unvergäng-lichen Dingen ein signifikantes und selbstevidentes Gegengewicht erhält; dass ein transpersonaler Zusammenhang zwischen den Generationen und von alters her bis in die Zukunft nicht abreißt; dass im Kreislauf des Verbrauchs von Gütern und Zeichen Sinn, Bedeutung und Identität erhalten bleiben; dass das Fragmentarische als Teil eines Ganzen gerettet ist; dass das Entgegengesetzte und einander Feindliche koexistieren kann; dass Glück möglich ist. Wir fügen hinzu: Auch die Fetische und Idole haben keine anderen Funktionen. Die Wohnungen, die von Fans mit Bildern, Trophäen, Zeichen von Madonna oder Ronaldo gefüllt werden; die Keller, welche Sammler von Modelleisenbahnen oder Mokkatassen zu Kultstätten ihrer Leidenschaft machen; die Regale und Alben, die Liebhaber mit Erstausgaben des 17. Jahrhunderts oder mit Briefmarken eines pazifischen Archipels schmücken; die Schatztruhen, in denen Fetischisten von blutroten Frauenschuhen ihre Beutestücke verwahren – sie alle sind Orte des Heils und der Heilung. Die Moderne sucht nicht weniger nach Erlösung als jede Epoche vor ihr. Die Transzendenz, die sie kreiert, ist nicht eine Sphäre, die oberhalb der Dinge schwebt, sondern an diesen und durch sie physiognomisch und wirksam wird: Das macht ihren transzendental-fetischistischen Charakter aus, der durch Sammlungen erzeugt wird oder durch den umgekehrt der Kultcharakter von Sammlungen entsteht.

Schließlich verhält sich die heutige Expansion der Museen und Sammlungen proportional zum Verschwinden der Dinge (Hauser 2001, 99–116). Der Entzug der Dinge aus dem Kreislauf des Produzierens und Konsumierens entspricht dem fetischistischen Mechanismus. Insofern zeigen musealisierte Objekte unvermeidlich die Struktur des Fetischs. Sammelt man jetzt, was gerade eben noch im Gebrauch war, oder musealisiert man schon, was eben noch Fabrik war: Dann ist dies ein Indiz der Beschleunigung des Veraltens, doch in gewisser Hinsicht auch: der immer schnelleren Ästhetisierung selbst dessen, was Abfall wird oder schon ist. Je ephemerer die Dinge in der Einbahnstraße von Produktion über Konsumtion zum Müll werden, desto heftiger wächst das Bedürfnis nach Konservierung, Verewigung, Erhaltung, Rettung, Ausstellung, kurz: nach Erinnerung und seinem Ort, dem Museum. Das Museum (der Dinge, des Alltags, der Technik) stellt sich dabei außerhalb der Ökonomie. Es dient der Auratisierung der Dinge des Gebrauchs, der Konsumtion oder des Ausgesonderten. Museen arbeiten gegen den Abfall. Sie folgen der Ökonomie der Schatzkammer. Sie betreiben die Anhäufung von stillgelegtem, unproduktivem Kapital. Sie sind Orte des Gedächtnisses an die Dinge, die verschwinden, um im Gegenzug eine fetischistische Kapitalisierung des Gedächtnisses, Strategien der Rettung des sonst Verlorenen zu betreiben, das als symbolisches Vermögen ge- und versammelt wird. Das Museum als «kulturelles Archiv» (Boris Groys) ist ein Raum der traurigen Abschiede, die wir nicht vergessen wollen.

4
FETISCHISMUS, SEXUALITÄT UND PSYCHOANALYSE

A fetish is a story masquerading as an object.
(Robert J. Stoller 1985, 155)

1. Sexualwissenschaft und ihre mythischen Väter

Fragt man heute jemanden, was er unter Fetischismus versteht, erhält man in der Regel Antworten, die in den Kreis des sexuellen Fetischismus weisen. Wissenschaftshistorisch war dieser indes die späteste Entdeckung, mit der man den Fetischismus anreicherte. Die Karriere des sexuellen Fetischismus begann erst in den 80er Jahren des 19. Jahrhunderts, obwohl das Phänomen sexueller Fetische und Idole uralt ist und literarisch wenigstens in jener Epoche bereits voll entwickelt war, als die portugiesischen Missionare in Afrika den religiösen Fetischismus terminologisch aus der Taufe hoben: in der Renaissance (Böhme 2001b). Durchaus kann man von einer eigentümlichen Verspätung der Konzeptualisierung des sexuellen Fetischismus sprechen. Vorderhand hängt dies gewiss damit zusammen, dass es eben diese 1880er Jahre waren, in denen die Sexualwissenschaft überhaupt auf die Bahn kam. Es ist indes überzufällig, dass der Fetischismus als Perversion gerade in dem Jahrzehnt konzeptualisiert wurde, das in der Modegeschichte «the most fetishistic decade in the history of Western costume» genannt wurde: Der Historiker der Korsetts und Schnürleiber, David Kunzle, spricht gar von «fashion and fetishism as one» (1982, 1).

In der Regel kannten die frühen Sexualwissenschaftler und die Psychoanalytiker der ersten Stunde, also Sigmund Freud und sein Kreis, wenigstens einige der religionswissenschaftlichen und ethnographischen Fetischismusforschungen. Dadurch wurde der sexuelle Fetischismus mehrfach geprägt: Innerhalb des Formenkreises sexuellen Verhaltens erscheint er 1. als ein Analogon zur Verehrung sakralisierter Objekte in der Religion, insbesondere im Reliquienkult (so schon Binet); 2. wird der sexuelle Fetischismus ähnlich ‹fundamentalisiert› wie der religiöse: Erscheint dieser oft als älteste Stufe der Religion überhaupt und, nach der zivilisatorischen ‹Höherentwicklung›, als resistenter Kern des Aberglaubens, so wird der sexuelle Fetischismus als diejenige, dem ‹Normalverhalten› noch nahe stehende sexuelle Aberration verstanden, aus der heraus der ganze Strauß der Perversionen erwächst; 3. geht auch in der

Sexualwissenschaft die Sammel- und Klassifikationsphase der ätiologischen und damit theoriegeleiteten voran (letztere wird erst in der Psychoanalyse erreicht).

Im Feld der Sexualität wird der Fetischismus als Paradigma aller Perversionen entwickelt. Heute sehen wir, dass die sexualwissenschaftliche Ausarbeitung des Fetischismus angeregt und begleitet wurde von vielen literarischen Beschreibungen bei Rousseau, Goethe über Balzac zu Goncourt, Huysmans, Maupassant, Flaubert bis zu Oscar Wilde, Sacher-Masoch und Hofmannsthal (zu schweigen von der libertinen und pornographischen Literatur). Simpson (1982), Apter (1991), Garber (1993) und Ian (1993) haben dies dargestellt. Michel Foucault spricht für diese Zeit vom Fetischismus als der «Modell-Perversion», die «den Leitfaden zur Analyse aller anderen Abweichungen abgegeben hat, weil man an seiner Triebfixierung auf ein Objekt gleichzeitig das historische Verhaftetsein und die biologische Unangemessenheit ablesen konnte.» (1977, Bd. 1, 183) Am Fetischismus tritt exemplarisch die Verweigerung des Fortpflanzungsgebots und damit die Pervertierung des ehelichen Normalismus zutage. Die Überschätzung des fetischisierten Objekts, das zur Peripherie einer Person gehört – wie Schuh, Strumpfband, Haar etc. –, während die Person selbst gar nicht begehrt wird, steht in einer historischen Beziehung zur fetischistischen Außenseite der Dinge in der Warenwelt, die sich vom Gebrauchswert abgelöst hat. Schließlich stellt die narzisstische Fusion des Fetischisten mit seinem Objekt eine asoziale Autarkie dar, weil sie die sozialisierenden Funktionen des Sex mit einer ebenso archaischen wie infantilen Selbstgenügsamkeit untergräbt. Wie den Ethnologen der afrikanische Fetischismus als unproduktiv, kindlich, primitiv und wertlos vorkam, so konstruieren Ärzte und Psychologen gegen Ende des Jahrhunderts den sexuellen Fetischismus mit denselben Attributen als pervers. Für die neue Bio-Politik (M. Foucault), welche das Leben wissenschaftlich einkreist und vergegenständlicht, um es strategisch zu planen, zu verwalten und zu modellieren, für eine Bio-Politik, die den unfruchtbaren, degenerierten, entarteten und perversen Sex aus seinen dunklen Ecken aufstöbern, einordnen und resozialisieren wollte, ist der Fetischismus eine Subversion der biologischen Verantwortung, durch die ein jeder erst sowohl Individuum wie auch Staatskörper(chen) wird.

Die herrschenden Formen des Sex werden nicht von der Sexualwissenschaft und der Psychoanalyse entdeckt, sondern diese sind die Nachfahren der libertinen Literatur. Darum wird der Wissenschaftsgeschichte das Tableau jener Figuren vorangestellt, die man die Gründungsväter des modernen Diskurses über Sexualität nennen kann: de Sade, Casanova, Don Juan, Sacher-Masoch und der anonyme ‹Walter› aus der Zeit des englischen Viktorianismus[1]. Die Literatur hat die Sprache des Sex freigelegt, ohne die der wissenschaftliche Diskurs undenkbar gewesen wäre. Durch diese Genealogie hat sich indes auch eine Fülle von Phantasmen in die Wissenschaft hineinverlängert. Dadurch blieb diese für ein Jahrhundert im mythischen Bann des Objekts, das sie zu analysieren unternahm. Dieser ‹Bann› ist der Phallus, der wiederum den symbolischen Gegenhalt zur Kastration darstellt. Gegen Ende des 20. Jahrhunderts sind es teils wissenschaftsimmanente, teils kulturelle Entwicklungen, die dieses Syndrom (langsam) aufzulösen beginnen. Diesen langen Weg wollen wir nachzeichnen.

Die Protagonisten in Leopold von Sacher-Masochs Roman «Venus im Pelz» (1870) zeigen alle Merkmale einer fetischistischen Konstellation auf masochistischer Grundlage. Die ‹Ausstattungen› der Domina Wanda sind für ihren nach Unterwerfung begierigen Liebhaber ebenso wichtig wie ihre Paraden: die wertvollen Pelze, weißer Puder, Atlasseide, marmorweiße Haut, Musselinstoffe, rote Haare, grüne Augen, exotische Pantoffeln, vor allem das Set an Peitschen, bestimmte Attitüden wie der Fuß auf dem Liebhaber, der feucht vibrierende Blick, mannigfache Accessoires der Kleidung, Beleuchtung des Raums, das Meublement von Schlafzimmer, Bad oder Kerker: All diese dinglichen Ensembles werden zum erweiterten Körper des Idols und deswegen zu Fetischen, die jenes vertreten können.[2] Maskeraden, Paraden, Fetische, Kleider, Preziosen, Accessoires sind selbständig agierende Objekte auf der Bühne des Triebs.[3] Hinzu kommt eine Fülle von hochrangigen Fetischen der Bildungskultur, die den Stil des Paars nobilitiert und die latente Scham ob der verpönten Obsession, der sie huldigen, mildert. Durch die Verwebung des Masochismus mit hochwertigen Kulturgütern inszeniert sich der Protagonist als Bildungsbürger. Das Befremdliche der masochistischen Obsession wird kombiniert mit kulturbürgerlicher Wiedererkennbarkeit. Sein

Desinteresse an der Natürlichkeit des Eros ebenso wie seine Vorliebe für Posituren stehen in Übereinstimmung mit der herrschenden Artifizialität und Theatralität der herrschenden Kultur. Fetischismus und Idolatrie formieren eine Leidenschaft für Kleidung und Stoffe, Toiletten und Gesten, die nicht nur den Zeitgeschmack der Opulenz treffen, sondern auch den damit verbundenen Warenfetischismus, wie ihn zeitparallel Karl Marx entdeckt.

Anders als Marx, der im Fetischismus das Geheimnis des Warentauschs entziffert, gibt es in der Camouflage Sacher-Masochs nichts Verborgenes, im Fetischismus kein Geheimnis, in den Kopien und Repliken kein Original, in den Zitaten keinen Urtext und keinen eigentlichen Ursprung des Begehrens. Sacher-Masoch ist, anders als Marx oder Freud, absolut desinteressiert an Enthüllung, obwohl er einen voyeuristischen Stil des verbotenen Blicks hinter die Kulissen des Liebestheaters pflegt. Seine Inszenierungen folgen dem Gattungston der Verführung, ja des Komischen und der Travestie. Die dunklen Seiten der Obsession werden unsichtbar. Durchweg beobachtet man einen eigentümlichen Wechsel zwischen humoresker Tonlage und Kontrapunkten vernichtender Leidenschaft, die augenblickslang eine larvierte Angst freigibt. Es ist ein Spiel, das der Versklavung in ihrer dunklen Wollust wie tragischen Unentrinnbarkeit doch zu entgehen sucht. Vor dem Untergang, mit dem gespielt wird, um den Reiz zu erhöhen, sind die Protagonisten durch einen rechtsförmigen Vertrag geschützt. So biegt der Autor auf die breite Erzählstraße des Humoresken ein, die das Laszive und Kerkerhafte der Leidenschaft für ein bürgerliches Lesepublikum konsumierbar macht.

Im sexuellen Fetischismus besteht ein hoher Bedarf an Theatralität. Daraus wird die Bedeutung der Ausstattung, der Stoffe und Dinge generiert, die zu Darstellern auf der Bühne des Masochismus werden. Dass die Dinge – Pelze, Haare, Kleidung, Farben, Möbel, Bilder, Statuen und Peitschen – zur Agentur des masochistischen Spiels werden, entspricht der Analyse von Marx. Auch bei Marx besteht, wie wir sahen, die Pointe darin, dass die Warenfetische zu Agenten auf der Bühne der gesellschaftlichen Beziehungen werden und eine vertragsmäßige Form erhalten. Dadurch wird die Machtdynamik – die Hegel'sche Herr-Knecht-Dialektik – verstellt, oder eben: pervertiert.

Sowohl Krafft-Ebing wie Freud erheben diese Struktur zur Normalität, wenn sie den Sadismus und Masochismus als Flanken der ‹normalen› Sexualität darstellen und durch sie die Gender-Ordnung bestimmen. Daraus entsteht die Überzeugung, dass Sexualität nur vom Mann her konzeptualisiert werden kann. In der Welt des Sex gibt es nur männliches Begehren. Die Frau hat kein eigenes. Diese Absurdität wird von Jacques Lacan später als Tiefe der Intuition Freuds ausgegeben. So abwegig dies sein mag, so folgen die psychoanalytischen ‹Väter› darin den mythischen Gründerfiguren des modernen Sex. Sie alle kreisen um einen Signifikanten, um dessen An- oder Abwesenheit, also um das Problem der Kastration, das sich als *das* Problem der Männer erweist. Frauen nehmen dabei nur eine unselbständige Rolle ein.

Casanova ist der Mann, der dem Traum nachjagt, sich als niemals erschöpfter phallischer Kavalier zu erweisen. Alle Frauen werden ihm zu Darstellerinnen *der* Lust, die *er* ihnen macht. Stets setzt er voraus, dass Frauen nichts begehren als den Phallus, dessen einzigartiger Inhaber er ist. Wie unter Zwang muss sich Casanova in den Schößen der Frauen als Mann hervorbringen. In ihrem Schoß zeugt er nichts – das wäre das banale Einlenken auf die Linie der Fortpflanzung; sondern er zeugt sich selbst, das heißt, er sorgt für die Aufrechterhaltung des Phantasmas vom allbeglückenden Phallus. Er ist nichts als dieser. Ebenso rückhaltlos wie zwanghaft identifiziert er sich mit einem phallischen Narzissmus, den sein armer Körper und die Körper der Frauen zur Aufführung bringen müssen. Der Phallus ist einziger Akteur der Bühne – alles andere ist Maskerade, die sein Erscheinen verhüllt, um seine Epiphanie umso strahlender werden zu lassen.

Die Sade'schen Libertins produzieren ebenfalls endlose Serien (und Texte) nach immer gleichem Drehbuch (Barthes 1986; Horkheimer/Adorno 1947/1981, 74–107). In der Schändung ihrer Opfer demonstrieren sie die Souveränität ihrer «Maschinen», die in der Zerstörung der – vorwiegend – weiblichen Körper ihre eigene Schrankenlosigkeit zur Schau stellen. War die Angst Casanovas die Frau, die ihn nicht begehrt – diese Angst machte ihn zum Virtuosen der Verführung –, so erwächst die Angst der Sade'schen Libertins aus der uneinholbaren Zeugungskraft der Natur und der Frau. Darum werden sie zu Virtuosen der Grausamkeit.

Eine der unheimlichsten Szenen Sades ist die rituelle Vernähung der Geschlechtsorgane der Mutter («Die Philosophie im Boudoir», VII. Dialog), die danach ermordet wird. Demonstriert wird: Es gibt kein Geschlecht außer dem Phallus und dem endlosen Strom des Samens. Hinter der zugenähten, geschändeten, hingerichteten Mutter erscheint das Phantasma einer weiblichen Natur, deren wahre Unendlichkeit und Zeugungskraft für die Libertins unerreichbar ist. Diese Beschämung verwandeln sie in einen Rachezug der sadistischen Zerstörung, die die unberührbare Generativität der weiblichen Natur zerfetzen soll – ohne Aussicht.

Im Gegensatz zu Casanova, der sich als Beglücker der Frauen stilisieren muss, ist Don Juan jener Verführer, dessen Verfallenheit an die Frau niemals etwas anderes als Opfer erzeugt, weil jede von ihm Verführte sofort wertlos ist (Watt 1996). Sein Verrat fällt mit dem Augenblick seines Triumphs und der Hingabe der Frau zusammen. Nur als Verräter erweist er sich als Mann. Der Verführer und der Verräter sind dieselbe seitenverkehrte Figur. Dies war der Einsatzpunkt der Faszination, die für Sören Kierkegaard von Don Juan ausging (Kierkegaard 1995 und 1963; vgl. Haustedt 1992). Don Juan wie Casanova repräsentieren in unterschiedlichen Varianten dasjenige, was Freud wie Lacan die konstitutionelle Untreue des Mannes nennen, als sei diese ein Gesetz der Natur. Sie repräsentieren, was das Supplement dieser Untreue ist, die «allgemeinste Erniedrigung des Liebeslebens» (St.A. V, 197–211), die alle Frauen, die keine Heilige zu geben vermögen, zu Huren macht. Die Hure ist die zu Fall gebrachte Heilige, das Idol, dessen Verführung den phallischen Narzissmus aufschwellen lässt. Als Hure ist die Frau die bedeutungslose Hülle männlicher Selbstaffirmation, die nur dauert, wenn man den Akt der Verführung und Erniedrigung endlos wiederholt, von Frau zu Frau. Auch diese Dynamik wird von Freud wie Lacan zur Basis des Geschlechterverhältnisses stilisiert.

Walter wiederum ist ein viktorianischer Lord, der alle Tätigkeit aufgibt, um nichts als beizuschlafen. Auch er ist ein Serientäter, doch in einem anderen Register. Zwar ist auch er ein Ausbeuter seiner sozialen Privilegien, die er im Feld des käuflichen Sex tummelt. Doch seine Obsession konzentriert sich auf andere Punkte. Seine Lust steigt aufs äußerste, wenn er die Geschlechtsorgane der Frauen untersuchen und *in Augenschein* nehmen darf. Er okuliert die Schöße. Er will ihr Inneres sehen. Was er dort sieht, bleibt über Tausende von Seiten leer. Doch gibt es Spuren. Seine zweite Leidenschaft nämlich ist es, kopulierende Paare heimlich zu beobachten. Dabei interessiert ihn nur der Phallus des Mannes. Bei der Okulation der Frauen will er … *nichts* sehen. Er muss sich immer wieder versichern, dass da nichts ist: Das ist die höchste Gunst, die Frauen ihm erweisen können. Die Frauen sollen ihm ihre Kastration schenken, genauer: Er kauft sich den Anblick der Kastration. Die meisten Frauen wehren sich dagegen; besondere Schamlosigkeit ist für diese Prozedur vonnöten. Was soll man auch von einem Freier denken, der nichts sehen will als dieses leere Klaffen. Philosophisch darf man sagen: Er will das Chaos sehen (Chaos ist das Klaffende, Gähnende). Rituell führt er sich dies vor als eine Bedrohung, gegen die er instantiell sein Genitale aufrichtet.

Dem entspricht, dass ihn bei kopulierenden Paaren besonders die gewaltigen Apparate von Männern erregen. Walter interessieren überhaupt nur Organe – in ihrer komplementären Anordnung: Innen und außen, unsichtbar und sichtbar, flüssig und hart, Nichts und Sein. Wurde bei Sade die Mutter vernäht, so sollen bei Walter alle Frauen geöffnet werden, um experimentell festzustellen, dass *da* nichts ist – während *hier* er ist, der Phallus, den er hat. Im Mangel der Frau an Sein versichert sich Walter seines Seins. Das Vernähen der Frau bei Sade und das Walter'sche Okulieren ihres Schoßes, das immer nur die Falte, die Höhlung, das Klaffen zeigt: In beidem wird das Nichts der Frau erwiesen – und somit das Eins des Mannes affirmiert. Das ist das ganze Spiel.

Sacher-Masoch dagegen ist, bei aller schablonenhaften Sexualität, ehrlicher (wenn man so sagen darf) als alle anderen. Denn er vermag partout den imaginären Phallus nicht bei sich zu lokalisieren (das macht seine Effemität aus). Denn der Phallus ist immer anderswo, nirgendwo und muss selbst dort, wo er lokalisiert ist, geschauspielert werden: durch die Domina, den Juden, den Apoll (Letztere sind Rivalen). In das phallische Theater Casanovas, Sades, Don Juans und Walters bringt Sacher-Masoch die Kastration ein. Er offenbart den Mangel als Problem beschädigter männlicher Identität, zu deren Kur alle fünf Männer die Frauen als Opfer, Dienstleisterinnen, Aktricen einsetzen.

Die archaische Urmutter in ihrer Überpotenz bei Sade wird von Sacher-Masoch in die Dienstleistung einer Domina überführt. Er erweist die Kastration als beschämende Wunde, die mit allen Mitteln überspielt oder mit allen Mitteln gespielt wird. Die Kastration ist das Negative des Phallischen. Dieses ist bei allen fünf Männern das eigentliche Idol, um das herum die sexuellen Scharaden aufgeführt werden. Sie alle betreiben Götzendienst, Idolatrie an einem übermenschlichen Phantasma, einem göttlichen Priap, der ihnen Halt geben soll – oder sie stürzen in die Hölle der Kastration ab. Von dieser Dichotomie geht alle Macht des normalen wie des perversen Sex aus, alle Zerstörung und Vergewaltigung, alle Verdinglichung und Fetischisierung. Denn darin wird der abwesende Phallus in die Erscheinung gezwungen. So scheint es, aber es scheint nur so: Und darum bedürfen alle fünf Männer der Serie. Nichts kann den Phallus mehr affirmieren als das Opfer. Daher der Wiederholungszwang in allen Perversionen, aber auch ihre Nachbarschaft zur Religion, zum Heiligen und zur Liturgie, die das Abwesende ins Anwesen holt.

Mit Grund stellte Freud den «Untergang des Ödipuskomplexes» (St.A. V, 243–252) als Reifungsprozess dar. Denn in diesem Untergang wird Abschied genommen von der narzisstischen Allmacht des Phallus. Damit wird die Chance eröffnet, sich in die Endlichkeit und Verletzlichkeit des eigenen Begehrens und des eigenen Körpers einzufinden. Davon ist Jacques Lacan weit entfernt, der seine Revision Freuds zu einer Wiederaufrichtung der «Bedeutung des Phallus» (1991, 91–119) werden lässt. Er verlängert damit die Verwirrungen und Phantasmen, welche zwischen Casanova, Don Juan, Sade, Walter und Sacher-Masoch die moderne Sexualität unter einen phantastischen Bann rückten. Lacan verstärkt dieses Dilemma noch, indem er die Beziehung zum Phallus für beide Geschlechter als unhintergehbare Bestimmung ihres Subjektseins ansieht. Dies aber ist ein Erbe des 19. Jahrhunderts, das sich als moderne Revision der Psychoanalyse verkleidet.

Vielleicht haben die ‹mythischen Väter› des männlichen Sex schon alles gesagt. Wir indessen müssen dem Gang der Wissenschaft folgen, die seit Entstehen der Sexologie in den 80er Jahren des 19. Jahrhunderts nahezu einhundert Jahre benötigt, um die Zentralität des Fetisch Phallus und damit auch den Fetischismus theoretisch formulierbar zu machen sowie den eigenen Theoriefetischismus kritisch zu reflektieren. Gegen Ende des 20. Jahrhunderts beginnt sich dieses Syndrom aufzulösen: durch die kulturelle Publizität des Sex, durch die Frauenbewegung sowie durch die staunenswerte Ausbreitung des Fetischismus auf allen Ebenen der Kultur.

2. Alfred Binet: die Entdeckung

Die Initialzündung setzte Alfred Binet (1857–1911). Er publizierte 1887 seine wegweisende Studie «Le Fétichisme dans l'amour» (1887/1888), die im Deutschen sogleich durch Max Dessoir (1888) publizistisch verbreitet, von Krafft-Ebing benutzt und noch von Freud gründlich studiert wurde. Binet arbeitete seit 1883 in Jean-Martin Charcots neurologischer Klinik an der Salpêtrière (wo sich auch Freud 1885/86 aufhielt) und war seit 1894 Direktor des Labors für Physiologische Psychologie an der Sorbonne. Anfangs bewegt er sich philosophisch auf der Linie Descartes' und Condillacs, psychologisch im Rahmen der Suggestions- und Hypnose-Konzeption Charcots, womit er, nach dem Wechsel an die Sorbonne, bricht. Die Fetischismusstudie stammt indes noch aus der Zeit bei Charcot. Er operiert mit einer ‹hypnotischen› Bindung des Fetischisten ans Objekt, ist vorwiegend fallbezogen, also narrativ-biographisch und phänomenologisch angelegt sowie literarisch inspiriert, besonders durch Rousseau (Binet schrieb selbst eine Reihe von Dramen). Rousseau wird geradezu zum Musterfall des fetischistischen Masochisten.

Binet referiert dabei auf den Religionswissenschaftler Friedrich Max Müller, dessen religiöses Fetischkonzept sich gut eigne für ein «genre des perversions sexuelles» (Binet 1887, 3). Von Descartes und Condillac bezieht Binet die assoziationspsychologische Verknüpfung von Vorstellung und Ding, welche durch eine «insertion vicieuse» (eine verworfene Einrückung oder Annonce des Objekts) den normalen erotischen Kontext unterbricht und neu initialisiert. Dieses Konzept wird auch Have-

lock Ellis vertreten. Bei allen Perversionen setzt Ellis «sexuelle Hyperäs-
thesie» voraus. Dieser Erregungshintergrund bedingt auch die fetischistische Symbolisierung. Diese bindet eine Vorstellung durch eine «automatische Verknüpfung der Ähnlichkeit oder Nachbarschaft an eine frühere eben solche» Vorstellung (1907/1920, 229). Hierbei spielen erotische Plötzlichkeit und biographische Zufälle der Kindheit eine prägende
Rolle. Ähnliches hatten Ethnographen im afrikanischen Fetischismus
beobachtet und als *first-contact*-Szene bezeichnet. Öfters bemerkt Binet,
dass fetischistische Züge auch den so genannten normalen Objektbeziehungen beigemischt seien oder die Liebe überhaupt erst evozieren. Zustimmend wird Binet von Havelock Ellis zitiert: «Die normale Liebe ist
ein Resultat komplizierter Fetischismen» (ebd., 221/22). Binet nennt dies
auch den kleinen Fetischismus. Er betont, dass fetischistische Züge sich
in jeder ‹normalen› Liebe wiederfänden, denn «le fétichisme ne se dis-
tingue donc de l'amour normal que par le degré» (Binet 1888, 82); er sei
der «germe dans l'amour normal» (ebd., 84). Die alloplastische Energie
des Sex («l'amour plastique»), die bei Freud zur Grundlage seiner Trieb-
theorie wird, sieht er als die Ursache der grenzenlosen Verformbarkeit
des Begehrens und seiner Objekte an. Im perversen Fetischismus zerbre-
che indes die symphonische und polytheistische Ensemblestruktur des
Begehrens. In der Perversion werde der Fetisch tyrannisch und monotheistisch (ebd., 84). Er zerbricht die Einheit der Dinge und Personen und
unterwirft alles einem Regime. Diese Bemerkung ist delikat; denn in
monotheistischer Perspektive bezeichnete der Fetischismus ja gerade die
obszöne Vervielfachung verehrter Objekte und Kräfte. Binet dreht dieses
Verhältnis um: Die ‹monotheistische› Fixierung auf eine Master-Trope
des Wunsches ist pervers, während die ständige Metamorphose des Begehrens, das an einer Vielheit von Objekten hängt, ‹normal› sei. Auch
darin wird Freud ihm folgen. Der Fetischist ‹idolisiert› gleichsam *ein* Element des Objekts, verabsolutiert das Partikulare und verliert den Kontakt zum Ganzen, indem der Teil zum Absolutum erhoben wird: Das sei
monotheistisch. Damit hat auch Binet die Pars-pro-Toto-Struktur des Fetischismus entdeckt, nur dass der fetischisierte ‹Teil› nicht ‹für› ein Ganzes steht, auf das er verweist, sondern dieses Ganze selbst zu sein tyrannisch behauptet.[4]

Binet teilt mit der Sexualwissenschaft das klassifikatorische Interesse. Nicht zufällig wird Binet, der spätere Schöpfer des Intelligenztests (Binet-Simon-Skala), öfters parallelisiert mit Cesare Lombrosos Verbrechenstaxonomie und Alphonse Bertillons Erfindung der Identitätskarte und des Fingerabdrucks. Binet ordnet das wuchernde Feld der Fetische, wie vorher schon Christoph Meiners, nach den Gattungen und Arten der Partialobjekte, an welche die Leidenschaft der Fetischisten geknüpft ist. Foucault hat diese Manie der frühen Sexualwissenschaft in die regulierenden Kontrollen der Bio-Politik der Bevölkerung eingeordnet. Hinsichtlich Binets trifft dies jedoch eher auf den späteren Experimentalpsychologen und Intelligenzforscher zu. Der Binet der Charcot-Ära, voller Sinn für die Suggestion materialer Körper und Dinge, klassifiziert die Fetische noch nach Körperphänomenen und -teilen wie Haare, Geruch, Fuß, Stimme, Hand etc. (1887, 14–21) oder nach den Peripherien des Frauenkörpers, seinen Kleidungsstücken und Accessoires wie Taschentüchern, Nachtgewändern, genagelten Stiefeln, weißen Schürzen usw. (ebd., 35ff.). Klar erkennt Binet, dass auch der ‹normale› Amant all diese Partialobjekte an seiner Geliebten schätzt, die für ihn ein unverwechselbares, polyästhetisches Integral aller möglichen Reize darstellt. Der Fetischist im Bann seines absoluten Objekts hingegen bleibt gegen ‹alle möglichen› Reize gleichgültig. Der Liebende ist der Geliebten als Person treu, weil und solange sie ‹alle möglichen› Reize verkörpert; während der Fetischist dem ‹einzig möglichen› Partialobjekt treu bleibt, das indes seriell vervielfältigt werden mag. Genau dies macht seine Perversion und, bevölkerungspolitisch, seine Unfruchtbarkeit und Entartung aus.

Binet, so Emily Apter, «emphasized the fractal, metonymic nature of the fetish, religious or sexual. Whether inanimate (the nightcap, the apron, the nail of the shoe) or alive (red lips, an alluring curl of hair, an eye or mouth) the fetish was *partial*; a detached spot of intense visual cathexis … Binet placed the fetish in a signifying chain of synecdoches marking the displacement of genital desire to objects and hearkening back etiologically to a moment of sexual prehistory». (1991, 20)[5] Der Fetisch, so Binet, wird dekontextualisiert, autonomisiert, ‹abgeschnitten› vom Ich des Anderen und auf sich selbst hin abgeschlossen. Doch ist dies noch eine Synekdoché? Funktioniert der Fetischismus innerhalb des hergebrachten Systems der Rhetorik, welche auch die Sprache der Liebe bestimmte?

Lassen wir das offen und halten hinsichtlich Binets fest: So konkretistisch das fetischistische Begehren an einem Objekt zu ‹kleben› scheint, so ist es, nach Binet, doch abstrakt und generalisierend, abstrahierend nämlich von der Person des Begehrten und generalisierend hinsichtlich seines performativen Schemas: Das fetischistische Partialobjekt ist immer, überall und an jeder Person ‹dasselbe› (Binet 1887, 66ff.) – ein ‹Schauplatz›, auf dem nicht Personen auftreten, sondern weiche rote lange Handschuhe, haptische Qualitäten von Pelzen, schwarzes langes Haar, ein bestimmter Geruch, eine gewisse Körperflüssigkeit. Doch der Fetisch ‹vertritt› nicht eine ‹Person› dahinter, die er eigentlich ‹bedeutet›. Er folgt nicht der Logik der Repräsentation. Das ist eine gute Einsicht Binets. Auf die Fährte dessen, wovon der Fetisch ein Substitut ist, wird sich erst Freud machen. Von Binet her wird man sagen: Dass hier alles zu allem werden kann und doch endgültig fixiert wird, ist auf vertrackte Weise dem Rhetorischen und Künstlerischen verwandt genug. Binet kommt diesem Gedanken nahe anlässlich seines Modell-Falls Rousseau (ebd., 49ff.). Die erniedrigenden Fußfälle vor der Herrin und die Sucht nach Verächtlichmachung seiner selbst schwanken zwischen fußfetischistischer und masochistischer Manier. Rousseau ähnelt sich der Pathosformel des Pygmalion vor seinem Idol an. Diesem antiken Musterfall eines fetischistischen Skulpteurs widmete Rousseau die Scène lyrique «Pygmalion» (1771). Étienne-Maurice Falconet hatte 1763 dem pygmaliontischen Idolenkult den klassischen skulpturalen Ausdruck verliehen, in den Rousseau zu fallen beliebte.[6] An diesen Schriftsteller also schließt Binet Überlegungen über die Beziehungen von Perversion und Schreiben an. Als imaginärer Akt ermöglicht und verschärft das Schreiben die perversen Phantasmen, ja, die erotische Sprache ist als solche eine Fetischisierung, in welcher perversen Schreibart auch immer sie sich ergeht. Das Werk *ist* der Fetisch – und das installiert den Zusammenhang von Autorschaft, synekdochétischer Rhetorik und Fetischismus. Insbesondere erklärt sich von hier aus die ‹Lebensferne› der Fin-de-Siècle-Literatur, die Binet indirekt mitbeschreibt. Denn diese besteht darin, sich gegenüber der biologischen Verantwortung einzuschließen in ein artifizielles Reich fetischisierter Objekte und Preziositäten, das sich gegen das Leben verbarrikadiert und einen autonomen Ästhetizismus begründet (Wilde, Huysmans, der junge Hofmannsthal).

Dass Binet zum Initial des psychologischen Fetischismusdiskurses wurde, hat Hintergründe. Andreas Mayer hält es in seiner Analyse des Charcot'schen Museums für mehr als zufällig, dass Binet seine Fetischismusstudie in unmittelbarer Nachbarschaft zu Charcot geschrieben habe (2001, 190). Mayer zeigt, dass die Hypnose-Experimente Charcots einen massiven technischen Einsatz aufwiesen. Zwischen Klinik, Labor und dem seit 1875 aufgebauten Musée Charcot bestanden enge Parallelen. Während die stets der Täuschung verdächtigen Patientinnen experimentellen Praktiken unterworfen wurden, die ihre unsichtbaren Motive in überprüfbare, objektive Befunde transformierten, wuchs ringsum eine überbordende Sammlung von Bilddokumenten religiöser Besessenheit, Fotos von Hysterikerinnen, von anatomischen Präparaten, die Vitrinen und Wände vollständig besetzten. Das Museum Charcots ähnelte den ‹wilden› Fetischhütten, in denen afrikanische Priester angeblich Tausende von fetischistischen Objekten versammelt hatten. Es ging Charcot (und Binet) nun darum, Szenen für experimentell hervorgerufene Halluzinationen zu choreographieren, in denen die Patientinnen automatisch ihr Inneres nach Außen und damit in den Beobachtungsraum des Labors kehrten – zwecks ‹objektiver› Dokumentation, die wiederum ins Museum einging. Man integrierte dabei den Therapeuten, insofern die Ärzte als ganze Person oder auch nur ihre Körperteile (oder Skulpturen aus der Sammlung) zu Objekten erotisch-libidinöser Besetzung durch die Patientinnen gemacht wurden. Die derart nach außen projizierten Objektbeziehungen nennt Andreas Mayer nun fetischistisch (ebd., 186ff.).

So richtig dies ist, übersieht er dabei, dass sich bei diesen Experimentalszenen nicht die Patientinnen als Fetischistinnen ‹entlarven›, indem sie trotz ihrer Täuschungsmanöver ihre Wahrheit preisgeben. Sondern es sind die Ärzte selbst, welche nicht nur in ihrer Sammlungswut, sondern auch in ihrem therapeutischen Setting fetischistischen Objektbeziehungen unterliegen – und diese auf die Patientinnen projizieren. Indem der Arzt die Patientin durch seine Experimente zur Fetischistin macht, erweist er sich als der eigentliche Fetischist. Auch die Beobachtungen Mayers zum Interieur des Freud'schen Behandlungszimmers in der Berggasse 19, das Ende der 1890er Jahre eher einem «archäologischen Kabinett» als einem psychoakustischen Labor geähnelt habe (ebd., 192–98), sind entsprechend: Freud hatte das Behandlungszimmer mit beziehungsreichen Objekten gefüllt, um Phantasien und Assoziationen der Patienten zu wecken. Diese ‹Einfälle› zu den Objekten bezog Freud dann auf sich zurück: als Übertragungen des Patienten. Nur wird bei diesem Manöver übersehen, dass Freud die Patientenphantasien zu den Dingen seines Zimmers nur deshalb auf sich gemünzt betrachten konnte, weil er eben ‹sich selbst› auf diese Dinge projiziert hatte: Freud hatte, genau wie Charcot, im Verhältnis zu den Patienten sich selbst fetischisiert. Die toten Dinge an den Wänden, in Vitrinen, auf dem Tisch, in Schauschränken und Vertiko wurden zu Masken Freuds, von Aura aufgeladen, stumme Zeichen einer magischen Objektbeziehung zwischen Therapeut und Patient. Zum ersten Mal stoßen wir hier auf die Spur, dass es die Psychoanalyse selbst sein kann, die den Fetischismus erzeugt, zu deren Behandlung sie sich berufen sieht.

3. Richard Krafft-Ebing: gesammelte Fetischisten

Die klassifikatorische Wut ist besonders ausgeprägt bei Richard Krafft-Ebing (1840–1902), der in seiner «Psychopathia sexualis» (1886)[7] ein Musterbuch der Perversionen und des Fetischismus vorlegt. Es war der exorzistische Eifer der Sexualwissenschaft, durch lückenlose Erfassung die Perversionen namhaft, distinkt und indizierbar zu machen, um sie im zweiten Schritt wenn nicht zu exkludieren, so zu therapieren. Die 1. Auflage von 1886 war ein schmaler Band von 110 Seiten und führte weder die Begriffe Fetischismus oder Sadismus noch Masochismus, die erst von der 6. Auflage (1891) an auftauchen und fortan den Kern der «Parästhesien», also der Perversionen bilden.[8]

Auch wenn Krafft-Ebing von einer Äquivalenz des religiösen und des sexuellen Erlebens ausgeht (1912, 8–10), ist ihm die Herkunft des Fetischkonzepts aus der Religionswissenschaft undurchsichtig bzw. so weit doch bekannt, von Binet übernommen (einschließlich des Hinweises auf Max Müller; Krafft-Ebing 1912, 16/17). Fetische versteht Krafft-Ebing als «Zeichen», welche die «Beziehung einer Teilvorstellung zur Gesamtvorstellung» (ebd., 16) regulieren, d. h. eine Pars-pro-Toto-Relation. Sexuell daran ist, dass «das optische Erinnerungsbild» des Fetischs eine stereotype sexuelle Erregung auslöst. Das schon von Binet konstatierte Zufällige der Assoziation von Ding, Erinnerung und Erregung im Fetisch führt Krafft-Ebing darauf zurück, dass es sich bei diesem um «ein ganz individuelles Lokalzeichen» handelt, das «anderen Personen unbegreiflich, nach Umständen selbst lächerlich erscheint». Der sexuelle Fetischist treibt einen «wahren Kultus», der das exaltierte Subjekt bis zum «förmlichen psychischen Ausnahmezustand» treibt (ebd., 17).

Deswegen kann «von wirklicher Liebe», welche die «ganze Person» verehrt, nicht die Rede sein (ebd., 18): Durch diesen Ab-Fall von der Norm richtet sich der Fetischist selbst als pervers. Der Fetischismus ist die einzige Sexualpraxis, die den «sittlichen Niedergang des Volkslebens» modellhaft belegt. Das bestätigt die Stellung des Fetischismus als ‹Leit-Perversion› der frühen Sexualwissenschaft. Im Hintergrund ihrer Investigationen des Sex spinnen die Wissenschaftler zwei große Phantasmen des 19. Jahrhunderts fort: die erbphysiologische Degeneration und die sittliche Entartung. Diese Schreckbilder motivieren zur lückenlosen Erfassung des pathologischen Sex. Dessen gewissenhafte Klassifikation wirkt wie ein Palliativ gegen die Dekadenz der Volksgesundheit. Wissenschaft ist Abwehrkampf. Energisch formuliert Krafft-Ebing immer wieder die «Norm» sexuellen Verhaltens, wonach die Ehe und Geschlechterordnung eine institutionalisierte Funktion der «Fortpflanzung des Menschengeschlechts» darstellten. Darum ist die Individualität der Lust ein potenzieller Feind der biopolitischen Pflicht. So lese man bei der Definition des Fetischismus mit, dass dieser pathologisch vor allem ist, weil er sich der Pflicht zur Generativität entzieht:

«Der Fetischismus. Er beruht auf der Betonung der Vorstellung von einzelnen Körperteilen oder Kleidungsstücken des andern Geschlechts, oder gar bloss Stoffen, mit welchen sich dasselbe zu kleiden pflegt, mit Wollustgefühlen. Das Pathologische dieser Erscheinung ergibt sich u. a. grell daraus, das der Körperteilfetischismus nie eine direkte Beziehung zum Sexus hat, dass ein Teileindruck vom Gesamtbild der Person des andern Geschlechts alles sexuelle Interesse auf sich konzentriert und dass in der Regel der Koitus beim Mangel des individuellen Fetisch unmöglich oder wenigstens nur unter Zuhilfenahme bezüglicher Phantasiebilder erzwingbar und selbst dann unbefriedigend ist. Ganz besonders zeigt sich das Pathologische der Erscheinung aber darin, dass der Fetischist als das eigentliche Ziel seiner Befriedigung nicht den Koitus betrachtet, sondern irgend eine Manipulation an dem interessanten, als Fetisch wirksamen Körperteil oder Gegenstand.» (Krafft-Ebing 1912, 48/49)[9]

Dabei erkennt Krafft-Ebing den Fetischismus durchaus als eine Hybridform normalen Sexuallebens. Auch hier finden sich sexuelle Besetzungen von Körperteilen und Accessoires, z. B. wenn Liebhaber bei Trennungen Taschentücher, Blumen etc. als «Erinnerungszeichen an die abwesende oder gestorbene geliebte Person» benutzen, «deren Gesamtpersönlichkeit damit reproduziert wird». Für Fetischisten hingegen «ist der Fetisch der ganze Vorstellungsinhalt» (ebd., 176). Er verleugnet jede Referenz auf die Person, mit der der Fetisch in Zusammenhang steht, wodurch die *Pars-pro-Toto*-Beziehung, deren sich der getrennte Liebhaber bedient, invertiert: Der Teil *ist* das Ganze. Der «pathologische erotische Fetischismus» hingegen fixiert sich «nicht allein auf bestimmte Körperteile, sondern selbst auf leblose Gegenstände, welche jedoch fast immer Teil der weiblichen Kleidung sind und damit in naher Beziehung zum Körper des Weibes stehen.» (ebd., 174) «Das Abnorme liegt hier nur darin, dass ein Teileindruck vom Gesamtbilde der Person des anderen Geschlechts alles sexuelle Interesse auf sich konzentriert, so dass daneben alle anderen Eindrücke verblassen und mehr oder minder gleichgültig werden» (ebd., 175). Darum ist der Fetischist kein «Monstrum per excessum … wie z. B. der Sadist oder Masochist», sondern ein «Monstrum per defectum» (ebd.). Der Fetischist ist ausgeschert aus der Logik des koitalen Begehrens, der Familie und der Reproduktion und schließt sich in die erbärmliche Welt seiner Fetischsammlungen ein. Tatsächlich schildert Krafft-Ebing (ähnlich wie die Ethnographen) die Sammelleidenschaft von Fetischisten, die sich, teils mit kriminellen Mitteln, ganze Sammlungen von Taschentüchern, Schuhen, Wäschestücken oder geraubten Zöpfen anlegen (zum Schuh- und Korsettfetischismus vgl. Steele 1996, 61–118).

Ätiologisch nimmt Krafft-Ebing neben Vererblichkeit eine Art Traumatisierung an, die der First-Contact-Theorie der Ethnologen entspricht. Es sei «im Leben eines jeden Fetischisten ein Ereignis anzunehmen …, welches die Betonung gerade dieses einzigen Eindrucks mit Wollustgefühlen determiniert hat» (Krafft-Ebing 1912, 177). Das Objekt ist zufällig, aber fortan determiniert. Es besteht «die zeitliche Koinzidenz der ersten geschlechtlichen Regung mit einem ganz heterogenen Eindruck» (ebd., 209), und so kann «Gegenstand des Fetischismus … ein in ganz zufälliger Beziehung zum Körper eines Weibes stehendes Objekt werden.» (ebd., 221) Das präludiert der Freud'schen Annahme einer infantilen Fixierung an ein initiales Objekt. Entscheidend für die postpubertäre Entwicklung ist dann, dass ein begehrtes Objekt in «Assoziation» zum primären Objekt stehen muss (ebd., 177); das entspricht der cartesianischen Assoziationstheorie, die auch Binet benutzte (Descartes 1648/1891, Art. 14–16, 36). Die Fixierung libidinöser Energie auf den Fetisch führt zu «psychischer Impotenz» (Krafft-Ebing 1912, 178). In den vielen Fällen, die er erzählt, fällt diese Impotenz auf. Nur wenn es gelingt, irgendeine Beziehung zum Fetischobjekt herzustellen, ist der Koitus möglich; während sonst schon die Berührung oder gar nur der Anblick des Fetischs zur Entladung führt.

4. EXKURS ZUR RHETORISCHEN FORM DES FETISCHISMUS

Insbesondere in der amerikanischen Forschung werden die fetischistischen Bild- und Sprachformen des Fetischismus von der Rhetorik her als Synekdoché bezeichnet. An Krafft-Ebing wie an Binet war zu bemerken, dass dies nicht zutrifft. Wir werden anders argumentieren.

Für den erotischen Blick sind Körperoberfläche und Kleidung ein ungeheurer Tummelplatz. Vom Haarputz über den Fächer bis zum Fuß kann alles zum Signifikanten des Begehrens werden: Es wird zu einem erotischen Zeichen. Halstuch oder Strumpfband werden zu einem «Gebrauchswert-Versprechen» (W. F. Haug 1971), zum Vor-Zeichen einer Lust, die in diesem Zeichen eine antizipierende Darstellung findet. So lese ‹ich› die zu Zeichen verwandelten Objekte, die eben nicht mehr ‹Schutz vor kaltem Wind› oder ‹Festhalten des verrutschenden Strumpfes› ‹bedeuten› – das ist ihre dingliche Funktion. Sondern in der erotischen Lektüre treten die Dinge in eine phantasmatische Semantik ein: Diese geht wesentlich ‹auf mich› selbst zurück, da ‹ich› es bin, der die Dinge aus ihrer funktionalen Verknüpfung herausreißt, mit erotischer Energie auflädt und dann diese Energie verdoppelt aus ihnen zurückbezieht – das ist das Wunder des Mehrwerts. Das Ganze ist ein projektiver Akt und doch mehr als nur eine Projektion: Denn ich erhalte das projizierte *Begehren* als *Lust zurück.* Die erotischen Signifikanten – Strumpfband, Halstuch – sind Umschaltstellen von erotischen Kraftströmen. Dabei gibt es ein Entgegenkommen der Dinge für dieses erotische Spiel; denn Halstücher und Strumpfbänder sind oft nicht nur produziert, um zu wärmen oder Strümpfe festzuhalten, sondern auch dafür, einen Schauplatz des Blicks abzugeben. Wir wissen alle, dass dies zum Theater des Sex gehört.

Charakteristisch für die erotische Lektüre von Körpern und Kleidern ist die Verschiebung. Wir sprachen von Tummelplatz. Das erotische Auge folgt keiner Linie (wie beim Buch), sondern tummelt sich, springt, wandert, verharrt, insistiert, huscht, versenkt sich etc. Man kann diese Augenbewegung graphisch aufzeichnen (*eye-tracking*-Verfahren). Es entstehen dann Stellen dichter und Stellen lockerer Lektüre, Häufungen und Verknäuelungen des Augenstrahls, die die Signifikanten des Blicks anzeigen.

In der Terminologie der Rhetorik gesprochen sind die Signifikanten des erotischen Blicks Metonymien: Körperoberfläche und Kleidung bilden eine, wie Roman Jakobson sagt, syntagmatische Achse, längs deren sich das lesende Auge bewegt. Diese Bewegung ist ein Vorwärtstreiben von einem Signifikanten zum anderen, von diesem zum nächsten … Jedes Mal nimmt das Auge einen Moment Platz auf dem Signifikanten, der aber niemals das Signifikat aller Lust ist; und so stachelt der erotische Signifikant im selben Maß, wie er die Lust aufruft, das Begehren wieder an: Darum gibt es kein Ende, sondern ein Streifen und Wiederholen. Wiederholungen hindern nicht, dass die erotische Lektüre eine Kette ohne Ende bildet.

Der fetischistische Blick hingegen selektiert einen und genau den einen sexuellen Signifikanten. Dieser Signifikant ist Teil eines Ganzen – und insofern ein *Pars-pro-Toto*, rhetorisch gesprochen: eine Synekdoché. Nun weist das Verhalten des Fetischisten aber einen Unterschied zur Synekdoché auf: Der Teil, der das Ganze vertritt, erübrigt dieses. Aus dem Lexikon des Sex wählt der Fetischist sein Paradigma und wirft das Lexikon fort. Darum ist der Fetisch nicht *Pars-pro-Toto* (das Teil steht *für* das Ganze), sondern *pars in loco totius* (der Teil an der Stelle des Ganzen).

Zwischen beiden ist die Grenzlinie der Perversion zu legen. Erkennbar war dies bereits an den «Blasons anatomiques» der Renaissance (Böhme 2001b). Die Synekdoché ist eine Figur selektiver Bedeutungsaufladung, bei welcher ein Wert erzeugt wird, der aber gerade nicht singulär sein muss wie bei der geglückten Metapher, sondern verschoben und seriell vervielfältigt werden kann (Jakobson 1971, 323–33): Die Spitze deiner Brust ist eine Kirsche eine Himbeere eine Murmel ein Zuckerstück ein Mohnblatt ... So delektiert sich der erotische Blick: Er verschiebt seinen Fokus auf der Oberfläche der Frau von Teil zu Teil, bis im Durchwandern des Körpers von Kopf bis Fuß, von Haarschmuck über Kleidung zu den Schuhen, das Begehren synthetisiert sein mag. Entscheidend ist, dass die Körperfragmente dabei mit der Person verbunden bleiben: Sie liebt man im Anblick ihrer Teile. Doch *der* Typ von Synekdoché, auf den es im Fetischismus ankommt *(pars-in-loco-totius)*, vereinigt die Eigenschaften von Metapher *und* Metonymie, von Verdichtung *und* Verschiebung. Die fetischistische Synekdoché ist eine Figur, durch welche der Signifikant das Objekt, auf das er referiert, vollständig substituiert und dabei von diesem Objekt unabhängig wird. Die Selektion des *einen* Signifikanten ist endgültig, ‹fatal›. Darum kann man den Fetischismus, eine Formel Jean Baudrillards aufnehmend, eine ‹fatale Strategie› nennen: Es ist ein zielgerechtes, intentionales Handeln, und zugleich ist es ‹fatal›, durchtränkt von einem Schicksal: eine Art paradoxes Verhalten.

Um Beispiele zu geben: Jeder Fetisch ist, ebenso wie eine Reliquie oder ein Heiligenbild, ein ‹bedeutendes› Fragment. Wenn der Schuhfetischist in einer Art Urszene ein für alle Mal aus dem Universum möglicher sexueller Signifikanten den seinigen selegiert hat, kann fortan in alle Schuhe, die ein bestimmtes optisch-taktil-olfaktorisches Schema erfüllen, die magische Substanz einströmen, die diesen Schuh und diesen und diesen und diesen … zum Ziel aller Sehnsüchte macht. Daraus entsteht die Serialität und Stereotypie der Sparten-Pornographie. Nicht anders verhält es sich mit der mittelalterlichen Serienfertigung einer wirkmächtigen Marienstatue oder von Reliquien, Devotionalien und Voti (Beck/Bredekamp 1997; vgl. dazu Bredekamp 1992). Sie funktionieren rhetorisch als Synekdoché, ethnologisch gesehen als Fetischzauber, dessen Kraft in der Substituierung des Originals durch den Stellvertreter und den Stellvertreter des Stellvertreters besteht. Die Analogie und Differenz, die der Fetischismus zu den drei Formen von Metapher, Metonymie und Synekdoché zeigt, weist ihn als eine rhetorische Figur sui generis aus. Der Fetischismus ist ein eigener Typ im Universum der symbolischen Formen.

Die *fetischistische Synekdoché* bezeichnet den Mechanismus, durch welchen die *first-encounter-scene*, welche den Fetischisten mit seinem Objekt verschweißt, ins Fließen gebracht wird. Dadurch entsteht, worauf alles ankommt, eine ununterbrochen sich transformierende Zirkulation einer irgendwie heiligen Substanz – das Mana, das Orenda, das Göttliche, die toten Ahnen, das begehrte Objekt, das verehrte Idol. Wichtig ist dabei die Kompromissfigur. Sie markiert ebenso die Abwesenheit des Initialobjekts, das oft der Amnesie unterliegt, wie sie *zugleich* das Abwesende, als Deckerinnerung, in eine seriell verlängerbare Präsenz zwingt – in jedem neuen Fetisch-Schuh ist die verdrängte Szene aufgerufen, von der der erregende Zauber seinen Ausgang nahm. Die Unruhe aller erotischen Lektüre findet sich auch beim Fetischisten: in der Obsession, eine perfekte Sammlung aller Varianten des fetischistischen Objekts in seine Verfügung zu bringen.

Nahe zur Synekdoché tritt die von Paul de Man wieder prominent gemachte Figur der Prosopopoeia.[10] Sie meint, dass Toten, Abwesenden oder auch Dingen eine Stimme verliehen wird, die personenhaft ist, also physiognomisch und pathognomisch auftritt, mithin den Regeln der Performanz oder der Darstellung folgt *(fictio personae)*. Die Prosopopoeia funktioniert synekdochétisch, insofern sie eine den *abwesenden Anderen* aufrufende Stimme im *Namen* dieses Anderen ist, diesen also in vollem Recht und Gewicht vertritt und präsentiert. Wichtig für die Genesis des Fetischs ist nun, dass etwas, was keine Stimme, keine Bedeutung oder kein Zeichen trägt, stumm und opak, also eigentlich tot ist – dass also dieses namenlose *Zeug* durch die Prosopopoeia Stimme und Bedeutsamkeit verliehen bekommt. Dies geschieht im Fetischismus ebenso wie bei den mittelalterlichen Wachsidolen, bei der Erzeugung von Kultobjekten wie in der Leidenschaft des Sammelns – schließlich aber auch in der ästhetischen Produktion. Es ist in diesem Sinn der sagenhafte Bildhauer Pygmalion (Ovid: Metamorphosen X, 243–97), der den Mythos des Kunstwerks kreiert und dadurch zum Fetischdiener wird – oder vornehmer ausgedrückt: Pygmalion lässt die elfenbeinerne Venus im Schema der Prosopopoeia agieren.[11] Immer geht es dabei um die Überwindung des Todes oder des Toten (der Dinge), die sich als Abwesenheit und als Leere markieren. Darum eignet dem Fetischismus eine animierende Kraft, die aus der ihren Ursprung verdeckenden Erinnerung bezogen wird und die doch hier und jetzt im Fetisch zum Ereignis wird. Darum hat jeder Fetisch eine *intermediäre Existenzform*, die zwischen Totsein und lebensvoller Gegenwart, zwischen Urszene und Erinnerung, zwischen Ding und Bedeutung, zwischen Verlust und Lust schwebt.

Natürlich war Krafft-Ebing weit von solchen Überlegungen entfernt. Erst Freud wird einige Klarheit in diese verwickelten Beziehungen bringen. Krafft-Ebings Bedeutung besteht neben dem klassifikatorischen Zugriff und der These der traumatischen Fixierung vor allem darin, den sexuellen Fetischismus mit dem religiösen Fetischismus Afrikas kompatibel gemacht zu haben. In der fetischistischen Perversion sind dieselben Strukturmomente konstitutiv, welche seit Jahrhunderten Ethnographen bei den Afrikanern zu beobachten glaubten: erste Begegnung, Zufall, fixierte Assoziation, Begehren und Ding, die eigentümliche Zeitlosigkeit des Fetischobjekts, die Bindung von subjektiven Energien an dieses, eine endlose Serialität des Fetischs innerhalb des einmal fixierten Genres. Nach der Implantierung des Fetischismus in die Warenökonomie bei

Marx erscheint nunmehr auch der sexuelle Fetischismus von derselben Struktur beherrscht. Der Fetisch findet sich in den beiden europäischen Zentren wieder: im Inneren der Ware und im Inneren des Subjekts. Das ist das, was Freud das «innere Ausland» (St.A. I, 496) nennen wird.[12] So kann man sagen, dass nach dem Erscheinen des 1. Bandes des «Kapitals» 1867 und dem Erscheinen der «Psychopathia sexualis» das Modell des Fetischismus beinahe endgültig für die nächsten 100 Jahre fixiert ist. Der Fetischismus als Deutungsmuster der europäischen Gesellschaft ist eine Erfindung des 19. Jahrhunderts.

5. Sigmund Freud: verschlungene Wege zum Fetischismus

Freud hat dem Fetischismus nicht, wie anderen Phänomenen – etwa der Melancholie oder dem Masochismus –, eine Einzelstudie gewidmet. Überblickt man jedoch alle Belegstellen, beginnend bei den «Drei Abhandlungen zur Sexualtheorie» von 1905 bis zum Fragment «Die Ichspaltung im Abwehrvorgang» von 1937/38, so darf man behaupten, dass für Freud der Fetischismus ein zentrales Konzept darstellt. Man findet dann die Bemerkung von 1905 bestätigt: «Keine andere ans Pathologische streifende Variation des Sexualtriebes hat so viel Anspruch auf unser Interesse wie diese durch die Sonderbarkeit der durch sie veranlassten Erscheinungen.» (St.A. V, 63/64) Freud fußt anfangs im Wesentlichen auf Binet und Krafft-Ebing (weniger auf August Forel und Iwan Bloch). Doch ist ihm im Umkreis von «Totem und Tabu» (1912/13) aus seinen Lektüren ethnologischer Forschungen auch die kulturelle Universalität des Fetischismus aufgegangen. Den Warenfetischismus bei Marx kennt er nicht. Von Ernest Jones wissen wir von zwei zu Lebzeiten unpublizierten Vorträgen Freuds über Fetischismus, von denen unterdessen einer aus dem Nachlass aufgetaucht ist.[13] Im Folgenden wird die unübersichtliche Genesis des Fetischkonzepts anhand der verstreuten Quellen dargestellt, bevor eine eher systematische Abstraktion versucht werden kann.[14]

Freud lässt von Beginn an das in der Ethnographie wie in der Sexualwissenschaft verbreitete Prinzip hinter sich, den Fetischismus nach den Objekten zu ordnen, auf die sich die fetischisierende Besetzung richtet. Damit zieht er die Konsequenz aus der oft gemachten Beobachtung, dass das Objekt der fetischistischen Lust zufällig sei (für den Fetischisten gilt das Gegenteil: Das Objekt ist notwendig, während alles andere zufällig ist). Ferner meidet Freud das bei Ethnologen wie Sexologen verbreitete Sammeln von immer mehr Fällen. Dieses obsessionelle Sammeln der Wissenschaftler weist selbst fetischistische Züge auf (was auf alle Sammlungen zutrifft). Beide Entscheidungen Freuds hängen damit zusammen, dass sein Interesse auf die Ätiologie des Fetischismus gerichtet ist. Da der Fetisch seine dunkle Herkunft verbirgt, zielt die psychoanalytische Energie darauf, genau diese Herkunft aufzudecken. Ein imaginäres Museum aller Fetische anzulegen, ist Freud gleichgültig.

Die früheste Darstellung des Fetischismus findet man in den «Drei Abhandlungen zur Sexualtheorie» (1905) unter dem Titel «Ungeeigneter Ersatz des Sexualobjekts». ‹Ungeeignet› ist der Fetisch für den ‹normalen› Beischlaf; er ‹ersetzt› das für den Beischlaf erforderliche Objekt: das weibliche Genitale. Man darf dies sagen, denn bei den «sexuellen Abirrungen» ist von Frauen nicht die Rede; der Fetischismus ist bei Freud (wie zuvor schon bei Krafft-Ebing) immer männlich. Man wisse von weiblichen «Abirrungen» nahezu nichts. Das weibliche «Liebesleben» sei wegen der «Kulturverkümmerung» des Weibes und «durch die konventionelle Verschwiegenheit und Unaufrichtigkeit der Frauen» «in ein noch undurchdringliches Dunkel gehüllt» (St.A. V, 61). Freud teilt also mit den Sexologen stereotype Vorurteile: ‹Normal› ist der heterosexuelle Koitus; der Fetischismus wird mittels der Substitutionsthese erklärt; man kann nur über männlichen Sex sprechen; weibliche Sexualität ist *terra incognita (dark continent)*. Damit tritt ein Zug heraus, der noch die jüngere Psychoanalytikergeneration beherrscht, bevor nach Formen weiblichen Fetischismus gefragt wird: Noch lange nach dem Zweiten Weltkrieg ist der Fetischismus rein männlich konnotiert. Das hindert nicht, ihn wie in der Ethnologie so auch in der Psychoanalyse zu universalisieren. Erst Naomi Schor, Sarah Kofman (1980) folgend, bestreitet grundsätzlich, dass «der Fetischismus die männliche Perversion par excellence» und «weiblicher Fetischismus ein Oxymoron» sei (Schor 1994, 219/20). Emily Apter (1991) stellt ihre wichtige Studie gleich unter den Titel «Feminizing the Fetish». Das soll nicht hier diskutiert werden, macht indes aufmerksam darauf, dass die psychoanalytische Diskussion von Beginn an einer konventionellen *gender*-Ordnung und der Gleichsetzung von Normal-Sex mit männlich perspektiviertem Koitus folgt. Das hat Folgen, die bis zu Lacan wirken, ja bei diesem sogar gesteigert werden. Wie man einst mit dem ‹weißen› Konzept des Fetischs, dessen Semantik der Idolenpraxis der eigenen Kultur entstammte, den Schwarzen Kontinent Afrika zu durchdringen vermeinte, so verhält es sich auch mit dem sexuellen Fetischismus: Den am ‹eigenen›, männlichen Verhalten ermittelten Fetischismus dehnt man schließlich auf das «noch undurchdringliche Dunkel» weiblicher Sexualität aus.

Interessant ist, dass Freud den Fetischismus, ähnlich wie Marx, innerhalb von Wertschätzungen situiert. Zwar geht es nicht um die Spannung von ökonomischem Wert und Waren-Schein, sondern um jenen Wert, der einem Objekt durch das sexuelle Begehren hinzugefügt wird: Dieses führt zur «Überschätzung» (St.A. V, 61) des Objekts. Smirnoff spricht von einer «ökonomischen Auffassung des zu einer wahren Wertbörse aufgerückten Liebesaustauschs»; der Fetisch ist eine «Bürgschaft» für die «Solvenz» des instabilen Subjekts (1972, 77, 104). Wie bei Marx die Theatralisierung der Ware zu einer Überbewertung des in den Warenschein verkleideten Dinges führt, so «strahlt» das Begehren «auf das psychische Gebiet» aus und umkleidet das begehrte Objekt mit einem Nimbus, der sich «als logische Verblendung (Urteilsschwäche) … sowie als gläubige Gefügigkeit» (ebd., 61) gegen das Objekt zeigt. Diese Überschätzung ist «psychologisch notwendig» (ebd., 64), damit ‹Liebe› sich überhaupt einstellt. In diesem Sinn ist jede Liebe fetischistisch, nämlich im Sinne jenes Wertskandals, der schon die Ethnologen provozierte und Marx zu seiner politischen Ökonomie trieb. «Sexualüberschätzung» ist der normale Wahnsinn der Liebe – wie die ‹Warenüberschätzung› die Normalpathologie des Kapitalismus darstellt.

Freud deutet die politische Konsequenz der ‹Liebe als Überschätzung› an; diese wird «zu einer wichtigen, wenn nicht zur uranfänglichen Quelle der Autorität» (ebd., 61). Nicht weniger als der Marx'sche Warenfetischismus wirkt die Freud'sche Sexualität als eine ‹urteilsschwächende Verblendung›, auf die sich autoritäre Systeme gründen können. Im Reich des Fetischs gibt es keine Reziprozität und keine Demokratie – im Sexuellen so wenig wie im Warenverhältnis. Diese Einsicht wird durch das Konzept des Fetischismus hervorgetrieben, von dem schon die Ethnographen munkelten, dass er auf Ausbeutung beruhe, oder von dem Binet annahm, dass er monophon und tyrannisch funktioniere.

Die gewöhnliche Sexualüberschätzung kennt zwei Modalisierungen: (1) Sie löst sich von der «Einschränkung» auf die «eigentlichen Genitalien» und dehnt sich «auf den ganzen Körper» aus; und (2) bezieht sie alle «Sensationen des Sexualobjekts» (ebd., 63) ein, gewinnt also eine komprehensive Form: Nicht nur ‹reizt› das Genitale, sondern auch das Haar, der Geruch, der Fuß, der Busen sowie die ‹Verpackung›, also Kleidung, Schmuck, Habitus, sowie die personalen Eigenschaften des geliebten Objekts – schon haben wir den der Überschätzung verfallenen, ‹hörigen› Liebhaber. Mit ‹Komprehension› des Begehrens liegt eine andere Fassung dessen vor, was Binet das symphonische Begehren nannte. So weit, in Kürze, zu dieser verteufelt prosaischen Auffassung der Liebe, wie man sie von Freud erwartet.

Sie hat für das Fetischismuskonzept Folgen. Wenn ‹normal› ist, dass jeder mit dem Begehrten assoziierte Körperteil oder jedes entsprechende Ding auf die «eigentlichen Genitalien» verweist, so steckt darin ein Stück ‹normaler› Fetischismus, der sich immer dann zu erkennen gibt, wenn – etwa bei zeitweiliger Trennung – das Begehren auf ein zum «normalen Sexualziel» «völlig ungeeignetes» Ding «übergreift». Freud zitiert Goethe: «Schaff' mir ein Halstuch von ihrer Brust, / Ein Strumpfband meiner Liebeslust!» (Faust I, Vers 2661/2) Das normal-fetischistische Begehren ist eine Verschiebung des ‹Einen› auf ‹alles Mögliche›. So ruft denn auch Faust, als Mephisto Gretchen «noch heut» in Aussicht stellt, mit dankenswerter Klarheit aus: «Und soll sie sehn? sie haben?» (ebd., Vers 2667) Für Faust ist «Halstuch» oder «Strumpfband» wirklich nur Metonymie des Schoßes. In diesem Sinn sind Faust und Freud radikale Vertreter sexueller Prosa: Jede Poetisierung des Sexualobjekts, auch wenn sie «völlig ungeeignet ist, dem normalen Sexualziel zu dienen» (ebd., 63), überhöht den Realwert des Begehrten. Wenn es um den wechselseitigen Gebrauch der Genitale geht und alles andere Kinkerlitzchen der Wertüberschätzung sind, dann liegt hier ein Verständnis von Sex vor, wie es in der pornographischen Literatur seit dem 18. Jahrhundert üblich ist – im Dienst der libertinen Herren.

Vor diesem Hintergrund ist Fetischismus eine erotische wie semiotische «Abirrung», nämlich vom eigentlichen Sexualziel. Dieses wird durch einen «für sexuelle Zwecke sehr wenig geeigneten Körperteil … oder ein unbelebtes Objekt» «ersetzt» und «fixiert», sodass der Fetisch sich «von der bestimmten Person loslöst» (ebd., 63/64) und zum alleinigen Regenten wird (das Tyrannische des Fetischs bei Binet). Das wertet Freud als Zeichen von «Urteilsschwäche», sodass man an Afrika denken darf: «Dieser Ersatz wird nicht mit Unrecht mit dem Fetisch verglichen, in dem der Wilde seinen Gott verkörpert sieht.» (ebd., 63) Der Fetischismus ist Afrika im Subjekt. Und mit den Perversen sind die Wilden mitten unter Europäern.

Für die Weiterentwicklung sind die Bemerkungen Freuds wichtig, die den Fetisch als Träger *unbewusster* Erinnerung ansprechen. Hier greift Freud auf Binet zurück, der ebenfalls auf Kindheitsszenen verweist, die im Fetischismus reinszeniert werden: «on revient toujours à ses premiers amours», zitiert Freud ein klassisches Bonmot (ebd., 64). Damit nimmt Freud jene Fährte auf, die ins Kerngebiet der Psychoanalyse führt. Freud deutet dies in einem Zusatz von 1920 zum Text von 1905 an: Er spricht hier vom «ersten Zusammentreffen» von Begehren und Objekt. Doch das erklärt noch nicht, wie der Fetischist «zu diesem Besitz gekommen ist» (ebd., 64, Anm. 3). Freud glaubt, hinter der ersten Erinnerung «eine untergegangene und vergessene Phase der Sexualentwicklung» entdeckt zu haben, «die durch den Fetisch wie durch eine ‹Deckerinnerung› vertreten wird, deren Rest und Niederschlag der Fetisch also darstellt.» (ebd., 64/65, Anm. 3) Das ist eine entscheidende Wendung: Das «erste Zusammentreffen» ‹deckt› eine ältere Erinnerung, deren maskierte Darstellung der Fetisch ist. Darum ist der Fetisch ein Akteur auf der Bühne von unbewusster Erinnerung.[15] Das Performative der Fetische rührt daher, dass sie eine dreifache temporale Staffelung enthalten. Die *Gegen-*

wart des fetischistischen Zaubers reinszeniert immer wieder ein *infantiles Initial (first contact)*, das seinerseits die maskierte Darstellung *noch älterer* Szenen ist. Diese aufzudecken ist das Ziel Freuds.[16]

Dafür bringt er 1910 und 1915 kleine Zusätze am Text von 1905 an, die diese verborgene Ätiologie andeuten. Er nennt den Fall eines Fußfetischisten: «Der Fuß ersetzt den schwer vermissten Penis des Weibes.» – «In manchen Fällen von Fußfetischismus ließ sich zeigen, dass der ursprünglich auf das Genitale gerichtete Schautrieb, der seinem Objekt von unten her nahe kommen wollte, durch Verbot und Verdrängung auf dem Wege aufgehalten wurde und darum Fuß oder Schuh festhielt. Das weibliche Genitale wurde dabei, der infantilen Erwartung entsprechend, als ein männliches vorgestellt.» (ebd., 65, Anm. 2; vgl. Rossi 1977)[17]

Die ‹Urszene› des Fetischs erzählt Freud entsprechend dem Diktum des Psychiaters Robert J. Stoller: «Ein Fetisch ist eine Geschichte, die sich als Gegenstand ausgibt» (1985, 155)[18] – der bündigsten Formel, die je über den Fetischismus geschrieben wurde. Doch welche Geschichte? Und ist es überhaupt eine Geschichte? Und wenn ja, ist es nur eine? Erzählen die Psychoanalytiker nicht ganz andere als die Ethnologen oder die politischen Ökonomen? Wir werden sehen. In jedem Fall überschreitet der Zusatz zum Text von 1905 die Auffassung, nach der man den Fetisch auf eine rhetorische Figur reduzieren könne. Wenn der Fetisch, nach Stoller, eine reifizierte Narration ist, so in dem Doppelsinn, dass er tatsächliches Ding ist und zugleich eine Verdinglichung, eine verdinglichte Erzählung. Dies hat Freud nun verstanden. Er nimmt nicht länger eine symbolische Gleichung vor – der Fetisch = weibliches Genitale –, sondern führt szenische Elemente ein. Da ist der kleine voyeuristische Junge, der «von unten her» das Genitale (der Mutter) erspähen will, aber «auf dem Wege aufgehalten wurde»: Das ist eine überaus konkrete Szene. Was sieht er? Er sieht nicht, was er zu sehen erwartete: ein männliches Genitale. *Da* ist nichts dergleichen. Dieses ‹nichts dergleichen› ist dasjenige, was den Blick ‹aufhalten› lässt. Freud drückt dies nicht genau aus; denn es hat den *imaginierten* Anblick gegeben – der erwartete Phallus; es muss einen Blick gegeben haben, der das Fehlen des Phallus schreckhaft konstatierte; es muss ein Niederschlagen des Auges gegeben haben, ein Festhalten an Knie, Fuß oder Schuh. Eines davon wird nun ‹eingesetzt› als Fetisch, d. h. als jenes Objekt, dass ein gesehenes anderes ersetzt und nun jeden folgenden Blick ‹aufhält› und alle sexuelle Energie bindet. Jetzt nimmt der aufgehaltene Blick endgültig Aufenthalt. Kurz, hinter jedem Fetisch steht der Anblick der Frau, der die Abwesenheit des Phallus preisgibt: die Kastration. Der Fetisch gibt, nach Freud, *etwas zu sehen* und *etwas nicht zu sehen*, den Fuß und das kastrierte Genitale, das Trauma und seine Abwehr. Der Phallus kann als Phantasma aufrechterhalten werden, weil der ‹aufhaltende› Fetisch den Anblick der Kastration erspart. Zugleich absorbiert er alles Begehren, das fortan zwanghaft vom Genitale auf das substituierende Ding verschoben ist. Der Fetisch erlaubt die unbewusste Phantasie, dass es ‹nichts als den Phallus› gibt. Er konserviert zugleich die verdrängte Phantasie, dass es die Kastration gibt: Das weibliche Genitale stellt die Kastration dar. Es ist der Anblick der Medusa, dem Freud 1922 eine erst postum 1940 publizierte fragmentarische Notiz widmet (1922/1993, 139).[19] *Der Fetisch verdrängt, dass es niemals mehr eine integrale phallische Identität geben wird:* Das ist die Botschaft des «Kastrationsschrecks» (St.A. III, 385, 393). Der integre Phallus ist ein bloßes Phantasma, ebenso mythisch wie die Kastration – der blutige Anblick der enthaupteten Medusa, die nach Freud das «Symbol des Grauens» ist.

Damit ist der Fetischismus primär prozesshaft organisiert. Seine auf Ich-Spaltung beruhende Kompromissform enthält zwei sich ausschließende Zuschreibungen: die Kastration *und* den Phallus, das Grauen *und* die Selbstvergewisserung. Darum haben Jacques Derrida wie Sarah Kofman am Fetischkonzept eine unaufhebbare Oszillation zwischen seinen beiden Seiten, eine *Struktur der Unentscheidbarkeit* festgemacht. Stets ist der Fetisch das Zugleich zweier sich ausschließender Bestimmungen, deren prekäre Balancierung einen Schutz vor der Psychose darstellt (Kofman 1985, 86–89; Derrida 1986, 232ff.).

Diese ‹Geschichte› also erzählt Freud in den Zusätzen zum Text von 1905. Es ist selbst eine *mythische Erzählung*, ein Drama, das eine Tragödie wäre, wenn der Fetisch sie nicht in ein anderes Genre überschreiben würde: die *Tragikomödie* des an seine Dinge verfallenen Liebhabers. Er wird sie vorsichtig, rituell, devot behandeln müssen wie Reliquien, die auf ein schreckliches Opfer verweisen, das in ein Heil verwandelt ist. Im sexuellen Fetischdienst muss stets eine balancierende Regie walten: Das Identitätsvernichtende der Kastration, die nicht mehr aus der Welt zu bringen ist (das Opfer), muss sich verwandelt darstellen, maskieren als ein Liebesobjekt, das alle Lust auf sich zu ziehen verdient. Im strikten Sinn ist der Fetisch ein *Kompromiss*[20], der im Unbewussten zwischen der Kastrationsangst und dem erlösenden Phallus geschlossen wird. Darin steckt etwas von der Ambivalenz aller ‹heiligen Stoffe›, die Opfer und Erlösung zugleich darstellen. Und so wirkt der ‹eingesetzte› Fetisch, den der «von unten her» sich annähernde kleine Junge aufrichtet, wie eine Konsekration, die den Medusenanblick wandelt ins Heil, Kastrationsopfer in Lust. Und weil dies eine *imaginäre Geschichte* ist, die keinerlei Garantie in der Wirklichkeit gewähren kann, muss sie aus jener Einmaligkeit der Initialszene überführt werden in einen *Ritus*: in die *endlose Serie all der fetischistischen Szenen*, welche der Liebhaber *immer wieder* zur Beschwichtigung seiner Wunde und zur Aufrechterhaltung seines Begehrens und seiner Phantasmen aufführen muss.[21] Hier liegt der Grund für das Anankastische des Fetischismus.

1905 ist Freud von dieser Kernerzählung der Psychoanalyse noch weit entfernt. In der Schrift «Über infantile Sexualtheorien» (1908) liefert er eine Teilerklärung: Kinder nähmen nur *ein* Geschlecht an (St.A. V, 176f.). Die «infantile Genitalorganisation» kennt nur ein Genitale und inauguriert deswegen den «Primat des Phallus» (St.A. V, 238). Die Doppelgeschlechtlichkeit wird durch «Wahrnehmungsbeugung» (ebd., 176) geleugnet. Die Tatsache der Penislosigkeit der Frau/Mutter/Schwester wird im Unbewussten dementiert (ebd., 239). Das Nicht-Verzichtenkönnen auf den Phallus beim Sexualobjekt führe zu Homosexualität (die den Anblick der Penislosigkeit erspart) – oder eben zum Fetischismus.[22]

Den unpublizierten Vortrag «Zur Genese des Fetischismus» (Freud 1909/1992, 10–22) hört auch der spätere Autor des *opus magnum* über den Fetischismus, Wilhelm Stekel (1868–1940). Freud stellt hier sein ätiologisches Konzept des Fetischismus vor. Von Krafft-Ebing übernimmt er zwei Merkmale des Fetischs: «das infantile Moment» und «das Moment der Reminiszenz» (ebd., 11). Doch er hält die *first-contact*-These nun ätiologisch für unbefriedigend. Es liegt etwas «Rätselhaftes» (ebd., 12/13) darin, das durch die Aufdeckung der in den Fetisch eingeschlossenen Erinnerung entziffert werden müsse. Nach Vorstellung zweier Fälle von Kleiderfetischismus[23] konstatiert er: Der Patient «*wird Kleiderfetischist nach Verdrängung der Schaulust*» (ebd., 13). Dies hält Freud für «theoretisch bedeutsam», weil damit erwiesen sei, dass der spätere Fetischismus nicht, wie Binet und Krafft-Ebing meinen, auf eine *erinnerte* Initialszene zurückgeht, sondern diese eine vorausgehende Spaltung *verdränge*. Die Erinnerung enthalte eine «Spaltung des Komplexes», von dem ein Teil verdrängt und ein Teil idealisiert ist. Das ist die Eigenart von *Deckerinnerung*, die zugleich einen *manifesten* und einen *verdrängten* Inhalt aufweist. Manifest ist der Fetisch, verdrängt der peinliche oder gefährliche Anteil daran. Bei dem in Rede stehenden Patienten handelt es sich um einen Fußfetischisten, der den einen Teil, die peinliche Lust am Riechen der Vagina oder des Fuß-Sekrets, verdrängt bzw. in der Idealisierung des Fußes sublimiert hat. Der Fetisch ist hier also die unbewusste Darstellung einer verdrängten «Trieblust» oder «Ekellust»: «Das wäre im Wesentlichen die Neuigkeit» (ebd., 16).

Weiter gediehen ist Freud auch noch nicht im Aufsatz «Die Verdrängung» (1915), wo es heißt: «Ja, es kann, wie wir's bei der Entstehung des Fetisch gefunden haben, die ursprüngliche Triebrepräsentanz in zwei Stücke zerlegt worden sein, von denen das eine der Verdrängung verfiel, während der Rest, gerade wegen dieser innigen Verknüpftheit, das Schicksal der Idealisierung erfuhr.» (St.A. III, 111) Betont wird hier der Anteil des Unbewusst-Verdrängten am Fetisch, wodurch eine strukturelle Spaltung am Objekt erzeugt würde, die ihrerseits eine Spaltung im Subjekt spiegele.

Man begreift, warum Freud den Vortrag von 1909 nicht publiziert hat. Er passt nämlich nicht gut zu der Deutungslinie, die er in den Zusätzen zum Text von 1905 angedeutet hat und die später zu seiner definitiven Theorie des Fetischismus konsolidiert wird. Es fehlt der Bezug auf die Kastration (und damit auf den imaginären Phallus), während der Zusammenhang von Trieb, Verdrängung und Sublimierung in der ritualisierten Deckerinnerung (= Fetisch) auch später Gültigkeit behält.

Als Delikatesse sei angemerkt, dass Freud in diesem Vortrag allen, auch den «intelligentesten Frauen» Kleiderfetischismus unterstellt: Die exhibitionistische Lust, ihren (nackten) Körper auszustellen, verdrängen sie und verschieben ihn sublimierend, der erlaubten wie gebotenen Mode gemäß, auf die Kleidung (1909/1992, 15). Gerade diese, ironische oder naive Bemerkung, wonach «die Hälfte der Menschheit» fetischistisch sei, zeigt die noch unscharfe Fassung des Fetischismus. Die Sublimations-These erklärt das große Interesse Freuds am Riechfetischismus in diesen Jahren. Im Vortrag und in den «Bemerkungen über einen Fall von Zwangsneurose» (1909) geht er darauf ein: Es gäbe einen anthropologischen Zusammenhang der Aufrechtstellung des *homo erectus* mit dem Verdrängen des Olfaktorischen. Diese zivilisatorische Verdrängung könne zur Ursache dafür werden, dass jemand auf die olfaktorische Stufe zwanghaft fixiert werde (St.A. VII, 102; Freud 1909/1992, 15). Solche Bemerkungen zeigen Freuds kulturanthropologische Interessen am Fetischismus. So überrascht es nicht, dass Freud in «Totem und Tabu» (1912/13) einschlägig aus James G. Frazers großer Arbeit «Totemism and Exogamy» (1910) zitiert:

«Ein Totem ist ein materielles Objekt, welchem der Wilde einen abergläubischen Respekt bezeugt, weil er glaubt, daß zwischen seiner eigenen Person und jedem Ding dieser Gattung eine ganz besondere Beziehung besteht ... Die Verbindung zwischen einem Menschen und seinem Totem ist eine wechselseitige, der Totem beschützt den Menschen, und der Mensch beweist seine Achtung vor dem Totem auf verschiedene Arten, so z. B. daß er ihn nicht tötet, wenn es ein Tier, und nicht abpflückt, wenn es eine Pflanze ist. Der Totem unterscheidet sich vom Fetisch darin, daß er nie ein Einzelding ist wie dieser, sondern immer eine Gattung, in der Regel eine Tier- oder Pflanzenart, seltener eine Klasse von unbelebten Dingen und noch seltener von künstlich hergestellten Gegenständen ...» (St.A. IX, 389/90)[24]

Freud wird langsam klar, dass er für den Fetischismus eine universale Theorie anbieten muss, um den Kulturanthropologen auf gleicher Augenhöhe zu begegnen.

Doch auch in den «Vorlesungen zur Einführung in die Psychoanalyse» (1915–17) ist er noch nicht so weit. Er vertritt die These von der Verschiebung der Libido auf ein Partialobjekt.[25] Durch die «Klebrigkeit der Libido» (St.A. I, 341) haftet sie an einem Objekt, das mit einer erinnerten Urszene assoziiert wird. Das ist das kaum veränderte Konzept Binets (vgl. VII, 233/34). Zur Zeit der dritten Strukturtheorie formuliert Freud im

Aufsatz über «Die infantile Genitalorganisation» (1923) eine kurze, aber bedeutende «Einschaltung in die Sexualtheorie» von 1905, die ganz auf der Linie der erwähnten Anmerkungen von 1915 und 1920 zu diesem frühen Text liegen. Freud fasst die systematische Verflechtung von Phallusprimat und Kastrationskomplex zusammen, die zum definitiven Konzept des Fetischismus führt (St.A. V, 237–41). Der Fetisch sei das perverse Denkmal einer archaischen Zeit, die «zwar ein *männlich*, aber kein *weiblich*» kennt. Dieses prägenitale Stadium weiß nur um den Gegensatz «*männliches Genitale* oder *kastriert*» (St.A. V, 241). Dieser tragische Gegensatz beherrscht den Fetischismus, doch auch den Sadismus und Masochismus und färbt noch sämtliche Varianten des Ödipuskomplexes ein. Die Urerfahrung des Kastrationsschocks (der Anblick «von unten her»: Medusa) treibt als Reaktion den imaginären Phallus hervor, der in jedem Fetisch konserviert wird. Er durchdringt unbewusst aber auch die *gender*-Ordnung und nahezu jeden kulturellen Mechanismus. Durch diese Wendung zu einem ebenso archaischen wie universalen Gegensatz (Phallus oder Kastration) ist der Fetischismus mehr als irgendeine Perversion, er ist ein *metapsychologisches Konzept*. Freud hat die Augenhöhe zu den Kulturanthropologen und zu Marx erreicht.

6. FETISCHISMUS ALS METAPSYCHOLOGISCHES KONZEPT

So wird im kurzen Aufsatz «Fetischismus» von 1927[26] sowie im Fragment «Die Ichspaltung im Abwehrvorgang» (1937/38) die Summe aller verstreuten Bemerkungen gezogen. Auf dem Weg seit 1905 ist der Fetischismus zu einem metapsychologischen Konzept geworden. Der Fetischismus ist damit ein Phänomen sui generis auf der *Grenze* zwischen Neurose und Psychose, ein *borderline*-Effekt. Von der *Neurose* übernimmt er, dass die Ansprüche der Realität gegenüber den Forderungen des Es aufrechterhalten werden: die Anerkennung der Kastration und die Einfügung ins soziale Leben, das relativ unauffällig weitergeführt werden kann. Mit der *Psychose* teilt der Fetischismus, die Forderungen des Es anzuerkennen und die Realität zu verleugnen: ‹Es gibt› den weiblichen Phallus, es droht keine Kastration, man kann der Lust ungestraft folgen. *Ätiologisch* geht der Fetischismus auf das «psychische Trauma» (St.A. III, 391) des «Kastrationsschrecks» zurück, das er ebenso erhält wie abwehrt. Mit Jones zu sprechen, geht der Fetischismus damit in die so genannte «deuterophallische Phase» zurück (1932, 263/64). *Strukturell* gesehen ist der Fetischismus ein widerspruchsreicher Fall von Verdrängung, Verleugnung *und* Aufrechterhaltung des Verleugneten, ein «kniffiger», «geschickter» und «raffinierter» (St.A. III, 393, 391, 387) *Kompromiss* zwischen logisch wie psychisch unvereinbaren Operationen. Dem Lustprinzip und dem Realitätsprinzip wird gleichermaßen Tribut gezollt. Ihr Widerspruch wird aufrechterhalten nicht im Bewusstsein, sondern im Unbewussten, das Negationen nicht kennt. Nicht der Fetisch selbst, der ja der öffentlichen Welt angehören kann, wohl aber der fetischistische Mechanismus gehört deswegen zu den «Primärvorgängen» (ebd., 385). Dieser komplexen «Lösung» versagt Freud nicht seinen Respekt.

Der Preis dafür ist der «Einriss im Ich» (ebd., 391) oder die «Ichspaltung» (ebd., 392). Die *paradoxale* Struktur des Fetischs, der eine «Darstellung»[27] unvereinbarer Bedeutungen ist, der Kastration *und* des imaginären Phallus, lässt den Fetischisten indes «recht zufrieden» (ebd., 383) leben – auch wenn er dies mit dem Abscheu vor dem weiblichen Genitale und folglich mit Verzicht auf ‹die Frau› bezahlt.

Erinnerungstheoretisch knüpft Freud an seine Zusätze zum Text von 1905 an. Die «Einsetzung des Fetisch» gemahnt «an das Haltmachen der Erinnerung bei traumatischer Amnesie» (St.A. III, 386). Das libidinöse Gleiten bleibt «wie unterwegs stehen»; der «letzte Eindruck *vor* dem traumatischen» Anblick wird «als Fetisch festgehalten». Erneut figuriert Freud den voyeuristischen Knaben, der «von unten, von den Beinen her nach dem weiblichen Genital gespäht hat»: «Pelz und Samt fixieren – wie längst vermutet wurde – den Anblick der Genitalbehaarung, auf den der ersehnte des weiblichen Glieds *hätte* folgen *sollen*; die so häufig zum Fetisch erkorenen Wäschestücke halten den Moment der Entkleidung fest, den letzten, in dem *man* das Weib noch für phallisch halten durfte» (ebd., kursiv H. B.). Der Fetisch verdinglicht zugleich eine Erinnerung, einen «Schauplatz», ein Drama des Schauens: Das Gesehenhaben (der Kastration) wird verleugnet und festgehalten; das Nichtgesehenhaben (des Phallus) wird durch Verschiebung auf Pelze u. a. ungeschehen gemacht. Das Paradoxe des Blicks und seiner Einfrierung im Fetisch besteht darin, dass er die Wunde, die er nicht wahrhaben will, stets offen hält.[28] Nirgends ist die Verflechtung von Amnesie und Erinnerung so dicht wie in der fetischistischen Scharade.

Allerdings ist die Szene, die Freud erzählt, selbst eine Imagination, die den Erzähler («man») und den Patienten auf einem phantastischen «Schauplatz» vereint. Der Fetisch ist nicht einfach eine Geschichte, die sich als Gegenstand ausgibt; er bildet eine Szene, auf der der Patient Symptome erzeugt, die der Analytiker erst zur Geschichte formt – im theoretischen Interesse. Denn der Fetischismus ist für Freud der *Beweis* für die «Existenz des Kastrationskomplexes» (ebd.) und damit eines Kerns der gesamten Psychoanalyse. *Über jedes Ding oder Symptom eine Geschichte erzählen zu können, ist der Fetisch der Psychoanalyse selbst.*

Wichtiger als das narrative ist das performative Moment. Es macht aus dem Fetisch statt eines Symbols ein komplexes Gedächtnistheater. Das Fetisch-Ding beherbergt hochbesetzte imaginäre Vorstellungsinhalte, die zur Darstellung drängen und Szenen eines unbewussten Erinnerns formatieren. Das Agieren ist umso flüssiger, als der Fetisch «von anderen nicht in seiner Bedeutung erkannt» (St.A. III, 385) wird. Er ist öffentlich *und* geheim. Seine Bedeutung ist maskiert *und* äußerlich. Derart geschützt kann das Ding agieren und sogar in die öffentliche Zirkulation eintreten – wofür Freud das «völkerpsychologische» Beispiel der verkrüppelten Füße chinesischer Frauen, den Mythos von Chronos und Zeus (St.A. III, 388, 393/94) oder von Medusa anführt. Hier wird das Thema der Kastration in den öffentlichen Gebrauch eingeführt und ritualisiert. Das Geheimnis des Fetischismus wird (wie bei Marx) erst durch den exklusiven Beobachter der Szene enthüllt – sei es der politische Ökonom oder der Psychoanalytiker, beide in der Rolle des Lichtbringers.

Warum aber ist der Fetischist «recht zufrieden», obwohl er im Unbewussten vom «Kastrationsschreck» gepeinigt wird? Zu wenig berücksichtigt Freud das Element des Komödiantischen im Fetischismus. Wenn er von «kniffig», «raffiniert» und «geschickt» redet, verweist das auf das Trickreiche des Manövers. Immer hat es einen spielerischen Charakter und zeigt, dass noch im Umgang mit dem Tragischen der Mensch ein *homo ludens* bleibt (Huizinga 1939/1956; Caillois 1982). Der Fetischismus hat den Hang zum augenzwinkernden Tun-als-ob, zu Verkleidungen, Maskeraden, Scharaden. Octave Mannoni (1964) hat für diese Geste der ‹Ausstellung›, die um ihren fiktiven Charakter weiß, aber ihn dennoch ‹ernst› nimmt, die Formel geprägt: «Je sais bien … mais quand même».[29] Dies ist die Formel des ‹Glaubens› an den Fetisch. Sie hat nicht nur in der französischen Fetischismusdiskussion ein breites Echo gefunden.

Ausgehend von Freuds Fetischismus-Aufsatz und seinem Konzept der Verleugnung *und* Anerkennung der Wahrnehmung arbeitet Mannoni die paradoxe Struktur des Glaubens heraus. Er bezieht sich dabei auf den paulinischen Glauben (man weiß, dass Jesus gestorben ist, aber dennoch … es kann und darf nicht sein; der Gestorbene muss leben). Man erinnere die Geschichte des ungläubigen Thomas, der das Handgreifliche an die Stelle des Glaubens setzen will: Mit der Hand will er tasten, *dass* der tote Jesus leibhaft *ist*. Genau dies aber wäre kein Glauben. Das «Noli me tangere», das der tote Jesus zu Maria Magdalena sagt, fordert einen Glauben, der weder materiell noch rational zu sichern ist. Wenn man *wüsste*, ‹diese Erscheinung dort› ist der leibhafte Jesus, dann glaubte man nicht; man weiß nur, *dass* er tot ist und will *dennoch* glauben, dass er lebt …: Das macht Paulus zum Schlüssel des Glaubens. Credo, quia absurdum. Glauben besteht in einem Wissen und zugleich der Verleugnung des Wissens bzw. der Wahrnehmung, an deren Stelle jenes Objekt, das es nicht gibt, ‹glaubend› eingesetzt wird: der auferstandene Jesus, der weibliche Phallus. Mannoni will zeigen, dass es eine universelle Struktur ist, die Freud mit dem auf Verleugnung beruhenden Paradox des Fetischismus beschreibt. Nicht nur biblisch, nicht nur psychoanalytisch, sondern auch ethnologisch, ästhetisch oder literaturgeschichtlich wählt er seine Beispiele: So rekurriert er auf den Katcina-Glauben der Hopi-Indianer; dessen Geschichte «c'est l'histoire de tout le monde, normal ou névrosé, Hopi ou non.» (Mannoni 1964, 1270) Dieselbe Form einer zwischen Wissen und Verleugnung oszillierenden Wahrnehmung stellt er an der Illusionierung des Theaterzuschauers fest. Bei Casanova findet er dieselbe

Struktur. Die cartesianische Unterscheidung von Glauben und Wissen beruht eben darauf. Immer wird die Wahrnehmung, dass ein Objekt ‹nicht da ist›, verleugnet, um daran festzuhalten, dass es ‹dennoch da ist›. Dieses Paradoxon stelle einen Schutz (nicht nur eine Abwehr) dar, um eine traumatische Gefahr für ein Ich abzuwehren, für den Jesusanhänger ebenso wie für den Fetischisten. Im Glauben verfällt das Gesehen-Haben (das Wissen, ‹da ist nichts›) einem Vergessen. In der seltsam ‹gespenstischen› Seinsweise (des auferstandenen Jesus, des Fetischs) ist das Vergessene (der Tote, die Kastration) ebenso aufbewahrt wie das begehrte Objekt gegenwärtig. Durch metonymische Verschiebung verlagert der Glaube die Frage, ob etwas ist oder nicht ist, *ins Unentscheidbare.* Das ‹Bild› des nachösterlichen Jesus ist für Thomas wie Maria Magdalena ebenso enigmatisch, wie der Fetisch für den Fetischisten unentscheidbar macht, ob er Substitut oder Nicht-Substitut ist. Glauben – ob magisch, animistisch, christlich, halluzinatorisch, ja psychotisch – beruht nach Mannoni durchweg auf dem paradoxen «Je sais bien … mais quand même».

Der Fetischist in der Freud'schen Version weiß, dass er spielt und dass das, was er spielt, nicht wirklich ist, sondern ein Schein, dem er glaubt und nicht glaubt, den er dirigiert und dem er gehorcht, dem er leidenschaftlich erliegt und der dennoch nur Surrogat ist. Ständig agiert er paradox: Er zeigt seine unsichtbare Wunde; er ‹hat› den weiblichen Phallus; das Abwesende ist gegenwärtig; doch die Gegenwart ist imaginär; er erinnert sich nicht und führt seine Erinnerungen doch auf; er ‹glaubt› seinem Spiel, von dem er weiß, dass es täuscht; er wendet seine Tragödie, die er verdrängt hat, zur Farce, die nichts Lächerliches scheut. Fast wie ein Trickster (Koepping 1984) operiert er auf der Grenze zwischen den Gattungen und den Geschlechtern und scheut dabei nicht das Groteske und Lächerliche seiner Leidenschaften. «Je sais bien … mais quand même».

Die «Panik» im Untergrund des fetischisierten Bewusstseins setzt Freud parallel zu jener Panik, die erlebt wird, «wenn der Schrei ausgegeben wird, Thron und Altar sind in Gefahr» (St.A. III, 384; vgl. Kofman 1985, 89–92). Hier streift er an die politische Dimension des Fetischismus. Könnte es sein, dass die ‹bedeutenden› Repräsentanten der Gesellschaft (Thron und Altar) Fetische sind? Dass das politische und religiöse Theater seine Evidenz der fetischistischen Bezauberung des Bewusstseins verdankt? Dass in den öffentlichen Inszenierungen von Politik, Religion und Kultur eine verdrängte Angst bearbeitet wird, die von diesen erst erzeugt wird? Dass die Idolisierung von Führern und die Fetischisierung von Dingen eine Panik stillstellt, die jederzeit auszubrechen droht, wenn diese «in Gefahr» sind? Sind dabei sie oder eigentlich wir in Gefahr? Ist der Schutz, den uns die öffentlichen Idole und Fetische gewähren, nur die andere Seite der Angst, die wir vor ihnen haben? Ist dies das Geheimnis der Herrschaft? Wissen wir das nicht insgeheim, aber dennoch …?

7. WILHELM STEKEL: THEATRALITÄT UND RELIGIOSITÄT

Das in 1. Auflage 604 Seiten starke Werk «Der Fetischismus» erschien 1923 als Band VII des zehnbändigen Monumentalwerks «Störungen des Trieb- und Affektlebens», einer umfassenden Sexualpsychopathologie. Stekel behauptet, das Buch «schon 1914 in großen Umrissen fertiggestellt» zu haben (Vorwort). Das führt ins Umfeld des Ende 1912 erfolgten Ausschlusses Stekels aus der Wiener Psychoanalytischen Vereinigung, zu deren Gründungsmitgliedern er gehört hatte (Nitzschke 1992, 186–91; Fages 1981, 90–92). Dieser Ausschluss hing mit den Kämpfen und persönlichen Rivalitäten der psychoanalytischen Bewegung dieser Zeit zusammen (man denke an die Austritte von Alfred Adler und C. G. Jung; vgl. Jones 1962, Bd. 2, 156–84). Stekel brach nicht mit der Freud'schen Psychoanalyse. Sein Fetischismusbuch gehört, trotz der Abgrenzung gegen die «Freudianer» (Stekel 1923, 13 u. ö.), der Psychoanalyse an. Allerdings hat Stekel spätere Entwicklungen Freuds nicht aufgenommen.

Das Buch enthält einen Überbietungsgestus gegenüber Freud. Stekel hatte Freuds Fetischismusvortrag 1909 gehört und sich sogleich in der

Diskussion mit zwei Fallgeschichten zu Wort gemeldet – den sprichwörtlichen «Mittwochs-Patienten».[30] Den einen Fall bezeichnet Freud als gar nicht zum Fetischismus gehörig. Tatsächlich erscheint er in Stekels Buch nicht. Der andere Fall, den Freud gar nicht erwähnt, nimmt bei Stekel eine prominente Rolle ein (1923, 186–225) und wird – als einziger – in einem komplizierten Faktorenmodell auch graphisch dargestellt (ebd., 224).[31] Natürlich belegt dieser Fall eine andere als die Freud'sche Theorie! Freud hatte sich 1909 auf insgesamt drei Fälle von Fetischismus bezogen. Stekel hingegen stellt 70 Fälle vor (teilweise von anderen Sexualwissenschaftlern). Am ausuferndsten ist der Romanformat einnehmende Fall eines orthopädischen Fetischisten (ebd., 423–533). Oft kommen die Patienten selbst zu Wort. Traumprotokolle und -analysen erhalten großes Gewicht. Das zeigt Stekel, der sich um 1901, wenig nach Erscheinen der «Traumdeutung», bei Freud einer Analyse unterzog, als Mann der ersten Stunde. Freilich hält er von der Freud'schen Traumdeutung nicht mehr viel.[32] Durch die schiere Masse seiner Fälle kann er sich der schmalen empirischen Basis des Freud'schen Fetischismuskonzepts überlegen wissen. Aus den Bezugnahmen auf Freud spricht die Ambivalenz des Dissidenten, der die alte Autorität ebenso bewundert wie bekämpft und durch sein ‹großes Werk› beweisen möchte, wie sehr derjenige, der ihn ‹verstoßen› hat, sich selbst beschädigt. Indes bestätigt das Buch Stekels auch das ihm unbekannte Urteil Freuds, dass er zwar einen großen Spürsinn für Unbewusstes, aber keinerlei theoretische Begabung habe.[33] Das Novellistische und ermüdend Deskriptive ist Stärke wie Schwäche des Buchs. In den Klassifikationen wie in der Materialwut folgt er der älteren Sexualwissenschaft. Doch wird auch das Typologische eher wirr durchgeführt. Den theoretischen Ertrag vermag Stekel nicht bündig zu formulieren.

Stärker als Freud betont Stekel, auch wenn er das «Paraphile» (= Perverse) und Zwangsneurotische des Fetischismus herausarbeitet, dessen Zusammenhang mit der allgemeinen Kultur. Der Fetischismus ist kulturell wie sexuell überall verbreitet, ja, er gehört zu den Liebesbedingungen jeder Objektwahl. Zustimmend zitiert Stekel Albert Eulenburg (1840–1917): «So findet der Fetischismus seine physiologische Grundlage in den individuellen Liebesbedingungen, den auch bei der Liebesobjektwahl der Gesunden vielfach obwaltenden Tendenzen bewußter oder unbewußter Teilanziehung» (Stekel 1923, 2).[34] Diese immer wirksame «Teilanziehung», die durch die Besetzung von Partialobjekten entstehe und keineswegs von der «sexuellen Leitlinie zum Weibe» (ebd., 13) abführe, wird pathologisch erst, wenn ein Körperteil oder ein Ding sich an die Stelle der Frau setze, «als ein Abrücken von dem Weibe, eine Flucht vor dem Weibe» (ebd., 1). Die Angst vor der Frau und die Vermeidung des Koitus ist für Stekel Hauptursache des Fetischismus. Hinter *jedem* Fetisch steht «heimliche Angst» (ebd., 16). Die «Tyrannei der Symbolismen» (ebd., 4, 187, 575) verdeckt indes, dass eben dasjenige, wovor der Fetischist Angst hat, genau das ist, was er unbewusst begehrt: nämlich den Inzest, der nach Stekel allem Fetischismus zugrunde liegt. Der Zwang, der den Fetischisten in Haft nimmt, dient dem Ziel, die verbotenen Wünsche in Schach zu halten, zu verschieben (Stekel spricht von «Verladung») und an Objekte zu fesseln, die einerseits die Triebe auszuagieren erlauben, andererseits das verbotene Objekt (Mutter, Schwester) schützen. Diese Doppelstruktur wird dem Ziel der Fetischisten gerecht: «Lust ohne Schuld» (ebd., 189). Es entsteht eine paradoxe Struktur: Der Fetischist ist fixiert auf Stellvertreter, die ihm Unabhängigkeit nicht nur ‹vom Weibe›, sondern von der sozialen Realität überhaupt verschaffen. Stekel will den «geistigen Überbau» (ebd., 10f., 11, 365f.) untersuchen: «der Fetischismus ist eine komplizierte Religion, eine kunstvolle Konstruktion, die sich ihrer Struktur nach nur mit der Zwangsneurose vergleichen läßt» (ebd., 10).

Das ist wirklich ein Unterschied zu Freud. Das Kunstvolle, Religiöse, Konstruktive des Fetischisten ist zwar krank, aber eben doch auch Kultur. Darum ergeht sich Stekel ausufernd in den Erscheinungsformen des Fetischismus; eine schnelle Rückführung auf traumatische Urszenen strebt er nicht an. Er will zwar kein «Kuriositätenkabinett» (1923, 131) bieten. Doch sein Verfahren nötigt ihn zu einem selbst fetischisierenden Vorgehen, nämlich zum Sammeln und Ausbreiten seiner Funde. Stekel erzeugt erst die Kunst- und Wunderkammer des Fetischismus, die er analysieren will. Es ist bezeichnend, dass Stekel das bis zur kriminellen Beschaffung reichende Sammeln zwar zu einem Grundzug erhebt, den er als «Haremskult des Fetischisten» bezeichnet (ebd., 29, 149–60, 258–60,

400–01 u. ö.[35]). Doch zu einer Theorie des Sammelns, die seine eigene Leidenschaft, über zehn Bände hin ein kurioses Schatzhaus aller Perversionen auszubreiten, zu reflektieren erlaubte, dringt er nicht vor.

Bemerkenswert ist, dass Stekel den histrionischen Charakter der Fetischisten herausstellt. Sie seien «Schauspieler», die kraft der Geschlossenheit ihres kunstreich ausgebauten Systems zu einer radikalen «Annullierung der Realität» fähig seien (1923, 65). Sie lebten in einer fiktiven Als-ob-Sphäre, einer Formel, die Stekel (ebd., 369) der prominenten «Philosophie des Als Ob» (1911) von Hans Vaihinger (1852–1933) entnimmt. Das Theatrale steht dabei nicht im Gegensatz zum Zwang, dem die Fetischisten unterworfen sind und der ihnen einen schmerzhaften sozialen Preis abverlangt. Die Konflikte zwischen inneren Triebansprüchen und moralischer Verwerfung, zwischen Lust und Schuld; die Maskierung verdrängter Wünsche, die im Fetisch genauso dargestellt wie verleugnet werden; das hohe Maß an sozialer Heimlichkeit bei gleichzeitigem Stolz auf die Einzigartigkeit des Fetischs; das Gefühl grenzenloser Herrschaft über das Fetischobjekt wie gleichzeitig die Erfahrung von Erniedrigung und Impotenz; die Angst vor Entdeckung des fetischistischen Verlangens, während doch der Fetisch vor noch schrecklicherer Angst und Enthüllung schützt; der ebenso gehorsame wie tyrannische Dienst am Fetisch; die monomanische Getriebenheit, die dem Leben eine einzige Richtung verleiht, aber auch dazu zwingt, das Risiko krimineller Beschaffungsdelikte (Diebstahl von Wäsche, Haaren, Schuhen etc.) einzugehen; die drohende juristische, medizinische, soziale, berufliche, familiale Ächtung – all diese Larvierungen, Vermeidungen, Leidenschaften, Konflikte, Ängste und Widersprüche zwingen den Fetischisten zu Inszenierungen, die nicht ohne bizarre Intelligenz und kreativen Erfindungsreichtum ins Werk gesetzt werden.

Der Fetischismus ist bei Stekel ein Mechanismus der Schließung – Schließung der offenen Welthorizonte, des Sinns, der Differenzialität, der Alterität; verbunden mit der steten Angst vor Enthüllung. ‹Closure› und ‹Disclosure› bilden eine gespannte Einheit. In seiner «Tyrannei der Symbolismen» homogenisiert der Fetischist alles in seiner Regie Stehende, exkludiert alles Unzugehörige, taucht alles ins Als-ob seines Spiels und erzeugt so, im Ausschluss des Fremden, eine radikale (Selbst-)

Entfremdung, die sein Himmel und seine Hölle ist. Zustimmend zitiert Stekel den Sexologen Havelock Ellis, wonach der Fetischist extrem individuiert sei, verkapselt gegen die Gesellschaft, mithin entfremdet (alienated): «Er ist ein Einsamer.» In seiner «gefährlichen Isolierung» aber entfaltet er eine stupende Kraft, das verhängte Theater seiner Leidenschaft. So zeigt der Fetischismus «die gewaltige plastische Macht der Imagination» und den «Gipfel der menschlichen Idealisationskraft» (Ellis 1920, 229–31). Dies ist es, was Stekel mit «Überbau» meint, der aus der histrionischen Leistung der Fetischisten hervorgeht und der ihn, so selbstisoliert sein Theater sein mag, mit allgemeinen kulturellen Mechanismen verbindet. Die Spannung zwischen Geheimnis und exhibitionistischer Darstellung bestimmt für Stekel, der schon 1911 einen Aufsatz über den «Neurotiker als Schauspieler» schrieb[36], das Verhalten des Fetischisten (1923, 286–88, 65). «Man kann indes sagen», so bestätigt später Smirnoff, «daß der Fetisch nichts ist ohne das fetischistische Ritual.» (1972, 88) So wird der Fetischist «zum Dichter seines eigenen Lebens» (Stekel 1923, 574). Er lebt in einem «Dämmerzustand», in welchem «die Grenzen zwischen Realität und Traum vollkommen verschwimmen» und fetischistische Aktionen somnambul ausagiert werden (ebd., 29, 160, 242, 397 u. ö.). Dies meint den intermediären Zustand des Als-ob, der Immersion in eine fiktive Welt der Symbolismen. «Mit diesem ‹Als-Ob› erklärt sich der Animismus des fetischistischen Symbols» (ebd., 586).

In seiner Diskussion der Symboltheorien erkennt Stekel (ebd., 575–96) mit der agierenden Kraft der Symbole einen wichtigen Punkt: Fetischisierte Zeichen gehen nicht in ihrer bloßen ‹Bedeutung› auf, sie sind auch nicht hermeneutisch aufzulösen. Entscheidend ist die affektive, durch Verdrängung, Verdichtung und Verschiebung unkenntliche und darum umso wirksamere Aufladung der Symbole, die dadurch erst zu Fetischen werden. Das mache den magischen Schein von Lebendigkeit des Symbolischen aus (ebd., 583). Dem Symbolischen selbst wohnt die darstellerische Kraft inne, die den Fetischisten zum Schauspieler seiner eigenen Symbolerzeugnisse macht. Er unterliegt dem Symbolischen wie einer Macht, die er doch selbst hervorgebracht hat; er durchschaut nicht, dass er der Autor eines Spiels ist, als dessen gehorsamer Darsteller er sich erlebt. Das entspricht der Doppelstruktur des Warenfetischismus bei Marx, der ebenfalls diese Vertauschung von Subjekt und Objekt herausgestellt hatte.

Die Interpretation des Fetischismus als «Ersatzreligion», «zweite Religion», «geheime Religion» oder gar nur als «Religion» entspricht dem mystischen Schleier, der den Fetisch umgibt. Sie entfernt ihn weit von Freud. Die Erscheinung, die psychoanalytisch als das Illusionäre des Fetischismus zu dekonstruieren wäre, wird für Stekel zu dessen Wesensform. «Der Fetischismus ist eine Ersatzreligion. Er bietet seinem Träger in Form einer Perversion eine neue Religion, in der er seinem Bedürfnis nach Glauben gerecht werden kann. Er entspringt einem Kompromiß zwischen einer übermächtigen Sexualität und einer starken Frömmigkeit.... Unter dem Bilde des Satanismus und der Libertinage verbirgt sich eine Frömmigkeit, deren Ziele weit über diese Welt hinausgehen.» Der Kern des Fetischismus sei eine «Christus-Neurose» (Stekel 1923, 93). Derlei Stellen ziehen sich durch das gesamte Buch (vgl. 144, 181, 191–95, 212, 222, 284, 321, 367, 499, 553, 560) und stellen den Kern dessen dar, was Stekel als seine Entdeckung ausgibt.[37] Er nähert sich den Religionswissenschaftlern an, die im Fetischismus eine atavistische Religion ausmachten. Bei Stekel ist der Fetischismus die pervertierte Form des Christentums – und trifft damit ins Herz der europäischen Kultur. Was ist das christliche Tableau des Fetischismus? Stekel macht an den Fetischisten einen asketischen Zug aus, indem sie ihr Begehren aufopfern und auf den Fetisch umlenken, den sie lieben und verehren. Das Begehren zielt auf das mütterliche Objekt, das zu wünschen eine Rebellion gegen Gott (das väterliche Gesetz) darstellte. Der Fetisch bedeutet die Vermeidung des mütterlichen Objekts und zugleich eine verdrehte Stellvertretung desselben. Der Fetisch ermöglicht beides, den Dienst und die Unterwerfung unter das väterliche Gesetz wie das Ausleben verbotener Wünsche, welche «Gott» permanent attackieren. Das ist das Oxymoron eines ‹unhaltbaren Kompromisses›: frommer Satanist. Er ist die pervertierte Figur des offiziellen Christentums. Der Fetischismus bei Stekel ist eine Privatreligion, die ihre Elemente dem Christentum entwendet. Der Fetischist spielt den frommen Diener, der den Satanisten maskiert, und stellt den perversen Satanisten dar, der seine fromme Unterwerfung unter das väterliche Gesetz verbirgt. Die Vergottung, die er betreibt, ist die größte Gotteslästerung.

Die Deutung des Fetischismus als Religion führt Stekel dazu, ihn als «soziale Krankheit» (1923, 596) zu bezeichnen, die in «unendlich vergrößerter» Form den «Konflikt eines jeden Kulturmenschen» zeige (ebd., 594). Im Fond des Fetischdienstes rumort eine sadistische Wut gegen soziale Autoritäten und aufgedrungene Verzichtleistungen. Die Fetischisten konvertieren den Zwang, den sie erleiden, in den Selbstzwang ihrer fetischistischen Idole, in deren Schutz und Namen sie eine «unaufhörliche Annullierungsarbeit» (ebd., 590) leisten: die Demontage der Realität. Sie erlaubt den Aufbau der illusionären Welt des Als-ob, die vom Fetisch regiert wird. Das erinnert an heutige Analysen der postmodernen Simulationskultur. Stekel respektiert die «ungeheure Leistung einer solchen Systembildung» und die «schöpferische Kraft», die Fiktionen «auf den Alltag auszudehnen» (ebd.). Fetischisten sind die kranken Brüder der Dichter: Statt wie diese ihre inneren Konflikte weltbereichernd zu projizieren, introjizieren sie ihre Phantasmen und nutzen sie zum Ausbau ihres hermetischen Systems. Sie sind vor allem kranke Brüder des Christentums, das in der Moderne an Bindungskraft verloren und zur Suche nach einer neuen Mythologie geführt habe. In den Weltanschauungskonflikten heute bilden die Fetischisten zwanghafte und geschlossene Privatreligionen aus, in denen sie Erlöser und Erlöste zugleich darstellen. Die Fetischisten sind von infantilen Größenphantasien getriebene Männer. Weiblicher Fetischismus ist Stekel nicht begegnet, außer einem Fall, den Ludwig Binswanger referiert (ebd., 373–95), wie er auch jüdischen Fetischismus für unmöglich hält. Denn der zentrale Christus-Komplex biete für Juden wie Frauen keine identifikatorische Anknüpfung (ebd., 590/91).

Ohne analytische Tiefe spricht Stekel Probleme an, die im Fortgang der Theorie zu wichtigen Motiven werden: die feministische Fetischtheorie, welche das Problem der asymmetrischen Geschlechterordnung der Psychoanalyse aufgreift; die jüdische Thematik, die weniger mit der Ferne zu Christus als mit dem Bilderverbot zusammenhängt, das seit der Bibel die Vergötzung der Dinge verbietet; und die sozialpathologische Sicht, die den Fetischismus aus seiner Bildung an Individualpathologien löst und zu einer Struktur der Massenkultur und der politischen Religion erhebt. Ferner öffnet Stekel mit seinen Bemerkungen über den Fetischismus der Kinder eine Sicht, die in der späteren Diskussion (Donald W. Winnicott) die psychoanalytische Fetischtheorie voranbringen wird. Die Selbstverstrickung in eine Welt des Als-ob lässt schließlich den Blick dafür offen werden, ob die «magischen Kanäle», die nach M. McLuhan unser Bewusstsein bestimmen, nicht einer epidemischen Ausbreitung fetischistischer Mechanismen in der Mediengesellschaft zuarbeiten.

Stekel hatte nicht das Rüstzeug, um solche Perspektiven zu entwickeln. Doch sicher war er auch nicht das Schwein, das gelegentlich Trüffeln findet – und in jedem Fall wäre es nach C. G. Jungs Antwort an Freud «schade, wenn sein Riechorgan uns verlorenginge» (Nitzschke 1992, 177).

8. Nach Freud: Ausdifferenzierungen des Fetischismus

Stekels Wunderkammer des sexuellen Fetischismus ist bis heute nicht übertroffen. Nachfolger auf dieser Linie wie Pauly (1957) oder Gosselin und Wilson (1980) sind klägliche Imitate. Ein wenig besser steht es mit Roland Villeneuve (1968) und Maurice North (1970). Es scheint so, dass in der sexualwissenschaftlichen Sicht auf den Fetischismus seit den Gründerjahren von Krafft-Ebing, Havelock Ellis, Iwan Bloch, Albert Eulenburg, August Forel, Wilhelm Stekel bis Magnus Hirschfeld nichts Neues hinzugekommen ist. Theoretische Fortschritte sucht man vergeblich. Auch in der Psychoanalyse brauchte es Zeit, bis neue Ideen über den von Freud erreichten Stand entwickelt wurden. Das ist erstaunlich, weil im 20. Jahrhundert der Fetischismus auf allen Ebenen der Kultur geradezu explodierte. Besonders verwundert es, dass die sozialistischen Psychoanalytiker seit den 1920er Jahren – man denke an Wilhelm Reich, Siegfried Bernfeld, Fritz Sternberg, Otto Fenichel, die Sexpol-Bewegung, die frühe Frankfurter Schule – keineswegs den Brückenschlag zwischen Freud und Marx mit Hilfe des Fetischismuskonzepts versucht haben.[38] Die Verbindung wurde über Freuds Sozial- und Triebpsychologie sowie seine kulturtheoretischen Schriften gesucht, während man die soziale, politische und ökonomischen Dimension des Fetischismus unterschätzte. Das gilt auch für die wenigen, die sich auf Freuds Spuren im Feld der Ethnologie und Religionswissenschaft versuchten, etwa den unorthodoxen Geza Roheim.

Anregungen, die für die Konjunktur der (sexologischen) Fetischismus-Diskussion im letzten Viertel des 20. Jahrhunderts fruchtbar wurden, liegen auf folgenden Gebieten: (1) der Kinderpsychoanalyse von Melanie Klein bis Donald W. Winnicott und ihrer Nachfolger; (2) der feministischen Psychoanalyse, die eine Öffnung des Fetischkonzepts in mehreren Richtungen vornahm: Bedeutung und Funktionen des Fetischismus in der *gender*-Ordnung, in den Medien, in der *popular culture*. Seit den 1950er Jahren verbreitet sich zudem (3) die neue Orthodoxie Jacques Lacans.

8.1 Melanie Klein: präsymbolische Ursprünge

Die Kinderanalysen Melanie Kleins (1882–1960) sind, da sie selbst nicht über Fetischismus geschrieben hat, mittelbar wichtig (1979; 1983). Man kann den Fetisch in Verbindung bringen mit dem Phantasma des inkorporierten mütterlichen Phallus, der selber zu sein oder den zerstören zu wollen eine zwischen Verlangen und Hass aufgespannte Ambivalenz erzeugt. Frühe Ängste vor gefährlichen inneren und/oder äußeren Objekten, die zudem zwischen väterlichem und mütterlichem Körper verschoben werden können, werden in der oralen und phallischen Phase, die für M. Klein die «Höchstblüte des Sadismus» darstellt, durch phantasierte sadistische Angriffe auf den mütterlichen Körper abgewehrt, der nicht nur mit Giften angefüllt scheint, sondern zudem den väterlichen Phallus beherbergt (Klein 1932/1979, 163, 165ff., 176, 188f.). In späteren Phasen – und das ist für das Fetischkonzept wichtig – können diese sadistischen Aggressionen aufs Objekt in «Sorge um das Objekt selbst» verwandelt werden. Dieses Objekt wird nun nicht nur zum Ziel von Wiedergutmachungshandlungen; sondern das Ich, «ein armes Ding» (Freud: St.A. III, 322), sucht seine alte Angst mit Hilfe dieses Objekts zu bewältigen. Auch die inneren Gefahren durch die mächtige eigene Triebwelt werden nach außen projiziert und mit Hilfe des externen Objekts bewältigt. All dies kennen wir als Funktionen auch des fetischisierten Objekts. Auch der Fetisch ist *weder völlig ein Selbst-Objekt noch völlig ein Nicht-Selbst-Objekt*, sondern ein Personen-Ding. In dieser Schwebe ist er der Versuch, gegen die Triangulierung im Ödipuskonflikt, der die Position des Kindes im Verhältnis zur Mutter und zum phallischen Vater und mithin zum Geschlechter-Binarismus neu definiert, an der unbewussten Vorstellung der phallischen Mutter festzuhalten. Die von M. Klein ausgemachte frühe Spaltung in das gute und das böse Objekt[39] ist in der Doppelsemantik des Fetischs aufbewahrt: Er ist das angstvermindernde, schützende, die Körperintegrität sichernde Objekt. Zugleich finden sich, wie schon Stekel bemerkte, durchweg Züge von aggressivem Sadismus, aber auch von Erfahrungen der eigenen Minderwertigkeit, Impotenz, ja Zerstückelung. Dies sind Abkömmlinge früher Desintegrationsängste und ihrer sadistischen Abwehr bzw. umgekehrt: eines ursprünglichen Sadismus, der Angst vor sich selbst auslöst (Klein 1979, 16of.). Die unersättliche Gier nach Vereinnahmung aller nur erreichbaren Fetische – die Tendenz zur Reihenbildung, zur Sammlung – ist als Inkorporierungsverlangen des mütterlichen Phallus (oder der mütterlichen Brust) zu verstehen, den oder die zu verlieren augenblicklich zu einer Ich-Desintegration des Fetischisten führen würde.

Mit dem Fetisch vereinigt zu sein – und das hieße ja, die ganze Welt einzunehmen – bedeutet auf dieser Linie und in der religiösen Sprache Stekels formuliert, Gott zu verkörpern, und zwar eine archaische mütterliche Göttin, die aufzugeben die Kastration durch den strafenden Vater-Gott nach sich ziehen würde. Das erklärt die von Stekel beobachtete Spannung von «Unschuldskomödie» (Karl Meuli 1946)[40] und Schuldangst. Das Unbewusste – wie es auch Freud gesehen hatte – konserviert gleichzeitig den imaginären Phallus der Mutter und eine grausige Kastration. Kurz, das imaginäre Körperselbstbild ist zugleich von Totalität und Zerstückelung erfüllt. Auch dass der Fetischismus sich mit der Theorie der totalisierten Partialobjekte vereinbaren lässt, die bei Melanie Klein im Anschluss an Karl Abraham eine zentrale Rolle spielen, spricht für diese Interpretation. Der Fetischismus wäre das ‹erfolgreiche›, frei-

lich mit dem Preis der Perversion belegte Unternehmen, vor dem Ödipuskonflikt auszuweichen und im labilen Schutz durchs mütterliche
Objekt den Eintritt in die Welt des Nicht-Ich zu verweigern. Die Welt
wird vom väterlichen Gesetz der Versagung und differenzierenden Verteilung der Güter regiert. Die einsame Welt des Fetischisten – entlastet
von der Liebesarbeit und der Unverfügbarkeit der Liebesobjekte – ist
eine Szene, die den Auftritt des Vaters verhindert: Er bleibt außerhalb des
Schauplatzes, hinter dem Vorhang, ein bloßes Gespenst, wie Derrida
(1995) im Anschluss an «Hamlet» sagen wird. Ohne den Fetisch, den
mütterlichen Phallus, wäre das Ich nichts, Ich-Nichts. Diese Abhängigkeit ist indes gleichzeitig die Wurzel der geheimen Wut auf den Fetisch
(und der Grund für die öfters bemerkte Therapieresistenz). Dies könnte
eine Erklärung dafür abgeben, dass insbesondere in der mit dem Fetischismus koalierten Domina-Szene der maternalisierte Körper der Frau
nicht gefährlich genug gerüstet sein kann – als ginge es um die Wiederbelebung des bösen Mutterobjekts, zum fetischisierten Idol verzaubert.
Literarisch ist dies bereits in Leopold von Sacher-Masochs «Venus im
Pelz» (1869) zu beobachten.

Nun mag das so sein. Das Problem dieser Deutung ist die umstrittene
Annahme jener präsymbolischen, gespaltenen Mutter-Imago aus einer
mnemonisch kaum aufhellbaren Vorzeit. Der Vorteil der Deutung ist,
dass sie den im Fetischismus öfters eingeschlossenen Hass auf die *Frau*
erklärt. *Sie ist nicht, wie sie phantasiert wird, und muss spielen, was sie nicht
ist, und kann nicht sein, was das Imaginäre ihr diktiert.* So wird sie konvertiert in ein Ding, das das symbolische Substitut ihrer selbst ist. Der Fetisch ist Auslöschung *und* Wiedererweckung der Mutter-Imago in einem
heilig-schmutzigen Objekt, das verehrt wie verachtet wird. Vereinbar
scheint dies mit dem Begriff der Ich-Spaltung zu sein, den Freud im Umkreis seines letzten Fetischismuskonzepts neu durchdachte. Der Fetisch
ist jenes Ding, das unvereinbare Forderungen koexistieren lässt: die Forderung nach dem mütterlichen Phallus, der in den Besitz des Kindes
übergeht; und die Forderung der Realität, wonach die Mutter keinen
Phallus hat, sondern vielmehr dem Vater angehört, der den Namen des
Gesetzes trägt.

8.2 Jacques Lacan und der Phallus –
mit einem Exkurs zum primordialen Mord

Jacques Lacan (1901–1981) hat die symbolische Ordnung, innerhalb deren der Fetisch seine Position zugewiesen erhält, völlig dem Phallus, der paternalen Metapher schlechthin (métaphore parternelle) unterstellt. Lacan vertritt einen universalen Strukturalismus, der jeder biologischen, aber auch jeder genealogischen Ordnung, sei sie biographisch oder soziokulturell, vorgeordnet ist. Das Phasenmodell, das bei Freud die Entwicklungsdynamik des werdenden Menschen bestimmt, wird zwar nicht abgeschafft; doch erhält der Ödipuskomplex, der mit der Sprache (der symbolischen Ordnung) überhaupt identifiziert wird, allen Zeitphasen gegenüber den Status des Transzendentalen: Der im Ödipuskomplex inaugurierte Name des Vaters *(nom du père)* oder der Phallus ist die Bedingung der Möglichkeit jedweder ontogenetischen und jeder historischen Entwicklung. Sosehr Lacan die Ansätze Melanie Kleins schätzt (anders als den verachteten Freudianismus), die programmatische «Rückkehr zu Freud» (Weber 1978) bedeutet eine Liquidierung der von M. Klein postulierten Eigenständigkeit und Macht der archaischen Frühphasen. Die präsymbolischen Mutter-Imagines sind bei Lacan nicht Regenten sui generis der ältesten Entwicklungsstufe, die sich späteren Phasen aufprägt und in den Perversionen und in der Paranoia zum Fatum werden können. Die mit dem Ödipuskomplex verkoppelte Einführung in die Sprache wird von Lacan auf alle früheren Phasen rückprojiziert, deren Apriori sie bilden soll. Dieses Apriori der Sprache ist nicht als konkreter ‹Ursprung› zu verstehen, auf den man wie auf ein anfängliches Faktum zurückkommen könnte. Sondern es ist die Ermöglichungsbedingung jedweder Evolution und Subjektwerdung. Wie soll man solche alles überbietenden Behauptungen verstehen? Dazu ist ein wenig auszuholen, auf Freud zurückzugehen und von da aus zu bestimmen, was der Neuansatz Lacans ist.

Die mythische Erzählung, die Freud in «Totem und Tabu» (1912/13, St.A. IX, 287–445) entwickelte, verwandelt Lacan in ein strukturales Programm. Am Anfang steht bei Freud ein primordialer Mord, der den Nullpunkt der Humangeschichte und der Subjektkonstitution darstellt.

Mythen dieser Art wurden weltweit erzählt. So macht sich Freud als Detektiv auf die Spuren des Ur-Mordes und collagiert aus Texten von Ethnologen, Religionswissenschaftlern und Darwinisten einen ätiologischen Roman, der Antwort auf die Frage geben soll, warum Kulturen in so nachhaltiger Weise schuldgeprägt und ‹väterlichen› Autoritäten gegenüber so ambivalent sind.[41] Freud steigt tief hinab, nicht wie Goethe (oder Melanie Klein) zu den Müttern, sondern zum hominiden Tyrannen. «Im Anfang war die Tat» (St.A. IX, 444)[42], nämlich die Un-Tat, so kontert er dem Weimarer: der kollektive Mord der «Darwinschen Urhorde» am Ur-Vater, der alle Weibchen monopolisierte. Sexualkonkurrenz als Ursprung des Mordes. Der Ermordete wurde zum Clan-Totem erhoben und damit zum Gott (Idol), dem gegenüber alle schuldig sind (alle Kultur ist Schuld-Kultur), den man liebt und hasst. Aus dieser Konstellation geht die komplette symbolische Ordnung der Kultur, gehen aber auch alle Fetische und Idole hervor. Schon bei Freud (nicht erst bei René Girard 1994a; 1994b) entsteht also das Heilige aus der Gewalt, die zu einer untilgbaren Verschuldung und mithin zur dauerhaften Installierung von Bewältigungsriten führt: Das ist Religion. Aus dieser Szene wird der Opferkult geboren: Der Gott wird immer wieder rituell getötet und erst dadurch zum Gott. Man verzehrt sein Substitut, das Totemtier, das im Opfermahl in alle Clanmitglieder hineinwandert und die Nachlebenden zur *community* macht, zur Kultgemeinde *und* zur Sozialgruppe.[43] Die Bindekräfte des Gesellschaftlichen entstammen aus der Gemeinsamkeit des Mordes (der Schuld), der zugleich die Heiligkeit des Opfers kreiert. Aus dem geopferten Leib Gottes wird die Welt, die Ordnung und die menschliche Gemeinschaft geschaffen und erhalten. Ohne rituellen Opfermord keine Kultur. Wir sahen, dass Stekel in den religiösen Deutungen des Fetischismus, dem er den Christus-Komplex unterlegt, solchen Auffassungen nahe steht.

Um nicht in eine um die Weibchen rivalisierende Bruderhorde zu zerfallen *(bellum omnium contra omnes)*, wird die Regel eingeführt, dass die Frauen *eines* Clans niemandem *im* Clan gehören sollen. Damit haben wir das Freud'sche Herzstück: das mit dem Inzest-*Verbot* gekoppelte Exogamie-*Gebot* – der Ödipuskomplex. Alles, was mit Sexualität, Fortpflanzung und Heirat zu tun hat, muss in die Kontrolle der Religionsverwalter überführt werden. Dies begründet, warum die um Zeugung, Geburt und Ehe zentrierten Handlungen selbst heilig sind. Das Sakrament der Ehe ist ein Erbstück dieser Tradition. Über ihm steht, nach Lacan, der imaginäre Phallus, in dessen Namen, der der Name des abwesenden Vaters ist, die Positionen aller Agenten (Vater, Mutter, Brüder, Töchter, Verwandte) und alle erlaubten und verbotenen Handlungen codiert werden. Auch Claude Lévi-Strauss, der seine internationale Wirkung noch vor dem Aufstieg Lacans erfuhr (Dosse 1996/97, Bd. 1, 32–53, 145–94), hatte den Ödipuskomplex (die Verflechtung von Exogamiegebot und Inzestverbot) zur Grundform aller kulturellen Ordnungen erhoben (vgl. Lévi-Strauss 1981, 1968). Inzestverbot und Exogamie verfriedlichen die Binnenbeziehungen der patriarchal-männerbündischen Horde. Der Mord an Angehörigen des eigenen Gen-Pools ist tabuiert, doch nach außen hin wird er lizensiert; Inter-Gruppenfeindlichkeit ist freigegeben. Am Ende dieser Konstellation steht der Heilige Krieg (Colpe 1994).

Das Material, aus dem Freud seinen Mythos spinnt, insbesondere die Tatsache, wonach das Opferritual einen ursprünglichen Vater(gottes)-mord wiederholt, entspricht der Lesart René Girards, wenn er aus dem Aphorismus Nietzsches über die Ermordung Gottes eine Gründungsakte rekonstruiert (1995, 255–75). Das aber war allen Ethnologen um 1900, die sich mit kosmologischen Mythen und Opferriten beschäftigten, selbstverständlich. In seinem Buch «Das Heilige und die Gewalt» (1994a)[44] hat Girard, nicht ohne selbst mythisch zu werden, die «Gründungsgewalt» des blutigen Opfers als einen in aller Geschichte wirksamen Mechanismus charakterisiert: Blutopfer schützen die Gemeinschaft vor der ihr immanenten Gewalt, gewährleisten ihre Kohärenz und unterbrechen die unendliche Kette der Blutrache. Sie stellen mithin eine *Gewaltprävention im Medium der Gewalt selbst* dar. Heilige Gewalt ist die Katharsis der Gewalt selbst. Nur über die sakrale Ritualisierung des Mordes stellt sich Gesellschaft auf Dauer und sichert so ihre Ordnung, die sonst unter dem Ansturm ‹wilder› Gewalt zerfiele. Das spinnt den mythischen Text von William Robertson Smith und Sigmund Freud fort.

Walter Burkert, der daran erinnert, dass 95 bis 99 Prozent aller Humangeschichte die Zeit der altpaläolithischen Jäger war, sieht hier das Töten als Anthropologicum genetisch eincodiert (Burkert 1972, 24f.).

Darum sind für ihn die Grundlagen der Religion biologisch (Burkert 1998). Von Ellegard Jensen übernimmt Burkert, dass durch die Fleischnahrung das Töten zu einer Fundamentaltatsache geworden ist (Jensen 1951, 197–229; Meuli 1946). Essen heißt Töten. Das hatte schon Paracelsus gesagt (Böhme 1994). An rezenten Stammeskulturen und mythischen Überlieferungen hatte Jensen gezeigt, dass ein Mann zu einem Mann erst wird, wenn er getötet hat (1951, 198ff.). In Ritualen ist das Töten selbst das Ziel. Es wird gepriesen als eine die Weltordnung erhaltende Tat. Darum kann Töten eine heilige Handlung sein. Zugleich ist die Tötung ein Sakrileg (eine in Schrecken setzende Verletzung der heiligen Ordnung des Lebens). Darum finden sich in Jägergesellschaften des Öfteren Umdeutungen, wonach nicht der Jäger, sondern ein anderer getötet habe oder es ein von Gott gefordertes Tun sei (das nennt Karl Meuli ‹Unschuldskomödie›). Vollends fällt das Töten mit dem heiligen Opfer zusammen, wenn Menschenopfer, Tieropfer, Kopfjägerei und Kannibalismus die Wiederholung der primordialen Opferung eines Gottes sind, dessen Zerstückelung erst die Elemente der gegenwärtigen Seinsordnung hergibt. Gott töten und ihn essen ist die Gründungsgewalt, aus der heraus die Welt gesetzt ist. Es ist die Bejahung einer Welt, zu der das Töten gehört, das gleichwohl in Schuld verstrickt.

Das ist das anthropologische Paradox, das heutige Wissenschaftler uns glauben machen – eine typisch aufklärerische Position. Daraus entwickelt Burkert den *Homo necans*, den er der optimistischen Variante der Evolutionsbiologen, dem *Homo sapiens sapiens*, entgegensetzt. Erfolgreiches Töten ist bei Burkert biologisch programmiert, weil es den Kern der Reproduktion der Wildbeutergesellschaft darstellt. Von hier aus geht der evolutionäre Schub hin zu Kooperation und zielgerichtetem Handeln, zur Abgrenzung von Draußen und Drinnen, von männlicher und weiblicher Sphäre, von Werkzeugentwicklung und Erziehung. Gemeinschaft ist blutiges Handwerk. «Der Mensch wurde zum Menschen durch das Jägertum, durch den Akt des Tötens», so Burkert (1972, 30). Der Opferritus bringt dieses gefährliche Potenzial in eine domestizierte Choreographie. Sie reguliert die Tötungsaggression, verwandelt sie zu einem Akt der Gemeinschaftsstiftung und kanalisiert sie ‹nach außen› auf die Jagdbeute, das Opfer, den Feind und den Sündenbock (Girard 1994b, 1986). So wird das Töten zu einem Mechanismus der Lebensbejahung. Leben aber ist heilig. Und darum partizipiert der rituelle Mord am Heiligen, ja, er unterhält dieses.

Der Mensch, sagt Robert Musil in ironischer Vorwegnahme dieser Befunde, ist ebenso leicht der Menschenfresserei fähig wie der Kritik der reinen Vernunft (1962, 361, 414, 130). Dies aber ist die Konsequenz schon bei Nietzsche, der die Indifferenz der Natur hinsichtlich moralischer Normen konstatiert. Das aber heißt, dass die Beispiele von Fürsorge und Selbstaufopferung ebenso wenig aussagekräftig sind wie die Beispiele «wilder Ursprünge» (Burkert 1990), von mörderischen oder kannibalischen Auseinandersetzungen und Opferriten. Es gibt in der Evolutionsgeschichte keine ‹Argumente›, weder für die *definition noire* auf der Linie von Thomas Hobbes über Freud zu Girard und Burkert, noch für die Friedensbotschaften von antiken Utopien über Rousseau bis Konrad Lorenz. Die weltweiten Mythen und Opferriten stellen kulturelle Verarbeitungen der Evolution und der in ihr ausgebildeten beiden Hauptmatrizen menschlichen Verhaltens dar. Freud, Girard und Burkert indes stehen selbst im Bann der Mythen und schreiben diese fort. Es gibt, wie es kein goldenes Zeitalter friedlichen Vegetarismus gab, so auch kein Initial der Humangeschichte in einem Ur-Mord, und es gibt keinen Beweis dafür, dass die Geschichte im Zeichen des *Homo necans* steht. Die evolutionsbiologischen Voraussetzungen von Burkerts These sind falsch, weil ein *Homo necans* zu sein voraussetzte, über kooperative Handlungsmuster, Verfriedlichungen der Binnenbeziehungen, Teilungsverhalten, Nahrungs-Fürsorge für Frauen und Nachwuchs, dauerhafte Sozialbindungen etc. zu verfügen. Jäger zu sein war also nur in einem entwickelten sozialen Feld möglich, das gerade nicht der Logik des Tötens folgte. *Homo necans* und *Homo sociatus* bilden sich mithin koevolutiv. Die unerträgliche Ambivalenz dieser Struktur ‹in uns› erzeugt den *Homo religiosus*.

Diesen Mythos, den man nicht verifizieren kann und an dem doch das ‹Gesetz› aller Kultur zu hängen scheint, begründet Lacan neu, indem er die Freud'sche Psychoanalyse mit einem strukturalistischen Konzept von Sprache fusioniert (Lang 1986, 203–16; Krips 1999, 13–40; Ragland-Sullivan 1991).[45] ‹Von Anfang an› sei der Ödipuskomplex, welcher die ‹späte› Fassung der Erzeugung der symbolischen Ordnung aus dem primordialen Vatermord ist, in der Genesis des Subjekts wie der Kultur strukturbildend wirksam. Bei Lacan heißt es eindeutig: ‹Im Anfang war das Wort› – und insofern legt er eine ‹hellenistische› Fassung der Psychoanalyse vor (was für Freud sicher nicht gilt). Der Phallus des Vaters ist der Statthalter eines leeren Platzes, von dem her alles Gesetz und alle Regel im «Namen des Vaters» ergeht. Dessen Ordnung schiebt sich nicht ‹später› in die duale Relation von Mutter und Infans ein, um diese in Regie zu nehmen. Sondern der Name des Vaters ist im Begehren der Mutter wie im Begehren des Infans immer schon ‹gesetzt›: Das macht seinen transzendentalen Status aus. Der Phallus ist der Signifikant einer Leerstelle, von der aus die Positivität sprachlicher Ordnung ‹ergeht› und ‹inauguriert› wird. Man darf ihn nicht missverstehen als den realen Phallus jenes Urvaters, der kastriert wird, um in der Abarbeitung dieser Schuld die Verwandtschaftsordnung zu erzeugen. Es geht nicht um Geschichte und Geschichten, sondern um Struktur, die als solche erst durch die Gegebenheit von Sprache existiert, in deren Ordnung der Mensch eingefügt ist in der Doppelheit seiner ödipalen und semiotischen Codierung. Die Ordnung der Sprache ist ‹immer schon› da, sie geht dem sprechenden Lebewesen Mensch, dem *zoon logon echon*, strukturell voran.

In der Spaltung von Signifikant und Signifikat (von Zeichen und Bedeutung) reißt die Kluft zwischen Anwesenheit und Abwesenheit auf. Der Name des Vaters ist die nie erreichbare Bedeutung, das Zeichen einer unverfügbaren Abwesenheit (die im Mythos durch den Tod des Vaters bezeichnet ist). Der Name des Vaters ist in keine Präsenz zu zwingen; man wird seiner niemals habhaft. Gerade von dieser Leerstelle her wird das Gesetz des Vaters wirksam: im unaufhebbaren Mangel, der sich in jedem Begehren und Wunsch, in jedem Sprechakt ausdrückt. Die Kastration liegt über jedem Subjekt, ja bringt es als Subjekt erst hervor. Dessen Anfang liegt nicht in einer maternalen Integration, sondern in der Verwundung, in der Zerstückelung. Wer spricht (und sei es nur «o» – «(d)a» im Fort-da-Spiel; sei es also nur die rudimentärste phonetische Differenzierung[46]), unterliegt immer schon dem Phallus (dem Gesetz, dem Namen des Vaters). Und wer begehrt, ist immer schon in die Grammatik der Sprache eingeschrieben.

Es ist evident, dass Lacan gegenüber den maternalen Mächten des

Imaginären die Vorrangigkeit der symbolischen Ordnung aufrichtet. Das ‹Ältere› der Mutter (M. Klein)[47] ist durch das ‹Immer schon› der strukturalen Ordnung unterlaufen. Der Fetisch kann nach Lacan nichts anderes sein als die verdinglichte Verdeckung einer Lücke, einer Leere, die nicht zu schließen ist; sie wäre aber nicht die mütterliche Höhle, sondern die das Vater-Gesetz anzeigt. Dabei betreibt Lacan selbst eine Fetischisierung des Phallus, der zu einem Theoriefetisch wird und seinem Sprecher, Lacan, einen prominenten Platz in der Kette der Mythologen des Patriarchats zuweist. Lacan hat nur die Phantasien des Urmordes, aus dem die Totems, Idole und Fetische hervorgehen, ersetzt durch das ‹rationaler› scheinende Strukturgefüge der Sprache. Dieses aber mit der Ordnung des Ödipuskomplexes gleichzusetzen: Das ist Mythisierung.

Dies soll gezeigt werden an dem Vortrag «Die Bedeutung des Phallus», den Lacan 1958 auf Einladung von Paul Matussek in München gehalten hat (1991, Bd. 2, 119–32). Die Rede von ‹dem Menschen›, ‹der Frau› oder ‹dem Mann›, die in ihrer totalisierenden Abstraktion dem Phallus unterstellt werden, bezeugt nicht etwa einen unreflektierten, sondern programmatischen Patriarchalismus. Jede/r kann sich das eigene Geschlecht aneignen «nur unter dem Aspekt einer Beraubung» (ebd., 121), also der Kastration. Diese ist das Opfer, das alle zu bringen haben.

Lacan argumentiert nicht biologisch. Er sieht die Geschlechteridentitäten als Effekte sprachlicher Positionierungen an, die vom Signifikanten Phallus dirigiert werden. Wenn man nun meint, dass mit ‹Sprache› eine evolutionär ausdifferenzierte Dimension der Selbstkonstruktion des Menschen gemeint sei, ist man getäuscht. Lacan wendet sich gegen kulturalistische oder feministische Deutungen der Geschlechterordnung etwa bei Karen Horney (Lacan 1991, Bd. 2, 125). Die Sprache hat bei Lacan eine ähnliche Festlegungskraft wie ontologische Bestimmungen.

Für beide Geschlechter definitiv ist die «Beziehung des Subjekts zum Phallus, die sich ohne Rücksicht auf den anatomischen Geschlechtsunterschied herstellt». Lacan weiß, dass dies besonders heikel für Frauen ist (ebd., 121). Warum betrachtet sich das kleine Mädchen als kastriert («des Phallus beraubt»)? Warum wird von beiden Geschlechtern die Mutter als phallisch phantasiert (ebd., 122)? Warum wird die Mutter als wiederum selbst kastriert entdeckt?

All dies hängt mit Lacans Deutung der phallischen Phase der Subjektwerdung zusammen. In ihr wird die «imaginäre Vorherrschaft des phallischen Attributs» (ebd.) befestigt, bei beiden Geschlechtern: bei den Jungen mit Hilfe des Penis, bei den Mädchen mit Hilfe der Klitoris. Aus diesen (physiologischen!) Erfahrungen erwächst das phallische Objekt. Es trägt ebenso Züge eines Fetischs, der verehrt, wie eines phobischen Objekts, das gefürchtet wird. Nun wäre es plausibel, wenn man argumentierte: Innerhalb eines patriarchal dominierten Feldes modellieren sich die Erfahrungen des eigenen Körpers im Schema symbolischer Werthierarchien; dann wäre die Regentschaft des Phallus nichts als der symbolische Ausdruck ebendieser kulturellen Dominanz. Nun polemisiert Lacan aber heftig, wenn auch ohne Gründe, gegen Karl Abrahams Konzept des Partialobjekts oder die «Normalisierung» des Phallus als eines Partialobjekts, wie Ernest Jones sie vorgenommen habe. Doch warum? Jede Relativierung des Phallus stellt ein Sakrileg an dessen symbolischer Würde dar.

Denn es geht um jenen Signifikanten ‹Phallus›, dem wir qua Subjekt immer schon unterliegen. Diese «Passion des Signifikanten», wonach wir in dessen Spiel immer schon eingeflochten sind, nennt Lacan die «Conditio humana» (ebd., 123/24). Man sieht, dass Lacan die Heidegger'sche Auffassung von der Sprache, die uns spricht, so sehr wir sie zu sprechen vermeinen, schlicht auf den Phallus überträgt. Für Lacan spreche nicht Ich, sondern «Es» spricht, nämlich das Unbewusste. Der Phallus hat dem Geschlecht gegenüber jenen Status, den die Sprache dem Sprecher gegenüber einnimmt. Sie ist ihm immer schon voraus und ermöglicht ihn allererst. Sowenig es aber ‹die Sprache› in einem positiven Sinn gibt (sondern nur viele Sprachen), so wenig ‹gibt es› für irgendjemand den Phallus, sondern dieser ist jene vorgängige Abwesenheit, in Bezug auf die die Geschlechter und jedwede Subjektivität zugewiesen werden. Das Geschichtslose dieser Konstruktion ist für Lacan kein Manko, sondern eine Voraussetzung, die der Transzendentalität des Phallus im Spiel des Sex und der Geschlechter zukommt.

Lacan bewegt sich auf einem «anderen Schauplatz» als dem von Kultur, Gesellschaft und Geschichte, nämlich am «Ort des Unbewußten» (ebd., 125).[48] Er ist der Schauplatz von Verschiebungen und Verdichtun-

gen, von Metonymie und Metapher also, oder von Kombination und Substitution (damit adaptiert Lacan einige rohe Elemente von Saussure und
Jakobson). Hinübergespielt auf diese Ebene ist der Phallus kein Partialobjekt, kein Phantasma, kein Organ – sondern Signifikant aller Signifikanten. «Es spricht im Andern» will sagen, dass das Ich im Unbewussten,
im Es, seine Einsetzung als Subjekt erst erhält.

Was soll das heißen? Lacan schwenkt an dieser Stelle hinüber «auf jenes Simulacrum, … das der Phallus für die Antike war» (ebd., 126), also
auf das Bild, Traum-, Spiegel-, Schattenbild, die Nachbildung, das Schein-
und Trugbild, das Phantom, das Abbild, das Gleichnis, das Götzenbild,
das Idol und den Fetisch ‹Phallus›. All dies heißt ‹simulacrum›. Wird Lacan diesen Bedeutungsvarianten des Worts Simulacrum nachgehen?
Nein. Doch er will in großer Geste den Schleier heben, der auf den antiken Phallus-Mysterien gelegen habe. Denn der Phallus «ist ein Signifikant, … der bestimmt ist, die Signifikatswirkungen in ihrer Gesamtheit
zu bezeichnen, soweit der Signifikant diese konditioniert durch seine
Gegenwart als Signifikant» (ebd., 126). Wenn dies nicht «eleganter Unsinn» ist (Sokal/Bricmont 1999, 36–55), so jedenfalls eine Fetischisierung
der Funktion, die der Phallus in der Sprache einnehmen soll (Öhlschläger 1996).

Dass der Phallus diese apriorische Funktion einnimmt, ist nach Lacan
der Effekt einer Urverdrängung, in der auf immer verloren geht, eine
ganze Person sein zu können. Dass die Fragmentierung, nicht die Ganzheit am Anfang der Subjektwerdung stehe und deswegen jedes Integral
des Ich illusionär, wenn nicht halluzinatorisch sei, hatte Lacan bereits
im «Spiegel»-Aufsatz behauptet (1973, Bd. 1, 61–70). Daraus leitet er die
Genese des Begehrens ab, das auf jenes verschobene Objekt gerichtet ist,
das stets das maskierte Andere und Unerreichbare, damit aber auch das
Fragmentarische des Subjekts darstellt. Ebendies markiert der Phallus,
der Ziel, Statthalter, Grund und Abweisung zugleich des Begehrens ist
(1991, Bd. 2, 126/27).

Warum aber soll der Phallus (und nicht etwa die Sonne oder die Mutterbrust) diesen herausgehobenen Ort einnehmen? «Der Phallus ist der
privilegierte Signifikant dieser Markierung, in der der Part des Logos mit
der Heraufkunft des Begehrens konvergiert» (ebd., 128). Das ist nun

wahrlich geraunt. Vielleicht meint Lacan mit dieser dunklen Wendung: Der Phallus, indem er die Unerreichbarkeit des Signifikats anzeigt, ruft zugleich mit dem Begehren auch die Sprache auf den Schauplatz des menschlichen Lebens. Qua Menschen bleiben wir vom Begehrten, das wir uns anzueignen suchen, immer so getrennt wie von der Bedeutung, deren wir habhaft werden wollen. Warum wird diese Unerreichbarkeit gerade dem Phallus zugeschrieben?

Hier fällt Lacan in Physiologismus zurück. Er schreibt, dass gerade der Phallus «am auffallendsten von alledem, was man in der Realität antrifft, die sexuelle Kopulation ausdrückt wie auch den Gipfel des Symbolischen im buchstäblichen (typographischen) Sinn dieses Begriffs, da er im sexuellen Bereich der (logischen) Kopula entspricht» (ebd.). Diese fahrlässige Vermengung von Physiologie und Semiotik, Sprache und Körper, Logik und Fleisch lanciert den Phallus an den Anfang aller Körper, allen Begehrens, aller Sprache. Das aber nennen wir Mystifikation oder auch, insofern der Phallus weder ganz Objekt noch ganz Symbol ist, eine Fetischisierung.[49] Lacan – «like any patriarchal autocrat», wie Marcia Ian konstatiert (1993, 29) – analysiert nicht die Fetischisierung des Phallus, sondern er betreibt sie. Kenneth Mark Harris (1995, 51) nennt es «Lacan's notorious phallocentrism».

Nicht zufällig rekurriert Lacan hier auf Melanie Klein, der zufolge «das Kind von Anfang an der Auffassung ist, die Mutter ‹enthalte› den Phallus» (Lacan 1991, Bd.2, 129). Man achte auf den Wortlaut: «von Anfang an», «enthalte». Lacan referiert Klein so, als sei der Körper der Mutter die Semiophore (Pomian) des Zeichens. Der inkorporierte Phallus der Mutter aber verdrängt ihre Kastration. Und so richtet sich das Begehren des Kindes auf ein Imaginäres, das die Leere und Abwesenheit maskiert.

Wenn, andererseits, «das Begehren der Mutter der Phallus *ist*, will das Kind, um es zu befriedigen, Phallus sein.» (ebd., 129) In diesem Wechselspiel zweier Unmöglichkeiten, nämlich von ‹Phallus-Sein› und ‹Phallus-Haben›, zeigt sich die angerufene ‹Conditio humana› als Travestie und Liebeskomödie. «Dies geschieht über das Dazwischentreten eines Scheins, der an die Stelle des Habens rückt, um es auf der einen Seite zu schützen, auf der anderen den Mangel im andern zu maskieren, und der zur Folge hat, daß er die idealen oder typischen Erscheinungsformen des

Verhaltens beider Geschlechter, bis zur äußersten Grenze im Akt der Kopulation, ganz ins Komödienhafte projiziert» (ebd., 130). Nichts ist mehr Theater als der Liebesakt, der gerade, indem er beide in einen Rausch der Ganzheit versetzt, sie umso gnadenloser in ihrem Mangel zurücklässt: Niemand ist, was er zu sein vorgibt; niemand hat, was zu haben er begehrt; jeder gibt, was er nicht hat, und empfängt nicht, was ihm fehlt. Das symbolontische Curriculum, das seit Platons «Symposion» die Idee der Liebe und der Ganzheit antreibt (Aurnhammer 1986), ist nach Maßgabe des Phallus-Signifikanten niemals mehr als ein Schein. Daher die Melancholie des Beischlafs *(post coitum omnis triste)*.

Von dieser Stelle aus erklärt Lacan, aus anderen Gründen als Freud 1909, alle Frauen zu Fetischisten.

«Wir behaupten, daß die Frau, um Phallus zu sein, Signifikant des Begehrens des Andern, einen wesentlichen Teil der Weiblichkeit, namentlich all ihre Attribute in die Maskerade zurückbannt. Ausgerechnet um dessentwillen, was sie nicht ist, meint sie, begehrt und zugleich geliebt zu werden. Was indessen ihr eigenes Begehren anbelangt, so findet sie dessen Signifikanten im Körper dessen, auf den sich ihr Liebesanspruch richtet. Man darf aber gewiß nicht vergessen, daß das Organ, das mit dieser signifikanten Funktion ausgestattet ist, von hier aus den Wert eines Fetisch annimmt.» (Lacan 1991, Bd. 2, 130/31)

Diese Fetischisierung nutzt der Mann komplementär aus: Insofern «der Signifikant des Phallus sie als diejenige konstituiert, die in der Liebe das gibt, was sie nicht hat, so wird umgekehrt sein eigenes Begehren nach dem Phallus seinen Signifikanten hochkommen lassen (sic! H. B.) in seiner übrigbleibenden Divergenz auf ‹eine andere Frau› hin, die auf verschiedene Weise diesen Phallus bedeuten kann, ob als Jungfrau oder als Hure» (ebd., 131).

Mit dieser ranzigen Legitimation der konstitutiven Untreue des Mannes hat Lacan den Tiefstand der strukturalen Psychoanalyse erreicht: Die «allgemeinste Erniedrigung des Liebeslebens» (Freud: St.A. V, 197–211), die Freud als die *kulturelle* Spaltung des männlichen Begehrens entziffert hatte, wird von Lacan zur Conditio humana und zur Ordnung der Geschlechter universalisiert. Als «Tiefe der Freudschen Intuition» gibt er aus, «daß es nur eine Libido gebe», die männliche, das Begehren des Phallus, als Genitivus subjectivus *wie* objectivus verstanden. Freud überbietend fügt Lacan die «tiefste Relation» an, «durch die die Alten hier Nous und Logos Fleisch werden ließen.» (Lacan 1991, Bd. 2, 132) Nun mag es eine hübsche Häresie sein, das christliche Wunder des inkarnierten Logos dadurch zu unterlaufen, dass die Griechen dessen Geheimnis ausgeplaudert hätten; danach wird das Wort zu Fleisch nicht im Gottessohn, sondern im Phallus. Das aber ist nicht das Wissen der Griechen, sondern das platte Geheimnis von Lacan selbst. Sein tristes Evangelium lautet, dass das Mysterium der Welt ... der Phallus sei. Bestenfalls aber ist dies das Geheimnis des Fetischismus, zu dessen Verkündigung Lacan die psychoanalytische Theorie verkommen lässt. Man kann das, für das Jahr 1958, als ideologisch charakteristisch oder klinisch signifikant erachten: *Der phallische Narzissmus, den zu analysieren Aufgabe des Psychoanalytikers wäre, wird von diesem selbst universalisiert.*

Es gibt also Theorie-Fetische: Der Lacan'sche Signifikant Phallus *ist* ein Fetisch, eine magische Größe. Der Phallus wird zum Namen des Vaters (zum Papst) ordiniert, d. h. zum höchsten Stellvertreter (Signifikanten) des sich immer entziehenden Signifikats, der eine traumatische Abwesenheit verbirgt, die Kastration. Niemand im 20. Jahrhundert hat erfolgreicher als Lacan den phallischen Narzissmus und Fetischismus zur Bedingung des Menschen beiderlei Geschlechts erklärt. Vor dem Hintergrund der mythischen Erzählung des Vatermordes verwandelt sich die Rationalisierung, die Lacan vornimmt, in eine ‹Vertiefung› des mythischen Banns. Was das Totem als Repräsentant des toten Vaters und seines Gesetzes, was es als Begehren und Schuld des Stammes, als Zeichen der Gemeinschaft und des Orts der Geschlechter bedeutete, das schreibt Lacan allein dem ‹Phallus› zu. Der Phallus nimmt dieselbe Stelle ein wie das Totem. Das gilt, auch wenn der Phallus nicht wie das Totem materialisiert ist. Es verschlägt wenig, wenn der fetischisierte Phallus eine Abwesenheit vertritt, während in den Stammeskulturen Idole und Fetische, solange sie den Glauben an sich zu binden vermochten, gerade die Präsenz eines wirksamen Sinns anzeigten, mit dem sich zu verbinden heilsam war. Der Fetisch Phallus stiftet eine Art negative Gemeinschaft: die Gemeinschaft eines «Mangels an Sein» (manque à être), zu dem alle, Männer wie Frauen, wenn auch in verschiedenen Positionen, verurteilt

sind. Der Phallus refiguriert das Totem in den mythischen Überlieferungen. So bleibt Lacan, dieser Stichwortgeber so vieler Moderne-Diskurse,
ein Angehöriger eines archaischen Stammes.

8.3 Joan Riviere: Weiblichkeit als Maskerade

Gegen Ende seines Vortrags über den Phallus geht Lacan auf die Maskeraden ein, die das Liebestheater regelhaft begleiten. Es seien die Frauen,
die, indem sie begehrt sein wollen um dessentwillen, was sie nicht sind,
zu Aktricen mutieren, um den Mangel ihrer selbst zu maskieren (Lacan
1991, Bd. 2, 130). Lacan geht so weit, «daß die Weiblichkeit ihr Refugium
in dieser Maske findet» (ebd., 132). So sehr sei Weiblichkeit mit Maskerade identifiziert, dass «die männliche Parade selbst als weiblich erscheint» (ebd.), sprich: Männer, die zu deutlich *self fashioning* treiben,
gelten als effeminiert. Denn wer erotisch paradiert, zeigt indirekt den
Mangel an Phallus-Haben an.

Typischerweise verschweigt Lacan hier die englische Psychoanalyti-
kerin Joan Riviere (1883–1962), eine Schülerin von Freud und Ernest
Jones, die seit 1925 mit Melanie Klein befreundet war und mit dieser,
besonders in deren ersten Londoner Jahren und des Streits um die Kin-
deranalyse, eng zusammenarbeitete. Ihr Aufsatz «Womenliness as a
Masquerade» (1929, 303–13) ist, wie Liliane Weissberg zeigt, ein Schlüs-
seltext für die Diskussion um Maskerade und Fetischismus.[50]

Riviere geht von der Beobachtung aus, dass ihr häufiger Männer und
Frauen begegneten, die Züge des Gegengeschlechts aufwiesen oder sogar
demonstrierten. Speziell geht es ihr um solche Frauen, die nach Männlichkeit streben (Erfolg, Ehrgeiz, Macht, Durchsetzung), doch dies
maskieren, indem sie sich als besonders weiblich darstellen. In ihrem
Fallbeispiel stellt sie bei einer erfolgreichen Frau, die nach beruflichen
Auftritten in männlich geprägten Umwelten regelmäßig das ‹Weibchen›
hervorkehrt, eine starke Identifikation mit dem Vater fest. Ihren eigenen
Erfolg erlebt sie als diesen bedrohend, symbolisch: als kastrierend. Das
macht Schuldgefühle. Darum nimmt sie ihre Erfolge zurück, indem sie

das Weibchen gibt: Weiblichkeit als Maskerade tarnt also die als Kastration des Mannes erlebte und zurückgestaute ‹phallische› Offensivität der Frau. Auch werden Vergeltungsmaßnahmen seitens des Vaters, der Männer überhaupt erwartet (Riviere 1994, 37). «Weiblichkeit war daher etwas, das sie vortäuschen und wie eine Maske tragen konnte, sowohl um den Besitz von Männlichkeit zu verbergen, als auch um der Vergeltung zu entgehen, die sie nach der Entdeckung erwartete» (ebd., 38).

Dieser Fallgeschichte gibt Riviere eine plötzliche Wendung durch die Frage, ob es überhaupt einen Unterschied zwischen echter Weiblichkeit und Maskerade gebe. «Eigentlich», so erklärt sie, «handelt es sich um ein und dasselbe» (ebd., 39): Frau-Sein *ist* Maskerade. Melanie Klein referierend, führt sie die Okkupation des Geschlechts (des Anderen) auf die frühen Sadismen des Infans zurück: die inneren Organe der Mutter herausreißen und verschlingen oder den Vater kastrieren bzw. seinen Penis abbeißen zu wollen.

Der Penis des Vaters sei jener identitätssichernde Talisman, der der Frau fehlt. Indem sie sich mit Fetischen, Paraden und Masken ausstattet, kaschiert sie ihren Mangel und kann zugleich die erschreckenden sadistischen Angriffe auf den Körper der Anderen (des Vaters, der Mutter) in Schach halten (ebd., 44). Die erotische Suche der ‹Erfolgsfrau› nach der Anerkennung durch Männer versteht Riviere als den maskierten Wunsch, von ihnen den Penis geschenkt zu erhalten: Dies vertuscht, mit welcher oralen Wut sie ihn sich aneignen will. Maskerade und Fetischisierung larvieren einerseits aggressive Einverleibungswünsche (die erfolgreiche Okkupation der Männlichkeit); andererseits bieten sie die Möglichkeit, trotz der ‹Männlichkeit› des Erfolgs, sich ganz und gar ‹als Frau› präsentieren zu können und den Phallus am Ort des Anderen zu begehren. Damit affirmiert sie die männliche Welt, die sie gleichzeitig subvertiert. Es ist ein widersprüchlicher Kompromiss und ein kluger Schachzug: Ich habe keinen Phallus, aber ich hole mir euren; ich habe einen Phallus, denn ich habe euch kastriert; ich bin kastriert und verehre und liebe euren Phallus; schenkt mir euren Phallus, auf dass ich ihn in mir trage (das Kind); indem ich euch fetischisiere, schenke ich euch den Phallus (den ihr nicht habt). Ich weiß dies alles und tue es doch; ich weiß nichts und bin unschuldig. *Je sais bien, mais quand même …* Dies ist die typische Spaltung im Fetischismus, auf das ganze Geschlecht der Frauen ausgedehnt.

Weiblichkeit ist Maskerade. Man kann als Pointe Rivieres festhalten, dass Frauen mit dem Bewusstsein des Mangels anders umgehen als Männer: Diese kompensieren ihn durch kompetitives Verhalten, also in der Matrix von Macht; Frauen vertuschen den Mangel durch Maskerade, durch Verschiebung in die fetischisierte Schauseite ihrer *performances*, durch Täuschung und Illusionierung. Damit wird das Eva-Schema fortgeschrieben. Die Frau ist das Idol des männlichen Begehrens. Und indem sie dieses Idol simuliert, maskiert sie die heimlichen Angriffe auf die männlichen Insignien der Macht.

Auf dieser Linie universalisiert Lacan die phallische Stufe der Subjektbildung. Der Fetisch Phallus verhindert den «Untergang des Ödipuskomplexes» (Freud). Wie Lacan den Phallus behandelt, so möchte er selbst behandelt werden. Aus dem Hintergrund taucht der große, wiedererweckte Ur-Vater wieder auf. Zu diesem Mythos hat Lacan sich selbst gemacht: Verehrt und gefürchtet ist er das Totem eines neuen Clans, das idolisierte Selbst-Objekt einer Schule.

8.4 Donald W. Winnicott und seine Nachfolger

Der britische Psychoanalytiker Winnicott (1896–1971), der seine Analyse bei Joan Riviere absolvierte und nach 1945 das Haupt der ‹mittleren Gruppe› zwischen den orthodoxen Freudianern um Anna Freud und den ‹Kleinianern› um Melanie Klein war, ist kein Fetischismusforscher; er hat indes mit seiner Theorie der Übergangsobjekte *(transitional objects, transitional phenomena)* einen wichtigen Theoriebaustein zur Genese des Fetischismus geliefert.[51] Seine Spieltheorie erlaubt zudem Einsichten in den schon von Stekel und später vom Winnicott-Schüler Masud Khan herausgestellten Als-ob-Charakter des Fetischismus und der Perversionen (Winnicott 1971/1979).

Mit dem Konzept der Übergangsobjekte fasste Winnicott eine Vielzahl von kinderanalytischen Beobachtungen zusammen. Es geht um den

Übergang von der oralen Autoerotik und Verschmelzung mit dem Mutterobjekt zu realistischeren Objektbeziehungen. Diese verlangen die Anerkennung einer unabhängigen Umwelt. Hierbei ziehen Kinder bestimmte Dinge (Bettzipfel, Wäschestück der Mutter, Teddy etc.) in ihre körperliche Sphäre, besetzen sie affektiv und halten sie besonders bei Stress- und Erregungszuständen, aber auch im Übergang zum Schlaf, in einem taktil-haptischen und olfaktorischen Kontakt. Mit Mahler zu sprechen siedeln diese Dinge auf der Grenze zwischen Symbiose und Individuation (Mahler 1972; Mahler/Pine/Bergman 1980). Sie erleichtern die Entwicklung von jener zu dieser Phase oder, nach Freud, den Übergang in die anale und phallische Phase.

Neben dieser *zeitlichen* Dimension haben die *transitional objects* eine räumliche Funktion. Sie bilden eine *Brücke* zwischen intrapsychischer Welt und extrapsychischer Objektwelt. Im Unterschied zur Raumeinheit von Säugling und Mutterbrust[52] bilden Infans und Übergangsobjekte eine Räumlichkeit sui generis aus, die Winnicott den «intermediären Raum» nennt: Er ist «ein Zwischenbereich von Erfahrungen, zu denen innere Realität und Außenwelt gleichermaßen ihren Beitrag leisten» (1953/69, 668).[53] «An den Küsten endloser Meere spielen Kinder», zitiert Winnicott (1979, 111) den indischen Nobelpreisträger Rabindranath Tagore (1861–1941). Dieses ‹Zwischen› (die Küsten) resultiert daraus, dass diese Objekte «nicht Teil des kindlichen Körpers sind, aber noch nicht völlig als zur Außenwelt gehörig erkannt werden» (ebd., 668). Sie sind, nach einer glücklichen Formulierung von Phyllis Greenacre, «the first not-me object», aber «never totally not-me» (1969, 146). In dieser Zwischenstellung ist das Objekt der erste nicht-illusionäre, nicht-halluzinative Besitz des Kindes. Das Kind verfügt über es, doch nicht im Sinne der Allmacht; es kann zärtlich, liebevoll und zornig behandelt werden; es kann nicht ausgetauscht werden; es vermittelt dem Kind Gefühle der Wärme und Sicherheit und dennoch den Eindruck, es habe ein eigenes Leben; es ist animiert (Winnicott 1953/69, 671–72; 1979, 14–15). All dies sind Merkmale auch von Fetischen. Das Kind schützt sich mit Hilfe der Übergangsobjekte vor der Überflutung durch Trennungsängste oder, nach Klein, vor seiner sadistischen Wut (auf die Mutter). Winnicott sieht in dieser zeitlich-räumlichen und materialen Spezifität des Übergangsobjekts den Ursprung von Spiel und Kunst, von Religion, aber auch des Fetischismus (ebd., 672, 680).

Winnicott erwähnt nicht, dass das Übergangsobjekt gleichkommt der Holzspule im Fort-da-Spiel des Jungen, den Freud in «Jenseits des Lustprinzips» vorgestellt hatte (Freud St.A III, 224–27). Die Spule ist ein Ding, das weder ganz Selbst-Objekt noch ganz Nicht-Ich ist; sie wird zum Element einer vom Jungen dirigierten Szene; diese ‹bedeutet› etwas, ohne dass die Bedeutung sich vom materialen Arrangement gelöst hätte; die Spule hat eine Darstellungsfunktion: Sie performiert eine Trennungsangst von der Mutter, deren An- und Ab- und Wieder-Anwesenheit vom Jungen szenisch bewältigt wird; dadurch wirkt das ‹Spiel mit dem Ding› sowohl stressvermindernd als auch lustvoll und stärkend. Beim Spulen-Spiel kommt hinzu, dass Präsenz und Nicht-Präsenz der Spule (der Mutter) mit Laut-Zeichen («da»; «o-o-o-o» = fort) kommentiert wird. Die Auseinandersetzung mit der Differenz von Ich und Nicht-Ich, mit der Selbständigkeit der Objekte (die kommen und gehen), mit Gegenwart und Abwesenheit (und also mit rudimentären Zeitmodi) scheint parallel zum Erwerb sprachlicher Zeichen zu stehen. Diese haben möglicherweise dieselbe, nur nicht passagere, sondern dauerhafte Funktion wie die Übergangsobjekte. Auch Sprache kreiert eine intermediäre Sphäre, welche nicht über fetischisierte Dinge, sondern über Symbole und ihre Ordnung läuft. Freud kommentiert die Handlung des Jungen als «große kulturelle Leistung» (ebd., 225)[54]. Winnicott spricht diese kulturelle Funktion allen Nachfolgern der Übergangsobjekte zu. Nicht zufällig stößt Winnicott dabei auf das Spiel. Das Hantieren mit den Übergangsobjekten ist das erste Spielen überhaupt. Und aus dem Spiel, sagen nicht nur Freud und Winnicott, sondern seit Schiller viele Kulturtheoretiker und Spielforscher, geht Kultur und mit ihr der Mensch hervor (freilich spielen auch die höheren Tiere).[55]

Den Zusammenhang von Übergangsobjekten und Sprache betont auch Winnicott. Übergangsobjekte ‹sind› nicht die Mutterbrust, sondern ‹bedeuten› sie. Doch als materiale Dinge ‹bedeuten› sie nicht nur, sondern substituieren die Brust. Diese Struktur teilen sie mit dem Fetisch, zu dem ein Übergangsobjekt werden kann, aber nicht muss (Winnicott 1953/69, 672–73, 675). Mit Susanne Langer, die zwischen diskursiven und präsentischen Symbolen unterscheidet, kann man sagen, dass Übergangsobjekte – genau wie Objekte des Ritus, der Religion und der Kunst – eine Bedeutung präsentieren (sie nicht nur repräsentieren). Das Hantieren mit Übergangsobjekten ist ein performativer Akt. Hannah Segal sieht zwischen Zeichen und Bedeutung eine «symbolic equation» hergestellt.[56] Dies heißt, dass das Zeichen nicht arbiträr und konventionalisiert ist, sondern in die Materialität des Dings eingeschmolzen ist. Das macht den magischen Wirk-Charakter des Objektsymbols aus, es ist *dromenon*, darstellendes, psychische Wirkungen erzeugendes, Bewegungen hervorbringendes, erhebendes und kathartisches Spiel, also Drama.[57]

Winnicott erkennt die Ähnlichkeit zwischen Übergangsobjekten und Fetischen. Letzteren Begriff hatte vor ihm Wulff (1946) für eben die Phänomene vorgeschlagen, die Winnicott nun seinem neuen Begriff unterstellt. Winnicott findet es irreführend, einen Begriff aus der Nosologie der Perversionen zur Bezeichnung von universalen, für die frühkindliche Reifung förderlichen, passageren Phänomenen zu verwenden, die für ihn die Quelle aller Kreativität sind (1953/69, 680–81). Die Mehrheit der Forscher ist ihm darin gefolgt; andere lehnen seine Position ab.[58] Für uns ist dieser Streit nicht wichtig. Denn sowenig man Kinder von Fetischismus ‹freisprechen› kann, so wenig vermag man die «kulturellen Leistungen» des Fetischismus zu leugnen: Kunstwerke erhalten Fetischcharakter, Künstler werden zu Idolen; in der Religion und in Riten spielen Fetische eine überragende Rolle, vom Film und der Massenkultur ganz zu schweigen. Man kann, wenn man die kreative und kulturelle Funktion der Übergangsobjekte betont, nicht umgekehrt den Fetischismus als bloße Perversion abtun. Man kann auch nicht mehr, wie Winnicott, die Übergangsobjekte zu einer Universalie erklären,[59] wenn empirische Nachfolgestudien gezeigt haben, dass *transitional objects* kulturabhängig und schichtenspezifisch sind sowie von kontingenten Erziehungs- und Fürsorgestilen bestimmt werden (Forschungsüberblick bei Mitscherlich 1984, Litt 1986).

Auszugehen ist von einer starken Überschneidung von Fetischen und Übergangsobjekten. Beide entfalten sich in einem «intermediären Raum», ein ludisches Als-ob, das weder nur illusionär noch dem Realitätsprinzip unterstellt ist. Darin sind sich Freud, Stekel, Winnicott und

Khan einig. Beide sind Beschwichtiger von Angst (comforter, facilitator, companion, guardian angel; Litt 1986, 396) und Hüter vor Desintegration (castration panic; Greenacre 1969, 162). Insoweit sie dies leisten, sind sie Objekte von Lust und Befriedigung. Beide sind als «subjektive Objekte» (Winnicott) einerseits ganz in die Verfügung (Liebe und Gewalt) des Ich gebracht und sind doch andererseits magisch animiert und mit schützenden Kräften ausgestattet. Beide haben Geheimnischarakter, der seltener von Kindern durch Verstecken oder Scham gewahrt wird, immer aber vom Fetischisten, der um seine Praktiken durchweg einen hermetischen Kordon legt. Phyllis Greenacre betont, dass Übergangsobjekte eher haptisch-olfaktorisch, Fetische eher durch Visibilität modelliert sind (1969, 150, 160), doch hat man auch das Umgekehrte beobachtet (so betonte Freud schon den Riech-Fetischismus). Beide sind präsentische Symbole, die in Dingen inkorporiert und in Wiederholungsszenen eingefügt sind. Beide sind verkörperte Erinnerung, nicht einfach Gedächtnis*speicher*. Sie sind eher Elemente eines archaischen Gedächtnis*theaters*, das immer wieder rituelle Szenen von Allmacht und Ohnmacht, von lustvollem Genießen und Wut, von Verschmelzung und Verlassenheit, von Urvertrauen und Enttäuschung, von Trennung und Angst aufführt. Die Übergangsobjekte geleiten wie ein guter Initiationslenker in eine neue Phase; danach werden sie überflüssig und können vergessen werden. Oder sie verwandeln sich in den zwanghaften Bann des Fetischs, der die Zeit zum Einerlei der immer gleichen sexuellen *performance* versteinern lässt. Die «intermediate area» gibt Raum für eine «journey between the stages of recognition memory (i. e., memory in the presence of a specific stimulus) and evocative memory (i. e., memory in the absence of a need for the object or its presence)» (Litt 1986, 386). Als konstante Begleiter sichern *transitional objects* und Fetische mit dem Kontinuum der Zeit auch die Kontinuität des Ich, das von traumatischer Fragmentierung, von «Einrissen», wie Freud sagte, von einem Kollaps seiner labilen Strukturen bedroht ist.

Sexuelle Fetische sind solche Objekte, die das Passagere des Übergangsobjekts verloren haben, indem sie in Wiederholung erstarren. Übergangsobjekte sind zumeist singulär, unaustauschbar; Fetische dagegen können und werden zumeist gesammelt und thesauriert. Auch dies hat kindliche Wurzeln. Kinder sammeln fast immer und bilden aus Objekten, die in den Augen Erwachsener oft wertlos sind (man erinnere den Wertskandal des Fetischismus), einen Schatz, der «verwahrt, gehortet, eventuell versteckt, … manchmal gar vergessen» wird (Fatke/Flitner 1984, 236). Bei der Sammlung geht es nicht um den Nutzen der Dinge, sondern um die Installierung eines «Eigenraumes, den man für sich will» (ebd., 237). Die emotionale Dichte der Sammlung erklärt sich aus diesem Zu-Eigen-Sein der Dinge. Alles darin hat Bedeutung. Das Kind, so Fatke und Flitner, ordnet so das Chaos, schafft Widerstände «gegen die Vergänglichkeit» (ebd., 250) und das bedrohliche Verschwinden. Sammelnd hält das Kind die Zeit an, indem die Dinge durch ‹Konservierung› dem gefräßigen Chronos entrissen werden. Das Kind stabilisiert den Raum, indem es aus dem Verschwimmen unabsehbarer Horizonte einen Raum herausschneidet und ‹befestigt›. Oft überfordert von der Welt draußen in ihrem opaken ‹An-sich›, bildet das Kind einen Mikrokosmos ‹für sich›, in dem es *Pars-pro-Toto* regieren und die Welt, die sich so leicht entzieht oder erschreckend auf einen eindringt, kontrollieren kann. Es ist dies die Komplementärstruktur, die wir im Verhältnis der ‹unveräußerlichen Dinge› zur Masse der zirkulierenden Waren festgestellt haben (s. S. 298ff., 352ff. dieses Buchs).

An den Erscheinungsformen des sexuellen oder stammeskulturellen Fetischismus, von religiösen Kulten und Sammlungen sowie von schöpferischer Kunst hebt Werner Muensterberger das «Nachlassen jener Spannung, die aus der Erfahrung der Trennungsangst stammt», hervor. Damit stellt auch er die Kastrationsangst in den Brennpunkt fetischistischer Prozesse, betont jedoch ihre «Bedeutung innerhalb des sozialen Gefüges», indem «sie eine gelegentliche oder periodische kollektive Regression aller, auch die eines Einzelnen erlaubten.» (Muensterberger 1981, 81; 1995) Gegenüber der zerrissenen Wirklichkeit erlauben Kunst und Fetischismus das Eintauchen in eine Sicherheit spendende, magische Sphäre, das Werk oder den Fetisch, «dessen inhärente Kraft auf ein verlorenes Objekt zurückweist» (ebd., 82). Fetische, Kunstwerke und Sammlungsobjekte sind Dinge mit der Anmutung, sich in sie zu versenken, sie zu verehren, zu hüten und zu lieben. Darin versprechen sie die Erfüllung der Sehnsucht nach Wiederherstellung der verlorenen Einheit. «Treasured objects» (Litt) erschaffen die verlorene Symbiose wieder. Es sind «künstliche Paradiese» (Baudelaire). Und so, wie Fetischist, Künstler und Sammler ihr Objekt behandeln, sehnen sie sich, selbst behandelt zu werden. Der Zauber, der von den Dingen ausgeht, ist ihre «Verneinung der Trennungsangst» – darin sind sie apotropäisch; sie sind «Halteobjekte» und unterstützen durch ihre konstante «Wiederholbarkeit» die «Suche nach innerem Gleichgewicht» – darin sind sie mütterlich (Muensterberger 1981, 80–92).

Aus ethnologischem, klinischem wie kunstanalytischem Material leitet Muensterberger mit Phyllis Greenacre die These ab, dass der fetischistische Mechanismus in präödipalen Störungen der Körper-Imago mit entsprechenden narzisstischen Kränkungen wurzelt; sie werden durch die magischen Objekte abgewehrt. Zugleich übernehmen Fetische die phantasmagorische Aufgabe, «die Unversehrtheit wiederherzustellen, die sonst unmöglich ist» (ebd., 98).[60] «Was haben also», fragt Muensterberger (ebd., 102), «Künstler und Fetischist gemeinsam?» Sie dramatisieren immer das gleiche Dilemma, das aus den «Leiden der Enttäuschung» stammt, «die aus der frühen passiven Bindung an die Mutter entstanden sind» (ebd., 100). Das Kunstwerk wie der Fetisch beschwören diese frühe (paradiesische) Abhängigkeit wieder auf, bewältigen die aus der Trennungsphase hervorgehende Doppeltheit (Spaltung) von regressiver Sehnsucht und Auflösungsangst und stabilisieren, im Medium des magischen *not-me-object*, ein Stück weit die Phantasie von Unabhängigkeit, Integration und Kontrolle.[61] Auch diese Struktur hatten wir am fetischistischen Konsumverhalten und Sammeln festgestellt.

8.5 M. MASUD R. KHAN:
ENTFREMDUNG ALS PERVERSION

Einen Unterschied zu den Übergangsobjekten bilden die Fetische indes dadurch, dass sie nicht homogen, sondern «Konglomerate», eine «Art Amalgam» sind, wie Roger Dorey, bzw. «Collagen» oder «montierte innerpsychische Objekte», wie Masud Khan, oder polyvalente Mischobjekte, wie Sylvia Payne sagt (Dorey 1972, 45, 52; Khan 1983, 170–96, 235; Payne 1939, 161–70). Auf dieser Grundlage schließt Smirnoff, «daß die Herausbildung des Fetischs aus einer Summierung verschiedener Effekte entsteht: Überdeterminierung der symbolischen Bedeutung des Fetischs; seine Erzeugung aus heterogenen Elementen; Wiederholung von affektiven Traumata, von denen keines an sich entscheidend ist, sondern deren Häufung das produziert, was Masud R. Khan das ‹kumulative› Trauma nennt.» (Smirnoff 1972, 85) Diese Eigentümlichkeit schließt es aus, Fetische auf *eine* Ursache, *eine* Funktion oder *eine* Bedeutung festzulegen. Ihr intermediärer Status heißt, dass sie zum Knotenpunkt vieler Symbolisierungen werden. In seinem exzellenten Buch «Entfremdung bei Perversionen» (1983) schreibt Khan: Im Fetisch

«vereinigen sich komplizierte archaische Affekte, psychische Prozesse und innere Partialobjektbeziehungen, die in einem unintegrierten Zustand ertragen werden. Ich neige der Ansicht zu, daß die Fähigkeit, einen Fetisch zu schaffen, eine im Ich des Kleinkinds vorhandene Möglichkeit und Kraft ist, sich vor der Desintegration und einem völligen Zusammenbruch zu schützen. ... Die primären Angstaffekte beinhalten vorwiegend die Angst vor dem Ausgeliefertsein, und zwar dem Ausgeliefertsein an die Erregung und das erregende Objekt, an den Sadismus und drohende körperliche Auflösung, an Vernichtung und Verlassenwerden. Der Fetisch stellt sowohl ein phobisches wie ein kontra-phobisches Phänomen dar.» (Khan 1983, 235)

Eine «derartige innere Angstsituation» sei «das eigentliche Dilemma des Fetischisten.» «Das Bizarre und zugleich Hoffnungsvolle und Absurde der fetischistischen Phänomene hat hier seinen Ursprung» (ebd., 237–38).

Entscheidend ist, dass die Wucht der sich überkreuzenden Affekte, Beziehungen, Objektverwendungen, Symbolisierungen, Aktionen, Rituale «*in einem unintegrierten Zustand ertragen werden*». Ebendarin liegt die Struktur des Fetischs als *montiertem* Objekt. Dieses ‹Ertragen› des Heterogenen macht «das Als-Ob des ganzen fetischistischen sexuellen Spiels» aus (ebd., 217). Mit einem hohen Preis; denn dieses Als-ob ist nicht einfach lustvolles Spiel, sondern in ihm perpetuiert sich eine doppelte Entfremdung des Fetischisten: von sich selbst und vom Objekt seines Verlangens. Wie jede Perversion ist auch der Fetischismus ein Selbstrettungsversuch, um archaische Angstsituationen zu bewältigen. Mehr als andere entwickelt Khan Empathie für die Komplexität und Leistung der fetischistischen Arrangements wie auch für den dunklen Zwang und die Verkennungen, die das Subjekt bis an die Grenze psychotischer Desintegration treiben.[62] «Die Untröstlichkeit des Perversen ist nur noch mit seiner Unersättlichkeit vergleichbar» (ebd., 17). Darin liegt eine Tragik, die aller Empathie wert ist: «Der Fetischist ist daher ein Mensch, der sich in der trügerischen Sicherheit wiegt, Zugang zu einem magischen Objekt zu haben und dieses Objekt auf omnipotente Weise besitzen und kontrollieren zu können» (ebd., 240).

Masud Khan führt für dieses Phantasma eine neue Erklärung an: ‹Perverse› seien zumeist als Säuglinge sehr geliebt worden. Sie wurden von der Mutter als ihr Ding-Geschöpf *(thing-creation)* betrachtet, was zu einer «Idolisierung des kleinen Kindes» führte. Idolisierung ist nicht Idealisierung, die in diesem frühen Stadium entwicklungsfördernd sei. Unter Idolisierung versteht Khan die «Über-Besetzung eines äußeren wirklichen Objekts» (1983, 11). Sie beschränkt sich nicht auf innerpsychische Objekte, sondern modelliert die Außenwelt, hier den Säugling. Im zweiten Schritt internalisiert das Kind dieses idolisierte Selbst, identifiziert sich selbst als Ding-Geschöpf, d. h. schon in entfremdeter Form. Tritt dann ein Rückzug der Mutter ein, entstehen traumatische Verunsicherungen, die vom Kind mit erhöhter Besetzung seines inneren idolisierten Selbst abgewehrt und mit sadistischen Phantasien gegen die Mutter beantwortet werden. Diese Phantasien lösen den von Winnicott entdeckten *reparative drive* (Wiedergutmachung)[63] aus, der in das fetischisierte Objekt investiert wird. Das perverse Objekt, der Fetisch, übernimmt dadurch «die Rolle eines Als-ob-Übergangsobjektes» und damit die Funktion der Abwehr gegen die frühen Angstzustände, die das idolisierte Selbst bedrohten. Dem Fetisch gegenüber wiederholen die verbitterten, sich isoliert und unbeachtet empfindenden Fetischisten die «mütterliche Idolisierung des kleinen Kindes als ihr Objekt-Geschöpf (created object)» (ebd., 14). Der Fetisch repräsentiert das idolisierte Selbst. Indem das Ich dabei verdinglicht wird, weil es im «Objekt-Geschöpf» verkörpert ist, kann Khan den Fetischismus generell als Modell der «Entfremdung» *(alienation)* verstehen, wie sie für alle Perversionen zutrifft. In der Überbesetzung des Fetischs (created object) wiederholt der Perverse die frühe Idolisierung durch die Mutter, deren Objekt er selbst war. Zugleich werden in der Verehrung und Umsorgung des Fetischs die Angriffe wieder gutgemacht, welche das Kind in seiner Verlassensangst entwickelte, als es aus dem ‹Paradies› der Idolisierung verstoßen wurde.

Khan kann damit wichtige Merkmale von Fetischismus und Perversion erklären: die Wiederholungsstruktur; die bizarre Bindung aller Energien an ein «Objekt-Geschöpf», ein Ding; die Zirkularität, die dadurch entsteht, dass der Fetischist seine Selbstentfremdung durch eben die Geste aufzuheben trachtet, durch die er als Kind verdinglicht wurde: die Idolisierung; und schließlich die Komposition des Fetischs aus höchst widersprüchlichen Antrieben und Gefühlen; Angst und Sadismus, Reparation und Verbitterung, Liebeshingabe und Einsamkeit. Wie das idolisierte Kind wird auch der Perverse zum Opfer eines Mechanismus, der ihn im selben Akt, der ihn ‹verhimmeln› soll, zerstört oder der im Akt der Schöpfung *(thing-creation)* das Geschaffene negiert. Der Fetischismus ist eine Form der Schöpfung durch Zerstörung (s. S. 93 dieses Buchs). Eine solche Struktur ist in der Realität nicht aufrechtzuerhalten. Daraus leitet Khan Merkmale der perversen Objektbeziehung (nicht nur des Fetischismus) ab: der geregelte, aber verpflichtungslose Spielcharakter (das Als-ob); das Phantasma der geheimen, exklusiven Beziehung zum Objekt; die reparativen Gesten dem anderen gegenüber; das Gefühl der Ich-Stärkung durch die Spielszene; das Wissen, dass man sich wieder trennt; ein Gefühl von Dankbarkeit. Anzufügen ist, dass diese Momente der Szene eine Maske sind, unter der die Selbstverdinglichung der Akteure stetig weitergetrieben wird.

8.6 Psychoanalyse des Fetischismus – Fetische der Psychoanalyse

Es wird Zeit, Abstand zu nehmen. Khan entwickelt seine Deutung vor dem Hintergrund vieler psychoanalytischer Erklärungen, welche das Inhomogene des Fetischismus weniger erklären als verstärken. Die verwirrende Vielheit der psychoanalytischen Ätiologien des Fetischismus spiegelt – so scheint es – die Collage-Struktur des Fetischs selbst wieder. Freud hatte den Fetischismus aus der der phallischen Phase entstammenden Kastrationsangst abgeleitet. Andere sehen die primäre Trennungsangst und die Angst vor Verlassenheit als ursächlich an, andere den drohenden Ich-Zerfall und Desintegration. Bald wird im Fetisch eine primäre bisexuelle Identifikation mit der Mutter entdeckt, bald markiert der Fetisch die Flucht vor dem Inzest. Oder er wird als Abwehr präphallischer Ängste verstanden, die nahe an psychotische Zustände reichen. Andere sehen im Fetisch präödipale Beziehungen zur Mutterbrust wiederkehren oder zum inkorporierten Phallus der Mutter, mit dem der Fetischist sich mal identifizieren, mal ihn zerstören will. Einmal wird der Fetisch als Objekt verstanden, mit dem sich das Ich projektiv identifiziert; dann wird er aus der «Periode des maximalen Sadismus» (M. Klein) hergeleitet und drückt den Angriff auf die Genitalien mal der Mutter, mal des Vaters aus. Oder er funktioniert als Abwehr des Tötungswunsches gegen das geliebte Objekt. Mal schützt er vor der sadistischen Mutter, mal vor dem kastrierenden Vater. Mal maskiert er den Wunsch, sich der grausamen Mutter zu unterwerfen; mal larviert er den Triumph, den Phallus gerettet und in die eigene Verfügung gebracht zu haben.[64]

Mit den Studien von Khan ist ein Stand der Forschung erreicht, der endlich selbstreflexiv wird: Die Geschichte der psychoanalytischen Fetischismuskonzepte hat ein Labyrinth von Deutungen erzeugt. Wenn sich das Phalluskonzept Lacans bereits als die Überwältigung durch eine Fetischisierung, nämlich des Phallus, herausstellt, wodurch, ironischerweise, der Fetischanalytiker zum Fetischdiener konvertiert; dann kann man vom ‹Konglomerat› der Deutungen behaupten, dass sie einer bestimmenden Kraft des Fetischismus unterliegen und ihn dadurch ‹wiederholen›.

Man hat in 80 Jahren psychoanalytischer Fetischismusforschung alle nur denkbaren Deutungen durchdekliniert. In jedem dieser Anläufe sollte das «Geheimnis» gelüftet werden, das – wie man seit Freud, spätestens aber seit Greenacre weiß (wenn nicht seit Marx) – zur Struktur des Fetischs gehört. Aufklärung ist die essenzielle Geste der Psychoanalyse. Doch in der Kette dieser Aufklärungen hat man unversehens das Geheimnis vergrößert, das zu enthüllen den Antrieb der Deutungen dar-stellt. Hinzu kommt die seit Krafft-Ebing ständig wachsende Zahl von ‹Fällen›, nicht nur die Wunderkammer der Fetische, sondern die stets wachsende Fabrik ihrer Herstellung und die Unvereinbarkeit all ihrer Verursachungen. So sind dem Fetischismus immer neue Bedeutungen zugewachsen. Seine Typologie, seine Phänomenologie, seine Ätiologie, seine Funktionen sind immer komplexer geworden. Von ‹der› Deutung ist man weiter entfernt als je zuvor. Das ist kein Mangel an Theorie, im Gegenteil sind die Theorien komplexer geworden. Doch hat man ver-säumt, das Phänomen der Komplexitätssteigerung der Erklärungen selbst zum Gegenstand der Theorie zu machen. Und dadurch ist man dem Fetischismus in gewisser Hinsicht erlegen.

Fetischistische Prozesse sind extrem multiple. So ‹phantasielos› im je-weiligen Fall die fetischistische Praxis ausfallen mag – diese ermüdende Wiederholung des immer einen Fetischs –, so überwältigend phantasie-reich sind die Morphologien, Narrative und Performanzen des Feti-schismus im Ganzen. Dieses ‹Je nachdem› ist es, was ihn in unüberseh-bar vielen Epochen, Bedeutungsvarianten, Praktiken auftreten lässt. Er nimmt jede Form an, lässt immer neue Deutungen zu, assoziiert sich mit nahezu allen Perversionen. Wenn der Fetischismus sich mit jedem Kör-perteil ‹von Kopf bis Fuß› und jeder vestimentären Peripherie verbinden kann, so zeigt er im sexuellen Feld jene proteische Struktur, die den Psychoanalytikern des Öfteren Anlass bot, ihn auch in den Sphären der künstlerischen Kreativität, des Sammelns, der Religion, der kulturellen Praxis auszumachen (ohne dass sie dieser Beobachtung nachgegangen wären).

«Die offensichtliche Undurchdringlichkeit des sexuellen Fetischs», formuliert Smirnoff, «verdoppelt sich mit seiner offensichtlichen Evi-denz: all jene raschelnden Röcke, Stiefel, Peitschenarsenale, Fesseln und Schnüre – worin unterscheiden sie sich von Orden, Amuletten, Sammel-gegenständen? Alle sind der Kultur entnommen …». Doch diese kon-ventionellen Determinanten lösen nicht, sondern verstärken die er-staunliche Immunität des Fetischismus, die noch wächst, wenn Smir-noff diese Konvention verfremdet: «In eine andere Zeit, eine andere Zivi-lisation transponiert, bewahren der Schleier, das Korsett, das Gewachste nur den lächerlichen Charakter ruhmreicher Feldzüge, von denen herrische Invaliden um die Wette zehren.» (1972, 104/05) Das Extravagante als Maske der Konvention, das Tragische als Larve des Lächerlichen, die Deutlichkeit als Hülle des Geheimnisses. Was hat man dabei gewonnen? Man weiß wohl, aber dennoch ...

Das hätte stutzig machen sollen. Denn es ist nahe liegend, dass man Mechanismen von derart ubiquitärer Verbreitung, sowohl im Feld kultureller Praktiken als auch im Feld der Triebe, nicht mit eindimensionalen Deutungen beikommen kann. Insofern ist die Einsicht in die Konglomeratstruktur des fetischistischen Objekts ein wirklicher Fortschritt. *Dadurch kann die polyvalente, semantisch überdeterminierte, dinglich beliebige (polymorphe), funktional multiple, genetisch multikausale, typologisch und phänomenologisch unendliche Prozessform des Fetischismus hervortreten.* Solange man an der Erklärung dieses oder jenes Fetischs ‹bastelt› (und man muss dies um der Singularität der Fälle wegen tun), ist man vom fetischistischen Mechanismus überwältigt: Indem das Partielle (die *eine* Deutung) an die Stelle des Ganzen (des Konglomerats) gesetzt wird, wiederholt man den Fetischismus, den man zu analysieren glaubt. Wie der Fetischist Fetische sammelt, so der Analytiker ihre Deutungen. Jede von ihnen bildet ein Monopol, wie der Fetischist *sein* Monopol bildet. Indem man die Wahrheit des Falls generalisiert, wiederholt man auf der diskursiven Ebene eben den Fetischismus, den man auf der Fall-Ebene entziffert. Es ist wie mit dem Hasen und dem Igel: Der Fetisch führt stumm das ‹Ick bin oll do› immer schon mit sich.

Doch wenn man daraus den Schluss zieht, nicht mehr das Partikulare eines Falls für das Ganze zu halten, sondern die Teile im Feld ihrer Vielheit überblicken zu wollen, macht man mit einem verteufelten Effekt des Fetischismus Bekanntschaft: Eben dieses ‹Ganze›, den Super-Signifikanten, die universale Theorie *gibt es nicht*. Und wenn sie herbeigezwungen wird, führt dies zu *Theorie-Fetischen*. Nach endlosem Durchpflügen des fetischistischen Felds scheint man dort wieder anzulangen, was Wulff schon 1946 den «leeren Platz» nannte, der vom Fetisch eingenommen wird. Diese Leerstelle, die auch eine Wunde, eine Abwesenheit, eine Negation, ein Loch, ein Mangel, ein Vakuum sein kann, und die alloplastische, allotrope und allonyme Form des Fetischs scheinen zusammenzuhängen. Immer segelt der Fetisch unter falschem Namen (Allonymie), ist er eine ‹Anders-Wendung›, ‹ein Verschieden-Vorkommen› (Allotropie), ein ‹künstlicher Gewebe-Ersatz› (Alloplastik); und er treibt damit ein tragikomisches Allotria, ‹fremdartige Dinge› und vernunftlosen ‹Unfug› (in den Augen der Übrigen).

Darum sind die Hinweise von Dorey, Payne und Khan auf die Konglomeratstruktur so wichtig: denn auch im Blick auf die Theorie kann es nicht darauf ankommen, eine *homogene* Konstruktion, ein theoretisches *Passepartout* zu bilden. Vielmehr sind die Verfahren der fetischistischen Produktion (in der Ökonomie, in der Kultur, im Sex, im Unbewussten, in der Kunst, in der Religion *und* in der Wissenschaft) und *die* Verfahren ihrer Deutung gleichzeitig zu beobachten. Dies inauguriert eine Beobachtungsebene zweiter Stufe, eine Beobachtung der Beobachtung, wie Niklas Luhmann (1985) dies genannt hat: Es gibt das verknotete Netz der fetischistischen Praktiken; es gibt die Ebene, auf der man als Religionswissenschaftler, Psychoanalytiker, marxistischer Ökonom, Ethnologe etc. einzelne Varianten isoliert, identifiziert, erklärt und diese Erklärungen theoretisch dicht macht. Dabei tritt ein, was wir beobachtet haben: Die Ethnographen erfinden geradezu den Zauber des Fetischismus; Marx erzeugt erst das Mysterium des Warenfetischismus, den er analysiert; indem die Psychoanalytiker Deutung auf Deutung türmen, vergrößern sie das Geheimnis dessen, was sie aufklären wollen. Die dritte Ebene, die Beobachtung der Beobachtung, hieße darum, nicht neue Semantiken des Fetischismus zu erzeugen, sondern die Verfahren der Fetischismusdeutungen zu studieren. Wenn daran etwas wahr ist, kann man nicht auf dem Feld der Psychoanalyse (oder der anderen Wissenschaften) bleiben. Man bemerkt dann, dass es zwanghaft um das (zu enttarnende) «Geheimnis» des Fetischismus ging, um seinen ‹tiefsten Grund› und seine ‹erste Ursache›. Als solches aber gibt es dieses «Geheimnis» nicht. Sondern es handelt sich immer um das Geheimnisvolle unserer projektiven *Beziehungen* und Gegenübertragungen zu Objekten, die auf seltsame, mal als Perversion auffällige, mal als Warenkonsum selbstverständliche Weise ‹für uns› zu ‹Werten› werden, uns binden und verbinden; und es handelt sich um unsere Beziehung zu ‹Bedeutungen›, die zu uns zu sprechen scheinen und die wir zu entziffern meinen. «Ein Fetisch ist eine Geschichte, die sich als Gegenstand ausgibt», sagte Stoller (1985, 155). In diesem Satz liegt indes eine doppelte Falle: Sowohl wenn man meint, diese ‹Geschichte› entziffert, als auch wenn man meint, die Parade des Objekts aufgelöst zu haben, erliegt man der Versuchung, den eigenen Gestus der Aufklärung zu fetischisieren. Im Feld des Fetischismus gilt immer auch das Gegenteil: ‹Ein Fetisch ist ein Gegenstand, der sich als Geschichte ausgibt.› Das Denken muss sich deshalb im ‹Zwischen› halten und die Gegensätze ertragen.

Dies gilt umso mehr für die Wissenschaften, als auch diese nicht immun gegen Fetischisierungen sind: Sie beobachten und analysieren Fetische, deren Erklärungen selbst wieder fetischistisch sind. Fetischismus kann immer und überall funktionieren; er ist nicht durch Aufklärung aufzulösen oder abzuschaffen. Man kann sich seiner nur reflexiv innewerden und vielleicht dadurch einen anderen Umgang mit ihm gewinnen. Dies könnte man einen Fetischismus zweiter Stufe nennen: Statt die *eine* Deutung anzustreben oder zu verheiligen, werden die Deutungen, die die Psychoanalyse unbeabsichtigt zu einem labyrinthischen Knäuel entwickelt hat, «in einem unintegrierten Zustand ertragen» (M. Khan).

Für diese reflexive Wendung der Forschung ist das von Jean-Bertrand Pontalis in der Nouvelle Revue de Psychanalyse 1970 herausgegebene Themenheft «Objets du fétichisme» eine wichtige Marke.[65] Darin werden nicht nur Stationen der psychoanalytischen Forschung nachvollzogen, sondern durch Quellenauszüge von Brosses, Hegel, Comte und Marx wird das Feld der Fetischforschung historisch wie auch disziplinär geöffnet und in einzelnen Beiträgen repräsentiert: in der Ethnologie (Pouillon, Adler, Bonnafé), in der Warenanalyse (Baudrillard, Godelier), in der *popular culture* (Dadoun, Fédida). Alle späteren multidisziplinären Studien (einschließlich meiner eigenen) bewegen sich in der Nachfolge dieses Bandes.

Für uns ist der Beitrag von Smirnoff symptomatisch. Aus seinem Referat der Deutungsgeschichte hebt Smirnoff drei durchgängige Minimalbestimmungen des Fetischismus heraus: Fetische wiesen immer die Funktion auf 1. der *Wiedergutmachung* eines Mangels, «die sich notgedrungen in die Kastrationsdialektik einfügt»; 2. der *Wiederherstellung* einer verlorenen Kontinuität vor dem Hintergrund von Trennungstraumata; 3. des *Erkennens*, insofern das Subjekt durch den Fetisch als Abzeichen, Markierung, ja Wappen einen sexuellen Status zugewiesen erhält (1972, 103–04). Hiervon ausgehend setzt Smirnoff den intermediären Raum Winnicotts mit dem psychoanalytischen Setting selbst parallel; dadurch öffnet er – und das ist die reflexive Wendung – den analytischen Prozess für die Möglichkeit, dass in ihm selbst Fetische Platz greifen.

Dabei hat Smirnoff allerdings nur den Analysanden im Auge, dessen Produktionen in der «analytischen Höhle» (ebd., 109) den Status von Übergangsobjekten einnehmen. Der Analytiker erhält mal die Funktion eines Fetischs (als Halt gebender, beschützender Phallus), mal den Platz der *good enough mother* zugewiesen. Der Analytiker soll für den Patienten stellvertretend den «leeren Platz seines eigenen Mangels markieren und ausfüllen» (ebd., 108). Diese Übertragungen organisieren die ‹szenische Rede› des Analysanden. Die Sprache selbst wird von Smirnoff als Schauplatz fetischistischer Prozesse erkannt. Der Analysand pflegt dabei ein «Sprechen, um nichts zu sagen», um seine Phantasmen aufrechtzuerhalten, für die der Analytiker die Garantie übernehmen und das «Alibi eines phallischen Mutterbildes» liefern soll (ebd., 111). Der Wortgebrauch des Analysanden funktioniert fetischistisch. Smirnoff erkennt, dass es in der Analyse nicht um manifest fetischistische Pathologien gehen muss, sondern dass der analytische Prozess als solcher fetischistisch heimgesucht werden kann. Ganz im Sinne Winnicotts muss der Analytiker dabei das Illusionäre, dessen Träger er selbst ist, sukzessive desillusionieren.

Wie aber steht es dabei mit der Gegenübertragung? Der Analytiker als «hieratischer Phallus»? Als gute Mutter? Als intervenierender oder gütig-strenger Vater? Als geliebtes Übergangsobjekt? Als verehrtes Idol? Als weiser Lenker eines *rite de passage* namens Analyse? All das nennt Smirnoff den «Schatten des Analytikers», seine «Figuration» (1972, 109–10). Die Frage aber ist, ob darin der Analytiker unabhängig, souverän, unverwandelt zu bleiben vermag, oder: Was macht er mit seinem Schatten? In seinen Gegenübertragungen ist er stets der Gefährdete der fetischistischen Projektionen des Patienten – weniger auf der Ebene seiner professionellen Abstinenz als auf der seiner Deutungen. Hier kreiert er eigene Fetische: die Sprache seiner tiefenhermeneutischen Prozeduren, in die seine Wünsche nach Verstehen, nach theoretischer Konsistenz, nach definitiver Geschlossenheit eingehen. Die Vollendung einer Deutung ist der Fetisch des Analytikers. Er fügt ihn, z. B. in Publikationen, der ‹Sammlung› all der anderen, früheren Deutungen an, in der stummen Geste, dass er das Geheimnis des Fetischs durchdrungen habe: das Licht, das er ins dunkle Spiel der fetischistischen Manöver gebracht, der Ariadne-Faden, der ihn durch das Labyrinth der mäandernden Verläufe geführt hat – sie sind *sein* Fetisch. Der «leere Platz» ist besprochen und beschriftet. *Er weiß schon* (dass der Platz nicht gefüllt werden kann), *aber dennoch*… (glaubt er an die Kraft seiner tiefenhermeneutischen Deutungen). Ebendarin ist er «Schatten» und «Figuration» geblieben, ein Fetisch, der sich selbst nicht mitdenkt. Das ist eine Aufklärung, die, indem sie den Fetisch entzaubert, selbst zum Fetisch wird. Smirnoff ist 1972 bis nahe an diese Grenze der Selbstreflexion gelangt. Jenseits ihrer wird sich die Fetischismusforschung ändern müssen.

Es muss für die Psychoanalyse bedenklich stimmen und ehrt den Herausgeber des Themenheftes über Fetischismus, J.-B. Pontalis, umso mehr, dass er mit Jean Pouillon einen Ethnologen zu Wort kommen lässt, der als Konsequenz aus den projektiv-inversen Effekten der Fetischforschung fordert, «daß man zunächst die Stellung des Beobachters prüft – um ihn als denjenigen zu erkennen, der in gewissem Sinn vielleicht am meisten an Fetische glaubt.» (Pouillon 1972, 201; 1975) Pouillon wendet damit den *Skandal des Fetischismus* um zu einem *Skandal der Fetischismusforscher.* Man kann nicht sicher sein, wer eigentlich treffender mit dem Term ‹Fetischismus› bezeichnet wird, ‹wir selbst› oder ‹die Anderen› (die Perversen, die Stammeskulturen, die Abergläubischen). Pouillon verfügt schon deswegen über einen weiteren Horizont als die meisten Analytiker, als er nicht nur die psychoanalytische Forschung bis zurück auf Freud führt (als sei dieser ein ‹Ursprung›); sondern ebenso kennt er das ethnographische Material und ist mit Brosses, Hegel, Comte, Constant und Marx vertraut. Man bemerkt: Es ist der Psychoanalyse nicht gut bekommen, dass ihr keine so souveräne Kritik widerfahren ist wie der Totemismusforschung durch Claude Lévi-Strauss. Dessen Buch «Das Ende des Totemismus» (1962/1965) kennt Pouillon natürlich bestens. Pouillon macht seit den Tagen de Brosses' eine ungeprüfte Einhelligkeit aus, die auch die Psychoanalyse erfasst hat, nämlich im Fetischismus eine «Absurdität [zu] sehen»: Der «Irrtum des Fetischisten» sei ein «Irrtum der Zuschreibung»; sie sähen dort eine Beseelung, wo keine sei (sondern nur tote Dinge); sie erkennten einen Wert, wo keiner vorhanden sei (sondern nur Plunder); und sie nähmen als Realität, was keine sei (sondern eine habituelle Verdrängung) (Pouillon 1972, 197–201). Aus Marcel Mauss' radikaler Verwerfung des Fetischbegriffs und Lévi-Strauss' nachfolgender Kritik des Totemismus entwickelt Pouillon die Frage, ob der Fetischismus nicht erst durch die Verschiebung des Phänomens aus der Beobachteten- zur Beobachterperspektive erzeugt würde. Damit schließt er an den ältesten Punkt an, von dem die ironische Frage ausging, ob der Europäer, der an den Afrikanern den Fetischismus kritisiert, nicht ungewollt sich selbst trifft – ist er doch derjenige, der die Hostie isst, aber die Wilden für primitiv hält. Dieser «Kultus unbeseelter Dinge» mit seiner «Verneinung des Abstands zwischen dem Gegenstand und dem, dessen Träger er ist» (ebd., 200), wird gerade von der europäischen Kultur betrieben, die ihn Afrika als Barbarismus zuschreibt. Nun zeigt Pouillon, dass derartige Verschiebungen und Entlehnungen, Kreuzungen und Projektionen auch in den Fetischverwendungen der von ihm beobachteten Stämme vorkommen. Immer verweist der Fetisch, den man hat oder übernimmt, auf eine obskure Herkunft, ist er ein fremdes Anderes, das ‹irgendwie› zum eigenen geworden ist. Dies kennzeichne nicht erst die Brüche und wechselseitigen Projektionen zwischen afrikanischer und europäischer Kultur hinsichtlich des Fetischgebrauchs, sondern auch die Verhältnisse der afrikanischen Stämme untereinander: Der Fetischismus resultierte aus einem ungeheuren Missverständnis zwischen Stämmen oder Zivilisationen. «Der Fetischismus wäre demnach der unverstandene Kultus, den man annimmt oder herabsetzt. Genauer, der Fetischismus als Theorie ist der fremde Kultus, den man verdammt, indem man ihn zu erklären behauptet; als Praxis ist er der fremde Kultus, den man zu dem seinen macht, ohne ihn zu verstehen. Kurz, der Fetisch ist stets ein Anderer und der Fetischismus strenggenommen das Inintelligible, das Nicht-Denkbare» (ebd., 201).

Darum gibt es nach Pouillon keine positive Theorie des Fetischismus, weil man dabei immer in die Fallen einer projektiven Verkennung und pejorativen Verwerfung zu tappen Gefahr läuft. Darum plädiert Pouillon für die Untersuchung von «Fétiches sans fétichisme», wie er sein Buch betitelt (1975). Dem Fetischismus (nicht der Fetischpraxis) liegt ein unbemerkter Binarismus zugrunde: ‹Wir hier› – die Gesunden, Aufgeklärten, Kritischen; ‹ihr da› – die Perversen, Abergläubischen, Primitiven. Hier der Wert – dort die Kinkerlitzchen. Hier die saubere Trennung von Subjekt und Objekt – dort die schmutzige Vermischung mit den Dingen. Hier das Wissen – dort die Verkennung und Verblendung. Hier die Freiheit und die Fruchtbarkeit (der heterosexuellen Generativität und ökonomischen Produktion) – dort das zeugungslose, zwanghafte Kleben an Partialobjekten und Phantasmen sowie der unfreie Bann des Warenscheins; hier die souveräne Konzentration aufs Wesentliche – dort die Selbstzerstreuung im Konsum; hier der zu Geist und Kunst befähigte Ernst – dort das frivole, betäubende Spiel.

Aber ist diese Kritik binärer Oppositionen schon ein hinreichender Grund, das Fetischismuskonzept insgesamt zu verwerfen? Pouillon ist nicht dieser Auffassung, wenn er festhält: «Die Fetischisierung ist der allgemeine Prozeß, durch den eine Gesellschaft sich selbst undurchsichtig macht.» (1972, 210) Was er eine «nicht-kumulative Dialektik» (ebd., 209) nennt, wäre der Versuch, ohne das superiore, euro- oder logozentrische Wissen der Hegel'schen Dialektik die «Fétiches sans fétichisme» zum Gegenstand des Wissens zu machen. Zwar mag es theoretische Aporien im Fetischismuskonzept geben; doch es schlicht zu liquidieren, schafft nicht die Fetische, die Fetisch-Praktiken und die fetischistischen Funktionen aus der Welt. Sie stellen im Feld des symbolischen Denkens einen wichtigen kulturellen Mechanismus dar, der analysiert, verstanden und – auch aufgeklärt zu werden verdient. ‹Aufgeklärt› aber nicht von einer Position kultureller Überlegenheit aus, die die Fetischpraxis ausbeutet zum Zweck der ‹Kumulation› des eigenen Superioritäts- und Gesundheitsbewusstseins. Eine Forschung ohne pejorative Verwerfung des Fetischs und ohne positive Selbstaffirmation des (weißen, europäischen, überlegenen) Theoretikers. ‹Fetische ohne Fetischismus› – das meint auch: Beginn der reflexiven Moderne.

Aus dieser prekären Lage kommen Alfred Adler und Pierre Bonnafé nicht heraus, die meinen, dass man von der «fetischistischen Illusion» «sich befreien» muss (Adler 1972, 218, 223; Bonnafé 1972). So schreibt

Adler: «Der Fetischismus hat jedes Bürgerrecht in den anthropologischen Theorien von heute verloren. Man könnte die Geschichte der Irrtümer, Vorurteile und Mißverständnisse nachzeichnen, welche die alten Autoren, die über die primitiven Religionen und insbesondere über die des schwarzen Afrika schrieben, dazu geführt haben, die Pseudotheorie des Fetischismus zu schmieden.» (1972, 217) – «Wir müssen also schließen, daß der Fetisch ein Pseudobegriff ist, ein Schlupfwinkel, dazu bestimmt, uns über die theoretische Ergiebigkeit eines Interpretationssystems zu täuschen, das nicht zögert, seine eigene Rede an die Stelle derjenigen der Kultur zu setzen, deren Geheimnisse er nicht zu ergründen vermochte» (ebd., 223). Und Bonnafé fügt dem hinzu: «Der Terminus Fetisch oder Fetischismus ist aus dem Vokabular der Ethnologie verbannt worden. Ihn zu benutzen hieß (und heißt noch immer), sich auf die Seite der Missionare oder Kolonisatoren schlagen...» (ebd., 234) Uneingedenk solcher dekonstruktiven Gesten dem Fetischismuskonzept gegenüber benutzen beide Ethnologen in ihren afrikanischen Feldstudien die ‹objektive Beschreibungssprache› und ‹indexikalische Hermeneutik› des traditionellen Ethnographen, als könne man ihnen mehr trauen als dem Term des Fetischismus, der doch genau aus dieser Tradition entstanden ist. Den Fetischismus kritisch zu verwerfen, ja zu tabuieren, führt ihn hintenherum wieder ein: indem man an die objektivierenden Erkenntnisinstrumente der Ethnographie und ihrer Sprache ‹glaubt›. Den Fetischismuskritikern steht die ‹Writing Culture Debate› noch bevor.[66] Solange man Feldforschungen im Ton einer Objektivität vorträgt, die nicht im Entferntesten jene Selbstreflexivität einlöst, deren Fehlen man dem Fetischismuskonzept vorwirft, hat man den Fetischismus nur verschoben: Man identifiziert ihn zwar nicht mehr an den Anderen, doch hat man ihn damit bei sich selbst. Die Objektivität der ethnographischen Sprache ist der Fetisch, der das eigene Wissen vor der Desintegration schützt. Genau dieser ‹Glaube› an die ethnographische Repräsentation aber wird wenig später zusammenbrechen.

9. KULTURELLE ERWEITERUNGEN UND FEMINISTISCHE ENTDECKUNGEN

9.1 DAS UNGENÜGEN DER PSYCHOANALYSE

Eine wichtige Revision des psychoanalytischen Fetischismuskonzepts geht seit den 1970er Jahren vom feministischen Diskurs aus, der schließlich auch die kulturwissenschaftliche Einbettung fetischistischer Praktiken befördert. Dabei werden die getrennten Traditionslinien des ethnographisch-religionswissenschaftlichen, des ökonomisch-sozialanalytischen und des sexologisch-psychoanalytischen Fetischkonzepts zusammengeführt. Wesentlich hat dabei die Literaturwissenschaft mitgewirkt, zum einen durch Studien, die an Beispielen der Literatur seit Shakespeare das Wirken fetischistischer Muster in europäischen Gesellschaften schon lange vor Marx und Freud demonstrierten, zum anderen durch die genauere Bestimmung der rhetorischen und semiotischen Verfassung von Fetischen (Fedi 2002). Dabei entsteht zwangsläufig die Ausdehnung des Fetischismus zu einer Metakategorie. Er wird mit der postmodernen Kondition von Gesellschaft und Kultur überhaupt gleichgesetzt. Ob gegenwärtige Konsumgesellschaften insgesamt als fetischistisch zu bezeichnen sind, wird hier nicht diskutiert (s. S. 330–52 dieses Buchs). Jedenfalls wurde die angesprochene Ausweitung des Fetischkonzepts fällig.

Der feministische Fetischdiskurs wurde vor allem durch die phallozentrische Interpretation des Fetischismus bei Freud und Lacan provoziert. An deren Autorität arbeiteten sich Feministinnen beinahe jahrzehntelang ab. Tatsächlich bestand hier eine Art Monismus, der nicht nur die menschliche Sexualität, sondern auch den Fetischismus vom Mann her bestimmte. Fetischismus, von Freud, Lacan und Foucault als der höchsten Aufmerksamkeit für wert erachtet, rückte zur Leitperversion des Mannes auf. Doch wurden, gemäß der gängigen Doktrin, wonach Männer pervers und Frauen hysterisch seien, Letztere vom Fetischismus ‹ausgeschlossen›. Nun ist es in der Tat der Kritik bedürftig, wenn die frühe Psychoanalyse (sowie ihre Revision bei Lacan) Weiblichkeit nicht von dem her konstruiert, als was sie sich zeigt, sondern gerade umgekehrt von dem aus, was sie nicht zeigt. Frauen ‹zeigen› keinen Penis – und wenn dies für Jungen um 1900 zum Auslöser von Kastrationsangst und zu komplizierten Kompromissen führen konnte, durch die im Fetisch diese Kastration aufbewahrt wie verleugnet wurde, so ist es nachgerade eine theoretische Verdoppelung dieses infantilen Copings, wenn die Psychoanalyse das Nicht-Haben des Penis mit Weiblichkeit identifizierte und den symbolischen Phallus zum beide Geschlechter regierenden Supersignifikanten hochstilisierte. Frauen sind danach Frauen dadurch, dass sie keinen Penis haben, doch das männliche Geschlecht um ebendiesen beneiden: Penisneid. Männer sind Männer dadurch, dass sie einen Penis haben, dessen Oszillieren zwischen Macht und Ohnmacht das phallische Ich-Ideal destabilisiert: Was man hat, kann genommen werden, und was sich aufrichtet, kann in sich zusammenfallen (und tut dies regelmäßig). Der Stress (und nachgerade groteske Irrsinn) der Männer besteht demnach darin, dass sie im Zurückfallen hinters phallische Ideal und durch die potenzielle Kastration ständig davon ‹bedroht› sind, effeminiert, gleichsam ‹zu Frauen› zu werden, also zu bloßer Negativität.

Die sexuelle Schaulust nun schafft sich im Fetisch jenes Objekt, das die Kastration ebenso aufbewahrt wie verleugnet, also in einem paradoxen Akt zugleich die Kastrationsangst *und* das phallische Ideal realisiert. Das ist eine allenfalls für den Jungen (und Mann) sinnvolle Position. Und darum sind Frauen keine Fetischisten. Ihre Genitalausstattung erzeugt kein positives Körperselbstbild, sondern nur den Mangel. Ihre Lüste gehen immer nur auf Ersatz: Im Koitus verleiben sie sich vorübergehend den Phallus ein; das Kind wird zu ihrem Phallus; als Schmuck des Mannes stellen sie die phallische Potenz des Mannes dar; durch die Verteilung von erotischen Attraktionen auf die Oberfläche ihrer Erscheinung (Kleidung, Schminke, Schmuck) vertuschen sie ihren ‹Mangel an Sein› – oder sie hegen, neben dem bitteren Neid, eine heimliche Feindseligkeit gegen den Mann, untergraben versteckt seine Potenz, greifen die phallische Macht an (wie die Blaustrümpfe) oder maskieren ihren Willen, sich des Phallischen zu bemächtigen.

Nun mag es das alles geben – als Material für Theorien der Sexualität und des Fetischismus taugt es überhaupt nicht. Neid ist ein viel zu elementares Gefühl, um einem Geschlecht zugeschlagen zu werden. Auch Jungen und Männer sind neidisch sowohl auf Größe und Potenz des Penis anderer als auch auf die Gebärkraft der Frauen. Der phallische Narzissmus findet im Gebärnarzissmus sein Gegengewicht. Das weibliche Genitale wird sicher anders als der Penis, aber keinesfalls nur als dessen neidweckendes Fehlen erlebt. Die Festschreibung des weiblichen Körpers auf Negativität ist eine männliche Projektion der eigenen Kastrationsangst. Vergessen wird (schon bei Freud selbst) die ursprüngliche Bisexualität, die gerade auch im Fetischismus in verwandelter Form reinszeniert wird. Vergessen wird auch, dass im archaischen Bild der Mutter, das von beiden Geschlechtern entwickelt wird, die Signifikanz des Phallischen, nämlich Macht und Integrität, gerade nicht androzentrisch, sondern maternal phantasiert wird.

9.2 She has, she bears, she is the fetish – but whose? – Marcia Ian

Es sind solche Überlegungen, die Marcia Ian zu ihrem zu wenig beachteten Buch «Remembering the Phallic Mother» (1993) motiviert haben. Die Studie ist symptomatisch für die Umcodierungen, die am Fetischismus im Zeichen des psychoanalytischen Feminismus vorgenommen wurden. Ihre These ist, dass Freud und fast alle seine Nachfolger (insbesondere Lacan) vor dem Phantasma der phallischen Mutter zurückgewichen seien.[67] Die Errichtung des Phallus funktioniere als ein Nichtwissenwollen, das Ian, in Abwandlung des Freud'schen Konzepts der Wissenslust (Epistemophilie), eine Epistemophobie nennt. Sie führe zur Maskulinisierung des Fetischismus, dessen Kern eine frühere Form des Fetischs verdeckt. Es geht Ian darum, die Priorität der Mutter-Imago und die Verbindung des Fetischismus zu diesem präsymbolischen Phantasma freizulegen. Es liegt allem Väterlichen, aber auch der Sprache und ihrer logozentrischen Ordnung voraus. Dies ist auch die Auffassung von Julia Kristeva, Luce Irigaray oder Hélène Cixous. So sagt Ian zur Imago der Mutter: «Neither fully object nor fully subject, she is, to use Freud's term for the symbolic-and-therefore-real contents of the unconscious, our most fiercely guarded ‹psychical object›, as well as our role model und the very ‹type› of the autonomous self.» Und sie fährt fort: «In short, she has, she bears, she is, the fetish – but whose?» (1993, 8f.) Die Antwort ist: Die Mutter ist der gefürchtete, verkannte und geheimnisvolle *Fetisch beider Geschlechter*. Damit ist der Schauplatz des Fetischismus neu eröffnet: Auch das Maternale strukturiert den Fetisch; nicht nur Männer, sondern auch Frauen fetischisieren. Auf eine ähnliche Pointe läuft die stark an Lacan angelehnte Studie von Kaja Silverman (1992) hinaus.

Wir erinnern, dass Lacan den Penis eine universale logische Kopula genannt hatte. Diese theoretische Operation erklärt Ian nun selbst für eine epistemophobe Fetischisierung.[68] Dagegen betont Ian die Primärerfahrung der nutritiven Verbindung und erklärt die Nabelschnur zur einzigen basalen organischen Kopula: «the umbilical cord is the only universal biological organ of connection» (1993, 35). Nabel, Nabelschnur, Uterus, das Leibesinnere des mütterlichen Körpers ergeben andere Symbole als die phallische Ordnung mit ihren Dichotomien von aktiv/passiv, mächtig/ohnmächtig, männlich/weiblich, Haben/Sein, Gebot/Verbot, identisch/nicht-identisch etc. Das mütterliche Environment erfüllt dabei die Freud'schen Bestimmungen des Unheimlichen (St.A. IV, 241–75); es ist unerkennbar, unberührbar, unübersetzbar. Es ist das ‹vertraute Heim›, das Heimliche und zugleich Ungeheure und Angsterregende, dasjenige, das nährt oder verhungern lassen kann, das in ozeanische Fluidalität versetzt oder in die Kälte verstößt. Das Mütterliche verknüpft Geburt und Tod, Anfang und Ende des Lebens, Seligkeit und Isolation, Behütung und Verlassenheit. Die Maskulinisierung der Psychoanalyse erklärt Ian zu einer phobischen Reaktion auf den mütterlichen Körper. Die frühesten, ebenso seligen wie aggressiven Erinnerungen – auch hier rekurriert Ian auf M. Klein – sind nicht phallisch strukturiert. Vielmehr ist der Phallus ein defensives Substitut für die verlorene Mutter-Kind-Dyade, die auf der Kopula der Nabelschnur beruht.[69]

Im Verhältnis dazu sind die phallischen Mythen Lacans eine Überlebenserzählung, welche Schutz vor der unheimlichen Umfassung des Mütterlichen bieten und die ‹Aufrichtung› einer Gegenmacht darstellen soll. Nun ist es für jede Subjektwerdung, aber auch für jede Kultur unausweichlich, Separationen zu durchlaufen. Eine der wichtigsten Trennungen ist die von der Mutter, sei es die leibliche, die mythische, sei's die ‹Mutter Natur›. Trennungen sind also nötig, um ein abgegrenztes, unabhängiges, selbstreguliertes Leben zu erlangen. Nicht gegen diese «Logik des Lebenden» (François Jacob) richtet sich Ians Argumentation, sondern gegen die Ermächtigung des Phallus, die das Mütterliche zum Unübersetzbaren, Präsymbolischen und Unheimlichen erklärt.

Fetischismus versteht Ian als eine pathologische metaphysische Leidenschaft, wodurch das Reale durch ein idealisiertes Objekt ersetzt wird. Fetischismus ist der leidenschaftliche Glaube an Symbole, die man selbst gemacht hat, bei gleichzeitiger Verleugnung, dass es gemachte Symbole sind. Der Fetischist nimmt Symbole ‹wörtlich› und bildet damit eine Art «materialistic idealism» aus. Die Realität wird durch verkörperte Bilder ersetzt.[70] Der Fetischist ist darum epistemophob: Er verschließt sich dem Erkennen der Kontingenz der Symbole; er leugnet die Partialität aller Erfahrungen und Dinge, indem er das eine Idealobjekt totalisiert. In diesem Schema werden auch die Idole der Macht in totalitären Gesellschaften gebildet.

Daraus entstehen «Weltanschauungen», nicht-verhandelbare, epistemophobe Sekuritätssysteme, die durch starre Universalisierungen von Super-Signifikanten (Phallus, Star, Staat, Führer) den Glauben an eine erwünschte, ja halluzinierte Welt sichern sollen. Sagt man, der Phallus sei ein Fetisch, so sagt man: Er ist eine Glaubenstatsache (symbolic-and-therefore-real content). Er ist der Halt einer Ideologie, eine theoretische Halluzination. Ian schreibt: «Understanding fetishism as an erotic mystification that conceals the fear of difference helps to explain how our culture can be individualistic, democratic, and capitalistic on the one hand, and severely classist, homophobic, misogynist, and racist on the other.» (1993, 90)

Marcia Ian leistet keine Sozialanalyse der kapitalistischen Moderne. Doch versucht sie, an Beispielen seit Henry James und Baudelaire, bei E. M. Forster, D. H. Lawrence, André Breton, T. S. Eliot, Samuel Beckett oder Jean Genet zu zeigen, dass die literarische Moderne eben jener Idee einer sprachlichen Autonomie ohne Referenz huldige, die auch in der Psychoanalyse spätestens mit Lacan zum Durchbruch käme. Mit Eliot nennt Ian dieses Phänomen auch Autosymbolismus. Die Autonomieästhetik führt zu einer operativen Schließung der Sprache. Deren Drang zur Darstellung *(drive of representation)* wird abgeschnitten. Der Körper (als Quelle wie Resonanz aller Sprechakte) ist dabei ebenso ausgeschlossen wie die Dinge in ihrer eigenen Materialität. Das moderne Subjekt kreiert sich über Mechanismen der sprachlichen Selbstrepräsentation ohne Objekt: Diese Fetischisierung von Sprache und des mit ihr fusionierten Phallus (Lacan) würde zum Merkmal der Kultur. Das ist sicher weit übertrieben. Angesichts des Niedergangs der phallischen Macht (durch Kritik, Feminismus, Emanzipation) bildet der theoretisch restaurierte Phallus eine sich selbst genügende Fiktion. Eine Auffassung, wonach Sprache ihr eigenes Subjekt, Organ und Instrument sei, nennt Ian einen «intellectual fetish»: Symbole repräsentieren nur andere Symbole. Parallel zur Selbstgeschlossenheit von Sprache wird auch das Subjekt ein Gefangener seiner illusionären Welt ohne Referenz und ohne Kommunikation mit anderen/m. Eine «thick wall of personality» (Ian 1993, 174) macht das moderne Ich zum *homo clausus*. Die Fetischisierung führt zu einem Triumph des Objekts über das Subjekt: Die Sprache ist jenes magische Objekt, dem das Subjekt unterliegt, ja, von dem es hervorgebracht wird und das ihm Identität zuweist.[71] Damit schlägt die Theorie selbst jene «fictional direction» (ebd., 181) ein, die bereits im cartesianischen Zweifel an der Materialität der Außenwelt und im Wegrücken des ‹Dinges an sich› bei Kant vorgeprägt ist und in der ästhetischen Moderne triumphiert (ebd., 184).

Nun zeigt sich im Kontext der Traumtheorie, dass das Unbewusste eine Tendenz zur Verkörperung eher als zur Repräsentation von Bedeutungen hat. Es bevorzugt Bilder mehr als Worte und tendiert, in der Rücksicht auf Darstellbarkeit, stets zum Konkreten. Der Traum und seine Bilder repräsentieren Dinge, nicht Wörter. *Traumgedanken sind dingförmig*, das meint: dass sie ‹Bilder› sind, als wären es Dinge. Darin besteht die psychische Realität. Man erlebt im Traum die Bilder als Realgegenwart von Dingen. Wir träumen nicht *von* einer Welt, sondern sind träumend in eine Welt eingetaucht. Dies gilt für psychische Aktivitäten überhaupt. Darum kann die psychische Sphäre «the status of the symbolic-and-therefore-real» einnehmen (Ian 1993, 193). Diese Formel ist zentral. Sie bestimmt psychisches Erleben, den Status von (unbewussten) Vorstellungsbildern, aber auch von Fetischen. Der Dingförmigkeit der psychischen Repräsentationen entspricht die Zeichenhaftigkeit des dinglichen Fetischs. Es gibt keine Autarkie der sprachlichen wie psychischen Repräsentationen. Deren Referenz auf den Körper ist irreduzibel. Es gibt auch keine Geschlossenheit der Dinge. Sie sind die Bedingung für jede Repräsentation. Immer aber, wenn die Repräsentation das Repräsentierte ersetzt, verdeckt, verdrängt oder unentscheidbar macht, liegt Fetischismus vor. Er löscht die Kategorie des Anderen als Anderem. Die Schließung der Vorstellungswelt, die identisch mit Welt überhaupt wird, ist eine Art «intellectual fetishism» oder «poststructuralist discourse-fetishism» (ebd., 204). Die Theorie schafft sich ein Objekt, das als Geschaffenes verleugnet ist. Die Sprache spricht uns. Diese Ontologisierung der Sprache ist eine Fetischisierung, die automatisch eine Verdinglichung des Subjekts zur Folge hat; das Subjekt ist Gefangener einer Sprache, die es spricht, indem jene es spricht.

Es ist offensichtlich, dass Marcia Ian den fetischisierten Phallus nur gegen ein anderes Objekt, die Nabelschnur oder die Mutter, austauscht. Das ist ein feministisches Umkehrmanöver, das die Entfetischisierung des einen durch die Fetischisierung eines anderen Objekts erkauft. So erwägt Marjorie Garber zu Recht, ob der Ausschluss der Frauen aus dem Fetischismus nicht eine Art diskursiven «Fetisch-Neid» erzeugt habe, als ginge es darum, nun dieses Feld der männlichen Perversion auch für Frauen zu erobern (Garber 1993, 171–85). Dem war Naomi Schor schon 1986, auf dem Höhepunkt feministischer Fetischdiskussion, vorangegangen, als sie am Ende ihrer Analyse fetischistischer Manöver bei George Sand fragt: «Könnte nicht die Aneignung des Fetischismus selbst – eine

Art ‹Perversions-Diebstahl› … – nur die neueste und subtilste Form des ‹Penisneides› sein?» (Schor 1994, 226). Unter ähnlichen Verdacht gerät Judith Butler (1997, 69–134), wenn sie die heterosexuelle, patriarchal-phallozentrische Gender-Ordnung durch die Erfindung eines «lesbischen Phallus» (*dem* Fetisch des *queer*-Diskurses) destabilisieren will (vgl. Öhlschläger 1996, 61ff.). Das ist höchstens eine Parodie des Lacan'schen Phalluskults. Wenn der «lesbische Phallus» ein Theoriegespenst ist, um mimikryhaft den Lacan'schen Phallus seinerseits als Gespenst und Fetisch zu dekonstruieren, dann ist zu fragen, wie lange *frau* der Autorität des Pariser Patriarchen erliegen will, um mit solch leeren rhetorischen Figuren die fetischistische Macht des Phalluspriesters zu brechen. Auch die Ironisierung des Fetischismus, wie sie Naomi Schor (1988, 89–97) vorschlägt, ist dann verfehlt, wenn sie im Bann des Ironisierten bleibt: dem orthodoxen Modell des Fetischismus. Die Derrida'sche Unentscheidbarkeit, die dem Fetischismus eigne, wird als ironische Stilfigur nur wiederholt, oder es wird gar eine feministische Eroberung und Entwendung fetischistischer Kulturtypen nahe gelegt.

9.4 Feminismus und Fetischismuskritik

Sicher ist richtig, dass Fetischismuskritik so wenig Fetischpraxis abschafft wie Ideologiekritik die Ideologie. Wichtiger als die Frage, ob im feministischen Diskurs die phallische Autorität gebrochen wird, sind hier Fragestellungen, durch die das Fetischismuskonzept kulturwissenschaftlich erweitert wurde. Dabei handelt es sich etwa um Transvestismus, Mode und Maskerade, um Essstörungen als neues Phänomen sowie um Film- und Medienforschung. Wenn bis dahin der Fetischismus als ein perverses Sexualverhalten von neurotischen Männern erschien, die ihre schambesetzten Praktiken im Verborgenen oder in Subkulturen ausüben, so zeigt sich hier ein neuer Trend: Seit den 1970er Jahren drängen nicht nur sexuelle Minoritäten zunehmend in die ‹kulturelle Sichtbarkeit› und beanspruchen soziale Anerkennung. Sondern gegenüber dem Trickle-down-Effekt, wonach Kulturstile der *leisure class* sich als

Leitbilder ‹nach unten› ausbreiten und das Verhalten weiterer Schichten durchdringen, lässt sich das Umgekehrte beobachten: ein Buttom-up-Strom. Besonders in der Mode und den erotischen Stilen von Filmen, Diskotheken, Magazinen, Werbung etc. werden Körperästhetiken, vestimentäre Ausstattungen, *self fashioning* und Verhaltensstile von minoritären, diskriminierten Subkulturen immer rascher ‹nach oben› transformiert und bilden die Konjunkturen des jeweiligen Zeitstils aus. Wenn dabei von einer Ausbreitung fetischistischer Praktiken gesprochen werden kann, so wird dies dadurch eingeschränkt, dass viele fetischistische Praktiken ‹längst schon› verbreitet waren, nur keine diskursive Aufmerksamkeit erlangten. Der Eindruck einer Universalisierung des Fetischismus ist auch ein Effekt davon, dass weniger die Praktiken als die Diskurse über Fetischismus sich vermehrten. So war etwa die Mode seit jeher ein Tummelplatz des Fetischismus, nur hatte dies der Modediskurs übersehen. Nach dem langen 19. Jahrhundert, das wie keines zuvor in den Modestilen den sexuellen Binarismus betonte, gibt es im 20. Jahrhundert sicherlich neue Phänomene derart, dass z. B. modische Attitüden der Schwulen-, Lesben- und Transvestitenszene in die Haute Couture eindrangen und stilbildend wurden. Auch in der Sphäre der Ernährung existierte etwa in der Sphäre luxurierender Festessen, des erotischen Mahls (Kiltz 1983) oder in der Repräsentation von ‹Leckerbissen› im malerischen Stillleben schon lange ein symbolischer Austausch zwischen Ernährungsstilen und Fetischismus. Doch erst seit dem Zweiten Weltkrieg verdichtete sich der Zusammenhang von Schlankheitsideal, exzessiven ‹Fresswellen› und dem Überangebot von Nahrungsmitteln (gegenüber früheren und heutigen Knappheitsgesellschaften). Damit verbunden war eine Destabilisierung erotischer Körperselbstbilder. Insbesondere wurde es für adoleszente Mädchen schwieriger, die Übergangskrise zur erwachsenen Frau zu bewältigen: Solche komplexen Verflechtungen begünstigten Essstörungen mit entsprechenden fetischistischen Begleitphänomenen. ‹Mit einem Mal›, d. h. seit den 1970er Jahren, wurden immer mehr ‹Fälle› von Anorexie oder Bulimie auffällig, die nicht nur als Individualpathologien gesehen, sondern in den Kontext eines generellen ‹nutritiven Fetischismus› eingeordnet und als Sozialpathologie erkannt wurden.

Selbstverständlich ist der Frauenbewegung aufgefallen, dass Frauen seit dem 19. Jahrhundert besonders intensiv in den Konsum und die Mode integriert wurden (so schon Scott 1976).[72] Die männliche Blickkultur, die phänomenale Ganzheiten zu erotischen Signalwerten fragmentiert, enthält von sich aus schon *drives* zu Fetischisierungen aller Art, die in der Werbung, im Film und den Ausstattungen der Frauen noch verstärkt wurden (Stratton 1996, 87–116) – ganz zu schweigen von den Szenen der sexuellen Subkultur und der Prostitution. Darin sind Frauen stets Objekte des Fetischismus. Im Feminismus ging es neben der Kritik an solchen sexistischen Verdinglichungen aber auch um Frauen als aktive Gestalterinnen des Fetischismus. Dabei rückten die Stile der *female crossdressers*, der Fetischszene und des Transvestismus, des Homovestismus, der Lesbenszene, der *queer and drag scene*, aber auch Elemente der (lesbischen) SM-Kultur oder der Selbstfetischisierung des eigenen Körpers in die Aufmerksamkeit. Sie fügten sich nicht in die Dominanz männlicher Blickregie und konnten psychoanalytisch auch nicht befriedigend interpretiert werden.

Hinzu kam, dass fetischistische (Selbst-)Stilisierungen nicht länger als privatneurotische Pathologien gelten konnten: Sie wurden zu weithin anerkannten Mustern des Lifestyles, ja zu Bedingungen der eigenen Sichtbarmachung. Dies war ein zusätzlicher Grund, (weiblichen) Fetischismus nicht länger individualpsychologisch, sondern kulturanalytisch zu betrachten. Die feministische Kritik am Phallozentrismus musste sich um die Ausarbeitung eigener Formen des weiblichen Begehrens, des weiblichen Sex und der weiblichen Selbstkultur bemühen. Das ging dann nicht gut, wenn der phallische Primat nur unterlaufen und ‹das Weibliche› auf präödipale, wenig differenzierungsfähige, dafür aber ‹archaische› Positionen festgeschrieben wurde. Im kritischen Gewand wurde damit nur wiederholt, was die patriarchale Kultur an Frauenbildern entwickelt hatte. Diese waren stets *vor* der Wende der ödipalen Krisen situiert und primitivierten damit die Frauen: Sie wurden *vor* der Schwelle arretiert, jenseits deren die öffentliche männliche Leistungskultur erst beginnt. Es versteht sich, dass dies angesichts von Frauen, die millionenfach in höhere Bildungsinstitutionen und in Berufstätigkeit einrückten, nicht haltbar war – ebenso wenig wie die Mystifikation einer archaischen Mütterlichkeit (H. Göttner-Abendroth), einer autarken Selbstberührung der Frau (L. Irigaray) oder eines ineffabilen, vorsemiotischen ‹ganz Anderen› des Weiblichen (J. Kristeva), wie dies in den 1970er Jahren verbreitet war. In den 1980er und 1990er Jahren wurden, meist in mühsamer Abarbeitung an Lacan, viele Theoriepositionen ins Spiel gebracht, die als Vertretungen minderheitlicher Frauenkulturen, besonders sexueller Subkulturen, gelten können, indes mit der Lebenswirklichkeit der meisten Frauen kaum etwas zu tun hatten. Der brutale Verschleiß an Weiblichkeitsbildern (und realen Frauen) in der längst schamlos gewordenen fetischistischen Konsumkultur, im Film und besonders in der Werbung wird nicht dadurch unterbrochen, dass man Theoriebiotope für solche Frauen baut, die damit ohnehin nichts zu tun haben (Brooks 1997).

Hinsichtlich der Fetischismusforschung, insofern sie weder in der Analyse von Individualfällen männlicher Fetischperversionen noch in der marxistischen Enthüllung der Warenfetische aufging, sind andere Ansätze interessant, von denen abschließend drei vorgestellt werden: fetischistische Essstörungen, Entwicklungen der Mode, Fetischismus im Film.

9.5 Food fetishism

Gamman und Makinen (1994) gehen zu Recht davon aus, dass die für Frauen normativen Körperbilder (Schlankheit, Jugendlichkeit, erotische Attraktivität) und ihre Unterwerfung unter die sexuelle Blickregie von Männern spezifische Pathologien erzeugen. Essen ist *die* orale Praxis überhaupt; es ist zugleich ein Medium der physischen Selbstgestaltung des Körpers *(body sculpturing)* und der Entwicklung eines Individualstils der Ernährung im Kontext einer drastisch fetischisierten Esskultur, zu der man zwangsläufig eine Position einnimmt: verweigernd oder über(er)füllend, diszipliniert oder wahllos, asketisch oder gierig, gesundheitsbewusst oder risikonachlässig, gesellig oder selbstisolierend usw. (Logue 1995). Derartige individuelle Strategien spielen sich ab vor dem

Hintergrund einer Kultur, die hinsichtlich des Essens und Trinkens wahrlich keine Balance aufweist. Während ‹draußen in der Welt› Millionen (und insbesondere Kinder) Hunger leiden und sterben, schleppen die postindustriellen Gesellschaften Fettberge auf ihren Körpern mit, die zu unterhalten so viel Nahrung erfordert, wie man in Afrika benötigte, um den elementaren Hunger zu stillen. Diese globale Asymmetrie von Überfressen und Zwangshungern schlägt in den westlichen Kulturen als Pendelschlag von Bulimie und Anorexie zurück, die die Grenzmarken durchschnittlicher Überernährung darstellen. Hinzu kommt, dass Essen und Sex nicht nur in unserer Kultur psychodynamisch wie sprachlich stark vermischt sind, sodass eine Erotisierung des Essens zu den ‹kulturellen Selbstverständlichkeiten› gehört (Hardt 1987). Dies aber stiftet die Verbindung zum Fetischismus des Essens. In der Nahrungsmittelwerbung, den Kochsendungen und -zeitschriften, den Ausstattungen von Feinkostläden, den Restaurants der anspruchsvollen Gastronomie usw. werden die Nahrungsstoffe zu Akteuren eines fetischistischen Spektakels, das wir mit allen Sinnen, in oraler Matrix zentriert, als eminenten Anteil unserer Kultiviertheit verstehen. Die fetischistische Opulenz der gastrosophischen Kultur enthält indes über den genannten Widerspruch (zu den Hungernden der Welt) hinaus weitere Aporien. Die paradiesische Überfülle steht quer zur Anforderung an Leistung und Disziplin; die Gaumenlust widerspricht den diätetischen Imperativen; die Opulenzkultur torpediert das Schlankheitspostulat; dieses wiederum degradiert das Essen zur *minimal art* eines gerade noch lebenserhaltenden Stoffwechsels; das Barbarische oraler Einverleibungsgier beschämt das an Selbstkontrolle und Selbststeuerung orientierte Ich, das ständig Niederlagen einsteckt; die Rationalität liegt im Feld der Essverlockungen im Dauerkonflikt mit den Wünschen nach Zügellosigkeit; umgekehrt triumphiert der Wille zur Disziplin noch über jede Regung überschäumenden Appetits; hemmungsloses Hineinschlingen ringt mit zeremonieller Verlangsamung.

Der Kampf zwischen ‹vernünftiger› Grenzziehung und lustvoller Entgrenzung wird auf der Oberfläche des eigenen Körpers, seinem Umrissprofil ausgetragen. Das Essen wird zum Schlachtfeld eines Körpers, den man hat, mit dem Körper, den man haben soll. Es steht außer Frage, dass

Frauen, insbesondere heranwachsende, von solchen kulturellen Kollisionen ungleich schärfer betroffen sind als Männer. *Food fetishism* ist zu einem Feld geworden, auf dem nicht nur warenästhetisch um Marktanteile gerungen wird *(The Trillion-dollar Moms)*, sondern wo es auch um die Anerkennung/ Nichtanerkennung der Individuationszwänge, um die Körperideale und die sexuelle Differenz von Frauen geht. Ätiologisch gehen Bulimie wie Anorexie zumeist auf frühe Phasen der Kindheit zurück. Sie sind indes auch mit adoleszenten Konflikten um die weibliche Selbstidentifikation und mit generellen Mustern der sexuellen Fetischisierung des weiblichen Körpers und des Essens verbunden. Nicht(s) zu essen oder überviel zu essen, kann die Verweigerung einer Frauenrolle sein, in die zwangsläufig hineinzuwachsen auf somatisierten Protest stößt. Enthemmte sensuelle, lustvolle Gratifikationen, die das fetischsierte Essen bereitstellt, können vom Frau-Sein, das sich Männern gegenüber behaupten muss, ebenso entlasten, wie umgekehrt sich die Essensaskese zur Verweigerung schmutziger, unreiner Körperlichkeit und der von der Mutter vorgelebten Frauenrolle verdichtet. Dabei ist Anorexie zumeist mit radikaler, aber auch selbstschädigender Leistungsbereitschaft, mit einem beherrschenden, eigensinnigen Willen verbunden, der mit dem eigenen Körper zugleich die Umwelt zu kontrollieren trachtet. Die jungen Frauen sind mit Anforderungen seitens eines Ich-Ideals konfrontiert, das das ekelhafte und schwere Geschwabbel der Normalkörper kontert durch die Schönheit einer den Körper auflösenden Leichtigkeit. *Dieser* Fetisch ist ein Fremdling unter den Fetischen männlicher, um Kastration und Phallus kreisender Phantasien, ein Fremdling auch unter den Hochglanzfetischen der opulenten Warenkultur. Umso mehr hängen Essstörungen mit dem weiblichen Unbewussten, mit Oralität, archaischer Trennungsangst und Vereinigungswünschen zusammen – Kontrapunkte zu den kulturellen Leitbildern von Weiblichkeit.

Darüber hinaus sind Bulimie und Anorexie die Grenzmarken und das Opfer eines Warenfetischismus, worin eine sinnlose Maschinerie von Verlockungen und Enttäuschungen, von Aneignung und Zurückhaltung, von punktuellem Glücksempfinden und dauernder Auszehrung, von Nicht-Vereinigung und Nicht-Getrenntheit in einem halbbewussten Dämmer zwischen Selbsttäuschung und Betrogenwerden abläuft. Die

Essstörungen bilden das Symptom einer Warenkultur, die als unrein, scheinhaft, sinnleer und unwahr wahrgenommen wird. Entweder überidentifikatorisch zum überwältigten Organ einer grenzenlosen Zirkulation zu werden oder in einer Welt obszönen Stoffwechsels durch stolze Selbstverneinung eine Insel der Reinheit zu bilden, ist gleichermaßen disparat. Die Konsumenten des ganz normalen Wahnsinns der Esskultur sind in Bulimie wie Anorexie mit dem verleugneten Schrecken ihrer selbst konfrontiert. Wenn Fasten nicht mehr ein sakraler Heilsweg und unmäßige Gefräßigkeit nicht mehr Zeichen des hohen Standes sind, brechen sie von den Rändern her ins Zentrum des modernen *food fetishism* ein. Der Schein der Rationalität, der über dem Warenmarkt der Ernährung liegt, zerreißt am archaischen Barbarismus der Überfüllung oder der Auszehrung, die beide von der Kultur der Moderne ausgeschlossen sind. Diese wird nun von ihnen heimgesucht: Bulimie und Anorexie sind die Gespenster des Ess-(Waren-)Fetischismus.

9.6 MODE UND FETISCHISMUS

«Fashion is the comparative of which fetishism is the superlative», schreibt James Laver.[73] Und weil dies wahr ist und weil Frauen – man möchte selbstironisch sagen – ‹von Natur aus› mit Mode befasst sind oder werden, ist diese eine weitere Zone, in der sie sich unweigerlich in fetischistische Strukturen verwickeln (so schon um 200 n. Chr. Tertullian 1912b, Bd. 1, 175–202). Dabei sind Frauen erneut sowohl Objekte eines (männlichen) Fetischismus als auch aktive Gestalterinnen desselben. Kleidung ist die ebenso ‹natürliche› wie artifizielle Geste, womit Menschen sich in die Wahrnehmbarkeit rücken, besser: ihre Sichtbarkeit verstärken und dabei besonders die sexuelle Identität und Attraktion, aber auch ihre geschmackliche Distinktion, ihren sozialen Anspruch und ihr Vermögen markieren. Die vestimentären Register bilden ein komplexes System von Bedeutungen und Performanzen, sozialen Zuschreibungen und ästhetischen Stilen, erotischen Attraktionen und ökonomischen Vermögen.

Das Buch der Brüder Goncourt, 1862 publiziert, über die «Frau im 18. Jahrhundert» dient als Ausgangspunkt. Es ist eine Pilotstudie. Ähnlich wie Charles Baudelaire rücken die Goncourts ‹die Mode› zum ersten Mal als Singularbegriff in einen Zusammenhang mit der Moderne. Zwischen Kleidungsstil, Weiblichkeitsmodellen, Erotik und Fetischismus (ohne schon diesen Begriff zu verwenden) konstruieren sie einen unmittelbaren Nexus (1862/1986, 336–82). Dass sie sich für *Typen* und nicht für empirische Frauen interessieren, kennzeichnet sie als Modeexperten für das 18. Jahrhundert. Die Goncourts machen drei Frauentypen aus: die mit mythologischen, heroischen und allegorischen Elementen ausgestattete Frau von gravitätischer Statur und Pracht aus der Zeit Ludwigs XIV.; die feine, ungezwungene, zierlich-zarte, graziöse, physiognomisch-expressiv spielende, ironische und geistvolle Frau der Epoche Ludwigs XV. und Marivaux'; die empfindsame, rührende, literarisch stilisierte, doch naive, harmlose, schamhafte Schönheit gegen Ende des Jahrhunderts. Für unseren Zusammenhang ist wichtig, was die Goncourts über den zweiten Frauentyp ausführen, der nuanciert und belebt, mobil und pikant, mit wachen Augen, hell lächelnd, keck und galant ist, mit stets spielender Physiognomie und Gestik, weder nur schön noch nur majestätisch, sondern alle Skalen der Affekte darstellend. Weit davon entfernt, von irgendeiner Natur der Frau aus zu argumentieren, betonen die Goncourts im Gegenteil die *künstliche Schönheit*, die das Aussehen und die Natur der Frau überlagert; die *Persona*, die anstelle eines privaten Ich figuriert wird; die *Codes*, die die Expressionen bestimmen; die *Accessoires* – die Mouches und die Schminke, die Locken und Bänder, die Schleifen und Fächer, die Korsagen und der Schmuck, die Pantöffelchen und das Negligé –, die wichtiger sind als die Integralität der Erscheinung; die *theatrale Darstellung*, die die natürliche Ausstrahlung übertrumpft; die Optimierung der *erotischen Oberfläche*, die den natürlichen Körper verschwinden macht; die *selektive Distinktion* der vestimentären Ausstattung hat Vorrang vor einer kontinuierlichen Identitätsdarstellung. All dies begünstigt jedweden Fetischismus, für den die Künstlichkeit, das Rhetorische und die Pose immer entscheidender ist als die Referenz auf konkrete Personen oder Körper. Im leichten und beweglichen Spiel der koketten Allusionen wird alles zu Signifikanten des unsteten Eros.

Hier liegen auch die Anfänge der Haute Couture, der namentlichen Stars unter den «Ministern der Mode», der Coiffeurs und der Schuhkünstler, die Anfänge der Modemagazine und eines öffentlichen Diskurses über die Philosophie und Ästhetik der Toilette und der Mode und damit auch der Anfang des rhetorischen Fetischismus, der in der Literatur wie in den Magazinen der eleganten Welt sich ausbreitet. Emily Apter (1991, 65–98) spricht in ihrer Interpretation des Buchs der misogynen Goncourts bereits von einem weiblichen Kleidungs-Überich. Für die Frauen wird zum Imperativ, sich selbst zur Darstellung der erotischen Projektionen und Besitzansprüche von Männern zu machen. Die Frau in ihren Einzelteilen und Oberflächen figuriert den Fetischismus der Männer. Wir sahen, dass Thorstein Veblen die Rolle der Frau in der *leisure class* durch diese Struktur bestimmt sein lässt. Die Natürlichkeit, die als Essenz der Frau vorgeführt wird, ist eine Maskerade, die sich als solche zu verkleiden und doch wieder als geheimnisvollen Reiz eines künstlichen Spiels in Szene zu setzen hat. Was die Goncourts im Regime der Mode entdecken, wird viel später von Joan Riviere als Weiblichkeit überhaupt ausgegeben: die Maskerade. Sie hat indes weniger mit den Frauen als mit der Mode zu tun, die beginnt, zu einer großen Maschinerie der *Herstellung* von Weiblichkeit zu werden. *Constructing gender* ist der Grundgestus der Mode. Dafür bedarf sie, wie keine andere Kulturform, der fetischistischen Mechanismen: Sie erst erlauben die radikale Trennung der vestimentär-erotischen Signifikanten von irgendeiner Natur oder Essenz des Weiblichen. Die Modernität der Mode beruht geradezu auf dem Fetischismus, der herrisch und launisch genug ist, die skopophile Lust und die vestimentären Spielarten miteinander so zu koppeln, dass die darin eingeschlossenen Frauen nichts sind als Puppen der Darstellung, Mannequins.

Kleiderfetischismus ist also sehr alt. Darum soll es im Einzelnen nicht gehen, im engeren Sinn soll es indes um all die Fächer und Muffs, Schürzen und Häubchen, Schleier und Haarschleifen, um Lack und Leder, Vinyl und Gummi, Leder und Pelze, Wespentaillen und Bondage, Korsettagen und Strumpfbänder, High Heels und Piercing, Schuhe und Handschuhe, Codpieces und Atombusen, die zu den Heiligtümern von Fetischisten wurden (vgl. dazu Kunzle 1982; Garber 1992; Steele 1996;

Stratton 1996). Man kann derlei in vielen Bildbänden sich vor Augen führen (z. B. Goedde 1998). Behandelt werden auch nicht jene Frauentypen, die im 19. Jahrhundert die Modephantasien vorantrieben oder bevorzugte Figuren des Fetischismus und/oder des Sadomasochismus waren: die Amazone, die Domina, die *femme fatale*, die Heroine, die Ephebin, die Gouvernante, die Aktrice, das Dienst- oder Blumenmädchen etc. Sie alle, die einst die Figuren verpönter sexueller Präferenzen waren, sind längst gesellschaftsfähig geworden. Sie geben für den Zusammenhang von Mode und Fetischismus nicht mehr viel her.

Mode ist *body sculpture* par excellence. Zum einen, wie es in vielen alten Kulturen üblich war und heute durch die Chirurgie oder Body-Studios angeboten wird, geht es um Eingriffe am Körper selbst, der dadurch dauerhaft verändert wird: Man denke an Narbenornamente, Tätowierungen, Piercing in vielen Stammeskulturen sowie heute an die kosmetischen Manipulationen von Füßen, Beinen, Geschlechtsteilen, Hüften, Bauch, Brüsten, Dekolleté, Hals, Gesicht, Haaren. Dabei werden Körper nach fetischisierten Schönheitsidealen neu modelliert, oder es werden fetischistische Ornamente dauerhaft dem Körper inskribiert. Zum anderen findet *body sculpture* durch die an- und ablegbare Kleidung statt, die nach Johann Carl Flügel (1931; Bovenschen 1986, 208–63) drei Elementarfunktionen erfüllt: den nackten Körper verhüllen (Schamfunktion), schützen (Schutzfunktion) und schmücken (Ausstellungsfunktion). Mode erfüllt immer alle drei Funktionen. Doch wo es um Fetischisierung geht, dominiert der (erotische) Ausstellungswert. Das ist insofern interessant, als Modefetische heute nichts mehr mit jenem Fetischismus zu tun haben, der seine Objekte thesauriert und für das private, geheime Anschauen sammelt. Modefetische gehören dem öffentlichen Regime der Blicke und des symbolischen Austauschs an. Im Maß, wie Fetischismus in die Mode dringt und sie heute geradezu beherrscht, ist der Fetischismus zu einem Element der Publizität geworden: Einerseits operiert er in der Matrix von Voyeurismus und Exhibitionismus, von Selbstexpression und von Selbstgenuss; andererseits dient er der Zurichtung des Körpers für die Blicke der anderen, um im Angeschautwerden die eigene Person im öffentlichen Austausch zu sichern und zu optimieren. Kleidungsfetische leisten beides: Sie schaffen durch ihre visuelle Evidenz den Trägerinnen ebenso die Lust der Selbstpräsentation wie die Gratifikationen der Blicke, die aufgefangen werden. Fetischismus in der Mode dient dabei vor allem der «Erweiterung des Körper-Ich» (Flügel). Selbstverständlich dient dies der Steigerung von Sexualität, die vom nackten Körper metonymisch auf seine Hüllen verschoben ist und eben dadurch eine ungeheure Reizvervielfältigung erfährt. Nichts leistet diese Verschiebung besser als der Fetischismus, ja, diese Verschiebung ist seine ursprünglichste Fähigkeit.

Selbstverständlich geht es nicht um phallisch/kastriert, sondern um Präsenz, Fülle und Verlockung. Modische Erotik und Fetischismus der Mode sind in einer Kultur der Oberfläche eine Kunst der Indirektheit und Allusion (nicht der Illusion). Darum hängen sie, wie schon Georg Simmel (1905b/1995; 1905/1919) und ihm folgend Elizabeth Goodstein (1996) bemerkten, aufs engste mit Koketterie, Spiel, Leichtigkeit, Flirt, Werbung, Augenlust zusammen – also dem weiten Feld der Vorlüste. Modefetische sind darum stets Versprechen: einerseits Angelpunkte von Blicken, andererseits Ausgangspunkte raumerfüllender Ausstrahlungen im «Theater des Herzeigens» (Garber 1993, 174). Die Goncourts hatten dies längst erkannt. Fetische waren immer Zaubermittel, und Mode ist ein zauberisches Schaugewerbe. Sie funktioniert magisch, atmosphärisch, metamorphotisch, theatral – und mithin genau so, wie Ding-Fetische agieren. Nichts erfüllt so sehr die Bestimmung, als «Leib-Gedinge» oder «Personen-Dinge» erlebt und wahrgenommen zu werden wie die modischen Nahumgebungen unserer Kleider (Gaines/Herzog 1990). Fetische waren aber immer auch Ver-Kleidungen der Dinge; und so ist die Frage, inwieweit die Mode, insofern sie fetischistisch funktioniert, auch ver-kleidet. Sie tut es in mehrfachem Sinn.

Für Barbara Vinken (1993, 1998a, 1998b; vgl. Lehnert 1999b) repräsentiert die heutige Mode (anders als im 19. Jahrhundert oder in Zeiten der Kleiderordnungen) nicht die Geschlechter, sondern deren Unrepräsentierbarkeit, die Unmöglichkeit, sich nicht zu verkleiden[74]. Was schon sollte eine Frau *sein*? Sie ist nicht, sondern sie performiert Modelle von Weiblichkeit oder auch deren Dementis. Auch das wussten die Goncourts. Mode ist die Kreation von *gender*, nicht deren Abbildung. All das weist in Richtung auf ein performatives Spiel mit der Geschlechterordnung, insoweit diese sich in hergebrachten Fetischen des Weiblichen reproduziert. Anders als zu Zeiten der Goncourts sind heute indes kleiderrhetorische Travestien und Transvestien, ja selbst vestimentäre Ironien zu beobachten, die den Patriarchalismus, dem der psychosexuelle Fetischismus Europas entsprang, destabilisieren. Vinken nennt dies einen zweifach exponierten, darum reflexiven Fetischismus, «Hyperfetischismus», der eine «Mode nach der Mode» generiert. Marjorie Garber (1993, 32, 175, 190ff.) geht noch weiter, wenn sie das Transvestitische als «disruptives Element», ja als «theoretische Intervention» bezeichnet, die das dualistische Kategoriengefüge in Krise versetzt (Mann/Frau; Geschmack/Kitsch; erlaubt/verboten; vernünftig/leidenschaftlich etc.). Die postmoderne Lage der Geschlechter ist durch unscharfe Grenzen, unmerkliche oder drastische Übergänge, schmutzige Ränder und ständig geänderte Riten gekennzeichnet. Dabei kommt es darauf an, sich in der Ordnung der Geschlechter paradox zu situieren. Immer exponiert sich die Frau als Begehrte des Blicks oder als Exponat des Mannes – darin ist sie fetischisierte Frau. Doch zugleich spielt sie mit diesen Signaturen ein Spiel des Entzugs, worin sie stets anders ist als die Angeschaute und stets das Andere der Anschauung ist. Dies ist das neue, reflexive Moment des Fetischismus, wodurch die Mode sich ganz auf der Höhe des Diskurses zeigt, der den Fetischismus, wie wir sahen, in eins konstruiert und dekonstruiert. Darum gehört der Modefetischismus zur postmodernen Kondition. Er kreiert nicht mehr, wie in der Moderne, einen integralen Zeitstil, sondern ein flottierendes Gewebe aus Selbstreferenzen und Zitaten. Modefetischismus zehrt heute aus Reinszenierungen vergangener oder verbrauchter Attitüden sowie aus Bricolagen von Elementen verschiedenster ethnischer, subkultureller, sozialer, historischer, stilistischer, erotischer Provenienzen. Anders als dies dem Anankastischen des klassischen Fetischismus gegenüber möglich war, ist in der Mode der Bewegungsspielraum zwischen Identifikation und Distanz, Pathos und Ironie größer, komplizierter und reflektierter geworden.

Ver-Kleidung kommt indes auch in einem anderen Sinn ins Spiel. Fetische verkleiden nicht nur ein verdrängtes Geheimnis, sondern sie schützen vor Angst, Verlorenheit, Preisgabe und Verletzung. Hinsichtlich des Fetischismus der Mode geht es hier um die Schutz-, nicht um die

Schmuckfunktion der Kleidung. Schutz meint nicht die Protektion vor Angriff, Wind und Wetter. Garber spricht von «kultureller Angst», die sich im Fond des Theaters der Mode ausbreitet. Bovenschen formuliert: «Eine Mode muß ihre Identität mit ihrer Vernichtung bezahlen.» (1986, 13; s. auch Esposito 2004, 143–77) Hinter dem schillernden Glamour von *drag* und Mode lagern Ernst und Einsamkeit. Jedes Spiel, das im Triumph gewonnen wird, geht zugleich verloren: Man muss stets weiterspielen, um nicht unterzugehen. Mode heißt immer auch, auf der schmalen Grenze zwischen Veralten und Nouveauté eine gefährdete ‹Personenform› zu behaupten, die jeden Augenblick entgleiten kann. Jede(r) weiß, dass eine noch so gelungene vestimentäre Inszenierung, worin das Fetischistische wie die Good-angel-Funktion von Übergangsobjekten wirkt, flüchtig bleibt. Nur dem Anschein nach schützt sie vor Abstürzen und Beschämungen, die alle riskieren, die in die gnadenlose Zirkulation der Mode getaucht sind. Am allerwenigsten gilt, dass man sich der Mode bedient, sondern umgekehrt die Mode sich unserer. Sie bleibt jung, strahlend und immer neu, aber nicht wir. Sie versichert uns ihrer Versprechen, denen wir uns anvertrauen; aber sie kann sie niemals halten, weil Mode keinerlei Treue kennt und ein System jenseits von Personen ist. Schon Georg Simmel (1900/1994, Bd. 6, 675) war «die spezifisch moderne Treulosigkeit auf den Gebieten des Geschmacks, der Stile, der Gesinnungen, der Beziehungen» aufgefallen. Diejenigen, die in der Mode Erlösung suchen, erzwingen die Versicherung dort, wo es das, wogegen sie sich versichern – Angst, Enttäuschung, Altern, Verletzung, Tod –, nicht gibt. Daraus entsteht der fetischistische, illusionäre Charakter der Mode. Die Mode ist so artifiziell, dass sie mit dem organischen Leben derer, die sie tragen, nichts mehr zu tun hat. Sie ist die fetischistische Beschwörung eines gelungenen Lebens, aber gelingen tut stets nur die Mode selbst, nicht das Leben. Sie geht im Glanz ihrer rigorosen Selbstbezüglichkeit über alle und alles hinweg. Wer sich ihr unterstellt, muss so künstlich werden wie sie selbst. Und darum wächst die Angestrengtheit, durch die der Glaube an die Mode aufrechterhalten wird; denn man weiß, dass sie jene Unruhe nicht beruhigt, jene Wunde nicht schließt, jene Einsamkeit nicht mildert, jenen Schmerz nicht sänftigt, um deretwillen wir uns in sie, ins Reich ihres fetischistischen Glanzes, wahrhaft investiert haben. *Je sais bien, mais quand-même* … Es ist ein Glaube, der, wie Freud sagte, auf Spaltung beruht und den «Einriss» im Ich nicht schließt, sondern vertieft.

9.7 Kino-Fetischismus

Das dritte Beispiel für die kulturelle Erweiterung des Fetischkonzepts im Zeichen der Entdeckungen des Feminismus ist das Kino. Begonnen hat dies mit dem berühmten Aufsatz der britischen Filmwissenschaftlerin Laura Mulvey «Visual Pleasure and Narrative Cinema» (zuerst 1975, zit. 1989/1994), die in der Filmwissenschaft marxistische mit psychoanalytischen Traditionen zu verbinden sucht.

Kino ist für den Zuschauer – in der anonymen, dunklen Höhle des Lichtspiels – die verborgene Welt einer geheimen Beobachtung von Handlungen und Personen, die von diesem Beobachtetwerden nichts zu wissen scheinen und so zu Opfern des Zuschauerblicks werden. Schon dieses Setting verbindet das Kino mit Voyeurismus wie mit Fetischismus. Die Grundthese Mulveys ist, dass das «Paradox des Phallozentrismus in allen seinen Manifestationen … auf das Bild der kastrierten Frau angewiesen ist, um seiner Welt Ordnung und Sinn zu verleihen» (1994, 48). Aus dieser, theoretisch gesehen, konservativen Annahme entwickelt Mulvey die Bildlogik des klassischen narrativen Hollywood-Films: die filmische Skopophilie. Letztere hatte Freud in den «Drei Abhandlungen zur Sexualtheorie» (St.A. V, 37–147) als eine der Instinktkomponenten der Sexualität isoliert. Der Voyeurismus, der das Kino geradezu konstituiert, funktioniert nach Mulvey ausschließlich für männliche Zuschauer; das ist gewiss eine maßlose Übertreibung. Doch Mulvey leitet daraus ab, dass Frauen im Kino durchweg als Blickobjekte zubereitet werden. Sie tragen nur zur skopophilen Schicht des Films bei, während der männliche Held die Handlung trägt und natürlich auch in den Besitz des Blicks weiblicher Begierde gelangt.

Mulvey macht zwei Blickebenen aus: Die eine, skopophile, präsentiert ein weibliches Objekt zur Stimulation sexueller Lüste, die zweite stärkt den männlichen Narzissmus durch figurale Identifikation mit dem Schauspieler bzw. durch das Bild der dem phallischen Regime unterworfenen Frau. Der theoretische Bezugspunkt Mulveys bleibt hierbei stets der klassische Kastrationskomplex. Denn insgeheim kreist der Film immer um die Kastration, für die die Frau, das kastrierte Geschlecht, einsteht. Der Film bietet nun die Möglichkeit, die Kastration zu verleugnen, indem er skopophile Fetische und heldische Identifikationsfiguren einsetzt. «Fetischistische Skopophilie» meint also den im Kino gegönnten (und gekauften) Blick, der den männlichen Zuschauer einer imaginären phallischen Potenz teilhaftig werden lässt. Diese erlebt er in der narzisstischen Identifikation mit dem Star, während die Kastration auf die zum Schauobjekt passivierte Frau abgewälzt wird.

Mulvey (1996) hält auch in den 1990er Jahren unverdrossen an diesem Ansatz fest. Es ist, als habe sie die Kritik nicht wahrgenommen, die schon früher vorgebracht worden war.[75] Nach wie vor herrscht der orthodox-freudianische Ansatz, der völlig um die männliche Kastrationsangst herumgebaut wird und die Annahme begründen soll, dass der Mainstream-Film dem männlichen Voyeurismus unterworfen sei. Der Film folgt gleichsam dem *reparative drive* Winnicotts, indem er durch die erlebte phallische Integralität die Angst, Verletzung und Fragmentierung beruhigt. Die Fetischisierung der Frau zum passiven Blickobjekt erlaubt die Lust phallischer Selbstidentifikation des Zuschauers, ohne an das erinnert zu werden, was der Fetisch nicht zu sehen gibt: die Kastration. Dafür wird Marilyn Monroe zum Paradigma gemacht. Mit dem Warenfetischismus sieht Mulvey dies insofern verbunden, als nicht nur der Star im Rahmen des Warenverkehrs funktioniert[76], sondern der Film selbst Ware ist: Das aber wird in der Illusionshöhle Kino verdrängt. Die Fixierung des Blicks auf die Oberfläche der Bilder lässt den Produktionsapparat vergessen (Mulvey folgt hier Christian Metz 1982) und lässt dadurch dem skopophilen Fetischismus erst freien Lauf. Die Frage, ob auch Frauen fetischistisch sehen und sich also nicht nur passiv als Blickobjekte erleben, bleibt unbehandelt. Die Beziehungen zwischen fetischistischer Filmästhetik und Waren-Fetischismus werden durchweg als makrostrukturelle Korrespondenzen zwischen Realhistorie und Ökonomie einerseits, Filmformen und -motiven andererseits mehr angedeutet als durchgeführt. Im Ganzen ist dies noch Enthüllungswissenschaft. Eine Filmästhetik des Fetischismus bleibt, wiewohl versprochen, unausgeführt. Dies gelingt auch nicht Doane (1994), die den Entwurf zu einer Theorie des weiblichen Zuschauers vorlegt.

Harris (1995) sieht den fetischisierenden Blick im Kino für beide Geschlechter als dominant an. Mit dem Begriff der «empathischen Identifikation» *(empathic identification)*, den er aus der Phänomenologie bezieht, versucht er den illusionierenden Bildzauber und die Faszination des Kinos zu erklären. Dabei sind für beide Geschlechter passagere Wechsel ihrer Geschlechtsidentität im affektiven und imaginativen Erleben der Filmbilder möglich. Entscheidend für die Berechtigung, vom *film fetishism* zu reden, ist indes, dass die immersive Ästhetik, die ein totales Eintauchen in eine fiktive Welt erlaubt (von der man weiß, *dass* sie fiktiv ist), auf einem klassischen Strukturmuster des Fetischs beruht: Das Fiktive und Imaginäre wird erlebt, *als ob* es real ist; Gefühle und Phantasien der Zuschauer verketten sich mit den Bildern so, *als seien* diese solche von Personen. Man wechselt aus der Wirklichkeit ‹draußen› in den dunklen Kinoraum, um dort Bilder so zu erleben, als seien sie unsere Beobachtungen von Handlungen und Figuren ‹draußen›. Die Abwesenheit der Realität (während der ‹Auszeit› des Kinos) ist die Bedingung für die reale Anwesenheit der Gefühle angesichts der Bilder. Dieser Illusionscharakter macht die Filmbilder zu *imagines agentes*: Was nur Bild ist, scheint selbst zu agieren. Das genau kennzeichnet generell Fetische. Wenn Fetische aber derart als ‹magische› Agenten wirken, so nur, weil ihre Gemachtheit *(factitius)* ‹vergessen› wird: Und ebendies trifft auch für Filmbilder zu, insofern ihr Erleben strukturell gekoppelt ist an das Vergessen des so genannten *apparatus*, wie Christian Metz den hinter den Bildern liegenden technischen, aber auch institutionellen und ökonomischen Apparat genannt hat. Im Vergessen der ‹Gemachtheit› der Bilder, ihrer Apparatstruktur, liegt die Möglichkeit, ganz und gar der Magie der Bilder zu folgen.

Dieser illusionäre Charakter kann sowohl als das Manipulationspotenzial des Kinos kritisch denunziert als auch als eine Gabe, als Dispens verstanden werden, das Realitätsprinzip vorübergehend auszusetzen. ‹Ich weiß das alles wohl – als aufgeklärter Bürger –, *aber dennoch …*

gehe ich ins Kino (und lasse mich von Imagines und Imaginationen bezaubern, als sei ich Angehöriger einer Stammeskultur). Diese Kollision von technischer Struktur und Bildmagie, von modernstem Wirtschaftskapitalismus und Fetischismus ist nicht etwa als bloße Ungleichzeitigkeit zu verstehen, bei der *noch* bestehende Relikte und *schon* entwickelte Rationalität kollidieren – mit der stillen Annahme, dass der Entwicklungsvektor in Richtung auf Überwindung der so genannten Relikte zeigt. Der Film, als Paradigma der Medien-Moderne, zeigt vielmehr, dass hier keine Widersprüche zwischen Modernität und Atavismus bestehen, sondern dass das so genannte Atavistische, hier also der Bildfetischismus, strukturell zur Moderne gehört. Siegfried Kracauer (1992) bezeichnet schon die frühen Berliner Lichtspielhäuser als «Paläste der Zerstreuung» und als «Gesamtkunstwerk der Effekte», das die Großstadtmassen multisensorisch umflutet. Die ungeheure Vermehrung immersiver Illusionsästhetik, die auf fetischistischen Mechanismen aufruht, ist nicht die Ausbeutung prämoderner Residuen unseres noch nicht voll rationalisierten Ich, sondern die zeitgemäße Form der medialen Exteriorisierung von anthropologischen Potenzialen, an deren Ausdifferenzierung die Religionen, die Künste und Medien seit jeher arbeiten. Davon die Moderne kategorial abtrennen zu wollen, hieße sie radikal zu verkümmern. Die Kosten, die von der Kulturkritik aufgerechnet werden – Entfremdung und Fetischisierung des Bewusstseins, Passivierung, Illusionierung, Manipulation, Ausbeutung etc. –, sind auf keinen Fall dem Film oder den Medien als solchen zuzurechnen, sondern stets nur einzelnen ihrer Produkte. Medien sind strukturell dadurch gekennzeichnet, dass sie etwas ‹vor die Einbildungskraft› zaubern, das *real erlebt* und *als real* erlebt wird: *symbolic-and-therefore-real content* (Ian 1993). Diese Als-ob-Struktur gehört der Wirklichkeit selbst an. Wenn man hiervon ausgeht, hat auch der Fetischismus endlich die Chance, eine analytische Kategorie zur Beschreibung der Wirklichkeit zu werden und nicht als Kampfbegriff zu dienen, der zur Denunzierung ebendieser Wirklichkeit eingesetzt wird. Es erübrigt sich zu betonen, dass die Kritik an kulturindustrieller Vernebelung und Ausbeutung, an massenmedialer Verblödung und politischer Manipulation dann nicht stumpfer, sondern schärfer wird.

Alle drei kulturellen Felder – Nutrition, Mode, Kino – weisen eine strukturelle Analogie auf: Es sind hochdifferenzierte Praktiken, die zur gesellschaftlichen Erzeugung von Lüsten und Genüssen dienen. Fetischisierung dient dabei deren Steigerung. Sie produziert stets Kehrseiten mit: Der *food fetishism* ist ein allgemeiner sozialer Mechanismus, der in Anorexie und Bulimie existenzielle Opfer erzeugt, die Grenzfälle einer prinzipiellen Unbalanciertheit von oralen Lüsten und Nahrungsstilen darstellen. Die Mode, wie das Kino in der Matrix skopophiler Lüste arbeitend, kreiert eine glanzvolle Welt narzisstischer Selbstdarstellung im Theater des Sehens, enthält in der Gnadenlosigkeit ihrer systemischen Autopoiesis indes auch anstrengende Imperative des Up-to-date und niemals stillzustellende Erfahrungen des Alterns, der Kränkung und des eigenen Ungenügens. Das Kino ist für immersive Erlebnisse von überalltäglichen Gefühlen und Lüsten ein einzigartiger Schauplatz, der sich unausweichlich wieder schließt und in die Prosa eines durchschnittlichen Alltagslebens entlässt. Es besteht eine tiefe Gleichgültigkeit der ‹Apparate› der Nahrungsmittel-, Mode- und Filmindustrie gegenüber den Konsumenten, deren sie sich bedienen. Es bedarf trainierter kultureller Kompetenzen, um die Kollisionen zwischen dem Glamour des Essens, der Kleidung und der Bilder einerseits, den disziplinären Anforderungen der Leistungsgesellschaft andererseits ohne Schaden zu bewältigen. Gefordert ist insbesondere ein reflexives Verhältnis zu den fetischistischen Mechanismen: Man muss sich ihnen überlassen, um die extraordinäre Festlichkeit der Mode, der Bilder und des Essens genießen zu können; und man muss sich zugleich distanzieren können, um in ihnen nicht unterzugehen.

Anforderungen an Identifikation, durch die man sich dem Strom der präsentierten Lüste überlässt, stehen quer zu Anforderungen an Distanzierungsleistungen, die dieses Selbst-Überlassen begrenzt und rahmt. Dieser Widerspruch ist nicht aufzulösen; er ist also eine Paradoxie. Sie heißt, dass wir in den oralen und skopophilen Lüsten unvermeidlich fetischistisch operieren – uns also dem Bann der Fetische überlassen –, während wir zugleich den eigenen Fetischismus zu dirigieren in der Lage sein müssen. Das erfordert eine starke kulturelle Kompetenz, um mit dem Als-ob der fetischistischen Lüste in Mode, Essen und Medien umgehen zu können. Man muss Subjekt und Objekt zugleich des Fetischismus sein. Wir müssen fähig sein, Essen, Mode und Bilder zu ‹Ereignissen› werden zu lassen, die uns widerfahren, uns mitnehmen, ja auch überwältigen: Wenn dies nicht gelingt, wickeln wir das Leben freudlos ab, getröstet allenfalls durch soziale Erfolge. Zugleich müssen wir fähig sein, all die magische Bezauberung zeiträumlich einzugrenzen, zu reflektieren und okkasionell zu handhaben; anderenfalls konfundieren das Reale, das Symbolische und das Imaginäre, und wir verlieren uns im Irrgarten der Lüste und Süchte. Es erübrigt sich zu ergänzen, dass es im Verhältnis zu den politischen Idolatrien nicht anders zugeht. Es ist illusorisch, diese Paradoxie zu der einen oder der anderen Seite hin aufzulösen: Entweder man erstarrt in zwanghaften Rationalisierungen einer Pseudo-Aufklärung, oder man versinkt in den Pathologien der Sucht, die in der Macht ebenso wirkt wie in der Mode, im Bann der Bilder oder im Bann des Essens.

Die Bewegung, die wir in diesem Kapitel für die Zeit um 1880 bis heute gezeigt haben, enthält eine klare Tendenz: Es ist eine Bewegung zunehmender Reflexivität. In der sexologischen und psychoanalytischen Wissenschaftsgeschichte des Fetischismus zeigt sich die beschriebene Paradoxie darin, dass der Fetischismus, der das Objekt der Wissenschaft war, sich zunehmend als ein Strukturmoment der Wissenschaft selbst herausstellte. Die Forschung wurde dadurch mit erhöhten Anforderungen an Selbstreflexivität konfrontiert, nicht mit dem Ziel, den Fetischismus zu exorzieren, sondern mit ihm – und das ist die Paradoxie – kontrolliert umzugehen. Die produktive Krise, in welche die Wissenschaft nach 1970 deshalb geriet, war mit einer Öffnung ihres kulturellen Horizonts verbunden. Bis dahin glaubte die Wissenschaft noch, die fetischistischen Phänomene als Individualpathologien von Patienten sich vom Leibe halten zu können; nun wurde klar: Der Fetischismus ist eine auch zur Wissenschaft selbst gehörige Pathologie. Mehr als das. Fortan wurde der Fetischismus als ein allgemeiner Vergesellschaftungsmechanismus verstanden, der nicht mehr länger als defizientes Verhalten einzelnen Individuen aufgelastet werden konnte. Die Frauenbewegung hatte an dieser Entdogmatisierung des Fetischismus einen entscheidenden Anteil. Es sind nicht nur weiblichere Analytikerinnen, sondern Wissenschaftlerinnen unterschiedlichster Disziplinen, welche in den *media studies*, der Konsumforschung, der Modeanalyse und in Untersuchungen zu Ernährungsstilen die Einsicht verbreiteten, dass der Fetischismus alle Sektoren der modernen Kultur durchdringt. Der dadurch ausgelöste Reflexivitätsschub hängt mit einer unausweichlichen Gesamtentwicklung zusammen: Die Modernität von Kulturen ist von der Ausdifferenzierung einer Beobachtungs-Beobachtungskompetenz abhängig, welche kulturelle Evolutionen an die Bedingung zunehmender Selbstreflexivität bindet. Diese steht nicht in Widerspruch zu Prozessen des Fetischismus und der Idolatrie, der Magie und lustvollen (Selbst-)Verzauberung, sondern sie ist die Bedingung der Möglichkeit des kulturellen Fetischismus. Wo diese Bedingung eingelöst ist, kann das unausrottbare magische und fetischistische Bedürfnis zu einer Spielform der Kultur und zur Kultur des Spiels werden.

Man erkennt diese Wahrheit auch daran, dass auf den drei hier behandelten Feldern diese Reflexivität in den Praktiken selbst eingebaut ist. Längst ist nicht mehr, wie es noch Laura Mulvey tat, von der Homogenität eines Hollywood-Kinos auszugehen, das eine einzige Maschinerie zur Illusionierung des Zuschauerbewusstseins darstellt. Selbst Hollywood-Filme spielen mit ihrem Genre und sogar mit ihren Produktionsbedingungen und enthalten rekurrente Schleifen, welche identifikatorische Sehlust und distanzierende Reflexion koexistieren lassen. Die Mode ist, wie wir sahen, längst zu einem harten Geschäft geworden, das zugleich mit sich spielt und sich als solches ausstellt. Sie ist ein Diktat, das die Distanz zu sich selbst schon eingebaut hat. Im Ernährungsstil besteht durch die extreme Multioptionalität, die Internationalisierung und das gewachsene Wissen der Konsumenten um gesundheitliche und ökologische Dimensionen eine interne Heterogenität und Vielfältigkeit, die schon kleinste nutritive Akte potenziell in reflexiv abgewogene Entscheidungen verwandelt. Dies anzuerkennen heißt nicht zu übersehen, dass im kulturellen Fetischismus anankastische Züge nach wie vor wirken; ihm zu unterliegen heißt allzu oft auch, mit hohen psychischen, gesundheitlichen, sozialen oder ökonomischen Kosten belastet zu sein, die sich zu persönlichen Katastrophen oder alarmierenden Sozialpathologien auswachsen. Selbstverständlich ist auch kein Zweifel, dass auf allen drei Sektoren eine gewaltige ökonomische Macht akkumuliert wird, die zur Kapitalverwertung und Expansion ständig antreibt. Dies sind objektive Grenzen einer reflexiven Kultur und eines liberalisierten Fetischismus. Doch diese stellen selbst eine Macht und Grenze dar, über welche die Ökonomie sich nur bei Strafe von Verlusten oder gar Zusammenbrüchen hinwegsetzen kann. Das macht die Wirksamkeit einer reflexiven Modernisierung, wie wir sie beobachteten, immerhin nicht aussichtslos. Man muss, aber man kann auch mit dem Fetischismus leben, dem eigenen, der aus der Mitte unserer Antriebe, Wünsche und Phantasien erwächst, und dem objektiven, der in die ökonomischen, politischen und kulturellen Systeme eingebaut ist. Der Fetischismus ist nicht mehr der Gegner, der enttarnt, exorziert und ausgeschlossen werden muss. Er gehört zu uns und wir zu ihm. Es kommt auf die Beziehungen zu ihm an, nicht auf sein Wesen.

AUSBLICK

Es war nicht einmal ein schöner Traum, den die Aufklärung träumte: Die Welt wird durchgreifend säkularisiert; kein Zauber, kein Aberglauben; die Religion auf einen vernünftigen Gott reduziert, ein abstraktes Abziehbild der Vernunft, der sich die Menschen in ihrem Tun und Trachten freiwillig unterwerfen. Der Sex ist ebenso domestiziert wie die ungebärdigen Wünsche und Phantasien; die Beziehungen sind ins Regime der gegenseitigen Achtung genommen, die Arbeit effektiv und die Freizeit von kultivierten und diätetischen Vergnügen erfüllt. Die Moral muss nicht mehr als strenge Forderungen ergehen, sondern steht in prästabilisierter Harmonie mit den Motiven und Maximen der Menschen. Intakte demokratische Institutionen sichern die Freiheit und Gleichheit der Bürger. Der Frieden ist die schöne Frucht einer endlich vernünftig gewordenen Gesellschaft. Sie wäre freilich eigenartig lustlos.

Unser Buch tritt aus den Schatten dieses Traums heraus, durchaus nicht freiwillig, sondern im Ergebnis von Analysen, die sowohl die *longue durée* der europäischen Kultur wie vor allem die letzten zwei Jahrhunderte, die im Zeichen von Aufklärung und Rationalität standen, betreffen. Die Moderne, so der nicht überraschende Befund, ist viel weniger aufgeklärt, als sie dies von sich selbst annimmt. Dies trat auch deswegen so klar hervor, weil wir uns nicht an den großen philosophischen Linien des theoretischen Denkens entlang bewegten, auch nicht die enormen Gewinne der Ausdifferenzierung in den Wissenschaften, im Recht, in der Kunst oder in der Ökonomie durchmusterten, sondern die Beziehungen in den Mittelpunkt rückten, die Menschen zu den Dingen einnehmen. In der niederländischen Malerei des 17. Jahrhunderts gab es, neben dem Stilleben, auf dem die Dinge stumm über den Menschen reden, auch den Bildtypus der «menschenleeren Räume»[1]. Die dinglichen Ensembles werden hier zum physiognomischen Ausdruck der «anwesenden Abwesenheit» (Fatma Yalçin) der Bewohner. Methodisch in ähnlicher Weise gehen Untersuchungen zum Fetischismus vor. Die Dinge werden weder in ihrem objektiven Für-Sich noch in ihrer bloßen Zuhandenheit für handelnde Subjekte angesehen. Sie werden vielmehr als Passformen interpretiert, die den Auftritt und die Szene des Menschen im Reich den Dinge zwar nicht völlig bestimmen, so doch wenigstens disponieren. In dieser Perspektive ist man nicht am Selbstbewusstsein und den Selbstdeutungen von Subjekten interessiert, sondern an den eigenartigen Ding-Mensch-Fusionen, die sich dem Souveränitätsanspruch des modernen Subjekts hartnäckig entziehen. In der Folge dieses obliquen Blicks, der sich nicht von den großartigen Bildern der Aufklärung und des autonomen Selbstbewusstseins faszinieren lässt, wird keineswegs das Ende der Aufklärung eingeläutet, sondern deren reflexive, aber auch kulturell praktische Erweiterung.

Die historischen Gänge durch die Deutschungsgeschichte des Fetischismus in Religionwissenschaft und Ethnologie, in Ökonomie und *cultural studies*, in Sexologie, Psychoanalyse und Feminismus haben gezeigt, dass der Fetischismus durchgehend als der ‹Gegner› verstanden wurde, den man wissenschaftliche analysieren, entlarven, vernichten oder wenigstens evolutionär überwinden muss. Dies erwies sich als eine für die Moderne charakteristische Strategie im Umgang mit dem, was als ‹vormodern› oder ‹unaufgeklärt› galt, eine Strategie indes, die eben die Phänomene verlängerte oder gar erst hervorbrachte, die sie bekämpfte. Je antifetischistischer die mentale Haltung, desto fetischistischer die Praxis. Auf allen Ebenen wiederholte sich, dass der Fetischismus, den man ‹draußen› halten wollte – in Afrika, in früheren Phasen der Geschichte, bei den voraufgeklärten Abergläubischen, den Perversen, den besinnungslosen Konsumisten usw –, zuerst und zuletzt eine mächtige Kraft im ‹Inneren› des modernen Europas selbst ist. Die Wissenschaftsgeschichte der letzten zwei Jahrhunderte zeigt, dass die Wissenschaften am Phänomen des Fetischismus gescheitert sind. Dies leitete eine reflexive Wende ein, die nachzuzeichnen das Hauptziel dieser Studie ist: Wird der Fetischismus, den man nach außen projizierte, erst einmal als ‹eigener› bewusst, so können das Kriegsbeil begraben und der kritische Feldzug gegen ihn beendet werden. Im theoretischen Verhältnis zum Fetischismus entsteht dadurch eine Art Entspannung. Sie verdankt sich indes weniger der selbstreflexiven Einsicht der Wissenschaften als der in den letzten Jahrzehnten gewachsenen Liberalität der modernen Kultur im Umgang mit fetischistischen Phänomenen. Die Wissenschaften, die ihre theoretischen Waffen nicht länger zur Liquidierung des Fetischismus wetzen (und das taten sie bis etwa 1970), gingen in ihrer reflexiven Wende, die wir beschrieben haben, nicht etwa ‹aufklärend› der Gesellschaft voran, sondern vollzogen den allgemeinen kulturellen Wandel im Verhältnis zum Fetischismus nur nach. Das Ende der Denunziation des Fetischismus fiel damit zusammen, dass der Fetischismus selbst in der modernen Gesellschaft ubiquitär wurde und nicht mehr länger in deren Keller verbannt werden konnte, wo er subkulturell sein Schattenreich bilden mochte. Das könnte allerdings auch heißen, dass die neue Liberalität dem kulturellen Fetischismus gegenüber keineswegs als positive Einsicht, sondern als endgültige Niederlage der kritischen Impulse der Aufklärung zu deuten wäre: Der Fetischismus hätte gesiegt, indem er sich epidemisch ausgebreitet hat und jeden noch so berechtigten Widerstand vergeblich macht.

Die Frage, bis zur welchen Grenze der Fetischismus positiv in unser Selbstbild, in unsere Dingbeziehungen und in die kulturellen Praktiken integriert und von wo ab er nach wie vor als sozialpathologisches Symptom, als warenökonomische Entfremdung oder als individuelle Perversion bekämpft oder therapiert werden sollte, ist in diesem Buch nicht mehr zu entscheiden. Dafür sind Anschlussstudien notwendig, die sich intensiver, als dies hier möglich war, mit sexuellem, konsumistischem, religiösem, massenmedialem, politischem und kulturellem, aber auch mit künstlerischem Fetischismus beschäftigen. Unsere Studie plädiert keineswegs für eine grenzenlose, damit aber auch billige Toleranz für jede Form von Fetischismus. Ziel war es vielmehr, eine Kritik der Wissenschaften zu leisten, die sich im Zeichen einer ‹halbierten Aufklärung› (Jürgen Habermas) zunehmend als unbrauchbar erwiesen haben, um die Phänomenvielfalt des Fetischismus auf den Begriff zu bringen, phänomengerecht zu analysieren und kulturtheoretisch zu reflektieren. Eine in unserem Sinn interdisziplinär operierende Fetischismusforschung wäre nicht nur aufgrund der Omnipräsenz des Phänomens, sondern auch im Interesse der Weiterentwicklung der Kulturwissenschaften notwendig, die ihr eurozentrisches Erbe überwinden und damit auch unhaltbare Voraussetzungen des Aufklärungs- und Moderne-Diskurses hinter sich lassen müssen. Dieses Ziel verband sich mit dem zweiten, auf einer Reihe von kulturellen Feldern zu zeigen, dass fetischismusanalytische Ansätze wertvolle Beiträge zur Erkenntnis moderner Kulturen leisten können und dass der Fetischismus selbst ein höchst kreativer Mechanismus der kulturellen Gestaltung von Mensch-Ding-Beziehungen ist.

Diese Rehabilitierung des Fetischismus wird die Augen vor den tristen Dimensionen gerade des modernen Fetischismus nicht verschließen. Die ungeheure Wucht, mit der etwa der phallische Fetischismus sich im Internet-Sex ausbreitet, arbeitet der sexuellen Emanzipation entgegen. Der milliardenschwere Werbungsfetischismus unterläuft die politischen Versuche zur Entwicklung kritischen Konsumentenverhaltens. Die Medienmacht Yellowpress bedient sich des Starkults und des Ding-Fetischismus zur hemmungslosen Fetischisierung des Bewusstseins ihrer Leser. Wer die Unterhaltungssendungen des Fernsehens vom Frühstücks-TV bis zu den vormitternächtlichen Talkshows ansieht, kann, bei halbwegs intaktem Urteilsvermögen, kaum übersehen, in welch unverschämter Direktheit hier fetischistische und idolatrische Bildsprachen zur Beleidigung der menschlichen Intelligenz geworden sind. ‹Der Ball ist rund› ist eine schöne fetischistische Sache; und die Rolle, die der Flankengott vor 40 Jahren im sozialen Gefüge der Ruhrpott-Kumpels gespielt hat, ist aller kultursoziologischer Ehren wert. Wie heute die Kapitalmacht Fußball, vor der auch eine Kanzlerin ihre Reverenz bezeugen wird, seine Renditen aus der strategischen Nutzung der Bedürfnisse nach Idolen, Kulten, Fetischen und Kollektiverregungen schöpft, begleitet vom Gebrabbel der Fernsehmoderatoren, die wie Werbeagenten ihre gutgelaunten Verbalkicks an den Mann bringen – das allerdings stimmt trübsinnig. So oder ähnlich aber geht es im gesamten Showbusiness zu und zunehmend auch in der Politik oder in der Kunst. Angesichts dessen ist es nahezu unmöglich, nicht zum Kulturkritiker zu werden.

Dies aber war nicht der Grund für das Plädoyer, den Fetischismus in verstärkter Weise in die Kulturanalyse aufzunehmen. Das eine ist die Absicht, mit Hilfe von Fetischismustheorien, die sich von der Denunziationsrhetorik des 19. und 20. Jahrhunderts befreit haben, das Funktionieren der Kultur genauer zu stehen; das andere ist, sich auch als Wissenschaftler keineswegs die gesellschaftliche Urteilskraft zu verbieten, welche die Objekte der Analyse auch für eine kritische Urteilsbildung ernst nimmt. Dem Fetischismus gegenüber wird dadurch einerseits jene methodische Toleranz gefordert, für die diese Arbeit eingetreten ist; andererseits braucht es die Schärfe des Urteils. Beides gehört zusammen, und erst durch beides wird Kulturwissenschaft komplett. Es wäre verfehlt, aus den Sackgassen der vergangenen Kulturkritik den Ausweg zu suchen, sie ihrer Mängel wegen gleich ganz zu liquidieren. Im Gegenteil hat die aus methodischer Distanz erfolgende Kulturanalyse stets die intervenierende und öffentliche Kritik zu ihrer Kehrseite. Darum gehören Analyse und Kritik des Fetischismus zusammen. Dies gilt umso stärker, je mehr die Einsicht wächst, dass der Fetischismus durch keine Aufklärung aus der Welt zu bringen ist. In dem Maß, wie er zur Moderne gehört und, wie wir zeigten, durch diese geradezu universalisiert und in seiner Macht noch gesteigert wurde, ist der Fetischismus nicht ein Kulturmechanismus, der hinter uns, sondern genauso vor uns liegt. Als solcher ist er keineswegs nur ein Feld der historischen Forschung, sondern eine bleibende Herausforderung der Kulturanalyse.

ANMERKUNGEN

1 DAS IST EIN DING. –
EINFÜHRUNG IN DIE WELT DER DINGE

1 Morgenröte, Erstes Buch Nr. 48 (Nietzsche: KSA III, 53).

2 Genannt seien nur: Deleuze 1994. – Agamben 1998. – Nahezu gleichzeitig, 1859 (teilveröffentlicht früher), erschien der Roman «Oblomov» von Ivan Aleksandrovic Goncarov. Er ist, obwohl in anderer sozialer Schicht situiert – Oblomov ist Gutsbesitzer –, das russische Gegenstück zu Bartleby: Das Leben Oblomovs steht von früh an im Zeichen des «Verlöschens» und geht progredient in die berühmte Oblomov'sche Krankheit über: eine apathische Handlungslosigkeit und Antriebsschwäche, die das Bild einer ganzen Klasse abgeben.

3 Lorraine Daston eröffnet das unlängst von ihr herausgegebene Buch «Things That Talk» mit der experimentellen Vorstellung einer Welt, in der es überhaupt keine Dinge gäbe: «an empty world as a blurry, frictionless one» – «just a kind of porridgy oneness» (2004, 9). Sie verlässt diese Vorstellung schnell, um zur Beredsamkeit (loquaciousness) der Dinge zu gelangen. Doch gibt es in vielen Kulturen eine deutliche Faszinationsgeschichte prästruktureller Welt, man denke ans biblische Tohuwabohu, das Hesiod'sche Chaos, die Platon'sche Chora und das amorphe Materiemeer der vorsokratischen Atomisten (in großartiger Schilderung später bei Lukrez) und deren reiche Rezeptionsgeschichte – bis zur abstrakten Malerei, die gelegentlich als Kunst einer Welt vor jeder Differenzierung in Dinge verstanden werden kann (vgl. Böhme 2003). Man denke aber auch an Fra Angelicos merkwürdige Amorphien, die Georges Didi-Huberman eine «Kunst des Unähnlichen» genannt hat (1995, Abb. 5–12), oder an die eigentümlichen defigurativen Materiepartikel, die Dürer chaotisch über sein Gemälde des sog. Donnersteins von Ensisheim ‹wirft› (Böhme 2005) – ganz zu schweigen vom großartigen kosmologischen Zyklus bei Robert Fludd (1574–1637): 1617, beginnend Bd. I,1, 26ff.

4 Georg Simmel hat schon früh den dialektischen Umschlag dieses Bacon'schen Prinzips erkannt: «Der Satz, daß wir die Natur beherrschen, indem wir ihr dienen, hat den fürchterlichen Revers, daß wir ihr dienen, indem wir sie beherrschen.» (1907/1994 Bd. VI, 673)

5 Nietzsche wird abgekürzt zitiert: Nietzsche: KSA = Nietzsche, Friedrich: Kritische Studienausgabe in 14 Bdn. Hg. v. Giorgio Colli und Mazzino Montinari. München 1988. – Nietzsche: Werke = Nietzsche, Friedrich: Werke in 3 Bdn. Hg. v. Karl Schlechta. München 1966.

6 Die Formulierungen Bacons aus dem «Novum Organum» (1620) diskutiert ausgewogen Krohn 1994. – Das Goethe-Diktum, gegen Newton gerichtet, findet sich in: Goethe HA XII, 434. – Vgl. Platon: Politeia 531b. Ferner: Pseudo-Vergil: 1963, Vers 261ff., 541ff. – Weitere Nachweise zur antiken Auffassung des Experiments als Folter vgl. Kornhardt 1952, 379ff.

7 Die Tücke des Objekts ist eine Redewendung aus Friedrich Theodor Vischers (1807–1887) Roman «Auch Einer. Eine Reisebekanntschaft» (1879), hier 1918, 21, 27. Vischer schildert eine Vielzahl grotesker Misshelligkeiten, die mit Gegenständen zustoßen können und von den Betroffenen den Dingen angelastet werden: als wären sie selbständige Akteure, die den Menschen hinterlistig ein Bein stellen und allerhand Schabernack mit ihnen treiben. – Vischers Roman, viel gelesen zu seiner Zeit, sorgte dafür, dass die Formel von der Tücke des Objekts in den allgemeinen Sprachschatz einging. Ludwig Wittgenstein kritisierte diese Tücke als «dummen Anthropomorphismus» – und gewiss ist richtig, dass die eigenen Ungeschicklichkeiten den Dingen als ihre Ranküne vorzuwerfen eine Projektion ist. Es ist indes witzlose Aufklärung, einen solchen ubiquitären Mechanismus als dumm zu bezeichnen, während Vischer aus ihm genau seinen witzigen Roman macht.

8 Van Gogh schreibt in diesem Sinn an Anthon van Rappard 1883: «heute bin ich auf dem Fleck gewesen, wo die Aschenmänner den Müll usw. hinbringen. Donnerwetter, war das schön. ... Morgen bekomme ich einige interessante Gegenstände von diesem Müllabladeplatz ... Das wäre etwas für ein Andersen'sches Märchen, diese Sammlung ausgedienter Eimer, Körbe, Kessel, Soldaten-Kochgeschirre, Ölkannen und Draht, Straßenlaternen und Ofenrohre» (zitiert nach Scholz 1989, 16). Ganz zu Recht assoziiert van Gogh hier die Märchen, doch nimmt er gleichzeitig Strategien einer Ästhetik des Mülls vorweg, die seit den 70er Jahren des 20. Jahrhunderts – auch als Kritik am Konsumismus – eine Abfall-Kunst hervorbrachte.

9 Vgl. dazu Bredekamp 1984; Böhme 1988.

10 Zuerst erschienen in der Sammlung «Ein Landarzt. Kleine Erzählungen». München und Leipzig 1919. Im Folgenden geht es nicht um eine literaturwissenschaftliche Interpretation. – Auf diese Erzählung geht auch Peter Geimer ein (2003, 220). – Zur Deutung vgl. immer noch Hillmann 1967.

11 Es wird davon abgesehen, die Ortlosigkeit Odradeks mit dem Gefühl der Wurzellosigkeit Kafkas als Juden oder das ‹ewige› Unterwegssein des Gebildes mit Ahasverus in Beziehung zu setzen. Abgesehen wird auch von intertextuellen Verwebungen mit anderen Texten Kafkas.

12 Diese Sprachphrase ist der Ausgangspunkt für Droit 2005, 15.

13 Simmel: Der Henkel (1905/1995, Bd. I, 345–350). Zitiert wird nicht nach dieser ersten Fassung, sondern der späteren, in: Philosophische Kultur. Gesammelte Essais. Berlin 1911/1983, S. 99–105.

14 Ich verweise auf die Szene des Tee-Ausgießens zu Beginn der Erzählung «Die Vollendung der Liebe» von 1911 (Musil 1990, 7–10). – Vgl. Jakob 2004, 44f.

15 Francis Ponge (1899–1988) ist vielleicht, neben Rilke, der größte Wortkünstler in der poetischen Vergegenwärtigung der Dinge und ihrer Reflexion in der ästhetischen Wahrnehmung. Vgl. z. B. Ponge 1986; 1976; 1966 und 1995. – Zu Ponge vgl. auch: Sartre 1978.

16 Droit nennt auch nicht Vilém Flusser, der ein ganz ähnlich angelegtes Buch geschrieben hat, auf das ich später noch eingehe (Flusser 1993). – Vgl. Panati 1987 (dt. 1994). Panati arbeitet mit der Fiktion eines alphabetischen Lexikons, um eine große und doch verschwindend kleine Zahl von kulturhistorischen Artikeln über Gebrauchsgegenstände in eine unvermeidlich willkürliche Reihenfolge zu bringen. Panati entledigt sich so des Problems einer «Ordnung der Dinge» und nutzt die so gewonnene Freiheit zu einer mal amüsanten, mal aufschlussreichen, stets kontingenten Sammlung von Textminiaturen, einer Art sprachlichem Museum von Alltagsdingen.

17 Husserl betont schon 1907 zu Recht, dass die Dingwahrnehmung ein «prinzipiell unabschließbarer Prozeß» ist (Ding und Raum 1907/1991, 135–39).

18 ‹Inkompossibel› meint ‹unverträglich›, ‹nicht miteinander zugleich möglich›. Ein Ausdruck, den Merleau-Ponty aus der Philosophie von Leibniz übernimmt.

19 Das ist insofern nicht ganz richtig, als Husserl in seinen Vorlesungen über «Ding und Raum» von 1907 sich intensiv um die sog. Wahrnehmungskorrelation bemüht und auf keinen Fall das Ding in Wahrnehmungsakte auflöst. Ausführlich behandelt er die Konstitution der zeitlichen und räumlichen Extension des Erscheinenden. Husserl spricht deutlich von den Dingen als von Wahrnehmung unabhängig Seiendem, das sich als solches in der Wahrnehmung mitteilt und stabil hält, sowohl zeitlich als auch räumlich. Zeit und Raum sind dabei nicht (wie bei Kant) bloße Formen der Anschauung, sondern Momente der Extension der Dinge selbst. Materiale Raumerfüllung und materiale Füllung von Zeit gehört als *prima materia* zu den Dingen. Husserl unterscheidet nicht eben glücklich zwischen *materia prima et secunda*, weil er sich von den Locke'schen primären und sekundären Eigenschaften absetzt (1991, 42–85). Auch die Unterscheidungen von ruhenden Dingen und solchen in Bewegung sowie die Einbettung der Dinggegebenheit in Lagen und Felder, insonderheit ins okulomotorische Feld, sind sehr brauchbar (III., IV. und V. Abschnitt). Es geht in dieser Vorlesung nicht um die strenge Epoché, sondern stärker um die Frage, wodurch in der Wahrnehmung für uns ausgemacht wird, dass wir es mit Dingen und nicht etwa mit Bildern, Zeichen, Phantomen zu tun haben. In gewisser Hinsicht schließt Husserl daran in der späteren Krisis-Schrift von 1935 wieder an (s. u.).

20 Weniger ertragreich ist der Aufsatz von Widmer 2002. Gegenüber seinen früheren Überlegungen zum Ding ist der späte Aufsatz «Das Ding» (Heidegger 1954/1994, 163–186) nicht weiterführend und wird deswegen nicht eigens behandelt. Die langen Ausführungen über die Seinsweise eines Krugs erinnern an Georg Simmels Essay über den Henkel.

21 Platon: Theaitetos 174a, zit. nach Heidegger 1962a, 2. Vgl. dazu Blumenberg 1987.

22 Peter Geimer (2003, 209) hat diesen Satz zum Untertitel seines Aufsatzes zur Theorie der Gegenstände gemacht.

23 «Der Frieder und das Catherlieschen» (Grimms Märchen) und «Der dicke fette Pfannekuchen» (anonymes Volksmärchen).

24 Diese Verhältnisse entwickelt er ausführlicher in Latour 2002, 73ff.

25 Das ist nicht nur ein Spiel mit Theater-Metaphern. Ein Star wird entdeckt, indem er erfunden und gemacht wird. Das ist ähnlich wie mit den Tatsachen. Wissenschaftliche Entdeckungen sind immer auch Produktionen dessen, was sie entdecken.

26 Auch spricht er von den Dingen als «Bedingung unseres Daseins» (Flusser 1993, 80).

27 «/dann an der eusserlichen gestaltniß aller Creaturen / an jhrem trib vnd begierde / item an jhrem außgehenden hall / stim vnd spraache / kennet man den verborgnen Geist / dann die natur hat jedem dinge seine spraache (nach seiner Essentz vnd gestaltniß) gegeben / dann auß der Essentz vhrständet die spraache oder der hall / von derselben Essentz fiat kompt der Essentz qualitet / in dem außgehenden hall oder krafft / den lebhafften im hall / vnd den essentialischen im Ruch / Krafft vnd gestaltniß: ein jedes ding hat seinen Mund zur offenbarung / vnd das ist die Naturspraache / darauß jedes ding auß seiner eigenschafft redet / vnd sich immer selber offenbahret / vnd darstellet worzu es gut vnd nutz sey / dann ein jedes ding offenbaret seine Mutter / die die Essentz vnd den willen zur gestaltnuß also gibt.» (Jacob Böhme 1622/1997, 518f.) – Vgl. Bonheim 1992; Blumenberg 1983.

28 «Die Welt ist das, was ich wahrnehme, aber ihre absolute Nähe wird … auf unerklärliche Weise auch zur unwiderruflichen Distanz. Der ‹natürliche› Mensch hält sich an die beiden Enden der Kette, er denkt *zugleich*, daß seine Wahrnehmung in die Dinge eindringt, aber auch, daß sie sich jenseits seines Körpers abspielt.» (Merleau-Ponty 1986, 23–24) – «Bewußtsein ist *Sein beim Ding* durch das Mittel des Leibes.» (Merleau-Ponty 1966, 167/68; kursiv H. B.). Bewusstsein und Wahrnehmung sind wahrhaft vorgreifend.

29 In den Speerwerfer-Ritualen sind uralte Magien im Spiel. Evans-Pritchard schildert 1940 – allerdings auf Grundlage einer unzutreffenden, weil eurozentrischen Symbol- und Projektionstheorie – Nuer-Krieger: «A man's fighting spear *(mut)* is constantly in his hand, forming almost a part of him. … In a sense it is animate, for it is an extension and external symbol. … It is a projection of the self» (zitiert bei Csikszentmihalyi 1993, 23–24).

30 Schöne Beispiele liefert dafür Latour 1996, bes. 15–84.

31 Dazu später mehr (Kap. 3.4). Hier nur die Bemerkung, dass die gesamte marxistische Theorie auf dem traditionellen Gegensatz von Subjekt und Objekt beruht: Substanz und Wesen des Menschen arbeitet sich aus sich heraus und vergegenständlicht sich im Produkt – das wäre der Sieg des Subjekts über das Objekt, das nur eine veräußerlichte Form des Subjekts wäre. Oder das Wesen des Menschen wird

von der stummen Substanz der toten Dinge verschlungen und der Mensch verdinglicht – das wäre der Sieg des Objekts über das Subjekt, das nichts als die lebendige
Form toter Materie wäre (Entfremdung). Eine typisch moderne Denkfigur, die Subjekt und Objekt als agonales Kräfteverhältnis denkt.

32 Dass Experimentalismus und Kunst sich berühren, dazu vgl. Daston 2004;
Schramm 2003a; Schramm 2003b; Jones/Galison 1998; Baigrie 1996.

33 Vgl. die klassische Untersuchung von Knorr-Cetina 1984.

34 Vgl. dazu auch die ausgezeichnete Studie, in der die empirische Analyse konkreter
Experimentalprozesse in der Mikrobiologie mit theoretischen Konzeptualisierun-
gen verbunden wird, von Rheinberger 2001. – Wissenschaftsgeschichtlich wird
dieser Ansatz demonstriert in Rheinberger/Hagner 1993.

35 Charakteristisch für diesen Untersuchungstyp ist der zeitgleich zu Heidegger ent-
standene Ansatz von Fleck 1991.

36 Beispiele dieses Untersuchungstyps sind z. B. Weingart u. a. 1988; ders. 2000. – Außerhalb der Genetik: Elkana 1986; Knorr-Cetina 1999. – Für historische Untersuchungen der Soziogenese von Wissenschaft vgl. auch schon Zilsel 1944/1976;
Böhme, G. u. a. 1974.

37 Wissenschaftler wünschen sich, dass Objektivität nicht empfindlich ist, sondern
kühl, apathisch, mechanisch, automatisch. Wissenschaft unter Ausschluss des
Menschen wäre die wahrhaft reine Objektivität. Das aber ist eine Illusion. Vgl. dazu
Daston 2001a; Daston/Galison 2002, 29–99. Gerade dass Objektivität empfindlich
ist, macht sie und mit ihr die Wissenschaften zu einem der großen Abenteuer und
Werke der Menschheit.

38 «Propositionen» meinen nicht, wie herkömmlich, auf wahr/falsch hin prüfbare
Aussagen von menschlichen Sprechern, sondern Vorschläge, die von «zirkulierenden Referenten» (alle möglichen Entitäten) im «Kollektiv» vorgebracht werden
können.

39 Vgl. dazu ausführlich das für den neuen Typ der *science (& case) studies* grundlegende Buch: Latour 1984. Hier führt Latour am Beispiel Pasteurs und der Entstehung der Bakteriologie zum ersten Mal seine *actor network theory* ein. Dazu jetzt: Latour 2005. Vgl. ferner Latour/Woolgar 1979.

40 Vgl. dazu Latour 2001. – Dieser Text begründet die Ausstellung im ZKM Karlsruhe
2002 (Latour/Weibel 2002). In dieser Ausstellung wurde den religiösen und wissenschaftlichen Spuren des Bilderkriegs nachgegangen – in der Perspektive, ob jenseits
der Moderne, wie es die Hoffnung der Latour'schen Pandora ist, eine Kultur ohne
den desaströsen Antagonismus von Subjekt und Objekt, Abstraktion und sinnliche
Konkretion, Rationalität und Fetischismus möglich sei.

41 Aus dem Stamm von *facere*, machen. Enthalten auch in: Faksimile *(fac simile)*, fakti-
tiv (bewirkend von *factitare*), Faktor, Faktorei, Faktotum, Manufaktur, Satisfaktion,
Infekt, infizieren, Fazit, Effekt, Perfekt, Präfekt, Defekt, Fasson, fashion, Identifikation, Signifikat u. a. m.

42 In seiner durchlaufenden Hammer-Metapher übernimmt Latour einen Grundgestus von Friedrich Nietzsche: Götzen-Dämmerung oder Wie man mit dem Hammer philosophiert; in: KSA VI, 55–161. – Latour meint allerdings, dass es die Moderne-Theoretiker sind, die ihr antifetischistisches Ressentiment wie einen Hammer zur Zerstörung von allem benutzen, was nicht-modern ist. Bei Nietzsche soll der Hammer die Götzen der (christlichen) Religion und die «Zeitgötzen» der Moderne treffen.

43 Leider ist der Band in theoretischer Hinsicht wenig ertragreich, auch nicht der einführende Essay «The Truth of Material Culture» von Jules David Prown (ebd., S. 1–19). – Vgl. Fuhrer & Josephs 1999; Siuts 1995; McCullum 1999; Spyer 1998.

44 Zu Halluzinationen vgl. Merleau-Ponty 1966, 385–396.

45 Im Folgenden beziehe ich mich vor allem auf Boesch 1983, 11–65.

46 Piaget entwickelt eine Stufenfolge der Ausdifferenzierung der sensomotorischen Intelligenz, die zugleich eine Ausdifferenzierung der Welt der Dinge zur Folge hat, über folgende Stufen: 1. Das symbolische und vorbegriffliche Denken. 2. Das anschauliche Denken. 3. Die konkreten Operationen. 4. Die formalen Operationen. Vgl. Kesselring 1999, 82–84. – Ein eher phänomenologischer Ansatz der Pädogogik: Langeveld 1968. – Die Appellstruktur der Dinge, sofern sie implizite Handlungsskripte enthalten, wird in der Pädagogik seit Rousseau eingesetzt, bis hin zur «Zucht als Sachzwang», z. B. in der Montessori-Erziehung (Meyer-Drawe 1999, 331f.). Bildungstheoretisch dazu: Mollenhauer 1998; dessen Klassifikation der Dinge als Zeichen, Werkzeuge oder Wahrnehmungsinhalte kann freilich nicht überzeugen.

47 Zitiert nach Boesch 1983, 25.

48 Dieses Zitat erscheint nicht zufällig in einer von Vertretern der Europäischen Ethnologie organisierten Ausstellung, in: Kallinich/Bretthauer 2003, 18 (Beitrag von Käte Meyer-Drawe).

49 Das ist umso erstaunlicher, als um 1800 in Ding-Inventaren bäuerlicher und sogar städtischer Familien zwischen 100 bis 300 Objekte aufgelistet sind, in ungarischen Einödbauernhöfen noch 1974/75 nur zwischen 630 bis 996 Stücke zum Besitz zählten, in Warenhäusern von heute dagegen 200 bis 300 Tausend Gegenstands-Sorten angeboten werden und in bürgerlichen Haushalten mehrere zehntausend Dinge ihr Dasein fristen (s. Korff 1991; vgl. auch: Jeggle 1983).

50 Nach Leroi-Gourhan ist in der Maschine die Geste, im mechanischen Automaten das Gedächtnis und im Computer die Programmierung (von Operationen) exteriorisiert (1980, 297–299). Allerdings verschwindet dabei sukzessive jede mimetische ‹biomorphe› Rückbindung der technischen Geräte.

51 Neben der Anthropologie der (technischen) Geste bei Leroi-Gourhan findet sich der bemerkenswerte Versuch Flussers (1997), eine Phänomenologie der Gesten zu entwickeln, die die Signatur der mit Objekten verbundenen Operationen zu entziffern sucht. Man erinnere sich, dass lat. *gesta* oder *res gestae* ‹die Taten› heißt. Die Wurzel ist *gerere*: tragen, mit sich führen, herbeischaffen, hervorbringen, hegen,

ausführen, ausüben, verrichten, betreiben, besorgen, lenken, leiten, verwalten u. ä. – also der ganze Fächer objektbezogenen Handelns. Unser heutiges Verständnis von ‹Geste› als ‹sprechender Handbewegung› ist viel enger. Leroi-Gourhan und Flusser bringen das alte lateinische Verständnis zurück, wo es im wörtlichen Sinn um Handlungen, die um Dinge und Geräte zentriert sind, geht.

52 Die Metamorphosen des Körpers im Zeichen der Maschine, soweit die moderne Kunst davon fasziniert ist: Szeemann 1975.

53 Leroi-Gourhan stellt dasselbe für die Form von Weltraumschiffen oder Rennautos fest, die doch, so denkt man, ganz und gar ‹funktional› geformt sein müssten. «Funktion und Form, beide aus der Tiefe der Zeit kommend, stehen in beständiger Wechselwirkung. Nicht weniger überraschend ist der Umstand, dass die funktionellen Formeln (in der Natur, H. B) in jedem Stadium ihrer Entwicklung von ‹dekorativen› Hüllen umgeben sind, von Farben, Fortsätzen, verwirrenden Linien, analog zu den Umhüllungen der menschlichen Gegenstände, ganz so, als gehorchte die Dekorationsfunktion beim Menschen einem nicht-künstlerischen Gleichgewicht.» (1965/1980, 372)

54 Zum Affektiven, Symbolischen und Sozialen des Autos vgl. Sachs 1990.

55 Vgl. dazu den schönen «Exkurs über den Schmuck» von Georg Simmel: 1908/1992, Bd. 11, 414–421. Ferner: Asman 1993 und 2002, 70–86.

56 Die frühneuzeitlichen Technikbücher, mit denen der *take off* der modernen technischen Kultur beginnt, sind vorrangig der Arbeitsersparnis gewidmet. Alle diese Maschinen hießen noch ‹Künste›. Vgl. Popplow 1998.

57 Zur Rolle von Dingen für die Jugendkultur vgl. Niedenthal 2003.

58 Zur Handy Kultur vgl. Lehnert 1999a. – Zur Geste des Telefonierens vgl. Flusser: Gesten 1997, 183–192. Vor allem: Ronell 1989; Münker/Roesler 2000; Selle 1997, 111–120.

59 Boesch 1983, 40–55. Darin eine schöne Analyse des Besens.

60 Dazu aus Sicht der Volkskunde Kuntz 1990.

61 Zur elementaren, Ordnungen der Handlung, des Gedächtnisses und des Kosmos erzeugenden Funktion des Rhythmus vgl. Leroi-Gourhan 1965/1980, 273–293.

62 Zur Anthropologie der Geste vgl. auch Flusser 1997.

63 Zum Luxus-Stil der Goethe-Zeit vgl. Purdy 1998.

64 Psychoanalytisch ist interessant, dass Hans «wieder heim zu meiner Mutter» will – und schließlich «mit leichtem Herzen» wieder bei ihr «daheim» ist, von allem Materiellen befreit. Auf dem Heimweg, der eine Kaskade negativer Tauschakte ist, wird Hans wieder zum ‹nackten› Infans. «Das Reiten» sieht er als «ein schönes Ding», für das er gleich seinen Goldklumpen, das Äquivalent für sieben Jahre Arbeit, hergibt. Wer so, ohne Einsicht in den abstrakten Tauschwert der Dinge, von ihrer sinnlichen Seite überwältigt wird, dem bedeutet das Glück der Fülle nichts, weil er völlig im Bann unmittelbarer Wunscherfüllung steht, also der Matrix der Mutter, in deren Schoß zurückzukehren *sein* Glück ist (in: Brüder Grimm, Bd. 1, 95–101).

65 Der Ausdruck Potlatch geht zurück auf rituelle Verschwendungsfeste von Indianerstämmen im Nordosten der USA; vgl. Drucker/Heizer 1967; Beck 1993. – Vgl. besonders Godelier 1999, S. 81–113, 216–227; Godelier legt eine überzeugende Reinterpretation von Marcel Mauss vor. – Ferner: Bataille 1975.

66 Marx, Karl: Das Kapital I. In: MEW 23, 615. Vgl. Asendorf 1984, 38.

67 Ein ‹Perverser› dieses Badens in der Fülle ist Onkel Dagobert (in Walt Disneys «Donald Duck»), der genießerisch immer wieder in dem badet, was sein Element ist: das Geld. In angehäuftem Geld zu schwimmen, ist aber gerade nicht ‹Fülle›, weil Geld ein abstraktes und homogenes Medium ist, ohne sinnliche Qualitäten. Fülle können nur die heterogenen Dinge hergeben. Für den Kapitalisten Dagobert ist es kennzeichnend, dass er die Anhäufung abstrakten Geldes selbst ins Zentrum seines Begehrens stellt.

68 Veblen schreibt, die Frauenkleidung sei extra «für diesen Zweck erfunden», «den Eindruck ... zu erwecken, dass die Trägerin keine nützliche Arbeit verrichtet» (1981, 136).

69 Es ist indes nicht zu vergessen, dass ‹Ding› etymologisch auf Althochdeutsch ‹thing›, die Versammlung, zurückgeht und die ‹Sache› meint, die verhandelt wird. ‹Verteidigen› enthält ebenfalls diesen Bezug auf ‹Ding› und ‹Gericht›, geht nämlich auf Frühneuhochdeutsch *(ver)tagedingen* zurück, ‹jemanden auf dem Gerichtstermin vertreten›. ‹Jemanden dingfest machen› = ‹festnehmen›, ‹vor Gericht bringen›. ‹Ver/dingen› heißt ‹in Dienst nehmen›, ‹sich verdingen›: ‹in einen Dienst treten›. Im älteren Wortsinn meint es auch: eine Versammlung abhalten, einen Vertrag abschließen, prozessieren. Frz. *chose*, die Sache, stammt von lat. *causa*, die ‹Gerichtssache› (auch Grund, Ursache, Schuld). *«causa publica, privata, forensis»* ist der öffentliche oder private Streitfall, der Prozess. Immerhin steckt im lateinischen Ding/Sache auch die Möglichkeit zur Republik: *res publica*. Und *res familiaris* ist die Habe, der Besitz. Das Wort Ding/Thing geht vielleicht auf die gotischen Wörter für Zeit und Festsetzung oder mittelirisch für ‹gesetzmäßig, vorgeschrieben›, ‹Rechtmäßigkeit› zurück. Sprachgeschichtlich ist es also so, dass das, was wir heute in den Verwendungen des Wortes Ding metaphorisch nennen, gerade die eigentliche Bedeutungsebene ist. Das Wortfeld *‹Ding/dingen/res/thing/chose›* kreist ursprünglich um soziale, besonders iurale Interaktionen. Aus ihnen leitet sich unser Verständnis von den ‹Dingen› her, die jetzt mehrheitlich als neutrale physikalische Objekte verstanden werden. Sie ist aber eine späte und ausgedünnte Auffassung von ‹Dingen›. Das ist ein Indiz dafür, dass die Sprache sich aus sozialzentrierter Kommunikation entwickelt hat und die Wörter, welche Dinge und Vorgänge ‹in der Welt› erfassen sollen, spät entwickelt oder aus der Semantik sozialer Interaktion abgeleitet wurden. – Wenn Heidegger, Merleau-Ponty u. a. besonders darauf abheben, dass Dinge ‹in sich versammelt› seien, oder Latour von einer Versammlung, gar einem Parlament der Dinge spricht, so greifen sie folglich auf ältere Momente der Semantik von Ding oder *chose* zurück.

70 «Doch wer der Habe sich freut und / Andern an Schönheit voraus ist / Und ist im Wettkampf der Erste/ Durch seine Kraft, dennoch soll / Er bedenken, dass ein sterblich Gliederbau ihn umhüllt, / und am Ende nichts ihn bekleidet als Staub.» (Elfte Nemeische Ode. In: Pindar 1942, 166/67)

71 Scharfe 2003; Hart Nibbrig 1989; Weininger 1980; Hengstenberg 1996; Lindenberg 1996; Schulte 1997 (leider nichts über ‹letzte Dinge›); Guthke 1990.

72 Wir lassen all die Dinge des Begräbnisrituals beiseite: Sarg, Anzeigen, Ausstattung der Kapelle, Blumen, Kränze, Trauerkleidung, Bepflanzung des Grabplatzes, Grabstein etc.

73 Kathexis bezeichnet in Psychoanalyse und Psychologie die ‹affektive Besetzung› der Objekte bzw. die Bindung an diese.

74 Kafkas Odradek, so sahen wir, ist ein solches obdachloses Wesen in einer liminalen Zone zwischen Menschen, Dingen und Müll.

75 Vgl. dazu weiterführend Macho 1987 und 2001; Barloewen 1996.

76 Vgl. Assmann 2001 und 1991. – Vgl. zu den Jenseits-Vergewisserungen auch Ariès 1976, 191–259.

77 Nirgends wird dies besser anschaulich als in Dürers Melencolia I. Vgl. Böhme 1989.

78 Vgl. Benjamin 1928/1969, 197–203; Böhme 1989/2002. – Für Georg Simmel ist die Baukunst «der sublimste Sieg des Geistes über die Natur», ein planvolles Arrangement «der formenden, aufwärts drängenden Geistigkeit» gegen die Schwere der Materie. Im Bauwerk triumphieren Geist und Form, ja stellt sich «der ganze geschichtliche Prozeß» als «ein allmähliches Herrwerden des Geistes über die Natur» dar. In der Ruine dagegen rächt sich «die Natur für die Vergewaltigung» durch den Geist: «als sei die künstlerische Formung nur eine Gewalttat des Geistes gewesen, der sich der Stein widerwillig unterworfen hat, als schüttle er dieses Joch nun allmählich ab und kehre wieder in die selbständige Gesetzlichkeit seiner Kräfte zurück». Ästhetisch bedeutsam wird die Ruine, weil in ihr die Antagonismen der beiden «Weltpotenzen des Aufwärtsstrebens und Abwärtssinkens», Geist und Natur, eine eigentümliche Balance halten. «Was noch von Kunst in ihr lebt . . . und was schon von Natur in ihr lebt», ergibt ein «neues Ganzes» (Simmel 1907/1983, 106–112).

79 Zur kulturellen Differenzierung vgl. Michaels 2004.

80 Das Chaos bei Hesiod: Theogonie Vers 116ff. Die Chora bei Platon: Timaios 49aff. Zur Chora vgl. auch Derrida 1990; Kristeva 1978, 35–42.

81 Durch welche Verfahren Dinge zu Ausstellungsstücken werden, untersuchen Doering/ Hirschauer 1997. – Vgl. die Recycling-Kunstausstellung «RE-ArtOne. Kunst und Design im Kontext von Abfall und Recycling» vom 21.7.–30.9. 2004 in Sietland (http://waste.tec-hh.net/pictures/Re-ART-ONe/RE_ART_ONe_Catalogue.pdf; Stand: 2. 11. 2005).

82 Douglas 1988; Thompson 1981; Hauser 2001; Assmann, A. 1999. Ferner: Jochum 2000. – Zum Zusammenhang von Sammeln und Kunstproduktion: Winzen 1997. Sammeln und Gedächtniskunst: Bolzoni 1994.

83 Die prekäre Grenze zwischen Vermüllung und Musealisierung wird durch den Sammler sowohl markiert als auch verschoben (was sowohl für den Abfallsammler, den Sammler-Fetischisten, das Museum wie den Künstler, der Müll verarbeitet, gilt). Vgl. dazu auch Breger 2002. Breger lenkt die Analyse auf die Tatsache, dass das archäologische Wissen aus dem Müll, dem Relikt, gewonnen wird.

84 Ehrenspeck 1992, 65/66. Zum Zusammenhang von Relikten und Historie vgl. Radley 1990.

85 Vgl. Benjamin 1937/1980, GS II/2, 465–505; allgemein Belk 1994.

86 Nach einem Neologismus von Julia Kristeva 1980; vgl. Baum/Höltgen 2005.

87 Dies ist die Formel Robert Musils für die eigentümliche Entdifferenzierung von Personen, Handlungen, Daten und Dingen in modernen Gesellschaften. «Seinesgleichen geschieht» entspricht auf der Subjektseite der Signatur des «Mannes ohne Eigenschaften» und auf der Objektseite, dass wir in einer Welt leben, in der die Eigenschaften unter sich mehr zusammenhängen als mit den Dingen oder Personen, die deren Träger sind.

88 Ein Antipode zu Faber 1991.

89 Der Titel ist zwangsläufig mit Peter Sloterdijks (2000) Formel vom Menschenpark assoziiert.

90 Vgl. dazu: Forest 1991; Virilio 1989 und 1994. Zu Letzterem, der Invasion des Körpers durch miniaturisierte Maschinen, intelligente Kleidung etc., vgl. Adamowsky 2002, 171–72.

91 Baudrillard 1995a. Vgl. Baudrillard 1976/1982, 1991 und 1995b.

92 «Wir Flüchtigen! Was wir sind, / Schon sind wir's nicht mehr. Ein Traum / Des Schattens, das ist der Mensch.» (Achte Pythische Ode. In: Pindar 1942, 106) – Vgl. Stoichita 1998; Gombrich 1995; Belting 2000; Casati 2001; Götz 2003.

93 Zur Hegelschen Furie erschien, selbstredend pünktlich zum Millennium, ein Band des Philosophicum Lech: Liessmann 2000. 1980 hatte Hans Magnus Enzensberger einen Gedichtband bereits mit «Die Furie des Verschwindens» betitelt. – Bei Hegel selbst lautet die Stelle: «Wie in diesem *allgemeinen Werke* der absoluten Freiheit als daseiender Substanz sich das einzelne Selbstbewußtsein nicht findet, ebensowenig in eigentlichen *Taten* und *individuellen Handlungen* ihres Willens. Daß das Allgemeine zu einer Tat komme, muß es sich in das Eins der Individualität zusammennehmen, und ein einzelnes Selbstbewußtsein an die Spitze stellen; denn der allgemeine Willen ist nur in einem Selbst, das Eines ist, *wirklicher* Willen. Dadurch aber sind *alle andern Einzelnen* von dem *Ganzen* dieser Tat ausgeschlossen, und haben nur einen beschränkten Anteil an ihr, so daß die Tat nicht Tat des *wirklichen allgemeinen* Selbstbewußtseins sein würde. – Kein positives Werk noch Tat kann also die allgemeine Freiheit hervorbringen; es bleibt ihr nur das *negative Tun*; sie ist nur die *Furie* des Verschwindens.» (Phänomenologie des Geistes, Teil BB/VI: Der Geist, B. Der sich entfremdete Geist. Die Bildung. III: Die absolute Freiheit und der Schrecken. In: Werke 1995, Bd. 3, S. 435/36)

94 Die Stromlinie, ornamental schon in der dingauflösenden Strömungsästhetik des Jugendstils präsent, bildet bald schon erste technische Prototypen für das Auto und die Eisenbahn, wurde zum Design aber auch von Alltagsgegenständen wie Besteck, Kannen, Toaströstern etc.

95 1883 erdachte der Raketenpionier Konstantin Eduardowitsch Ziolkowski (1857–1935) ein Raumschiff mit Rückstoßprinzip und entwickelte sogleich Ideen zur technischen Eroberung des Weltraums, die er später mit Überlegungen zum schwerelosen Raum verband. Er beeinflusste damit nachhaltig Kasimir Malewitsch und den Suprematismus. Ziolkowski ist eine Verbindungsstelle, an der Schwerelosigkeitsphantasien, Raumrevolution, technisch-physikalischer Konstruktivismus und politisches Revolutionspathos fusionieren. Das Motiv einer «kosmischen Gesellschaft» geht unmittelbar in die ästhetischen Formprinzipien des Suprematismus ein. Abstraktion und Gegenstandslosigkeit der Malerei von Malewitsch, mithin das Verschwinden der Dinge, gehören in den Kontext eines Technoimaginären, das den Rahmen für eine revolutionäre, von Gravitation befreite, artifizielle Welt abgibt. – Vgl. Ladewig 2000.

96 Daraus gingen unmittelbar ebenso die Psychotechnik wie die Experimente zur optischen Bewegungsanalyse hervor. Robert Musil schrieb darüber an der Berliner Universität bei Carl Stumpf seine Dissertation: Musil 1984. – Zu den naturwissenschaftlichen Einflüssen auf Musils Konzept der Auflösung der Dinge und Identitäten vgl. Kassung 2000.

97 Vgl. auch Mach 1926/2002, 83. – Den Zusammenhang zwischen Mach, Avenarius und der Wahrnehmungsästhetik des Impressionismus stellte schon her: Diersch 1973.

98 Nietzsche: KSA III, 473 (Die fröhliche Wissenschaft, III. Buch Nr. 112). – Zur Auffassung der Dinge als Fiktion und Projektion des Ich, das selbst eine «Fabel» ist und aus den Dingen als deren Eigenschaften herausliest, was es selbst in sie hineingelegt hat, vgl. KSA VI, 90/1 (Götzen-Dämmerung, Die vier großen Irrtümer, Nr. 3). – «Die Entstehung der ‹Dinge› ist ganz und gar das Werk der Vorstellenden, Denkenden, Wollenden, Erfindenden. Der Begriff ‹Ding› selbst ebenso als alle Eigenschaften. – Selbst ‹das Subjekt› ist ein solches Geschaffenes, ein ‹Ding› wie alle Andern: eine Vereinfachung» (KSA XII, 141). Vgl. auch KSA XIII, S. 257–262, 274–276: Kritik des Begriffs Ursache (ebd., 260–262), Kausalität (ebd., 274–276), Mechanismus (ebd., 257–260), Atom (verstreut in den genannten Stellen). Auch naturwissenschaftliche Begriffe sind nur semiotische Konventionen (ebd., 258). Damit beginnt die Auflösung der Dingwelt in ein selbstreferenzielles System der Zeichen. Von Dingen lässt sich allenfalls sagen, sie seien «dynamische Quanta» (KSA XIII, 259), alles andere ist projektive Imagination.

99 Vgl. «Die Erfindung der Gesetze der Zahlen ist auf Grund des ursprünglich schon herrschenden Irrtums gemacht, dass es mehrere gleiche Dinge gebe (aber thatsächlich giebt es nichts Gleiches), mindestens dass es Dinge gebe (aber es giebt

kein ‹Ding›).» (KSA II, 40 = Menschliches, Allzumenschliches I, § 19) Vgl. KSA XI, 57 und XII, 104: («Die Eigenschaften eines Dings sind Wirkungen auf andere ‹Dinge›: denkt man andere ‹Dinge› weg, so hat ein Ding keine Eigenschaften d. h. *es giebt kein Dinge ohne andere Dinge* d.h. es giebt kein ‹Ding an sich›.»)

100 Nietzsche: KSA XII, 384. – Vgl. «Die ‹Außenwelt› wirkt auf uns: die Wirkung wird ins Gegenteil telegraphirt, dort zurechtgelegt, ausgestaltet und auf seine Ursache zurückgeführt: dann wird die Ursache *projizirt* und *nun erst kommt uns das Factum zum* **Bewußtsein**.» (KSA 11, 437)

101 Marquard bezieht das auf die «beschleunigte Erfahrungsveraltung» und die Konjunktur des Fiktiven.

102 Vgl. zum ersten Schub der Beschleunigung des gesellschaftlichen Tempos im 19. Jahrhundert: Schivelbusch 1993; Hoeges 1985.

103 Ferner: Virilio 1978. Literarisch sehr gelungen: Hawkes 1996.

104 Vgl. zum Folgenden Honold 1995; Gnam 1999.

105 In der frühen Massen-Soziologie, die Musil kannte, wurde entdeckt, dass es nicht auf die ‹Substanz› von Personen, sondern die energetische Dynamik der Masse ankam, wenn man die gewaltigen Mobilisierungen von Menschenmengen in Großstadt und Industrie analytisch verstehen will – ein paralleler Vorgang zur Entdifferenzierung der Einzeldinge im System ihrer massenhaften Konfiguration. Le Bon 1895/1982; Lohmeyer 1913; Freud 1921/1989; Geiger 1926; Riesman/Reuel/Glazer 1958; Canetti 1994; Moscovici 1984; Balibar 1994.

106 Vgl. aus anderer Perspektive Vogl 2005.

2 FETISCHISMUS IN RELIGION UND ETHNOGRAPHIE

1 Es ist angenommen worden, dass die Anbetung des Kalbs eine Art ‹Verkleinerung› des schlimmeren Stier-Kults darstelle. Das ist aber unsicher, da in der jüdischen Bibel des Öfteren auch von einem Kälber-Kult die Rede ist, während in älterer Tradition die Aufstellung des Stier-Postaments in Bethel geduldet war, sodass «für Elia und seine Zeitgenossen» das Stierbild von Bethel «noch kein theologisches Problem war». Vor Hosea wurde das Stier-Bild in Bethel, das zentraler Bestandteil der JHWH-Verehrung war, nicht kritisiert (Dohmen 1987, 257, 261, 270; zum Schlangen-Symbol im Jerusalemer Tempel ebd., S. 264f.; ferner: Exkurs: Das Kalb und der Stierkult, ebd., 147–53).

2 «Du sollst dir kein Bild (pesel) verfertigen und kein Abbild (temunah) von dem, was im Himmel droben und auf der Erde drunten oder im Wasser unter der Erde ist.» (Ex 20,4; Dt 5,8) Die privilegierte Form der Offenbarung ist deswegen das Vernehmen (Audition). Gott hat seinen Namen unsichtbar dort «hingelegt» (Jes. 29,23), wo «sich in anderen Kulten das Kultbild befindet» (Rad 1962, hier Bd. 1, 196). – Zum jü-

dischen Bilderverbot vgl. außer Dohmen 1987 noch Klimkeit 1984; Brumlik 1994; Rainer/Janssen 1997; Boehm 1996; Nordhofen 2001; Kohl 2003, 31–44.

3 Goethe, der sich in seinem Gedicht «Groß ist die Diana von Ephesus» ausdrücklich in die Tradition der paganen Idolatrie und Kunst stellte, besaß gewiss nicht zufällig eine Gouache von Daniel Hopfer d. Ä. (um 1470–1536) mit dem Titel «Salomo betet einen Götzen an».

4 Vgl. Dt 4, 16–18; 5, 8–9; 29,17; Lev 19,4; 26,1; Jes 40, 18–20; 41, 6–7; 44, 9–20 (sehr ähnlich zu Jeremia); Ri 6, 25–32; Ps 115, 4–8 u. ö.

5 Hinzuweisen ist auf die Prozedur, mit der in Ägypten aus toten Steinbildern lebendige Gottheiten gemacht wurden, im sog. Mundöffnungsritual. Vgl. dazu Fischer-Elfert 1998; Otto, E. 1960. – In diesen Ritualen wurde der Übergang vom Profanen des Steins in sakrale Lebendigkeit des einwohnenden Gottes bewältigt. Zugleich steckt in den altägyptischen Texten eine erste Statuentheorie. Es ist möglich, dass manche griechische Kultbild-Rituale sich von hier aus besser verstehen lassen, aber auch der Pygmalion-Mythos; vgl. Assmann, A. 1997.

6 Pietz, der hervorragende Aufsätze zur frühen Geschichte des Fetischismus vorgelegt hat, verwirft die Möglichkeit, christliche Idole bzw. die Idolen-Kritik als Vorgeschichte des Fetischismus fruchtbar zu machen. «The basic components of the idea of the fetish were not present in the medieval notion of the feitiço. The notion of the feitiço ... did not raise the essential problem of the fetish: the problem of the social and personal value of material objects. It failed to do this because the logic of idolatry displaced the status of the material object to that of an image, a passive medium effecting relations between spiritual agents according to a principle of resemblance; and it displaced the power of the bodily fetish-maker to create novel spiritual states ...» (1987, 35) Ein Idol sei für die mittelalterlichen Theologen ein «image that mattered», doch niemals seien die spirituellen Werte in «the material body itself» versenkt. Stets ginge es um immaterielle Interaktionen. Anders der Fetisch: «the model for the fetish-idea involves the realization of novel divine power in material objects and bodily fixations» within the contingency of wordly experience» (ebd.). Die strikte kategoriale Scheidung von Idol und Fetisch trifft indes für die magische Objekt-Praxis des Mittelalters nicht zu. Pietz lässt sich dadurch die Chance entgehen, die engen Verwandtschaften zwischen christlichem Bilderkult und Fetischismus zu erkennen.

7 Z. B. Henoch, Kap 97, 8: «Und sie werden anbeten Steine, und das, was sie schneiden: Bilder von Gold und Silber, und von Holz [und von Ton], und sie werden anbeten unreine Geister, und Dämonen, und jeden Götzen, und in Tempeln.» (Hoffmann 1833)

8 Tertullian, wie nach ihm Augustin, oder schon der römische Kulturtheoretiker Varro waren der Auffassung, dass die Götter aus der Verheiligung toter Ahnen entstanden seien.

9 Die griechischen Traktate und der lateinische «Asclepius». Übers. und eingel. von Jens Holzhausen, in: Das Corpus Hermeticum Deutsch: Übersetzung, Darstellung

und Kommentierung in drei Teilen, bearb. und hg. von Carsten Colpe und Jens Holzhausen; Stuttgart-Bad Cannstatt 1997, S. 309–11 (lat. Asclepius Kap. 37). Der Text ist eine Übersetzung des 4. Jahrhunderts nach einem griechischen Original aus dem 2. oder 3. Jahrhundert.

10 Thomas von Aquin: Summa contra gentiles I–IV. Lat.-dt. Hg. u. kommentiert v. Karl Albert und Paul Engelhardt; Darmstadt 2001.

11 Zum folgenden Abriss vgl. Dinzelbacher/Bauer 1990; Bresc-Bautier 1990; Beissel 1991; Brown 1991; Angenendt 1994; Diedrichs 2000. Ferner: Legner 1995; Leeuw 1957; Pomian 1988, 30ff.; Kohl 2003, 46–66.

12 Die Etymologie von Amulett ist unklar. Das deutsche Wort taucht erst im 16. Jahrhundert auf, die Praxis ist viel älter und interkulturell verbreitet. Manche behaupten, ‹Amulett› ginge auf molimen/molimentum zurück: Bemühung, Anstrengung, Gewalt, sodass a-molimentum die Abwehr der Gewalt eines anderen wäre; ein Amulett wäre ein ‹Fernhalter› böser Kräfte. Andere führen das Wort auf lat. amuletum zurück, das zuerst bei Varro und Plinius vorkommt. Das Amulett ist dem Talisman bedeutungsverwandt. ‹Talisman› ist aus dem Italienischen entlehnt und geht über arab. tilasm auf gr. télesma (bestätigtes Abbild) zurück.

13 Philips 1996, 235–37, 244–46, 291, 317, 323 u. ö.; Museum für Völkerkunde 1986, 67–69.

14 In der deutschen Übersetzung (1708) wird Willem Bosman Wilhelm Boßmann geschrieben; nach dieser Ausgabe wird zitiert.

15 «The idea of the fetish originated in a mercantile intercultural space created by the ongoing trade relations between cultures so radically different as to be mutually incomprehensible.» (Pietz 1987, 24) Zuvor spricht er von «a false understanding of natural causality» (ebd., 23, vgl. 39ff.). Trotz seiner wunderbaren Quellenkenntnis bleibt Pietz seiner Idee, der Fetischismus entspringe als Kategorie dem Skandal unterbotener Rationalität, in all seinen Aufsätzen treu (1985, 1988, 1993). Dadurch findet er die gesuchte Linie hin zum Warenfetischismus von Marx; hier wiederum bleiben ihm die religiösen Züge des Marx'schen Konzepts verborgen (s. S. 321–327 des Buchs).

16 E. B. Tylor ist einer der ersten modernen Ethnologen, der dies offen ausspricht. Der Hinweis auf Augustin: De Civitate VIII, 23, findet sich in Tylor 1873, Bd. 2, 179f.

17 Der Protestant Bosman empfiehlt hier, die Fetischgläubigen am besten katholisch zu machen, weil der Katholizismus dem Fetischismus am ähnlichsten sei. Die Bereicherung der Priester mittels des Fetischdienstes (ebd. 83f.). – Meiners (1805/06 Bd. 1, 364ff., 400ff.) zielt viele Parallelen zwischen christlichem Reliquienkult und Statuenverehrung einerseits, afrikanischem Ahnenkult und Fetischismus andererseits.

18 Bastian meint, der Wilde würde im Zustand einer «Gemüthsaufregung» an ein «Dingelchen-was-immer» «eine plötzliche Ideenassociation» knüpfen, und in diesem «gewaltsamen Ergreifen der Vorstellung» sei der Fetisch kreiert. (ebd., 5). Aller-

dings: «Im Operiren mit seinem Fetisch ... macht der Neger wenig Umstände, da er es nur mit schwachen Wichtelein zu thun hat» (ebd., 7). Auch hier wieder die Unterstellung von Willkür und Zufall sowie die Missachtung des angeblich heiligen Objekts.

19 Dies wird noch von Tylor kolportiert (1873, Bd. 2, 158): der «Negerhäuptling in seinem eigenen Fetischmuseum unter 20000 Fetischen sitzend».

20 Der Geistliche Nassau reiste seit den 1860er Jahren in Westafrika. Zitiert hier nach Museum für Völkerkunde 1986, 26.

21 Hier findet sich eine interessante Szene: Die schwarze Sklavin Ada, die von ihrem weißen Herrn sexuell verfolgt wird und der ihr Vater Ayos rät, sie solle sich verstellen, ruft in ihrer Bedrängnis aus: «Kann ich zaubern wie unsere Fetispriester?» (Kotzebue 1796/1840, 223) Sie trägt zu ihrem Schutz ein «Amulet» mit Schlangenköpfen, das ihr einst in Afrika ein Fetischpriester gab. Sie reißt es vom Hals und wirft es weg. «Die Tugend ist das einzige Amulett!» (ebd., 224) Sie ist die unberührte Unschuld und verkörpert, als Naturkind aus Afrika, bestes europäisches Tugendideal, noch in ihrer Fetischkritik den Europäern folgend. Ada spricht die Sprache des Herzens und muss es deswegen ablehnen, sich zu verstellen (wie es in Europa üblich ist). Sie ist die bessere Europäerin auch darin, dass sie die äußerliche Handlungsdirektion, den Fetisch, fortwirft und die Moral als seelischen Kompass des Handelns interiorisiert.

22 Die gleiche Auffassung vertritt noch Robert H. Milligan 1912, 225ff.

23 Das Vergessen des Ursprungs wird später in der Psychoanalyse zum generellen Merkmal des sexuellen Fetischismus, s. S. 401–409 dieses Buchs. Zu Brosses vgl. die einschlägigen Abschnitte bei Iacono 1985, 97–135; Fedi 2002, 126–144; Kohl 2003, 71–76.

24 Der Ägyptologe E. A. Wallis Budge (1973, Bd. 2, 196–202; zuerst 1911) bestreitet, dass der Fetischismus in Ägypten überhaupt für die Religion bestimmend gewesen wäre; das Buch von Brosses hält er für eine fehlerhafte Misskonstruktion, die die Irrtümer der portugiesischen Missionare und Reisenden fortgesetzt habe. In seinem späteren Buch (1934/1988) platziert Budge Fetischismus und Magie hingegen in die Zeit vor dem Alten Reich und schließt damit aus, dass sie für das pharaonische Ägypten eine Rolle gespielt hätten. Das begründet Budge allerdings damit, dass die Ägypter in den Dingen immer nur Geister oder Götter (spirit-power) verehrt und zu beeinflussen versucht hätten, niemals die Dinge selbst. Dies aber steht zu Magie und Fetischismus nicht im Widerspruch, sondern bezeugt nur, dass Budge den Fetischismus für eine archaische und primitive Form von Ding-Magie hält.

25 Reinhard kommt in seiner Darstellung nur bis zur griechischen Mythologie. Im Vorwort schreibt er, er wolle vom Erfolg abhängig machen, ob er dem Buch ein zweites folgen lasse. Da dies bibliographisch nicht nachzuweisen war, ist anzunehmen, dass Reinhard den Plan fallen ließ.

26 Innerhalb des Fetischismus setzt Reinhard drei Stufen an: Dingverehrung, Astrola-
trie und Naturmachtverehrung: «alle drey unter dem Namen des Fetischismus im
weiteren Sinne gefaßt» (1794, 56/57). Dieser Verehrung liegt die Wahrnehmung be-
ängstigender Naturgewalten als Quelle von Religion überhaupt zugrunde. Die erste Form, die Dingverehrung, sieht Reinhard als ganz roh an, während die beiden
anderen Formen des Fetischismus bereits höhere Entwicklungsstufen darstellen.
Man sieht, wie sehr um 1800 der Entwicklungsgedanke und nicht mehr nur die
Einteilung in Objektklassen die Wahrnehmung des Fetischismus bestimmt.

27 Als Nr. 265 seiner Xenien schrieb Goethe bissig: «M***: Weil du doch alles be-
schriebst, so beschreib' uns zu gutem Beschlusse / Auch die Maschine noch, Freund,
die dich so fertig bedient.» (WA I, Bd. 5,1, S. 243) – Gleichwohl hat Goethe nach-
weislich zwischen 1801 und 1812 Meiners mehrfach gesehen wie auch gelesen.

28 Z. B. bei Waitz 1850–70, hier: Bd. II, 174ff., sogar noch bei Tylor 1873, Bd. 1, S. 157ff.

29 Zum Begriff des Mana und Orenda, die im 18. Jahrhundert noch nicht bekannt sind,
vgl. Mauss 1902/03; 1989, Bd. 1, 140–154; ferner Beth 1927, 206–67.

30 Nahezu 100 Jahre zuvor räumt Zedler's Universal-Lexikon von 1738 (Bd. IX, Sp. 675)
dem *fetisso* kaum 15 Halbzeilen ein und versteht darunter einen «Schutz-Gott» oder
«Abgott», dem dingliche Zaubermittel wie Ringe, Bänder, Stroh-Wische u. Ä. geweiht sind – ein Fall von Aberglauben primitiver Völker.

31 «Selbst die Griechen, die Helenen scheinen durch diese unorganische Zeit hindurch gegangen ... In dem übrigen Menschengeschlecht ist aus dieser Zeit nichts
übrig geblieben, als der sogenannte Fetischismus, unter dem man eben eine rohen,
entweder unorganischen oder wenigstens unlebendigen Körper, z. B. Steinen, Vögelkrallen, Federn und ähnlichen Gegenständen erzeigte stupide Verehrung versteht. Stupid wird nämlich jede Verehrung, wenn der Moment des Bewußtseyns
vergangen ist in dem sie natürlich und nothwendig war und insofern einen gewissen Sinn hatte. Stupid ist auch die Verehrung, die der Hindu seinen Götzen erweist.
Weit entfernt, den Fetischismus als die älteste Religion zu betrachten, weil sie die
roheste scheint – was heutzutag eine Lieblingsmeinung vieler Schriftsteller ist – er-
hellt aus dieser Bemerkung, daß der Fetischismus vielmehr erst von diesem Momente sich herschreibt.» (Schelling 1858/1983, Bd. 1, 398/99)

32 Émile Durkheim wird als ursprüngliche Form der Religion an die Stelle des Fetischismus den Totemismus setzen, in: Durkheim 1912/1994.

33 Ausführlicher Comte 1853, Bd. 3, 78–157. Englisch: Comte 1876, Bd. 3, 65–132.

34 1888 hatte Edward B. Tylor die berühmten Gifford-Vorlesungen eröffnet.

35 Neben dem Buch «Les formes élémentaires de la vie religieuse» von Durkheim vgl.
auch dessen vorbereitende Studie: Sur la Totémisme. In: Journal Sociologique Vol.
V (1900/01), S. 82–121. Genau ein halbes Jahrhundert später, nachdem Durkheim
mit dem Totemismus ein Universalphänomen zu identifizieren meinte, im Verhältnis zu welchem der Fetischismus eine kognitive Fiktion sein sollte, schreibt
Claude Lévi-Strauss das Buch «Das Ende des Totemismus» (1962/1965): Darin voll-

zieht Lévi-Strauss, obwohl in der Tradition Durkheims und seines Neffen Marcel Mauss stehend, am Totemismus genau jene vernichtende Kritik, welche zuvor der Fetischismus erfahren hatte.

36 Man kann allerdings auch Tylor (1871/73, Bd. 1, 160f.) nennen.

37 Natürlich bringt Waitz auch die bekannten Aufzählungen, die das Chaos der Dinge belegen: So werden Amulette und Zaubermittel gebildet aus «Knöpfen, Ringen, Stückchen Holz, Metall oder Stein, Hufen, Klauen, Zähnen oder Knochen von Thieren, Gräten oder Flossen von Fischen, Schlangenköpfen, Schnäbeln, Krallen oder Federn von Vögeln» (Waitz 1860, Bd. 2, 186). Oft werden ‹Museen› von «Zeugs» geschildert.

38 Zitiert wird Tylor nach der deutschen Übersetzung von 1873.

39 Über die Entstehung der Ethnologie und seine eigene Wissenschaftsbiographie schreibt er in: Bastian 1881.

40 Wundt 1900–1920, 3. Aufl. 1911–1920. – Vgl. dazu die genaue Rezension der ersten beiden Bände der «Völkerpsychologie» durch Marcel Mauss 1908 in: Mauss 1969, Bd. 2, 195–227.

41 Es handelt sich um das Gedicht «Die Göttin im Putzzimmer», auch vertont von Johann Karl Gottfried Loewe, op. 73. Rückert schildert die «chaotische Haushälterei» einer Geliebten in ihrem Boudoir: eine charmante Form, der Geliebten im Wirrwarr ihrer verstreuten Accessoires nahe zu sein. Dies ist durchaus ein Fall für den erotischen Fetischismus, hat aber nichts mit dem Kontext zu tun, in den Schultze die Verse montiert.

42 Zitiert nach Lütkehaus 1989, hier 8f.

43 Auch Kershaw (1998) weist darauf hin, wie sehr die um charismatische Führerfiguren versammelten Massen von Zerfall bedroht sind, wenn ‹Erfolg› nicht stabilisiert werden kann. Für den Fall von Misserfolgen werden vorsorglich «Sündenböcke» konstruiert. Bei den Nazis waren es die Juden, nicht nur, weil aufgrund des manichäischen Weltbildes der Nazis das Gute und Reine der deutschen Rasse sein Gegenteil benötigte, sondern auch, weil damit ‹Schuldige› bei Misserfolgen schon feststanden und der eigene Schuld-/Verfolgungskomplex durch paranoische Weltverschwörungsphantasien abgewehrt werden konnte (auch dies gehört zur politischen Religion; vgl. Faber 1997).

44 In Schillers Gedicht *Resignation. Eine Phantasie* (1786) findet sich der Vers: «Die Weltgeschichte ist das Weltgericht.» (Horenausgabe, Bd. 3, S. 7) Diesen Gedanken nimmt Hegel in seinen «Grundlinien der Philosophie des Rechts» § 340 auf (1970, Bd. VII, 503). Vgl. dazu Vondung 1980, 70ff.

1 Gewiss verfügen archaische Gesellschaften über Vorformen von Geld (Muschelgeld oder die von Mauss beschriebenen Kupferplatten der Indianer Nordwest-Amerikas), doch sind diese Werteinheiten noch nicht ein universales Medium, durch das Tauschäquivalenzen hergestellt werden. (Zum Proto-Geld vgl. Mauss 1989, Bd. 2, 87ff.; ferner: Sedillot 1992; Roheim 1977; Laum 1924; Desmonde 1978.)

2 Godelier 1999, 85, mit Referenz auf Mauss 1989, Bd. 2, 78, Anm. 186.

3 Diese heiligen Dinge «nach dem Bilde menschlicher oder übernatürlicher Personen erwerben ... einen Namen, eine Identität, eine Geschichte und Kräfte. Von diesen Handelsobjekten, die anfangs durch einen geheimnisvollen Ursprung gekennzeichnet sind und einen Tauschwert besitzen, zirkuliert dann der größte Teil als Ersatz für lebende ..., oder tote ... Personen und dient als Instrument zur Reproduktion der sozialen Beziehungen ...» (Godelier 1999, 240).

4 Summa Theologiae. Secunda secundae Summae theologiae a questione LVII ad quaestionem CXXII. Zit. nach Godelier 1999, 278.

5 Ein Beispiel ist die materielle Kultur der griechisch-römischen Antike: Im neuen Werthorizont des Christentums wurden die ‹heidnischen› Monumente und Artefakte wertlos, sie verfielen, ruinierten, vermüllten. Marmorstatuen wurden als Idole verworfen, zum Rohstoff degradiert und zu Kalkziegeln gebrannt. Es bedurfte innerhalb des Christentums grundlegender Umstellungen in den kulturellen Werthierarchien, damit Relikte, Manuskripte, Gemmen, Sarkophage, Statuen, Tempel etc. in eine neuerliche Karriere eintreten konnten. Hier trifft die Auffassung von Michael Thompson voll zu, dass die Vermüllung die Voraussetzung für sekundäre Wertkarrieren sei. Dabei wechseln die Objekte radikal ihren Status: Kultbilder mutieren zu Kunstwerken, wertlose Manuskripte zu hochrangigen Überlieferungsträgern, verfallene Tempel zu geschützten Zielorten von Reisenden, Archäologen, Liebhabern, wertlose Münzen zu begehrten Sammlerobjekten, Sarkophage zu prominenten Museumsstücken. Um die Reste noch erhaltener oder wenigstens fragmentarisch überlieferter ‹Antiken› formierten sich neue Eliten und Experten, Archivare, Archäologen, Philologen, Sammler, Historiker, aus denen die neuzeitlichen Wissenschaften hervorgehen: Diese sind nachgerade Einrichtungen zur Nobilitierung von Müll. Sie produzierten den Wert- und Diskursrahmen, innerhalb dessen die vormals wertlosen antiken Objekte zum Zentrum der historischen Selbstvergewisserung von Nachfolgekulturen wurden. Dabei wurden die antiken Objekte sowohl in den Warenverkehr wieder eingeschleust, insofern sie als Handelsobjekte ungeahnte Wertkonjunkturen erlebten, wie sie auch über Maßnahmen fetischisierender Stillstellung – in den frühen Sammlungen, später in den Museen – unter neuen Bedingungen re-sakralisiert und auratisiert wurden. Besonders die antiken Statuen wurden zum Zentrum der neuzeitlichen Kunstreligion; die

Tempel wurden zu quasireligiösen Wallfahrtsstätten von geschichtsverehrenden Reisenden. Der Weg von Götterbildern ist paradigmatisch: vom religiösen Kultbild (Präsenz der Gottheit) über den Müll (Idolenkritik) zum ästhetischen Kultobjekt (fetischisiertes Kunstideal).

6 Ausgetauscht werden ferner auch Höflichkeiten, Festessen, Dienste, Kinder, Tänze, Feste (vgl. Mauss 1989, Bd. 2, 16).

7 Man darf nicht übersehen, dass die Auffassung nahe bei der aristotelischen Theorie der Bewegung liegt, die in Europa wenigstens bis etwa 1600 herrschte: Alle Dinge streben ‹von Natur aus› *(‹kata physin›)* zu ihrem angestammten Ort; sich von ihm fortzubewegen müssen sie gewaltsam *(‹para physin›)* gezwungen werden. So ist es ‹natürlich› – später würde man sagen: ist es ‹natürliche Magie› –, dass die Dinge ‹von selbst›, den Kreis der Gaben oder Tauschakte durchlaufend, dorthin zurückkehren, von wo sie ausgegangen sind. Diese ‹natürliche Tendenz› nennt Mauss *mana* oder *hau*, in aristotelischer Tradition ist es die *virtus* der Dinge. Vgl. Mauss 1989, Bd. 2, 23–27.

8 Lévi-Strauss hält die Magie, welche die kostbaren Objekte zu ihren Besitzern zurücklaufen lässt, für eine «subjektive Illusion der Ethnographen und häufig auch der Eingeborenen» (1989, 32).

9 Dies entspricht dem Marx'schen Satz: «Das Kapital pumpt die Mehrarbeit ... direkt aus den Arbeitern aus.» (MEW 25, S. 829) Die Metapher der Pumpe, einer «perennierenden Pumpmaschine» (ebd., 830) für den Profit erzeugenden Produktionsapparat, benutzt Marx häufig: Fritz Lang hat sie ins Bild gesetzt. Marx wird abgekürzt im Text zitiert: MEW + Bandnummer = die Standardausgabe, hg. vom Institut für Marxismus-Leninismus beim ZK der SED, Berlin 1962ff. MEGA + Abteilung + Bandnummer = die neue Marx-Engels-Gesamtausgabe, hg. von der Internationalen Marx-Engels-Stiftung, Berlin 1991ff.

10 Wir folgen damit in keiner Weise Derridas Buch über «Marx' Gespenster» (1993), der ganz zu Recht betont, es sei wieder nötig, Marx zu lesen, indes eine Lektüre entwickelt, die auf eine «Marxsche Spektrologie» (273) hinausläuft: als handele es sich bei diesem durchweg um eine Theorie, in der das Gespenstische der Wirklichkeit einen quasi transzendentalen Status gewinnt, den Marx kritisch destruieren, Derrida aber «spectropoetisch» so dekonstruieren möchte, dass dabei eine unauflösliche Paradoxie zwischen dem phantomatischen und dem realen Charakter der Ware (und gleich auch der Welt) herauskommt. Das ist im Einzelnen ebenso ausufernd und unergiebig wie scharfsinnig und einfallsreich gemacht, sodass von einer näheren Auseinandersetzung, die viel Raum beanspruchen würde, abgesehen wird.

11 MEGA IV, Bd. I/1, 322 = de Brosses 1785, 36f. – Masahide Ishizuka weist darauf hin, dass de Brosses diese Anekdote aus Herrera: «Historia general de las Indias Occidentales» (1601–15) übernommen habe, der sie wiederum von Las Casas: «Bericht von der Verwüstung der westindischen Länder» (1542) habe (Ishizuka 1995, 53). –

Die Anekdote wird auch von Tylor (1873, Bd. 2, 154f.) in der Fassung von Herrera erzählt. Tylor meint indes, die Geschichte sei zu gut, um nicht erfunden zu sein. – Vgl. Marquardsen 1983, 21ff.

12 MEGA I, Bd.I/1, 228–36, hier 236. Die Pointe ist, dass die «Wilden von Cuba» «das Holz für den Fetisch der Rheinländer gehalten» haben würden.

13 MEGA I, Bd. I/1, S. 135. Die Bemerkung lautet etwas kryptisch: «Allerdings hat die Provinz das Recht, unter vorgeschriebenen Bedingungen, sich diese Götter zu machen, aber gleich nach der Schöpfung muß sie, wie der Fetischdiener vergessen, daß es Götter ihres Händewerks sind.» Gemeint ist: Es würde in Anspruch genommen, dass die Provinz sich Landstände («Götter») geben kann, die sich Zensurprivilegien anmaßen. Diese Maßnahme, will Marx sagen, funktioniert fetischistisch: ‹vergessen› wird fortan, dass die staatlichen Organe ‹gemacht›, ‹eingesetzt› («Götter ihres Handwerks») sind, nicht aber fraglose Autoritäten höherer Ordnung («Götter»). Dies ist die erste Spur davon, dass politische Autoritäten funktionieren können wie Idole und Fetische in ‹wilden› Kulturen.

14 Ferner: «Es ist bald dieses, bald jenes Thier, ein Stein, oder ein Baum.» (Constant 1824, 265) – «Ueber den Fetischen, körperlichen Gottheiten, die das Bedürfnis des Augenblicks erzeugt, anruft, und vernichtet, schwebt stets ein unbestimmterer, geheimnisvollerer, auf das gemeine Leben wenig anwendbarer Begriff» (ebd., 266/67).

15 Maffesoli (1993) wendet sich, mit Simmel, gegen solche Ansätze, welche das «Objekt» nur in seiner Bedeutung als Verdinglichung des Subjekts auslegen. Für Maffesoli ist das Objekt auch Bedingung von Weltbezug, von Gemeinschaft, von Ästhetik.

16 (Eb = Ergänzungsband). Dies ist ein Zitat von Shakespeare über die Macht des Geldes: «Du süßer Königsmörder, edle Scheidung_Des Sohns und Vaters! glänzender Besudler_Von Hymens reinstem Lager! tapfrer Mars!_Du ewig blüh'nder, zartgeliebter Freier,_Des roter Schein den heil'gen Schnee zerschmelzt_Auf Dianas reinem Schoß! sichtbare Gottheit,_Die du Unmöglichkeiten eng verbrüderst,_Zum Kuß sie zwingst! du sprichst in jeder Sprache,_ Zu jedem Zweck! o du, der Herzen Prüfstein!_Denk, es empört dein Sklave sich, der Mensch!_Vernichte deine Kraft sie all verwirrend,_Daß Tieren wird die Herrschaft dieser Welt!» (Timon von Athen, IV. Akt, 3. Szene; zit. MEW Eb, 564)

17 Vgl. klassische Untersuchungen wie Popitz 1968; Israel 1972.

18 Dies haben ähnlich Malinowski, Mauss und Godelier für die Protoökonomie von Stammeskulturen festgestellt (vgl. S. 289ff. dieses Buchs).

19 Das Zitat im Kontext: «Eine Ware scheint nicht erst Geld zu werden, weil die andren Waren allseitig ihre Werte in ihr darstellen, sondern sie scheinen umgekehrt allgemein ihre Werte in ihr darzustellen, weil sie Geld ist. Die vermittelnde Bewegung verschwindet in ihrem eignen Resultat und läßt keine Spur zurück. Ohne ihr Zutun finden die Waren ihre eigne Wertgestalt fertig vor als einen außer und neben ihnen existierenden Warenkörper. Diese Dinge, Gold und Silber, wie sie aus den

Eingeweiden der Erde herauskommen, sind zugleich die unmittelbare Inkarnation aller menschlichen Arbeit. Daher die Magie des Geldes. Das bloß atomistische Verhalten der Menschen in ihrem gesellschaftlichen Produktionsprozeß und daher die von ihrer Kontrolle und ihrem bewußten individuellen Tun unabhängige, sachliche Gestalt ihrer eignen Produktionsverhältnisse erscheinen zunächst darin, daß ihre Arbeitsprodukte allgemein die Warenform annehmen. Das Rätsel des Geldfetischs ist daher nur das sichtbar gewordne, die Augen blendende Rätsel des Warenfetischs.» (MEW I, 107/08)

20 MEW Eb, 562–67, hier 565 (= Marx, Karl: Die Frühschriften, hg. v. Siegfried Landshut; Stuttgart 1968, 298–301), vgl. MEW 23, 143ff.

21 Für Marx wäre Faust II interessanter gewesen, worin Goethe den Übergang von der Naturform des Goldes zur Papierform des Geldes («Papiergespenst der Gulden», V. 6198) nicht unähnlich zu Marx' Ausführungen im «Kapital» behandelt, besonders was das Verhältnis von immobilen Edelmetallschätzen der Erde, Goldreserven, Metallgeld und Papierzeichen angeht (Faust II, 1. Akt, bes. Verse 4890–5064, 5987–6202; vgl. dazu: Schlaffer 1981). Zu den Shakespeare-Zitaten bei Marx vgl. Derrida 1993, der darauf sein ganzes Buch baut.

22 Vgl. Roheim 1997, 152–245 und 227–245; Polanyi 1979, 346–69. Dazu auch Harsch 1995, 99ff. – Vgl. zu Ursprüngen des Geldes aus der Gabe Mauss 1989, Bd.2, 59ff., 87ff.

23 Marx meint hier de Forbonnais, Montesquieu, Le Trosne, Hegel, die er MEW 23, 105/06, Anm. 47 zitiert.

24 W – G – W meint die W(are) – G(eld) – W(are)-Transformation; G – W – G meint die für entwickelte monetäre Systeme charakteristische Transformation von Geld in Ware in Geld: Die Ware (ihrerseits schon ein verwandeltes Ding) ist nur noch «objektivierter Reflex», flüchtige Zwischenlandung für die eigentlich relevante Zirkulation des Geldes.

25 Es ist ein schöner Einfall, wenn Karel Kosik (1967, 180ff.) die drei Bände des «Kapitals» als ein ökonomisches Reiseepos liest, insofern es Marx um nichts anderes als eine «Odyssee» der Ware durch die Routen und Stufen ihrer Vermittlungen ginge.

26 Marx nennt dies auch den «Salto mortale der Ware» (MEW 23, 120).

27 Goethe: Faust I, Verse 2132–49. Eine seltsame Anspielung: Sie entstammt dem derben «Rundreim» in Auerbachs Keller, wo die Trunkenbolde vom Todeskampf einer vergifteten Ratte singen, deren angstvolles Herumspringen aussähe, «als hätte sie Lieb im Leibe». – Ist dem Zitat irgendein Sinn beizulegen, so hieße das: Marx hätte die Hyperaktivität des zinstragenden Kapitals als Anzeichen seiner Agonie gedeutet. Die Pseudolebendigkeit des Kapitalismus ist nur die Hülle seines Todeskampfs; das entspricht zwar der Überzeugung von Marx und vom notwendigen Absterben des Kapitalismus, stellt aber selbst wieder eine Naturalisierung dar, d. h. die Erzeugung eines falschen Scheins.

28 Die Formulierung «eingeborene geheime Qualität» verrät alchemistische Her-

kunft: Es ist die Übersetzung der *occultae qualitates*, welche der Alchemist zur Wirkung zu bringen versucht, um das Gold oder Lebenselixier, das künstliche Leben oder die Unsterblichkeit zu erlangen. Marx erklärt den Kapitalismus durch solche Anspielungen indirekt zu einer Art Alchemie – und lässt seine Analyse dadurch zu einer Art *philosophia occulta* werden. – Vgl.: «Die Zirkulation wird die große gesellschaftliche Retorte, worin alles hineinfliegt, um als Geldkristall wieder herauszukommen. Dieser Alchimie widerstehn nicht einmal Heiligenknochen ...» (MEW 23, 145). An anderer Stelle wird das Kapital zum untoten Vampir: «Das Kapital ist verstorbne Arbeit, die sich nur vampyrmäßig belebt durch Einsaugung lebendiger Arbeit und um so mehr lebt, je mehr sie davon einsaugt.» (MEW 23, 247)

29 Maurice Godelier, der nahezu alle *loci classici* zum Fetischismus bei Marx heranzieht, verharrt zu stark in marxistischer Orthodoxie, wenn er am Fetischismus nichts entdeckt als das rational aufzuklärende Irrationale und Mystische des Kapitalismus (in Godelier 1972, 293–314). Das gilt auch für seine ökonomische Studie (1973).

30 Vgl. Baudrillard 1972. – Keenans ‹Lektüre› ist unerfreulich, weil er sich Marx beliebig im Sinne des Dekonstruktivismus zurechtbiegt. Der Warenfetischismus lässt sich aber nicht auf rhetorisch-sprachliche Effekte reduzieren. Gebrauchswerte, die konstitutionell am Ding haften, sind bei Keenan bloße Platzhalter für rhetorische Substitutionen. Keenan eskamotiert die Materialität der Dinge ebenso wie soziale Kontexte, um eine autonom operierende Schicht referenzloser Differenz zu konstatieren. Dadurch wird die «gespenstische Gegenständlichkeit» der Ware gerade verfehlt. Keenan ist ein Symptom dessen, wovon er spricht: Indem er aus dem Warentausch einen rätselhaft rhetorischen, selbstreferenziellen Signifikationsvorgang macht, erliegt er dem Fetischismus, den zu analysieren er vorgibt. Er verwandelt dasjenige, was Marx zu analysieren versuchte, zurück in einen monströsen Prozess. Dieser Fetischdienst zeigt sich im Übrigen an seiner devoten Art des Umgangs mit Zitaten zeitgenössischer Größen (Paul de Man, Derrida, Spivak, Luce Irigaray, Benjamin, Puttenham etc.).

31 Der Robinson von Charles Dickens ist, nebenher gesagt, darin ein typischer Protestant, dass er auf seiner Insel ein fetischartiges Idol der Schwarzen verbrennt: So ist er geeignet, bei Marx als Modell eines nicht-fetischistischen Wirtschaftens aufzutreten (vgl. Simpson 1982, 4–9).

32 Hier ist besonders zu nennen Karel Kosik (1967), der den Fetischcharakter der Gesellschaft unter dem Titel der «Pseudokonkretheit» analysiert.

33 Haug 1971 und 1975; Jhally 1987; Grasskamp 2000. – Es gibt viel versprechende Titel, die wenig einlösen wie z. B. Bukow 1984. Der Autor, ohne wirkliche Ahnung von Fetischismus, ohne ethnologische, marxistische, psychoanalytische Konzepte angemessen zu rezipieren, wendet funktionalistische Modelle auf Alltagssituationen an, in denen alles zum Fetisch werden kann: Spielzeug von Kleinkindern, Autos, Flaggen, Amulette von Personen oder Vereinen, Filmstars, Schmuck etc. –

Hingegen ist das Büchlein von Haug, Pflichtlektüre der 68er-Generation, noch immer lesbar, weil sein Ansatz beim «ästhetischen Gebrauchswertversprechen» (1971, 17) für die Analyse von Werbung und Warenschein nach wie vor aufschlussreich ist. Haug übersieht das Phänomen der Fetischisierung indes fast vollständig. Unbrauchbar dagegen ist Bongard 1964.

34 Z. B. Dichtl/Eggers 1996, 189. Die Markenpersönlichkeit «besitzt in Analogie zur menschlichen Persönlichkeit ein unverwechselbares Profil ... und vermittelt den Verbrauchern Kompetenz, Verantwortungsbereitschaft sowie die Sicherheit, daß man sich auf sie verlassen kann» (ebd.).

35 Vgl. dazu Leitherer 2001; Hellmann 2003 (Kap. Die Marke als Persönlichkeit). Für den Hinweis danke ich Holm Friebe. – Die heutige Gegentendenz, die Vermarktung nämlich von No-Name-Produkten, die in konsumkritischen Käuferschichten erfolgreich sind, aber natürlich dennoch und selbst international kapitalistisch funktionieren, analysiert Klein 2001. – Generell: Jhally 1987.

36 Horkheimer/Adorno 1981, 58 (im Exkurs I: *Odysseus oder Mythos und Aufklärung* erwähnen die Autoren die sagenhaften Lotus-Esser des homerischen Epos).

37 Horkheimer/Adorno 1981, 119/20 (unter Verwendung eines Zitats von Toqueville).

38 Z. B. Willis 1979; 1981 und 1990. – Wissenschaftshistorisch: Lindner 2000. – Lutter/Reisenleitner 1998, 22–39; dies. 2000.

39 Vgl. den insgesamt spätmarxistisch geführten Überblick bei Hinz 1998, 49–64.

40 Vgl. den Überblick über die Diskussion der Kulturindustrie-These bei Gurk 1996.

41 Ich folge hier der kategorialen Unterscheidung von Stratton 1996, 25–57.

42 Zuerst: Reading the Popular; Boston 1989.

43 Fiske 2000, 113–150. – Einen Überblick über die amerikanische Forschung zu Madonna bieten Brooks 1997, 147–162, 199–204; Gamman/ Makinen 1994, 182ff.; Williamson 1986b, 46–47; Miklitsch 1998, 99–138; Bechdolf 2000.

44 Man vergleiche das diesbezüglich unterhaltsame, insgesamt aber analytisch unergiebige Buch von Grasskamp 2000.

45 Das hat vor einiger Zeit Asman 1997, 119–177, geleistet, vor ihr Trunz 1972, 13–61.

46 Die Seitenangaben nach der zurzeit besten Edition des Textes: Goethe 1997.

47 Vgl. Asman 1997a, 132f., 152–54, die auf diesen Aspekt aufmerksam macht.

48 Vgl. Winnicott 1953, 88–97, sowie S. 436–42 dieses Buchs.

49 Jean Baudrillard arbeitet in seinem Kapitel «Die Sammlung» diesen Gedanken heraus (1991, 110–136).

50 Dies beobachtet auch Walter Benjamin: «So aber ergeht es mit den Dingen dem großen Sammler. Sie stoßen ihm zu. Wie er ihnen nachstellt und auf sie trifft, welche Veränderung in allen Stücken ein neues Stück, das hinzutritt, bewirkt, das alles zeigt ihm seine Sachen in ständigem Fluten.» (1983, Bd. 1, 272) Darum ist der Sammler ein Allegoriker der Zeit und des Traumlebens (ebd., 272/73).

51 An Charles Dickens' Roman «Der Raritätenkasten» zeigt Benjamin diese Metamorphose, durch die «arme, wertlose Dinge» erneut zu Wert gelangen: «Daß aber

dieser Dingwelt, der verworfenen, verlorenen, die Möglichkeit des Übergangs und der dialektischen Rettung selbst innewohnt, hat Dickens erkannt ...» (Benjamin 1983, Bd. 1, 276)

52 Vgl. Göhre 1907, 99ff.; Sombart 1928; Stürzebecher 1979; Strohmeyer 1980; Colze 1989; Frei 1984; Gerlach 1988; Wolschke 2001.

4 Fetischismus, Sexualität und Psychoanalyse

1 Die erste vollständige deutsche Übersetzung der Aufzeichnungen dieses Gentlemans ist: Walter (Anonymus) 1997. Der englische Text erschien zuerst 1888–1892. Die Aufzeichnungen beginnen ca. 1825/30. – Vgl. Marcus 1979, 88–179.

2 All dies sind topische Attribute der *femme fatale*. Vgl. Rudloff 1987.

3 Zu Fetischen und Ausstattungen bei Sacher-Masoch vgl. Koschorke 1988, 139ff., sowie Deleuze 1997, hier 185ff.; Böhme 2003a; Weibel 2003.

4 Auch dieser Auffassung stimmt Havelock Ellis zu: Bei vollendetem Fetischismus wird «die Person als solche gar nicht mehr gesucht, nur noch als Appendix des Symbols angesehen oder sie tritt überhaupt vollkommen in den Hintergrund und nur noch das Symbol ist Ziel und genügt vollständig und allein zur geschlechtlichen Befriedigung.» (Ellis 1907/1920, 135)

5 Vgl. auch: North 1970, 20ff.; Pietz 1985, 9.

6 Étienne-Maurice Falconet: Pygmalion. 1763. Baltimore, Walters Art Gallery. 58 cm Höhe. Dazu: Diderot 1967, Bd. 1, 468–70.

7 Zitiert wird nach Krafft-Ebing 1912/1993 (= Nachdruck der von Alfred Fuchs hg. 14. Aufl.).

8 Während ‹Sadismus› «nach dem berüchtigten Marquis de Sade» in der französischen Literatur als Name für das «eingebürgert» sei, was man in Deutschland «aktive Algolagnie» (A. v. Schrenck-Notzing) nennt, wird der Term ‹Masochismus› von Krafft-Ebing geprägt, in Anlehnung an den «geachteten Schriftsteller», der «diese wissenschaftlich damals noch gar nicht gekannte Perversion zum Gegenstand seiner Darstellungen überaus häufig gemacht hatte» (1912, 105). Der Fetischismus ist in der 6. Auflage mit nur neun Seiten vertreten, offensichtlich nach Kenntnisnahme der Initialstudie von Binet. Interessant ist nun, dass im Verhältnis zu allen anderen Erscheinungen psychopathologischer Sexualität der Fetischismus in den folgenden Auflagen den rasantesten Anstieg erfährt: von neun Seiten (6. Aufl.) über 36 Seiten (8. Aufl. 1898) bis auf 48 Seiten (12. Aufl., letzter Hand 1902). Nachdem der Fetischismus in der 6. Auflage quantitativ noch weit hinter dem Sadismus und Masochismus rangiert, ist er nun auf Platz 1 der Perversionen geklettert. Dies ist auch bedeutsam: Von der 8. Auflage an werden dem Grundlagenkapitel erstmals drei Abschnitte über Fetischismus angehängt – als einziges Beispiel von Perversionen.

9 Krafft-Ebing erkennt einerseits bei Frauen einen Hang zur sexuellen Aufladung ihrer Oberflächen durch Kleidung, Putz, Frisur, Schminke etc. (1912, 15, 19). Andererseits beobachtet er fetischistische Perversionen nur bei Männern (Frauen sind *terra incognita*, ebd., 21). Und da Männer Frauen ohnehin nur sexuell wahrnehmen, öffnet sich bereits in der gewöhnlichen Gender-Ordnung ein Einfallstor für die Perversion: Die modische Zurichtung der Frau erhöht unbeabsichtigt die Gefahr der Fetischisierung irgendeines ihrer zur Attraktionsverstärkung aufgeputzten Körperteile oder des modischen Putzes selbst. Schreckliche Stimulanzen für die hungrige Perversion!

10 Vgl. de Man 1984; ders.: 1993, hier 14of. De Man liest auch den Pygmalion-Mythos im Schema der Prosopopöie, in ders.: 1897. Vgl. auch: Mülder-Bach 1997, hier 272, 297; Menke 2000.

11 Zu Pygmalion vgl. Mayer/Neumann 1997 (mit umfangreicher Bibliographie).

12 Die Freud-Zitate erfolgen nach der Studienausgabe in 10 Bänden und Erg.-Bd. Hg. v. A. Mitscherlich, A. Richards, J. Strachey, Frankfurt am Main 1969–1979; abgekürzt als St.A. + römische Bandziffer + Seitenzahl. Andere Zitate Freuds werden gesondert nachgewiesen.

13 Freud 1992. – Vgl. Jones 1960–62, Bd. 2, 351, 362–63. In letzterem Eintrag gibt Jones eine Zusammenfassung des bisher unaufgefundenen Vortrags über Fußfetischismus vom 11. März 1914.

14 Eine gute Einführung in Freuds Fetischtheorie bieten Smirnoff 1972 und Dorey 1972. Ferner: Gamman/Makinen 1994, 37–44.

15 Dafür liefert Freud 1907 ein Beispiel. In «Der Wahn und die Träume in W. Jensens Gradiva» (1907) zeigt der Protagonist, der Archäologe Norbert Hanold, eine Variante «fetischistischer Erotomanie» (St.A. X, 44). Seine seltsame Leidenschaft für die Fußstellung einer Steinfigur ist für Freud das Beispiel einer unbewussten Erinnerung: Das ist hier der Fußfetisch, wobei er auf Binet verweist (45/46). «Verdrängtes Unbewusstes» bedeutet: Hanold erinnert sich nicht, sondern die Fetischisierung fixiert ihn unbewusst auf eine verdrängte Szene der Kindheit.

16 Im Aufsatz «Ein Kind wird geschlagen» (1919) kommt Freud erneut auf das Ungenügende des Binet'schen Erinnerungskonzeptes zu sprechen: «Wenn aber diese Vorgänge (= der Sublimierung, H. B.) ausbleiben, dann erhält sich die Perversion im reifen Leben, und wo wir beim Erwachsenen eine sexuelle Abirrung – Perversion, Fetischismus, Inversion – vorfinden, da erwarten wir mit Recht, ein solches fixierendes Erlebnis der Kinderzeit durch anamnestische Erforschung aufzudecken. Ja lange vor der Zeit der Psychoanalyse haben Beobachter wie Binet die sonderbaren sexuellen Abirrungen der Reifezeit auf solche Eindrücke, gerade der nämlichen Kinderjahre von fünf oder sechs Jahren, zurückführen können. Man wird hierbei allerdings auf eine Schranke unseres Verständnisses gestoßen, denn den fixierenden Eindrücken fehlt jede traumatische Kraft ...; man kann nicht sagen, warum sich das Sexualstreben gerade an sie fixiert hatte.» (St.A. VII, 233/34) Der Fetisch ist

nicht nur ein sexuelles, sondern auch ein traumatisches «Denkmal» (St.A. III, 385) einer Zeit weit vor dem fünften oder sechsten Lebensjahr.

17 Ein interessanter Roman, der auf Fußfetischismus beruht, stammt von Ernst Weiss: Der Verführer (1937), Frankfurt am Main 1980.

18 Stoller 1985, 155: «I have a hunch about the dynamics of erotic fetishes ... An object ... becomes a fetish when it stands for ... meanings that are wholly, or in crucial parts of the text, unconscious: a fetish is a story masquerading as an object.» Übersetzung zit. nach Garber 1994, hier 217.

19 Vgl. zum Zusammenhang von Fetischismus und Medusenanblick Kofman 1985, 82–89.

20 Sarah Kofman nennt den Fetischismus «a real compromise» und «a split between denial and affirmation of castration» (1985, 86).

21 Die «Wunde» erinnert immer an Kastration; Freud konstatiert dies zuerst in der Leonardo-Studie von 1910. Er spricht hier, im Sinne der infantilen Sexualtheorie, von der mit Penis ausgestatteten Frau, von Kastration und der Wahrnehmung des weiblichen Genitales als «Wunde» (St.A. X, 121, 120–122). Die ursprüngliche Schaulust wandele sich in Abscheu vor dem weiblichen Genitale, oft Ursache von Impotenz und Homosexualität. Die frühe Annahme des «heißbegehrten Objekts» – phallische Frau – hinterlässt «unauslöschliche Spuren», wovon der Fetischismus ein Zeugnis gibt; insofern ist der Fetisch ein «Ersatzsymbol». Zopfabschneider wiederholen an der Frau die Kastration.

22 «Es scheint mir nur, daß man die Bedeutung des Kastrationskomplexes erst richtig würdigen kann, wenn man seine Entstehung in der Phase des Phallusprimats mitberücksichtigt.» (St.A. V, 239)

23 Interessant ist der Fall eines Philosophen (Freud 1909/1992, 13), der seine voyeuristische Schaulust an der sich stets vor ihm entkleidenden Mutter ins Intellektuelle sublimiert; er spaltet den vermiedenen Anblick der nackten Mutter in zwei Fetischtypen auf: die Sprache (als Philosoph) und die Kleider (als Voyeur).

24 Frazer 1910, Bd. 1, 3ff. – In das «Unbehagen in der Kultur» (1930) bringt Freud jenes in der ethnologischen Literatur häufig zitierte Beispiel, wonach der Gläubige im Falle von Unglück nicht bei sich, sondern beim Fetisch die Schuld sucht und diesen, statt sich selbst, verprügelt – im Unterschied zum zivilisatorisch höher entwickelten Schuldbewusstsein aus Autoritätsangst oder Angst vor dem Über-Ich (Volk Israel). Deutlich wird an solchen Beiläufigkeiten, wie sehr Freud die Meinung über den Primitivismus des Fetischdienstes teilt (St.A. IX, 253).

25 «Dann andere, die das Genitale überhaupt als Objekt aufgegeben haben, an seiner Statt einen anderen Körperteil zum begehrten Objekt erheben, die weibliche Brust, den Fuß, den Haarzopf. In weiterer Folge die, denen auch ein Körperteil nichts bedeutet, aber ein Kleidungsstück alle Wünsche erfüllt, ein Schuh, ein Stück weißer Wäsche, die Fetischisten.» (St.A. I, 302) – Es war Karl Abraham, der die binäre Form ‹partial versus total› in die Strukturtheorie einführte; sie spielt in der Schule von

Melanie Klein eine wesentliche Rolle und ist geeignet, die fetischistische Besetzung zu erklären.

26 Diesen Aufsatz übersetzt Joan Riviere, die von Freud geschätzte Übersetzerin vieler seiner Werke, 1929 ins Englische, in unmittelbarer Nachbarschaft zu ihrer eigenen Arbeit «Womenliness as a Masquerade» (s. dazu S. 434–36 dieses Buchs).

27 In den Fetischismus findet nur Eingang, was die «Rücksicht auf Darstellbarkeit» erfüllt, also szenisch agierbar ist. Diesen Term hatte Freud in der «Traumdeutung» von 1900 eingeführt als ein ästhetisches Prinzip, wonach der Traum nur das verarbeiten kann, was visuelle Darstellung erlaubt (St.A. II, 309ff.).

28 Aus dem Fetischismus-Aufsatz Freuds entwickelt Guy Rosolato (1972) seine These vom «Fetischismus, dessen Objekt sich ‹entzieht›» – mit waghalsigen Thesen über Blickführung und sprachliche Verschiebungen.

29 Diese Form des unbewussten Wissens, das weiß, dass es etwas aufrechterhält, das imaginär ist, bringt auch Ernest Jones auf eine treffliche Formel: Hinsichtlich der «Wunde» Vagina «weiß man, aber weiß nicht, dass man weiß» (1932/1987, 267 u. 268).

30 S. dazu Jones 1962, Bd. II, 167. Stekel meldete sich nach den Mittwochsvorträgen offenbar stets mit der Bemerkung zu Wort, gerade heute Morgen einen Patienten mit einem Symptom behandelt zu haben, das trefflich zum Vortrags-Thema des Abends passte.

31 Die Fälle sind in Stekels großformatigem Buch zumeist engzeilig und in kleiner Schrifttype gedruckt, sodass diese Fallgeschichte ca. 80 normalen Druckseiten entspricht.

32 «Gerade diese Traumanalyse ist ein glänzender Beweis, dass man in den meisten Träumen mit der Methode Freuds nicht weiter kommt und unbedingt nach meiner Methode arbeiten muß, wenn man zu neuen Erkenntnissen kommen will.» (Stekel 270) Stekel meint damit seine Begabung, Symbole zu entziffern und, entgegen der psychoanalytischen Zurückhaltung, aktiv in den therapeutischen Prozess einzugreifen. Das Stekel'sche Konzept einer aktiv deutenden, intervenierenden Therapie wird von Fages (1981, 90–92.) als ein Grund des Bruchs mit Freud angesehen, ebenso wie ein latenter Jungianismus.

33 Zu Stekels Spürsinn für Unbewusstes und Symbolisches vgl. Jones (1962, Bd. II, 165–66). Freud nennt im Brief an C. G. Jung Stekel, anlässlich des Erscheinens von dessen «Die Sprache des Traumes», 1911, ein «Schwein», das «Trüffeln findet» (nach Nitzschke 1992, 177).

34 Eulenburg 1914. Eulenburg war zusammen mit dem Sexualforscher Iwan Bloch Herausgeber der Zeitschrift. Bloch (1872–1922) hatte pseudonym ein unbedeutendes Buch über Fetischismus geschrieben: Veriphantor 1903.

35 «Die Vielheit seiner Sammlung dient dazu, die Einheit zu ersetzen. Der Haremskult verbirgt einen starren erotischen Monotheismus.» (Stekel 1923, 584) Man erkennt, dass Stekel aus der Binet'schen Beobachtung des Tyrannischen und Monotheisti-

schen des Fetischs wesentliche Säulen seiner ‹Theorie› macht: Fetischismus als Religion und als Despotie über die Sammlung.

36 Noch in der Freud-Ära im «Zentralblatt für Psychoanalyse» (Bd. 1, Heft 1, 1911). Dessen Leitung hatte Freud 1910 an Alfred Adler und Stekel übertragen. Nach dem Bruch mit Adler wehrte sich Stekel heftig dagegen, dass, nach dem Wunsch von Freud, Viktor Tausk die Mitleitung übernehmen sollte. Nach dem Bruch mit Tausk überließ Freud Stekel das «Zentralblatt» (Mitte 1912), das wenig später eingestellt werden musste.

37 Aufschlussreich ist, dass Stekel die Christus-Neurose in den Mittelpunkt des Falls jenes «Mittwochs-Patienten» stellt, den er 1909 nach Freuds Fetischismus-Vortrag schon vorgestellt hatte. Stekel, der die Autorität Freuds immer wieder provozierte, baut in diesen Fall (Stekel 1923, 183–225) alles ein, was zur ‹Szene› zwischen ihm und Vater-Freud gehört: Christus, der sich selbst dem väterlichen Gesetz opfert; Christus, der sich unterwirft, um der geliebte Sohn zu sein; Zeus, der den Vater Chronos kastriert; Ödipus, der für den Mutter-Inzest und Vater-Mord durch Blendung (Kastration) sich selbst bestraft und aus der Gemeinschaft verstößt; die «Lust ohne Schuld», die es bei Freud, der Stekel Fehlen «moralischen Schwachsinns» vorwirft (Jones 1962, Bd. II, 167/69), nicht gibt; die exzessive Onanie, deretwegen Stekel in Freuds Behandlung war; der vergebliche Versuch der Selbstkasteiung; die den Thesen Freuds entgegengesetzte Auslegung des Fußfetischismus; der Angriff auf die Freud'sche These, dass der Fetischismus einer traumatischen Wirkung einer Urszene entstamme: Es ist nicht übertrieben, wenn man in dieser Fallgeschichte auch eine Abarbeitung der Verstoßung Stekels durch Freud sieht.

38 Zwar hat Theodor W. Adorno in seinem Werk immer wieder vom Fetischcharakter auf halb marxistischer, halb psychoanalytischer Ebene gesprochen, doch der systemischen Bedeutung des Konzepts niemals eine gründlichere Reflexion gewidmet.

39 Dazu Klein 1979, 157–309. Vgl. schon die früheren Aufsätze von Klein 1927/1985 sowie Klein 1945/1985. – Die guten und bösen Objekte sind, anders als der dingliche Fetisch, reine Introjekte (Imagines).

40 Meuli bezeichnet mit diesem Begriff das Schauspiel der eigenen Unschuld bei antiken Opfergebräuchen.

41 Dass der Ursprungsmythos Freuds, trotz der vielen Referenzen auf die empirische Ethnologie, eine literarische Fiktion darstellt, ist ihm selbst klar.

42 Freud bezieht sich hier auf Faust I, Vers 1237. Es ist die dritte Variante von Fausts Versuch, den Anfang des Johannes-Evangeliums zu übersetzen. Zuvor hatte er als «Anfang» des ‹logos› gesetzt: «Wort», «Sinn», «Kraft». Es ist bedeutsam, wenn Freud die «Tat», d. h. die Praxis, an den Anfang setzt und nicht die Sprache. Lacan wird demgegenüber wieder das «Wort» als unhintergehbaren ‹Anfang› setzen – und behaupten, damit zu Freud zurückzukehren. Das ist fraglich.

43 Dass hierher auch das Abendmahl gehört, weiß Freud (St.A. IX, 430ff.).

44 Über Girard vgl. Assmann, H. 1997; Palaver 1998; Hammerton-Kelly 1986; Greisch 1984. – Zum Opfer: Schenk 1984; Burkert 1983.

45 Auf die Lacan'schen Spekulationen um das «objet a» (das Objekt klein a), woran sich viele Interpreten des Lacan'schen Fetischkonzepts abarbeiten, gehe ich überhaupt nicht ein, um halbwegs verständlich zu bleiben. Es kommt dabei auch nicht mehr heraus, als was sich in psychoanalytischer Normalsprache sagen ließe. – Ebenfalls gehe ich nicht auf den zusammen mit Granoff zuerst auf Englisch erschienenen Aufsatz ein, der Fetischismus zwar im Titel trägt, indes zur Fetischtheorie nicht viel beiträgt (Lacan/Granoff 1956/1986).

46 Lacan bezieht sich auf das berühmte, von Freud analysierte Fort-da-Spiel eines kleinen Jungen, der mittels eines Jo-Jos, das er fortschleuderte und wieder durch den Spulfaden heranzog, die An- und Abwesenheit der Mutter symbolisch verarbeitete (Freud St.A., Bd. 3, 224–27). Vgl. dazu Bernard 1980, 82–84.

47 Diese ‹Ältere› der Mutter hatte 1861 schon Bachofen (1997) vertreten. Vgl. auch den Jungianer Neumann 1985.

48 Es bleibt unerfindlich, warum das Unbewusste ein Schauplatz ohne Geschichte, Kultur und Gesellschaft, dafür aber ein Ort der Sprache sein sollte.

49 Marcia Ian kommentiert das abenteuerliche Jonglieren mit der logischen Kopula des Penis/Phallus wie folgt: «Nevertheless, to assign, as psychoanalysis does, to the penis, ‹raised› to the symbolic function of the phallus, the status of universal signifier, the signifier of all possible conjunctions of bodies, is to make of it a fetish against the threat of its loss ... The penis is not and never was the universal organ of connection. It is never even a temporary organ of connection between mothers and daughters, or women and women, or even, and this is most to the point because it is this relation upon which all psychoanalysis is based, between mothers and infant sons.» (1993, 32)

50 Im gleichen Jahr wurde der Aufsatz ins Deutsche übersetzt unter dem Titel «Weiblichkeit als Maske». Zitiert wird hier nach der Fassung 1994. Weissberg spricht davon, dass Lacan seinen Bezug auf Riviere verschleiert habe (1994, 9). Ihr Vorwort weist sorgfältig die Wirkung des Maskeradekonzepts von Riviere nach, besonders im angloamerikanischen Raum. Vgl. dazu auch den Kommentar von Lili Gast in Riviere 1996, 60, 83–86. Ferner Benthien/Stephan 2003.

51 Die erste Formulierung findet man in Winnicott (1953, 88–97). Zitiert wird nach der deutschen Fassung (1969, 666–82).

52 Nach Winnicott ermöglicht *the good-enough-mother* dem Kind die Erfahrung einer Verschmelzung mit dem Mutter-Objekt, das sogar als Bestandteil und Kreation des Kindes phantasiert werden kann. Die Mutter muss dann, was schwierig genug ist, den Übergang von dieser Illusion zur Desillusionierung einräumen, d. h. eine nicht-traumatische Erfahrung davon ermöglichen, dass es die eigenständige Welt der Objekte gibt, zu der Beziehung aufzunehmen der nächste Schritt der Reifung wäre: Unterstützung erhält das Kind dabei von seinen Übergangsobjekten, die von

der Mutter geduldet werden müssen, auch wenn sie vorübergehend ‹wichtiger› als die Mutter selbst erscheinen. Vgl. Winnicott 1953/1969, 676/77, sowie ders. 1979, 20–25, 58/59, 93–95, 99. Eine Darstellung der Theorie Winnicotts liefert Litt 1986.

53 Winnicott spricht auch von einem «intermediären Spielplatz» (Winnicott 1979, 59) oder einem «potentiellen Raum/potential space» (ebd., 52, 59, 116, 124–27).

54 Vgl. H. Lang 1986, 213–18. – Erstaunlich ist, dass Winnicott das Fort-da-Spiel unerwähnt lässt, weil er eine ganz ähnliche Situation selbst schildert (1979, 112–14).

55 «... der Mensch spielt nur, wo er in voller Bedeutung Mensch ist, und er ist nur da ganz Mensch, wo er spielt.» In: Schiller 1968, Bd. 5, 618. An vielen Stellen vertritt diese Auffassung auch Nietzsche. Vgl. Groos 1899/1973; Buytendijk 1933; Huizinga 1939/1956; Caillois 1982.

56 Susanne K. Langer und Hannah Segal, zit. nach Mitscherlich 1984, hier 190.

57 Huizinga 1939/1956, 24. Winnicott ist kein Theoretiker; insofern fällt seine Entdeckung der subjektkonstitutiven Rolle des Spiels theoretisch dürftig aus, vgl. Winnicott 1979, 49–53, 58–60, 63–64. Wichtig ist sein Hinweis, dass das Spiel nur unter der Voraussetzung beginnen kann, dass die Ängste nicht zu groß und die Triebe nicht zu stark sind; beides ließe den ‹Rahmen› (den intermediären Spielplatz) kollabieren (ebd., 64).

58 Melitta Sperling (1963) polemisiert gegen Winnicotts Terminologie als «not only fallacious but dangerous»; sie demonstriert eine Reihe von Fällen kindlichen Fetischismus (auch von Mädchen) und tritt Wulffs Position bei (Sperling 1963, 377). – Was es bedeutet, dass Winnicott seine Kritik an Wulff in der erweiterten Fassung seines Aufsatzes als Kap. 1 in «Playing and Reality» fortlässt, kann ich nicht beurteilen (Winnicott 1979, 23/24: Hier stand früher die Wulff-Kritik).

59 «Was ich Übergangsphänomene nenne, ist universal.» (Winnicott 1979, 51); ebenso hält er «das Spiel für das Universale» (ebd., 52).

60 Nach Greenacre zielt das Begehren des Fetischs darauf, Unzerstörbarkeit zu sichern und «to fill a sense of lack in the body image». Der Fetisch sei ein bisexuelles Symbol und «serves as a bridge which would both deny and affirm the sexual differences» (1969, 146, 150). Dieser Auffassung ist auch Roger Dorey: Die «bisexuelle Identifizierung führt zu einer Art von permanenter Oszillation des *body-self* mit kurzen Identifizierungen mit anderen, vor allem mittels des Sehens, besonders in sexuellen Situationen.» Aus diesem Changieren der *gender*-Form erklären Greenacre und Dorey die Theatralität des Fetischismus. Die Oszillation habe ihren Ursprung darin, dass die Identifizierung mit der Mutter heißt, sich mal mit der phallischen, mal mit der kastrierten Mutter zu identifizieren. «Der Fetischist», sagt Dorey, «leidet ... am Elend der Kastrationsangst.» (1972, 53–54)

61 «Der Fetisch erscheint dann ... als Versuch, die Integrität des Körpers der Mutter und mithin die des Subjekts selbst wiederherzustellen.» (Dorey 1972, 48)

62 «Die fetischistische Phantasie schützte das Ich vor einem psychotischen Zusammenbruch.» (Khan 1983, 234)

63 Eigentlich hat nicht Winnicott, wie oft behauptet wird, sondern Melanie Klein den *reparative drive* zuerst ausgearbeitet (vgl. M. Klein 1979, 214ff., 221f., 301f.).

64 Dies ist ein rabiater Zusammenschnitt der Geschichte der psychoanalytischen Fetischismusforschung. Man lese dazu ausführlicher «Der Fetisch als Negation des Selbst», in Khan 1983, 197–252.

65 Die französische Ausgabe wird bis heute nachgedruckt. Deutsche Übersetzung: Pontalis 1972.

66 Vgl. dazu Clifford/Marcus 1986; James 1996. Die Debatte dokumentieren: Berg/Fuchs 1993.

67 Das trifft auf weibliche Analytikerinnen wie Helene Deutsch («The Denial of the Vagina», 1933) oder Melanie Klein natürlich nicht zu.

68 Das ist deutlich gegen Lacan gerichtet und bezieht sich auf Melanie Klein, die «demotes the phallus from its position as His Majesty the Signifier» (Ian 1993, 45).

69 «Both Freud and Klein offer a surreal vision of the world as a uterus from which there is no exit and a breast to which there is no return. Both assume that every child begins the world as half of a luxuriously intimate reflexive dyad that remains the model for knowing, being, desiring, and doing ever after.» (Ian 1993, 47)

70 «‹Lustful substitution› to an tangible symbol» (Ian 1993, 53/54). Darin steckt eine indirekte Erklärung für das «Noli me tangere», das der nachösterliche Jesus zu Maria Magdalena spricht: Es ist ein Fetischisierungsverbot. An Jesus zu glauben setzt eine strikte Trennung von Zeichen und Bedeutung voraus, die gerade im Fetisch, bei dem beides zusammenfällt, nicht besteht. Die religiöse Berührung – etwa im Reliquienkult oder auch im Abendmahl – ist demnach ein fetischistischer Akt.

71 Am Subjekt (und seinem Unbewussten) gibt es nichts, was früher als Sprache wäre: «there is no place in the unconscious that is not always already engaged in producing representation» (Ian 1993, 175).

72 Siehe auch Quinlan 2003; Taylor u. a. 2004; Bailey/Ulman 2005.

73 Laver 1979, zit. nach Gamman/Makinen 1994, 205, und Steele 1996, 60.

74 Zur Geschichte der Mode vgl. Esposito 2004.

75 In den «Afterthoughts» in ‹Visual Pleasure and Narrative Cinema› (Mulvey 1989/1994, 29–38) – sie hat unterdessen Lacan, Bachtin, Kristeva, Barthes, Viktor Turner etc. gelesen – meint Mulvey rückblickend, sie habe ihre Deutung zu dichotomisch gebaut. Die weibliche Zuschauerin wird jetzt so konstruiert, dass sie durch die männliche Disposition des Hollywood-Films in eine Art maskuline Position gedrängt wird, weil alle Aktion dem Helden reserviert ist. Frauen würden im Kino konditioniert, ihr Geschlecht zu transgredieren, jedenfalls als Zuschauerin projektiv eine Art *sex crossing* zu durchlaufen. Dieser Meinung ist auch Doane 1994, 76ff.

76 Der Star wäre ein gesondertes Untersuchungsfeld für Fetischismusanalysen; vgl. Faulstich/Korte 1997; Faulstich 2000; Gutmair 2000; Bronfen/Straumann 2002. Sie alle vernachlässigen völlig den Zusammenhang mit Fetischismus und Idolatrie.

Ausblick

1 Yalçin, Fatma: Anwesende Abwesenheit. Zur Entwicklungsgeschichte von Bildern mit menschenleeren Räumen, Rückenfiguren und Lauschern im holländischen 17. Jahrhundert. München 2004.

LITERATUR

Adamowsky, Natascha (2002): Spielfiguren in virtuellen Welten, Frankfurt am Main.

Adamowsky, Natascha (2002): Body Snatcher Chic – technische Invasionen und Körperphantasien. In: Dencker, Klaus Peter (Hg.): Die Politik der Maschine. Interface 5. Hamburg, S. 161–172.

Adler, Alfred (1972): Die Ethnologie und die Fetische. In: Pontalis, J.-B. (Hg.): Objekte des Fetischismus. Frankfurt am Main, S. 217–233.

Agamben, Giorgio (1998): Bartleby oder die Kontingenz. Berlin.

Allerkamp, Andrea (1991): «Ihm ging es um die Darstellung eines Steins aus Stein – in Wörtern.» Anmerkungen zu Hubert Fichtes Entwurf poetischer Doubles. In: Revue des Instituts d'Études Germaniques: Lyon II, Nice, Marseille, Montpellier, H. 21, S. 23–40.

Allgemeine deutsche Real-Encyclopädie für die gebildeten Stände (Conversations-Lexicon) (1820). 10 Bde. 5. Aufl. Leipzig.

Angenendt, Arnold (1994): Heilige und Reliquien. Die Geschichte ihres Kultes vom frühen Christentum bis zur Gegenwart. München.

Apter, Emily (1991): Feminizing the Fetish. Psychoanalysis and Narrative Obsesssion in Turn-of-the-Century France. Ithaca, London.

Ariès, Philippe (1976): Studien zur Geschichte des Todes im Abendland. München.

Arnold, Sabine (1998): Die Dankbarkeit der Heldenmasse. Jubiläumsfeiern in Volgograd. In: Arnold, S./Fuhrmeister, D./Schiller, D. (Hg.): Politische Inszenierung im 20. Jahrhundert: Zur Sinnlichkeit der Macht. Wien u. a., S. 98–107.

Asclepius (1997). Übers. und eingel. von Jens Holzhausen. In: Das Corpus Hermeticum Deutsch: Übersetzung, Darstellung und Kommentierung in drei Teilen bearb. und hg. von Carsten Colpe und Jens Holzhausen. Stuttgart-Bad Cannstatt, S. 309–311.

Asendorf, Christoph (1984): Batterien der Lebenskraft. Zur Geschichte der Dinge und ihrer Wahrnehmung im 19. Jahrhundert. Gießen.

Asendorf, Christoph (1989): Ströme und Strahlen. Das langsame Verschwinden der Materie um 1900. Gießen.

Asman, Carrie L. (1993): Georg Simmels Psychologie des Schmucks. Vom Diamanten zur Glühbirne. In: Frauen – Kunst – Wissenschaft, H. 17, S. 15–22.

Asman, Carrie L. (1997): Kunstkammer als Kommunikationsspiel. Goethe inszeniert eine Sammlung. In: Johann Wolfgang Goethe: Der Sammler und die Seinigen, hg. von Carrie Asman. Berlin, S. 119–177.

Asman, Carrie L. (2002): Der Kult um Vermeer – Kultur- und Wissenschaftsgeschichten zur Perle. In: Ecker, Gisela/Breger, Claudia/Scholz, Susanne (Hg.): Dinge. Medien der Aneignung. Grenzen der Verfügung. Königstein, S. 70–86.

Assmann, Aleida (1996): Texte, Spuren, Abfall: Die wechselnden Medien des kulturellen Gedächtnisses. In: Böhme, Hartmut/Scherpe, Klaus (Hg.): Literatur und Kulturwissenschaften. Positionen, Theorien, Modelle. Reinbek bei Hamburg, S. 96–112.

Assmann, Aleida (1997): Belebte Bilder: Der Pygmalion-Mythos zwischen Religion und Kunst. In: Mayer, Mathias/Neumann, Gerhard (Hg.): Pygmalion. Die Geschichte des Mythos in der abendländischen Kultur. Freiburg, S. 63–89.

Assmann, Aleida (1999): Erinnerungsräume. Formen und Wandlungen des Gedächtnisses. München.

Assmann, Hugo (1997) (Hg.): Götzenbilder und Opfer. René Girard im Gespräch mit der Befreiungstheologie. Münster, Hamburg, London.

Assmann, Jan (1991): Stein und Zeit. Mensch und Gesellschaft im alten Ägypten. München.

Assmann, Jan (1996): Ägypten. Eine Sinnesgeschichte. München.

Assmann, Jan (2001): Tod und Jenseits im alten Ägypten. München.

Augustinus (426/1978): De Civitate Dei. Vom Gottesstaat. Bd. I und II übers. von Wilhelm Thimme. Zürich und München.

Augustinus (389–91/1962): De Vera Religione/Von der wahren Religion. In: Theologische Frühschriften. Lat. und dt. hg. von Wilhelm Thimme. Zürich.

Aurnhammer, Achim (1986): Androgynie. Studien zu einem Motiv in der europäischen Literatur. Köln.

Bachelard, Gaston (1947/48): Bd. 1: La Terre et les Rêveries de la Volonté. Bd. 2: La Terre et les Rêveries du Repos. Paris.

Bachofen, Johann Jakob (1997): Das Mutterrecht. Eine Untersuchung über die Gynaikokratie der alten Welt nach ihrer religiösen und rechtlichen Natur. Frankfurt am Main.

Bacon, Francis (1962): Das Neue Organon (Novum Organon). Hg. von Manfred Buhr. Berlin.

Baecker, Dirk (1990): Die Kunst der Unterscheidung. In: Baecker, Dirk/Beke, László/Meyer, Eva u. a.: Im Netz der Systeme. Hg. von Ars Electronica. Berlin, S. 7–39.

Baigrie, Brian S. (1996) (Hg.): Picturing Knowledge. Historical and Philosophical Problems concerning the Use of Art in Science. Toronto, Buffalo.

Bailey, Maria T./Ulman, Bonnie W. (2005): Trillion-dollar Moms: Marketing To A New Generation Of Mothers. Chicago.

Balibar, Étienne (1994): Masses, Classes, Ideas. Studies on Politics and Philosophy before and after Marx. London.

Bannwart, Édouard (1994): Die Medialisierung der Städte. In: Gerbel, K./Weibel, P. (Hg.): Intelligente Ambiente. Wien, S. 138–142.

Barkhoff, Jürgen/Böhme, Hartmut/Riou, Jeanne (2004) (Hg.): Netzwerke. Eine Kulturtechnik der Moderne. Köln.

Barloewen, Constantin von (1996) (Hg.): Der Tod in den Weltkulturen und Weltreligionen. Düsseldorf Köln.

Bärsch, Claus-Ekkehard (1998): Die politische Religion des Nationalsozialismus. München.

Barthes, Roland (1986): Sade Fourier Loyola. Frankfurt am Main.

Bassani, Ezio (1977): Kongo Nail Fetishism from the Chilocugo River Area. In: African Arts 10, No. 3, S. 36–40.

Bastian, Adolf (1859): Ein Besuch in San Salvador, der Hauptstadt des Königreichs Congo. Ein Beitrag zur Mythologie und Psychologie. Bremen.

Bastian, Adolf (1860): Der Mensch in der Geschichte. Zur Begründung einer psychologischen Weltanschauung. Bd. 2: Psychologie und Mythologie, Leipzig.

Bastian, Adolf (1868): Beiträge zur vergleichenden Psychologie. Die Seele und ihre Erscheinungsweisen in der Ethnographie. Berlin.

Bastian, Adolf (1881): Die Vorgeschichte der Ethnologie. Berlin.

Bastian, Adolf (1884): Der Fetisch an der Küste Guineas auf den der deutschen Forschung näher gerückten Stationen der Beobachtung. Berlin.

Bastian, Adolf (1894): Über Fetische und Zugehöriges. In: Ders.: Controversen in der Ethnologie. Bd. III. Berlin, S. 1–87.

Bataille, Georges (1975): Der verfemte Teil. In: Ders.: Das theoretische Werk. München, Bd. 1, S. 33–234.

Baudrillard, Jean (1968/1991): Das System der Dinge. Über unser Verhältnis zu den alltäglichen Gegenständen. Frankfurt am Main.

Baudrillard, Jean (1972): Fetischismus und Ideologie, die semiologische Reduktion. In: Pontalis, J. B.: Objekte des Fetischismus. Frankfurt am Main, S. 315–332.

Baudrillard, Jean (1982): L'échange symbolique et la mort, dt. Der symbolische Tausch und der Tod. Paris 1976. dt. München.

Baudrillard, Jean (1991): The Reality Gulf. In: The Guardian, 11. 1. 1991.

Baudrillard, Jean (1995a): Agonie des Realen. Frankfurt am Main.

Baudrillard, Jean (1995b): Simulacra and Simulation. Michigan.

Baum, Patrick/Höltgen, Stefan (2005) (Hg.): Lexikon der Postmoderne. Von Objekt bis Wunschmaschine. Begriffe und Personen. Bonn: DenkMal.

Baumgarten, Hans Michael (1994): Welches Subjekt ist verschwunden? Einige Distinktionen zum Begriff der Subjektivität. In: Schrödter, Hermann (Hg.): Das Verschwinden des Subjekts. Würzburg.

Bausinger, Hermann (2003): Die Botschaft der Dinge. In: Kallinich, Joachim/Bretthauer, Bastian (Hg.): Botschaft der Dinge (= Kataloge der Museumsstiftung Post und Telekommunikation, 18). Heidelberg.

Bechdolf, Ute (2000): Weibliches Charisma? Marlene, Marilyn und Madonna als Heldinnen der Popkultur. In: Nippel, Wilfried: Virtuosen der Macht. München, S. 33–44.

Beck, Herbert/Bredekamp, Horst (1997): Bilderkult und Bildersturm. In: Busch, Werner (Hg.): Funkkolleg Kunst. Eine Geschichte der Kunst im Wandel ihrer Funktionen. München, Zürich, S. 108–126.

Beck, Mary G. (1993): Potlatch: Native Ceremony and Myth on the Northwest Coast. Bellevue/WA.

Behrenbeck, Sabine (1996): Der Kult um die toten Helden. Nationalsozialistische Mythen, Riten und Symbole 1923–45. Vierow.

Beissel, Stephan (1991): Die Verehrung der Heiligen und ihrer Reliquien in Deutschland im Mittelalter. Darmstadt.

Belk, Russell W. (1994): Collectors and collecting. In: Interesting Objects and Collections. Hg. von Susan M. Pearce. New York, London, S. 317–326.

Belting, Hans (1990): Bild und Kult. Eine Geschichte des Bildes vor dem Zeitalter der Kunst. München.

Belting, Hans (2000): Bild und Schatten. Dantes Bildtheorie im Wandel zur Kunsttheorie. In: Ders.: Bild-Anthropologie. Entwürfe für eine Bildwissenschaft. München, S. 189–211.

Benjamin, Walter (1980): Gesammelte Schriften. Hg. von Rolf Tiedemann und Hermann Schweppenhäuser. Frankfurt am Main (= GS + Bd.).

Benjamin, Walter (1924/1980): Karl Hobrecker, Alte vergessene Kinderbücher. In: GS, Bd. III, S. 12–22.

Benjamin, Walter (1927–40/1983): Das Passagen-Werk. 2 Bde. Frankfurt am Main.

Benjamin, Walter (1928/1969): Der Ursprung des deutschen Trauerspiels. Frankfurt am Main.

Benjamin, Walter (1930/1980): Ein Außenseiter macht sich bemerkbar. In: GS, Bd. III, S. 219–225.

Benjamin, Walter (1931/1980): Ich packe meine Bibliothek aus. In: GS, Bd. IV/1, S. 388–396.

Benjamin, Walter (1936/1980): Das Kunstwerk im Zeitalter seiner technischen Reproduzierbarkeit (2. Fassung). In: GS Bd. I, S. 471–508.

Benjamin, Walter (1937/1980): Eduard Fuchs, der Sammler und der Historiker. In: GS, Bd. II/2, S. 465–505.

Benthien, Claudia/Stephan, Inge (2003) (Hg.): Männlichkeit als Maskerade. Köln.

Berg, Eberhard/Fuchs, Martin (1993) (Hg.): Kultur, soziale Praxis, Text. Die Krise der ethnographischen Repräsentation. Frankfurt am Main.

Bernard, Michel (1980): Der menschliche Körper und seine gesellschaftliche Bedeutung. Phänomen Phantasma Mythos. Bad Homburg.

Berr, Marie-Anne (1990): Technik und Körper. Berlin.

Beth, Karl (1927): Religion und Magie. Ein religionsgeschichtlicher Beitrag zur psychologischen Grundlegung der religiösen Prinzipienlehre. 2. Aufl. Leipzig und Berlin.

Binet, Alfred (1887): Le Fétichisme dans L'Amour. Étude de Psychologie Morbide. In: Revue Philosophique Bd. XXIV, H. 8 und 9 (1887), S. 143–167, S. 252–274.

Binet, Alfred (1888): Le Fétichisme dans L'Amour. In: Études de Psychologie Expéri-
mentale. Paris, S. 1–85.

Bloch, Marc (1983): Les Rois Thaumaturges. Étude sur le caractère surnaturel attribué
à la puissance royale particulièrement en France et en Angleterre. Paris.

Blühm, Andreas (1988): Pygmalion. Die Ikonographie eines Künstlermythos zwischen
1500 und 1900. Frankfurt am Main u. a.

Blumenberg, Hans (1960): Paradigmen zu einer Metaphorologie. Archiv für Begriffs-
geschichte Bd. 6, S. 7–142, 301–305.

Blumenberg, Hans (1983): Die Lesbarkeit der Welt. Frankfurt am Main.

Blumenberg, Hans (1987): Das Lachen der Thrakerin. Eine Urgeschichte der Theorie.
Frankfurt am Main.

Blumenberg, Hans (2001): Geld oder Leben. Eine metaphorologische Studie zur Konsistenz der Philosophie Georg Simmels. In: Ästhetische und metaphorologische
Schriften. Hg. von A. Haverkamp. Frankfurt am Main, S. 177–192.

Boccioni, Umberto (1914/1966): Futuristische Malerei und Plastik. In Baumgarth,
Christa (Hg.): Geschichte des Futurismus. Reinbek bei Hamburg, S. 201–217.

Boehm, Gottfried (1996): Die Lehre des Bilderverbots. In: Recki, Birgit/Wiesing, Lam-
bert (Hg.): Bild und Reflexion. Paradigmen und Perspektiven gegenwärtiger Ästhetik. München, S. 295–306.

Boesch, Ernst E. (1983): Das Magische und das Schöne. Zur Symbolik von Objekten
und Handlungen. Stuttgart.

Böhme, Gernot/Daele, Wolfgang van den/Krohn, Wolfgang (1974): Die Finalisierung
der Wissenschaft. In: Diederich, Werner (Hg.): Theorien der Wissenschaftsgeschichte. Beiträge zur diachronischen Wissenschaftstheorie. Frankfurt am Main,
S. 276–311.

Böhme, Gernot/Böhme, Hartmut (1996): Feuer – Wasser – Erde – Luft. Eine Kulturgeschichte der Elemente. München.

Böhme, Hartmut (1988): «Geheime Macht im Schoß der Erde». Das Symbolfeld des
Bergbaus zwischen Sozialgeschichte und Psychohistorie. In: Ders.: Natur und Subjekt. Frankfurt am Main, S. 67–144.

Böhme, Hartmut (1989): Albrecht Dürer: Melencolia I. Im Labyrinth der Deutung.
Frankfurt am Main.

Böhme, Hartmut (1989/2002): Die Ästhetik der Ruinen. In: Wulf, Christoph/Kamper,
Dietmar (Hg.): Logik und Leidenschaft. Erträge Historischer Anthropologie. Berlin,
S. 706–718.

Böhme, Hartmut (1994): Transsubstantiation und symbolisches Mahl. – Die Mysterien
des Essens und die Naturphilosophie. In: Zum Naturbegriff der Gegenwart. 2 Bde.
Stuttgart, Bd. 1, S. 139–158.

Böhme, Hartmut (1998): Fetisch und Idol. Die Temporalität von Erinnerungsformen in
Goethes Wilhelm Meister, Faust und Der Sammler und die Seinigen. In: Matussek,
Peter (Hg.): Goethe und die Verzeitlichung der Natur. München, S 178–202.

Böhme, Hartmut (1999): «Kein wahrer Prophet». Die Zeichen und das Nicht-Menschliche in Goethes Roman «Die Wahlverwandtschaften». In: Greve, Gisela (Hg.): Goethe. Die Wahlverwandtschaften. Tübingen, S. 97–125.

Böhme, Hartmut (1998): Fetischismus im neunzehnten Jahrhundert. Wissenschaftshistorische Analysen zur Karriere eines Konzepts. In: Barkhoff, Jürgen/Carr, Gilbert/Paulin, Roger (Hg.): Das schwierige neunzehnte Jahrhundert. Festschrift Eda Sagarra. Tübingen, S. 445–467.

Böhme, Hartmut (2001a): Das Fetischismus-Konzept von Marx und sein Kontext. In: Gerhardt, Volker (Hg.): Marxismus, Versuch einer Bilanz, Magdeburg, S. 289–319.

Böhme, Hartmut (2001b): Erotische Anatomie. Körperfragmentierung als ästhetisches Verfahren in Renaissance und Barock. In: Benthien, Claudia/Wulf, Christoph (Hg.): Körperteile. Eine kulturelle Anatomie. Reinbek bei Hamburg, S. 228–253.

Böhme, Hartmut (2002): Hesiod und die Kultur: Frühe griechische Konzepte von Natur, mythischer Ordnung und ästhetischer Wahrnehmung. In: Musner, Lutz/Wunberg, Gotthart (Hg.): Kulturwissenschaften. Forschung – Praxis – Positionen. Wien, S. 137–160.

Böhme, Hartmut (2003a): Bildung, Fetischismus und Vertraglichkeit in Leopold von Sacher-Masochs «Venus im Pelz». In: Spörk, Ingrid/Strohmaier, Alexandra (Hg.): Leopold von Sacher-Masoch. Graz, S. 11–41.

Böhme, Hartmut (2003b): Wang Fu's Cycle «Prima Materia/Riots». In: PARKETT 67, S. 166–170.

Böhme, Hartmut (2005): Albrecht Dürers Bildphantasie eines Meteoriteneinschlages. In: Widauer, Nives (Hg.): Meteoriten. Was von außen auf uns einstürzt. Zürich, S. 131–144.

Böhme, Jacob (1622/1997): De Signatura Rerum. In: Werke. Herausgegeben von Ferdinand van Ingen. Frankfurt am Main, S. 507–791.

Bolzoni, Lina (1994): Das Sammeln und die ars memoriae. In: Grote, Andreas (Hg): Macrocosmus im Microcosmus: Die Welt in der Stube. Zur Geschichte des Sammelns 1450–1800. Opladen, S. 129–169.

Bongard, Willi (1964): Fetische des Konsums. Hamburg.

Bonheim, Günter (1992): Zeichendeutung und Natursprache. Ein Versuch über Jacob Böhme. Würzburg.

Bonnafé, Pierre (1972): Magisches Objekt, Zauberei und Fetischismus? In: Pontalis, J.-B.: Objekte des Fetischismus. Frankfurt am Main, S. 234–287.

Bosman, William (=Willem) (1704/1967): A New and Accurate Description of the Coast of Guinea Divided in to The Gold, The Slave, and The Ivory Coasts. Hg. von Willis, John Ralph. London.

Boßmann, Wilhelm (1708): Reyse nach Guinea oder Ausführliche Beschreibung dasiger Gold=Gruben/Elephanten=Zähn und Sklaven=Handels/nebst derer Einwohner Sitten/Religion/Regiment/Kriegen/Heyrathen und Begräbnissen/auch allen hieselbst befindlichen Thieren/so bishero in Europa unbekannt gewesen. Hamburg.

Bourdieu, Pierre (1979/1987a): Die feinen Unterschiede. Kritik der gesellschaftlichen Urteilskraft. Frankfurt am Main.

Bourdieu, Pierre (1980/1987b): Sozialer Sinn. Kritik der theoretischen Vernunft. Frankfurt am Main.

Bourdieu, Pierre (1998): Die Ökonomie der symbolischen Güter. In: Ders.: Praktische Vernunft. Zur Theorie des Handelns. Frankfurt am Main, S. 163–202.

Bovenschen, Silvia (1986) (Hg.): Die Listen der Mode. Frankfurt am Main.

Bredekamp, Horst (1975): Kunst als Medium sozialer Konflikte. Bilderkämpfe von der Spätantike bis zur Hussitenrevolution. Frankfurt am Main.

Bredekamp, Horst (1984): Der Mensch als Mörder der Natur: Das ‹Iudicium Iovis› von Paulus Niavis und die Leibmetaphorik. In: Vestigia Bibliae 6, 261–283.

Bredekamp, Horst (1992): Der simulierte Benjamin. Mittelalterliche Bemerkungen zu seiner Aktualität. In: Berndt, Andreas u. a. (Hg.): Frankfurter Schule und Kunstgeschichte, S. 117–140.

Bredekamp, Horst (2000): Sankt Peter und das Prinzip der produktiven Zerstörung. Berlin.

Breger, Claudia (2002): KulturReste im Dreck. Post/koloniale Ausgrabungsfiktionen. In: Ecker, Gisela/Breger, Claudia/Scholz, Susanne (Hg.): Dinge. Medien der Aneignung. Grenzen der Verfügung. Königstein, S. 155–167.

Bresc-Bautier, Geneviève (1990): Reliquiare. Das Fragment des heiligen Körpers. In: Schirn Kunsthalle (Hg.): Das Fragment. Der Körper in Stücken. Frankfurt am Main, S. 47–50.

Breuer, Stefan (1994): Bürokratie und Charisma. Zur politischen Soziologie Max Webers. Darmstadt.

Breuer, Stefan (1995): Die Gesellschaft des Verschwindens. Von der Selbstzerstörung der technischen Zivilisation. Hamburg.

Bringéus, Nils-Arvid (1983): Bedürfniswandel und Sachkultur. In: Köstlin, K. (Hg.): Umgang mit Sachen. Zur Kulturgeschichte des Dinggebrauchs (= 23. Deutscher Volkskunde-Kongreß). Regensburg, S. 135–148.

Bringéus, Nils-Arvid (1986): Perspektiven des Studiums materieller Kultur. In: Jahrbuch für Volkskunde und Kulturgeschichte, 29, 156–174.

Bronfen, Elisabeth/Straumann, Barbara (2002): Die Diva. Eine Geschichte der Bewunderung. München.

Brooks, Ann (1997): Postfeminisms: Fetishism, Cultural Theory and Cultural Forms. New York.

Brosses, Charles de (1760/1988): Du Culte des Dieux Fétiches ou Parallèle de l'ancienne Religion de l'Egypte avec la Religion actuelle de Nigritie. Paris. Neudruck o.O.

Brosses, Charles de (1785): Ueber den Dienst der Fetischgötter oder Vergleichung der alten Religionen Egyptens mit der heutigen Religion Nigritens. Mit einem Einleitungsversuch über Aberglauben Zauberey und Abgötterey. und anderen Zusätzen. Berlin, Stralsund.

Brown, Peter (1991): Die Heiligenverehrung. Leipzig.

Browne, Ray B. (1982) (Hg.): Objects of Special Devotion: Fetishism and Popular Culture. Bowling Green.

Brumlik, Micha (1994): Schrift, Wort, Ikone. Wege aus dem Bilderverbot. Frankfurt am Main.

Brunn, Ludwig (1888) (= Dessoir, Max): Der Fetischismus in der Liebe. In: Deutsches Montags=Blatt, 20. 8. 1888, S. 5–6.

Buakasa, Tulu Kia Mpansu (1973): L'Impensé du discours. ‹Kindoki› et ‹nkisi› en pays kongo du Zaire. Kinshasa.

Bublitz, Hannelore (2005): In der Zerstreuung organisiert. Paradoxien und Phantasmen der Massenkultur. Bielefeld.

Buchholz, Kai/Wolbert, Klaus (2004) (Hg.): Im Designerpark. Leben in künstlichen Welten. Ausstellungskatalog Darmstadt.

Budge, Wallis E.A. (1973): Osiris & The Egyptian Resurrection. 2 Bde. New York.

Budge, Wallis E.A. (1988): From Fetish to God in Ancient Egypt. Toronto.

Bukow, Wolf-Dietrich (1984): Ritual und Fetisch in fortgeschrittenen Industriegesellschaften. Frankfurt am Main.

Bürger, Peter (1998): Das Verschwinden des Subjekts. Eine Geschichte der Subjektivität von Montaigne bis Barthes. Frankfurt am Main.

Burkert, Walter (1972): Homo Necans. Interpretationen altgriechischer Opferriten und Mythen. Berlin, New York.

Burkert, Walter (1983): Anthropologie des religiösen Opfers. Die Sakralisierung der Gewalt. München.

Burkert, Walter (1990): Wilder Ursprung. Opferritual und Mythos bei den Griechen. Berlin.

Burkert, Walter (1998): Kulte des Altertums. Biologische Grundlagen der Religion. München.

Butler, Judith (1997): Körper von Gewicht. Die diskursiven Grenzen des Geschlechts. Gender Studies. Aus dem Amerikanischen von Karin Wördemann. Frankfurt am Main, S. 89–134.

Buytendijk, Frederik J. J. (1933): Wesen und Sinn des Spiels. Das Spielen der Menschen und der Tiere als Erscheinungsform der Lebenstriebe. Berlin.

Caillois, Roger (1982): Die Spiele und die Menschen. Maske und Rausch. Frankfurt am Main.

Camille, Michael (1989): The Gothic Idol. Ideology and Image Making in Medieval Art. Cambridge.

Canetti, Elias (1994): Masse und Macht. Frankfurt am Main.

Casati, Robert (2001): Die Entdeckung des Schattens. Die faszinierende Karriere einer rätselhaften Erscheinung. Berlin.

Casper, Bernhard (Hg.): Phänomenologie des Idols. Freiburg, München 1981.

Cassirer, Ernst (1923–1929/1973–1975): Philosophie der symbolischen Formen. Berlin. 6. Aufl. Darmstadt.

Clifford, James/Marcus, George (1986) (Hg.): Writing Culture: The Poetics and Politics of Ethnography. Berkeley.

Colpe, Carsten (1994): Der Heilige Krieg. Benennung und Wirklichkeit – Begründung und Widerstreit. Hanstein.

Colze, Leo (1989): Warenhäuser. Großstadt-Dokumente, Bd. 47. Berlin, Leipzig.

Comte, Auguste (1853): Théorie positive de l'age fétichique, ou Appréciation générale du régime spontané de l'humanité. In: Ders.: Système de Politique Positive. Vol. I–IV, Paris, S. 78–157.

Comte, Auguste (1876): Positive Theory of the Age of Fetichism, or General Account of the Spontaneous Regime of Humanity. In: Ders.: System of the Positive Polity Vol. I–IV, London, S. 65–132.

Comte, Auguste (1933): Die Soziologie. Die positive Philosophie im Auszug. Hg. von Friedrich Blaschke. Leipzig.

Comte, Auguste (1956): Discours sur l'Esprit Positif. Übers., eingel. und hg. von Iring Fetscher. Hamburg.

Constant, Benjamin (1824): Die Religion nach ihrer Quelle, ihren Gestalten und ihren Entwickelungen. Deutsch von P. A. Petri. 1. Bd. Berlin.

Croce-Spinelli, Michel (1969): Fetisch und Fortschritt. Berichte aus dem Kongo, Dahome, Gabun und Kamerun. München.

Csikszentmihalyi, Mihaly (1993): Why We Need Things. In: Lubar, Steven (Hg.): History from Things: Essays on Material Culture. Washington D. C.: Smithsonian Institution, S. 20–29.

Dammann, Ernst (1978): Grundriß der Religionsgeschichte. Stuttgart.

Daston, Lorraine (2001a): Die Kultur der wissenschaftlichen Objektivität. In: Hagner, Michael (Hg.): Ansichten der Wissenschaftsgeschichte. Frankfurt am Main, S. 137–160.

Daston, Lorraine (2001b): Wunder, Beweise und Tatsachen. Zur Geschichte der Rationalität. Frankfurt am Main.

Daston, Lorraine (2002): Die Lust an der Neugierde in der frühneuzeitlichen Wissenschaft. In: Krüger, Klaus (Hg.): Curiositas. Welterfahrung und ästhetische Neugierde in Mittelalter und früher Neuzeit. Göttingen, S. 147–176.

Daston, Lorraine (2004) (Hg.): Things That Talk. Object Lessons from Art and Science. New York.

Daston, Lorraine/Galison, Peter (2002): Das Bild der Objektivität. In: Geimer, Peter (Hg.): Ordnungen der Sichtbarkeit. Fotografie in Wissenschaft, Kunst und Technologie. Frankfurt am Main, S. 29–99.

Daston, Lorraine/Park, Katherine (1998): Wunder und die Ordnung der Natur 1150–1750. Berlin (englisch: Wonders and the Other of Nature. 1150–1750. New York 1998).

Daut, Raimund (1975): Imago. Untersuchungen zum Bildbegriff der Römer. Heidelberg.

Decker, Edith/Weibel, Peter (1990): Vom Verschwinden der Ferne. Telekommunikation und Kunst. Köln.

Deleuze, Gilles (1994): Bartleby oder die Formel. Berlin.

Deleuze, Gilles (1997): Sacher-Masoch und der Masochismus. In: Sacher-Masoch, Leopold von: Venus im Pelz. Frankfurt am Main, S. 163–281.

Derrida, Jacques (1986): Glas. Paris.

Derrida, Jacques (1990): Chora. Wien.

Derrida, Jacques (1995): Marx' Gespenster. Der Staat der Schuld, die Trauerarbeit und die neue Internationale. Frankfurt am Main.

Descartes, René (1648/1891): Über die Leidenschaften der Seele. In: Philosophische Werke. Hg. von A. Buchenau und J. H. von Kirchmann, IV. Abt. Leipzig.

Desmonde, William H. (1978): Der Ursprung des Geldes im Tieropfer. In: Kunsthalle Düsseldorf (Hg.): Museum des Geldes. Über die seltsame Natur des Geldes in Kunst, Wissenschaft und Leben. Ausstellungskatalog Düsseldorf, S. 118–127.

Dichtl, Erwin/Eggers, Walter (1996) (Hg.): Markterfolg mit Marken. München.

Diderot, Denis (1967): Ästhetische Schriften. Hg. von Friedrich Bassenge. 2. Bde. Berlin, Weimar.

Didi-Huberman, Georges (1995): Fra Angelico. Unähnlichkeit und Figuration. München, S. 19–64.

Diedrichs, Christoph (2000): Vom Glauben zum Sehen. Die Sichtbarkeit der Reliquie im Reliquiar. Ein Beitrag zur Geschichte des Sehens. Phil. Diss. Berlin.

Diers, Michael (1993): Nagelmänner. Propaganda mit ephemeren Denkmälern im Ersten Weltkrieg. In: Monumente: Formen und Funktionen ephemerer Denkmäler. Hg. von M. Diers. Berlin, S. 113–137.

Diersch, Manfred (1973): Empiriokritizismus und Impressionismus. Über Beziehungen zwischen Philosophie, Ästhetik und Literatur um 1900 in Wien. Berlin.

Dieterici, Friedrich (1861): Die Naturanschauung der Araber im 10. Jahrhundert. Aus den Schriften der lauten Brüder. Berlin.

Dinzelbacher, Peter/Bauer, Dieter R. (1990) (Hg.): Heiligenverehrung in Geschichte und Gegenwart. Ostfildern.

Doane, Mary Ann (1994): Film und Maskerade: Zur Theorie des weiblichen Zuschauers. In: Weissberg, Liliane (Hg.): Weiblichkeit als Maskerade. Frankfurt am Main, S. 66–89.

Dobschütz, Ernst von (1899): Christusbilder. Untersuchungen zur christlichen Legende. Leipzig.

Doering, Hilde/Hirschauer, Stefan (1997): Die Biographie der Dinge. Eine Ethnographie musealer Repräsentation. In: Hirschauer, S. (Hg.): Die Befremdung der eigenen Kultur. Zur ethnographischen Herausforderung soziologischer Theorie. Frankfurt am Main, S. 267–297.

Dohmen, Christoph (1987): Das Bilderverbot. Seine Entstehung und seine Entwicklung im Alten Testament. Frankfurt am Main.

Domizlaff, Hans (1939): Die Gewinnung des öffentlichen Vertrauens – Ein Lehrbuch der Markentechnik. Hamburg.

Dorey, Roger (1972): Psychoanalytische Beiträge zur Untersuchung des Fetischismus. In: Pontalis, J.-B. (Hg.): Objekte des Fetischismus. Frankfurt am Main, S. 37–61.

Dosse, François (1996/97): Geschichte des Strukturalismus. 2 Bde. Hamburg.

Douglas, Mary (1988): Reinheit und Gefährdung. Eine Studie zu Vorstellungen von Verunreinigungen und Tabu. Frankfurt am Main.

Doutreloux, Albert (1967): L'Ombre des Fétiches. Société et Culture Yombe. Louvain, Paris.

Droit, Roger-Pol (2005): Was Sachen mit uns machen. Philosophische Erfahrungen mit Alltagsdingen. Hamburg.

Drucker, Philip/Heizer, Robert (1967): To Make My Good Name: A Reexamination of the Southern Kwakiutl Potlatch. Berkeley.

Durkheim, Émile (1900/01): Sur le Totémisme. In: Journal Sociologique Vol. V, S. 82–121.

Durkheim, Émile (1912/1994): Die elementaren Formen des religiösen Lebens. Frankfurt am Main.

Düttmann, Alexander Garcia (2004): Strategien des Verschwindens. Zürich, Berlin.

Ehrenspeck, Yvonne (1992): Mikrologie, Mythos und Melusine. In: Paragrana, H. 1, S. 65–72.

Elkana, Yehuda (1986): Anthropologie der Erkenntnis. Die Entwicklung des Wissens als episches Theater einer listigen Vernunft. Frankfurt am Main.

Ellis, Havelock (1907/1920): Die krankhaften Geschlechtsempfindungen auf dissoziativer Grundlage. 2. unveränderte Aufl. Leipzig, Würzburg.

Esposito, Elena (2004): Die Verbindlichkeit des Vorübergehenden: Paradoxien der Mode. Frankfurt am Main.

Eulenburg, Albert (1914): Über sexuelle Perversionen. In: Zeitschrift für Sexualwissenschaft. Internationales Zentralblatt für die Biologie, Psychologie, Pathologie und Soziologie des Sexuallebens. Bd. I, H. 8, S. 305–347.

Faber, Monika (1991): Vom Verschwinden der Dinge aus der Fotografie. Österreichisches Fotoarchiv. Wien.

Faber, Richard (1997): Politische Religion – religiöse Politik. Würzburg.

Fages, Jean-Baptiste (1981): Geschichte der Psychoanalyse nach Freud. Frankfurt am Main, Berlin, Wien.

Faulstich, Werner (2000): Sternchen, Star, Superstar, Megastar, Gigastar. Vorüberlegungen zu einer Theorie des Stars als Herzstück populärer Weltkultur. In: Robertson, Caroline Y./Winter, Carsten (Hg.): Kulturwandel und Globalisierung. Baden-Baden, S. 293–306.

Faulstich, Werner/Korte, Helmut (1997) (Hg.): Der Star. Geschichte, Rezeption, Bedeutung. München.

Fatke, Reinhard/Flitner, Andreas (1984): Was Kinder sammeln. In: Eggers, Christian (Hg.): Bindungen und Besitzdenken beim Kleinkind. München, Wien, Baltimore, S. 233–255.

Fedi, Laurent (2002): Fétichisme, Philosophie, Littérature. Paris.

Fehr, Michael (1996): Müllhalde oder Museum: Endstation in der Industriegesellschaft. In: Ders./Grohe, Stefan (Hg.): Geschichte, Bild, Museum. Zur Darstellung von Geschichte im Museum. Köln, S. 182–196.

Fichte, Hubert (1988): Die Sprache der Liebe. Polemische Anmerkungen zu Querelle de Brest von Jean Genet. In: Ders.: Die Geschichte der Empfindlichkeit. Paralipomena 1: Homosexualität und Literatur Bd. 2. Frankfurt am Main, S. 7–28.

Fischer-Elfert, Hans-W. (1998): Die Vision von der Statue in Stein. Heidelberg.

Fischer-Lichte, Erika (2004): Ästhetik des Performativen. Frankfurt am Main.

Fiske, John (2000): Lesarten des Populären. Cultural Studies I. Zürich.

Fleck, Ludwik (1991): Die Entstehung und Entwicklung einer wissenschaftlichen Tatsache. Frankfurt am Main.

Fliedl, Gottfried (1997) (Hg.): Die Erfindung des Museums. Anfänge der bürgerlichen Museumsidee in der Französischen Revolution. Zürich.

Fludd, Robert (1617/19): Utriusque Cosmi Maioris Scilicet et Minoris Metaphysica, Physica atque Technica Historia. In duo Volumina secundum Cosmi differentiam divisa. Oppenhemij Impensis Iohannis Theodory de Bry.

Flügel, Johann Carl (1931): Psychology of Clothes. London.

Flusser, Vilém (1993): Dinge und Undinge. Phänomenologische Skizzen. Mit einem Nachwort von Florian Rötzer. München.

Flusser, Vilém (1997): Gesten. Versuch einer Phänomenologie. Frankfurt am Main.

Forest, Fred (1991): Die Ästhetik des Verschwindens. Ein Gespräch zwischen Fred Forest und Paul Virilio. In: Digitaler Schein. Ästhetik der elektronischen Medien. Hg. von F. Rötzer. Frankfurt am Main, S. 334–343.

Foucault, Michel (1974a): Dies ist keine Pfeife (mit zwei Briefen und vier Zeichnungen von René Magritte). München.

Foucault, Michel (1974b): Un «fantastique» de bibliothèque. Nachwort zu Gustave Flauberts «Die Versuchung des heiligen Antonius». In: Ders.: Schriften zur Literatur. Frankfurt am Main, Berlin, Wien, S. 157–177.

Foucault, Michel (1977): Sexualität und Wahrheit. Bd. 1: Der Wille zum Wissen. Frankfurt am Main.

Frazer, James George (1910): Totemism and Exogamy. A Treatise on Certain Early Forms of Superstition and Society. 4 Bde. London.

Freedberg, David (1989): The Power of Images. Studies in the History and Theory of Response. Chicago, London.

Frei, Helmut (1984): Tempel der Kauflust. Eine Geschichte der Warenhauskultur. Berlin.

Freud, Sigmund (1969–1979): Studienausgabe in 10 Bänden und Erg.-Bd. Hg. von A. Mitscherlich, A. Richards, J. Strachey. Frankfurt am Main (abgekürzt als St.A. + römische Bandziffer + Seitenzahl).

Freud, Sigmund (1900): Traumdeutung. In: St.A. II.

Freud, Sigmund (1905): Über infantile Sexualtheorien. In: St.A. V, 167–184.

Freud, Sigmund (1905): Drei Abhandlungen über Sexualtheorie. In: St.A. V, 37–145.

Freud, Sigmund (1907): Der Wahn und die Träume in W. Jensens Gradiva. In: St.A. X, S. 9–87.

Freud, Sigmund (1909/1992): Zur Genese des Fetischismus. In: Aus dem Kreis um Sigmund Freud. Zu den Protokollen der Wiener Psychoanalytischen Vereinigung. Hg. von Ernst Federn und Gerhard Winterberger. Frankfurt am Main, S. 10–22.

Freud, Sigmund (1909): Bemerkungen über einen Fall von Zwangsneurose. In St.A. IX, S. 31–105.

Freud, Sigmund (1910): Eine Kindheitserinnerung des Leonardo da Vinci. In: St.A. X, S. 87–161.

Freud, Sigmund (1912/13): Totem und Tabu. In: St.A. IX, S. 287–445.

Freud, Sigmund (1912): Beiträge zur Psychologie des Liebeslebens: Über die allgemeinste Erniedrigung des Liebeslebens. In: St.A. V, S. 197–211.

Freud, Sigmund (1915–17): Vorlesungen zur Einführung in die Psychoanalyse. In: St.A. I, S. 34–448.

Freud, Sigmund (1915): Die Verdrängung. In: St.A. III, S. 103–119.

Freud, Sigmund (1919): Ein Kind wird geschlagen. In: St.A. VII, S. 229–255.

Freud, Sigmund (1921): Massenpsychologie und Ich-Analyse. In: St.A. IX, S. 61–135.

Freud, Sigmund (1922/1993): Das Medusenhaupt. In: Gesammelte Werke chronologisch geordnet (Imago). Bd. 17. Hg. von Anna Freud. Frankfurt am Main, S. 47–48.

Freud, Sigmund (1923): Die infantile Genitalorganisation. In: St.A. V, S. 235–243.

Freud, Sigmund (1924): Der Untergang des Ödipuskomplexes. In: St.A. V, S. 243–253.

Freud, Sigmund (1927): Fetischismus. In: St.A. III, S. 379–389.

Freud, Sigmund (1930): Das Unbehagen in der Kultur. In: St.A. IX., S. 193–270.

Freud, Sigmund (1937/38): Die Ichspaltung im Abwehrvorgang. In: St.A. III, S. 389–397.

Fuhrer, U./Josephs, I. E. (1999) (Hg.): Persönliche Objekte, Identität und Entwicklung. Göttingen.

Gaines, Jane/Herzog, Charlotte (1990) (Hg.): Fabrications: Costume and the Female Body. New York.

Galison, Peter (1989): How experiments end. Chicago University Press.

Galison, Peter (1994): Big Science: The Growth of Large-Scale Research. Stanford University Press.

Galitz, Robert/Reimers, Brita (1995) (Hg.): Aby M. Warburg. «Ekstatische Nymphe ... trauernder Flußgott». Portrait eines Gelehrten. Hamburg.

Gamman, Lorraine/Makinen, Merja (1994): Female Fetishism: a New Look. London.

Garber, Marjorie (1993): Verhüllte Interessen. Transvestismus und kulturelle Angst. Frankfurt am Main.

Garber, Marjorie (1994): Fetisch-Neid. In: Weissberg, Liliane (Hg.): Weiblichkeit als Maskerade. Frankfurt am Main, S. 217–230.

Garnier, Christine/Fralon, Jean (1951): Le fétichisme en Afrique noire (Togo – Cameroun). Paris.

Geary, Patrick (1986): Sacred commodities: the circulation of medieval relics. In: Appadurai, Arjun (Hg.): The Social Life of Things. Commodities in Cultural Perspective. Cambridge, S. 169–194.

Geiger, Paul (1932): Le Roi est mort – vive le Roi. Das Bild des Königs bei den französischen Königsbegräbnissen. In: Schweizerisches Archiv für Volkskunde 32, S. 1–20.

Geiger, Theodor (1926): Die Masse und ihre Aktion. Ein Beitrag zur Soziologie der Revolutionen. Stuttgart.

Geimer, Peter (2003): Theorie der Gegenstände. In: Huber, Jörg (Hg.): Person/Schauplatz [= Interventionen 12]. Basel, S. 209–223.

Gerlach, Siegfried (1988): Das Warenhaus in Deutschland. Seine Entwicklung bis zum Ersten Weltkrieg in historisch-geographischer Sicht. Stuttgart.

Gestwa, Klaus (2002): Sowjetische Zukunfts- und Erinnerungslandschaften: Die «Stalinschen Großbauten des Kommunismus» und die Schaffung eines neuen Zeit- und Raumbewußtseins. In: Kaufmann, Stefan (Hg.): Ordnungen der Landschaft. Natur und Raum technisch und symbolisch entwerfen. Würzburg, S. 117–132.

Giesecke, Michael (1991): Der Buchdruck in der frühen Neuzeit. Eine historische Fallstudie über die Durchsetzung neuer Informations- und Kommunikationstechnologien. Frankfurt am Main.

Giesey, Ralph E. (1960): The Royal Funeral Ceremony in Renaissance France. Genf.

Girard, René (1972/1994b): Das Heilige und die Gewalt. Frankfurt am Main.

Girard, René (1986): Generative Scapegoating. In: Hammerton-Kelly, Robert G.: Violent Origins: Walter Burkert, René Girard and Jonathan Z. Smith on Ritual Killing and Cultural Formation. Stanford, S. 73–106.

Girard, René (1994b): Ausstoßung und Verfolgung. Eine historische Theorie des Sündenbocks. Frankfurt am Main.

Girard, René (1995): Der grundlegende Mord im Denken Nietzsches. In: Kamper, Dietmar/Wulf, Christoph: Das Heilige. Seine Spur in der Moderne. Frankfurt am Main, S. 255–275.

Girtler, Roland (1989): Die feinen Leute. Von der vornehmen Art, durchs Leben zu gehen. 2. Aufl. Frankfurt am Main 1990.

Gladigow, Burkhard (1985/86): Präsenz der Bilder – Präsenz der Götter. Kultbilder und Bilder der Götter in der griechischen Religion. In: Visible Religion. Annual for Religious Iconography. Hg. von H. G. Kippenberg u. a., Vol. IV–V, S. 114–133.

Gnam, Andrea (1999): Die Bewältigung der Geschwindigkeit. Robert Musils Roman «Der Mann ohne Eigenschaften» und Walter Benjamins Spätwerk. München.

Godelier, Maurice (1972): Warenökonomie, Fetischismus, Magie und Wissenschaft. In: Pontalis, J.-B.: Objekte des Fetischismus. Frankfurt am Main.

Godelier, Maurice (1973): Ökonomische Anthropologie. Untersuchungen zum Begriff der sozialen Strukturen primitiver Gesellschaften. Reinbek bei Hamburg.

Godelier, Maurice (1990): Natur, Arbeit, Geschichte. Zu einer universalgeschichtlichen Theorie der Wirtschaftsformen. Hamburg.

Godelier, Maurice (1999): Das Rätsel der Gabe. Geld, Geschenke, heilige Objekte. München.

Goedde, Steve Diet (1998): The Beauty of Fetish. Mit Essays von Vicki Goldberg und Diva Midori. Zürich, New York.

Goethe, Johann Wolfgang (1978): Werke in 14 Bänden. Hamburger Ausgabe. Hg. von Erich Trunz. 11. Aufl. München (= HA).

Goethe: Maximen und Reflexionen Nr. 498. In: HA. Bd. XII, S. 434.

Goethe, Johann Wolfgang (1799/1997): Der Sammler und die Seinigen. Herausgegeben und mit einem Essay von Carrie Asman. Amsterdam, Dresden.

Göhre, Paul (1907): Das Warenhaus. In: Die Gesellschaft. Sammlung sozialpsychologischer Monographien. Hg. v. Martin Buber. Frankfurt am Main.

Goldammer, Kurt (1960): Die Formenwelt des Religiösen. Grundriß der systematischen Religionswissenschaft. Stuttgart.

Gombrich, Ernst H. (1970/1981): Aby Warburg. Eine intellektuelle Biographie. Frankfurt am Main.

Gombrich, Ernst H. (1995): Schatten. Ihre Darstellung in der abendländischen Kunst. Berlin.

Goncourt, Edmond und Jules (1862/1986): Die Frau im 18. Jahrhundert. Mit einem Essay von Elisabeth Balinter. München, Zürich.

Goodstein, Elizabeth (1996): «Eine specifisch moderne Begehrlichkeit». Fetischismus und Georg Simmels Phänomenologie der Moderne. In: Fetisch Frau. Themenheft der Zeitschrift Die Philosophin, Jg. 7, H. 13, S. 10–30.

Gosselin, Chris/Wilson, Glenn (1980): Sexual Variations. Fetishism, Sadomasochism, and Transvestism. New York.

Götz, Matthias u. a. (2003) (Hg.): Schatten. Der Schatten – Das älteste Medium der Welt. Basel.

Grasskamp, Walter (2000): Konsumglück. Die Ware Erlösung. München.

Grassmuck, Volker (1996): Stadt als Terminal und Terminal als Stadt. = http://www.heise.de/tp/r4/artikel/6/6009/1.html (11.11.2005).

Greenacre, Phyllis (1969): The Fetish and the Transitional Object. In: Psychoanalytic Study of the Child, Vol. 24, S. 144–164.

Greisch, Jean (1984): Homo mimeticus. Anthropologische Voraussetzungen von René Girards Opferbegriff. In: Schenk, Richard (Hg.): Zur Theorie des Opfers: Ein interdisziplinäres Gespräch. München, S. 27–59.

Greschat, Hans-Jürgen (1980): Mana und Tabu. Die Religion der Maori auf Neuseeland. Berlin.

Grimm, Jacob und Wilhelm (1979): Kinder- und Hausmärchen in drei Teilen. Frankfurt am Main.

Groos, Karl (1899/1973): Die Spiele der Menschen. Jena (repro Hildesheim).

Grote, Andreas (1994) (Hg.): Macrocosmos im Microcosmo: Die Welt in der Stube. Zur Geschichte des Sammelns 1450–1800. Opladen.

Groys, Boris (1988): Gesamtkunstwerk Stalin. Die gespaltene Kultur in der Sowjetunion. München.

Gurk, Christoph (1996): Wem gehört die Popmusik? Die Kulturindustriethese unter den Bedingungen postmoderner Ökonomie. In: Holert, Tom/Terkessidis, Mark (Hg.): Mainstream der Minderheiten. Pop in der Kontrollgesellschaft. Berlin, S. 20–40.

Guthke, Karl S. (1990): Letzte Worte. München.

Gutmair, Ulrich (2000): Ideale Idole. Neue Stars in globalen Netzwerken. In: Aurich, Rolf/Jacobsen, Wolfgang/Jatho, Gabriele (Hg.): Künstliche Menschen. Manische Maschinen. Kontrollierte Körper. Begleitbuch zur Retrospektive im Filmmuseum Berlin. Berlin, S. 153–158.

Habermas, Tilmann (1996): Geliebte Objekte. Symbole und Instrumente der Identitätsbildung. Berlin, New York.

Hammerton-Kelly, Robert G. (1986): Violent Origins: Walter Burkert, René Girard and Jonathan Z. Smith on Ritual Killing and Cultural Formation. Stanford.

Hardt, Stefan (1987): Tod und Eros beim Essen. Frankfurt am Main.

Harris, Kenneth Marc (1995): The Film Fetish. New York.

Harris, Marvin (1994): Menschen. Wie wir wurden, was wir sind. 2. Aufl. Stuttgart.

Harsch, Wolfgang (1995) (Hg.): Die psychoanalytische Geldtheorie. Frankfurt am Main.

Hart Nibbrig, Christiaan L. (1989): Ästhetik der letzten Dinge. Frankfurt am Main.

Haug, Wolfgang Fritz (1971): Kritik der Warenästhetik. Frankfurt am Main.

Haug, Wolfgang Fritz (1975) (Hg.): Warenästhetik. Beiträge zur Diskussion, Weiterentwicklung und Vermittlung ihrer Kritik. Frankfurt am Main.

Hauser, Susanne (2001): Metamorphosen des Abfalls. Konzepte für alte Industrieareale. Frankfurt am Main, New York.

Haustedt, Birgit (1992): Die Kunst der Verführung. Zur Reflexion der Kunst im Motiv der Verführung bei Jean Paul, E. T. A. Hoffmann, Kierkegaard und Brentano. Stuttgart.

Hawkes, John (1996): Belohnung für schnelles Fahren bei Nacht. Frankfurt am Main.

Hebdige, Dick (1979): Subculture. The Meaning of Style. London, New York.

Hebdige, Dick (1988): Hiding in the Light. London.

Hegel, Georg Wilhelm Friedrich (1842/1976): Ästhetik. Nach der zweiten Ausgabe Heinrich Gustav Hothos hg. von Friedrich Bassenge. 2 Bde. 3. Aufl. Berlin, Weimar.

Hegel, Georg Wilhelm Friedrich (1995): Vorlesungen über die Philosophie der Geschichte. In: Werke in zwanzig Bänden. Auf der Grundlage der Werke von 1832–1845 neu edierte Ausgabe. Redaktion Eva Moldenhauer und Karl Markus Michel. 3. Aufl. Frankfurt am Main.

Heidegger, Martin (1927/1963): Sein und Zeit. 10. Aufl. Tübingen.

Heidegger, Martin (1935/36/1972): Der Ursprung des Kunstwerkes. In: Ders.: Holzwege. Frankfurt am Main, S. 1–74.

Heidegger, Martin (1938/1977): Die Zeit des Weltbildes. In: Ders.: Holzwege. (Gesamtausgabe, I. Abt., Bd. 5) Frankfurt am Main, S. 75–113.

Heidegger, Martin (1954/1994): Das Ding. In: Vorträge und Aufsätze. 7. Aufl. Pfullingen, S. 163–186.

Heidegger, Martin (1962a): Die Frage nach dem Ding. Zu Kants Lehre von den transzendentalen Grundsätzen. Tübingen.

Heidegger, Martin (1962b): Die Technik und die Kehre. Pfullingen.

Heisenberg, Werner (1973): Der Teil und das Ganze. Gespräche im Umkreis der Atomphysik. München.

Hellmann, Kai-Uwe (2003): Soziologie der Marke. Frankfurt am Main.

Hengstenberg, Hans E. (1996): Der Leib und die letzten Dinge. 3. Aufl. Dettelbach.

Herbst, Ludolf (2000): Der Fall Hitler – Inszenierungskunst und Charismapolitik. In: Nippel, Wilfried: Virtuosen der Macht. München, S. 171–191.

Hermann, Alfred (1956): Zergliedern und Zusammenfügen. Religionsgeschichtliches zur Mumifizierung. In: Numen (International Review for the History of Religions), Vol. III, April, S. 81–96.

Herrera (1601–15): Historia general de las Indias Occidentales.

Heubach, Friedrich (1996): Das bedingte Leben. Theorie der psychologischen Gegenständlichkeit der Dinge. 2. Aufl. München.

Hillmann, Heinz (1967): Das Sorgenkind Odradek. In: Zeitschrift für deutsche Philologie, Jg. 86, S. 197–210.

Hinz, Ralf (1998): Cultural Studies und Pop. Zur Kritik der Urteilskraft wissenschaftlicher und journalistischer Rede über populäre Kultur. Opladen.

Hirschberg, Walter (1971): Gedanken um einen Spiegelfetisch. In: Ethnologische Zeitschrift Zürich 1, S. 41–44.

Hirschberg, Walter (1972): Einige Bemerkungen zur Geschichte des Fetisch-Begriffs. In: Volkskunde. Festgabe für Leopold Schmidt. Wien, S. 391–401.

Hoeges, Dirk (1985): Alles veloziferisch. Die Eisenbahn – Vom schönen Ungeheuer zur Ästhetik der Geschwindigkeit. Rheinbach-Merzbach.

Hoffmann, Andreas Gottlieb (1833): Das Buch Henoch. In vollständiger Übersetzung mit fortlaufendem Kommentar, ausführlicher Einleitung und erläuternden Exkursen. Jena.

Holert, Tom/Terkessidis, Mark (1996) (Hg.): Mainstream der Minderheiten. Pop in der Kontrollgesellschaft. Berlin.

Honold, Alexander (1995): Die Stadt und der Krieg. Raum- und Zeitkonstruktionen in Robert Musils Roman «Der Mann ohne Eigenschaften». München.

Horkheimer, Max/Adorno, Theodor W. (1947/1981): Dialektik der Aufklärung. Philosophische Fragmente. Frankfurt am Main.

Huizinga, Johan (1939/1956): Homo Ludens. Vom Ursprung der Kultur im Spiel. Reinbek bei Hamburg.

Hume, David (1909): Anfänge und Entwicklung der Religion. Übers. von Wilhelm Bolin. Leipzig.

Husserl, Edmund (1907/1991): Ding und Raum. Vorlesung. Hg. von Karl-Heinz Jahnengress und Smail Rapic. Hamburg, S. 135–139.

Husserl, Edmund (1992): Die Krisis der europäischen Wissenschaften und die transzendentale Phänomenologie. (Gesammelte Schriften. Hg. von Elisabeth Ströker. 9 Bde.) Bd. 8. Hamburg, S. 165–276.

Husserl, Edmund (1992): Ideen zu einer reinen Phänomenologie und phänomenologischen Philosophie. (Gesammelte Schriften. Hg. von Elisabeth Ströker. 9 Bde.) Bd. 5. Hamburg.

Iacono, Alfonso M. (1985a): Teorie del Fetisismo. Il problema filosofico e storico di un ‹Immenso Malinteso›. Milano.

Iacono, Alfonso M. (1985b): Fetischismus. In: Europäische Enzyklopädie zu Philosophie und Wissenschaften. Hg. von Hans Jörg Sandkühler u. a. Bd. 2. Hamburg, Sp. 68–72.

Ian, Marcia (1993): Remembering the Phallic Mother: Psychoanalysis, Modernism, and the Fetish. Ithaca.

Ihwan as-Safa [= Lautere Brüder] (1990): Mensch und Tier vor dem König der Dschinnen. Übers. und hg. von Alma Giese. Hamburg.

Ishizuka, Masahide (1995): Fetischismus. Vorkommen in Japan und anderen Nationen. Hannover.

Israel, Joachim (1972): Der Begriff Entfremdung. Makrosoziologische Untersuchung von Marx bis zur Soziologie der Gegenwart. Reinbek bei Hamburg.

Jakob, Michael (2004): Zur Poetik der Dinge in der Moderne. In: Seelig, Thomas/Stahel, Urs (Hg.): Im Rausch der Dinge. Vom funktionalen Objekt zum Fetisch in Fotografien des 20. Jahrhunderts. (Ausstellungskatalog Fotomuseum Winterthur) Göttingen.

Jakobson, Roman (1971): Der Doppelcharakter der Sprache. Die Polarität zwischen Metaphorik und Metonymik. In: Ihwe, Jens (Hg.): Literaturwissenschaft und Linguistik. Bd. 1. Frankfurt am Main, S. 323–333.

James, Allison u. a. (1996) (Hg.): After Writing Culture. Epistemology and Praxis in Contemporary Anthropology. London.

Janich, Peter (2001): Der Status des genetischen Wissens. In: Honnefelder, Ludger/Propping, Peter: Was wissen wir, wenn wir das menschliche Genom kennen? Köln, S. 70–89.

Jeggle, Utz (1983): Umgang mit Sachen. In: Köstlin, Konrad/Bausinger, Hermann (Hg.): Umgang mit Sachen. Zur Kulturgeschichte des Dinggebrauchs. Regensburg, S. 11–23.

Jensen, Adolf E. (1951): Mythos und Kult bei den Naturvölkern: Religionswissenschaftliche Betrachtungen. München, S. 197–229.

Jezler, Peter (1995): Jenseitsmodelle und Jenseitsvorsorge. Eine Einführung. In: Ders: Himmel, Hölle, Fegefeuer. Das Jenseits im Mittelalter. Ausstellungskatalog des Schweizerischen Landesmuseums Zürich. München, S. 13–26.

Jhally, Sut (1987): The Codes of Advertising: Fetishism and the Political Economy of Meaning in the Consumer Society. New York.

Jochum, Kateri (2000): Totengräber der Dinge. Sammler von Abfall in Literatur und Alltag. Magisterarbeit Berlin.

Jones, Caroline A./Galison, Peter (1998) (Hg.): Picturing Science, Producing Art. New York, London.

Jones, Ernest (1960–62): Das Leben und Werk von Sigmund Freud. 3 Bde. Bern, Stuttgart.

Jones, Ernest (1932/1987): Die phallische Phase. In: Ders.: Die Theorie der Symbolik und andere Aufsätze. Hamburg, S. 262–301.

Kafka, Franz (1919): Ein Landarzt. Kleine Erzählungen. München, Leipzig.

Kallinich, Joachim/Bretthauer, Bastian (2003) (Hg.): Botschaft der Dinge (= Kataloge der Museumsstiftung Post und Telekommunikation, Bd. 18). Heidelberg.

Kant, Immanuel (1978): Die Religion innerhalb der Grenzen der bloßen Vernunft. In: Werkausgabe in 12. Bdn. Hg. von W. Weischedel. Bd. 8. Frankfurt am Main, S. 649–879.

Kantorowicz, Ernst (1957): The King's Two Bodies: A Study in Medieval Political Theology. Princeton.

Kany, Roland (1987): Mnemosyne als Programm. Geschichte, Erinnerung und die Andacht zum Unbedeutenden im Werk von Usener, Warburg und Benjamin. Tübingen.

Kapp, Ernst (1877): Grundlinien einer Philosophie der Technik. Braunschweig.

Kassung, Christian (2000): Entropie-Geschichten. Robert Musils «Der Mann ohne Eigenschaften» im Diskurs der modernen Physik. München.

Kästner, Erhart (1973): Der Aufstand der Dinge. Byzantinische Aufzeichnungen. Frankfurt am Main.

Keenan, Thomas (1993): The Point Is to (Ex)Change It: Reading Capital, Rhetorically. In: Pietz, William/Apter, Emily (Hg.): Fetishism as Cultural Discourse. Ithaca, London, S. 152–185.

Kershaw, Ian (1998): Der Hitler-Mythos. Führerkult und Volksmeinung. Stuttgart.

Kesselring, Thomas (1999): Jean Piaget. 2. Aufl. München.

Khan, M. Masud R. (1983): Entfremdung bei Perversionen. Frankfurt am Main.

Kierkegaard, Sören (1843/1963): Das Tagebuch des Verführers. München.

Kierkegaard, Sören (1995): Die unmittelbaren erotischen Stadien oder das Musikalisch-Erotische von Mozarts «Don Juan». Hamburg.

Kiltz, Hartmut (1983): Das erotische Mahl. Szenen aus dem «chambre separée» des neunzehnten Jahrhunderts. Frankfurt am Main.

Kingsley, Mary H. (1897/1965): Fetish. In: Dies.: Travel in West Africa, Congo Français, Corisco and Cameroon. Hg. von John E. Fliut. Repr. London, S. 429–547.

Kingsley, Mary H. (1899/1965): Fetish and Witchcraft. In: Dies.: Travel in West Africa, Congo Français, Corisco and Cameroon. Hg. von John E. Fliut. Repr. London, S. 132–153.

Klein, Melanie (1927/1985): Frühstadien des Ödipuskomplexes. In: Dies.: Frühstadien des Ödipuskomplexes. Frühe Schriften 1928–1945. Frankfurt am Main, S. 7–21.

Klein, Melanie (1932/1979): Die Psychoanalyse des Kindes. München, Basel 2. Aufl..

Klein, Melanie (1945/1985): Ödipuskomplex unter dem Aspekt der frühen Angstsituationen. In: Dies.: Frühstadien des Ödipuskomplexes. Frühe Schriften 1928–1945. Frankfurt am Main, S. 107–167.

Klein, Melanie (1983): Das Seelenleben des Kleinkindes. Stuttgart.

Klein, Naomi (2001): No Logo. München.

Klier, Andrea (2004): Fixierte Natur. Naturabguß und Effigies im 16. Jahrhundert. Berlin.

Klimkeit, Hans-Joachim (1984) (Hg.): Götterbild in Kunst und Schrift. Bonn.

Knapp, Andreas (1996): Über den Erwerb und Konsum von materiellen Gütern – Eine Theorieübersicht. In: Zeitschrift für Sozialpsychologie, Bd. 27, H. 3, S. 196–206.

Knorr Cetina, Karin (1984): Die Fabrikation von Erkenntnis: Zur Anthropologie der Naturwissenschaft. Frankfurt am Main.

Knorr Cetina, Karin (1999): «Viskurse» der Physik: Wie visuelle Darstellungen ein Wissenschaftsgebiet ordnen. In: Huber, Jörg/Heller, Martin (Hg.): Konstruktionen Sichtbarkeiten [= Interventionen 8]. Basel, S. 245–265.

Knuf, Astrid/Knuf, Joachim (1984): Amulette und Talismane. Symbole des magischen Alltags. Köln.

Koepping, Klaus-Peter (1984): Trickster, Schelm, Pikaro: Sozialanthropologische Ansätze zur Problematik der Zweideutigkeit von Symbolsystemen. In: Müller, E. W.

u. a. (Hg.): Ethnologie als Sozialwissenschaft. Kölner Zeitschrift für Soziologie und Sozialpsychologie. Sonderheft 26, S. 195–214.

Kofman, Sarah (1980): L'Enigma de la Femme. La Femme dans les Textes de Freud. Paris.

Kofman, Sarah (1985): The Enigma of Woman. Woman in Freud's Writings. Ithaca, London.

Kohl, Karl-Heinz (2003): Die Macht der Dinge. Geschichte und Theorie sakraler Objekte. München.

Korff, Gottfried (1991): Umgang mit Dingen. In: Lebens-Formen. Alltagsobjekte als Darstellung von Lebensstilveränderungen am Beispiel der Wohnung und Bekleidung der «Neuen Mittelschichten». Berlin, S. 35–51.

Korff, Gottfried/Roth, Martin (1990) (Hg.): Das historische Museum. Labor, Schaubühne, Identitätsfabrik. Frankfurt am Main.

Kornhardt, H. (1952): Der gefolterte Stein. In: Hermes, Bd. 80, S. 379–381.

Korsch, Karl (1971): Karl Marx. 3. Aufl. Frankfurt am Main.

Koschorke, Albrecht (1988): Leopold von Sacher-Masoch. Die Inszenierung einer Perversion. München, Zürich.

Kosik, Karel (1967): Die Dialektik des Konkreten. Eine Studie zur Problematik des Menschen und der Welt. Frankfurt am Main.

Kotzebue, August von (1796/1840): Die Negersklaven. Ein historisch-dramatisches Gemälde. In: Ders.: Theater, Bd. 5. Wien, S. 155–244.

Kracauer, Siegfried (1992): Kult der Zerstreuung. In: Der verbotene Blick. Beobachtungen. Analysen. Kritiken. Leipzig, S. 146–152.

Krafft-Ebing, Richard von (1912/1993): Psychopathia sexualis. Mit besonderer Berücksichtigung der konträren Sexualempfindung. Eine klinisch-forensische Studie. München.

Kramer, Fritz (1995): Verkehrte Welten. Zur imaginären Ethnographie des 19. Jahrhunderts. Hamburg.

Krämer, Sybille (2002): Verschwindet der Körper? Ein Kommentar zu computererzeugten Räumen. In: Maresch, Rudolf/Werber, Niels (Hg.): Raum – Wissen – Macht. Frankfurt am Main, S. 49–68.

Krips, Henry (1999): Fetish. An Erotics of Culture. Ithaca, New York.

Kristeva, Julia (1978): Die Revolution der poetischen Sprache. Frankfurt am Main.

Kristeva, Julia (1980): Pouvoirs de l'horreur. Essai sur l'abjection. Paris.

Krohn, Wolfgang (1994): Die Natur als Labyrinth, die Erkenntnis als Inquisition, das Handeln als Macht. Bacons Philosophie der Naturerkenntnis, betrachtet in ihren Metaphern. In: Schäfer, Lothar/Ströker, Elisabeth (Hg.): Naturauffassungen in Philosophie, Wissenschaft und Technik. Bd. II. Renaissance und frühe Neuzeit. Freiburg, München, S. 59–100.

Kuntz, Andreas (1990): Erinnerungsgegenstände. Ein Diskussionsbeitrag zur volkskundlichen Erforschung rezenter Sachkultur. In: Ethnologia Europea 20, S. 61–80.

Kunzle, David (1982): Fashion and Fetishism: A Social History of the Corset, Tight-Lacing and Other Forms of Body Sculpture in the West. Totowa, New Jersey.

Lacan, Jacques (1973): Das Spiegelstadium als Bildner der Ich-Funktion, wie sie uns in der psychoanalytischen Erfahrung erscheint. In: Schriften I. Olten, S. 61–70.

Lacan, Jacques (1991): Die Bedeutung des Phallus. In: Schriften II. Hg. von N. Haas. 3. Aufl. Weinheim, Berlin, S. 119–132.

Lacan, Jacques/Granoff, Wladimir (1956): Fetishism: The Symbolic, the Imaginary, and the Real. In: Perversions, Psychodynamics, and Therapy. London.

Lacan, Jacques/Granoff, Wladimir (1986): Le Fétichisme: Le Symbolique, l'Imaginaire et le Réel. In: Augé, Marc/ David-Ménard, Manique/ Granoff, Wladimir/ Lang, Jean-Louis/ Mannoni, Octave: L'objet en psychanalyse. Le détiche, le corps, l'enfant, la science. Paris, S. 17–30.

Ladewig, Rebekka (2000): Vom unendlichen Universum zur geschlossenen Welt. Über die Phantasie der Rakete und ihrer Spur durch den Raum. Magisterarbeit Berlin.

Lang, Hermann (1986): Die Sprache und das Unbewußte. Frankfurt am Main.

Langenmaier, Arnica-Verena (1993) (Hg.): Neue Technologien und Design – das Verschwinden der Dinge. München.

Langer, Susanne K. (1985): Philosophie auf neuem Wege. Das Symbol im Denken, im Ritus und in der Kunst. Frankfurt am Main.

Langeveld, M. J. (1968): Das Ding in der Welt des Kindes. In: Ders.: Studien zur Anthropologie des Kindes. 3. Aufl. Tübingen, S. 142–156.

Latour, Bruno (1984): Les Microbes, Guerre et Paix. Paris.

Latour, Bruno (1994): Wir sind nie modern gewesen. Versuch einer symmetrischen Anthropologie. Berlin.

Latour, Bruno (1996): Der Berliner Schlüssel. Berlin.

Latour, Bruno (2000): Die Hoffnung der Pandora. Untersuchungen zur Wirklichkeit der Wissenschaften. Frankfurt am Main.

Latour, Bruno (2001): Iconoclash. Gibt es eine Welt jenseits des Bilderkrieges? Berlin.

Latour, Bruno (2002): Das Parlament der Dinge: Für eine politische Ökologie. 2. Aufl. Frankfurt am Main.

Latour, Bruno (2005): Reassembling the Social. An Introduction to Actor-Network-Theory. Oxford.

Latour, Bruno/Weibel, Peter (2002) (Hg.): Iconoclash – Beyond the Image Wars in Science, Religion, and Art. ZKM, Center for Art and Media. Karlsruhe, The MIT Press.

Latour, Bruno/Woolgar, Steve (1979): Laboratory Life. The Social Construction of Scientific Facts. Los Angeles, London.

Laum, Bernhard (1924): Heiliges Geld. Eine historische Untersuchung über den sakralen Ursprung des Geldes. Tübingen.

Laver, James (1979): A Concise History of Fashion. New York.

Le Bon, Gustave (1895/1982): Psychologie der Massen. Stuttgart.

Leeuw, Gerardus van der (1957): Vom Heiligen in der Kunst. Gütersloh.

Le Fur, Yves/Martin, Jean-Hubert (1999) (Hg.): «La mort n'en saura rien». Reliques d'Europe et d'Océanie. Ausstellungskatalog. Paris.

Legner, Anton (1995): Reliquien in Kunst und Kult. Darmstadt.

Lehnert, Gertrud (1999a): Mit dem Handy in der Peepshow. Die Inszenierung des Privaten im öffentlichen Raum. Berlin.

Lehnert, Gertrud (1999b): Androgynie und Mode. In: Querelles. Bd. 4: Androgynie. Vielfalt der Möglichkeiten. Stuttgart, Weimar, S. 118–130.

Leitherer, Eugen (2001): Geschichte der Markierung und des Markenwesens. In: Bruhn, Manfred (Hg.): Die Marke – Symbolkraft eines Zeichensystems. Bern, Stuttgart, Wien, S. 54–74.

Lepsius, Rainer M. (1993): Das Modell der charismatischen Herrschaft und seine Anwendbarkeit auf den «Führerstaat» Adolf Hitlers. In: Ders.: Demokratie in Deutschland. Ausgewählte Aufsätze. Göttingen, S. 95–118.

Leroi-Gourhan, André (1964/65/1980): Hand und Wort. Die Evolution von Technik, Sprache und Kunst. Übers. von M. Bischoff. Frankfurt am Main.

Lévi-Strauss, Claude (1949/1981): Die elementaren Strukturen der Verwandtschaft. Frankfurt am Main.

Lévi-Strauss, Claude (1962/1965): Das Ende des Totemismus. Übers. von Hans Naumann. Frankfurt am Main (Le Totémisme aujourd'hui. Paris).

Lévi-Strauss, Claude (1962/1968): Das wilde Denken (La pensée sauvage, Paris). Frankfurt am Main.

Lévi-Strauss, Claude (1989): Einleitung in das Werk von Marcel Mauss. In: Mauss, Marcel: Soziologie und Anthropologie in 2 Bdn. Frankfurt am Main, Bd. 1, S. 7–41.

Lévy-Bruhl, L. (1922/1927): La mentalité primitive. Paris (dt.: Die geistige Welt der Primitiven. München).

Ley, Michael/Schoeps, Julius H. (1997) (Hg.): Der Nationalsozialismus als politische Religion. Mainz.

Liessmann, Konrad Paul (2000) (Hg.): Die Furie des Verschwindens. Über das Schicksal des Alten im Zeitalter des Neuen. Wien.

Lindenberg, Wladimir (1996): Über die Schwelle. Gedanken über die letzten Dinge. München.

Lindner, Rolf (2000): Die Stunde der Cultural Studies. Wien.

Litt, Carole J. (1986): Theories of Transitional Object Attachment: An Overview. In: International Journal of Behavioral Development, Vol. 9, S. 383–399.

Logue, Alexandra Woods-(1995): Die Psychologie des Essens und Trinkens. Heidelberg.

Lohmeyer, Walter (1913): Die Dramaturgie der Massen. Berlin, Leipzig.

Luhmann, Niklas (1985): Kultur als historischer Begriff. In: Ders.: Gesellschaftsstruktur und Semantik. Studien zur Wissenschaftssoziologie der modernen Gesellschaft. Bd. 4. Frankfurt am Main, S. 31–54.

Luhmann, Niklas (1987/1968): Soziale Systeme. Grundriß einer allgemeinen Theorie. Frankfurt am Main.

Lukács, Georg (1923): Geschichte und Klassenbewußtsein. Neuwied.

Lukács, Georg (1963): Theorie des Romans. Neuwied, Berlin.

Lütkehaus, Ludger (1989): Einleitung. In: Ders. (Hg.): «Dieses wahre innere Afrika». Texte zur Entdeckung des Unbewußten vor Freud. Frankfurt am Main, S. 7–45.

Lutter, Christina/Reisenleitner, Markus (1998): Cultural Studies. Eine Einführung. Wien.

Lutter, Christina/Reisenleitner, Markus (2000): Birmingham und zurück: Zurück nach Birmingham? In: Düllo, Thomas u. a. (Hg.): kursbuch kulturwissenschaft. Münster, Hamburg, London, S. 209–231.

Lyotard, Jean-François (1985a) (Hg.): Les Immateriaux. Vol. 1: Album. Inventaire. Centre Georges Pompidou. Paris.

Lyotard, Jean-François u. a. (1985b): Immaterialität und Postmoderne. Dt. Ausgabe Berlin.

MacGaffey, Wyatt (1977): Fetishism Revisited: Kongo Nkisi in Sociological Perspective. In: Africa. Journal of the International African Institute, H. 2, Bd. 47, S. 172–184.

Mach, Ernst (1926/2002): Erkenntnis und Irrtum. Skizzen zur Psychologie der Forschung. Nachdruck der 5. Aufl. Berlin.

Mach, Ernst (1991): Die Analyse der Empfindungen und das Verhältnis des Physischen zum Psychischen. Nachdruck der 9. Aufl. Darmstadt.

Macho, Thomas H. (1987): Todesmetaphern. Zur Logik der Grenzerfahrung. Frankfurt am Main.

Macho, Thomas H. (2001): Tod und Trauer im kulturwissenschaftlichen Vergleich. In: Assmann, Jan: Der Tod als Thema der Kulturtheorie. Todesbilder und Totenriten im alten Ägypten. Frankfurt am Main, S. 91–119.

Maffesoli, Michel (1993): Das Objekt – kristallisiertes Geld. In: Kintzelé, Jeff/Schneider, Peter (Hg.): Georg Simmels Philosophie des Geldes. Frankfurt am Main, S. 358–376.

Mahler, Margaret S. (1972): Symbiose und Individuation. Stuttgart.

Mahler, Margaret S./Pine, Fred/Bergman, Anni (1975/1980): Die psychische Geburt des Menschen. Symbiose und Individuation. Frankfurt am Main (engl.: The psychological Birth of the Human Infant. New York).

Malinowski, Bronislaw (1979): Argonauten des westlichen Pazifik. Ein Bericht über Unternehmungen und Abenteuer der Eingeborenen in den Inselwelten von Melanesisch-Neuguinea. Frankfurt am Main.

Man, Paul de (1897): Self (Pygmalion). In: Ders.: Allegories of Reading. Figural Language in Rousseau, Nietzsche, Rilke and Proust. New Haven, London, S. 160–187.

Man, Paul de (1984): Autobiography as De-Facement. In: Ders.: Rhetoric of Romanticism. New York, S. 67–81.

Man, Paul de (1993): Autobiographie als Maskenspiel. In: Die Ideologie des Ästhetischen. Hg. von Christoph Menke. Frankfurt am Main, S. 131–145.

Mannoni, Octave (1964): «Je sais bien ... mais quand même», la croyance. In: Temps Modernes, 19, 212, S. 1262–1286.

Marcus, Steven (1979): Umkehrung der Moral. Sexualität und Pornographie im viktorianischen England. Frankfurt am Main.

Marees, Pieter de (1987): Description and Historical Account of the Gold Kingdom of Guinea. Hg. von Albert van Dantzig, Adam Jones. Oxford.

Marinetti, Filippo Tommaso (1912/1966): Technisches Manifest der futuristischen Literatur & Supplement. In: Baumgarth, Christa (Hg.): Geschichte des Futurismus. Reinbek bei Hamburg, S. 166–172.

Marinetti, Filippo Tommaso (1913/1966): Die befreiten Worte. In: Baumgarth, Christa (Hg.): Geschichte des Futurismus. Reinbek bei Hamburg, S. 173–178.

Marquard, Odo (1986): Apologie des Zufälligen. Philosophische Studien. Stuttgart.

Marquardsen, Klaus (1984): Fetische als Negation der Wirklichkeit. Prolegomena zu einer Theorie des Fetischismus. Frankfurt am Main.

Marx, Karl: Das Kapital. In: Marx, Karl/Engels, Friedrich: Werke. Bd. 23–25. Berlin 1972 (MEW 23–25).

Marx, Karl (1968): Die Frühschriften. Hg. von Siegfried Landshut. Stuttgart.

Marx, Karl/Engels, Friedrich: Gesamtausgabe. Berlin 1975ff. (MEGA + Abt. + Bd.).

Masters, Kathy (1982): Fetishes of Advertising: As Between Consenting Adults? In: Browne, Ray B. (Hg.): Objects of Special Devotion: Fetishism and Popular Culture. Bowling Green, S. 107–114.

Matheis, Manfred (1997): Signaturen des Verschwindens. Das Bild des Philosophen in Literatur und Philosophie um 1800. Würzburg.

Mauss, Marcel (1908/1969): L'art et le mythe d'après M. Wundt. In: Mauss, Marcel: Œuvres. Bd. 2: Représentations collectives et diversité des civilisations. Paris, S. 195–227.

Mauss, Marcel (1989): Die Gabe. Form und Funktion des Austauschs in archaischen Gesellschaften (Essais sur le don, form et raison de l'échange dans les sociétés archaiques). In: Ders.: Soziologie und Anthropologie in 2 Bdn. Frankfurt am Main, Bd. 2, S. 9–144.

Mauss, Marcel (1989): Entwurf einer allgemeinen Theorie der Magie. In: Ders.: Soziologie und Anthropologie in 2 Bdn. Frankfurt am Main, Bd. 1, S. 43–182.

Mayer, Andreas (2001): Objektwelten des Unbewußten. Fakten und Fetische in Charcots Museum und Freuds Behandlungspraxis. In: Heesen, Anke te/Spary, E. C. (Hg.): Sammeln als Wissen. Göttingen, S. 169–198.

Mayer, Mathias/Neumann, Gerhard (1997) (Hg.): Pygmalion. Die Geschichte des Mythos in der abendländischen Kultur. Freiburg.

McCullum, Ellen Lee (1999): Object Lessons: How to do things with fetishism. Albany.

Meiners, Christoph (1806/07): Allgemeine kritische Geschichte der Religionen. 2 Bde. Hannover.

Menke, Bettine (2000): Prosopopoiia. Stimme und Text bei Brentano, Hoffmann, Kleist und Kafka. München.

Merleau-Ponty, Maurice (1966): Phänomenologie der Wahrnehmung. Aus dem Franz. übers. und eingef. von Rudolf Boehm. Berlin, New York.

Merleau-Ponty, Maurice (1986): Das Sichtbare und das Unsichtbare. Hg. von C. Lefort. München.

Metz, Christian (1982): The Imaginary Signifier: Psychoanalysis and the Cinema. Bloomington.

Meuli, Karl (1946): Griechische Opferbräuche. In: Phyllobolia. Festschrift für P. von der Mühl zum 60. Geburtstag. Basel, S. 185–288.

Meyer, Richard M. (1908): Fetischismus. In: Archiv für Religionswissenschaft, Bd. 11, S. 320–338.

Meyer-Drawe, Käte (1999): Herausforderung durch die Dinge. Das Andere im Bildungsprozeß. In: Zeitschrift für Pädagogik, 45. Jg., Nr. 3, S. 329–342.

Michaels, Axel (2004): Die Kunst des einfachen Lebens. Eine Kulturgeschichte der Askese. München.

Miklitsch, Robert (1998): From Hegel to Madonna. Towards a General Economy of «Commodity Fetishism». Albany.

Milligan, Robert H. (1912): The Fetish Folk of West Africa. New York, Chicago, Toronto.

Mitscherlich, Melitta (1984): Die Bedeutung des Übergangsobjektes für die Entfaltung des Kindes. In: Eggers, Christian (Hg.): Bindungen und Besitzdenken beim Kleinkind. München, Wien, Baltimore, S. 185–203.

Mollenhauer, Klaus (1998): Die Dinge und die Bildung. In: Mitteilungen & Materialien Nr. 49, S. 8–20.

Mondzain, Marie José (1996): Image, icône, économie. Les sources byzantines de l'imaginaire contemporain. Paris.

Morgan, Lewis H. (1877/1908): Die Urgesellschaft. Untersuchungen über den Fortschritt der Menschheit aus der Wildheit durch die Barbarei zur Zivilisation. Stuttgart.

Moscovici, Sergio (1984): Das Zeitalter der Massen. Eine historische Abhandlung über die Massenpsychologie. München.

Mülder-Bach, Inka (1997): Autobiographie und Poesie. Rousseaus «Pygmalion» und Goethes «Prometheus». In: Mayer, Mathias/Neumann, Gerhard (Hg.): Pygmalion. Die Geschichte des Mythos in der abendländischen Kultur. Freiburg, S. 270–298.

Müller, Max (1894): Anthropologische Religion. Gifford-Vorlesungen gehalten vor der Universität Glasgow im Jahre 1891. Leipzig.

Müller, Max (1874): Einleitung in die vergleichende Religionswissenschaft. Vier Vorlesungen im Jahre 1870 an der Royal Institution in London gehalten nebst zwei Essays «Über falsche Analogien» und «Über Philosophie der Mythologie». Straßburg.

Müller, Max (1876): Über die Philosophie der Mythologie (= Anhang zu: Einleitung in die vergleichende Religionswissenschaft). 2. Aufl. Straßburg.

Müller, Max (1880): Vorlesungen über den Ursprung und die Entwicklung der Religion. Straßburg.

Müller, Wilhelm Johann (1673/1676): Die africanische auf der Guineischen Gold-Cust gelegene Landschafft Fetu. Hamburg.

Mulvey, Laura (1989/1994): Visual Pleasure and Narrative Cinema. In: Dies.: Visual and other Pleasures. Bloomington, S. 14–26.

Mulvey, Laura (1994): Visuelle Lust und narratives Kino. In: Weissberg, Liliane (Hg.): Weiblichkeit als Maskerade. Frankfurt am Main, S. 48–65.

Mulvey, Laura (1996): Fetishism and Curiosity. London.

Münker, Stefan/Roesler, Alexander (2000): Telefonbuch. Beiträge zu einer Kulturgeschichte des Telefons. Frankfurt am Main.

Muensterberger, Werner (1981): Der schöpferische Vorgang – seine Beziehung zu Objektverlust und Fetischismus. In: Kraft, Hartmut (Hg.): Psychoanalyse, Kunst und Kreativität heute. Köln, S. 78–106.

Muensterberger, Werner (1995): Sammeln – eine unbändige Leidenschaft. Berlin.

Museum für Völkerkunde (1986) (Hg.): Was sind Fetische? Ausstellungskatalog Frankfurt am Main.

Musil, Robert (1962): Der Mann ohne Eigenschaften. Reinbek bei Hamburg.

Musil, Robert (1984): Beitrag zur Beurteilung der Lehren Machs und Studien zur Technik und Psychotechnik. Reinbek bei Hamburg.

Musil, Robert (1990): Vereinigungen. Frankfurt am Main. Mit einem Essay von Hartmut Böhme.

Nassau, Robert Hamill (1904): Fetishism in West Africa. Forty Years' Observations of Native Customs and Superstitions. London.

Neumann, Erich (1956/1985): Die Große Mutter. Eine Phänomenologie der weiblichen Gestaltungen des Unbewußten. Olten, Freiburg.

Newhouse, Victoria (1998): Wege zu einem neuen Museum. Museumsarchitektur im 20. Jahrhundert. Ostfildern.

Niavis, Paulus (1485/90/1953): Iudicium Iovis oder Das Gericht der Götter über den Bergbau. Hg. von Paul Krenkel (= Freiberger Forschungshefte. Kultur und Technik). Berlin.

Nicklaus, Hans-Georg (1994): Die Maschine des Himmels. Zur Kosmologie und Ästhetik des Klangs. München.

Niedenthal, Clemens (2003): Symbolische Guerillakriege. Subkulturen im Zeichen der Dinge. In: Kallinich, Joachim/Bretthauer, Bastian (Hg.): Botschaft der Dinge. Ausstellungskatalog Museum für Kommunikation, Berlin, S. 70–78.

Nietzsche, Friedrich (1988): Sämtliche Werke. Kritische Studienausgabe. 15 Bde. Hg. von Giorgio Colli und Mazzino Montinari. München, Berlin, New York. (KSA + Bd.)

Nikolaus von Kues (1979): De docta ignorantia/Die belehrte Unwissenheit. Hg. von Karl Bormann. 3. Aufl. von Hans Gerhard Senger. 3 Bde. Hamburg.

Nitzschke, Bernd (1992): Wilhelm Stekel, ein Pionier der Psychoanalyse – Anmerkungen zu ausgewählten Aspekten seines Werkes. In: Aus dem Kreis um Sigmund Freud. Zu den Protokollen der Wiener Psychoanalytischen Vereinigung. Hg. von Ernst Federn und Gerhard Winterberger. Frankfurt am Main, S. 176–191.

Noever, Peter (1994) (Hg.): Tyrannei des Schönen. Architektur der Stalinzeit. Ausstellungskatalog MAK Wien 1994. München, New York.

Nordhofen, Eckhard (2001) (Hg.): Bilderverbot: Die Sichtbarkeit des Unsichtbaren. Paderborn.

North, Maurice (1970): The Outer Fringe of Sex: A Study in Sexual Fetishism. London.

Öhlschläger, Claudia (1996): Verschleiertes Geschlecht. Zum subversiven Potential des Fetischs bei Judith Butler und Marjorie Garber. In: Fetisch Frau. Themenheft der Zeitschrift Die Philosophin. Hg. von Astrid Deuber-Mankowsky und Ursula Konnertz. Jg. 7, H. 13, S. 54–67.

Onasch, Konrad/Schnieper, Annemarie (1995): Ikonen. Faszination und Wirklichkeit. Darmstadt.

Oppeln, Tido von (2004): Make it Stop. Aspekte einer Formgeschichte der Bewegung. Magisterarbeit Berlin.

Otto, Eberhard (1960): Ägyptologische Abhandlungen. Bd. 3: Das Ägyptische Mundöffnungsritual. Wiesbaden.

Otto, Rudolf (1917/1947): Das Heilige. Über das Irrationale in der Idee des Göttlichen und sein Verhältnis zum Rationalen. 26.–28. Aufl. München.

Palaver, Wolfgang (1998): René Girards mimetische Theorie. Im Kontext kulturtheoretischer und gesellschaftspolitischer Fragen. Münster, Hamburg, London.

Palme, Heide (1977): Spiegelfetische im Kongoraum und ihre Beziehung zu christlichen Reliquiaren. Wien.

Panati, Charles (1987): Panati's extraordinary Origins of Everyday Things. New York.

Panati, Charles (2002): Universalgeschichte der ganz gewöhnlichen Dinge. Frankfurt am Main.

Paul, Jean (zuerst 1827/1996): Selina oder über die Unsterblichkeit der Seele. In: Sämtliche Werke. Hg. von Norbert Miller. I. Abt., Bd. 6. München, S. 1105–1236.

Pauly, Joachim (1957): Der sexuelle Fetischismus. Wiesbaden.

Pawley, Martin (2003): Der Prozeß der Enturbanisierung der neuen Medien. www.lrz-muenchen.de/~MLM/telepolis

Pawley, Martin (1994): Die Redundanz des urbanen Raums. In: Meurer, Bernd: Die Zukunft des Raums. Frankfurt am Main, S. 37–58.

Payne, Sylvia M. (1939): Some Observations on the Ego Development of the Fetishist. In: International Journal of Psycho-Analysis 20, S. 161–170.

Petersen, Jens (2000): Mussolini – der Mythos des allgegenwärtigen Diktators. In: Nippel, Wilfried: Virtuosen der Macht. München, S. 155–170.

Petroski, Henry (1994): Messer–Gabel–Reißverschluss. Die Evolution der Gebrauchsgegenstände. Basel, Boston, Berlin.

Philips, Tom (1996) (Hg.): Afrika. Die Kunst eines Kontinents. Ausstellungskatalog.
München, New York.

Piaget, Jean (1971): Psychologie der Intelligenz. Olten, Freiburg.

Pietz, William (1985): The problem of the fetish, I. In: Res 9, Spring, S. 5–17.

Pietz, William (1987): The problem of the fetish, II. In: Res 13, Spring, S. 22–45.

Pietz, William (1988): The problem of the fetish, IIIa: Bosman's Guinea and the en-
lightment theory of fetishism. In: Res 16, Autumn, S. 105–124.

Pietz, William (1993): Fetishism and Materialism: The Limits of Theory in Marx. In:
Pietz, William/Apter, Emily (Hg.): Fetishism as Cultural Discourse. Ithaca, London,
S. 119–152.

Pindar (1942): Die Dichtungen und Fragmente. Hg. von Ludwig Wolde. Leipzig.

Plessner, Helmuth (1941/2003): Lachen und Weinen. Eine Untersuchung der Grenzen
menschlichen Verhaltens. In: Gesammelte Schriften. Hg. von Günter Dux u. a., Bd.
VII. Frankfurt am Main, S. 201–388.

Pointon, Marcia (1999): Wearing Memory. Mourning, Jewellery and the Body. In:
Trauer tragen – Trauer zeigen: Inszenierungen der Geschlechter. Hg. von Gisela
Ecker. München, S. 65–81.

Polanyi, Karl (1979): Ökonomie und Gesellschaft. Frankfurt am Main.

Pomian, Krzysztof (1988): Der Ursprung des Museums. Vom Sammeln. Berlin.

Pomian, Krzysztof (1994): Das Museum: die Quintessenz Europas. In: Kunst- und Aus-
stellungshalle der Bundesrepublik Deutschland (Hg.): Wunderkammer des Abend-
landes. Museum und Sammlung im Spiegel der Zeit. Ausstellungskatalog 25. 11. 94
– 26. 02. 95. Bonn, S- 112–120.

Ponge, Francis (1966): Die Seife. Neuwied.

Ponge, Francis (1976): Im Namen der Dinge. Frankfurt am Main.

Ponge, Francis (1986): Einführung in den Kieselstein. Frankfurt am Main.

Ponge, Francis (1995): Das Notizbuch vom Kiefernwald. La Mounine. Frankfurt am
Main.

Pontalis, Jean-Bertrand (1970) (Hg.): Objets du fétichisme. Nouvelle Revue de Psychanalyse N. 2. Aut.

Pontalis, Jean-Bertrand (1972) (Hg.): Objekte des Fetischismus. Frankfurt am Main.

Popitz, Heinrich (1968): Der entfremdete Mensch. Zeitkritik und Geschichtsphiloso-
phie des jungen Marx. 2. Aufl. Frankfurt am Main.

Popplow, Marcus (1998): Neu, nützlich und erfindungsreich. Die Idealisierung von
Technik von der Frühen Neuzeit. Münster, New York.

Porath, Erik (2002): Die Frage nach der Dinglichkeit – Heidegger und das Geschlecht
der Dinge zwischen Entzug und Ereignis. In: Ecker, Gisela/Breger, Claudia/Scholz,
Susanne (Hg.): Dinge. Medien der Aneignung. Grenzen der Verfügung. Königstein,
S. 256–272.

Postman, Neil (1983): Das Verschwinden der Kindheit. Frankfurt am Main.

Pouillon, Jean (1972): Fetische ohne Fetischismus. In: Pontalis, J.-B. (Hg.): Objekte des Fetischismus. Frankfurt am Main, S. 196–216.

Pouillon, Jean (1975): Fétiches sans fétichisme. Paris.

Prown, Jules David (1993): «The Truth of Material Culture». In: Lubar, Steven (Hg.): History from Things: Essays on Material Culture. Washington D. C., Smithsonian Institution, S. 1–19.

Pseudo-Vergil (1963): Aetna. Hg. und übers. von Will Richter. Berlin.

Purdy, Daniel L. (1998): The Tyranny of Elegance. Consumer Cosmopolitanism in the Era of Goethe. Baltimore.

Quinlan, Mary Lou (2003): Just Ask a Woman: Cracking the Code of What Women Want and How They Buy. Brisbane.

Rad, Gerhard von (1962): Theologie des Alten Testaments. 2 Bde. 4. Aufl. München.

Radley, Alan (1990): Artefacts, Memory and a Sense of the Past. In: Middleton, D./Edwards, D. (Hg.): Collective Remembering. Memory in Society. London, S. 46–59.

Ragland-Sullivan, Ellies (1991): The Sexual Masquerade: A Lacanian Theory of Sexual Difference. In: Dies./Bracher, Mark (Hg.): Lacan and the Subject of Language. New York, London, S. 49–80.

Rainer, Michael J./Janssen, Hans-Gerd (1997) (Hg.): Bilderverbot. Jahrbuch Politische Theologie. Bd. 2. Münster.

Reichelt, Helmut (1984): Feuerbach und Marx – Kulturentwicklung als entfremdete Gattungsgeschichte. In: Brackert, Helmut/Wefelmeyer, Fritz (Hg.): Naturplan und Verfallskritik. Zu Begriff und Geschichte der Kultur. Frankfurt am Main, S. 212–250.

Reinhard, Philipp Christian (1794): Abriß einer Geschichte der Entstehung und Ausbreitung der religiösen Ideen. Jena.

Rheinberger, Hans-Jörg (2001): Experimentalsysteme und epistemische Dinge. Göttingen.

Rheinberger, Hans-Jörg/Hagner, Michael (1993) (Hg.): Die Experimentalisierung des Lebens. Experimentalsysteme in den biologischen Wissenschaften 1850–1950. Berlin.

Riesman, David/Reuel, Denny/Glazer, Nathan (1958): Die einsame Masse. Hamburg.

Rippel, V. Phillip (1985) (Hg.): Der Sturz der Idole. Nietzsches Umwertung von Kultur und Subjekt. Tübingen.

Riviere, Joan (1929): Womenliness as a Masquerade. In: The International Journal of Psycho-Analysis, Bd. 19, S. 303–313.

Riviere, Joan (1994): Weiblichkeit als Maskerade. In: Weissberg, Liliane (Hg.): Weiblichkeit als Maskerade. Frankfurt am Main, S. 34–47.

Riviere, Joan (1996): Ausgewählte Schriften. Hg. von Lili Gast. Tübingen.

Rodrigues, Raymondo Nina (1900): L'animisme fétichiste de nègres de Bahia. Bahia.

Roheim, Geza (1977): Heiliges Geld in Melanesien. In: Bornemann, Ernest (Hg.): Psychoanalyse des Geldes. Frankfurt am Main, S. 227–245.

Ronell, Avital (1989): The Telephone Book. Technology – Schizophrenia – Electric Speech. Lincoln, London.

Ronell, Avital (1995): The Test Drive. In: Haverkamp, Anselm (Hg.): Deconstruction is/in America. A New Sense of the Political. New York, London, S. 200–220.

Rosolato, Guy (1972): Der Fetischismus, dessen Objekt sich «entzieht». In: Pontalis, J.-B. (Hg.): Objekte des Fetischismus. Frankfurt am Main 1972, S. 62–75.

Rossi, William A. (1977): The sex life of the foot and shoe. London.

Rousseau, Jean-Jacques (1771): Pygmalion. Scène lyrique. In: Oeuvres complètes. Hg. von B. Gagnerin. Bd. II, Paris o. J., S. 1224–1231.

Rudloff, Holger (1987) (Hg.): Pelzdamen. Weiblichkeitsbilder bei Thomas Mann und Leopold von Sacher-Masoch. Frankfurt am Main.

Sachs, Wolfgang (1990): Unsere Liebe zum Automobil. Reinbek bei Hamburg.

Saladin, Linda A. (1993): Fetishism and Fatal Women. Gender, Power, and Reflexive Discourse. Frankfurt am Main u. a.

Sarasin, Philipp (2002): Reizbare Maschinen. Eine Geschichte des Körpers 1765–1914. Frankfurt am Main.

Sarasin, Philipp/Tanner, Jakob (1998) (Hg.): Physiologie und industrielle Gesellschaft. Studien zur Verwissenschaftlichung des Körpers im 19. und 20. Jahrhundert. Frankfurt am Main.

Sartre, Jean-Paul (1978): Der Mensch und die Dinge. Aufsätze zur Literatur 1938–1946. Reinbek bei Hamburg, S. 107–141.

Schäfer, Lothar/Strökcr, Elisabeth (1994) (Hg.): Naturauffassungen in Philosophie, Wissenschaft und Technik, Bd. II, Renaissance und frühe Neuzeit. Freiburg, München, S. 59–100.

Scharfe, Martin: Letzte Dinge. In: Kallinich, Joachim/Bretthauer, Bastian (2003) (Hg.): Botschaft der Dinge. Ausstellungskatalog Museum für Kommunikation. Berlin, S. 166–174.

Schelling, Friedrich Wilhelm J. (1841/42/1993): Philosophie der Offenbarung. Hg. von Manfred Frank. Frankfurt am Main.

Schelling, Friedrich Wilhelm J. (1858/1983): Philosophie der Offenbarung. Hg. von K. F. A. Schelling. Bd. I/II. Darmstadt 1983.

Schenk, Richard (1984) (Hg.): Zur Theorie des Opfers: Ein interdisziplinäres Gespräch. München.

Schiller, Friedrich (1968): Sämtliche Werke. Hg. von Gerhard Fricke und Herbert G. Göpfert. 5 Bde. München.

Schivelbusch, Wolfgang (1993): Geschichte der Eisenbahnreise. Zur Industrialisierung von Raum und Zeit im 19. Jahrhundert. München, Wien.

Schlaffer, Heinz (1981): Faust Zweiter Teil. Die Allegorie des 19. Jahrhunderts. Stuttgart.

Schmidt, Siegfried J. (1992) (Hg.): Kognition und Gesellschaft. Der Diskurs des radikalen Konstruktivismus 2. Frankfurt am Main.

Schmidt, Wilhelm P. (1912–1955): Der Ursprung der Gottesidee. 12 Bde. Münster.

Schneider, Wilhelm (1891): Die Religion der afrikanischen Naturvölker. Münster.

Schnitzler, Norbert (1995): Ikonoklasmus – Bildersturm. Theologischer Bilderstreit und ikonoklastisches Handeln während des 15. und 16. Jahrhunderts. München.

Scholz, Gudrun (1989): Die Macht der Gegenstände. Berlin.

Schor, Naomi (1988): Fetishism and Its Ironies. In: Nineteenth-Century French Studies, Vol. 17, No. 1. Fall, S. 89–97.

Schor, Naomi (1994): Weiblicher Fetischismus: Der Fall George Sand. In: Weissberg, Liliane (Hg.): Weiblichkeit als Maskerade. Frankfurt am Main, S. 217–230.

Schrage, Dominik (2003): Integration durch Attraktion. Konsumismus als massenkulturelles Weltverhältnis. In: Mittelweg 36, 6. Hamburg, S. 57–86.

Schramm, Helmar/Schwarte, Ludger/Lazardzig, Jan (2003a) (Hg.): Kunstkammer, Laboratorium, Bühne. Schauplätze des Wissens im 17. Jahrhundert. Berlin, New York.

Schramm, Helmar u. a. (2003b) (Hg.): Bühnen des Wissens. Interferenzen zwischen Wissenschaft und Kunst. Berlin.

Schulte, Günter (1997): Philosophie der letzten Dinge. Über Liebe und Tod als Grund und Abgrund des Denkens. Düsseldorf, Köln.

Schultze, Fritz (1871): Der Fetischismus. Beitrag zur Anthropologie und Religionsgeschichte. Leipzig.

Schumpeter, Joseph A. (1950): Kapitalismus, Sozialismus und Demokratie. 2. Aufl. Bern.

Scott, Rosemary (1976): The Female Consumer. London.

Sedillot, René (1992): Muscheln, Münzen und Papier. Die Geschichte des Geldes. Frankfurt am Main.

Seelig, Thomas/Stahel, Urs (2004) (Hg.): Im Rausch der Dinge. Vom funktionalen Objekt zum Fetisch in Fotografien des 20. Jahrhunderts (Ausstellungskatalog Fotomuseum Winterthur). Göttingen.

Selle, Gert (1997): Siebensachen. Ein Buch über die Dinge. Frankfurt am Main.

Shelton, Antony (1995) (Hg.): Fetishism. Visualising Power and Desire. London.

Silverman, Kaja (1992): The Lacanian Phallus. In: differences. A Journal of Feminist Cultural Studies 4.1, S. 84–115.

Simmel, Georg (1900/1994): Philosophie des Geldes. In: Gesamtausgabe. Hg. von Otthein Rammstedt, Bd. 6. 3. Aufl. Frankfurt am Main, S. 7–723.

Simmel, Georg (1905/1919): Die Koketterie. In: Philosophische Kultur. Gesammelte Essais. 2. Aufl. Leipzig, S. 95–115.

Simmel, Georg (1905/1995): Der Henkel. Ein ästhetischer Versuch. In: Gesamtausgabe in 11 Bdn. Hg. von Otthein Rammstedt. Frankfurt am Main, Bd. 1, S. 345–350.

Simmel, Georg (1905b/1995): Philosophie der Mode. In: Gesamtausgabe in 11 Bdn. Hg. von Otthein Rammstedt. Frankfurt am Main, Bd. 10, S. 7–37.

Simmel, Georg: Die Ruine (1907/1983). In: Ders.: Philosophische Kultur. Über das Abenteuer, die Geschlechter und die Krise der Moderne. Gesammelte Essais. Nachwort von Jürgen Habermas. Berlin, S. 106–112.

Simmel, Georg (1908/1992): Soziologie. Untersuchungen über die Formen der Vergesellschaftung. In: Gesamtausgabe. Hg. von Otthein Rammstedt, Bd. 11, 2. Aufl. Frankfurt am Main, S. 7–876.

Simmel, Georg (1911/1983): Philosophische Kultur. Gesammelte Essais. Nachwort von Jürgen Habermas. Berlin, S. 106–112.

Simmel, Georg (1911/1983): Der Henkel. In: Philosophische Kultur. Gesammelte Essais. Nachwort von Jürgen Habermas. Berlin, S. 99–105.

Simmel, Georg (1911/1996): Der Begriff und die Tragödie der Kultur. In: Gesamtausgabe. Hg. von Otthein Rammstedt, Bd. 14. Frankfurt am Main, S. 385–417.

Simpson, David (1982): Fetishism and Imagination: Dickens, Melville, and Conrad. Baltimore.

Siuts, Hinrich (1995): Das erzählende Objekt? Funktion, Bedeutung und Grenzen der Interpretation von Gegenständen. In: Lipp, C. (Hg.): Medien popularer Kultur: Erzählung, Bild und Objekt in der volkskundlichen Forschung. Frankfurt am Main, S. 474–480.

Slawski, Nina (1980): Change in the term Fetish and a Discussion of African sculpted Objects known in the Western World as Fetish. In: 23rd Anniversal Meeting of the African Studies Association. Philadelphia, S. 1–11.

Sloterdijk, Peter (2000): Regeln für den Menschenpark. Frankfurt am Main.

Smirnoff, Viktor N. (1972): Die fetischistische Transaktion. In: Pontalis, J.-B. (Hg.): Objekte des Fetischismus. Frankfurt am Main, S. 76–112.

Soboth, Christian (2000): Hitler – Inszenierung eines Charismas. In: Nippel, Wilfried: Virtuosen der Macht. München, S. 129–153.

Sokal, Alan/Bricmont, Jean (1999): Eleganter Unsinn. Wie die Denker der Postmoderne die Wissenschaften mißbrauchen. München.

Sombart, Werner (1913/1983): Liebe, Luxus und Kapitalismus. Über die Entstehung der modernen Welt aus dem Geist der Verschwendung. Berlin (zuerst unter dem Titel «Luxus und Kapitalismus». München, Leipzig).

Sombart, Werner (1928): Das Warenhaus. Ein Gebilde des hochkapitalistischen Zeitalters. In: Probleme des Warenhauses. Berlin.

Spencer, Herbert (1877): Principals of Sociology. London.

Sperling, Melitta (1963): Fetishism in Children. In: The Psychoanalytic Quarterly, 32, S. 374–393.

Spyer, Patricia (1998) (Hg.): Border fetishism. Material objects in unstable spaces. New York, London.

Stallybrass, Peter (1998): Marx' Coat. In: Spyer, Patricia (Hg.): Border fetishism. Material objects in unstable spaces. New York, London, S. 183–207.

Steele, Valerie (1996): Fetish: Fashion, Sex, and Power. New York.

Steger, Hans Uli (1967): Die Reise nach Tripiti. Zürich.

Stekel, Wilhelm (1923): Der Fetischismus. Dargestellt für Ärzte und Kriminologen. Berlin, Wien. (= Störungen des Trieb- und Affektlebens, Bd. 7).

Stoichita, Victor I. (1998): Eine kurze Geschichte des Schattens. München.

Stoller, Robert J. (1985): Observing the Erotic Imagination. New Haven.

Stratton, Jon (1996): The Desirable Body. Cultural fetishism and the erotics of consumption. Manchester, New York.

Strohmeyer, Klaus (1980): Warenhäuser. Geschichte, Blüte und Untergang im Warenmeer. Berlin.

Stürzebecher, Peter (1979): Das Berliner Warenhaus. Bautypus, Elemente der Stadtorganisation, Raumsphäre der Warenwelt. Berlin.

Suhrbier, Birgit M. (1998): Die Macht der Gegenstände. Menschen und ihre Objekte am oberen Xingú, Brasilien. Marburg.

Surgy, Albert de (1994): Nature et Fonction des Fétiches en Afrique Noire et le cas du Sud-Togo. Paris.

Surgy, Albert de (1995): La Voie des Fétiches. Essai sur le fondement théorique et la perspective mystiques des practiques des féticheurs. Paris.

Swithenbank, Michael (1969): Ashanti Fetish Houses. Accra.

Szeemann, Harald (1975) (Hg.): Junggesellenmaschinen/Les Machines Célibataires, Ausstellungskatalog. Venedig.

Tausk, Viktor (1919): Über die Entstehung des «Beeinflussungsapparates» in der Schizophrenie. In: Gesammelte psychoanalytische und literarische Schriften. Wien, Berlin, S. 245–285.

Taussig, Michael (1980): Devil and Commodity. Fetishism in South America. Chapel Hill.

Taussig, Michael (1993): Maleficium: State Fetishism. In: Pietz, William/Apter, Emily (Hg.): Fetishism as Cultural Discourse. Ithaca, London, S. 217–250.

Taylor, Janelle S./Layne, Linda L./Wozniak, Danielle F. (2004) (Hg.): Consuming Motherhood. Piscataway, N. J.

Tellenbach, Hubert (1956): Die Räumlichkeit der Melancholischen. Analyse der Räumlichkeit melancholischen Daseins. In: Der Nervenarzt, H. 7, S. 289–298.

Tertullian (1912a): Über die Idolatrie/De idolatria. In: Private und katechetische Schriften. Übers. von H. Kellner, Bd. 1. Kempten und München (= Bibliothek der Kirchenväter), S. 137–176.

Tertullian (1912b): Über den weiblichen Putz. In: Private und katechetische Schriften. Übers. von H. Kellner, Bd. 1. Kempten, München (= Bibliothek der Kirchenväter), S. 175–202.

Theweleit, Klaus (2002): Der Knall: 11. September, das Verschwinden der Realität und ein Kriegsmodell. Frankfurt am Main, Basel.

Thomas von Aquin (1985): Summe der Theologie (Summa Theologiae). 3 Bde. Hg. von Josef Bernart. 3. Aufl. Stuttgart.

Thomas von Aquin (2001): Summa contra gentiles I–IV. Lat.-dt. Hg. und kommentiert von Karl Albert und Paul Engelhardt. Darmstadt.

Thompson, Michael (1981): Die Theorie des Abfalls. Über die Schaffung und Vernichtung von Werten. Stuttgart.

Toubin, Charles (1864): Essai sur les sanctuaires primitifs et sur le fétichisme en Europe. Besançon.

Tumarkin, Nina (1983): Lenin lives! The Lenin Cult in Soviet Russia. Cambridge, London.

Tylor, Edward B. (1871): Primitive Culture: Researches into the development of Mythology, Philosophy, Religion, Art, and Custom. 2 Bde. London 1994.

Tylor, Edward B. (1873): Die Anfänge der Cultur. Untersuchungen über die Entwicklung der Mythologie, Philosophie, Religion, Kunst und Sitte. Deutsch von J. W. Sprengel und Fr. Poske. 2 Bde. in einem. Leipzig.

Ueberhorst, Horst (1989): Feste, Fahnen, Feiern. Die Bedeutung politischer Symbole und Rituale im Nationalsozialismus. In: Voigt, Rüdiger (Hg.): Symbole der Politik, Politik der Symbole. Opladen, S. 157–178.

Usener, Hermann (1876): Götternamen. Versuch einer Lehre der religiösen Begriffsbildung. Berlin.

Usener, Hermann (1912–14): Kleinere Schriften. 4 Bde. Leipzig, Berlin.

Vaihinger, Hans (1911): Die Philosophie des Als Ob. System der theoretischen, praktischen und religiösen Fiktionen der Menschheit auf Grund eines idealistischen Positivismus. Mit einem Anhang über Kant und Nietzsche. Berlin.

Veblen, Thorstein (1981): Theorie der feinen Leute. Eine ökonomische Untersuchung der Institutionen. München.

Veriphantor [d. i. Iwan Bloch] (1903): Der Fetischismus. Ein Beitrag zur Sittengeschichte unserer Zeit. Berlin.

Villeneuve, Roland (1968): Fétichisme et Amour. Paris.

Vinken, Barbara (1993): Mode nach der Mode: Geist und Kleid am Ende des 20. Jahrhunderts. Frankfurt am Main.

Vinken, Barbara (1995): Temples of Delight: Consuming Consumption in Émile Zola's Au Bonheur des Dames. In: Spectacles of Realism: Gender, Body, Culture. Hg. von Margaret Cohen und Christopher Prendergast. Minnesota, S. 247–267.

Vinken, Barbara (1998a): Transvestie – Travestie: Mode und Geschlecht. In: Interventionen 7: Inszenierung und Gestaltungsdrang, S. 57–75.

Vinken, Barbara (1998b):Mannequin, Statue, Fetisch. In: Kunstforum 148, S. 145–153.

Virilio, Paul (1978): Fahren, fahren, fahren … Berlin.

Virilio, Paul (1986): Ästhetik des Verschwindens. Berlin.

Virilio, Paul (1989): Der negative Horizont. Bewegung – Geschwindigkeit – Beschleunigung. Wien.

Virilio, Paul (1994): Die Eroberung des Körpers. Vom Übermenschen zum überreizten Menschen. München.

Vischer, Friedrich Theodor (1879/1918): Auch Einer. Eine Reisebekanntschaft. Stuttgart, Berlin.

Visser, R. (1906–07): Über Fetischdienst, Aberglaube und damit zusammenhängende Gebräuche der Kongo-Neger. In: Naturwissenschaftlicher Verein zu Krefeld. Jahresbericht, S. 52–63.

Vogl, Joseph (2005): Beliebige Räume. Zur Entortung des städtischen Raumes. In: Zinsmeister, Anett (Hg.): Constructing Utopia. Konstruktionen künstlicher Welten. Zürich, Berlin, S. 57–69.

Volney, Constantine Francis Chassebeuf de (1787): Voyage en Syrie et en Égypte pendant les Années 1783, 1784 et 1785. 2 Bde. Paris.

Vondung, Klaus (1980): Geschichte als Weltgericht. Genesis und Degradation einer Symbolik. In: Ders. (Hg.): Kriegserlebnis. Der erste Weltkrieg in der literarischen Gestaltung und symbolischen Deutung der Nationen. Göttingen, S. 62–89.

Wagner, G. (1899): Die heidnischen Kulturreligionen und der Fetischismus. Ein Beitrag zur vergleichenden Religionsgeschichte. Heidelberg.

Waitz, Theodor (1850–70): Anthropologie der Naturvölker. 5 Bde. Leipzig.

Walter (Anonymus) (1997): Mein geheimes Leben. Ein erotisches Tagebuch aus dem Viktorianischen England. Bd. I–III. Übers. von Martin und Johanna Schroeder. Mit einem Essay von Nadine Strossen. Zürich.

Warburg, Aby (1932/1969): Gesammelte Schriften. Hg. von der Bibliothek Warburg. 2 Bde. Unter Mitarbeit von Fritz Rougemont hg. von Gertrud Bing. Leipzig, Berlin (Reprint in einem Band: Nendeln/Liechtenstein).

Warburg, Aby M. (1979/1992): Ausgewählte Schriften und Würdigungen. Hg. von Dieter Wuttke (= Saecula spiritualia 1). 3. Aufl. Baden-Baden.

Warburg, Aby (1988): Schlangenritual. Ein Reisebericht. Mit einem Nachwort von Ulrich Raulff. Berlin.

Warburg, Aby M. (1992): Bildniskunst und florentinisches Bürgertum. In: Ausgewählte Schriften und Würdigungen. Hg. von Dieter Wuttke (= Saecula spiritualia 1). 3. Aufl. Baden-Baden, S. 65–102.

Watt, Ian (1996): Myths of Modern Individualism: Faust, Don Quixote, Don Juan, Robinson Crusoe. Cambridge.

Weber, Max (1920): Die protestantische Ethik und der Geist des Kapitalismus. In: Gesammelte Aufsätze zur Religionssoziologie. Bd. 1. Tübingen, S. 17–206.

Weber, Max (1922/1964): Wirtschaft und Gesellschaft. Grundriß der verstehenden Soziologie. Köln, Berlin.

Weber, Max (1922/1968): Die drei Typen der legitimen Herrschaft. In: Ders.: Soziologie, Weltgeschichtliche Analysen, Politik. Stuttgart.

Weber, Samuel M. (1978): Rückkehr zu Freud. Jacques Lacans Ent-Stellung der Psychoanalyse. Frankfurt am Main.

Weibel, Peter (2003) (Hg.): Phantom der Lust. Visionen des Masochismus. 2 Bde. München.

Weingart, Peter (2000): Die Zügellosigkeit der Erkenntnisproduktion – zur Rolle ethischer und politischer Kontrollen der Wissenschaft in Humangenetik und Reproduktionstechnologie. In: Ruhnau, E. u. a. (Hg.): Ethik und Heuchelei. Köln.

Weingart, Peter/Kroll, Jürgen/Bayertz, Kurt (1988): Rasse, Blut und Gene. Geschichte der Eugenik und Rassenhygiene in Deutschland. Frankfurt am Main.

Weininger, Otto (1980): Über die letzten Dinge. München.

Weissberg, Liliane (1994) (Hg.): Weiblichkeit als Maskerade. Frankfurt am Main.

Widmer, Peter (2002): Das Ding – von Meister Eckart bis zu Lacan. In: Ecker, Gisela/Breger, Claudia/Scholz, Susanne (Hg.): Dinge. Medien der Aneignung. Grenzen der Verfügung. Königstein, S. 239–250.

Williamson, Judith (1986a): Consuming Passions. The Dynamics of Popular Culture. London.

Williamson, Judith (1986b): The Making of a Material Girl. In: New Socialist, October, S. 46–47.

Willis, Paul (1979): Spaß am Widerstand. Gegenkultur in der Arbeitsschule. Frankfurt am Main.

Willis, Paul (1981): Profane Culture. Rocker, Hippies: Subversive Stile der Jugendkultur. Frankfurt am Main.

Willis, Paul (1990): Common Culture: Symbolic Work at Play in the Everyday Cultures of the Young. Milton Keynes.

Winnicott, Donald W. (1953): Transitional Objects and Transitional Phenomena. In: International Journal of Psycho-Analysis, Vol. 34, S. 88–97.

Winnicott, Donald W. (1969): Übergangsobjekte und Übergangsphänomene. In: Psyche, Jg. 23, H. 9, S. 666–682.

Winnicott, Donald W. (1971/1979): Playing and reality. London (dt. Vom Spiel zur Realität. Stuttgart).

Winzen, Matthias (1997): Sammeln – so selbstverständlich, so paradox. In: Schaffner, Ingrid/Winzen, Matthias (Hg.): Deep Storage. Arsenale der Erinnerung. Sammeln, Speichern, Archivieren in der Kunst. München, New York, S. 10–19.

Wittgenstein, Ludwig (1918/1976): Tractatus logico–philosophicus. Logisch-philosophische Abhandlung. Frankfurt am Main.

Wolf, Gerhard (2002): Schleier und Spiegel: Traditionen des Christusbildes und die Bildkonzepte der Renaissance. München.

Wolschke, Katrin (2001): Menschenströme, Warenfluten. Die Warenhauskultur im Wilhelminischen Berlin. Magisterarbeit Berlin.

Wulff, M. (1946): Fetishism and Object Choice in Early Childhood. In: The Psychoanalytic Quarterly, Vol. XV, S. 450–471.

Wundt, Wilhelm (1900–20): Völkerpsychologie. 10 Bde. 3. Aufl. Leipzig.

Zeller, Rudolf (1909): Beiträge zur Kenntnis des Fetischwesens an der Goldküste. In: Jahresberichte des Historischen Museums in Bern, S. 51–61.

Zilsel, Edgar (1944/1976): Die sozialen Ursprünge der neuzeitlichen Wissenschaft. Hg. und übers. von Wolfgang Krohn. Frankfurt am Main.

Zola, Émile (1883/1983): Paradies der Damen (Au Bonheur des Dames). Berlin.

REGISTER

04 / 2006

Die „Baha... ...‟ 110
B.th. ...„ ...‟ 244
B... „... , ...‟ 368
    G... 54ff

    J... ...l... 757
    F... k 84

    76

    K... ... 350

    Ma ... 3457

    „... ...‟

    ... Glob... ... ... Religion 170f